Código Civil del Estado de Jalisco

Código Nacional de Procedimientos Civiles y Familiares

Procedimiento de selección de originales, ver página web:
www.tirant.net/index.php/editorial/procedimiento-de-seleccion-de-originales

***ACCESO GRATIS** a la Lectura en la Nube*

Para visualizar el libro electrónico en la nube de lectura envíe junto a su nombre y apellidos una fotografía del código de barras situado en la contraportada del libro y otra del ticket de compra a la dirección:

ebooktirant@tirant.com

En un máximo de 72 horas laborales le enviaremos el código de acceso con sus instrucciones.

Código Civil del Estado de Jalisco
Código Nacional de Procedimientos Civiles y Familiares

3ª Edición

MIGUEL CARBONELL

tirant lo blanch
Ciudad de México, 2025

© EDITA: TIRANT LO BLANCH
DISTRIBUYE: TIRANT LO BLANCH MÉXICO
Av. Tamaulipas 150, Oficina 502
Hipódromo, Cuauhtémoc, 06100, Ciudad de México
Telf: +52 1 55 65502317
infomex@tirant.com
www.tirant.com/mex/
www.tirant.es
ISBN: 978-84-1095-308-6

Si tiene alguna queja o sugerencia, envíenos un mail a: *atencioncliente@tirant.com*. En caso de no ser atendida su sugerencia, por favor, lea en *www.tirant.net/index.php/empresa/politicas-de-empresa* nuestro Procedimiento de quejas.

Responsabilidad Social Corporativa: http://www.tirant.net/Docs/RSCTirant.pdf

ÍNDICE

CÓDIGO CIVIL DEL ESTADO DE JALISCO

CÓDIGO NACIONAL DE PROCEDIMIENTOS CIVILES Y FAMILIARES

Nota preliminar

Miguel Carbonell
Director del Centro de Estudios Jurídicos Carbonell AC

Si bien es cierto que el derecho civil se cuenta entre las ramas más tradicionales de los ordenamientos jurídicos de nuestro tiempo, también es verdad que se ha venido actualizando y transformando en su contenido en los años recientes por diversas causas.

Algunas de esas modificaciones han sido producto de reformas legislativas que han ido aconteciendo, con el objeto de poner al día los textos legales. Otros cambios han tenido como fuente las resoluciones judiciales, las cuales han suministrado significados y puntos de vista igualmente novedosos respecto al contenido de la normatividad civil.

También ha habido una influencia importante del llamado proceso de "constitucionalización" del derecho privado, a partir del cual las normas del derecho civil y mercantil se deben interpretar y aplicar a la luz del derecho constitucional, respetando en todo momento los derechos humanos.

La constitucionalización del derecho civil es una tendencia muy consolidada en el derecho comparado que también ha llegado a México. La idea fundamental de este proceso es que las normas constitucionales puedan servir como criterios de orientación interpretativa para que en las relaciones jurídicas de derecho privado se hagan valer también, en aquellos casos que así lo requieran, los derechos humanos.

En todo caso, lo que resulta evidente es que el derecho civil sigue siendo un área de estudio de la mayor relevancia, que supone grandes retos para la formación de los juristas. No se puede ser un buen profesional del derecho sin tener muy firmes las bases y el conocimiento del derecho civil. Por eso es que cada esfuerzo que se haga para ayudar en su difusión es algo que vale la pena y en lo cual todos debemos sentirnos comprometidos.

En esta edición se incluye además el Código Nacional de Procedimientos Civiles y Familiares que va a tener un profundo impacto en el conjunto del sistema jurídico nacional. Dicho Código, que fue publicado en el Diario Oficial de la Federación el 7 de junio de 2023, es una gran aportación no solamente para el derecho procesal civil y familiar, sino que también tendrá un impacto significativo en otras materias a través de la figura de la "supletoriedad".

Como podrá ver el lector, los dos ordenamientos (uno de carácter sustantivo y el otro de índole procesal) que se incluyen en este volumen son sumamente extensos y complejos. No es sencilla su comprensión, por lo que se recomienda a todos los interesados que hagan no una, sino varias lecturas que les permitan sistematizar el contenido del Código Nacional sobre todo, porque es el más reciente en el tiempo y porque ya incorpora muchas figuras novedosas, como por ejemplo el juicio oral sumario, diversos mecanismos de justicia cautelar tanto en materia civil como familiar, los apoyos extraordinarios para personas con discapacidad, la intervención de notarios en diversos procedimientos y un prolijo apartado sobre la justicia digital, entre otras cuestiones destacadas).

Ojalá que el proceso de implementación del Código Nacional se produzca de la mejor manera posible y se logren los grandes objetivos del propio Código: mejorar la justicia civil y familiar, abatir el rezago judicial, proteger a los grupos sociales más vulnerables e incentivar la tramitación por vía digital de un número cada vez más extenso de procedimientos judiciales.

También es importante observar lo relativo a la materia de las pruebas judiciales en el Código Nacional, ya que en ese tema también aparecen cuestiones que son de gran relevancia y que sin duda influirán incluso en materias del ordenamiento jurídico mexicano distintas a la materia civil y familiar.

El principal objetivo del nuevo Código Nacional de Procedimientos Civiles y Familiares es estandarizar los procedimientos judiciales civiles y familiares a nivel nacional, eliminando las disparidades que existían debido a la diversidad de normativas estatales.

Esto no solo facilita el entendimiento y la aplicación de la ley por parte de los operadores jurídicos, sino que también contribuye a que los ciudadanos tengan una mejor comprensión de sus derechos y obligaciones.

Innovaciones principales

1. Procedimientos digitales: una de las innovaciones más destacadas es la incorporación de procedimientos digitales. El Código promueve el uso de tecnologías de la información para realizar notificaciones, presentaciones de documentos y otras gestiones procesales. Esto está diseñado para agilizar los procesos y hacerlos más accesibles para el público.

En su artículo 154 el Código se refiere a la creación de la oficialía de partes virtual. En el artículo 935 se establece el principio de elegibilidad, para que las partes determinen si quieren seguir su procedimiento de forma tradicional o a través de la justicia digital. En los artículos 947 al 956 se refiere al importante tema de la firma electrónica. En el artículo 959 señala que cualquier audiencia o diligencia podrá realizarse de manera virtual.

2. Oralidad en los procesos: se introduce un mayor enfoque en la oralidad con el fin de hacer los procesos más ágiles y transparentes. Las audiencias orales permiten una comunicación directa entre las partes y el juzgador, facilitando una resolución más rápida y entendible de los conflictos. En las audiencias de juicio las partes deberán presentar sus respectivas teorías del caso cuando presenten sus alegatos de apertura. Ver al respecto lo señalado en el artículo 7 fracción XIII del Código sobre la oralidad en general y en los artículos 466 y 678 sobre la teoría del caso y los alegatos de apertura.

3. Medidas de protección inmediata: en materia de derecho familiar, el nuevo Código establece procedimientos claros y rápidos para la aplicación de medidas de protección en casos de violencia familiar o en situaciones urgencias relacionadas con la custodia de niñas, niños y adolescentes. Esto refleja una preocupación por proteger a las partes más vulnerables en contextos de emergencia. Ver los artículos 569, 571 y 573 del Código.

4. Acceso ampliado a la justicia: se busca garantizar un acceso más amplio a la justicia, simplificando procedimientos y reduciendo costos, lo que es especialmente beneficioso para las poblaciones menos favorecidas. Esto incluye la posibilidad de realizar ajustes razonables al procedimiento cuando alguna de las partes revelen estar en una condición de vulnerabilidad, para evitar situaciones de discriminación. Ver artículo 5 del Código.

5. Fomento de la conciliación: el Código enfatiza la resolución alternativa de conflictos, como la mediación y la conciliación, antes de proceder a instancias judiciales e incluso una vez iniciado el proceso. Esto no solo reduce la carga sobre los tribunales, sino que también promueve una cultura del diálogo y del acuerdo entre las partes. Ver artículos 3, 354 fracción II y 457 fracción II, entre otros, del Código. Tales disposiciones deben ser leídas y aplicadas tomando en cuenta lo que señala la Ley General de Mecanismos Alternativos de Solución de Controversias publicada en el Diario Oficial de la Federación el 26 de enero de 2024.

La enunciación de los temas de estudio a los que nos convocan los dos códigos contenidos en las siguientes páginas podría extenderse hasta poder sumar cientos de incisos o apartados. Lo importante es que cada lector se vaya familiarizando con su contenido normativo y, de esa forma, pueda estar en capacidad de realizar la mejor aplicación posible de sus mandatos. Ojalá así sea.

Ciudad de México, diciembre de 2024

Código Civil del Estado de Jalisco

ÚLTIMA REFORMA PUBLICADA EN EL PERIÓDICO OFICIAL: 12 DE OCTUBRE DE 2024.

Código publicado en la Sección Segunda del Periódico Oficial del Estado de Jalisco, el sábado 25 de febrero de 1995.

Al margen un sello que dice: Gobierno de Jalisco. Poder Ejecutivo. Secretaría General de Gobierno. Estados Unidos Mexicanos.

Carlos Rivera Aceves, Gobernador Sustituto del Estado Libre y Soberano de Jalisco, a los habitantes del mismo hago saber:

Que por la Secretaría del H. Congreso del Estado, se me ha comunicado el siguiente:

DECRETO

NÚMERO 15776.- El Congreso del Estado decreta:

CÓDIGO CIVIL DEL ESTADO DE JALISCO

LIBRO PRIMERO
DISPOSICIONES PRELIMINARES

(REFORMADO, P.O. 23 DE SEPTIEMBRE DE 2000)

Art. 1°.- La Ley dará trato igual a las personas en el reconocimiento de sus derechos y cumplimiento de sus obligaciones.

En los actos y hechos civiles los jueces tomarán en consideración las circunstancias de incapacidad, senectud, cultura y condición social de las personas y en todos los casos procurarán la equidad entre las partes.

Art. 2°.- Las disposiciones de este código serán ley supletoria de toda la Legislación Estatal.

Cuando en este código o en otras leyes del Estado se use el genérico masculino por efecto gramatical, se entenderá que las normas son aplicables tanto al varón como a la mujer salvo disposición expresa en contrario.

Las disposiciones de este código se deberán de entender de una manera generalizada, cuando por alguna circunstancia y siempre que sea de manera accidental faltare dicha generalización se hará así constar especialmente para que el acto jurídico surta sus efectos.

Cuando se haga referencia a algún artículo se entenderá que es de este mismo código salvo señalamiento en contrario.

Cuando se hable de salario mínimo general se entenderá que es el que rija en la capital del Estado.

Art. 3°.- En las relaciones sociales, las disposiciones de este código se deberán de entender bajo los principios de reciprocidad y equidad entre los afectados.

Art. 4°.- Cuando haya conflicto de derechos, a falta de ley que sea aplicable, la controversia se decidirá en favor de quien trate de evitarse perjuicios, y no en favor del que pretenda obtener un lucro.

Art. 5°.- El derecho personal es el vínculo jurídico patrimonial entre dos personas.

Art. 6°.- El derecho personalísimo es la potestad individual inherente a la persona humana con motivo de sus relaciones sociales. Es irrenunciable, intransferible e indelegable.

Art. 7°.- El derecho real es el poder jurídico que tiene su titular sobre un bien. Es preferente, perseguible y oponible frente a terceros.

Art. 8°.- La voluntad de los particulares no puede eximir de la observancia de la ley, ni alterarla o modificarla. Sólo pueden renunciarse los derechos privados que no afecten directamente al interés público y siempre que la renuncia no perjudique derechos de tercero.

Art. 9°.- La renuncia autorizada en el artículo anterior sólo producirá efecto si se hace en términos claros y precisos, de tal suerte que no quede duda del derecho que se renuncia.

Art. 10.- Los actos ejecutados contra el tenor de las leyes prohibitivas o de interés público no tendrán valor, excepto en los casos en que la ley disponga lo contrario.

Art. 11.- La ley sólo queda abrogada o derogada por otra posterior que así lo declare expresamente o que contenga disposiciones total o parcialmente incompatibles con la ley anterior.

Art. 12.- Contra la observancia de la ley no puede alegarse ignorancia, desuso, costumbre o práctica en contrario.

Art. 13.- La costumbre se debe de tomar en consideración para la interpretación de las leyes, de las convenciones o contratos y nunca para sustituirlos.

Art. 14.- Las leyes que establecen excepción a las reglas generales, no son aplicables a caso alguno que no esté expresamente especificado en las mismas leyes.

Art. 15.- La determinación del derecho aplicable se hará conforme a las siguientes reglas:

I. El estado civil y la capacidad de las personas físicas se rige por el derecho del lugar de su domicilio;

II. Los efectos jurídicos de actos y contratos celebrados fuera del Estado y que deban ser ejecutados dentro de su territorio, se regirán por las disposiciones de este código;

III. La propiedad y la administración de bienes ubicados en el territorio del Estado, adquiridos por consortes domiciliados o no dentro del mismo, pero cuyo matrimonio se celebró fuera de él, bajo capitulaciones matrimoniales expresas u otro régimen económico matrimonial, se regirán por lo que se establezca en las capitulaciones o en las disposiciones que rijan dichas relaciones económico-patrimoniales;

IV. La forma de los actos jurídicos se regirá por la legislación del lugar en que se celebren, pero las partes involucradas en ellos, residentes fuera del Estado, quedan en libertad para sujetarse a las formas prescritas por este código cuando el acto vaya a tener ejecución dentro del territorio del mismo;

V. Los bienes inmuebles ubicados en el Estado de Jalisco y los bienes muebles que en él se encuentren, se regirán por las disposiciones de este código;

VI. Las disposiciones de este código en todo lo relativo a los derechos sobre alimentos; derechos de familia o derecho sucesorio, se aplicarán fuera del Estado cuando esas relaciones jurídicas se hubieren originado dentro del mismo; y

VII. El Derecho extranjero será aplicable en el Estado en casos de reciprocidad, siempre y cuando, con su aplicación, no se infrinjan normas prohibitivas o de interés público vigentes en Jalisco.

Art. 16.- Los habitantes del Estado de Jalisco, quienes en él se encuentren de manera accidental, y las personas jurídicas, tienen obligación de ejercer sus actividades y de usar y disponer de sus bienes en forma que no perjudique a la colectividad, bajo las sanciones establecidas en este código y en las leyes relativas.

(REFORMADO PRIMER PÁRRAFO, P.O. 3 DE MARZO DE 1998)

Art. 17.- Los servidores públicos, teniendo en cuenta la falta de instrucción de algunas personas, su conformación cultural, su pertenencia a un pueblo indígena, su acceso a los medios de comunicación o su extrema pobreza, podrán eximirlos de las sanciones en que hubieren incurrido por la falta de cumplimiento de la ley que ignoraron o de ser posible, concederles un plazo para que la cumplan, siempre que no se trate de leyes que afecten directamente el interés público, ni se lesionen derechos de tercero.

(REFORMADO [N. DE E. ADICIONADO], P.O. 11 DE ENERO DE 2007)

Tratándose de personas pertenecientes a los pueblos o comunidades indígenas, en todos los juicios y procedimientos en que sean parte, individual o colectivamente, se deberán tomar en cuenta sus costumbres y especificidades culturales respetando los preceptos establecidos en la Constitución del Estado.

LIBRO SEGUNDO
DE LAS PERSONAS Y DE LAS INSTITUCIONES DE FAMILIA

TÍTULO PRIMERO
DE LAS PERSONAS FÍSICAS

CAPÍTULO I
DISPOSICIONES GENERALES

Art. 18.- Persona física es todo ser humano.

Art. 19.- La personalidad jurídica es uno de los atributos de la persona física, se adquiere por el nacimiento viable y se extingue por la muerte, pero desde el momento en que el ser humano es concebido, entra bajo la protección de la ley y se le tiene por nacido para todos los efectos legales.

Art. 20.- Sólo a la ley le corresponde regular la capacidad e incapacidad de las personas, tanto de goce, como de ejercicio:

I. Hay capacidad de goce cuando se tiene la aptitud para adquirir derechos y contraer obligaciones; y

II. Hay capacidad de ejercicio cuando se tiene aptitud para ejercitar derechos y cumplir obligaciones.

(REFORMADO, P.O. 29 DE NOVIEMBRE DE 2014)

Art. 21.- La capacidad jurídica es la regla, y la incapacidad puede ser natural o legal, en los términos que dicte ley.

(REFORMADO, P.O. 29 DE NOVIEMBRE DE 2014)

Art. 22.- La minoría de edad y el estado de interdicción, son restricciones a la capacidad de ejercicio.

Art. 23.- (DEROGADO, P.O. 29 DE NOVIEMBRE DE 2014)

CAPÍTULO II
DE LOS DERECHOS DE PERSONALIDAD

Art. 24.- Los derechos de personalidad, tutelan y protegen el disfrute que tiene el ser humano, como integrante de un contexto social, en sus distintos atributos, esencia y cualidades, con motivo de sus interrelaciones con otras personas y frente al Estado.

Por lo que se refiere a las personas jurídicas les serán aplicables las disposiciones de este capítulo en lo conducente.

Art. 25.- Los derechos de personalidad, por su origen, naturaleza y fin, no tienen más limitación que los derechos de terceros, la moral y las buenas costumbres. Como consecuencia, deben ser respetados por las autoridades y particulares.

Art. 26.- Los derechos de personalidad son:

I. Esenciales, en cuanto que garantizan el desarrollo individual y social, así como la existencia digna y reconocida del ser humano;

II. Personalísimos, en cuanto que por ellos alcanza su plena individualidad la persona humana;

III. Originarios, ya que se dan por el sólo nacimiento de la persona, sin importar el estatuto jurídico que después pueda corresponder a la misma;

IV. Innatos, ya que su existencia no requiere de reconocimiento jurídico alguno;

V. Sin contenido patrimonial, en cuanto no son sujetos de valorización pecuniaria;

VI. Absolutos, porque no es admisible bajo ningún concepto su disminución ni su confrontación y valen frente a todas las personas;

VII. Inalienables, porque no pueden ser objetos de enajenación;

VIII. Intransmisibles, porque son exclusivos de su titular y se extinguen con la muerte;

IX. Imprescriptibles, porque no se pierden por el transcurso del tiempo; e

X. Irrenunciables, porque ni siquiera la voluntad de su titular basta para privar su eficacia.

(REFORMADO, P.O. 23 DE SEPTIEMBRE DE 2000)

Art. 27.- El Estado y la sociedad, respetarán las costumbres, monumentos, procedimientos y tradiciones culturales de las sociedades y grupos, así como de las personas, familias y comunidades de los pueblos indígenas que las integran.

Se considera a la democracia no sólo como una estructura jurídica y un régimen político sino como un sistema de vida fundado en la capacidad de decisión responsable de las personas que permita su desarrollo y el constante mejoramiento económico, social, cultural y familiar.

Art. 28.- Toda persona tiene derecho a que se respete:

I. Su vida;

(REFORMADA, P.O. 23 DE SEPTIEMBRE DE 2000)

II. Su integridad física y psíquica;

III. Sus afectos, sentimientos y creencias;

IV. Su honor o reputación, y en su caso, el título profesional, arte, oficio u ocupación que haya alcanzado. No será objeto de denostación o manifestación que cause deshonra, desprecio y ofensa que le conlleve descrédito;

V. Su nombre y, en su caso, seudónimo;

VI. Su presencia física;

VII. El secreto epistolar, telefónico, profesional, de comunicación teleimpresa y el secreto testamentario; y

VIII. Su vida privada y familiar.

Art. 29.- Las cartas particulares no pueden ser publicadas sin consentimiento de ambos corresponsales o de sus herederos; a excepción del caso en que la publicación sea necesaria para la prueba o defensa de algún derecho o cuando lo exijan el interés público o el adelanto de las ciencias.

Art. 30.- Sin consentimiento de una persona, no pueden revelarse los secretos de ésta, a menos que la revelación haya de realizarse por un interés legítimo de quien la haga o en cumplimiento de un deber legal. La ley determinará quiénes tienen el deber de revelar un secreto.

(REFORMADO, P.O. 18 DE SEPTIEMBRE DE 2004)

Art. 31.- La exhibición o reproducción por cualquier medio de la imagen; de la voz o de ambas de una persona, sin consentimiento de ésta y sin un fin lícito, conforme a lo dispuesto por los artículos 6° y 7° de la Constitución Política de los Estado Unidos Mexicanos, es violatoria de los derechos de personalidad.

Art. 32.- No se consideran comprendidos dentro la prohibición que se señala en el artículo anterior, la imagen o la voz de la persona, cuando sean estos servidores públicos, en ejercicio o con motivo de su encargo.

Art. 33.- El honor, el respeto al secreto, a la voz e imagen de los difuntos, quedará protegido por la ley.

Art. 34.- La violación de los derechos de personalidad bien sea porque produzcan daño moral, daño económico, o ambos, es fuente de obligaciones en los términos de este código.

Art. 35.- La responsabilidad civil a que se refiere el artículo anterior, no exime al autor o responsable, de cualquier otra sanción que le imponga la ley.

Art. 36.- Toda persona capaz, tiene derecho a disponer parcialmente de su cuerpo, en beneficio terapéutico de otra, siempre que tal disposición no ponga en peligro la vida del disponente.

Art. 37.- Puede igualmente disponer de su cuerpo total o parcialmente, para después de su muerte, con fines terapéuticos, de enseñanza o investigación.

Art. 38.- La disposición de cuerpos, órganos y tejidos de seres humanos con fines terapéuticos y de investigación, será siempre a título gratuito.

(REFORMADO PRIMER PÁRRAFO, P.O. 18 DE SEPTIEMBRE DE 2004)

Art. 39.- En caso de disposición de cuerpos, total o parcialmente para después de la muerte o en el caso de muerte cerebral, el consentimiento para ello se regirá por cualquiera de las siguientes formas:

(REFORMADA, P.O. 30 DE JULIO DE 2011)

I. Deberá hacerse constar mediante testamento público abierto o en documento público en que se haga constar la tutela voluntaria;

II. Expresarse por escrito ratificando su firma ante notario público, depositando tal documento ante sus parientes más próximos o con persona de su confianza; y

III. Surtirá efectos la declaración que se haga en forma expresa ante las autoridades competentes de vialidad o tránsito, con motivo de la expedición de los documentos en los que conste la autorización para conducir automotores.

La autoridad respectiva deberá percatarse que se cumplieron los requisitos antes indicados y entregará el cuerpo u órgano al beneficiario, recabando previamente la opinión de un médico legista.

Art. 40.- (DEROGADO, P.O. 12 DE DICIEMBRE DE 2023)

(ADICIONADO, P.O. 5 DE DICIEMBRE DE 2018)

Art. 40 Bis.- El documento de Directrices Anticipadas podrá elaborarse ante la Secretaría de Salud del Estado o ante notario público en los términos de la ley de Salud para el Estado de Jalisco.

(DEROGADO CON LOS ARTÍCULOS QUE LO INTEGRAN, P.O. 30 DE OCTUBRE DE 2014)

CAPÍTULO III
DE LA INFORMACIÓN PRIVADA

Art. 40 Bis 1.- (DEROGADO, P.O. 30 DE OCTUBRE DE 2014)

Art. 40 Bis 2.- (DEROGADO, P.O. 30 DE OCTUBRE DE 2014)

Art. 40 Bis 3.- (DEROGADO, P.O. 30 DE OCTUBRE DE 2014)

Art. 40 Bis 4.- (DEROGADO, P.O. 30 DE OCTUBRE DE 2014)

Art. 40 Bis 5.- (DEROGADO, P.O. 30 DE OCTUBRE DE 2014)

Art. 40 Bis 6.- (DEROGADO, P.O. 30 DE OCTUBRE DE 2014)

Art. 40 Bis 7.- (DEROGADO, P.O. 30 DE OCTUBRE DE 2014)

Art. 40 Bis 8.- (DEROGADO, P.O. 30 DE OCTUBRE DE 2014)

Art. 40 Bis 9.- (DEROGADO, P.O. 30 DE OCTUBRE DE 2014)

Art. 40 Bis 10.- (DEROGADO, P.O. 30 DE OCTUBRE DE 2014)

Art. 40 Bis 11.- (DEROGADO, P.O. 30 DE OCTUBRE DE 2014)

Art. 40 Bis 12.- (DEROGADO, P.O. 30 DE OCTUBRE DE 2014)

Art. 40 Bis 13.- (DEROGADO, P.O. 30 DE OCTUBRE DE 2014)

Art. 40 Bis 14.- (DEROGADO, P.O. 30 DE OCTUBRE DE 2014)

Art. 40 Bis 15.- (DEROGADO, P.O. 30 DE OCTUBRE DE 2014)

Art. 40 Bis 16.- (DEROGADO, P.O. 30 DE OCTUBRE DE 2014)

Art. 40 Bis 17.- (DEROGADO, P.O. 30 DE OCTUBRE DE 2014)

Art. 40 Bis 18.- (DEROGADO, P.O. 30 DE OCTUBRE DE 2014)

Art. 40 Bis 19.- (DEROGADO, P.O. 30 DE OCTUBRE DE 2014)

Art. 40 Bis 20.- (DEROGADO, P.O. 30 DE OCTUBRE DE 2014)

Art. 40 Bis 21.- (DEROGADO, P.O. 30 DE OCTUBRE DE 2014)

Art. 40 Bis 22.- (DEROGADO, P.O. 30 DE OCTUBRE DE 2014)

Art. 40 Bis 23.- (DEROGADO, P.O. 30 DE OCTUBRE DE 2014)

Art. 40 Bis 24.- (DEROGADO, P.O. 30 DE OCTUBRE DE 2014)

Art. 40 Bis 25.- (DEROGADO, P.O. 30 DE OCTUBRE DE 2014)

Art. 40 Bis 26.- (DEROGADO, P.O. 30 DE OCTUBRE DE 2014)

Art. 40 Bis 27.- (DEROGADO, P.O. 30 DE OCTUBRE DE 2014)

Art. 40 Bis 28.- (DEROGADO, P.O. 30 DE OCTUBRE DE 2014)

Art. 40 Bis 29.- (DEROGADO, P.O. 30 DE OCTUBRE DE 2014)

Art. 40 Bis 30.- (DEROGADO, P.O. 30 DE OCTUBRE DE 2014)

Art. 40 Bis 31.- (DEROGADO, P.O. 30 DE OCTUBRE DE 2014)

Art. 40 Bis 32.- (DEROGADO, P.O. 30 DE OCTUBRE DE 2014)

Art. 40 Bis 33.- (DEROGADO, P.O. 30 DE OCTUBRE DE 2014)

Art. 40 Bis 34.- (DEROGADO, P.O. 30 DE OCTUBRE DE 2014)

Art. 40 Bis 35.- (DEROGADO, P.O. 30 DE OCTUBRE DE 2014)

Art. 40 Bis 36.- (DEROGADO, P.O. 30 DE OCTUBRE DE 2014)

Art. 40 Bis 37.- (DEROGADO, P.O. 30 DE OCTUBRE DE 2014)

Art. 40 Bis 38.- (DEROGADO, P.O. 30 DE OCTUBRE DE 2014)

Art. 40 Bis 39.- (DEROGADO, P.O. 30 DE OCTUBRE DE 2014)

CAPÍTULO IV
DEL PATRIMONIO

Art. 41.- El ser humano es titular patrimonial en los aspectos económico, moral y social.

Art. 42.- El patrimonio económico se forma por los derechos y obligaciones valorables en dinero y que constituyen una universalidad.

Art. 43.- El patrimonio moral se constituye por los derechos y deberes no valorables en dinero y que se integran por los derechos de personalidad.

Art. 44.- El patrimonio social compete a todos los seres humanos y pertenece a la presente y futuras generaciones.

Art. 45.- El patrimonio social está compuesto por los ecosistemas, ya que de su equilibrio dependen la vida y el sano desarrollo productivo.

Todo ser humano tiene derecho a desarrollarse en un medio ambiente sano.

Se considera de orden público e interés social la preservación y restauración del equilibrio ecológico.

CAPÍTULO V
DE LA MAYORÍA DE EDAD

(REFORMADO, P.O. 8 DE OCTUBRE DE 2011)

Art. 46. La mayoría de edad comienza a los dieciocho años.

Art. 47.- El mayor de edad dispone libremente de su persona y de sus bienes, salvo los casos de excepción establecidos en las leyes.

(REFORMADA SU DENOMINACIÓN, P.O. 29 DE NOVIEMBRE DE 2014)

CAPÍTULO VI
DE LA LIMITACIÓN A LA CAPACIDAD DE EJERCICIO

(REFORMADO, P.O. 29 DE NOVIEMBRE DE 2014)

Art. 48.- La capacidad de ejercicio se reconoce por la ley a los mayores de edad, así como a las personas menores de edad emancipadas, en los casos que determine la ley.

(REFORMADO, P.O. 5 DE SEPTIEMBRE DE 2015)

Art. 49. La interdicción y demás incapacidades que establezca la ley, son limitaciones a la capacidad de ejercicio.

Tratándose de niñas, niños y adolescentes se estará a lo dispuesto en la legislación general y estatal de los Derechos de Niñas, Niños y Adolescentes y este Código.

CAPÍTULO VII
DEL ESTADO DE INTERDICCIÓN

(REFORMADO, P.O. 29 DE NOVIEMBRE DE 2014) (F. DE E., P.O. 21 DE ABRIL DE 2015)

Art. 50.- La limitación a la capacidad de ejercicio impuesta por la interdicción será la que se señale en los términos que dicte la sentencia respectiva, en la que deberá establecerse en qué tipo de actos el incapaz goza de plena autonomía en el ejercicio de su capacidad jurídica y en qué otros deberá intervenir un tutor para otorgarle asistencia.

(REFORMADO, P.O. 29 DE NOVIEMBRE DE 2014)

Art. 51.- Son nulos todos los actos de administración ejecutados y los contratos celebrados por los incapaces, sin la asistencia del tutor, cuando se requiera la misma.

(REFORMADO, P.O. 29 DE NOVIEMBRE DE 2014)

Art. 52.- La nulidad a que se refieren los dos artículos anteriores, sólo puede ser alegada, sea como acción, sea como excepción, por los incapaces o por sus legítimos representantes; pero no por las personas con quienes contrató, ni por los fiadores que se hayan dado al constituirse la obligación, ni por los mancomunados en ella.

Art. 53.- La acción para pedir la nulidad, prescribe en los términos en que prescriben las acciones personales o reales, según la naturaleza del acto cuya nulidad se pretende.

(REFORMADO, P.O. 29 DE NOVIEMBRE DE 2014)

Art. 54.- Las personas menores de edad no pueden alegar la nulidad a que se refiere este capítulo, en las obligaciones que hubieren contraído sobre las materias propias de la profesión o arte en que sean peritos.

(REFORMADO, P.O. 29 DE NOVIEMBRE DE 2014)

Art. 55.- Tampoco pueden alegarla las personas menores de edad, si han presentado certificados falsos del Registro Civil para hacerse pasar como mayores o han manifestado dolosamente que lo eran.

CAPÍTULO VIII
DE LA EMANCIPACIÓN

Art. 56.- (DEROGADO, P.O. 4 DE ABRIL DE 2015)

Art. 57.- Los mayores de dieciséis años que estén sujetos a patria potestad o tutela, tienen derecho que se les emancipe si demuestran su buena conducta y su aptitud para el manejo de sus intereses.

Los padres o tutores pueden emancipar a sus hijos y pupilos que se encuentren en las condiciones mencionadas en el párrafo anterior, siempre que estos consientan su emancipación.

Art. 58.- El emancipado tiene capacidad de ejercicio para la libre administración de su patrimonio, pero necesita autorización judicial para la enajenación, transmisión por cualquier título y constitución de derechos reales sobre sus bienes inmuebles y de un tutor dativo, especialmente nombrado para estos casos.

Art. 59.- Cuando los bienes propiedad del menor, los haya adquirido con el producto de su trabajo se le considerará como emancipado para realizar actos de administración respecto de dichos bienes.

CAPÍTULO IX
DE LA INDIVIDUALIZACIÓN DE LAS PERSONAS FÍSICAS

Art. 60.- El nombre de las personas físicas se forma con el nombre propio y sus apellidos.

(REFORMADO, P.O. 7 DE NOVIEMBRE DE 2020)

Art. 61.- El nombre propio será impuesto por quien declare el nacimiento de un (sic) persona, respetando la voluntad de los progenitores, pudiendo ser simple o compuesto y los apellidos serán el que decidan primero, si el del padre o el de la madre, o en su caso sólo los de aquél o los de ésta en el supuesto de reconocimiento por separado. Una vez que se acepte el orden en que se pondrán los apellidos del primogénito de una familia, los demás hermanos deberán seguir el mismo orden, en ningún caso se les permitirá elegir nuevamente el cambio del orden de los apellidos. En el caso de que los progenitores, no llegaren a un acuerdo en el orden de los apellidos, el Oficial del Registro Civil, deberá determinar el mismo a través de un sorteo, dejando constancia del método utilizado para la celebración del mismo.

Art. 62.- Si al hacerse el registro no se sabe quienes son los padres, el nombre propio y los apellidos serán puestos por el Oficial del Registro Civil.

(REFORMADO, P.O. 12 DE OCTUBRE DE 2024)

Art. 63.- No estará permitido el cambio de nombre a persona alguna, pero si alguien hubiere sido conocido con nombre diferente al que aparece en su acta de nacimiento, o tuviere un seudónimo, se anotará la referida acta en tal sentido, subsistiendo el nombre de la persona que primeramente se haya asentado en los libros del Registro Civil.

Art. 64.- Se exceptúa de lo dispuesto en el artículo que antecede:

I. Cuando el nombre propio puesto a una persona le cause afrenta;

II. En los casos de desconocimiento, o reconocimiento de la paternidad o maternidad y de la adopción; y

III. En el caso de homonimia que le cause un perjuicio, podrá pedirse al juez competente del lugar donde esté asentada el acta de nacimiento, se autorice transformar el primero de los apellidos de simple a compuesto o de compuesto a simple.

Art. 65.- La mujer casada podrá agregar a su nombre de soltera y anteponiendo la preposición "de" uno o dos apellidos de su marido; también podrá suprimir los apellidos propios, agregando con la misma preposición los que correspondan a su cónyuge.

Art. 66.- El uso del apellido conyugal subsistirá por todo el tiempo que se conserve el vínculo matrimonial o cuando ocurra la viudez.

No se podrá utilizar dicho apellido en los casos de divorcio o de ilegitimidad del matrimonio.

Art. 67.- El seudónimo es el nombre con que es conocido (sic) públicamente una persona con motivo de su profesión u ocupación por sus actividades deportivas, artísticas, culturales o religiosas.

(REFORMADO, P.O. 7 DE NOVIEMBRE DE 2020)

Art. 68. Firma es la constancia de la voluntad de una persona que se expresa de manera gráfica o electrónica en el documento que con su persona está referido.

La expresión gráfica es libre y solamente se tendrá como auténtica, para efectos de cotejo y comprobación, aquélla que se estampe en presencia de servidores públicos o con motivo de funciones oficiales.

La firma electrónica, se considera valida cuando cumple los requisitos de la ley que la regula.

(REFORMADO, P.O. 15 DE AGOSTO DE 2006)

Art. 69.- La manuscripción y el estampar dos huellas digitales constituye conjunta o separadamente otras formas de identificar a sus autores por medio de los métodos científicos.

(REFORMADO, P.O. 15 DE AGOSTO DE 2006)

Art. 70.- En todos los actos jurídicos en que intervenga una persona y que tenga el carácter de solemne y en los que la ley así lo exija, deberán ser firmados, manuscrito el nombre y estampar dos huellas digitales de sus suscriptores y otorgantes.

Art. 71.- La persona que no sepa o no pueda firmar ni escribir, estampará cuando menos como medio de identificación sus huellas digitales, debiendo hacerlo ante dos testigos o ante servidor público.

CAPÍTULO X
DEL DOMICILIO

Art. 72.- El domicilio de una persona física es el lugar donde reside con el propósito de establecerse en él; a falta de éste, el lugar en que tiene el principal asiento de sus negocios; y a falta de uno y otro, el lugar en que se halle.

Art. 73.- Se presume el propósito de establecerse en un lugar, cuando se resida por más de seis meses en él. Transcurrido el mencionado tiempo, el que no quiera que nazca dicha presunción de referencia declarará dentro del término de quince días, tanto a la autoridad municipal de su anterior domicilio, como a la de su nueva residencia, que no desea perder su antiguo domicilio y adquirir uno nuevo. La declaración no producirá efectos si se hace en perjuicio de tercero.

Art. 74.- El domicilio legal de una persona es el lugar donde la ley fija su residencia para el ejercicio de sus derechos y el cumplimiento de sus obligaciones.

Art. 75.- Se reputa domicilio legal:

(REFORMADA, P.O. 29 DE NOVIEMBRE DE 2014)

I. De la persona menor de edad no emancipada, el de la persona a cuya patria potestad está sujeto;

(REFORMADA, P.O. 29 DE NOVIEMBRE DE 2014)

II. De la persona menor de edad que no esté bajo la patria potestad y de los incapaces, el de su tutor;

III. De los militares en servicio activo, el lugar en que estén destinados;

IV. De los servidores públicos, el lugar donde desempeñen sus funciones por más de seis meses. Los que por tiempo menor desempeñen alguna comisión, no adquirirán domicilio por ese solo hecho en el lugar donde la cumplen; y

V. Los privados de su libertad corporal por más de seis meses en la población en que la cumplan.

Art. 76.- No obstante lo señalado en el artículo anterior, podrá designarse un domicilio convencional para el ejercicio y cumplimiento de derechos y obligaciones, así como la renuncia en el aspecto judicial a la jurisdicción de su domicilio.

(REFORMADO [N. DE E. ADICIONADO], P.O. 7 DE NOVIEMBRE DE 2020)

Las personas pueden señalar en cualquier instrumento legal en que sean parte, un sitio o correo electrónico como domicilio convencional el cual puede utilizarse como domicilio legal, sólo para el efecto de los derechos y obligaciones estipulados en dicho instrumento legal.

CAPÍTULO XI
DEL ESTADO CIVIL

Art. 77.- El estado civil es la situación jurídica que guarda la persona en relación con la familia en cuanto al nombre, al trato y a la fama.

Art. 78.- Posesión de estado civil es la conducta reiterada que en forma pública hace una persona, de un estado civil.

Art. 79.- Es objeto de especial protección el estado civil y la posesión de estado civil.

Art. 80.- El estado civil de las personas es de orden público y no puede ser objeto ni de transacción, convalidación, disminución o desconocimiento.

Art. 81.- El estado civil de las personas sólo se comprueba por las constancias relativas del Registro Civil. Ningún otro documento ni medio de prueba es admisible para comprobar el estado civil, salvo en los casos expresamente señalados en la ley.

Art. 82.- Cuando no hayan existido registros, se hubieren perdido, estuvieren ilegibles o faltaren las hojas o formas en que se pueda suponer se encontraba el acta, se podrá recibir prueba del acto por instrumentos o testigos.

Art. 83.- Para establecer el estado civil adquirido por los mexicanos fuera de la (sic) país, serán bastantes las constancias que los interesados presenten de los actos relativos, siempre que se hayan inscrito en la oficina respectiva del Registro Civil en el estado de Jalisco o de cualquiera otra entidad federal.

Art. 84.- Las relaciones de filiación pueden establecerse también mediante escritura otorgada ante notario público, por testamento o por confesión judicial directa y expresa. Una vez efectuada, no podrá revocarse, salvo error o violencia.

Art. 85.- Cuando el reconocimiento de hijo se haga en un testamento, surtirá efectos de inmediato.

Art. 86.- Para acreditar la posesión de estado civil se deberá atender, el trato y comportamiento en el seno de la familia respectiva, la fama que sobre el particular tenga la persona en sus relaciones sociales y de familia así mismo se deberá tomar en consideración el nombre propio que utilice quien posea un estado civil.

(REFORMADA SU DENOMINACIÓN, P.O. 25 DE ABRIL DE 2015)

TÍTULO SEGUNDO
DE LOS AUSENTES Y DESAPARECIDOS, E IGNORADOS

CAPÍTULO I
DISPOSICIONES GENERALES

Art. 87.- El que se hubiere ausentado del lugar de su residencia ordinaria y tuviere apoderado constituido antes o después de su partida, se tendrá como presente para todos los efectos civiles y sus negocios se podrán tratar con el apoderado hasta donde alcance el poder.

Art. 88.- El representante y los poseedores provisionales y definitivos, en sus respectivos casos, tienen la legítima procuración del ausente en juicio y fuera de él.

Art. 89.- Por causa de ausencia no se suspenden los términos que fija la ley para la usucapión y prescripción.

(REFORMADO, P.O. 31 DE MAYO DE 2007)

Art. 90.- El Agente de la Procuraduría Social velará por los intereses del ausente y será oído en todos los juicios que tengan relación con él y en las declaraciones de ausencia y presunción de muerte.

CAPÍTULO II
DE LAS MEDIDAS PROVISIONALES EN CASO DE AUSENCIA

(REFORMADO, P.O. 25 DE ABRIL DE 2015)

Art. 91.- Cuando una persona haya desaparecido y se ignore quién la represente, el juez, a petición de parte o de oficio, nombrará un representante y depositario de sus bienes, la citará por edicto publicado por una vez en un periódico de amplia circulación en el estado de su último domicilio, señalándole para que se presente en un término no menor de treinta días ni mayor de sesenta días; además dispondrá su búsqueda por medio de la policía en aquellos lugares donde se presuma se encuentre y dictará las providencias necesarias para asegurar los bienes.

Art. 92.- Al publicarse los edictos, remitirá copia a los cónsules mexicanos de aquellos lugares del extranjero en que se puede presumir que se encuentre el ausente o que se tengan noticias de él.

Art. 93.- Si el ausente tiene hijos menores que estén bajo su patria potestad, y no hay ascendientes que deban ejercerla conforme a la ley, ni tutor testamentario ni legítimo se les nombrará tutor en los términos previstos para la designación del tutor dativo.

Art. 94.- Las obligaciones y facultades del depositario serán las que la ley asigna a los depositarios judiciales.

(REFORMADO PRIMER PÁRRAFO, P.O. 25 DE ABRIL DE 2015)

Art. 95.- Se nombrará representante y depositario, en orden de preferencia.

I. Al cónyuge presente mayor de edad, no separado legalmente o de hecho antes de la desaparición;

II. A uno de los hijos mayores de edad que resida en el lugar. Si hubiere varios, el juez elegirá discrecionalmente a cualesquiera de ellos, prefiriendo a quien hubiere convivido con el ausente antes de su separación;

III. Al ascendiente más próximo en grado de menos edad de una u otra línea; y

IV. A falta de los anteriores o cuando sea inconveniente que éstos, por su notoria mala conducta o por su ineptitud, sean nombrados representantes provisionales y depositarios, el juez nombrará al heredero presuntivo y si hubiere varios, se preferirá al que tenga más interés en la preservación de los bienes.

Art. 96.- Si cumplido el término del llamamiento, el citado no compareciere por sí, ni por apoderado legítimo, ni por medio del tutor o de pariente que pueda representarlo, se procederá al nombramiento de representante.

Art. 97.- Lo mismo se hará cuando en iguales circunstancias, caduque el poder conferido por el ausente, o sea insuficiente para el caso.

Art. 98.- Tiene acción para pedir el nombramiento de representante y depositario, quien pueda pedir la declaratoria de ausencia.

Art. 99.- (DEROGADO, P.O. 25 DE ABRIL DE 2015)

Art. 100.- Si el cónyuge ausente fuere casado en segundas o ulteriores nupcias y hubiere hijos del matrimonio o matrimonios anteriores, el juez dispondrá que el cónyuge presente y los hijos del matrimonio o matrimonios anteriores, o sus legítimos representantes en su caso, nombren de común acuerdo al depositario representante; si no estuvieren conformes, el juez lo nombrará libremente.

Art. 101.- El representante del ausente es el legítimo administrador de los bienes de éste y tiene, respecto de ellos, las mismas obligaciones, facultades y restricciones que los tutores.

No entrará a la administración de los bienes sin que previamente forme inventario y avalúo de ellos; y si dentro del término de un mes, no presenta la caución que fije el juez, se nombrará otro representante. Las personas a que se refieren las fracciones I, II y III del artículo 95 de este código quedan relevadas del otorgamiento de garantía.

Art. 102.- El representante del ausente tendrá la misma retribución que a los tutores corresponda, según las reglas señaladas para ello.

Art. 103.- No pueden ser representantes de un ausente, los que estén impedidos para ser tutores.

Art. 104.- Deben excusarse, los que puedan hacerlo de la tutela.

Art. 105.- Será removido del cargo de representante, el que deba serlo de tutor.

Art. 106.- El cargo de representante termina:

I. Con el regreso del ausente;

II. Con la presentación del apoderado legítimo;

III. Con la muerte del ausente; y

IV. Con la posesión provisional.

Art. 107.- (DEROGADO, P.O. 25 DE ABRIL DE 2015)

Art. 108.- (DEROGADO, P.O. 25 DE ABRIL DE 2015)

Art. 109.- (DEROGADO, P.O. 25 DE ABRIL DE 2015)

CAPÍTULO III
DE LA DECLARACIÓN DE AUSENCIA

(REFORMADO, P.O. 25 DE ABRIL DE 2015)

Art. 110.- Pasando tres meses desde el día en que haya sido nombrado el representante, habrá acción para pedir la declaración de ausencia.

(REFORMADO, P.O. 25 DE ABRIL DE 2015)

Art. 111.- En caso de que el ausente haya dejado o nombrado apoderado general para la administración de sus bienes, no podrá pedirse la declaración de ausencia sino pasados seis meses, que se contarán desde la desaparición del ausente, si en este periodo no se tuvieren ningunas noticias suyas, o desde la fecha en que se hayan tenido las últimas.

Art. 112.- Lo dispuesto en el artículo anterior se observará aun cuando el poder se haya conferido por más de tres años.

(REFORMADO, P.O. 25 DE ABRIL DE 2015)

Art. 113.- Pasado dos meses desde que hubiere desaparecido el ausente, el Agente de la Procuraduría Social y quien tenga facultades para pedir la declaración de ausencia, puede solicitar que el apoderado garantice su gestión de la misma manera que deba hacerlo el representante.

Art. 114.- Si el apoderado dentro del término que se le fije, no quiere o no puede dar la garantía, se tendrá por terminado el poder y se procederá al nombramiento de representante.

Art. 115.- Pueden pedir la declaración de ausencia:

I. Los presuntos legítimos herederos del ausente;

II. Los herederos instituidos en testamento público abierto;

(REFORMADA, P.O. 31 DE MAYO DE 2007)

III. El Agente de la Procuraduría Social.

(REFORMADO, P.O. 25 DE ABRIL DE 2015)

Art. 116.- Si el juez encuentra fundada la demanda, dispondrá que se publique un extracto de la misma una vez, en el Periódico Oficial que corresponda y en uno de los principales del último domicilio del ausente; y en su caso de considerarlo pertinente la remitirá a los consulados.

(REFORMADO, P.O. 25 DE ABRIL DE 2015)

Art. 117.- Pasados quince días desde la fecha de la publicación a que se refiere el artículo anterior, si no hubiere noticias del ausente ni oposición de algún interesado, el juez declarará en forma la ausencia.

(REFORMADO, P.O. 25 DE ABRIL DE 2015)

Art. 118.- Si hubiere alguna noticia u oposición, el juez no declarará la ausencia sin que previamente se publique el edicto por una vez más y se haga la averiguación por los medios que el oponente proponga y por los que el mismo juez crea oportunos.

(REFORMADO, P.O. 25 DE ABRIL DE 2015)

Art. 119.- La declaración de ausencia se publicará dos veces en los periódicos mencionados, con intervalos de siete días, remitiéndose en su caso a los cónsules como esta señalado respecto a los edictos.

Art. 120.- La resolución que se pronuncie sobre declaración de ausencia, podrá ser impugnada mediante los recursos que el Código de Procedimientos Civiles señale para los juicios ordinarios.

CAPÍTULO IV
DE LOS EFECTOS DE LA DECLARACIÓN DE AUSENCIA

Art. 121.- Declarada la ausencia, si hubiere testamento público u ológrafo, la persona en cuyo poder se encuentre, lo presentará al juez dentro de quince días contados desde la última publicación en que se cite al ausente para presentarse ante el juez.

Art. 122.- El juez, de oficio o a instancia de cualquiera que se crea interesado en el testamento público cerrado u ológrafo, abrirá éste en presencia del representante del ausente, con citación de los que promovieron la declaración de ausencia y con las demás solemnidades prescritas para la apertura de esta clase de testamento.

Art. 123.- Los presuntos herederos testamentarios, y en su defecto los que fueren legítimos al tiempo de la desaparición de un ausente o al momento en que se hayan recibido las últimas noticias, si tienen capacidad legal para administrar, serán puestos en la posesión provisional de los bienes, otorgando garantía que asegure las resultas de la administración. Si estuvieren bajo la patria potestad o tutela, se procederá conforme a derecho.

Art. 124.- Si son varios presuntos herederos y los bienes admiten cómoda división, cada uno administrará la parte que le corresponda.

Art. 125.- Si los bienes no admiten cómoda división, los herederos elegirán de entre ellos mismos un administrador general; y si no se pusieren de acuerdo, el juez lo nombrará, escogiéndolo de entre los mismos presuntos herederos.

Art. 126.- Si una parte de los bienes fuere cómodamente divisible y otra no, respecto de ésta se nombrará al administrador general.

Art. 127.- Los presuntos herederos que no administren, podrán nombrar un interventor, que tendrá las facultades y obligaciones señaladas a los curadores. Su honorario será el que le fijen los que le nombraron y se pagará por éstos.

Art. 128.- El que entre en la posesión provisional, tendrá, respecto de los bienes, las mismas obligaciones, facultades y restricciones que los tutores.

Art. 129.- Cuando los bienes admitan cómoda división o sean divisibles sin menoscabo de su valor, cada heredero dará la garantía que corresponda a la parte de bienes que administre.

Art. 130.- En el caso de que no admitan cómoda división los bienes, el administrador general será el que dé la garantía legal.

Art. 131.- Los presuntos legatarios y donatarios así como todos los que tengan sobre los bienes del ausente derechos que dependan de la muerte o presencia de éste, podrán ejercitarlos, dando la garantía en la misma forma y términos que corresponda si se tratare de la que están obligados a otorgar los tutores.

Art. 132.- Los que tengan, con relación al ausente, obligaciones que deban cesar a la muerte de éste, podrán también suspender su cumplimiento bajo la misma garantía.

(REFORMADO, P.O. 25 DE ABRIL DE 2015)

Art. 133.- Si no pudiere darse la garantía exigida en los cinco artículos anteriores, el juez, según las circunstancias de la persona y de los bienes y concediendo el plazo de quince días, podrá disminuir el importe de aquélla, de tal manera que no sea menor a la tercera parte de los valores de la garantía que deben otorgar los tutores para el desempeño del cargo.

Art. 134.- Mientras no se dé la expresada garantía, no cesará la administración del representante.

Art. 135.- No están obligados a dar garantía:

I. El cónyuge, los descendientes y los ascendientes que como herederos entren en la posesión de los bienes del ausente, por la parte que de ellos les corresponda; y

II. El ascendiente que, en ejercicio de la patria potestad, administre bienes que correspondan a sus descendientes, como herederos del ausente.

Si hubiere presuntos legatarios, el cónyuge, los descendientes y ascendientes darán la garantía legal por la parte de bienes que correspondan a los legatarios, si no hubiere división ni administrador general.

Art. 136.- Los que entren en la posesión provisional tienen derecho de pedir cuentas al representante del ausente, éste entregará los bienes y dará las cuentas en los términos aquí prevenidos para los tutores y curadores.

(REFORMADO, P.O. 25 DE ABRIL DE 2015)

El plazo para rendir cuentas será de treinta días y se contará desde el día en que el heredero haya sido declarado con derecho a la referida posesión.

(REFORMADO, P.O. 31 DE MAYO DE 2007)

Art. 137.- Si hecha la declaración de ausencia no se presentaren herederos del ausente, el Agente de la Procuraduría Social pedirá la continuación del representante o la elección de otro que, en nombre de la beneficencia pública, entre en la posesión provisional conforme a los artículos que anteceden.

Art. 138.- Muerto el que haya obtenido la posesión provisional, le sucederán sus herederos en la parte que le haya correspondido, bajo las mismas condiciones y con derecho a la referida posesión.

Art. 139.- Si el ausente se presenta o se prueba su existencia antes de que sea declarada la presunción de muerte, recobrará sus bienes. Los que han tenido la posesión provisional, hacen suyos todos los frutos industriales que hayan hecho producir a esos bienes y la mitad de los frutos naturales y civiles.

CAPÍTULO V
DE LA ADMINISTRACIÓN DE LOS BIENES DEL AUSENTE CASADO

Art. 140.- La declaración de ausencia interrumpe la sociedad patrimonial surgida del matrimonio si éste se hubiere celebrado bajo sociedad legal o sociedad conyugal, a menos de que en las capitulaciones matrimoniales se haya estipulado que continúe.

Art. 141.- Declarada la ausencia se procederá, con citación de los herederos presuntivos, al inventario de los bienes y a la separación de los que deben corresponder al cónyuge ausente.

Art. 142.- El cónyuge presente recibirá desde luego, los bienes que le correspondan hasta el día en que la declaración de ausencia haya causado ejecutoria. De esos bienes podrá disponer libremente.

Art. 143.- Los bienes del ausente se entregarán a sus herederos, en los términos señalados en el capítulo anterior.

Art. 144.- En el caso en que el cónyuge presente entre como heredero en la posesión provisional, hará suyos todos los frutos y las rentas de los bienes que haya administrado.

Art. 145.- Si el cónyuge ausente regresa o se probare su existencia, quedará restaurada la sociedad legal o la sociedad conyugal bajo la que se hubiere celebrado su matrimonio.

CAPÍTULO VI
DE LA PRESUNCIÓN DE MUERTE DEL AUSENTE

(REFORMADO, P.O. 25 DE ABRIL DE 2015)

Art. 146.- Cuando hayan transcurrido seis meses desde la declaración de ausencia, el juez, a instancia de parte interesada, declarará la presunción de muerte.

Cuando la desaparición sea consecuencia de incendio, explosión, inundación, terremoto o catástrofe aérea, ferroviaria o de automotores u otro siniestro semejante y exista fundada presunción de que el desaparecido se encontraba en el lugar del siniestro o catástrofe, o a bordo de las naves y vehículos accidentados, bastará el transcurso de tres meses contados a partir del acontecimiento para que el juez declare la presunción de muerte. En estos casos la autoridad judicial acordará la publicación de la solicitud de declaración de presunción de muerte en un periódico de amplia circulación en el Estado, por dos veces con un intervalo de siete días.

(DEROGADO TERCER PÁRRAFO, P.O. 22 DE FEBRERO DE 2021)

Art. 147.- Declarada la presunción de muerte, si lo hubiere se abrirá el testamento del ausente, en el caso de que no estuviere ya publicado; los poseedores provisionales darán cuenta de su administración, y los herederos y demás interesados entrarán en la posesión definitiva de los bienes, sin garantía alguna. La que según la ley se hubiere dado, quedará cancelada.

(REFORMADO [N. DE E. ADICIONADO], P.O. 25 DE ABRIL DE 2015)

De igual forma los herederos y beneficiarios tendrán todas las acciones para declarar los beneficios a que tengan derecho.

Art. 148.- Si se llega a probar la muerte del ausente, la herencia se defiere a los que debieran heredar al tiempo de ella, pero el poseedor o poseedores de los bienes hereditarios, al restituirlos, se reservarán los frutos correspondientes a la época de la posesión provisional, desde que obtuvieron la posesión definitiva.

Art. 149.- Si el ausente se presentare o se probare su existencia después de otorgada la posesión definitiva, recobrará de inmediato sus bienes en el estado en que se hallen, así como el precio de los enajenados, o los que se hubieren adquirido con el mismo precio; pero no podrá reclamar frutos ni rentas.

Art. 150.- Cuando hecha la declaración de ausencia o la presunción de muerte de una persona, se hubieren aplicado sus bienes a los que por testamento o sin él, se tuvieren por herederos y después se presentaren otros, pretendiendo que ellos deben ser preferidos en la herencia y así se declare por sentencia que cause ejecutoria, la entrega de los bienes se hará en los mismos términos en que debiera hacerse al ausente si se presentara.

Art. 151.- Los poseedores definitivos darán cuenta al ausente y a sus herederos. El plazo legal correrá desde el día en que el primero se presente por sí o por apoderado legítimo o desde aquél en que por sentencia que cause ejecutoria, se haya deferido la herencia.

Art. 152.- La posesión definitiva termina:
I. Con el regreso del ausente;
II. Con la noticia cierta de su existencia;
III. Con la certidumbre de su muerte; y
IV. Con la sentencia que cause ejecutoria en el caso de que se probare la muerte del ausente.

Art. 153.- En el caso de lo dispuesto en la fracción segunda del artículo anterior, los poseedores definitivos serán considerados como provisionales, desde el día en que se tenga noticia cierta de la existencia del ausente.

Art. 154.- La sentencia que declare la presunción de muerte de un ausente casado, pone término a la comunidad de bienes.

Art. 155.- En el caso en que el cónyuge del ausente no resultare heredero, tendrá derecho a los alimentos en los términos de lo establecido en el Libro Sexto de este código en el título relativo a las cargas alimentarias.

CAPÍTULO VII
DE LOS EFECTOS DE LA AUSENCIA RESPECTO DE LOS DERECHOS EVENTUALES DEL AUSENTE

Art. 156.- Quien reclame un derecho referente a una persona cuya existencia no esté reconocida, deberá probar que esta persona vivía en el tiempo en que era necesaria su existencia para adquirir aquél derecho.

Art. 157.- Si se defiere una herencia a la que sea llamado un individuo declarado ausente o respecto del cual se haya hecho la declaración de presunción de muerte, entrarán sólo en ella los que debían ser coherederos de aquél o suceder por su falta; pero deberán hacer inventario en forma de los bienes que reciban.

Art. 158.- En este caso, los coherederos o sucesores se considerarán como poseedores provisionales o definitivos de los bienes que por la herencia debían corresponder al ausente, según la época en que la herencia se defiera.

Art. 159.- Lo dispuesto en los dos artículos anteriores, debe entenderse sin perjuicio de las acciones de petición de herencia y de otros derechos que podrán ejercitar el ausente, sus representantes, acreedores o legatarios y que no se extinguirán sino por el transcurso del tiempo fijado para la prescripción.

Art. 160.- Los que hayan entrado en la herencia, harán suyos los frutos percibidos de buena fe; mientras el ausente no comparezca, sus acciones no sean ejercidas por sus representantes o por los que por contrato o cualquiera otra causa, tengan con él relaciones jurídicas.

TÍTULO TERCERO
DE LAS PERSONAS JURÍDICAS

CAPÍTULO I
DISPOSICIONES GENERALES

Art. 161.- Son personas jurídicas:

I. El Gobierno Federal, las partes integrantes de la Federación y los municipios;

II. Las corporaciones de carácter público reconocidas por la ley;

III. Los organismos descentralizados;

IV. Los partidos políticos reconocidos conforme a la legislación electoral;

V. Los sindicatos laborales y patronales;

VI. Las sociedades cooperativas y mutualistas;

VII. Los ejidos, las comunidades indígenas, las uniones de ejidos y demás entidades reguladas por las leyes agrarias;

VIII. Las sociedades civiles o mercantiles;

IX. Las asociaciones civiles;

X. Las fundaciones;

XI. Las asociaciones y órdenes religiosas;

XII. Los condominios;

XIII. Las personas jurídicas extranjeras, con autorización expresa para operar dentro del territorio del Estado; y

XIV. Las demás instituciones u organismos constituidos y reconocidos como personas jurídicas conforme a las leyes.

Art. 162.- Las personas jurídicas pueden ejercitar todos los derechos que no sean incompatibles con el objeto de su institución y en general todos aquellos que no les estén prohibidos por la ley.

Art. 163.- Las personas jurídicas se regirán por las leyes correspondientes, por su escritura constitutiva, por sus estatutos y se obligan por medio de los órganos que las representen legítimamente.

Art. 164.- La denominación de las personas jurídicas se determina:

I. Por la ley que las haya creado o reconocido o que las rija directamente;

II. Por acuerdo de quienes expresamente las constituyan; y

III. Por los usos y tradiciones que les resulten.

Art. 165.- La protección que la ley da al nombre de las personas físicas, se extiende a la denominación que corresponda a las personas jurídicas.

Art. 166.- El domicilio de las personas jurídicas se determina:

I. Por la ley que las haya creado o reconocido, o las rija directamente;

II. Por su escritura constitutiva o sus estatutos sociales; y

III. Cuando no haya señalamiento expreso del domicilio, se tendrá por tal, el lugar en que ejerzan sus funciones principales o en el que se haya establecido su representación legal.

Art. 167.- Las personas jurídicas por su origen y formación, se clasifican en públicas y privadas.

Art. 168.- Son personas jurídicas públicas, aquéllas que son creadas por una disposición legislativa o por un acto administrativo de gobierno.

(ADICIONADO, P.O. 1 DE FEBRERO DE 2019)

Art. 168 Bis.- En todos los casos en que la ley o cualquier instrumento legal se refiera a derechos patrimoniales de la beneficencia pública, le corresponde al Sistema Estatal para el Desarrollo Integral de la Familia, su percepción y administración.

Art. 169.- Son personas jurídicas privadas, aquéllas que tienen como origen un acto de carácter particular.

(ADICIONADO, P.O. 14 DE DICIEMBRE DE 2017)

Las personas jurídicas privadas podrán realizar actos de asistencia social privada una vez que cumplan los requisitos y los procedimientos que prevean las leyes y códigos para su constitución y funcionamiento. En lo dispuesto por este párrafo, será aplicable lo previsto en el Libro Tercero del Código de Asistencia Social del Estado de Jalisco.

Art. 170.- Las personas jurídicas privadas que tengan su domicilio fuera del Estado, que realizan regularmente actos o hechos jurídicos dentro del territorio de Jalisco, se tendrán como domiciliadas en el lugar donde éstos hubieren sido ejecutados, para todo lo relativo a los derechos y obligaciones que les competan.

Art. 171.- Las personas jurídicas pueden pactar el establecimiento de domicilios convencionales, dentro y fuera del Estado, para el ejercicio de sus derechos y cumplimiento de obligaciones, así como la renuncia en el aspecto judicial a la jurisdicción de su domicilio.

CAPÍTULO II
DE LAS ASOCIACIONES

Art. 172.- Cuando varias personas convienen en reunirse, de manera que no sea enteramente transitoria, para realizar un fin común que no esté prohibido por la ley y que no tenga carácter preponderantemente económico, constituyen una asociación.

(REFORMADO, P.O. 30 DE DICIEMBRE DE 2003)

Art. 173.- El acto jurídico por el que se constituya una asociación, debe constar en escritura pública otorgada ante notario, que tenga su adscripción en el domicilio de la asociación.

Tratándose de asociaciones que tengan como objeto aspectos relacionado (sic) con la asistencia social, deberán contar con la anuencia por escrito del Instituto Jalisciense de Asistencia Social, misma que tendrá que presentarse ante el notario previo a su constitución.

Art. 174.- El testimonio que expida el notario, deberá ser inscrito en el Registro Público de la Propiedad que corresponda al domicilio de la asociación y desde ese momento tiene personalidad jurídica propia.

Art. 175.- Si la asociación no consta en escritura pública, o no se ha inscrito en el Registro Público de la Propiedad y se adquieren por los integrantes de los órganos de administración o representación obligaciones frente a terceros, la asociación será considerada como irregular, quedando obligados en forma solidaria quienes a nombre de la misma hubieren contratado.

Art. 176.- La falta de registro, da derecho a cualesquiera de los integrantes de la asociación a reclamar, bien sea su disolución o su regularización, por medio de la inscripción en el Registro Público de la Propiedad.

Art. 177.- Las asociaciones serán representadas por un director general o por un consejo de directores o las denominaciones que señalen los estatutos quienes tendrán las facultades que se les confieran en los mismos.

Art. 178.- Cuando se nombre consejo de directores u órgano equivalente, el número de los mismos deberá ser impar. En todo caso, el presidente del consejo tendrá voto de calidad para la toma de decisiones.

Art. 179.- Cuando por cualquier causa no haya director nombrado, o habiéndolo se hubiere ausentado del domicilio de la asociación, quien tenga interés en que se haga la designación, podrá solicitar al juez que tenga jurisdicción en el domicilio de la asociación, que convoque a asamblea para realizar el nombramiento respectivo; en caso de suma urgencia, el juez podrá hacerla subsistiendo la designación hasta en tanto no sea hecha por los asociados.

Art. 180.- La asamblea general se reunirá en la época fijada en los estatutos o cuando sea convocada por la dirección. Esta deberá citar a asamblea cuando para ello fuere requerida por lo menos por el cinco por ciento de los asociados, o si no lo hiciere, en su lugar lo hará el juez de lo civil a petición de dichos asociados.

(ADICIONADO, P.O. 27 DE ABRIL DE 2021)

Art. 180 Bis.- Las sesiones de la asamblea general podrán celebrarse a distancia, mediante el uso de herramientas tecnológicas, Los temas que podrán ser abordados en este tipo de sesiones deben estar aprobados en los estatutos, o en caso contrario, los acuerdos tomados en la sesión a distancia deberán contar con la aprobación de por lo menos las dos terceras partes de los asociados.

Las sesiones para su validez deben contar con lo siguiente:

I. La identificación visual plena de sus integrantes;

II. La interacción e intercomunicación, en tiempo real, para propiciar la correcta deliberación de la (sic) ideas y asuntos;

III. Las votaciones que se realicen serán de carácter nominal asentando registro de las mismas; y

IV. Dejar registro audiovisual de la sesión y sus acuerdos.

En estos casos, las convocatorias a la asamblea general serán realizadas también mediante el uso de herramientas tecnológicas que permitan dejar constancia de su envío.

La convocatoria de la celebración de sesiones a distancia así como la redacción y protocolización de las correspondientes actas, estarán sujetas a las mismas normas que rigen las sesiones presenciales, en lo que les sea aplicable.

Art. 181.- La asamblea general resolverá:

I. Sobre la admisión y exclusión de asociados;

II. Sobre la disolución anticipada de la asociación o sobre su prórroga por más tiempo del fijado en los estatutos;

III. Sobre el nombramiento de director o directores cuando no hayan sido nombrados en la escritura constitutiva;

IV. Sobre la revocación de los nombramientos hechos; y

V. Sobre los demás asuntos que le encomienden los estatutos.

Art. 182.- Los acuerdos tomados en las asambleas generales son obligatorios para todos los asociados, aun cuando se hubiere votado en contra de los mismos.

El asociado que reclame la irregularidad en la citación o notificación para concurrir a la asamblea, o que ésta se hubiere ocupado de asuntos no contenidos en la convocatoria, podrá reclamar ante el juez del domicilio de la asociación, la inaplicabilidad a su persona de los acuerdos tomados en la misma.

La resolución que en éste caso se dicte sólo afectará a quien lo promovió; pero cuando se hubiere convenido sobre la constitución de gravamen o enajenación de los activos fijos de la asociación, de su disolución anticipada, de su fusión con otras asociaciones o de su escisión, podrá demandarse la nulidad de dichos acuerdos.

Quien reclame la nulidad de los acuerdos de una asamblea, podrá pedir al juez que de manera provisional ordene la suspensión de los mismos, siempre que se otorgue por el demandante garantía suficiente para responder por los daños y perjuicios que se causen por tal medida, si es que no tiene la resolución favorable a sus pretensiones. La garantía señalada podrá aumentarse o disminuirse si varían las condiciones que se tomaron en consideración para fijarla.

Art. 183.- Cada asociado gozará de un voto en las asambleas generales.

Art. 184.- Los miembros de la asociación tendrán derecho de separarse de ella, previo aviso dado con dos meses de anticipación.

Art. 185.- Los asociados sólo podrán ser excluidos de la asociación, por las causas que señalen los estatutos, según acuerdo de la asamblea general en la que deberán ser oídos.

Art. 186.- Los asociados tienen derecho de vigilar que las cuotas se dediquen al fin que se propone la asociación y con ese objeto, pueden examinar los libros de contabilidad y demás papeles de ésta.

Art. 187.- La calidad de asociado es intransferible.

Art. 188.- Las asociaciones, además de las causas previstas en los estatutos, se extinguen:

I. Por consentimiento de la asamblea general;

II. Por haber concluido el término fijado para su duración o por haber conseguido totalmente el objeto de su constitución;

III. Por haberse vuelto incapaces de realizar el fin para que fueron constituidas; y

IV. Por resolución dictada por autoridad competente.

Art. 189.- En caso de disolución, los bienes de la asociación se aplicarán conforme a lo que determinen los estatutos y a falta de disposición de estos, según lo que determine la asamblea general.

CAPÍTULO III
DE LAS FUNDACIONES

Art. 190.- La fundación tiene por objeto afectar determinados bienes de propiedad particular, al fomento de actividades científicas, culturales, asistenciales o deportivas; sin que por ningún motivo puedan considerarse esos fines, ni directa ni indirectamente, objeto de especulación.

Art. 191.- Las fundaciones pueden constituirse por acto entre vivos, o por disposición testamentaria.

(REFORMADO, P.O. 30 DE DICIEMBRE DE 2003)

Art. 192.- Las fundaciones que se constituyan por acto entre vivos, pueden hacerse por voluntad de una o de varias personas, formalizándose la misma mediante escritura pública y cuando tengan como objeto aspectos relacionados con la asistencia social, deberán contar con la anuencia por escrito del Instituto Jalisciense de Asistencia Social, misma que tendrá que presentarse ante el notario público previo a su constitución.

(REFORMADO, P.O. 13 DE NOVIEMBRE DE 2001)

Art. 193.- Cuando se haga por disposición testamentaria, se tendrá como tal el contenido del propio testamento, copia del acta de defunción de quien sea su fundador y de la resolución que haya declarado la validez de la disposición testamentaria. Dicha disposición debe protocolizarse ante notario público.

Art. 194.- En el caso de los dos artículos que preceden, la fundación tendrá eficacia jurídica desde el momento en que se inscriba en el Registro Público de la Propiedad.

Art. 195.- La inscripción en el Registro Público de la Propiedad, de las fundaciones, es título suficiente para que los directores o encargados de la misma oficina, anoten como propiedad de la fundación, los bienes destinados a ella.

Art. 196.- Para que proceda la inscripción en el Registro Público de la Propiedad de una fundación, se requiere que la Secretaría General de Gobierno, emita dictamen sobre la viabilidad de la misma.

(REFORMADO, P.O. 4 DE ENERO DE 1997)

Art. 197.- La emisión del dictamen a que se refiere el artículo anterior obliga y faculta a su emisor a la vigilancia sobre el funcionamiento de dichas fundaciones. En las fundaciones constituidas mortis causa, o por acto entre vivos cuando el o los fundadores hubieren dejado de existir, la facultad de vigilancia a que se refiere este artículo tendrá, inclusive, el alcance de designar de una manera provisional a los integrantes del patronato.

Art. 198.- Quienes constituyan una fundación podrán emitir las bases constitutivas de la misma y en caso de omisión o de defecto se deberán anotar las bases que regulen el funcionamiento de las asociaciones civiles.

Art. 199.- El patronato de las fundaciones será el órgano de gobierno de las mismas y sus decisiones se tomarán por mayoría de votos de sus integrantes, y en caso de empate el presidente del patronato tendrá voto de calidad.

(ADICIONADO, P.O. 27 DE ABRIL DE 2021)

Art. 199 Bis.- Las sesiones del patronato podrán celebrarse a distancia, mediante el uso de herramientas tecnológicas, Los temas que podrán ser abordados en este tipo de sesiones deben estar aprobados en los estatutos o en las bases constitutivas, o en caso contrario, los acuerdos tomados en la sesión a distancia deberán contar con la aprobación de por lo menos las dos terceras partes de los asociados.

Las sesiones para su validez deben contar con lo siguiente:

I. La identificación visual plena de sus integrantes;

II. La interacción e intercomunicación, en tiempo real, para propiciar la correcta deliberación de la (sic) ideas y asuntos;

III. Las votaciones que se realicen serán de carácter nominal asentando registro de las mismas; y

IV. Dejar registro audiovisual de la sesión y sus acuerdos.

En estos casos, las convocatorias a las sesiones del patronato serán realizadas también mediante el uso de herramientas tecnológicas que permitan dejar constancia de su envío.

La convocatoria de la celebración de sesiones a distancia así como la redacción y protocolización de las correspondientes actas, estarán sujetas a las mismas normas que rigen las sesiones presenciales, en lo que les sea aplicable.

Art. 200.- El presidente del patronato es el encargado de cumplir los acuerdos que se adopten por el patronato y será, a su vez, el representante legal de la misma, con todas las facultades, derechos y prerrogativas que correspondan, salvo las de gravar y enajenar o trasmitir por cualquier título los bienes que constituyan el patrimonio de la fundación. Cuando se considere necesario gravar, enajenar o trasmitir bienes inmuebles que sean parte del patrimonio de la fundación, se requerirá acuerdo de los integrantes del patronato tomado por mayoría de votos y con la aprobación de la autoridad que emitió el dictamen de viabilidad.

Art. 201.- Los integrantes del patronato, sus cónyuges, ascendientes, descendientes o sociedades en las que tengan una participación preponderante, no podrán tener ninguna relación de tipo económico con la fundación, excepto en manifiesto beneficio de la misma.

Art. 202.- Cuando la fundación tenga como origen un acto entre vivos, su fundador está facultado para nombrar y remover a los miembros del patronato.

Art. 203.- Cuando la fundación tenga como origen una disposición testamentaria, su fundador tiene derecho de designar al presidente del patronato.

Art. 204.- En los casos de los artículos que preceden, el fundador tiene derecho a señalar las bases para la integración del patronato, así como de que un descendiente del mismo sea siempre integrante de dicho patronato.

Art. 205.- El patronato tiene las siguientes facultades:

I. Cumplir y hacer que se cumpla la voluntad del fundador;

II. Conservar y mejorar los bienes de la fundación;

III. Ejercitar, por conducto de su presidente, las acciones y defensas que correspondan a la fundación;

IV. Acatar la voluntad del fundador en lo relativo al nombramiento de empleados y funcionarios de la fundación;

V. Exigir garantía a los funcionarios y empleados de la fundación que manejen fondos, quienes no podrán entrar al ejercicio de sus cargos, si previamente no otorgan aquélla;

VI. Enajenar o gravar los bienes de la fundación cuando esto sea de evidente utilidad o absoluta necesidad;

VII. Arrendar los inmuebles de la institución previa autorización del órgano administrativo estatal correspondiente cuando el arrendamiento exceda de cinco años o cuando se trate de recibir rentas anticipadas por más de dos;

VIII. Elaborar y aprobar en el mes de diciembre de cada año, los planes de trabajo así como los presupuestos de ingresos y egresos de la fundación para el año siguiente;

IX. Rendir en el mes de febrero de cada año, un informe sobre las actividades realizadas en el año inmediato anterior, así como el de la situación patrimonial que tenga la fundación; y

X. Las demás que se le asignen en el documento constitutivo o en la ley.

Art. 206.- La fundación se extingue:

I. Por expirar el plazo fijado para su funcionamiento;

II. Por el cumplimiento o realización de sus fines; y

III. Por la imposibilidad financiera de seguir operando.

(REFORMADO, P.O. 31 DE MAYO DE 2007)

Art. 207.- Cuando sea imposible el funcionamiento de las fundaciones, a instancias del fundador, o en su defecto de quien competa su vigilancia o del Agente de la Procuraduría Social en su caso, se tramitará su disolución, debiendo pasar sus bienes en los términos que dispongan sus bases constitutivas o, en su defecto, al patrimonio de fundaciones que tengan objeto similar al suyo, y cuando no existan éstas, a la beneficencia pública.

CAPÍTULO IV
DE LAS SOCIEDADES

Art. 208.- En las sociedades, los socios se obligan mutuamente a combinar sus recursos o sus esfuerzos para la realización de un fin común de carácter preponderantemente económico, pero que no constituya una especulación comercial.

Art. 209.- La aportación de los socios puede consistir en una cantidad de dinero u otros bienes, o en su industria. La aportación de bienes implica la transmisión de su dominio a la sociedad, salvo que expresamente se pacte otra cosa.

Art. 210.- El acto jurídico por el que se constituya una sociedad, debe constar en escritura pública otorgada ante notario que tenga su adscripción en el domicilio de la sociedad.

Art. 211.- El testimonio que expida el notario deberá ser inscrito en el Registro Público de la Propiedad que corresponda al domicilio de la sociedad y desde ese momento tiene personalidad jurídica propia.

Art. 212.- Si la sociedad no consta en escritura pública, o no se ha inscrito en el Registro Público de la Propiedad y se adquieren por los integrantes de los órganos de administración o representación, obligaciones frente a terceros; la sociedad será considerada como irregular, quedando obligados en forma solidaria quienes a nombre de la misma hubieren contratado.

Art. 213.- La falta de registro da derecho a cualesquiera de los integrantes de la sociedad a reclamar, bien sea su disolución o su regularización, por medio de la inscripción en el Registro Público de la Propiedad.

Art. 214.- La falta de forma prescrita para la sociedad, sólo produce el efecto de que los socios puedan pedir, en cualquier tiempo, que se haga la liquidación de la misma conforme a lo convenido, y a falta de convenio, conforme al Capítulo V de esta Sección; pero mientras que esa liquidación no se pida, el contrato produce todos sus efectos entre los socios y estos no pueden oponer a terceros que hayan contratado con la sociedad, la falta de forma.

(REFORMADO, P.O. 31 DE MAYO DE 2007)

Art. 215.- No se permitirá la formación de sociedades para un objeto ilícito; si no obstante se violare esta prohibición, a solicitud de cualquiera de los socios, de un tercero interesado o del Agente de la Procuraduría Social, se declarará la nulidad de la sociedad, la cual se pondrá en liquidación.

Art. 216.- El instrumento mediante el cual se constituye la sociedad deberá expresar:

I. El nombre, apellido, domicilio y capacidad de los otorgantes;

II. La razón social;

III. El objeto de la sociedad;

IV. La duración de la sociedad;

V. El importe del capital social y la aportación con que cada socio debe contribuir; y

VI. Las facultades de los socios administradores y la forma de designarlos.

Art. 217.- Será nula la sociedad en que se estipule que los provechos pertenezcan exclusivamente a alguno o algunos de los socios y todas las pérdidas a otro u otros.

Art. 218.- No puede estipularse que a los socios capitalistas se les restituya su aporte con una cantidad adicional, haya o no ganancias.

Art. 219.- Los estatutos sociales no pueden modificarse sino por consentimiento de las dos terceras partes de los socios.

CAPÍTULO V
DE LOS SOCIOS

Art. 220.- Cada socio estará obligado al saneamiento, para el caso de evicción, de los bienes que aporte a la sociedad como corresponde a toda enajenación; y a indemnizar por los defectos de esos bienes, como lo está el vendedor respecto del comprador. Mas si lo que prometió fue el aprovechamiento de bienes determinados, responderá por ellos según los principios que rigen las obligaciones entre el arrendador y el arrendatario.

Art. 221.- A menos que se haya pactado en los estatutos sociales, no puede obligarse a los socios a hacer una nueva aportación para incrementar los negocios sociales. Cuando el aumento del capital social sea acordado por la mayoría, los socios que no estén conformes pueden separarse de la sociedad.

Art. 222.- Los socios no pueden ceder sus derechos sin el consentimiento previo y unánime de los demás coasociados; y sin él, tampoco pueden admitirse otros nuevos socios, salvo pacto en contrario en uno y en otro caso.

Art. 223.- Los socios gozarán del derecho del tanto. Si varios socios quieren hacer uso del tanto, les competerá éste en la proporción que representen. El término para hacer uso del derecho del tanto, será de ocho días, contados desde que reciban aviso del que pretende enajenar.

Art. 224.- Ningún socio puede ser excluido de la sociedad sino por el acuerdo de las dos terceras partes de los demás socios y por causa grave prevista en los estatutos.

Art. 225.- El socio excluido es responsable de la parte de pérdidas que le corresponda y los otros socios pueden retener la parte del capital y utilidades de aquél, hasta concluir las operaciones pendientes al tiempo de la declaración, debiendo hacerse hasta entonces la liquidación correspondiente.

CAPÍTULO VI
DE LA ADMINISTRACIÓN DE LA SOCIEDAD

Art. 226.- La administración de la sociedad puede conferirse a uno o más socios. Habiendo socios especialmente encargados de la administración, los demás no podrán contrariar ni entorpecer las gestiones de aquéllos, ni impedir sus efectos.

Art. 227.- Cuando la sociedad esté administrada en forma colegiada, el número de los integrantes del consejo de administración deberá ser impar. En todo caso el presidente del consejo tendrá voto de calidad para la toma de decisiones.

Art. 228.- El nombramiento de los socios administradores, no priva a los demás socios del derecho de examinar el estado de los negocios sociales y de exigir a este fin, la presentación de libros, documentos y papeles, con el objeto de que puedan hacerse las reclamaciones que estimen convenientes. No es válida la renuncia del derecho consignado en este artículo.

Art. 229.- El nombramiento de los socios administradores, hecho en la escritura de sociedad, no podrá revocarse sin el consentimiento de todos los socios, a no ser judicialmente, por dolo, culpa o inhabilidad.

El nombramiento de administradores, hecho después de constituida la sociedad, es revocable por mayoría de votos. Toda revocación o nombramiento deberá anotarse en el Registro Público de la Propiedad.

Art. 230.- Los socios administradores ejercerán las facultades que fueren necesarias al giro y desarrollo de los negocios que formen el objeto de la sociedad; pero, salvo convenio en contrario, necesitan autorización expresa de los otros socios:

I. Para enajenar los bienes de la sociedad, si ésta no se ha constituido con ese objeto;

II. Para pignorarlos, hipotecarlos o gravarlos con cualquier otro derecho real; y

III. Para tomar capitales prestados.

Art. 231.- Las facultades que no se hayan concedido a los administradores, serán ejercitadas por todos los socios, resolviéndose los asuntos por mayoría de votos. La mayoría se computará por cantidades, pero cuando una sola persona represente el mayor interés y se trate de sociedades de más de tres socios, se necesita por lo menos el voto que cubra la tercera parte de los socios.

(ADICIONADO, P.O. 27 DE ABRIL DE 2021)

Art. 231 Bis.- Las sesiones del consejo de administración o de la asamblea de socios podrán celebrarse a distancia, mediante el uso de herramientas tecnológicas, Los temas que podrán ser abordados en este tipo de sesiones deben estar aprobados en los estatutos, o en caso contrario, los acuerdos tomados en la sesión a distancia deberán contar con la aprobación de por lo menos las dos terceras partes de los asociados.

Las sesiones para su validez deben contar con lo siguiente:

I. La identificación visual plena de sus integrantes;

II. La interacción e intercomunicación, en tiempo real, para propiciar la correcta deliberación de la (sic) ideas y asuntos;

III. Las votaciones que se realicen serán de carácter nominal asentando registro de las mismas; y

IV. Dejar registro audiovisual de la sesión y sus acuerdos.

En estos casos, las convocatorias serán realizadas también mediante el uso de herramientas tecnológicas que permitan dejar constancia de su envío.

La convocatoria de la celebración de sesiones a distancia así como la redacción y protocolización de las correspondientes actas, estarán sujetas a las mismas normas que rigen las sesiones presenciales, en lo que les sea aplicable.

Art. 232.- Siendo varios los socios encargados indistintamente de la administración, sin declaración de que deberán proceder de acuerdo, podrá cada uno de ellos practicar separadamente los actos administrativos que crea oportunos.

Art. 233.- Los compromisos contraídos por los socios administradores, en nombre de la sociedad, excediéndose de sus facultades, si no son ratificados por ésta, sólo obligan a la sociedad en razón del beneficio recibido.

Art. 234.- Las obligaciones que se contraigan por la mayoría de los socios encargados de la administración, sin conocimiento de la minoría o contra su voluntad expresa, serán válidas; pero los que las hayan contraído serán personalmente responsables a la sociedad de los perjuicios que por ellas se causen.

Art. 235.- El socio o socios administradores están obligados a rendir cuentas, siempre que lo pida la mayoría de los socios, aun cuando no sea la época fijada en el contrato de sociedad.

Art. 236.- Cuando la administración no se hubiere limitado a alguno de los socios, todos tendrán derecho a concurrir a la dirección y manejo de los negocios comunes. Las decisiones serán tomadas por mayoría.

Siempre que haya varios administradores, los terceros podrán emplazar a cualesquiera de ellos para exigir el cumplimiento de las obligaciones sociales.

Art. 237.- El administrador, mientras no tome posición quien lo suceda en el cargo, se considera como órgano de la sociedad y no podrá, por tanto, separarse de la representación de la misma ni de las obligaciones inherentes a este carácter.

CAPÍTULO VII
DE LA DISOLUCIÓN DE LAS SOCIEDADES

Art. 238.- La sociedad se disuelve:

I. Por consentimiento de las dos terceras partes de los socios;

II. Por haberse cumplido el término prefijado en el contrato de sociedad;

III. Por la realización completa del fin social, o por haberse vuelto imposible la consecución del objeto de la sociedad;

(REFORMADA, P.O. 29 DE NOVIEMBRE DE 2014)

IV. Por la muerte o incapacidad que le impida obligarse de uno de los socios que tengan responsabilidad ilimitada por los compromisos sociales, salvo que en la escritura constitutiva se haya pactado que la sociedad continúe con los sobrevivientes o con los herederos de aquél;

V. Por la muerte del socio industrial, siempre que su industria haya dado nacimiento a la sociedad;

VI. Por la renuncia de uno de los socios, cuando se trate de sociedades de duración indeterminada y los otros socios no deseen continuar asociados, siempre que esa renuncia no sea maliciosa ni extemporánea; y

VII. Por resolución judicial.

Para que la disolución de la sociedad surta efecto contra tercero, es necesario que se haga constar en el Registro Público de la Propiedad.

Art. 239.- Cuando, pasado el término por el cual fue constituida la sociedad, ésta continúe funcionando, se entenderá prorrogada su duración por tiempo indeterminado, sin necesidad de nueva escritura social, y su existencia puede demostrarse por todos los medios de prueba.

Art. 240.- En el caso de que a la muerte de un socio, la sociedad hubiere de continuar con los supervivientes, se procederá a la liquidación de la parte que corresponda al socio difunto, para entregarla a su sucesión. Los herederos del que murió tendrán derecho al capital y utilidades que al finado correspondan en el momento en que murió y, en lo sucesivo, sólo tendrán parte en lo que dependa necesariamente de los derechos adquiridos o de las obligaciones contraídas por el socio que murió.

Art. 241.- La renuncia se considerará maliciosa cuando el socio que la hace se propone aprovecharse exclusivamente de los beneficios o evitarse pérdidas que los socios deberían de recibir o reportar en común, con arreglo al convenio.

Art. 242.- Se dice extemporánea la renuncia, si al hacerla, las cosas no se hallan en su estado íntegro y la sociedad puede ser perjudicada con la disolución que originaría la renuncia.

Art. 243.- La disolución de la sociedad no modifica los compromisos contraídos con terceros.

CAPÍTULO VIII
DE LA LIQUIDACIÓN DE LA SOCIEDAD

Art. 244.- Disuelta la sociedad, se pondrá inmediatamente en liquidación, la cual se practicará dentro del plazo de seis meses, salvo pacto en contrario.

Art. 245.- Cuando la sociedad se ponga en liquidación, deben agregarse a su nombre las palabras: "en liquidación".

Art. 246.- La liquidación debe hacerse por todos los socios, salvo que convengan en nombrar liquidadores o que ya estuvieren nombrados en la escritura social.

Art. 247.- Si cubiertos los compromisos sociales y devueltos los aportes de los socios, quedaren algunos bienes, se considerarán utilidades, y se repartirán entre los socios en la forma convenida. Si no hubo convenio, se repartirán proporcionalmente a sus aportes.

Art. 248.- Ni el capital social ni las utilidades pueden repartirse, sino después de la disolución de la sociedad y previa la liquidación respectiva, salvo pacto en contrario.

Art. 249.- Si al liquidarse la sociedad no quedaren bienes suficientes para cubrir los compromisos sociales y devolver sus aportes a los socios, el déficit se considerará pérdida y se repartirá entre los asociados en la forma establecida en el artículo anterior.

Art. 250.- Si sólo se hubiere pactado lo que hubiere de corresponder a los socios por utilidades, en la misma proporción responderán de las pérdidas.

Art. 251.- Si alguno de los socios contribuye sólo con su industria, sin que ésta se hubiere estimado, ni se hubiere designado cuota que por ella debiera recibir, se observarán las reglas siguientes:

I. Si el trabajo del industrial pudiera hacerse por otro, su cuota será la que corresponda por razón de sueldos u honorarios y esto mismo se observará si son varios los socios industriales;

II. Si el trabajo no pudiere ser hecho por otro, su cuota será igual a la del socio capitalista que tenga más;

III. Si sólo hubiere un socio industrial y otro capitalista, se dividirán entre sí por partes iguales las ganancias; y

IV. Si son varios los socios industriales y están en el caso de la fracción II, llevarán entre todos la mitad de las ganancias y las dividirán entre sí por convenio y, a falta de éste, por decisión arbitral.

Art. 252.- Si el socio industrial hubiere contribuido también con cierto capital, se considerarán éste y la industria separadamente.

Art. 253.- Si al terminar la sociedad en que hubiere socios capitalistas e industriales, resultare que no hubo ganancias, todo el capital se distribuirá entre los socios capitalistas.

Art. 254.- Salvo pacto en contrario, los socios industriales no responderán de las pérdidas.

CAPÍTULO IX
DE LAS SOCIEDADES EXTRANJERAS

Art. 255.- Para que las sociedades extranjeras de carácter civil, puedan ejercer sus actividades en el Estado, deberán ante todo, estar autorizadas por la Secretaría de Relaciones Exteriores.

Art. 256.- A más de la autorización de que habla el artículo anterior, deberán comprobar:

I. Que están constituidas con arreglo a las leyes de su país y que sus estatutos nada contienen que sea contrario a las leyes de orden público en el Estado; y

II. Que tienen representante domiciliado en el lugar donde van a operar, suficientemente autorizado para responder de las obligaciones que contraigan las mencionadas personas jurídicas.

Art. 257.- Concedida la autorización por la Secretaría de Relaciones Exteriores y satisfechos los requisitos que establece el artículo anterior, se inscribirán en el Registro Público de la Propiedad, los estatutos de las asociaciones y sociedades extranjeras.

TÍTULO CUARTO
DEL MATRIMONIO

CAPÍTULO I
DISPOSICIONES GENERALES

(REFORMADO, P.O. 9 DE ABRIL DE 2022)

Art. 258.- El matrimonio es una institución de carácter público e interés social, por medio de la cual dos personas deciden de manera libre para realizar la comunidad de vida, para la búsqueda de su realización personal y la fundación de una familia con respeto, ayuda mutua e igualdad de derechos y obligaciones.

Art. 259.- En la relación matrimonial, se deben considerar los siguientes fines:

I. Es libremente electo, tanto por lo que corresponde a su celebración, como a la persona con quien se contrae;

II. Los cónyuges conservarán en todo tiempo, la libertad para determinar la totalidad de los aspectos concernientes a su relación matrimonial, dado que los vínculos que derivan de tal unión, son exclusivos de la pareja;

III. Con el matrimonio se funda legalmente la familia, que es la comunidad establecida naturalmente para la diaria convivencia;

(REFORMADA, P.O. 27 DE MAYO DE 2008)

IV. La estabilidad de la familia, base de las instituciones sociales, contribuye a la armonía social, por ello se inculcarán en su seno principios, valores y la cultura de la igualdad y equidad de género;

V. En las relaciones conyugales tiene manifestación la complementariedad de los seres humanos en los aspectos afectivo y biológico, ningún cónyuge es superior al otro y con la unión se hace posible el desarrollo de la potencialidad humana;

VI. El hijo debe ser la expresión del amor de sus padres;

VII. La familia constituye el medio natural para el desarrollo de las interrelaciones de responsabilidad y solidaridad humana;

VIII. En la familia debe buscarse el afecto y la fidelidad, así como darse apoyo recíproco; y

IX. El afecto familiar es reconocido como una dignidad, no como un sometimiento de un ser a otro, sino como un perfecto entendimiento sobre los valores de existencia humana.

(ADICIONADO, P.O. 21 DE OCTUBRE DE 2004)

Los esposos tienen el derecho natural e inalienable de fundar una familia y decidir responsablemente sobre el intervalo entre los nacimientos y el número de hijos a procrear.

CAPÍTULO II
DE LOS REQUISITOS PARA CONTRAER MATRIMONIO

(REFORMADO, P.O. 9 DE ABRIL DE 2022)

Art. 260.- Para contraer matrimonio, las dos personas necesitan contar con cuando menos dieciocho años de edad de conformidad a lo dispuesto por el artículo 45 de la Ley General de las Niñas, Niños y Adolescentes.

Art. 261.- (DEROGADO, P.O. 4 DE ABRIL DE 2015)

Art. 262.- (DEROGADO, P.O. 4 DE ABRIL DE 2015)

Art. 263.- (DEROGADO, P.O. 4 DE ABRIL DE 2015)

Art. 264.- (DEROGADO, P.O. 4 DE ABRIL DE 2015)

Art. 265.- (DEROGADO, P.O. 4 DE ABRIL DE 2015)

Art. 266.- (DEROGADO, P.O. 4 DE ABRIL DE 2015)

Art. 267.- (DEROGADO, P.O. 4 DE ABRIL DE 2015)

(REFORMADO, P.O. 9 DE ABRIL DE 2022)

Art. 267 Bis.- Las personas contrayentes acreditarán ante la o el Oficial del Registro Civil haber recibido el curso prematrimonial que no será menor de dos horas, cuyo contenido versará sobre los derechos y obligaciones que se contraen con el vínculo del matrimonio de acuerdo a los capítulos correspondientes de este código, el cual deberá contener un apartado sobre la igualdad y la equidad de género, así como de prevención, detección, atención, sanción y erradicación de violencia familiar y de género. Dicho curso será diseñado e impartido por el Sistema Estatal para el Desarrollo Integral de la Familia.

Art. 268.- Son impedimentos para celebrar el matrimonio:

(REFORMADA, P.O. 5 DE SEPTIEMBRE DE 2015)

I. Ser menor de 18 años de edad;

(REFORMADA, P.O. 5 DE SEPTIEMBRE DE 2015)

II. El parentesco de consanguinidad, legítimo o natural, sin limitación de grado en la línea recta ascendente o descendente. En la línea colateral igual, el impedimento se extiende a los hermanos, medios hermanos y primos. En la colateral desigual, el impedimento se extiende solamente a los tíos y sobrinos. El parentesco de afinidad en línea recta, sin limitación alguna;

(REFORMADA, P.O. 5 DE SEPTIEMBRE DE 2015)

III. El parentesco de consanguinidad en línea colateral en el tercero y cuarto grados;

IV. El matrimonio subsistente;

V. (DEROGADA, P.O. 5 DE SEPTIEMBRE DE 2015)

VI. El atentado contra la vida de alguno de los casados para contraer matrimonio con el que quede libre;

VII. Las enfermedades crónicas e incurables que sean, además, contagiosas y que pongan en peligro la vida o hereditarias; y cualesquiera otra enfermedad o conformación especial que sean contrarias a los fines del matrimonio, bien porque impidan las funciones relativas, o bien porque científicamente hagan prever algún perjuicio grave o degeneración para los descendientes; la impotencia incurable para la cópula salvo cuando exista por causa de la edad o cuando por otra diversa causa sea conocida por ambos contrayentes;

(REFORMADA, P.O. 29 DE NOVIEMBRE DE 2014)

VIII. El estado de interdicción que se lo impida;

IX. La fuerza o miedo graves;

(ADICIONADA, P.O. 5 DE OCTUBRE DE 2000)

X. No acreditar ante el Oficial del Registro Civil, que los interesados recibieron el curso prematrimonial, a que se hace referencia en el artículo anterior.

(REFORMADO, P.O. 23 DE NOVIEMBRE DE 2019)

De estos impedimentos sólo serán dispensables los enunciados en las fracciones III y VII.

(ADICIONADO, P.O. 23 DE NOVIEMBRE DE 2019)

Para la dispensa del impedimento señalado en la fracción VII es necesario que ambos contrayentes acrediten el conocimiento previo de la existencia de la enfermedad o padecimiento, mediante un certificado emitido por alguna institución o médico especialista acreditado, donde se haga constar que ambos tienen conocimiento sobre los alcances, efectos y prevención de los mismos y manifiesten ante el Oficial del Registro Civil su consentimiento expreso para contraer matrimonio.

Art. 269.- El adoptante no puede contraer matrimonio con el adoptado o sus descendientes.

Art. 270.- (DEROGADO, P.O. 5 DE SEPTIEMBRE DE 2015)

Art. 271.- El tutor no puede contraer matrimonio con la persona que ha estado o está bajo su guarda, a no ser que obtenga dispensa, la que no se le concederá sino cuando hayan sido aprobadas las cuentas de la tutela. Esta prohibición comprende también al curador y a los descendientes de éste y del tutor.

Art. 272.- Si el matrimonio se celebrare en contravención de lo dispuesto en el artículo anterior, el juez nombrara inmediatamente un tutor interino que reciba los bienes y los administre mientras revisa las cuentas de la tutela y el convenio matrimonial.

CAPÍTULO III
DE LOS DEBERES Y DERECHOS QUE NACEN DEL MATRIMONIO

Art. 273.- Los cónyuges deben contribuir, cada uno por su parte, a los fines del matrimonio.

(REFORMADO, P.O. 5 DE SEPTIEMBRE DE 2015)

Art. 274.- Los cónyuges vivirán juntos en el domicilio conyugal que de común acuerdo establezcan, y en el cual ambos disfrutarán de autoridad propia y consideraciones iguales. El Sistema DIF estatal o municipal con conocimiento de causa, podrá recomendar se exima de esta obligación a alguno de ellos, cuando el otro se establezca en lugar insalubre, indecoroso, peligroso, o traslade el domicilio a país extranjero, a no ser que lo haga en servicio público.

También cesará la obligación que tienen los cónyuges de vivir juntos cuando uno de ellos padezca temporalmente enfermedad del orden psíquico o infeccioso.

(REFORMADO, P.O. 27 DE MAYO DE 2008)

Art. 275.- Los cónyuges contribuirán al funcionamiento del hogar y aportarán económicamente a su sostenimiento, a su alimentación y a la de sus hijos, así como a la educación de éstos en los términos que la ley establece, sin perjuicio de distribuirse la carga en la forma y proporción que acuerden para este efecto, según sus posibilidades. A lo anterior no está obligado el que se encuentre imposibilitado para trabajar y careciere de bienes propios, en cuyo caso el otro atenderá íntegramente a estos gastos.

Los deberes y derechos que nacen del matrimonio serán iguales para los cónyuges e independientes de su aportación económica al sostenimiento del hogar.

Art. 276.- Cada uno de los cónyuges tiene un derecho preferente sobre los bienes propios del otro, y sobre los productos e ingresos que correspondan a los gastos de alimentación para el cónyuge y sus hijos, pudiendo pedir el aseguramiento de bienes, para hacer efectivo este derecho.

(REFORMADO, P.O. 5 DE SEPTIEMBRE DE 2015)

Art. 277.- Los cónyuges decidirán de común acuerdo todo lo concerniente al manejo del hogar, a la formación, educación y desarrollo psíquico de los hijos. En caso de desacuerdo, el Sistema DIF estatal o municipal podrá emitir recomendación al respecto; procurando en todo caso avenir a los cónyuges en ese aspecto.

Art. 278.- Es deber de cada cónyuge el cultivar y promover el conocimiento, comprensión y concientización de lo que significa el estado social del matrimonio, lo mismo que los procesos de mutación humano-biológicos para que le permitan un mejor acoplamiento y complementariedad en esta relación.

Art. 279.- Es deber y obligación de los cónyuges, la fidelidad sexual y afectiva, procurar, respecto del otro su superación personal, guardarle y hacer que se guarden las debidas consideraciones a su persona y proporcionarle en las mejores condiciones, satisfactores de salud y bienestar.

CAPÍTULO IV
DE LAS RELACIONES ECONÓMICO-PATRIMONIALES ENTRE LOS CÓNYUGES

Art. 280.- Los cónyuges mayores de edad, tienen capacidad para administrar, disponer de sus bienes propios y ejercitar las acciones u oponer las excepciones que a ellos correspondan, sin que para tal objeto necesite el esposo del consentimiento de la esposa, ni ésta de la autorización de aquél; salvo lo que se estipule en las capitulaciones matrimoniales sobre administración de los bienes.

Art. 281.- (DEROGADO, P.O. 5 DE SEPTIEMBRE DE 2015)

(REFORMADO, P.O. 7 DE NOVIEMBRE DE 2020)

Art. 282.- El matrimonio puede celebrarse por lo que respecta a su relación patrimonial, bajo el régimen de sociedad legal; sociedad conyugal o voluntaria y separación de bienes.

Es obligación del Oficial del Registro Civil ante quien se celebre el matrimonio, informar a los contrayentes la existencia de las tres opciones y sus alcances para que estos puedan tomar una decisión informada.

En la sociedad conyugal o voluntaria, y en el régimen de separación de bienes, se requiere expresamente de capitulaciones matrimoniales para su establecimiento. Al celebrarse el matrimonio los cónyuges deberán indicar cuál de los dos tendrá la administración.

Art. 283.- Las capitulaciones matrimoniales son los pactos que se celebran para constituir la sociedad conyugal o la separación de bienes y reglamentar la administración de estos en uno y en otro caso.

Art. 284.- Las capitulaciones matrimoniales pueden otorgarse antes de la celebración del matrimonio o durante él, y pueden comprender no solamente los bienes de que sean dueños los esposos en el momento de hacer el pacto, sino también los que adquieran después.

Art. 285.- Las capitulaciones matrimoniales en que se pacte la separación de bienes, constarán en escritura pública; pero serán válidas las celebradas antes o en el acto mismo del matrimonio, aun cuando consten en documento privado, siempre que fueren ratificadas ante el Oficial del Registro Civil.

Art. 286.- (DEROGADO, P.O. 5 DE SEPTIEMBRE DE 2015)

CAPÍTULO V
DE LA SOCIEDAD LEGAL

Art. 287.- El régimen de la sociedad legal consiste en la formación de un patrimonio común diferente de los patrimonios propios de los consortes y cuya administración y dominio corresponde a ambos cónyuges indistintamente, con las limitaciones que se establecen en la ley.

Art. 288.- Forman el patrimonio de la sociedad legal:

I. Todos los bienes adquiridos por cualquiera de los cónyuges en el ejercicio de su profesión u oficio;

II. Los bienes que provengan de herencia, legado o donación hechos a ambos cónyuges sin designación de parte. Si hubiere designación de partes y éstas fueren desiguales, sólo serán comunes los frutos de la herencia, legado o donación;

III. El numerario extraído de la masa común para adquirir bienes por resolución de contrato u otro título que pertenezca por derecho propio a alguno de los cónyuges, anterior al matrimonio;

IV. El precio de las refacciones de crédito, y el de cualesquiera mejora y reparaciones hechas en fincas o créditos propios de cada uno de los cónyuges;

V. El exceso o diferencia de precio dado por uno de los cónyuges en venta o permuta de bienes propios para adquirir otros en lugar de los vendidos o permutados;

VI. Los bienes adquiridos por título oneroso durante la sociedad, bien se haga la adquisición para la comunidad, bien para uno solo de los consortes; y

VII. Los frutos, accesiones, rentas o intereses percibidos o devengados durante la sociedad, procedentes de los bienes comunes o de los peculiares de cada uno de los consortes.

CAPÍTULO VI
DE LA SOCIEDAD CONYUGAL O VOLUNTARIA

Art. 289.- La sociedad conyugal se regirá por las capitulaciones matrimoniales que la constituyan, y en lo que no estuviere expresamente estipulado, por las disposiciones relativas a la sociedad legal, o en defecto de éstas, por las que rigen el contrato de sociedad en general.

Art. 290.- Las capitulaciones matrimoniales en que se constituya la sociedad conyugal, constarán en escritura pública cuando los esposos pacten hacerse copartícipes o transferirse la propiedad de bienes que ameriten tal requisito para que la traslación sea válida.

Art. 291.- En este caso, la alteración que se haga a las capitulaciones deberá también otorgarse en escritura pública, haciendo la anotación en la oficina del Registro Civil donde se celebró el matrimonio y en el Registro Público de la Propiedad.

Art. 292.- Las capitulaciones matrimoniales en que se establezca la sociedad conyugal, deben contener:

I. La lista detallada de los bienes muebles o inmuebles que cada parte lleve a la sociedad, con expresión de su valor y de los gravámenes que reporten;

II. Relación pormenorizada de las deudas que tenga cada esposo al celebrar el matrimonio;

III. La declaración expresa de si la sociedad conyugal ha de comprender todos los bienes de cada consorte o sólo parte de ellos, precisando en este último caso cuáles son los bienes que hayan de entrar a la sociedad;

IV. La declaración explícita de si la sociedad conyugal ha de comprender todos los bienes de los consortes o solamente sus productos. En uno y otro caso, se determinará con toda claridad la parte que de los bienes o de sus productos corresponda a cada cónyuge;

V. La declaración de si el producto del trabajo de cada consorte corresponde exclusivamente al que lo ejecutó, o si debe dar participación de ese producto al otro consorte y en qué proporción;

VI. La declaración acerca de si los bienes futuros que adquieran los cónyuges durante el matrimonio, pertenecen exclusivamente al adquirente, o si deben repartirse entre ellos y en qué proporción; y

VII. Las bases para liquidar la sociedad.

Art. 293.- La capitulación por la que uno de los consortes haya de percibir todas las utilidades, así como la que establezca que alguno de ellos sea responsable por las pérdidas y deudas comunes en una parte que exceda a lo que proporcionalmente corresponda a su capital o utilidades, se tendrá por no puesta.

Art. 294.- Cuando se establezca que uno de los consortes sólo debe recibir una cantidad determinada, el otro consorte o sus herederos deben pagar la suma convenida, haya o no utilidad en la sociedad.

Art. 295.- Todo pacto que importe cesión de una parte de los bienes propios de cada cónyuge será considerado como donación.

CAPÍTULO VII
DISPOSICIONES COMUNES A LAS SOCIEDADES LEGAL Y CONYUGAL

SECCIÓN PRIMERA
DE LA ADMINISTRACIÓN DE LA SOCIEDAD

Art. 296.- Al celebrarse el matrimonio los cónyuges deben indicar cuál de los dos tendrá la administración de los bienes comunes.

Pueden también pactar durante la vigencia del matrimonio el cambio de administrador, para lo cual deberán así hacerlo saber ante el Oficial del Registro Civil, donde se celebró el matrimonio para que marginalmente y previa solicitud ratificada ante su presencia, se haga la anotación correspondiente.

Art. 297.- El dominio y posesión de los bienes comunes reside en ambos cónyuges, mientras subsista la sociedad; y las acciones en contra de ésta o sobre los bienes sociales serán dirigidas contra ambos cónyuges.

Art. 298.- El marido o la mujer pueden enajenar y obligar a título oneroso los bienes muebles comunes de los cuales sean titulares.

Art. 299.- Los bienes inmuebles y los derechos reales pertenecientes al fondo social, no pueden ser obligados ni enajenados de modo alguno por un cónyuge sin consentimiento del otro; pero el juez puede suplir ese consentimiento previa audiencia del opositor.

Art. 300.- Ninguna enajenación que de los bienes gananciales haga un consorte, en contravención de la ley o en fraude del otro cónyuge, perjudicará a éste ni a sus herederos.

Art. 301.- Pueden los cónyuges pagar con los gananciales los gastos ordinarios de la familia, según sus circunstancias, sin perjuicio de la obligación común de ambos cónyuges y con la parte que le corresponda en el fondo social.

SECCIÓN SEGUNDA
DE LOS BIENES PROPIOS Y DE LOS COMUNES

Art. 302.- Ninguno de los cónyuges puede considerarse como tercero respecto de la sociedad por lo que ve a obligaciones a cargo de ésta que afecten los bienes sociales.

Art. 303.- Son propios de cada cónyuge los bienes de que era dueño al tiempo de celebrarse el matrimonio y los que poseía antes de éste, aunque no fuera dueño de ellos, si los adquiere por usucapión durante la sociedad.

Art. 304.- Lo son también, los que durante la sociedad adquiere cada cónyuge por donación de cualquier especie, por herencia o por legado constituido a favor de uno solo de ellos.

Art. 305.- Si los legados o las donaciones fueren onerosos, las cargas de aquéllos, se deducirán de los bienes propios del consorte en cuyo favor se hubieren otorgado. Si fueren cubiertos o soportados por la sociedad, ésta representará en el legado o donación la parte proporcional con que hubiere contribuido.

Art. 306.- Son propios de cada consorte los bienes adquiridos por resolución de contrato u otro título propio, que sea anterior al matrimonio, aunque la prestación se haya hecho después de la celebración de él.

Art. 307.- Los gastos que se hubieren causado para hacer efectivo el título, serán a cargo del dueño de éste.

Art. 308.- Igualmente corresponden a cada cónyuge los bienes adquiridos por compra o permuta de los (sic) raíces que le pertenezcan, para adquirir otros también raíces que se sustituyan por venta o permuta.

Art. 309.- Cuando se vendan los bienes inmuebles propios de uno de los cónyuges y su precio no se invierta en comprar otros inmuebles, el precio adquirido se considerará como propio del cónyuge dueño de bienes vendidos, si estos entraron a la sociedad conyugal sin ser estimados; pero si se estimaron al celebrarse el matrimonio o al otorgarse las capitulaciones matrimoniales, será de propiedad del dueño el precio en que fueron estimados, reputándose como ganancias o pérdidas de la sociedad, el aumento o disminución que hayan tenido al ser enajenados.

Art. 310.- Es propio de cada cónyuge lo que adquiere por la consolidación de la propiedad y el usufructo, así como son de su cargo los gastos que se hubieren hecho.

Art. 311.- Si alguno de los cónyuges tuviere derecho a una prestación exigible en plazos que no tenga el carácter de usufructo, las cantidades cobradas por los plazos vencidos durante el matrimonio, no serán gananciales, sino propias de cada cónyuge.

Art. 312.- Lo adquirido por razón de usufructo, con cargo a bienes comunes pertenece al fondo social.

Art. 313.- No pueden renunciarse los gananciales durante el matrimonio; pero disuelto éste o decretada la separación de bienes, pueden renunciarse los adquiridos a condición de que se formalice en escritura pública.

Art. 314.- Todos los bienes que existen en poder de cualesquiera de los cónyuges al hacer la separación de ellos, se presumen gananciales, mientras no se pruebe lo contrario.

Art. 315.- Ni la declaración de uno de los cónyuges que afirma ser suya una cosa, ni la confesión del otro, ni ambas juntas, se estimarán pruebas suficientes, aunque sean judiciales.

Art. 316.- El cónyuge que legalmente fuere fiador o aval responderá con los bienes que tuviere propios; sólo con la parte que le corresponda en el fondo social.

Art. 317.- Las deudas contraídas durante el matrimonio por ambos cónyuges, por el administrador o por el otro socio con autorización de aquél o en su ausencia o por su impedimento, son carga de la sociedad sin perjuicio de la responsabilidad del cónyuge directamente obligado, que puede hacerse efectiva sobre sus bienes propios. Al liquidarse la sociedad el cónyuge que hubiere pagado con bienes propios deudas a cargo de la sociedad, será acreedor de ésta por el importe de aquéllas.

Art. 318.- Se exceptúan de lo dispuesto en el artículo anterior:

I. Las deudas que provengan de delito de alguno de los cónyuges o de algún hecho moralmente reprobado, aunque no sea punible por la ley; y

II. Las deudas que graven los bienes propios de los cónyuges, no siendo por pensiones cuyo importe haya entrado al fondo social.

Art. 319.- El importe de deudas de uno de los cónyuges, anteriores al matrimonio y pagadas por la sociedad, se cargarán al cónyuge deudor al liquidarse ésta, salvo el caso de que el otro cónyuge estuviere también personalmente obligado a que las deudas de que se trata hubieren sido aprovechadas en común. Se comprenden entre las deudas a que se refiere el presente artículo, las que provengan de cualquier hecho de los consortes anterior al matrimonio, aun cuando la obligación se haga efectiva durante la sociedad.

Art. 320.- Los débitos anteriores al matrimonio en el caso de que el cónyuge obligado no tenga con qué satisfacerlos, solo podrán ser pagados con los gananciales que le correspondan, después de disuelta la sociedad.

Art. 321.- Son carga de la sociedad, los atrasos de las pensiones o réditos devengados durante el matrimonio, de las obligaciones a que estuvieren afectos, tanto los bienes propios de los cónyuges como los que forman el fondo social.

Art. 322.- También son carga de la sociedad, los gastos que se hagan en las reposiciones indispensables para la conservación de los bienes propios de cada cónyuge. Los que no fueren de esta clase, se imputarán al haber del dueño.

Art. 323.- Todos los gastos que se hicieren para la conservación de los bienes del fondo social, son carga de la sociedad.

Art. 324.- Lo son igualmente, el mantenimiento de la familia, la educación e instrucción de los hijos comunes y la de los hijos propios de uno de los cónyuges que vivan en el domicilio conyugal y sean menores de edad.

Art. 325.- También es carga de la sociedad, el importe de lo dado o prometido por ambos consortes a los hijos para su colocación, cuando no hayan pactado que se satisfaga de los bienes propios de uno de ellos en todo o en parte. Si la donación o la promesa se hubiere hecho por sólo uno de los consortes, será pagada de sus bienes individuales.

Art. 326.- Son igualmente cargas de la sociedad, los gastos de inventarios y demás que se causen en la liquidación y en la entrega de los bienes que formaron el fondo social.

SECCIÓN TERCERA
DE LA LIQUIDACIÓN DE LA SOCIEDAD

(REFORMADO, P.O. 5 DE SEPTIEMBRE DE 2015)

Art. 327.- La sociedad puede terminar antes de que se disuelva el matrimonio si así lo convienen los esposos.

Art. 328.- Puede también terminar la sociedad durante el matrimonio, a petición de alguno de los cónyuges, por los siguientes motivos:

I. Si el socio administrador, por su negligencia o torpe administración patrimonial, hace peligrar a su consocio o disminuir considerablemente los bienes comunes; y

II. Cuando el socio administrador hace cesión de bienes a sus acreedores o es declarado en quiebra, o sujeto a concurso de acreedores.

Al iniciarse el procedimiento judicial, cesarán interinamente los efectos de la sociedad, sin perjuicio de los actos y obligaciones anteriores, estableciéndose un régimen de copropiedad respecto a los bienes sociales en los cuales cada cónyuge representará la proporción que corresponda conforme a las capitulaciones matrimoniales o cada uno la mitad, si éstas nada prevén al respecto o si el matrimonio se celebró bajo el régimen de sociedad legal. La declaración respectiva se inscribirá en el Registro Público de la Propiedad.

Art. 329.- No pueden renunciarse anticipadamente los gananciales que resulten de la sociedad; pero disuelto el matrimonio o establecida la separación de bienes, pueden los cónyuges renunciar a los gananciales adquiridos y sólo será válida la renuncia si se hace en escritura pública.

Art. 330.- La sentencia que declare la ausencia de alguno de los cónyuges, modifica o suspende la sociedad en los casos señalados en este código.

Art. 331.- La sociedad se suspende en los casos de divorcio, cuando así se solicite al inicio del procedimiento respectivo.

Art. 332.- El abandono injustificado por más de seis meses del domicilio conyugal por uno de los cónyuges, hace cesar para él, desde el día del abandono, los efectos de la sociedad en cuanto le favorezcan; estos no podrán comenzar de nuevo sino por convenio expreso.

Art. 333.- En los casos de ilegitimidad, la sociedad se considera subsistente hasta que se pronuncie sentencia ejecutoria, si los dos cónyuges procedieron de buena fe.

Art. 334.- Cuando uno solo de los cónyuges tuvo buena fe, la sociedad subsistirá también hasta que cause ejecutoria la sentencia, si la continuación es favorable al cónyuge inocente; en caso contrario se considerará nula desde un principio.

Art. 335.- Si los dos cónyuges procedieron con mala fe, los gananciales se aplicarán a los hijos y si no los hubiere, se repartirán proporcionalmente entre los consortes.

Art. 336.- Si la disolución de la sociedad procede de ilegitimidad del matrimonio, el consorte que hubiere obrado con mala fe no tendrá parte en los gananciales.

Art. 337.- En los casos de divorcio por mutuo consentimiento o de simple separación de bienes, se observarán, para la liquidación, los convenios que hayan celebrado los consortes; las capitulaciones matrimoniales y lo dispuesto en este capítulo, en sus respectivos casos.

Art. 338.- Ejecutoriada la resolución que disuelva o suspenda la sociedad, los bienes que pertenecían al fondo social continúan respondiendo de las cargas sociales y el cónyuge directamente obligado a favor de terceros, sigue respondiendo también con sus bienes propios. Los acreedores de la sociedad podrán ejercitar o continuar sus acciones contra el administrador, aun cuando se afecten bienes gananciales aplicados al otro cónyuge, mientras no se les notifique el fallo. Hecha la notificación, los acreedores podrán dirigir sus acciones contra uno solo de los cónyuges o contra ambos. El cónyuge que resultare afectado en sus bienes propios o gananciales por ejecución de deudas a cargo de la sociedad, tendrá derecho a repetir contra el otro cónyuge por la parte que a éste correspondiere cubrir.

Art. 339.- La suspensión de la sociedad cesará por el vencimiento del plazo, si alguno se fijo, y con la reconciliación de los consortes, en los casos de divorcio intentado.

Art. 340.- Disuelta o suspendida la sociedad se procederá desde luego a formar inventario.

Art. 341.- En el inventario se incluirán específicamente no sólo todos los bienes que formaron la sociedad, sino los que deben traerse a colación.

Art. 342.- Respecto del artículo anterior, deben traerse a colación:

I. Las cantidades pagadas por el fondo social que sean carga exclusiva de los bienes propios del cónyuge; y

II. El importe de las donaciones y el de las enajenaciones que deban considerarse fraudulentas conforme al artículo 300.

Art. 343.- No se incluirán en el inventario, los efectos que formaban el lecho y vestidos ordinarios de los consortes, los que se entregarán desde luego a éstos o a sus herederos.

Art. 344.- Las pérdidas o deterioro de los bienes muebles no estimados, aunque provengan de caso fortuito, se pagarán de los gananciales, si los hubiere, en caso contrario el dueño recibirá los muebles en el estado en que se encuentren.

Art. 345.- Los deterioros de los bienes inmuebles no son abonables en ningún caso al dueño, excepto los que provengan de culpa del cónyuge administrador.

Art. 346.- Terminado el inventario, se pagarán los créditos que hubiere contra el fondo social, se devolverá a cada cónyuge lo que llevó al matrimonio y, el sobrante, si lo hubiere, se dividirá entre los dos consortes en la forma convenida. En caso de que haya pérdidas, el importe de éstas se deducirá del haber de cada consorte en proporción a las utilidades que debiera corresponderles y si uno solo llevó capital, de éste se deducirá la pérdida total.

Art. 347.- Muerto uno de los cónyuges, continuará el que sobreviva en la posesión y administración del fondo social, con intervención del representante de la sucesión, mientras no se verifique la partición.

Art. 348.- Cuando haya de ejecutarse simultáneamente la liquidación de dos o más matrimonios contraídos por una misma persona, a falta de inventarios, se admitirán las pruebas ordinarias para fijar el fondo de cada sociedad.

Art. 349.- En caso de duda, se dividirán los gananciales entre las diferentes sociedades, en proporción al tiempo que hayan durado y al valor de los bienes propios de cada socio.

CAPÍTULO VIII
DE LA SEPARACIÓN DE BIENES

Art. 350.- Puede haber separación de bienes en virtud de capitulaciones anteriores al matrimonio, o durante éste, por convenio de los consortes, o bien por sentencia judicial. La separación puede comprender no sólo los bienes de que sean dueños los consortes al celebrar el matrimonio, sino también de los que adquieran después.

Art. 351.- La separación de bienes puede ser absoluta o parcial. En el segundo caso, los bienes que no estén comprendidos en las capitulaciones de separación, serán objeto de la sociedad conyugal que deben constituir los esposos, o en su defecto, de la sociedad legal.

(REFORMADO, P.O. 5 DE SEPTIEMBRE DE 2015)

Art. 352.- Durante el matrimonio, la separación de bienes puede terminar para ser sustituida por la sociedad legal o la sociedad conyugal.

(ADICIONADO, P.O. 7 DE NOVIEMBRE DE 2020)

Art. 352 Bis.- Cuando durante el matrimonio una de las partes se haya dedicado exclusivamente a las labores propias del hogar y al cuidado de los dependientes, el régimen de separación de bienes, deberá ser substituido por el régimen de sociedad legal, siempre y cuando exista sentencia ejecutoriada de delito en contra del cónyuge que se haya dedicado a las labores propias del hogar y cuidado de los dependientes.

Art. 353.- Las capitulaciones que establezcan separación de bienes, contendrán un inventario de los que pertenezcan a cada consorte al celebrarse el matrimonio y nota especificada de las deudas que al casarse tenga cada uno de los contrayentes.

Art. 354.- En el régimen de separación de bienes, los cónyuges conservarán la propiedad y administración de los bienes que respectivamente les pertenecen y, por consiguiente, todos los frutos y accesiones de dichos bienes no serán comunes, sino del dominio exclusivo del dueño de ellos.

Art. 355.- Serán también propios de cada uno de los consortes los salarios, sueldos, emolumentos y ganancias que obtuvieren por servicios personales, por el desempeño de un empleo o el ejercicio de una profesión, comercio o industria.

Art. 356.- Los bienes que los cónyuges adquieran en común por donación, herencia, legado, por cualquier otro título gratuito o por don de la fortuna, entre tanto se hace la división, serán administrados por ambos o por uno de ellos con acuerdo del otro; pero en este caso el que administre será considerado como mandatario.

Art. 357.- El marido y la mujer que ejerzan la patria potestad se dividirán entre sí, por partes iguales, la mitad del usufructo que la ley les concede, respecto de los bienes del menor.

CAPÍTULO IX
DE LAS DONACIONES ANTENUPCIALES

Art. 358.- Se llaman antenupciales las donaciones que antes del matrimonio hace un futuro esposo al otro, cualesquiera que sea el nombre que la costumbre les haya dado.

Art. 359.- Son también donaciones antenupciales las que un tercero hace a alguno de los futuros esposos o a ambos, en consideración al matrimonio.

Art. 360.- Las donaciones antenupciales entre futuros esposos aunque fueren varias, no podrán exceder, reunidas, de un (sic) quinta parte de los bienes del donante. En el exceso la donación será inoficiosa.

Art. 361.- Las donaciones antenupciales hechas por un tercero serán inoficiosas en los términos en que lo fueren las demás donaciones referidas en este código.

Art. 362.- Para calcular si es inoficiosa una donación antenupcial, tienen, el futuro esposo donatario y sus herederos, la facultad de elegir la época en que se hizo la donación o la del fallecimiento del donador.

Art. 363.- Si al hacerse la donación no se formó el inventario de los bienes del donante, no podrá elegirse la época en que aquélla se otorgó.

Art. 364.- Las donaciones antenupciales no necesitan para su validez de aceptación expresa.

Art. 365.- Las donaciones antenupciales no se revocan por sobrevenir hijos al donante.

Art. 366.- Tampoco se revocarán por ingratitud, a no ser que el donante fuere un tercero, que la donación haya sido hecha a ambos futuros esposos y que los dos sean ingratos.

Art. 367.- Las donaciones antenupciales son revocables y se entienden revocadas por el adulterio o el abandono injustificado del domicilio conyugal por parte del donatario, cuando el donante fuere el otro cónyuge.

(REFORMADO, P.O. 5 DE SEPTIEMBRE DE 2015)

Art. 368.- No podrán realizarse donaciones antenupciales cuando el donador o el donatario sea niña, niño o adolescente.

Art. 369.- Las donaciones antenupciales quedarán sin efecto si el matrimonio dejare de efectuarse.

Art. 370.- Son aplicables a las donaciones antenupciales, las reglas de las donaciones comunes, en todo lo que no fueren contrarias a este capítulo.

CAPÍTULO X
DE LAS DONACIONES ENTRE CONSORTES

Art. 371.- Los consortes pueden hacerse donaciones con tal de que no sean contrarias a las capitulaciones matrimoniales, ni perjudiquen el derecho de los ascendientes o descendientes a recibir alimentos.

Art. 372.- Las donaciones entre consortes pueden ser revocadas por el donante cuando exista causa justificada para ello.

Los sucesores del donante podrán continuar ante los tribunales la acción revocatoria.

Si el donante no ejercitó la acción revocatoria éste derecho no se transfiere a sus herederos.

Art. 373.- Estas donaciones no se anularán por la superveniencia de hijos, pero se reducirán cuando sean inoficiosas, en los mismos términos que las comunes.

CAPÍTULO XI
DE LA LEGITIMIDAD MATRIMONIAL

SECCIÓN PRIMERA
DISPOSICIONES GENERALES

Art. 374.- Toda celebración y relación matrimonial, tiene la presunción de ser legítima y de buena fe; quien afirme lo contrario deberá acreditarlo.

Art. 375.- El derecho para demandar la ilegitimidad del matrimonio corresponde a quienes la ley se los concede expresamente y no es transmisible por herencia ni de cualquier otra manera; sin embargo los herederos podrán continuar la demanda de ilegitimidad entablada por aquél a quien heredan.

Art. 376.- Sólo se considerará ilegítimo un matrimonio cuando así lo declare una sentencia que cause ejecutoria.

Art. 377.- Los cónyuges no pueden celebrar transacción ni compromiso en árbitros, acerca de la ilegitimidad del matrimonio.

SECCIÓN SEGUNDA
DE LA ILEGITIMIDAD POR INEFICACIA DEL MATRIMONIO

Art. 378.- Existe ineficacia en el matrimonio:

I. Cuando su celebración o permanencia va contra la naturaleza y esencia de la institución;

II. Cuando su celebración o permanencia se da entre parientes consanguíneos, sin limitación de grado en línea recta, o hasta el segundo en la colateral, extendido éste a medios hermanos;

III. Por haberse celebrado entre parientes por afinidad en línea recta sin limitación de grado;

IV. Por haberse celebrado entre parientes por adopción en línea recta sin limitación de grado; y

V. La subsistencia de matrimonio anterior de cualesquiera de los otorgantes.

Art. 379.- La acción de ilegitimidad, prevista en el artículo anterior, podrá ejercitarse en todo tiempo, en los casos señalados en las cuatro primeras fracciones, por los cónyuges o por sus ascendientes; en el supuesto de la fracción V, por el cónyuge del primer matrimonio, por los hijos de aquél y por los cónyuges que contrajeron el segundo.

(REFORMADO, P.O. 5 DE SEPTIEMBRE DE 2015)

Art. 380.- Las acciones de ilegitimidad matrimonial por ineficacia, son imprescriptibles y no podrán ser legitimadas; y si no son ejercitadas por las personas facultadas, deberá promover su ilegitimidad el Agente de la Procuraduría Social.

SECCIÓN TERCERA
DE LA ILEGITIMIDAD POR INVALIDEZ MATRIMONIAL

Art. 381.- Existe invalidez en el matrimonio por:
I. La falta de edad en los consortes, requerida por la ley;
II. El error acerca de la persona con quien se contrae; y

(REFORMADA, P.O. 23 DE NOVIEMBRE DE 2019)

III. Celebrarse concurriendo alguno de los impedimentos señalados en las fracciones de la V a la IX del artículo 268, salvo las excepciones establecidas en el propio artículo 268.

Art. 382.- (DEROGADO, P.O. 5 DE SEPTIEMBRE DE 2015)

Art. 383.- (DEROGADO, P.O. 5 DE SEPTIEMBRE DE 2015)

Art. 384.- La acción de ilegitimidad por invalidez que nace de error sólo puede deducirse por el cónyuge engañado, pero si éste no denuncia el error inmediatamente que lo advierte, se tiene por consentido y por ende queda subsistente el matrimonio.

Art. 385.- (DEROGADO, P.O. 5 DE SEPTIEMBRE DE 2015)

(REFORMADO, P.O. 5 DE SEPTIEMBRE DE 2015)

Art. 386.- Cesa esta causa de ilegitimidad si han pasado los treinta días sin que se haya pedido.

Art. 387.- (DEROGADO, P.O. 5 DE SEPTIEMBRE DE 2015)

(REFORMADO, P.O. 31 DE MAYO DE 2007)

Art. 388.- La acción de ilegitimidad por invalidez proveniente de atentado contra la vida de alguno de los cónyuges para casarse con el que quede libre, puede ser deducida por los hijos del cónyuge víctima del atentado o por el Agente de la Procuraduría Social, dentro de seis meses contados desde que se celebró el nuevo matrimonio.

Art. 389.- El miedo y la violencia serán causas de ilegitimidad por invalidez de matrimonio.

(REFORMADO, P.O. 23 DE SEPTIEMBRE DE 2000)

La acción que nace de esta causa de ilegitimidad sólo puede deducirse por el cónyuge agraviado, dentro de noventa días contados desde la fecha en que cesó la violencia o intimidación.

(ADICIONADO, P.O. 23 DE SEPTIEMBRE DE 2000)

El juez que tenga conocimiento de esta situación dictará las medidas necesarias para proteger la integridad de la persona afectada.

Art. 390.- El parentesco por consanguinidad no dispensado, ilegítima el matrimonio y la acción que nace de esta causa de ilegitimidad puede deducirse por los ascendientes de los cónyuges dentro de los siguientes sesenta días a la celebración del matrimonio; pero éste quedará revalidado y surtirá efectos desde el día de su celebración, si antes de causar ejecutoria la sentencia que declare la ilegitimidad, se obtuviere la dispensa.

(REFORMADO, P.O. 23 DE NOVIEMBRE DE 2019)

Art. 391.- La ilegitimidad que se funde en alguna de las causas de la fracción VII del Artículo 268, sólo puede ser pedida por los cónyuges, dentro del término de sesenta días contados desde que se celebró el matrimonio; sin embargo, si se acreditó el conocimiento previo y el consentimiento de ambas partes en los términos del propio artículo 268, no procederá dicha petición.

(REFORMADO, P.O. 29 DE NOVIEMBRE DE 2014)

Art. 392.- Tienen derecho a pedir la ilegitimidad a que se refiere la fracción VIII del artículo 268, el otro cónyuge, el tutor del incapaz o éste cuando pueda realizar el acto, con o sin asistencia del tutor.

SECCIÓN CUARTA
DE LA ILICITUD EN EL MATRIMONIO

(REFORMADO PRIMER PÁRRAFO [N. DE E. REPUBLICADO], P.O. 13 DE SEPTIEMBRE DE 2018)

Art. 393.- Produce ilicitud en el matrimonio:

I. El matrimonio celebrado en contravención a lo dispuesto en los artículos relativos a las actas de matrimonio de la Ley del Registro Civil del Estado;

(REFORMADA, P.O. 10 DE SEPTIEMBRE DE 2022)

II. El matrimonio celebrado, sin que haya transcurrido el término fijado en el artículo 271; y

III. Cuando se contrajo, estando pendiente la decisión de un impedimento que sea susceptible de dispensa.

(REFORMADO, P.O. 31 DE MAYO DE 2007)

Art. 394.- La ilicitud que se funde en la falta de formalidades esenciales en el matrimonio, puede alegarse por los cónyuges o por cualquiera que tenga interés en probar que no hay matrimonio. También podrá declararse esa ilicitud a instancia del Agente de la Procuraduría Social.

Art. 395.- No se admitirá demanda de ilicitud por falta de solemnidades en el acta, de matrimonio celebrado ante el Oficial del Registro Civil, cuando a la existencia del acta se una la posesión de estado matrimonial.

SECCIÓN QUINTA
DE LOS EFECTOS DE LA DECLARACIÓN DE ILEGITIMIDAD DEL MATRIMONIO

Art. 396.- Ejecutoriada la sentencia que declare ilegítimo el matrimonio, ya sea por ineficacia o por invalidez, el tribunal de oficio, enviará copia certificada de ella, por triplicado, al Director del Registro Civil, quien conservará una en el archivo estatal y las dos restantes, las remitirá respectivamente al Oficial del Registro Civil que autorizó el matrimonio ilegítimo y a la Dirección General del Registro Nacional de Población.

Art. 397.- Los servidores del Registro Civil a que se refiere el artículo anterior, al margen del acta de matrimonio, pondrán una nota circunstanciada en que consten los puntos resolutivos de la sentencia, su fecha, el tribunal que la pronunció y el número con que se marque la copia, que será depositada en el archivo.

Art. 398.- El matrimonio contraído de buena fe, aunque sea declarado ilegítimo por invalidez, produce todos sus efectos civiles en favor de los cónyuges mientras dure; y en todo tiempo, en favor de los hijos nacidos antes de la celebración del matrimonio, durante él y trescientos días después de la declaración de ilegitimidad, si no se hubieren separado los consortes o desde su separación en caso contrario.

Art. 399.- Si ha habido buena fe de parte de uno solo de los cónyuges, el matrimonio produce efectos civiles únicamente respecto de él y de los hijos.

Si ha habido mala fe de ambos consortes, el matrimonio produce efectos civiles solamente respecto de los hijos.

Art. 400.- Luego que la sentencia de ilegitimidad cause ejecutoria, se resolverá lo relativo a la situación de los hijos, siendo aplicables las siguientes disposiciones:

I. Los padres podrán convenir lo que consideren más adecuado sobre el cuidado y custodia de ellos, la proporción que les corresponda pagar de los alimentos de los hijos y la manera de garantizar su pago;

II. La autoridad judicial aprobará o no el convenio según estime conveniente para el interés de los hijos;

III. En caso de que los padres no llegaren a ningún acuerdo o la autoridad judicial desapruebe el convenio, ésta dictará las medidas que estime procedentes, tomando en consideración el orden de preferencia establecido en este libro en el título séptimo;

IV. Puede la autoridad judicial ordenar que los hijos queden al cuidado del ascendiente o ascendientes, paternos o maternos, según juzgue más conveniente, atendiendo siempre al interés de los hijos; y

V. La autoridad judicial en todo tiempo podrá modificar las determinaciones que dicte fundado en este artículo, según las nuevas circunstancias de los hijos y siempre que el interés de éstos requiera esa modificación.

Art. 401.- Declarada la ilegitimidad del matrimonio, se observarán respecto de las donaciones antenupciales, las reglas siguientes:

I. Las hechas por un tercero a uno de los cónyuges o a los dos, quedarán en beneficio de los hijos;

(REFORMADA, P.O. 21 DE MARZO DE 2019)

II. Las que hizo el cónyuge que no obró de mala fe quedarán sin efecto y los bienes que fueron objeto de ellas, se devolverán al donante con todos sus productos;

III. Subsistirán las hechas al inocente por el cónyuge que obró de mala fe; y

IV. Si los dos cónyuges procedieron de mala fe, las donaciones que se hayan hecho quedarán en favor de sus hijos; si no los tienen, no podrán hacer los donantes reclamación alguna con motivo de la liberalidad.

Art. 402.- Si al declararse la ilegitimidad, la mujer está embarazada, se tomarán las precauciones que este código señala en materia de sucesiones para cuando la viuda quede encinta.

CAPÍTULO XII
DEL DIVORCIO

Art. 403.- El divorcio disuelve el vínculo matrimonial y deja a los que fueron cónyuges en aptitud de contraer otro.

(REFORMADO, P.O. 6 DE MAYO DE 2021)

Art. 404.- Procede el divorcio por:

I. El mutuo consentimiento, o

II. La solicitud por cualquiera de los cónyuges sin necesidad de atender a un motivo.

Art. 405.- (DEROGADO, P.O. 17 DE NOVIEMBRE DE 2018)

(REFORMADO PRIMER PÁRRAFO [N. DE E. CON SUS FRACCIONES], P.O. 16 DE FEBRERO DE 2016)

Art. 405 Bis.- El divorcio administrativo procede cuando:

I. Ambos cónyuges convengan en divorciarse;

II. (DEROGADA, P.O. 3 DE DICIEMBRE DE 2020)

III. Los cónyuges no tengan hijos vivos o concebidos dentro de matrimonio, o teniéndolos, sean mayores de edad, capaces y no requieran alimentos;

IV. Hubieren liquidado la sociedad conyugal o legal; y

V. (DEROGADA, P.O. 11 DE MAYO DE 2019)

(REFORMADO, P.O. 3 DE DICIEMBRE DE 2020)

Se presentarán personalmente al Oficial del Registro Civil del lugar de su domicilio, comprobarán con las copias certificadas respectivas que son casados y que han liquidado su sociedad legal o conyugal si fuera el caso, la ingravidez de la cónyuge y manifestarán bajo protesta de decir verdad que los hechos declarados son ciertos y de manera terminante y explícita, su voluntad de divorciarse.

(REFORMADO, P.O. 3 DE DICIEMBRE DE 2020)

El Oficial del Registro Civil, previa identificación de los cónyuges, levantará un acta en la que hará constar la solicitud de divorcio y citará a los cónyuges transcurridos treinta días naturales para que la ratifiquen personalmente. Ratificada la solicitud, el Oficial del Registro Civil los declarará divorciados, levantará el acta de divorcio y hará las anotaciones correspondientes.

(REFORMADO, P.O. 3 DE DICIEMBRE DE 2020)

Los cónyuges podrán acudir ante Notario Público de la región notarial correspondiente al lugar donde se celebró el matrimonio a tramitar su divorcio bajo el mismo procedimiento al que se sujetarían ante el Oficial del Registro Civil. El Notario Público hará constar en escritura pública la solicitud de divorcio, y si estos ratifican dicha solicitud, así se expresará en el instrumento público y declarará la disolución del vínculo matrimonial. Satisfechos os (sic) requisitos de ley, el Notario expedirá testimonios que remitirá tanto al Oficial del Registro Civil ante quien se celebró el matrimonio y al Director del Archivo de Registro Civil del Estado, para que el primero levante el acta de divorcio correspondiente y ambos realicen las anotaciones a que hubiere lugar.

(REFORMADO, P.O. 11 DE MAYO DE 2019)

Las personas así divorciadas podrán volver a contraer matrimonio civil una vez que se haya levantado el acta de divorcio.

(ADICIONADO, P.O. 2 DE ENERO DE 2007)

Si se comprueba que los cónyuges no cumplen con los supuestos exigidos, el divorcio así obtenido no surtirá efectos legales, independientemente de las sanciones previstas en las leyes.

(ADICIONADO, P.O. 27 DE DICIEMBRE DE 2011)

Art. 405 Ter.- El trámite previsto en el artículo anterior se podrá llevar a cabo mediante método alterno, conforme a la Ley de Justicia Alternativa del Estado de Jalisco.

(REFORMADO PRIMER PÁRRAFO, P.O. 11 DE MAYO DE 2019)

Art. 406.- Cuando ambos cónyuges convengan en divorciarse, presentarán al juzgado, certificado expedido por la Secretaría de Salud en el que se dé cuenta sobre la gravidez o ingravidez de la cónyuge con un tiempo de expedición no mayor a 30 días naturales a la fecha de presentación de la solicitud y un convenio en donde fijen los siguientes puntos:

(REFORMADA, P.O. 25 DE NOVIEMBRE DE 2014)

I. Designación del cónyuge a quien sea confiada la guarda y custodia temporal de los hijos de matrimonio, durante el procedimiento y proponer la guardia (sic) y custodia definitiva después de ejecutoriado el divorcio;

II. El modo de subvenir a las necesidades de los hijos y, en su caso, las del alumbramiento, tanto durante el procedimiento como después de ejecutoriado el divorcio, así como la forma de asegurar su pago y los incrementos respectivos por concepto de alimentación;

(REFORMADA, P.O. 25 DE NOVIEMBRE DE 2014)

III. Los términos en que los cónyuges propondrán al Juez, el régimen de visitas y convivencia con sus hijos;

(REFORMADA, P.O. 25 DE NOVIEMBRE DE 2014)

IV. La casa que servirá de habitación a los cónyuges durante el procedimiento;

(REFORMADA, P.O. 25 DE NOVIEMBRE DE 2014)

V. La cantidad que a título de alimentos, un cónyuge debe pagar a otro durante el procedimiento o después de ejecutoriada la sentencia; la forma de hacer el pago y la garantía que debe darse para asegurarlo, o bien la manifestación expresa de que ambos cónyuges quedarán exentos de toda obligación a este respecto, en caso de que así se convenga;

(REFORMADA, P.O. 25 DE NOVIEMBRE DE 2014)

VI. La manera de administrar los bienes de la sociedad conyugal o legal durante el procedimiento y la de liquidar dicha sociedad después de ejecutoriado el divorcio, así como la designación de liquidadores. A ese efecto, se acompañará un inventario y el proyecto de partición de todos los bienes de la sociedad; y

(REFORMADA [N. DE E. ADICIONADA], P.O. 25 DE NOVIEMBRE DE 2014)

VII. En el caso de que los cónyuges hayan celebrado el matrimonio bajo el régimen de separación de bienes deberá señalarse la compensación a que tendrá derecho el cónyuge que, durante el matrimonio, se haya dedicado preponderantemente al desempeño del trabajo del hogar y, en su caso, al cuidado de los hijos, la cual no podrá ser superior al cuarenta por ciento del valor de los bienes que hubieren adquirido durante el matrimonio, considerando las reglas establecidas en este código respecto de los bienes propios y los comunes.

(REFORMADO [N. DE E. ADICIONADO], P.O. 25 DE NOVIEMBRE DE 2014)

El Juez resolverá atendiendo a las circunstancias especiales de cada caso.

(ADICIONADO, P.O. 6 DE MAYO DE 2021)

Art. 406 Bis.- Cuando ambos cónyuges convengan en divorciarse, podrán hacerlo a través de un método alterno de solución de conflictos en los términos de la Ley de Justicia Alternativa del Estado de Jalisco, para lo cual presentarán la solicitud de método alterno referente al divorcio acompañado del certificado médico expedido por la Secretaría de Salud en el que se dé cuenta sobre la gravidez o ingravidez de la cónyuge con un tiempo de expedición no mayor a 30 días naturales a la fecha de presentación de la solicitud, actas de matrimonio y nacimiento de los cónyuges, así como de los hijos si es el caso.

El convenio final de método alterno deberá contener los puntos establecidos en el artículo que antecede.

El Prestador del servicio, deberá atender las circunstancias especiales de cada caso, podrá apoyar a las partes a que logren un acuerdo equitativo, legal y conveniente, velando por el interés superior de la niñez, dando intervención a la Procuraduría de Protección de Niñas, Niños y Adolescentes, en términos del artículo 5 Bis de la Ley de Justicia Alternativa del Estado de Jalisco.

Art. 407.- Mientras que se decreta el divorcio, el juez autorizará la separación de los cónyuges de una manera provisional y dictará las medidas necesarias para asegurar la subsistencia de los hijos a quienes haya obligación de dar alimentos.

(ADICIONADO, P.O. 23 DE SEPTIEMBRE DE 2000)

En los casos en que exista violencia o peligro para los integrantes de la familia, el juez dictará las medidas adicionales necesarias que garanticen su seguridad integral.

Art. 408.- Los cónyuges que hayan solicitado el divorcio por mutuo consentimiento, podrán reunirse de común acuerdo en cualquier tiempo, con tal de que el divorcio no hubiese sido decretado. No podrán volver a solicitar el divorcio por mutuo consentimiento sino pasados tres meses a partir del último ocurso presentado al juzgado que conoció de la solicitud del divorcio.

(REFORMADO, P.O. 17 DE NOVIEMBRE DE 2018)

Art. 409.- El cónyuge que no quiera pedir el divorcio podrá solicitar que se suspenda su obligación de cohabitar con su consorte cuando se presente alguna de las siguientes circunstancias:

I. Cuando alguno de los cónyuges padezca una enfermedad que sea crónica o incurable, contagiosa o hereditaria, ponga en peligro la vida del otro cónyuge y se prolongue por más de dos años; o

II. Cuando padezca enajenación psíquica incurable declarada judicialmente.

El juez, con conocimiento de causa, podrá decretar esa suspensión, quedando subsistentes las demás obligaciones creadas por el matrimonio.

(REFORMADO, P.O. 17 DE NOVIEMBRE DE 2018)

Art. 410.- El divorcio puede ser solicitado por cualquiera de los dos cónyuges en el momento que lo crean necesario.

Art. 411.- (DEROGADO, P.O. 17 DE NOVIEMBRE DE 2018)

Art. 412.- La reconciliación de los cónyuges pone término al juicio de divorcio en cualquier estado en que se encuentre, si aún no hubiere sentencia ejecutoria. En este caso, los interesados deberán informar su reconciliación al juez, sin que su omisión destruya los efectos producidos por la reconciliación.

Art. 413.- (DEROGADO, P.O. 17 DE NOVIEMBRE DE 2018)

(REFORMADO, P.O. 25 DE NOVIEMBRE DE 2014)

Art. 414.- La demanda de divorcio o ilegitimidad matrimonial produce los siguientes efectos:

I. Cesar la presunción de convivencia conyugal;

II. Revocar los poderes que cualesquiera de los cónyuges hubiese otorgado al otro, sin que ésta disposición afecte derechos de terceros. Dentro de esta revocación, se entiende cualquier autorización para disponer de bienes pertenecientes a los cónyuges o a los de su sociedad matrimonial; y

III. Separar a los cónyuges del domicilio conyugal.

El Juez resolverá quién habitará el domicilio conyugal y asimismo, previo inventario, los bienes que continuarán en éste y los que se ha de llevar el otro cónyuge.

(ADICIONADO, P.O. 25 DE NOVIEMBRE DE 2014)

Art. 414 Bis.- Mientras se decreta el divorcio, el Juez de la causa dictará las medidas necesarias que garanticen los derechos y obligaciones recíprocas entre los cónyuges y las derivadas de la paternidad y la filiación, para tal efecto el Juez:

I. Dictará en su caso, las medidas precautorias que correspondan, cuando la mujer quede encinta;

II. Asegurará el cumplimiento de la obligación de dar alimentos en función a la posibilidad económica de ambos padres;

III. Confiará la guarda y custodia temporal de los hijos durante el procedimiento de divorcio; y

IV. Decretará el régimen de visitas y convivencia durante el procedimiento de divorcio.

En caso de que se hubiere acreditado la comisión de delitos o conductas nocivas en contra de los hijos, el Juez dictará las medidas necesarias para proteger la integridad de la persona afectada mediante la restricción o suspensión a las visitas y convivencia.

Art. 415.- La sentencia de divorcio fijará la situación de los hijos, conforme a las reglas siguientes:

I. Respecto a la patria potestad, se estará a lo establecido en el capítulo relativo de este código;

(REFORMADO PRIMER PÁRRAFO, P.O. 25 DE NOVIEMBRE DE 2014)

II. Respecto de la guarda y custodia definitiva:

(REFORMADO, P.O. 25 DE NOVIEMBRE DE 2014)

a) Por regla general será compartida, salvo que los cónyuges convengan quién la tendrá de manera exclusiva;

(REFORMADO, P.O. 25 DE NOVIEMBRE DE 2014)

b) A falta de convenio, cuando los padres no puedan ejercer la guarda y custodia se resolverá en los términos previstos por el artículo 572 de este código:

c) (DEROGADO, P.O. 25 DE NOVIEMBRE DE 2014)

(REFORMADA, P.O. 25 DE NOVIEMBRE DE 2014)

III. Respecto al régimen de visitas y convivencia definitiva:

a) Regulará el régimen de visitas y convivencia de los hijos con ambos padres salvaguardando que se efectúe en condiciones donde no se pierdan los vínculos afectivos que nacen de toda relación paterno filial y dictará las medidas necesarias para la protección y acceso pleno a este derecho; y

b) Cuando se hubiere acreditado la comisión de delitos o conductas nocivas en contra de los hijos se dictarán las medidas necesarias para proteger la integridad de la persona afectada mediante la restricción o suspensión a las visitas y convivencia;

(REFORMADA [N. DE E. ADICIONADA], P.O. 25 DE NOVIEMBRE DE 2014)

IV. Respecto de los alimentos:

a) Los determinarlos (sic) conforme a las reglas señaladas en este código;

b) Establecerá la forma de asegurar su pago y los incrementos respectivos;

c) Señalará el o los deudores alimentarios.

(REFORMADO, P.O. 25 DE NOVIEMBRE DE 2014)

En todo caso, el Juez atenderá el interés superior de la niñez y tomará en cuenta la opinión de los hijos en función de su edad y madurez.

(REFORMADO, P.O. 25 DE NOVIEMBRE DE 2014)

Art. 416.- Antes de que se provea definitivamente sobre la patria potestad o tutela de los hijos, el Juez podrá resolver, a petición de los abuelos, tíos o hermanos mayores, cualquier providencia que se considere benéfica a las personas menores de edad, y atenderá a lo previsto por este código.

Art. 417.- (DEROGADO, P.O. 17 DE NOVIEMBRE DE 2018)

(ADICIONADO, P.O. 8 DE OCTUBRE DE 2013)

Art. 417 Bis.- Si el matrimonio hubiese estado bajo el régimen de separación de bienes y uno de los cónyuges se hubiere dedicado preponderantemente a las labores no remuneradas del hogar y, en su caso, al cuidado de los hijos, durante el tiempo que haya durado el matrimonio, o que la mayor parte de sus ingresos los hubiese invertido en el mantenimiento del hogar y la familia y por esto no adquirió bienes, tendrá derecho a una compensación por parte de su cónyuge, que no podrá ser superior al cuarenta por ciento del valor de los bienes que ambos cónyuges juntos o por separado, hubieren adquirido durante el matrimonio, considerando las reglas establecidas en este código respecto de los bienes propios y los comunes. En este caso, el Juez determinará el monto que corresponda en base a la relación de bienes declarada por cada cónyuge y al avalúo pericial de los mismos. Para el cálculo de la compensación el Juez deberá considerar la situación socioeconómica que el matrimonio hubiere tenido y su evolución, así como de manera genérica la clase y cantidad de trabajo del hogar realizado.

En el caso del párrafo anterior y una vez llevada a cabo la liquidación, los cónyuges no tendrán derecho a exigirse alimentos. En el caso de existir deudores alimentarios, ambos cónyuges contribuirán equitativamente al pago de alimentos.

Art. 418.- Ejecutoriado el divorcio se procederá desde luego a la división de los bienes comunes y se tomarán las precauciones necesarias para asegurar el cumplimiento de las obligaciones que queden pendientes entre los cónyuges o con relación a los hijos. Los consortes divorciados tendrán obligación de contribuir, en proporción a sus bienes, a la subsistencia y educación de los hijos hasta que lleguen a la mayor edad o contraigan matrimonio.

(REFORMADO, P.O. 17 DE NOVIEMBRE DE 2018)

Art. 419.- En los casos de divorcio, el cónyuge que se crea con derechos a reclamar alimentos para sí, independientemente del divorcio, tendrá que solicitarlo ante autoridad competente en los términos de ley; sin embargo, para su fijación, se deberán tomar siempre en cuenta las circunstancias del caso, así como la proporción en la posibilidad del que debe darlos y la necesidad del que debe recibirlos.

En el divorcio por mutuo consentimiento, salvo pacto en contrario, los cónyuges no tienen derecho a pensión alimenticia.

(REFORMADO, P.O. 3 DE DICIEMBRE DE 2020)

Art. 420.- En virtud del divorcio, los cónyuges recobrarán su entera capacidad para contraer nuevo matrimonio inmediatamente después de que se haya levantado el acta de divorcio.

Art. 421.- La muerte de uno de los cónyuges pone fin al juicio de divorcio y los herederos del muerto tienen los mismos derechos y obligaciones que tendrían si no hubiera existido dicho juicio.

Art. 422.- Ejecutoriada una sentencia de divorcio, el Juez de Primera Instancia remitirá copia de ella a la Dirección del Registro Civil y al Oficial del Registro Civil ante quien se celebró el matrimonio, para que levante el acta correspondiente y, además, para que publique la parte resolutiva de la sentencia durante quince días en los estrados destinados al efecto.

TÍTULO QUINTO
DEL PARENTESCO Y DE LOS ALIMENTOS

CAPÍTULO I
DEL PARENTESCO

Art. 423.- La ley no reconoce más parentesco que los de consanguinidad, afinidad y el civil.

Art. 424.- El parentesco de consanguinidad es el que existe entre personas que descienden unas de otras de un mismo progenitor o tronco común.

Art. 425.- El parentesco de afinidad es el que se contrae por el matrimonio entre el varón y los parientes de la mujer y entre la mujer y los parientes del varón.

Art. 426.- El parentesco civil es el que nace de la adopción y sólo existe entre el adoptante y el adoptado, en los casos de adopción simple, y cuando se hubiese optado por la adopción plena, las relaciones de parentesco se establecen además entre el adoptado y la familia o familias del adoptante o adoptantes.

Art. 427.- Cada generación forma un grado, y la serie de grados constituye la línea de parentesco.

Art. 428.- La línea de parentesco es recta o transversal; la recta se compone de la serie de grados entre personas que descienden unas de otras; la transversal se compone de la serie de grados entre personas que, sin descender unas de otras, proceden de un progenitor o tronco común.

Art. 429.- La línea recta es ascendente o descendente: ascendente, es la que liga a una persona con su progenitor o tronco del que procede; descendente es la que liga al progenitor con los que de él proceden.

Art. 430.- En la línea recta, los grados se cuentan por el número de generaciones o por el de las personas, excluyendo al progenitor.

Art. 431.- En la línea transversal, los grados se cuentan por el número de generaciones, subiendo por una de las líneas y descendiendo por la otra; o por el número de personas que hay de uno a otro de los extremos que se consideran, excluyendo la del progenitor o tronco común.

CAPÍTULO II
DE LOS ALIMENTOS

Art. 432.- El deber y la obligación de proporcionar los alimentos son recíprocos; el que los da, tiene a su vez el derecho de recibirlos. Este deber y esta obligación alimentaria son personales e intransmisibles.

Art. 433.- Los cónyuges deben darse alimentos.

(REFORMADO, P.O. 7 DE AGOSTO DE 2014)

Art. 434.- Los padres están obligados a dar alimentos a sus hijos, hasta que alcancen la mayoría de edad o llegando a ella sean incapaces, la cual se extiende hasta una edad máxima de veinticinco años, cuando se encuentren estudiando en planteles del sistema educativo nacional. A falta o por imposibilidad de los padres, la obligación recae en los demás ascendientes por ambas líneas, que estuvieren más próximos en grado.

Art. 435.- Los hijos están obligados a dar alimentos a los padres cuando estos han alcanzado una edad senil o por imposibilidad de trabajo o ingreso. A falta o por imposibilidad de los ascendientes o descendientes, la obligación recae en los hermanos.

Art. 436.- Cuando no exista otro apoyo, los hermanos mayores tienen la obligación de dar alimentos a los menores, o a los mayores incapaces.

Art. 437.- El adoptante y el adoptado tienen obligación de darse alimentos, en los casos en que la tienen el padre y los hijos.

(REFORMADO, P.O. 5 DE SEPTIEMBRE DE 2015)

Art. 438.- Toda persona que hubiere recibido alimentos de una institución ya sea pública, descentralizada o privada, como pueden ser centros de asistencia social, también conocidos como albergues, hospicios, orfelinatos, casas de cuna y otras afines, tienen la obligación a su vez de proporcionar alimentos a otro interno de esas instituciones y, en caso de que ya hubieren desaparecido, a otra similar. La Procuraduría de Protección de Niñas, Niños y Adolescentes, podrá ejercitar tal reclamación.

(REFORMADO PRIMER PÁRRAFO, P.O. 27 DE JULIO DE 2013)

Art. 439.- Los alimentos comprenden el recibir los elementos de subsistencia material y educativa, como son: comida, vestido, habitación, la asistencia en casos de enfermedad y, en su caso, los gastos de embarazo y parto. Respecto de los menores, los alimentos comprenden, además, los gastos para la educación de preescolar, primaria, secundaria y media superior del acreedor alimentario y para proporcionarle algún oficio, arte o profesión honestos y adecuados a sus capacidades, potencialidades y circunstancias personales.

También comprenden las atenciones a las necesidades psíquica, afectiva y de sano esparcimiento y en su caso, los gastos de funerales.

(ADICIONADO, P.O. 13 DE OCTUBRE DE 2012)

Definida la paternidad conforme lo establece este Código, toda mujer tiene derecho a exigir al padre del menor los gastos de embarazo y del parto.

Art. 440.- El obligado a dar alimentos cumple la obligación asignando una pensión adecuada al acreedor alimentario o incorporándolo a la familia. Si el acreedor se opone a ser incorporado, compete al juez, según las circunstancias, fijar la manera de ministrar los alimentos.

(REFORMADO [N. DE E. ADICIONADO], P.O. 8 DE OCTUBRE DE 2019)

Aquella persona que incumpla con el párrafo anterior por un periodo de noventa días se constituirá en deudor alimentario moroso.

(REFORMADO [N. DE E. ADICIONADO], P.O. 8 DE OCTUBRE DE 2019)

El Juez ordenará al Registro Civil su inscripción en el Registro de Deudores Alimentarios Morosos.

(REFORMADO [N. DE E. ADICIONADO], P.O. 8 DE OCTUBRE DE 2019)

El juez ordenará al Registro Público de la Propiedad a efecto de que se anote el certificado respectivo en los folios reales de que sea propietario el Deudor Alimentario Moroso, debiendo informar si fue procedente la anotación.

(REFORMADO [N. DE E. ADICIONADO], P.O. 8 DE OCTUBRE DE 2019)

El Registro Público verificará el Registro de Deudores Alimentarios Morosos para que en caso de que el deudor alimentario pretenda adquirir, transmitir, modificar, limitar, extinguir la propiedad o posesión de bienes raíces o cualquier derecho real deberá informar al Juez para que este resuelva lo que a su derecho corresponda y no podrá realizarse la inscripción.

(REFORMADO [N. DE E. ADICIONADO], P.O. 8 DE OCTUBRE DE 2019)

El Juez dará aviso al Colegio de Notarios del Estado de Jalisco para que hagan del conocimiento a los Notarios del Estado que el deudor alimentario cuenta con las prohibiciones señaladas en el párrafo anterior, así corno su obligación de informar al Juez en caso de que el deudor alimentario pretenda reaiizar (sic) cualquiera de los actos jurídicos señalados en el presente artículo.

(REFORMADO [N. DE E. ADICIONADO], P.O. 8 DE OCTUBRE DE 2019)

El deudor alimentario declarado judicialmente como moroso, que acredite con posterioridad ante la misma autoridad que realizó la citada declaratoria, que han sido pagados en su totalidad los adeudos a que se refiere el párrafo anterior, podrá solicitar al mismo la cancelación de la inscripción.

(REFORMADO [N. DE E. ADICIONADO], P.O. 8 DE OCTUBRE DE 2019)

El Juez cancelará las inscripciones a que se refiere este artículo y dará aviso al Colegio de Notarios.

Art. 441.- El deudor alimentista no podrá pedir que se incorpore a su familia el que debe recibir los alimentos, cuando se trate de un divorciado que reciba alimentos del otro y cuando haya inconveniente legal para hacer esa incorporación.

(REFORMADO, P.O. 8 DE OCTUBRE DE 2019)

Art. 442.- Los alimentos han de ser proporcionados a las posibilidades del que debe darlos y a las necesidades de quien deba recibirlos.

Los alimentos que sean determinados por convenio o sentencia, tendrán un incremento automático mínimo equivalente al aumento porcentual anual correspondiente al Índice Nacional de Precios al Consumidor publicado por el Instituto Nacional de Estadística y Geografía, salvo que el deudor alimentario demuestre que sus ingresos no aumentaron en igual proporción. En este caso, el incremento en los alimentos se ajustará al que realmente hubiese obtenido el deudor. Estas prevenciones deberán expresarse siempre en la sentencia o convenio correspondiente.

(ADICIONADO, P.O. 8 DE OCTUBRE DE 2019)

Art. 442 Bis.- Cuando no sean comprobables el salario o los ingresos del deudor alimentario, el Juez de lo Familiar resolverá con base en la capacidad económica del deudor alimentista y a las necesidades de quien deba recibirlos, debiéndose revisar cada dos años de conformidad el artículo 442 del presente Código.

Art. 443.- Si fueren varios los que deben dar los alimentos y todos tuvieren posibilidad para hacerlo, el juez repartirá el importe entre ellos, en proporción a sus haberes.

Art. 444.- Si sólo algunos tuvieren posibilidad, entre ellos se repartirá el importe de los alimentos; y si uno sólo la tuviere, él cumplirá únicamente la obligación.

Art. 445.- La obligación de dar alimentos no comprende la de proveer de capital a los acreedores alimentarios para ejercer el oficio, arte o profesión a que se hubieren dedicado.

(REFORMADO, P.O. 5 DE SEPTIEMBRE DE 2015)

Art. 446.- Tienen acción para pedir el aseguramiento de los alimentos:

I. El acreedor alimentario;

II. El ascendiente que lo tenga bajo su patria potestad;

III. El tutor;

IV. El Agente de la Procuraduría Social; y

V. La Procuraduría de Protección de Niñas, Niños y Adolescentes.

Art. 447.- Si las personas a las que se refieren las fracciones II, III y IV del artículo anterior, no pueden representar al acreedor alimentario en el juicio en que se pida el aseguramiento de los alimentos, se nombrará por el juez, un tutor interino.

(REFORMADO, P.O. 22 DE AGOSTO DE 2006)

Art. 448.- En los juicios sobre alimentos la sentencia condenará al pago de los alimentos presentes y aseguramiento de los futuros, dicho aseguramiento podrá consistir en hipoteca, prenda, fianza, depósito o cualquier otro medio legal de cantidad bastante para cubrir los mismos.

Art. 449.- El tutor interino otorgará garantías por el importe anual de los alimentos. Si administrare algún fondo destinado a ese objeto, deberá garantizarlo.

Art. 450.- En los casos en que los que ejerzan la patria potestad gocen de la mitad del usufructo de los bienes del hijo, el importe de los alimentos se deducirá de dicha mitad, y si ésta no alcanza a cubrirlos, el exceso será a cuenta de los que ejerzan la patria potestad.

Art. 451.- Cesa la obligación de dar alimentos:

I. Cuando el que la tiene carece de medios para cumplirla;

II. Cuando el acreedor alimentario deja de necesitar los alimentos;

III. En casos de injuria, falta o daños graves inferidos por el alimentario contra el que debe prestarlos;

IV. Cuando la necesidad de los alimentos depende de la conducta viciosa o de la falta de aplicación al trabajo del alimentario, mientras subsistan estas causas; y

V. Si el acreedor alimentario, sin consentimiento del que debe dar los alimentos, abandona la casa de éste por causas injustificables.

(REFORMADO, P.O. 8 DE OCTUBRE DE 2019)

Art. 452.- El derecho de recibir alimentos es de orden público y no puede ser objeto de transacción; es irrenunciable, intransmisible e imprescriptible; pero sí pueden ser objeto de las operaciones indicadas, las pensiones caídas.

Los acreedores alimentarios tendrán derecho preferente sobre los gravámenes en bienes que se inscriban en el Registro Público de la Propiedad y descuentos por cargos que se realicen, ambos por resolución judicial, estos últimos sobre los ingresos de deudores alimentistas, respecto a los efectuados por acreedores de otra calidad.

Art. 453.- Cuando el deudor alimentista no estuviere presente o estándolo, rehusare entregar lo necesario para los alimentos de los miembros de su familia con derecho a recibirlos, será responsable de las deudas que estos contraigan para cubrir esa exigencia, pero solo en la cuantía estrictamente necesaria para ese objeto y siempre que no se trate de gastos de lujo.

(REFORMADO, P.O. 22 DE AGOSTO DE 2006)

Art. 454.- Cuando un cónyuge se vea obligado sin culpa suya, a vivir separado del otro; podrá pedir al Juez de Primera Instancia del lugar de su residencia, que obligue a su cónyuge a darle alimentos durante la separación y que le ministre todos (sic) lo que haya dejado de darle desde que lo abandonó. El juez, según las circunstancias del caso, fijará la suma que deberá ministrar mensualmente, dictando las medidas necesarias para que dicha cantidad sea debidamente asegurada y para que el cónyuge obligado pague los gastos que el cónyuge abandonado haya tenido que erogar con tal motivo.

(REFORMADO [N. DE E. ADICIONADO], P.O. 8 DE OCTUBRE DE 2019)

Art. 455.- Toda persona a quien, por su cargo, corresponda proporcionar informes sobre la capacidad económica de los deudores alimentarios, está obligada a suministrar los datos exactos que le solicite el Juez; de no hacerlo, será sancionada en los términos establecidos en el Código de Procedimientos Civiles y responderá solidariamente con los obligados directos de los daños y perjuicios que cause al acreedor alimentista por sus omisiones o informes falsos.

Las personas que se resistan a acatar las órdenes judiciales de descuento, o auxilien al deudor a ocultar o simular sus bienes, o a eludir el cumplimiento de las obligaciones alimentarias, son responsables en los términos del párrafo anterior, sin perjuicio de lo dispuesto por otros ordenamientos legales.

El deudor alimentario deberá informar de inmediato al Juez y al acreedor alimentista cualquier cambio de empleo, la denominación o razón social de su nueva fuente de trabajo, la ubicación de ésta y el puesto o cargo que desempeñará, a efecto de que continúe cumpliendo con la pensión alimenticia decretada y no incurrir en alguna responsabilidad.

(ADICIONADO CON LOS ARTÍCULOS QUE LO INTEGRAN, P.O. 25 DE JUNIO DE 2024)

CAPÍTULO III
DE LA VIOLENCIA FAMILIAR

(ADICIONADO, P.O. 25 DE JUNIO DE 2024)

Art. 455 Bis.- Las personas integrantes de la familia, en particular niñas, niños y adolescentes, tienen derecho a que los demás miembros les respeten su integridad física, psíquica y emocional, con objeto de contribuir a su sano desarrollo para su plena incorporación y participación en el núcleo social. Al efecto, contarán con la asistencia y protección de las instituciones públicas de acuerdo con las leyes.

(ADICIONADO, P.O. 25 DE JUNIO DE 2024)

Art. 455 Ter.- Las personas integrantes de la familia están obligados a evitar conductas que generen violencia familiar.

Queda prohibido que la madre, padre o cualquier persona en la familia, utilice el castigo corporal o cualquier tipo de trato y castigo humillante como forma de corrección o disciplina de niñas, niños o adolescentes. Se entiende como castigo corporal y humillante según lo dispuesto por la fracción VIII del artículo 47 de la Ley General de los Derechos de Niñas, Niños y Adolescentes.

La violencia familiar es la ejercida dentro o fuera del domicilio de la víctima, cometida por la persona agresora con quien se tiene o se ha tenido un parentesco por consanguinidad o afinidad, o derivada de una relación de concubinato o matrimonio o de hecho; así como, el incumplimiento de las obligaciones alimentarias por parte de la persona que de conformidad con lo dispuesto en este Código tiene obligación de cubrirlas.

Para efectos de este artículo, se entiende por integrante de la familia a la persona que se encuentre unida a otra por una relación de matrimonio, concubinato, cohabitación o por un lazo de parentesco consanguíneo, en línea recta ascendente o descendente sin limitación de grado, colateral o afín hasta el cuarto grado.

(ADICIONADO, P.O. 25 DE JUNIO DE 2024)

Art. 455 Quáter.- Queda prohibido el ejercicio de la violencia a través de interpósita persona en términos de lo establecido en la fracción VII del artículo 10 de la Ley de Acceso de las Mujeres a una Vida Libre de Violencia del Estado de Jalisco.

TÍTULO SEXTO
DE LA PATERNIDAD Y FILIACIÓN

CAPÍTULO I
DE LOS HIJOS DE MATRIMONIO

Art. 456.- Se presumen hijos de matrimonio:

I. Los hijos nacidos después de ciento ochenta días contados desde la celebración de éste; y

II. Los hijos nacidos dentro de los trescientos días siguientes a la disolución del matrimonio, por cualquier causa que se origine; este término se contará desde que de hecho quedaron separados los cónyuges por orden judicial y siempre que no se hubiere practicado el examen de gravidez en la mujer, ya que de resultar negativo no se imputará al excónyuge la paternidad.

Art. 457.- Contra esta presunción no se admite otra prueba que la de haber sido físicamente imposible al marido tener acceso carnal con su mujer, en los primeros ciento veinte días de los trescientos que han precedido al nacimiento o en el caso de fecundación asistida con semen del marido.

Art. 458.- El marido no podrá desconocer a los hijos alegando adulterio de la madre, aunque esta declare que no son hijos de su esposo, a no ser que el nacimiento se le haya ocultado o que demuestre que durante los primeros ciento veinte días de los trescientos que precedieron al nacimiento no tuvo acceso carnal con su esposa, salvo lo dispuesto al final del artículo anterior.

Art. 459.- El marido podrá desconocer al hijo nacido después de los trescientos días contados desde que judicialmente, y de hecho, tuvo lugar la separación provisional prescrita para los casos de divorcio o ilegitimidad; pero la mujer, el hijo, o el tutor de éste, pueden sostener en tales casos que el marido es el padre.

Art. 460.- El marido no podrá desconocer que es padre del hijo nacido dentro de los ciento ochenta días siguientes a la celebración del matrimonio:

I. Si se probare que supo antes de casarse el embarazo de su futura consorte; para esto se requiere un principio de prueba por escrito;

II. Si concurrió al levantamiento del acta de nacimiento y ésta fue firmada por él o contiene su declaración de no saber firmar;

III. Si ha reconocido expresamente por suyo al hijo de su mujer; y
IV. Si el hijo no nació viable.

Art. 461.- Las cuestiones relativas a la paternidad del hijo nacido después de trescientos días de la disolución del matrimonio, podrán promoverse en cualquier tiempo por la persona a quien perjudique la filiación.

Art. 462.- En todos los casos en que el marido tenga derecho de contradecir que el nacido es hijo de su matrimonio, deberá deducir su acción dentro de noventa días contados desde el nacimiento, si está presente; desde el día en que llegó al lugar, si estuviere ausente; o, desde el día en que descubrió el fraude, si se le ocultó el nacimiento.

Art. 463.- Si el marido está bajo tutela por haber sido declarado en estado de interdicción, este derecho puede ser ejercitado por su tutor. Si éste no lo ejercitare, podrá hacerlo el marido después de haber salido de la tutela, pero siempre en el plazo antes designado, que se contará a partir del día en que legalmente se declare haber cesado el impedimento.

Art. 464.- Cuando el marido, teniendo o no tutor, ha muerto sin recobrar la razón, los herederos pueden contradecir la paternidad, en los casos en que podría hacerlo el padre.

Art. 465.- Los herederos del marido, excepto en el caso del artículo anterior, no podrán contradecir la paternidad de un hijo nacido dentro de los ciento ochenta días de la celebración del matrimonio, cuando el esposo no haya comenzado esta demanda. En los demás casos, si el esposo ha muerto sin hacer la reclamación dentro del término hábil, los herederos tendrán, para proponer la demanda, noventa días contados desde aquél en que el hijo haya sido puesto en posesión de los bienes del padre, o desde que los herederos se vean turbados por el hijo en la posesión de la herencia.

(REFORMADO PRIMER PÁRRAFO, P.O. 13 DE SEPTIEMBRE DE 2018)

Art. 466.- Si la viuda, la divorciada o aquella cuyo matrimonio fuere declarado ilegítimo, contrajere nuevas nupcias, la filiación del hijo que naciere después de celebrado el nuevo matrimonio, se establecerá conforme a las reglas siguientes:

I. Se presume que el hijo es del primer matrimonio, si nace dentro de los trescientos días siguientes a la fecha en que judicialmente y de hecho haya tenido lugar la separación de los cónyuges del primer matrimonio, y antes de ciento ochenta días de la celebración del segundo matrimonio;

II. Se presume que el hijo es del segundo marido si nace después de ciento ochenta días de la celebración del segundo matrimonio, aunque el nacimiento tenga lugar dentro de los trescientos días posteriores a la disolución del primer matrimonio.

El que negare las presunciones establecidas en las dos fracciones que preceden, deberá probar plenamente la imposibilidad física de que el hijo sea del marido a quien se atribuye; y

III. El hijo se presume nacido fuera de matrimonio si nace antes de ciento ochenta días de la celebración del segundo matrimonio y después de trescientos días de la disolución del primero.

Art. 467.- El desconocimiento de un hijo, de parte del marido o de sus herederos, se hará por demanda en forma ante el juez competente. Todo desconocimiento practicado de otra manera, es nulo.

Art. 468.- En el juicio de contradicción de la paternidad, serán oídos la madre y el hijo a quien, si fuere menor, se proveerá de un tutor interino.

(ADICIONADO, P.O. 23 DE SEPTIEMBRE DE 2000)

En todo caso, el juez atenderá el interés superior de los menores.

(REFORMADO, P.O. 5 DE SEPTIEMBRE DE 2015)

Art. 469.- Para los efectos legales, sólo se reputa viable la persona nacida viva una vez comprobado el hecho, al haber sido expulsada o extraída de forma completa del cuerpo de su madre, independientemente de la duración del embarazo, que después de dicha separación respire o dé cualquier otra señal de vida, conforme a lo establecido en la Ley General de Salud, y que consta en certificado de nacimiento expedido por profesional de la medicina o persona autorizada para ello por la autoridad sanitaria competente; o es presentada viva al Ministerio Público, Registro Civil o la Procuraduría de Protección de Niñas, Niños y Adolescentes.

Faltando alguna de estas circunstancias, nunca nadie podrá entablar demanda sobre la paternidad.

Art. 470.- Sobre la filiación no puede haber, ni transacción ni compromiso en árbitros.

Art. 471.- Puede haber transacción o arbitramento sobre los derechos pecuniarios que de la filiación legalmente adquirida pudieran deducirse, sin que las concesiones que se hagan al que se dice hijo, importen la adquisición de estado de hijo de matrimonio.

CAPÍTULO II
DE LAS PRUEBAS DE LA FILIACIÓN DE LOS HIJOS NACIDOS DE MATRIMONIO

Art. 472.- La filiación de los hijos nacidos de matrimonio, se prueba con la partida de su nacimiento y con el acta de matrimonio de sus padres.

Art. 473.- A falta de actas o si éstas fueran defectuosas, incompletas o falsas, se probará con la posesión constante de estado de hijo nacido de matrimonio. En defecto de esta posesión, son admisibles para demostrar la filiación, todos los medios de prueba que la ley autoriza, pero la testimonial no es admisible si no hubiere un principio de prueba por escrito o indicios o presunciones resultantes de hechos ciertos que se consideren bastante graves para determinar su admisión. Si uno sólo de los registros faltare o estuviere inutilizado y existe el duplicado, de éste deberá tomarse la prueba, sin admitirla de otra clase.

Art. 474.- Si hubiere hijos nacidos de dos personas que han vivido públicamente como marido y mujer, y ambos hubieren fallecido o por ausencia o enfermedad les fuere imposible manifestar el lugar en que se casaron, no puede disputarse a los hijos su legitimidad por sólo la falta de presentación del acta de matrimonio, siempre que se pruebe esta legitimidad por la posesión de estado de hijos legítimos a la cual no contradiga el acta de nacimiento.

Art. 475.- Quien ha sido reconocido constantemente como hijo de matrimonio, por la familia del marido y en la sociedad, quedará probada la posesión de estado de hijo de matrimonio, si además concurre alguna de las circunstancias siguientes:

I. Que el hijo haya usado constantemente el apellido del que pretende que es su padre, con anuencia de éste;

II. Que el padre lo haya tratado como hijo nacido de su matrimonio, proveyendo a su subsistencia, educación y establecimiento; y

III. Que el presunto padre tenga la edad exigida para contraer matrimonio, más la edad del hijo que va a ser reconocido.

Art. 476.- Declarado ilegítimo un matrimonio, haya habido buena o mala fe en los cónyuges al celebrarlo, los hijos tenidos durante él se considerarán como hijos de matrimonio.

Art. 477.- No basta el dicho de la madre para excluir de la paternidad al marido. Mientras que éste viva, únicamente él podrá reclamar contra la filiación del hijo concebido durante el matrimonio.

Art. 478.- Las acciones civiles que se intenten contra el hijo por los bienes que ha adquirido durante su estado de hijo nacido de matrimonio, aunque después resulte no serlo, se sujetarán a las reglas comunes para la usucapión.

Art. 479.- La acción que compete al hijo para reclamar su estado, es imprescriptible para él y sus descendientes.

Art. 480.- Los demás herederos del hijo podrán intentar la acción de que trata el artículo anterior:

I. Si el hijo ha muerto antes de cumplir veinticinco años; y

II. Si el hijo cayó en demencia antes de cumplir los veinticinco años y murió después en el mismo estado.

Art. 481.- Los herederos podrán continuar la acción intentada por el hijo, a no ser que éste se hubiere desistido formalmente de ella o nada hubiere promovido judicialmente durante un año contado desde la última diligencia. También podrán contestar toda demanda que tenga por objeto disputarle la condición de hijo nacido de matrimonio.

Siempre que la presunción de hijo de matrimonio fuere impugnada en juicio, durante su menor edad, el juez nombrará un tutor interino que lo defienda. En dicho juicio será oída la madre.

Art. 482.- Los acreedores, legatarios y donatarios tendrán los mismos derechos que a los herederos conceden los dos artículos anteriores, si el hijo no dejó bienes suficientes para pagarles.

Art. 483.- Las acciones de que hablan los tres artículos que preceden, prescriben a los cuatro años contados desde el fallecimiento del hijo.

Art. 484.- La posesión de estado de hijo nacido de matrimonio, no puede perderse sino por sentencia ejecutoriada, la cual admitirá los recursos que establezcan las leyes en los juicios de mayor interés.

Art. 485.- Si el que está en posesión de los derechos de padre o hijo fuere despojado de ellos o perturbado en su ejercicio, sin que preceda sentencia por la cual deba perderlos, podrá usar de las acciones que establecen las leyes para que se le ampare o restituya en la posesión.

CAPÍTULO III
DE LA FILIACIÓN

Art. 486.- El matrimonio subsecuente de los padres hace que se tenga como nacidos de matrimonio a los hijos habidos antes de su celebración.

Art. 487.- Para que el hijo goce del derecho que le concede el artículo que precede, los padres deben reconocerlo expresamente antes de la celebración del matrimonio, en el acto mismo de la celebración o durante él, haciendo en todo caso el reconocimiento ambos padres, junta o separadamente.

Art. 488.- Aunque el reconocimiento sea posterior, los hijos adquieren todos sus derechos desde la época de su procreación.

Art. 489.- Adquieren el derecho que les concede el artículo 486 y los derechos que de ello se deriven, los descendientes de los hijos que hayan fallecido al celebrarse el matrimonio de sus padres.

Art. 490.- Adquieren también ese derecho los hijos no nacidos, si el padre al casarse declara que reconoce al hijo de quien la mujer está encinta, o que lo reconoce si aquélla estuviere embarazada.

(REFORMADO, P.O. 9 DE MARZO DE 2024)

Art. 491.- La filiación de los hijos procreados fuera de matrimonio, sólo se establece por el reconocimiento voluntario hecho por los progenitores o por una sentencia que así lo declare.

En caso de que cualesquiera de los progenitores hayan fallecido o estén en calidad de desaparecidos, el reconocimiento lo podrán hacer los abuelos paternos, abuelos maternos o familiares más próximos.

Si dentro del procedimiento correspondiente se oferta una prueba científica a fin de acreditar la filiación y el presunto progenitor se niega a proporcionar la muestra necesaria, se presumirá, salvo prueba en contrario, que es la madre o el padre.

(REFORMADO, P.O. 16 DE JUNIO DE 2016)

Art. 492.- Pueden reconocer a sus hijos, quienes tengan dieciocho años, edad exigida para contraer matrimonio.

(REFORMADO, P.O. 16 DE JUNIO DE 2016)

Art. 493.- La persona menor de edad podrá reconocer a sus hijos:

I. Con el consentimiento de quien o quienes ejerzan sobre ella la patria potestad o tutela; o

II. Sin el consentimiento de sus padres o tutores, pero tal reconocimiento producirá efectos al ser ratificado por la Procuraduría de Protección de Niñas, Niños y Adolescentes, misma que podrá realizar las valoraciones y acciones que estime pertinentes para tal efecto, quien deberá emitir su dictamen dentro de los treinta días naturales siguientes, independientemente de continuar brindando el seguimiento correspondiente.

Si transcurrido el plazo anterior, la Procuraduría no ratifica, el oficial de registro civil la exhortará para que lo haga en un plazo no mayor a 15 días naturales, si no lo ratifica, tal reconocimiento surtirá sus efectos de pleno derecho y se sancionará la omisión de conformidad a lo previsto en la Ley de Responsabilidades para los Servidores Públicos del Estado de Jalisco.

Art. 494.- No obstante, el reconocimiento hecho por un menor es revocable si prueba que sufrió engaño al hacerlo, pudiendo intentar la revocación hasta cuatro años después de la mayor edad.

Art. 495.- Puede reconocerse al hijo que no ha nacido y al que ha muerto, si ha dejado descendencia.

Art. 496.- Los padres pueden reconocer a su hijo, conjunta o separadamente.

Art. 497.- El reconocimiento puede ser contradicho por un tercero interesado.

(ADICIONADO, P.O. 6 DE MAYO DE 2021)

Dentro del procedimiento de contradicción de la paternidad, se atenderá el interés superior de la persona menor de edad sobre el derecho biológico de los padres, evaluando el entorno familiar conocido por el menor.

Art. 498.- El reconocimiento no es revocable por el que lo hizo; y si se ha hecho en testamento, cuando éste se revoque, no se tiene por revocado el reconocimiento.

Art. 499.- El heredero que resulte perjudicado, puede contradecir el reconocimiento dentro del año siguiente a la muerte del que lo hizo.

Art. 500.- El reconocimiento de un hijo nacido fuera de matrimonio, deberá de hacerse de alguno de los modos siguientes:

I. En la partida de nacimiento, ante el Oficial del Registro Civil;
II. En acta especial ante el mismo oficial;
III. En escritura Pública;
IV. En testamento; y
V. Por confesión judicial directa y expresa.

Art. 501.- Cuando el padre o la madre reconozcan separadamente a un hijo, no podrán revelar en el acto del reconocimiento el nombre de la persona con quien fue habido, ni exponer ninguna circunstancia por donde aquélla pueda ser identificada. Las palabras que contengan la revelación se testarán de oficio, de modo que queden absolutamente ilegibles.

Art. 502.- El Oficial del Registro Civil, el juez de Primera Instancia en su caso y el Notario que consientan en la violación del artículo que precede, serán castigados con la pena de destitución del empleo e inhabilitación para desempeñar otro cargo igual, por un término que no sea menor de dos ni exceda de cinco años.

Art. 503.- El cónyuge podrá reconocer al hijo habido antes de su matrimonio sin el consentimiento del otro cónyuge; pero no tendrá derecho a llevarlo a vivir a la habitación conyugal si no es con la anuencia expresa de éste.

Art. 504.- El hijo de una mujer casada no podrá ser reconocido como tal, por otro hombre distinto del marido, sino cuando éste lo haya desconocido y por sentencia ejecutoria se haya declarado que no es hijo suyo.

Art. 505.- El reconocimiento de un hijo mayor de edad puede ser reconocido con su consentimiento, el del menor con el de su tutor si lo tiene o el del tutor que el juez le nombrará especialmente para el caso.

Art. 506.- Si el hijo reconocido es menor, puede reclamar contra el reconocimiento, cuando llegue a la mayor edad.

Art. 507.- El término para deducir esta acción será de dos años, que comenzarán a correr desde que el hijo sea mayor de edad, si antes de serlo tuvo noticia del reconocimiento; y si no la tenía, desde la fecha en que la adquirió.

Art. 508.- La mujer que cuida o ha cuidado de la lactancia de un niño, a quien le ha dado su nombre o permitido que lo lleve; que públicamente lo ha presentado como suyo y ha proveído a su educación y subsistencia, podrá contradecir el reconocimiento que un hombre haya hecho o pretenda hacer de ese niño. En este caso, no se le podrá separar de su lado a menos que consienta en entregarlo o que fuere obligada a hacer la entrega por sentencia ejecutoriada. El término para contradecir el reconocimiento será de un año, contado desde que tuvo conocimiento de él.

Art. 509.- Cuando la madre contradiga el reconocimiento hecho sin su consentimiento, quedará aquel sin efecto y la cuestión relativa a la paternidad se resolverá en el juicio contradictorio correspondiente.

(REFORMADO, P.O. 5 DE SEPTIEMBRE DE 2015)

Art. 510.- Cuando el padre y la madre que no vivan juntos, reconozcan a una niña, niño o adolescente en el mismo acto, podrán convenir los términos de la guarda y custodia compartida y, en su caso, el régimen de visitas y convivencia; y en caso de que no lo hicieren, el Juez de Primera Instancia del lugar, oyendo a los padres, la Procuraduría de Protección de Niñas, Niños y Adolescentes, resolverá lo que creyere más conveniente al interés superior de la niñez.

(REFORMADO, P.O. 5 DE SEPTIEMBRE DE 2015)

Art. 511.- En caso de que el reconocimiento se efectúe sucesivamente por los padres que no viven juntos, ejercerá la patria potestad el que primero hubiere reconocido; cuando hubiera reconocido el otro de los padres, ejercerán ambos la patria potestad y podrán convenir los términos de la guarda y custodia compartida, siempre que el Juez de Primera Instancia del lugar no creyere necesario modificar el convenio por causa grave, con audiencia de los interesados y la Procuraduría de Protección de Niñas, Niños y Adolescentes.

Art. 512.- La investigación de la paternidad de los hijos procreados fuera de matrimonio, sólo está permitida:

I. En los casos de rapto, estupro o violación, cuando la época del delito coincida con la de la concepción;

II. Cuando el hijo se encuentre en posesión de estado de hijo del presunto padre;

III. Cuando el hijo haya sido concebido durante el tiempo en que la madre habitaba bajo el mismo techo con el pretendido padre, viviendo maritalmente;

IV. Cuando el hijo tenga a su favor un principio de prueba escrita, contra el pretendido padre; y

V. Cuando el hijo tenga a su favor un principio de prueba escrita o científica contra el pretendido padre, siempre que ésta se encuentre adminiculada con otros medios de prueba.

Art. 513.- Se presumen hijos del concubinario y de la concubina:

I. Los nacidos después de ciento ochenta días contados desde que comenzó el concubinato; y

II. Los nacidos dentro de trescientos días siguientes al día en que cesó la vida en común entre el concubinario y la concubina.

Art. 514.- La posesión de estado, para los efectos de la fracción II del artículo 512, se justificará demostrando, por los medios ordinarios de prueba, que el hijo ha sido tratado por el presunto padre o por su familia, como hijo del primero, y que éste ha proveído a su subsistencia, educación y establecimiento.

Art. 515.- Está permitido al hijo nacido fuera de matrimonio y a sus descendientes, investigar la maternidad, la cual puede probarse por cualesquiera de los medios ordinarios; pero la indagación no será permitida cuando tenga por objeto atribuir el hijo a una mujer casada.

Art. 516.- No obstante lo dispuesto en la parte final del artículo anterior, el hijo podrá investigar la maternidad si ésta se deduce de una sentencia civil o penal, para demandar su reconocimiento.

Art. 517.- El hecho de dar alimentos no constituye por sí sólo prueba, pero sí presunción de paternidad o maternidad.

Art. 518.- Las acciones de investigación de paternidad o maternidad, sólo pueden intentarse en vida de los padres.

Si los padres hubieren fallecido durante la menor edad de los hijos, tienen éstos derecho de intentar la acción, hasta cuatro años después de cumplida su mayor edad.

Art. 519.- El hijo reconocido por el padre, por la madre, o por ambos, tiene derecho a:

I. Llevar el apellido del que lo reconoce;

II. Ser alimentado por éste; y

III. Percibir la porción hereditaria y los alimentos que fije la ley.

(REFORMADO, P.O. 22 DE JUNIO DE 2002)

CAPÍTULO IV
DE LA ADOPCIÓN

(REFORMADO, P.O. 22 DE JUNIO DE 2002)

DISPOSICIONES GENERALES

(REFORMADO, P.O. 22 DE JUNIO DE 2002)

Art. 520.- La adopción es el estado jurídico mediante el cual se confiere al adoptado la situación de hijo del o de los adoptantes y a éstos, los deberes y derechos inherentes a la relación paterno-filial.

Podrán ser adoptados:

I. Los menores:

a) Huérfanos de padre y madre;

b) Hijos de filiación desconocidos;

c) Los declarados judicialmente abandonados;

(REFORMADO, P.O. 22 DE FEBRERO DE 2007)

d) Aquellos a cuyos padres o abuelos se les hayan sentenciado a la pérdic (sic) de la patria potestad; y

e) Aquellos cuyos padres o tutor o quienes ejerzan la patria potestad otorguen su consentimiento;

II. Los mayores de edad cuando sean incapaces.

(ADICIONADA, P.O. 22 DE FEBRERO DE 2007)

III. Los mayores de edad, si antes de serlo hubieran estado bajo el cuidac (sic) personal de los presuntos adoptantes y existieran entre ellos lazos afectivos c (sic) carácter filial.

(REFORMADO, P.O. 5 DE SEPTIEMBRE DE 2015)

Art. 521.- En toda adopción se deberá asegurar:

I. Que las personas y organismos, cuyo consentimiento se requiera para la adopción, han sido convenientemente asesoradas y debidamente informadas por la Procuraduría de Protección de Niñas, Niños y Adolescentes, de las consecuencias legales que la adopción implica y del consentimiento otorgado en particular de la ruptura de los vínculos jurídicos entre la niña, niño o adolescente y su origen, en su caso;

II. Que el consentimiento ha sido otorgado libremente, ante la Procuraduría de Protección de Niñas, Niños y Adolescentes, previa asesoría y por escrito ratificado ante el Juez que conozca del procedimiento de adopción;

III. Que para otorgarse el consentimiento no ha mediado pago o compensación alguna;

IV. Cuando sea el caso, que el consentimiento de la madre, sea otorgado cuando menos veinte días después del alumbramiento;

V. Que el adoptante o los adoptantes, según el caso, han recibido por parte (sic) la Procuraduría de Protección de Niñas, Niños y Adolescentes, el certificado de idoneidad a que se refiere la legislación general y estatal de los Derechos de Niñas, Niños y Adolescentes;

VI. Que en el caso de las madres menores de edad, el consentimiento otorgado por la Procuraduría de Protección de Niñas, Niños y Adolescentes, y se deberá escuchar a la representación social; y

VII. Que las autoridades procuren que la persona en proceso de adopción tenga la posibilidad de desarrollarse en un ambiente sano familiar.

Queda prohibido realizar cualquier cobro por concepto de tramitación de adopciones, acogimiento pre-adoptivo y familias de acogida en los casos de niñas, niños y adolescentes que se encuentren en albergues o en centros de asistencia social. Los profesionistas particulares, estarán sujetos a lo establecido en el arancel.

En todos los casos los adoptantes deben tener al momento del inicio de los trámites de adopción, la salud física y psíquica necesarios para cumplir con el desempeño que la paternidad legal trae consigo con la adopción y dicha acreditación deberá ser expedida por institución oficial.

(REFORMADO, P.O. 22 DE JUNIO DE 2002)

Art. 522.- En todos los casos de adopción, se tendrán como preferentes los intereses del adoptado sobre los de los adoptantes.

(REFORMADO, P.O. 5 DE SEPTIEMBRE DE 2015)

Art. 523.- El consentimiento, tratándose de niñas, niños y adolescentes cuyos padres han fallecido, o han perdido la patria potestad; lo deben dar las personas a quienes por ley les corresponda el ejercicio de la patria potestad o la tutela legítima; y tratándose de niños de filiación desconocida, expósitos o abandonados, actuará la Procuraduría de Protección de Niñas, Niños y Adolescentes con la representación en suplencia, o en su caso, su delegado institucional.

Para las adopciones a las que se refiere la fracción III del Artículo 520, el consentimiento lo debe dar la persona que pretende ser adoptada.

(REFORMADO, P.O. 22 DE JUNIO DE 2002)

Art. 524.- El trámite para la adopción deberá efectuarse ante el Juez de Primera Instancia del lugar en que resida la persona que se pretende adoptar en los términos del Código de Procedimientos Civiles.

(REFORMADO, P.O. 22 DE JUNIO DE 2002)

Art. 525.- En los casos de adopciones internacionales se estará en lo que señalan los tratados correspondientes en el procedimiento respectivo.

En toda adopción tendrán preferencia en igualdad de circunstancias los adoptantes nacionales sobre los extranjeros.

(REFORMADO, P.O. 22 DE JUNIO DE 2002)

Art. 526.- La adopción se consumará en el momento que cause ejecutoria la resolución que se dicte en el procedimiento respectivo.

(REFORMADO, P.O. 22 DE JUNIO DE 2002)

Art. 527.- El juez que apruebe la adopción, remitirá copia de las diligencias respectivas al Oficial del Registro Civil del lugar, para que levante las actas correspondientes.

(REFORMADO, P.O. 22 DE JUNIO DE 2002)

Art. 528.- El que adopta tendrá respecto de la persona y bienes del adoptado, los mismos derechos y obligaciones que tienen los padres respecto de las personas y bienes de los hijos.

(REFORMADO, P.O. 22 DE JUNIO DE 2002)

Art. 529.- El adoptante dará sus apellidos al adoptado y podrá cambiarle el nombre propio, haciéndose las anotaciones en las actas correspondientes.

La adopción tiene el carácter de confidencial. Se deberá garantizar la discreción de quien consiente en la adopción y de quien o quienes adoptan. No obstante, cuando fuere necesario, se comunicará a quien legalmente corresponda todo tipo de antecedentes del menor y sus progenitores si se conocieren, sin mencionar sus nombres ni otros datos que permitan su identificación.

(REFORMADO, P.O. 22 DE JUNIO DE 2002)

Art. 530.- El adoptado tendrá para con la persona o personas que lo adopten, los mismos derechos y obligaciones que tiene un hijo.

(REFORMADO, P.O. 5 DE SEPTIEMBRE DE 2015)

Art. 531.- La Procuraduría de Protección de Niñas, Niños y Adolescentes deberá darle seguimiento a todos los casos de adopción por un período mínimo de 2 años, a partir de que fue otorgada para procurar se cumplan los fines en beneficio de la niña, niño o adolescente, dictando en caso necesario las providencias para ello, inclusive, para el caso de que la niña, niño o adolescente resida fuera del Estado.

(REFORMADO, P.O. 5 DE SEPTIEMBRE DE 2015)

Art. 532.- Una vez iniciado el procedimiento de adopción, el interesado podrá solicitar el acogimiento pre-adoptivo, en los términos previstos en la legislación general y estatal de los Derechos de Niñas, Niños y Adolescentes.

La Procuraduría de Protección de Niñas, Niños y Adolescentes remitirán copia de las actuaciones al Juez de la causa.

(REFORMADO, P.O. 22 DE JUNIO DE 2002)

Art. 533.- El juez puede autorizar a favor de un solo adoptante, la adopción de dos o más personas simultáneamente cuando por las circunstancias especiales sea lo más conveniente.

(REFORMADO, P.O. 22 DE JUNIO DE 2002)

Art. 534.- El tutor no puede adoptar al pupilo sino hasta después de que hayan sido definitivamente aprobadas las cuentas de la tutela.

(REFORMADO, P.O. 5 DE SEPTIEMBRE DE 2015)

Art. 535.- Para que la adopción pueda tener lugar, deberán consentir en ella, en sus respectivos casos:

I. El o los que ejercen la patria potestad sobre la niña, niño o adolescente que se trate de adoptar;

II. El tutor del que se va a adoptar;

III. La Procuraduría de Protección de Niñas, Niños y Adolescentes; o

IV. El Agente de la Procuraduría Social.

El juez deberá garantizar el derecho de audiencia y defensa de los parientes que tengan bajo su custodia a niñas, niños y adolescentes.

(REFORMADO, P.O. 22 DE JUNIO DE 2002)

Art. 536.- Si el menor que se va a adoptar tiene más de doce años, también se necesita su consentimiento para la adopción.

(REFORMADO, P.O. 5 DE SEPTIEMBRE DE 2015)

Art. 537.- Cuando el tutor o la Procuraduría de Protección de Niñas, Niños y Adolescentes no consientan en la adopción; o el Agente Social se oponga a la misma, deberán expresar la causa en que se funde, la que el juez calificará tomando en cuenta los intereses de la niña, niño o adolescente.

(REFORMADO, P.O. 22 DE JUNIO DE 2002)

Art. 538.- Salvo que la adopción se haga por pareja unidas por vínculo matrimonial, no puede una persona ser adoptada simultáneamente por varios adoptantes; pero sí, sucesivamente cuando el adoptante o adoptantes anteriores hayan muerto o hubiera sido revocada la adopción.

(REFORMADA, P.O. 22 DE JUNIO DE 2002)

SECCIÓN PRIMERA
ADOPCIÓN PLENA

(REFORMADO, P.O. 22 DE JUNIO DE 2002)

Art. 539.- La adopción plena confiere al adoptado todos los efectos jurídicos, derechos y obligaciones que corresponden a la relación paterno filial consanguínea.

La adopción plena requiere:

I. Los adoptantes sean un hombre y una mujer casados entre sí y que vivan juntos;

(REFORMADA, P.O. 25 DE NOVIEMBRE DE 2014)

II. Que por lo menos el cónyuge menor adoptante tenga 15 años más que la persona menor o menores de edad que se pretende adoptar; excepto cuando se trate de la adopción de personas mayores de edad incapaces;

III. Los adoptantes tengan cinco o más años de casados al momento del inicio del trámite;

(REFORMADA, P.O. 25 DE NOVIEMBRE DE 2014)

IV. Los adoptantes tengan medios suficientes para proveer debidamente a la subsistencia y educación de la persona menor o menores de edad;

(REFORMADA, P.O. 25 DE NOVIEMBRE DE 2014)

V. La adopción se funde sobre justos motivos y en beneficio para la persona menor o menores de edad; y

VI. Los adoptantes sean personas de buenas costumbres.

(REFORMADO, P.O. 22 DE JUNIO DE 2002)

Art. 540.- La adopción plena confiere al adoptado, al adoptante y a los parientes de éste, los mismos derechos y obligaciones que el parentesco por consanguinidad y afinidad.

(REFORMADO, P.O. 22 DE JUNIO DE 2002)

Art. 541.- La adopción plena entraña automáticamente la extinción de los vínculos jurídicos con la familia de origen, excepto en lo relativo a los impedimentos de matrimonio y los de sucesión legítima en su beneficio.

(REFORMADO, P.O. 22 DE JUNIO DE 2002)

Art. 542.- La adopción plena es irrevocable, cuando cause ejecutoria la sentencia que la pronuncie, salvo en los efectos de la patria potestad, la cual se podrá perder por las causas que para tal efecto se establecen en éste Código.

Cuando el adoptado alcance la mayoría de edad podrá conocer sus antecedentes familiares; las autoridades le garantizarán el acceso a dicha información.

(REFORMADA, P.O. 22 DE JUNIO DE 2002)

SECCIÓN SEGUNDA
DE LA ADOPCIÓN SIMPLE

(REFORMADO, P.O. 22 DE JUNIO DE 2002)

Art. 543.- En la adopción simple se transfiere la patria potestad así como la custodia personal, y sólo origina vínculos jurídicos entre el adoptante y el adoptado.

La adopción simple podrán realizarla las personas mayores de veinticinco años de edad, que acrediten:

I. Que tienen por lo menos quince años más de edad que la persona que se pretende adoptar; excepto cuando se trate de personas mayores incapaces;

II. Que tienen medios bastantes para proveer debidamente a la subsistencia y educación del menor;

III. Que la adopción es benéfica a éste; y

IV. Que el adoptante es persona de buenas costumbres.

(REFORMADO, P.O. 22 DE JUNIO DE 2002)

Art. 544.- El adoptado podrá solicitar la revocación de la adopción simple, dentro del año siguiente a su mayoría de edad o a la fecha que ha desaparecido la incapacidad.

(REFORMADO, P.O. 22 DE JUNIO DE 2002)

Art. 545.- Los derechos y obligaciones que resulten del parentesco natural no se extinguen por la adopción simple, excepto la patria potestad, que será transferida al adoptante; pero si éste está casado o se casare con alguno de los progenitores del adoptado, la patria potestad se ejercerá por ambos cónyuges.

(REFORMADO, P.O. 5 DE SEPTIEMBRE DE 2015)

Art. 546.- El que adopte por adopción simple podrá solicitar ante el juez la conversión a adopción plena siempre y cuando cumpla con los requisitos que para la adopción plena contempla éste mismo Código, y la legislación general y estatal de los Derechos de Niñas, Niños y Adolescentes.

Para este caso, el juez escuchará, cuando sea posible, a quien otorgó inicialmente el consentimiento para la adopción, se cerciorará de que los adoptantes cumplan los requisitos de Ley, dará vista al Agente Social y la Procuraduría de Protección de Niñas, Niños y Adolescentes y si no hay oposición, el Juez procederá de conformidad con el Artículo 1031 del Código de Procedimientos Civiles del Estado de Jalisco.

Art. 547.- (DEROGADO, P.O. 5 DE SEPTIEMBRE DE 2015)

Art. 548.- (DEROGADO, P.O. 5 DE DICIEMBRE DE 2018)

Art. 549.- (DEROGADO, P.O. 5 DE DICIEMBRE DE 2018)

(REFORMADO, P.O. 22 DE JUNIO DE 2002)

Art. 550.- La resolución judicial que apruebe la revocación, deja sin efecto la adopción simple, restituyendo las cosas al estado que tenían antes de que ésta se efectuara, en todo lo que no esté irreparablemente consumado y se comunicará al Oficial del Registro Civil que autorizó el acta de adopción para que la cancele.

(REFORMADA, P.O. 22 DE JUNIO DE 2002)

SECCIÓN TERCERA
DE LAS ADOPCIONES INTERNACIONALES

(REFORMADO, P.O. 24 DE OCTUBRE DE 2009)

Art. 551.- La adopción internacional es la promovida por ciudadanos de otro país con residencia habitual fuera del territorio nacional, la cual se regirá por los tratados internacionales suscritos y ratificados por el Estado mexicano y, en lo conducente, por las disposiciones de este Código.

(REFORMADO, P.O. 24 DE OCTUBRE DE 2009)

Art. 552.- La adopción por extranjeros es la promovida por ciudadanos de otro país, con residencia permanente en el territorio nacional, y se regirá por lo dispuesto en la sección primera de este Capítulo en este Código.

(REFORMADO, P.O. 22 DE JUNIO DE 2002)

Art. 553.- Las adopciones internacionales tendrán los efectos de plena.

(REFORMADO, P.O. 22 DE JUNIO DE 2002)

Art. 554.- Cuando las adopciones se realicen de conformidad a los tratados internacionales que sobre la materia se celebren por el Poder Ejecutivo Federal, se procederá en la forma siguiente:

I. Corresponde al Sistema de Desarrollo Integral de la Familia Jalisco, a través de su órgano desconcentrado Consejo Estatal de Familia, desempeñar la función de Entidad Central del Estado, tanto para consentir la adopción por personas residentes en el extranjero; como vigilar la adecuada relación familiar cuando los adoptantes sean residentes en el Estado y el adoptado sea extranjero; y

II. Al consentirse la adopción deberá señalarse la forma y términos como se le dará seguimiento en el extranjero;

(REFORMADA [N. DE E. ADICIONADA], P.O. 24 DE OCTUBRE DE 2009)

III. Las adopciones internacionales deberán de regirse en base a los requisitos de forma y fondo señalados en los tratados internacionales, sin que sean aplicables los requerimientos establecidos en este Código para las adopciones que no tienen el carácter de internacionales.

(REFORMADO [N. DE E. ANTES CAPÍTULO V DEL TÍTULO SEXTO], P.O. 25 DE NOVIEMBRE DE 2014)

TÍTULO SEXTO BIS
DE LA GUARDA Y CUSTODIA

(ADICIONADO, P.O. 25 DE NOVIEMBRE DE 2014)

CAPÍTULO I
DISPOSICIONES GENERALES

(REFORMADO, P.O. 5 DE SEPTIEMBRE DE 2015)

Art. 555.- En virtud de la guarda y custodia, una persona o un centro de asistencia social o albergue asume el cuidado y atención de un ser humano así como de sus objetos de uso personal.

La guarda y custodia siempre es en beneficio directo de su destinatario, con reconocimiento pleno de sus derechos de personalidad y con respeto a su integridad y dignidad humana.

La Procuraduría de Protección de Niñas, Niños y Adolescentes, deberá intervenir, consentir y dar seguimiento en todo tiempo y circunstancia en los casos de guarda y custodia, de conformidad con las normas legales aplicables.

La guarda y custodia confiere a quien la ejerce la facultad de determinar límites y normas de conducta.

(REFORMADO, P.O. 25 DE NOVIEMBRE DE 2014)

Art. 556.- La guarda y custodia en función de la temporalidad con que se ejerce será:

I. Provisional cuando se efectúe en los términos previstos por el artículo 225 del Código de Procedimientos Civiles;

II. Temporal cuando el custodiado es sujeto a ella en períodos continuos, sucesivos y por un tiempo predeterminado; y

III. Definitiva cuando ésta es por un periodo continuo e indeterminado.

En los casos de guarda y custodia temporal, sea esta además personal o institucional y cuando sea posible, el Juez dictará las medidas necesarias para alcanzar la reincorporación de la persona menor de edad a su ambiente familiar a la brevedad de tiempo posible, siempre y cuando no haya perjuicio al interés superior de la niñez.

(REFORMADO, P.O. 5 DE SEPTIEMBRE DE 2015)

Art. 557.- La guarda y custodia en función de quien o quienes la ejerzan, de conformidad a la legislación general y estatal de los Derechos de Niñas, Niños y Adolescentes, y demás aplicable, será:

I. Personal, por una familia distinta a la de origen y de la extensa, que cuente con la certificación de la autoridad competente, y podrá ser por:

a) Familia de Acogida: Aquélla que brinde cuidado, protección, crianza positiva y la promoción del bienestar social de niñas, niños y adolescentes por un tiempo limitado hasta que se pueda asegurar una opción permanente con la familia de origen, extensa o adoptiva;

b) Acogimiento pre-adoptivo: Aquella que acoge provisionalmente en su seno niñas, niños y adolescentes con fines de adopción, y que asume todas las obligaciones en cuanto a su cuidado y protección, de conformidad con el principio de interés superior de la niñez;

Este tipo de custodia origina para el custodiado, las obligaciones de respeto y consideración que se le deben de tener a quien la ejerce, como si fuera hijo de familia y además, en su caso, produce la obligación alimentaria; y

II. Institucional, cuando la custodia que se ejerce por un centro de asistencia social o albergue, sea éste de gobierno, descentralizado o privado y que tenga como fin el cuidado alternativo de acogimiento residencial y atención de personas.

Quienes ejerzan la guarda y custodia personal o institucional sólo podrán admitir el número de custodiados a quienes garanticen el cuidado y atención necesarios para su desarrollo integral.

(REFORMADO, P.O. 25 DE NOVIEMBRE DE 2014)

Art. 558.- La guarda y custodia podrá ser además:

I. Voluntaria, la que libremente se conviene entre las partes involucradas en ella, y

II. Forzosa la que se realiza en cumplimiento de una determinación de autoridad judicial, aún contra el consentimiento del destinatario y de los que en su caso sobre él ejercen la patria potestad.

(REFORMADO, P.O. 25 DE NOVIEMBRE DE 2014)

Art. 559.- En todo caso la guarda y custodia será gratuita. No se considerará que ejercen guarda y custodia los directores de guarderías, colegios, talleres y otros similares quienes de manera temporal tengan a su cargo el cuidado y vigilancia de personas.

(ADICIONADO, P.O. 25 DE NOVIEMBRE DE 2014)

CAPÍTULO II
DE LA GUARDA Y CUSTODIA DE NIÑOS, NIÑAS Y ADOLESCENTES

(REFORMADO, P.O. 25 DE NOVIEMBRE DE 2014)

Art. 560.- La guarda y custodia de los hijos será compartida por sus padres salvo que convengan quién la tendrá de manera exclusiva. El acuerdo al que lleguen los padres será revisado por el Juez y en su caso aprobado cuando el mismo salvaguarde el interés superior de la niñez.

El arreglo a que lleguen los padres sobre la guarda y custodia de sus hijos constituye un derecho y una obligación diversa al régimen de visitas y convivencia. Por ningún motivo la guarda y custodia se condicionará al pago de contribuciones económicas o al cumplimiento de obligaciones alimentarias.

(REFORMADO, P.O. 25 DE NOVIEMBRE DE 2014)

Art. 561.- A falta de convenio sobre la guarda y custodia de los hijos, el Juez resolverá lo conducente atendiendo al interés superior de la niñez de conformidad a lo dispuesto por el artículo 406. Para tal efecto el Juez podrá decretar las medidas que considere necesarias para proteger la integridad de los hijos.

(REFORMADO, P.O. 5 DE SEPTIEMBRE DE 2015)

Art. 562.- Cuando no sea posible que alguno de los sujetos señalados en el artículo 572 fracciones I, II, IV y V ejerza la guarda y custodia sobre la niña, niño o adolescente, se decretará su guarda y custodia institucional.

Decretada la guarda y custodia institucional, la Procuraduría de Protección de Niñas, Niños y Adolescentes deberá promover se resuelva la situación jurídica de la niña, niño o adolescente, con el fin de reincorporarla en un ambiente familiar, sea en su familia de origen, familia extensa o adoptiva, atendiendo el interés superior de la niñez; dicho proceso se realizará dentro de un plazo de dos años.

Cuando exista guarda y custodia institucional, para efectos del sostenimiento económico, podrá establecerse que los sujetos de custodia reciban la ayuda económica y afecto personal de ciertas y determinadas personas que, con fines altruistas, se hagan cargo de cada uno de los custodiados en lo individual, pudiéndoles permitir convivir con ellos en épocas y circunstancias precisas, sin que esto implique el traslado de las niñas, niños o adolescentes fuera de las instituciones ni ejercer guarda y custodia personal ni cuidado y vigilancia sobre ellos. Los responsables de la guarda y custodia supervisarán esa convivencia y resguardarán la integridad de los sujetos sobre quienes la ejerzan.

Las personas que con fines altruistas, aporten recursos económicos o materiales para el sustento de los custodiados, se acreditarán ante la Procuraduría de Protección de Niñas, Niños y Adolescentes, en los términos de la legislación en materia de asistencia social.

En ningún supuesto se podrá retener a la niña, niño o adolescente, o condicionar o limitar su derecho a las visitas y convivencia con sus padres, por la falta de pago de obligaciones alimentarias.

(REFORMADO, P.O. 25 DE NOVIEMBRE DE 2014)

Art. 563.- En todos los casos de guarda y custodia de personas menores de edad de conformidad con el principio de unidad familiar se mantendrá juntos a los hermanos.

El Juez solo podrá decretar la separación de hermanos menores de edad cuando exista impedimento grave para su convivencia, a tal grado que de forzarla sería en detrimento de los legítimos intereses de alguno de ellos.

(REFORMADO, P.O. 5 DE SEPTIEMBRE DE 2015)

Art. 564.- Es obligación de toda persona sea física o jurídica que reciba en cuidado y vigilancia a niñas, niños y adolescentes, cumplir con los requisitos que la legislación establece para el desempeño de su actividad, y en su caso, contar con las licencias, certificaciones y autorizaciones correspondientes. En todos los casos las partes deberán suscribir contrato por escrito y será responsabilidad de quien reciba en cuidado y vigilancia conservar copia de dicho contrato.

Cuando en la entrega temporal de la niña, niño o adolescente no medie orden judicial ni contrato por escrito, se presume que quien lo recibe asume la obligación de prestarle cuidado y vigilancia.

(REFORMADO, P.O. 25 DE NOVIEMBRE DE 2014)

Art. 565.- Podrá decretarse la guarda y custodia de personas menores de edad y mayores incapaces:

I. En caso de divorcio de sus padres;

II. En caso de que los padres no convivan entre sí,

III. Por orden judicial de separación de personas;

IV. En el trámite de adopción, en la persona o personas que lo solicitan;

V. En caso de pérdida o suspensión de la patria potestad;

VI Por el incumplimiento reiterado de las obligaciones de crianza;

VII. De las personas menores de edad o incapaces que queden en el abandono por la muerte, ausencia o incapacidad física de la persona a cuyo cargo estuvieren.

(REFORMADO, P.O. 25 DE NOVIEMBRE DE 2014)

Art. 566.- La pérdida de la guarda y custodia procederá cuando:

I. Se acredite que la persona menor de edad recibe de quien la detenta, ejemplos perniciosos o nocivos para su desarrollo;

II. Se acredite que el padre o la madre custodio o la persona que ejerce la custodia personal o institucional incumpla con sus obligaciones respecto a sus hijos;

III. Se acredite que el padre o la madre custodio de manera reiterada promueva en sus hijos el olvido, rechazo, rencor, odio, desprecio o temor hacia la persona con quienes tengan derecho de visitas y convivencia y le hayan sido suspendidos o restringidos sus derechos por la misma causa;

IV. Se acredite que no obstante existe mandato judicial de abstenerse de hacerlo, el padre o la madre custodio o la persona que ejerce la custodia personal o institucional, impida u obstaculice de manera reiterada y sin causa justificada el derecho de visitas y convivencia con quien la persona menor de edad tenga derecho; o

V. El padre o la madre o la persona que ejerce la custodia personal o institucional sustraiga al menor de edad.

(REFORMADA SU DENOMINACIÓN, P.O. 5 DE SEPTIEMBRE DE 2015)

TÍTULO SÉPTIMO
DE NIÑAS, NIÑOS Y ADOLESCENTES

(REFORMADA SU DENOMINACIÓN, P.O. 5 DE SEPTIEMBRE DE 2015)

CAPÍTULO I
DISPOSICIONES GENERALES

(REFORMADO, P.O. 5 DE SEPTIEMBRE DE 2015)

Art. 567.- Niñas, niños y adolescentes deben ser objeto de especial atención, cuidado y reconocimiento.

Son niñas y niños las personas menores de doce años, y adolescentes las personas de entre doce años cumplidos y menos de dieciocho años de edad.

(REFORMADO, P.O. 5 DE SEPTIEMBRE DE 2015)

Art. 568.- Niñas, niños y adolescentes gozarán de los derechos reconocidos por la Constitución Política de los Estados Unidos Mexicanos, los Tratados Internacionales de los que México sea parte, la Constitución Política del Estado, la legislación general y estatal de los Derechos de Niñas, Niños y Adolescentes, este código y todas aquellas disposiciones que atiendan el interés superior de la niñez.

(REFORMADO PRIMER PÁRRAFO, P.O. 7 DE NOVIEMBRE DE 2020)

Art. 569.- Ninguna de las disposiciones enunciadas en este código, debe ser interpretada en forma restrictiva respecto de los derechos y de los intereses superiores de la niñez, sino que las normas aplicables a niños, niñas y adolescentes, se entenderán dirigidas a procurarles, primordialmente, los cuidados y la asistencia que requieren para lograr un crecimiento y desarrollo plenos dentro de un ambiente de bienestar familiar y social. En todos los casos la autoridad judicial y administrativa atenderá al interés superior de la niñez.

(ADICIONADO [N. DE E. REFORMADO], P.O. 7 DE NOVIEMBRE DE 2020)

Cuando en los procesos judiciales de índole civil y familiar, se tenga que decidir sobre los derechos y obligaciones de las niñas, niños y adolescentes, el juez deberá recabar y desahogar oficiosamente las pruebas que considere necesarias, con el propósito de salvaguardar en todo caso el interés superior de la niñez.

(REFORMADO, P.O. 25 DE NOVIEMBRE DE 2014)

Art. 570.- Se entenderá por interés superior de la niñez al conjunto de acciones y procesos tendientes a garantizar a niños, niñas y adolescentes, los alimentos y una vida digna para alcanzar el máximo bienestar posible.

Cuando se vaya a tomar una determinación relacionada con el interés superior de una persona menor de edad, deberá oírsele y considerársele su opinión, la cual deberá ser valorada en función de su edad y madurez.

(REFORMADO, P.O. 25 DE NOVIEMBRE DE 2014)

Art. 571.- Las actuaciones administrativas y judiciales atenderán al interés superior de la niñez, para tal efecto se observará que:

I. Los derechos de la niñez sean preferentes sobre cualquier otro derecho;

II. El derecho de los adultos no condicione el ejercicio de los derechos de la niñez;

III. Los vínculos afectivos y la convivencia existentes entre padres e hijos permanezcan, salvo que existan razones determinantes para restringirla o suspenderla;

IV. Se reincorpore en la medida de lo posible a los niños, niñas y adolescentes a su ambiente familiar;

V. Las medidas que promuevan la recuperación física y psicológica, así la como (sic) la reincorporación a un ambiente familiar y social garanticen el respeto de su personalidad individual;

VI. La identidad de las personas menores de edad se resguarde de cualquiera que no sea parte;

VII. En el desarrollo de las actuaciones se garantice que la persona menor de edad pueda gozar de privacidad que facilite su comunicación libre y espontánea y de asistencia profesional especializada; y

VIII. La persona menor de edad sea escuchada en privado, siempre con respeto a sus derechos, sin la presencia o intervención de quienes personifiquen o representen intereses contrarios a los suyos.

Para efecto de lo dispuesto por la fracción VII, podrán autorizarse entrevistas previas a la audiencia de escucha, quedando el padre o madre custodio o quien ejerza la guarda y custodia personal o institucional obligado a dar cumplimiento a los requerimientos del asistente designado por el Juez.

(REFORMADO, P.O. 5 DE SEPTIEMBRE DE 2015)

Art. 572.- Cuando los padres no convengan la guarda y custodia de sus hijos, el Juez de la causa considerará qué es lo más conveniente para la niña, niño o adolescente y deberá atender al siguiente orden de preferencias:

I. Con sus padres;

II. Cuando no convivan ambos padres, cualquiera de los dos ejercerá sobre él la guarda y custodia, siempre y cuando tengan la disposición y la posibilidad efectiva de su guarda y custodia, además de no tener una conducta nociva a la salud física o psíquica de la niña, niño o adolescente;

III. (DEROGADA, P.O. 3 DE AGOSTO DE 2013) (REPUBLICADA, P.O. 25 DE NOVIEMBRE DE 2014 Y P.O. 5 DE SEPTIEMBRE DE 2015)

(REFORMADA, P.O. 25 DE MARZO DE 2023)

IV. Cuando ninguno de los dos padres tenga la guarda y custodia de la niña, niño o adolescente, ésta podrá ser confiada, por el Juez, a los ascendientes o parientes dentro del cuarto grado, a falta de estos o cuando los parientes no puedan ejercer esta guarda o custodia, el juez podrá otorgarla previo estudio y ponderación del interés superior de la niñez, a otras personas fuera de las señaladas con las que el menor tenga una relación afectiva comprobable;

V. En convivencia dentro de familias de acogida, a través de la custodia personal autorizada por la Procuraduría de Protección de Niñas, Niños y Adolescentes; siempre y cuando cumplan con los requisitos de disposición y disponibilidad afectiva de custodia, así como de buenas costumbres; y

VI. En centros de asistencia social o albergues a través de custodia institucional; deberá el Juez cerciorarse que el medio es idóneo para la niña, niño o adolescente.

En todos los casos la Procuraduría de Protección de Niñas, Niños y Adolescentes, deberá cerciorarse de que las personas que vayan a ejercer la custodia de la niña, niño o adolescente sean idóneas y que cumplan con los requisitos de la legislación general y estatal de los Derechos de Niñas, Niños y Adolescentes.

Las niñas, niños y adolescentes privados de la asistencia de sus padres o tutores deben gozar de una protección especial por parte del Estado.

(ADICIONADO, P.O. 25 DE NOVIEMBRE DE 2014)

CAPÍTULO II
DEL RÉGIMEN DE VISITAS Y CONVIVENCIA

(REFORMADO, P.O. 25 DE NOVIEMBRE DE 2014)

Art. 573.- El régimen de visitas y convivencia constituye un derecho de las personas menores de edad que tiene por objeto regular y organizar el contacto, estancias y comunicaciones entre ellos y sus progenitores o adoptantes, familiares o parientes cuando los padres no convivan entre sí o cuando su convivencia haya cesado, caracterizado por una distribución igualitaria y racional del tiempo acordado voluntariamente entre ellos o en su defecto por decisión judicial.

Las personas menores de edad tienen el derecho de visitas y convivencia por tratarse de un derecho autónomo al de la guarda y custodia así como de patria potestad y superior a la voluntad de la persona a cuyo cargo se encuentre la guarda y custodia.

Los padres tienen el deber de visitar y convivir con sus hijos para que no se pierdan los vínculos afectivos que nacen de toda relación paterno filial. Cuando los menores de edad se encuentren sujetos a la tutela o guarda y custodia de alguna institución, éstas deberán vigilar dicha convivencia.

El régimen de visitas y convivencia sólo podrá restringirse o suspenderse mediante declaración judicial cuando de conformidad con la ley se determine que ello es contrario al interés superior de la niñez.

Los padres y las personas que ejerzan la guarda y custodia personal o institucional deberán abstenerse de realizar cualquier acto que promueva en las personas menores (sic) edad o mayores incapaces el olvido, rechazo, rencor, odio, desprecio o temor hacia la persona con quien tienen derecho de visitas y convivencia.

(REFORMADO, P.O. 25 DE NOVIEMBRE DE 2014)

Art. 574.- Procederá la restricción o suspensión del derecho de visitas y convivencia cuando:

I. Se cometan actos de violencia intrafamiliar;

II. Se cometan delitos en contra de la persona menor de edad;

III. Se cometan conductas nocivas a la salud física o psíquica de la persona menor de edad;

IV. Se cometan actos reiterados que sin causa justificada impidan o nieguen el ejercicio del derecho de visitas y convivencia;

V. Se promueva en los menores de edad el olvido, rechazo, rencor, odio, desprecio o temor hacia la persona con quien tienen derecho de visitas y convivencia;

VI. La convivencia de la persona menor de edad con determinadas personas vaya en detrimento de los preceptos establecidos por este código;

VII. El ascendiente no asista sin causa justificada, en un periodo mayor a seis meses a las visitas decretadas;

VIII. Los padres recurran continuamente a los tribunales para ejercer acciones legales notoriamente frívolas e improcedentes así declaradas por la autoridad, contra el padre no conviviente;

IX. Presenten falsas denuncias penales en contra del otro progenitor imputándolo (sic) abusos físicos o sexuales en contra de los hijos; y

X. El padre o la madre incumpla de manera reiterada y sin causa justa las obligaciones que le impone este código con excepción a lo dispuesto por el último párrafo de este artículo;

No podrá restringirse el derecho de las visitas y convivencia de los hijos por el incumplimiento de obligaciones alimentarias.

(REFORMADO, P.O. 25 DE NOVIEMBRE DE 2014)

Art. 575.- El Juez podrá decretar en todo momento las medidas necesarias para salvaguardar los derechos de convivencia de las personas menores de edad, para tal efecto establecerá las condiciones que permitan, de ser posible, la subsistencia de los vínculos afectivos de la relación paterno filial, para lo cual podrá decretar las siguientes medidas de protección:

I. Someter al padre o la madre a tratamiento profesional;

II. Conceder al padre o la madre visitas y convivencia asistida o supervisada por institución pública;

III. Prohibir al padre o la madre salir sin autorización del país, de la localidad en la cual reside o del ámbito territorial que fije el Juez;

IV. Restringir las visitas y convivencia y autorizar otras formas de comunicación que permitan preservar los lazos familiares;

V. Suspender temporalmente los derechos de visita y convivencia; y

VI. Las demás medidas de apremio y medidas de protección que establezca la legislación civil.

(REFORMADO [N. DE E. ADICIONADO], P.O. 5 DE DICIEMBRE DE 2018)

En los casos en que se ordene la convivencia supervisada, asistida o la entrega recepción de niñas, niños o adolescentes, éstas se deberán realizar en donde la autoridad administrativa competente determine. Todo lugar destinado a esta convivencia, será sujeto de supervisión en los términos del artículo 25 de la Ley de los Derechos de Niñas, Niños y Adolescentes en el Estado de Jalisco.

(REFORMADO, P.O. 25 DE NOVIEMBRE DE 2014)

Art. 576.- La negativa reiterada y sin causa justificada del padre o madre custodio o de la persona que ejerza la custodia personal o institucional a permitir las visitas y convivencia con quien la persona menor de edad tenga derecho, dará lugar a la modificación de las condiciones de la guarda y custodia.

De igual forma la modificación de la guarda y custodia tendrá lugar cuando el padre o madre custodio cambie de residencia y no informe al padre o madre no custodio ni al Juez sobre el nuevo domicilio en el que se desenvolverá el régimen de visitas y convivencia.

(REFORMADO, P.O. 5 DE SEPTIEMBRE DE 2015)

Art. 577.- Cuando la convivencia de niñas, niños y adolescentes con determinadas personas vaya en detrimento de los preceptos establecidos en este capítulo, incluyéndose a quienes ejercen la patria potestad, el Juez podrá decretar la cesación de esa convivencia a petición de cualesquiera de los padres y en ausencia de éstos, a petición de los ascendientes o de la Procuraduría de Protección de Niñas, Niños y Adolescentes.

TÍTULO OCTAVO
DE LA PATRIA POTESTAD

CAPÍTULO I
DISPOSICIONES GENERALES

(REFORMADO, P.O. 25 DE NOVIEMBRE DE 2014)

Art. 578.- Se entiende por patria potestad la relación de derechos y obligaciones que recíprocamente tienen, por una parte el padre y la madre, y por otra, los hijos menores de edad no emancipados o mayores incapaces, cuyo objeto es garantizar el ejercicio de los derechos de los niños, niñas y adolescentes, su guarda y custodia y representación legal.

Se entenderá que existe patria potestad prorrogada cuando los hijos aún siendo mayores de edad tienen desde la minoría de edad, incapacidad que les impida valerse por sí mismos y la misma se deduzca de su historial clínico o constituya un hecho notorio. Cuando se declare tendrá los efectos que señala el párrafo anterior de este artículo.

Art. 579.- Los hijos y sus ascendientes se deben respeto y consideración recíproca.

Art. 580.- La Patria potestad tiene las siguientes características:

I. Constituye ante todo, un deber y una obligación que bajo ninguna circunstancia se puede renunciar a realizar personalmente. Sólo la custodia en los casos en que lo autorice especialmente la ley, podrá bajo atención de quien ejerce la patria potestad, encomendarse a terceros;

II. Tiene el carácter de intransmisible, salvo en los casos de adopción;

III. Representa un deber positivo de trato continuo, que exige y requiere un despliegue eficaz y constante que cumpla su cometido; y

(REFORMADA, P.O. 19 DE SEPTIEMBRE DE 2020)

IV. Confiere el derecho, el deber y la responsabilidad de cuidar, criar y aplicar la corrección disciplinaria de manera prudente y moderada a sus hijos a través de la crianza positiva en los términos de la normatividad vigente, lo que de ninguna manera podrá ser a través de cualquier forma de maltrato o violencia que atente contra la dignidad humana, quedando prohibido el castigo corporal severo o innecesario; así como la obligación de observar una conducta que sirva a éstos de buen ejemplo, garantizándoles su bienestar físico y emocional, así como la promoción del ordenado desarrollo de su personalidad, con el fin de educar de forma armónica y positiva.

Art. 581.- La patria potestad se ejerce por ambos progenitores o, en su caso, por el supérstite.

(REFORMADO, P.O. 5 DE SEPTIEMBRE DE 2015)

Art. 582.- Cuando ocurra el fallecimiento de ambos progenitores, el ejercicio de la patria potestad corresponde a quienes tengan parentesco ascendente hasta segundo grado por ambas ramas.

Cuando sean dos o más por ambas líneas, ejercerán la patria potestad los ascendientes que tengan para ello la disposición y posibilidad; en caso de conflicto, la autoridad judicial resolverá a quien corresponde su ejercicio, debiéndose de oír para ello la Procuraduría de Protección de Niñas, Niños y Adolescentes y a la niña, niño o adolescente, cuando sea adolescente, teniendo para ello en cuenta el interés superior de la niñez, y además, las siguientes consideraciones en orden de preferencia:

I. Buscar la mayor afinidad e identificación;

II. La menor edad y plenitud psíquica;

III. La mayor instrucción; y

IV. La estabilidad económica necesaria para satisfacer los requerimientos de niñas, niños y adolescentes. Cuando existan varias niñas, niños o adolescentes integrantes de una misma familia que convivan juntos, se procurará que continúe la convivencia, si ello fuere posible.

Art. 583.- Si el hijo es adoptivo, se atenderán las siguientes disposiciones:

I. Cuando la adopción se hizo por un matrimonio, ambos cónyuges ejercerán la patria potestad; y

II. Si el hijo fuese adoptado por una persona, sólo a ésta le corresponde el ejercicio de la patria potestad.

Art. 584.- Cuando por causa de investigación de la maternidad o de la paternidad, alguien haya sido declarado como hijo, el juez decidirá a quién corresponde la patria potestad y custodia.

Art. 585.- Cuando quienes ejerzan la patria potestad vivan juntos y se separen, se convendrá por ambos quién ejercerá la custodia del hijo o los hijos que hubiere y si no se ponen de acuerdo, deberá seguirse el orden de preferencia establecido en el artículo 572.

(REFORMADO, P.O. 25 DE NOVIEMBRE DE 2014)

Art. 586.- La persona menor de edad sujeto a patria potestad debe vivir con el ascendiente que la ejerza, sin que pueda dejar el domicilio familiar sin permiso, que en todo caso se debe otorgar por quien la tenga salvo que exista mandato judicial sobre la guarda y custodia o régimen de visitas y convivencia.

Art. 587.- El menor debe obediencia y consideración hacia los ascendientes que sobre él ejercen la patria potestad, y debe contribuir equitativamente y de conformidad con su desarrollo personal, a las tareas de ordenamiento y conservación de la casa habitación.

CAPÍTULO II
DE LOS EFECTOS DE LA PATRIA POTESTAD RESPECTO DE LOS BIENES DEL HIJO

Art. 588.- Quienes ejercen la patria potestad son los legítimos representantes de los que están sujetos a ella, y tienen la administración legal de los bienes que les pertenezcan, conforme las prescripciones de este código.

No se aplicará lo dispuesto en el párrafo precedente:

I. Respecto a los derechos de personalidad del menor;

II. Cuando exista un conflicto de intereses entre quienes ejercen la patria potestad y el menor; y

III. Respecto de los bienes que el menor adquiera con su trabajo.

Art. 589.- Cuando el ejercicio de la patria potestad sea conjunto por los progenitores, por los abuelos o por los adoptantes, deberán siempre ambos ponerse de acuerdo sobre quién será el administrador.

Una sola de las personas que ejercen la patria potestad podrá representar a sus descendientes en juicio, requiriéndose el concurso de ambos para convenir sobre la transacción de los derechos que le competan al menor, así como para la disposición de bienes inmuebles o derechos reales sobre los mismos.

Art. 590.- Cuando por disposición de la ley o por voluntad de los titulares de la patria potestad, el menor tenga la administración de los bienes, se le considerará respecto de ésta como emancipado, con las restricciones legales para enajenar y gravar bienes raíces.

Art. 591.- Respecto de los bienes que administren quienes ejercen la patria potestad, se considera que la propiedad y la mitad del usufructo pertenecen al menor, la administración y la otra mitad del usufructo corresponde a las personas que ejercen la patria potestad. Sin embargo, si los hijos adquieren bienes por herencia, legado o donación y el testador o donante ha dispuesto que el usufructo pertenezca al menor o que se destine a un fin determinado, se estará a lo señalado.

Art. 592.- Los que ejerzan la patria potestad, no pueden enajenar ni gravar de ningún modo los bienes inmuebles ni los muebles preciosos que correspondan al menor, ni contraer deudas que obliguen a éste, sino por causa de absoluta necesidad o de evidente beneficio y previa la autorización de juez competente.

Tampoco podrán celebrar contratos de arrendamiento por más de cinco años, ni recibir la renta anticipada por más de dos años; vender valores comerciales, industriales, títulos de rentas, acciones, frutos y ganados, por menor valor del que se cotice en la plaza el día de la venta; hacer donación de los bienes de los menores o remisión voluntaria de los derechos de éstos, ni dar fianza en representación de los menores.

Art. 593.- Siempre que el juez conceda licencia a los que ejercen la patria potestad, para enajenar un bien inmueble o mueble precioso perteneciente al menor, tomará las medidas necesarias para hacer que el producto de la venta se dedique al objeto que se señaló y para que el resto se invierta en la adquisición de un inmueble o se imponga con segura hipoteca en favor del menor.

Al efecto, el precio de la venta se depositará en una institución de crédito y la persona que ejerce la patria potestad no podrá disponer de él sin orden judicial.

Art. 594.- Las personas que ejercen la patria potestad tienen obligación de dar cuenta al término de la misma, a sus hijos y nietos en su caso sobre la administración de los bienes que les correspondan.

(REFORMADO, P.O. 5 DE SEPTIEMBRE DE 2015)

Art. 595.- En todos los casos en que las personas que ejercen la patria potestad tengan un interés opuesto al de las niñas, niños y adolescentes, o por una representación deficiente o dolosa, serán estos representados en suplencia, en juicio y fuera de él, por la Procuraduría de Protección de Niñas, Niños y Adolescentes.

(REFORMADO, P.O. 5 DE SEPTIEMBRE DE 2015)

Art. 596.- Los jueces tienen la facultad en la resolución que dicten, de tomar las medidas necesarias para impedir que, por la mala administración de quienes ejercen la patria potestad, los bienes de niñas, niños o adolescentes se derrochen o se disminuyan.

Estas medidas se seguirán a instancia de las personas interesadas o por la Procuraduría de Protección de Niñas, Niños y Adolescentes.

CAPÍTULO III
DE LOS MODOS DE ACABARSE Y SUSPENDERSE LA PATRIA POTESTAD

Art. 597.- La patria potestad se acaba:

I. Con la muerte del que la ejerce, si no hay otra persona en quien recaiga;

II. Con la emancipación del menor;

III. Por la mayoría de edad de éste; y

IV. Por la revocación de la adopción simple.

(REFORMADO PRIMER PÁRRAFO, P.O. 6 DE MAYO DE 2021)

Art. 598.- La patria potestad se pierde mediante resolución judicial en los siguientes casos:

(REFORMADA, P.O. 25 DE NOVIEMBRE DE 2014)

I. Cuando quien la ejerce comete algún delito intencional que afecte a la persona menor de edad o a su patrimonio; o consienta que terceras personas lo cometan;

II. Cuando el que la ejerce es condenado expresamente a su pérdida;

(REFORMADA, P.O. 6 DE MAYO DE 2021)

III. Cuando quien la ejerce, tenga conductas nocivas para la salud física o psíquica, dignidad o la integridad de la persona menor de edad, aunque tales no sean penalmente punibles, o consienta que terceras personas las realicen; para efectos de esta fracción la disciplina correctiva moderada no se considera nociva;

(REFORMADA, P.O. 25 DE NOVIEMBRE DE 2014)

IV. Cuando quien la ejerce genere violencia intrafamiliar en contra de la persona menor de edad, entendida esta como maltrato físico o psicológico, o bien, cuando consienta que terceras personas ejerzan dicha violencia.

Se entiende por maltrato físico al conjunto de lesiones que presenta una persona, que no resultan de accidentes o golpes fortuitos y que por su periodicidad, atención médica inexistente, huellas de abuso sexual, la naturaleza o causa de las mismas, la existencia de cicatrices antiguas y actuales, aunque no pongan en peligro la vida, evidencian un caso de maltrato.

(REFORMADO, P.O. 25 DE NOVIEMBRE DE 2014)

Se entiende por maltrato psicológico al recurrente empleo de palabras, acciones y actitudes que afecten al menor de edad o al incapaz en su autoestima y autoconfianza, no permitiéndole un sano desarrollo;

V. Cuando quien la ejerce:

a) Exponga a su descendiente;

(REFORMADO, P.O. 25 DE NOVIEMBRE DE 2014)

b) Le abandone por más de seis meses si éste quedó a cargo de alguna institución especializada o persona y además el abandono sea intencional;

No se considerará que comete abandono intencional quien sea privado de la libertad por mandato judicial;

(REFORMADO, P.O. 25 DE NOVIEMBRE DE 2014)

c) Abandone por más de un día a su descendiente, si éste no hubiere quedado al cuidado y vigilancia de alguna persona y además éste abandono sea intencional;

(REFORMADO, P.O. 25 DE NOVIEMBRE DE 2014)

d) Cometa actos de violencia intrafamiliar, o delitos en contra de sus descendientes o adoptados menores de edad.

(REFORMADA, P.O. 25 DE NOVIEMBRE DE 2014)

VI. En los casos de divorcio, cuando así se establezca;

(REFORMADA, P.O. 25 DE NOVIEMBRE DE 2014)

VII. Cuando quien la ejerce, abandone sus deberes frente a sus descendientes; y

(REFORMADA [N. DE E. ADICIONADA], P.O. 25 DE NOVIEMBRE DE 2014)

VIII. Por impedir de manera reiterada sin causa justa las visitas o convivencia decretadas por autoridad competente o en convenio aprobado por la autoridad judicial y ya hubiere sido decretada con anterioridad la pérdida de la guarda y custodia.

Art. 599.- La pérdida de la patria potestad se decretará:

(REFORMADA, P.O. 28 DE DICIEMBRE DE 2017)

I. En el caso de la fracción I del artículo que precede: en la sentencia definitiva que se dicte por quien haya conocido del proceso penal;

(REFORMADA, P.O. 25 DE NOVIEMBRE DE 2014)

II. En los casos de las fracciones de la II a la VIII, en la sentencia del juicio civil que expresamente se siga; y

III. (DEROGADA, P.O. 25 DE NOVIEMBRE DE 2014)

Art. 600.- La pérdida de la patria potestad no extingue los deberes y obligaciones que la misma impone.

Art. 601.- La patria potestad se suspende:

I. Por incapacidad declarada judicialmente;

II. Por la ausencia declarada en forma; y

(REFORMADA, P.O. 28 DE DICIEMBRE DE 2017)

III. Por acuerdo judicial que la imponga.

Art. 602.- Los abuelos pueden excusarse de ejercer la patria potestad:

I. Cuando tengan sesenta años cumplidos; y

II. Cuando por el mal estado habitual de su salud, no pueden atender debidamente su desempeño.

(ADICIONADO, P.O. 25 DE JUNIO DE 2024)

Art. 602 Bis.- La patria potestad podrá ser limitada cuando la persona que la ejerce incurra en conductas de violencia familiar y de violencia a través de interpósita persona previstas en los artículos 455 Bis y 455 Ter de este código, en contra de las personas sobre las cuales la ejerza.

(REFORMADA SU DENOMINACIÓN, P.O. 5 DE SEPTIEMBRE DE 2015)

TÍTULO NOVENO
DE TUTELA Y LA REPRESENTACIÓN

CAPÍTULO I
DISPOSICIONES GENERALES

(REFORMADO, P.O. 5 DE SEPTIEMBRE DE 2015)

Art. 603.- La tutela es la institución de orden público e interés social, que respecto de los incapaces, tiene por objeto la guarda de la persona y los bienes, o solamente los bienes.

Niñas, niños y adolescentes serán representados originariamente por quienes ejercen la patria potestad o tutela, de conformidad con lo dispuesto en la legislación general y estatal de los Derechos de Niñas, Niños y Adolescentes.

La Procuraduría de Protección de Niñas, Niños y Adolescentes desempeñará la representación coadyuvante y en suplencia:

I. Representación coadyuvante: Es aquella que de manera oficiosa realiza de acompañamiento a niñas, niños y adolescentes en los procedimientos jurisdiccionales y administrativos, sin perjuicio de la intervención que corresponda a la representación social; y

II. Representación en suplencia: A falta de quienes ejerzan la representación originaria de niñas, niños y adolescentes, o cuando por otra causa así lo determine el órgano jurisdiccional o autoridad administrativa competente, con base en el interés superior de la niñez.

(REFORMADO, P.O. 5 DE SEPTIEMBRE DE 2015)

Art. 604.- La tutela o representación se ejercerá en los casos siguientes:

I. Habrá tutela sobre quienes no estando sujetos a patria potestad, tienen incapacidad natural o legal, o solamente la segunda, en cuyo caso deberá atenderse al grado de limitación impuesto a la capacidad de ejercicio; y

II. Habrá representación sobre quienes estando sujetos a patria potestad:

a) Reciban bienes, ya sea por legado o por herencia y el testador nombre un tutor con facultades exclusivas de administración, en beneficio del incapaz respecto de los bienes que comprenda la herencia o legado;

b) Tengan intereses opuestos a quien ejerce sobre ellos la patria potestad; y

c) En el caso de oposición de intereses entre dos o más niñas, niños o adolescentes sujetos a una misma patria potestad.

(REFORMADO, P.O. 5 DE SEPTIEMBRE DE 2015)

Art. 605.- Tienen incapacidad natural y legal las personas que no puedan gobernarse y obligarse por sí mismos o manifestar su voluntad por algún medio.

Art. 606.- (DEROGADO, P.O. 5 DE SEPTIEMBRE DE 2015)

(REFORMADO, P.O. 5 DE SEPTIEMBRE DE 2015)

Art. 607.- La tutela y la representación son un cargo de interés público del que nadie puede eximirse, sino por causa legítima.

(REFORMADO, P.O. 5 DE SEPTIEMBRE DE 2015)

Art. 608.- El que se rehusare sin causa legal a desempeñar el cargo de tutor o de representante, es responsable de los daños y perjuicios que de su negativa resulten al incapaz.

(REFORMADO, P.O. 5 DE SEPTIEMBRE DE 2015)

Art. 609.- La tutela se desempeñará por el tutor, con la intervención del curador; sin perjuicio de la representación coadyuvante o en suplencia, por la Procuraduría de Protección de Niñas, Niños y Adolescentes.

Art. 610.- Ningún incapaz puede tener a un mismo tiempo más de un tutor y de un curador definitivos.

(REFORMADO, P.O. 5 DE SEPTIEMBRE DE 2015)

Art. 611.- El tutor y el curador pueden desempeñar respectivamente la tutela o la curatela hasta de tres incapaces. Si estos son hermanos o son coherederos y legatarios de la misma persona, puede nombrarse un solo tutor y un curador a todos ellos, aunque sean más de tres, sin perjuicio del representante.

(REFORMADO, P.O. 29 DE NOVIEMBRE DE 2014)

Art. 612.- Los cargos de tutor y de curador de un incapaz no pueden ser desempeñados al mismo tiempo por una sola persona.

(REFORMADO, P.O. 11 DE OCTUBRE DE 2016)

Art. 613.- Cuando fallezca una persona que ejerza la patria potestad sobre un incapaz a quien deba nombrarse representante, su ejecutor testamentario y en caso de intestado los parientes y personas con quienes hayan vivido, están obligados a dar parte del fallecimiento al Juez, dentro de ocho días, a fin de que provea lo conducente, bajo la pena equivalente a una multa de veinticinco a cien veces el valor diario de la Unidad de Medida y Actualización.

Art. 614.- La tutela es testamentaria, legítima o dativa.

(REFORMADO, P.O. 29 DE NOVIEMBRE DE 2014)

Art. 615.- Ninguna tutela puede conferirse sin que previamente se declare, en los términos que disponga el Código de Procedimientos Civiles, la incapacidad y las limitaciones a la capacidad de ejercicio de la persona que va a quedar sujeta a ella.

Art. 616.- Los tutores y curadores no pueden ser removidos de su cargo sin que previamente hayan sido oídos y vencidos en juicio.

(REFORMADO, P.O. 5 DE SEPTIEMBRE DE 2015)

Art. 617.- La niña, niño o adolescente que no pueda gobernarse y obligarse por sí misma o con asistencia de un representante o manifestar su voluntad por algún medio estará sujeta a tutela o representación, según corresponda, mientras no llegue a la mayoría de edad.

Si al cumplirse ésta continuare el impedimento, el incapaz se sujetará a nueva tutela, previo juicio de interdicción en el que serán oídos, el incapaz, el tutor y curador anteriores y se determinará el grado de incapacidad y las limitaciones a la capacidad de ejercicio.

(REFORMADO, P.O. 5 DE SEPTIEMBRE DE 2015)

Art. 618.- Las niñas, niños o adolescentes hijos de un incapaz que no pueda darles la debida atención y cuidado, quedarán bajo la patria potestad que corresponda conforme al artículo 572 de este Código, y no habiéndolo, se les proveerá de tutor.

(REFORMADO, P.O. 29 DE NOVIEMBRE DE 2014)

Art. 619.- El cargo de tutor, de la persona mayor de edad incapaz durará el tiempo que subsista la interdicción, cuando sea ejercido por los parientes consanguíneos en línea recta sin limitación de grados, los colaterales dentro del cuarto grado y los afines dentro del segundo. El cónyuge sólo tendrá obligación de desempeñar ese cargo mientras tenga dicho carácter. Los extraños que desempeñen la tutela de que se trata, tienen derecho de que se les releve de ella a los diez años de ejercicio.

(REFORMADO, P.O. 29 DE NOVIEMBRE DE 2014)

Art. 620.- El estado de interdicción no cesará sino por la muerte del incapaz o por sentencia definitiva, que se pronunciará conforme a las mismas reglas establecidas para declarar la interdicción.

Al presentarse algún cambio en la diversidad funcional del incapaz deberá ajustarse el grado de interdicción a través de sentencia definitiva.

Las sentencias a que se refiere este artículo se pronunciarán conforme a las mismas reglas establecidas para declarar la interdicción.

(REFORMADO, P.O. 5 DE SEPTIEMBRE DE 2015)

Art. 621.- El Juez de Primera Instancia del domicilio del incapaz y, si no lo hubiere, el Juez Menor o el de Paz, con intervención del Agente de la Procuraduría Social, cuidará provisionalmente de la persona y los bienes del incapaz hasta que se nombre tutor, salvo que exista un documento público, en donde se haya efectuado la auto designación de tutor, en cuyo caso se estará a lo ahí establecido.

(REFORMADO, P.O. 5 DE SEPTIEMBRE DE 2015)

Art. 622.- El juez que no cumpla las prescripciones relativas a la tutela y a la representación, además de las penas en que incurra conforme a las leyes, será responsable de los daños y perjuicios que sufran los incapaces y niñas, niños y adolescentes.

CAPÍTULO II
DE LA TUTELA TESTAMENTARIA

Art. 623.- El ascendiente que sobreviva, de los dos que en cada grado deben ejercer la patria potestad conforme a lo dispuesto en el artículo 572, tiene derecho, aunque fuere menor, de nombrar tutor en su testamento a aquéllos sobre quienes la ejerza, con inclusión del hijo póstumo.

Art. 624.- El nombramiento de tutor testamentario hecho en los términos del artículo anterior, excluye del ejercicio de la patria potestad a los ascendientes de ulteriores grados.

(REFORMADO, P.O. 29 DE NOVIEMBRE DE 2014)

Art. 625.- Si los ascendientes excluidos estuvieren ausentes o fueren declarados incapaces, la tutela cesará cuando cese el impedimento o se presenten los ascendientes, a no ser que el testador haya dispuesto expresamente que continúe la tutela.

(REFORMADO, P.O. 5 DE SEPTIEMBRE DE 2015)

Art. 626.- El que en su testamento, aunque sea adolescente emancipado, deje bienes ya sea por legado o por herencia, a un incapaz que no esté bajo su patria potestad, puede nombrarle tutor solamente para la administración de los bienes que le deja. Aun cuando en la disposición testamentaria correspondiente se prevenga que el beneficiario no reciba los productos del capital dejado en herencia o legado, no subsistirá dicha disposición en lo estrictamente indispensable para satisfacer las necesidades alimentarias de niñas, niños y adolescentes.

(REFORMADO, P.O. 29 DE NOVIEMBRE DE 2014)

Art. 627.- Si fueren varias las personas menores de edad, podrá nombrárseles un tutor común o conferirse a persona diferente la tutela de cada uno de ellos, sobre todo, cuando los intereses de alguno o algunos fueren opuestos.

(REFORMADO, P.O. 5 DE SEPTIEMBRE DE 2015)

Art. 628.- El padre que ejerza la tutela de un hijo sujeto a interdicción, puede nombrarle tutor testamentario, si la madre ha fallecido o no puede legalmente ejercer la tutela.

La madre, en su caso, podrá hacer el nombramiento de que trata ese Artículo.

(REFORMADO, P.O. 29 DE NOVIEMBRE DE 2014)

Art. 629.- En ningún otro caso hay lugar a la tutela testamentaria del incapaz.

Art. 630.- Siempre que se nombren varios tutores, desempeñará la tutela el primer nombrado, a quien sustituirán los demás por el orden de su nombramiento, en los casos de muerte, incapacidad, excusa o remoción.

Art. 631.- Lo dispuesto en el artículo anterior, no regirá cuando el testador haya establecido el orden en que los tutores deben sucederse en el desempeño de la tutela.

(REFORMADO, P.O. 5 DE SEPTIEMBRE DE 2015)

Art. 632.- Deben observarse todas las reglas, limitaciones y condiciones puestas por el testador para la administración de la tutela, que no sean contrarias a las leyes; a no ser que el juez, oyendo al tutor y al curador, las estime dañosas a niñas, niños y adolescentes, en cuyo caso, podrá dispensarlas o modificarlas.

(REFORMADO, P.O. 5 DE SEPTIEMBRE DE 2015)

Art. 633.- Si por un nombramiento condicional de tutor o por algún otro motivo, faltare temporalmente el tutor testamentario, el juez proveerá de tutor interino a la niña, niño o adolescente, conforme a las reglas generales sobre nombramiento de tutores.

Art. 634.- El adoptante que ejerza la patria potestad tiene derecho de nombrar tutor testamentario a su hijo adoptivo; aplicándose a esta tutela lo dispuesto en los artículos anteriores.

(REFORMADA SU DENOMINACIÓN, P.O. 5 DE SEPTIEMBRE DE 2015)

CAPÍTULO III
DE LA TUTELA LEGÍTIMA DE NIÑAS, NIÑOS Y ADOLESCENTES

(REFORMADO, P.O. 5 DE SEPTIEMBRE DE 2015)

Art. 635.- Hay lugar a tutela legítima o representación originaria cuando no hay quien ejerza la patria potestad, ni tutor testamentario.

(REFORMADO, P.O. 5 DE SEPTIEMBRE DE 2015)

Art. 636.- La tutela legítima corresponde a los hermanos, prefiriéndose a los que lo sean por ambas líneas.

(REFORMADO, P.O. 5 DE SEPTIEMBRE DE 2015)

Art. 637.- Si hubiere varios parientes del mismo grado, el juez elegirá entre ellos al que le parezca más apto para el cargo; pero si el pupilo o representado fuere adolescente, éste hará la elección.

Art. 638.- La falta temporal de tutor legítimo, se suplirá en los términos establecidos en los dos artículos anteriores.

(REFORMADO PRIMER PÁRRAFO, P.O. 19 DE SEPTIEMBRE DE 2020)

Art. 639.- La Procuraduría de Protección de Niñas, Niños y Adolescentes en forma directa o a través de sus delegados institucionales o de la delegación institución (sic) del Hogar Cabañas, desempeñarán la tutela sin necesidad de discernimiento del cargo:

(REFORMADA, P.O. 5 DE SEPTIEMBRE DE 2015)

I. De los expósitos;

(REFORMADA, P.O. 5 DE SEPTIEMBRE DE 2015)

II. De niñas, niños y adolescentes abandonados sean estos huérfanos, expuestos por el titular de su patria potestad o tutela o maltratados reiteradamente por sus parientes; y

(REFORMADA, P.O. 5 DE SEPTIEMBRE DE 2015)

III. De niñas, niños y adolescentes que se encuentren en acogimiento residencial en centros de asistencia social o albergues, instituciones educativas ya sean estas públicas o privadas, o cuando quienes la ejerzan sean ilocalizables.

(REFORMADO, P.O. 5 DE SEPTIEMBRE DE 2015)

En todos los casos se estará a lo previsto en la legislación general y estatal de los Derechos de Niñas, Niños y Adolescentes, y la legislación para la operación de albergues.

(ADICIONADO, P.O. 25 DE JUNIO DE 2024)

Art. 639 Bis.- Las personas responsables de las casas de asistencia, ya sean públicas o privadas, donde se reciban personas menores de edad que hayan sido objeto de la violencia familiar y/o utilizados para ejercer violencia a través de interpósita persona a que se refieren el artículo 455 Quáter de este ordenamiento, tendrán la custodia de éstas en los términos que prevengan las leyes y los estatutos de la institución. En todo caso darán aviso al Ministerio Público y a quien corresponda el ejercicio de la patria potestad y no se encuentre señalado como responsable del evento de violencia familiar y/o de violencia a través de interpósita persona.

CAPÍTULO IV
DE LA TUTELA LEGÍTIMA DEL MAYOR INCAPACITADO

Art. 640.- El cónyuge es tutor legítimo y forzoso del otro, en caso de incapacidad de éste.

(REFORMADO, P.O. 29 DE NOVIEMBRE DE 2014)

Art. 641.- Son tutores de su padre y de su madre libres de matrimonio que hubieren sido declarados incapaces, sus hijos mayores de edad.

Art. 642.- Cuando haya dos o más hijos, será preferido el que viva en compañía del padre o de la madre; y siendo varios los que estén en el mismo caso, el juez elegirá al que le parezca más apto.

Art. 643.- Los padres son de derecho tutores de sus hijos, solteros o viudos, cuando éstos no tengan hijos que puedan desempeñar la tutela, debiéndose poner de acuerdo respecto a quién de los dos ejercerá el cargo.

(REFORMADO, P.O. 5 DE SEPTIEMBRE DE 2015)

Art. 644.- A falta de tutor testamentario y de persona que con arreglo a los artículos anteriores deba desempeñar la tutela, serán llamadas a ella sucesivamente los abuelos, observándose lo establecido en el artículo 582, los hermanos del incapaz y los demás colaterales a que se refiere la fracción II del artículo 636 tomándose en consideración en su caso lo que dispone el artículo 637.

Para el caso de quienes se encuentren internados en albergues o centros de asistencia social, o cuando quienes la ejerzan sean ilocalizables, el Juez dará aviso al Sistema DIF estatal o municipal, para que desempeñe la tutela correspondiente.

(REFORMADO, P.O. 29 DE NOVIEMBRE DE 2014)

Art. 645.- El tutor del incapaz que tenga hijos menores bajo su patria potestad, será también tutor de ellos, si no hay otro ascendiente a quien la ley llame al ejercicio de aquel derecho.

(REFORMADO, P.O. 5 DE SEPTIEMBRE DE 2015)

Art. 646.- El tutor de las personas incapaces estará obligado a presentar ante la Procuraduría Social en los meses de julio y enero de cada año una certificación médica que declaren acerca de la salud de la persona sujeta a interdicción, a quien para este efecto reconocerán en presencia del curador.

Sin perjuicio de lo anterior, el Juez, de oficio o a petición de parte, en cualquier momento podrá solicitar los estudios que considere necesarios, para ajustar el grado de interdicción del incapaz.

La personas (sic) incapaz podrá manifestar su opinión al agente de la Procuraduría Social, éste se cerciorará del estado que guardan el incapaz y sus bienes y tomará todas las medidas que estime convenientes para mejorar su condición. En caso de que existieren elementos que pongan en detrimento la salud del incapaz, la Procuraduría solicitará al Juez decrete la adopción de medidas para mejorar su condición.

(REFORMADO, P.O. 29 DE NOVIEMBRE DE 2014)

Art. 647.- Los recursos y patrimonio del incapaz que no pueda gobernarse ni obligarse por sí mismo o manifestar su voluntad por algún medio, se destinarán en forma preferente a su seguridad, alivio y mejoría en la calidad de vida; quien desempeñe la tutoría adoptará las medidas que juzgue oportunas, proponiéndolas para tal efecto a la Procuraduría Social para su aprobación. Las medidas que fueren urgentes podrán ser ejecutadas de inmediato, quedándose obligado a dar cuenta a la Procuraduría Social para su conocimiento y consideración.

Para el caso de que el incapaz pueda gobernarse y obligarse por sí mismo o manifestar su voluntad por cualquier medio, el tutor deberá asistirlo en la toma de decisiones respecto de sus recursos y patrimonio, respetando y acatando en todo momento la decisión tomada por la persona en estado de interdicción.

CAPÍTULO V
DE LA TUTELA DATIVA

(REFORMADO, P.O. 5 DE SEPTIEMBRE DE 2015)

Art. 648.- La tutela dativa tiene lugar:

I. Cuando en un documento público expreso una persona mayor de edad hubiere ejercido su facultad de designarse tutor, se estará frente al supuesto de tutela voluntaria; y

II. En los demás casos establecidos por la ley.

Art. 649.- (DEROGADO, P.O. 5 DE SEPTIEMBRE DE 2015)

Art. 650.- (DEROGADO, P.O. 5 DE SEPTIEMBRE DE 2015)

Art. 651.- (DEROGADO, P.O. 5 DE SEPTIEMBRE DE 2015)

(REFORMADO, P.O. 5 DE SEPTIEMBRE DE 2015)

Art. 652.- Para asuntos judiciales del adolescente emancipado se llamará a la representación coadyuvante.

Art. 653.- (DEROGADO, P.O. 5 DE SEPTIEMBRE DE 2015)

(ADICIONADO, P.O. 30 DE JULIO DE 2011)

Art. 653 Bis.- La persona que cuente con capacidad de ejercicio podrá designar tutor para que cuide de su persona y de sus bienes cuando quede en estado de interdicción. Igualmente tendrá la facultad de nombrar curador.

(ADICIONADO, P.O. 30 DE JULIO DE 2011)

Art. 653 Ter.- La designación de tutor podrá otorgarse mediante:

I. Escritura especial otorgada ante notario, en donde se observarán las mismas solemnidades del testamento público abierto, o

II. Acta de tutela realizada ante el Oficial del Registro Civil de conformidad con la Ley del Registro Civil, o

III. Declaración judicial interpuesta mediante jurisdicción voluntaria que reconozca la solicitud de declaración de tutor y curador voluntario.

(ADICIONADO, P.O. 30 DE JULIO DE 2011)

Art. 653 Quáter.- Se pueden designar tutores en forma sucesiva.

(ADICIONADO, P.O. 30 DE JULIO DE 2011)

Art. 653 Quinquies.- En el documento público se podrán dictar instrucciones sobre tratamientos terapéuticos, los cuales serán determinados por un médico, donación de órganos y ceremonial de funerales.

(ADICIONADO [N. DE E. REFORMADO ANTES ARTÍCULO 653-BIS], P.O. 30 DE JULIO DE 2011)

Art. 653 Sexies.- El tutor dativo a que se refiere la fracción III del artículo 648, tendrá la obligación de desempeñar la autotutela en los términos del documento público respectivo y recibirá, en su caso, los emolumentos ahí establecidos, previa declaración judicial que así lo establezca.

En caso de no constar las obligaciones ni la forma de llevar la tutela en el documento público, se estará a lo que establece el presente título.

En el procedimiento de declaración del estado de incapacidad, el Juez deberá nombrar como tutor y curador interino al designado en el documento público.

CAPÍTULO VI
DE LAS PERSONAS INHÁBILES PARA EL DESEMPEÑO DE LA TUTELA Y DE LAS QUE DEBEN SER SEPARADAS DE ELLA

Art. 654.- No pueden ser tutores, aunque estén anuentes en recibir el cargo:

I. Los menores de edad;

II. Los mayores de edad que se encuentren bajo tutela;

(REFORMADA, P.O. 29 DE NOVIEMBRE DE 2014)

III. Los que hayan sido removidos de otra tutela por haberse conducido mal, ya respecto de la persona, ya respecto de la administración de los bienes del incapaz;

IV. Los que por sentencia que cause ejecutoria, hayan sido condenados a la privación de este cargo o a la inhabilitación para obtenerlo;

(REFORMADA, P.O. 23 DE SEPTIEMBRE DE 2000)

V. El que haya sido condenado por delitos contra la propiedad o por delitos infamantes por conductas referentes a la violencia intrafamiliar o delitos sexuales;

VI. Los que no tengan oficio o modo de vivir conocido y sean notoriamente de mala conducta;

(REFORMADA, P.O. 29 DE NOVIEMBRE DE 2014)

VII. Los que al deferirse la tutela, tengan pleito pendiente con el incapaz;

(REFORMADA, P.O. 29 DE NOVIEMBRE DE 2014)

VIII. Los deudores del incapaz, en cantidad considerable a juicio del Juez, a no ser que el que nombre tutor testamentario, lo haya hecho con conocimiento de la deuda, declarándolo así expresamente al hacer el nombramiento;

IX. (DEROGADA, P.O. 29 DE NOVIEMBRE DE 2014)

X. El que no esté domiciliado en el lugar en que deba ejercer la tutela;

XI. Del demente, los que hayan sido su causa o los que la hayan fomentado directa o indirectamente;

XII. El que padezca enfermedad crónica contagiosa; y

XIII. Los demás a quien lo prohiba la ley.

Art. 655.- Serán separados de la tutela:

I. Los comprendidos en el artículo anterior desde que sobrevenga o se advierta su inhabilidad;

II. Los que sin haber caucionado su manejo conforme a la ley, ejerzan la administración de la tutela;

(REFORMADA, P.O. 29 DE NOVIEMBRE DE 2014)

III. Los que se conduzcan mal en el desempeño de la tutela, ya sea respecto de la persona, ya respecto de la administración de los bienes del incapaz;

IV. Los tutores que no rindan sus cuentas dentro del término fijado al respecto por este código;

V. El tutor que se encuentre en el caso previsto en el artículo 271; y

VI. El tutor que permanezca ausente por más de tres meses, del lugar en que se debe desempeñar la tutela.

Art. 656.- (DEROGADO, P.O. 29 DE NOVIEMBRE DE 2014)

(REFORMADO, P.O. 5 DE SEPTIEMBRE DE 2015)

Art. 657.- La Procuraduría de Protección de Niñas, Niños y Adolescentes, y para el caso de incapaces el Agente de la Procuraduría Social, y los parientes del pupilo, tienen derecho de promover la separación de los tutores que se encuentren en alguno de los casos previstos en el artículo 654.

Art. 658.- El tutor que fuere procesado por cualquier delito, quedará suspenso en el ejercicio de su encargo, desde que se provea el auto motivado de prisión o de sujeción a proceso, hasta que se pronuncie sentencia irrevocable.

Art. 659.- En el caso de que trata el artículo anterior, se proveerá a la tutela conforme a la ley.

Art. 660.- Absuelto el tutor, volverá al ejercicio de su encargo. Si es condenado a una pena que no lleve consigo la inhabilitación para desempeñar la tutela, volverá a ésta al extinguir su condena, siempre que la pena impuesta no exceda de un año de prisión.

CAPÍTULO VII
DE LAS EXCUSAS PARA EL DESEMPEÑO DE LA TUTELA

Art. 661.- Pueden excusarse de ser tutores:

I. Los empleados y servidores públicos, salvo que exista parentesco por consanguinidad hasta el cuarto grado;

II. Los militares en servicio activo;

III. Los que tengan bajo su patria potestad tres o más descendientes;

IV. Los que fueren tan pobres, que no puedan atender a la tutela sin menoscabo de su subsistencia;

V. Los que por el mal estado habitual de su salud, o por su rudeza o ignorancia, no puedan atender debidamente a la tutela;

VI. Los que tengan sesenta y cinco años cumplidos;

VII. Los que tengan a su cargo otra tutela o curaduría; y

VIII. Los que por su falta de ilustración, por su inexperiencia en lo (sic) negocios, por su timidez o por otra causa igualmente grave a juicio del juez, no estén en aptitud de desempeñar convenientemente la tutela.

Art. 662.- El que teniendo excusa legítima para ser tutor, acepta el cargo, renuncia por el mismo hecho a la excusa que le concede la ley.

(REFORMADO, P.O. 15 DE AGOSTO DE 1998)

Art. 663.- El tutor debe proponer sus impedimentos y excusas dentro de los cinco días después de sabido el nombramiento, disfrutando de un día más por cada cuarenta kilómetros que medien entre sus (sic) domicilio y el lugar de residencia del juez competente. Si la causa de excusa sobreviene durante el ejercicio de la tutela, el término expresado comenzará a contarse desde que el tutor tenga conocimiento de dicha causa.

Art. 664.- Si el tutor tuviere dos o más excusas, las propondrá simultáneamente, dentro del plazo respectivo; y si propone una sola, se entenderán renunciadas las demás.

Art. 665.- Mientras que se califica el impedimento o la excusa, el juez nombrará un tutor interino.

Art. 666.- El tutor testamentario que se excuse de ejercer la tutela, perderá todo derecho a lo que le hubiere dejado el testador por este concepto.

(REFORMADO, P.O. 29 DE NOVIEMBRE DE 2014)

Art. 667.- El tutor que sin excusa o desechada la que hubiere propuesto, no desempeñe la tutela, pierde el derecho que tenga para heredar al incapaz que muera intestado, y es responsable de los daños y perjuicios que por su renuncia hayan sobrevenido al mismo incapaz. En igual pena incurre la persona a quien corresponda la tutela legítima, si habiendo sido legalmente citada, no se presenta al Juez manifestando su parentesco con el incapaz.

(REFORMADO, P.O. 29 DE NOVIEMBRE DE 2014)

Art. 668.- Muerto el tutor que esté desempeñando la tutela, sus herederos o ejecutores testamentarios están obligados a dar aviso al Juez, quien proveerá inmediatamente al incapaz del tutor que corresponda, según la ley.

CAPÍTULO VIII
DE LA GARANTÍA QUE DEBEN PRESTAR LOS TUTORES PARA ASEGURAR SU MANEJO

Art. 669.- El tutor, antes de que se le discierna el cargo, prestará caución para asegurar su manejo; esta caución consistirá en:

I. Depósito de dinero en efectivo;

II. Hipoteca o prenda; o

III. Fianza.

La garantía prendaria que preste el tutor, se constituirá depositando las cosas dadas en prenda en una institución de crédito autorizada para recibir depósitos; a falta de ella, se depositarán en poder de persona de notoria solvencia y honorabilidad.

(REFORMADO, P.O. 5 DE SEPTIEMBRE DE 2015)

Art. 670.- Están exceptuados de la obligación de dar garantía:

I. Los tutores testamentarios, cuando expresamente los haya relevado de esta obligación el testador;

II. El tutor que no administre bienes;

III. Cuando la tutela del incapaz recaiga en el cónyuge o en parientes consanguíneos hasta el cuarto grado, no se dará garantía, salvo el caso de que el Juez, con audiencia del curador, el Agente de la Procuraduría Social, lo crea conveniente;

IV. Los que custodien a un expósito, por más de diez años, a no ser que hayan recibido pensión para cuidar de él; y

V. Las instituciones públicas.

Art. 671.- Los comprendidos en la fracción I del artículo anterior, sólo estarán obligados a dar garantía cuando con posterioridad a su nombramiento haya sobrevenido causa ignorada por el testador que, a juicio del juez y previa audiencia del curador, haga necesaria aquélla.

Art. 672.- En el caso de la fracción II del artículo 670, luego que se realicen algunos créditos o derechos o se recobren los bienes, aun cuando sea en parte, estará obligado el tutor a dar la garantía correspondiente. El curador vigilará, bajo su más estrecha responsabilidad, el cumplimiento de este artículo.

(REFORMADO, P.O. 29 DE NOVIEMBRE DE 2014)

Art. 673.- La garantía que presten los tutores no impedirá que el Juez, a moción del Agente de la Procuraduría Social, del curador, de los parientes próximos del incapaz, o de éste si ha cumplido dieciséis años, dicte las providencias que se estimen útiles para la conservación de los bienes del pupilo.

Art. 674.- Siempre que el tutor sea también coheredero del incapaz y éste no tenga más bienes que los hereditarios, no se podrá exigir al tutor otra garantía que la de su misma porción hereditaria, a no ser que ésta porción no iguale a la mitad de la porción del incapaz, ya que en tal caso se integrará la garantía con bienes propios del tutor o con fianza.

(REFORMADO, P.O. 29 DE NOVIEMBRE DE 2014)

Art. 675.- Siendo varios los incapaces cuyo haber consista en bienes procedentes de una herencia indivisa, si son varios los tutores, sólo se exigirá a cada uno de ellos, garantía por la parte que corresponda a su representado.

(REFORMADO, P.O. 5 DE SEPTIEMBRE DE 2015)

Art. 676.- Cuando los bienes que tenga el tutor no alcancen a cubrir la cantidad que ha de asegurar conforme al artículo siguiente, la garantía podrá consistir: parte en hipoteca o prenda, parte en fianza o solamente en fianza a juicio del juez, y previa audiencia del curador y del Agente de la Procuraduría Social.

Art. 677.- La hipoteca o prenda y en su caso la fianza, se darán:

I. Por el importe de las rentas de los bienes en los dos últimos años y por los réditos de los capitales impuestos durante ese mismo tiempo;

II. Por el valor de los bienes muebles;

III. Por el de los enseres y semovientes, así como por el de los productos de las fincas rústicas en dos años, calculados por peritos; y

IV. En las negociaciones mercantiles o industriales, por el veinte por ciento del importe de las mercancías y demás efectos muebles, calculados por los libros si están llevados en debida forma, o a juicio de peritos.

(REFORMADO, P.O. 5 DE SEPTIEMBRE DE 2015)

Art. 678.- Si los bienes del incapaz enumerados en el artículo que precede, aumentan o disminuyen durante la tutela, podrá aumentarse o disminuirse proporcionalmente la hipoteca, prenda o fianza, a pedimento del tutor, del curador o del agente de la Procuraduría Social.

Art. 679.- El juez responde subsidiariamente con el tutor, de los daños y perjuicios que sufra el incapacitado por no haber exigido que se caucione el manejo de la tutela.

Art. 680.- Si el tutor, dentro de tres meses de aceptado su nombramiento, no pudiere dar la garantía por las cantidades que fija el artículo 677, se procederá al nombramiento de nuevo tutor.

Art. 681.- Durante los tres meses señalados en el artículo precedente, desempeñará la administración de los bienes un tutor interino, quien los recibirá por inventario riguroso y no podrá ejecutar otros actos que los indispensables para la conservación de los bienes y percepción de los productos. Para cualquier otro acto de administración, requerirá la autorización judicial, la que se concederá, si procede oyendo al curador.

(REFORMADO, P.O. 5 DE SEPTIEMBRE DE 2015)

Art. 682.- Al presentar el tutor su cuenta anual, el curador debe promover información de supervivencia e idoneidad de los fiadores dados por aquél. Esta información también podrán promoverla en cualquier tiempo que lo estimen conveniente. El Agente de la Procuraduría Social tiene igual facultad y hasta el Juez puede exigir esa información de oficio.

(REFORMADO, P.O. 5 DE SEPTIEMBRE DE 2015)

Art. 683.- Es también obligación del curador vigilar el estado de las fincas hipotecadas por el tutor o de los bienes entregados en prenda, dando aviso al juez de los deterioros y menoscabo que en ellos hubiere, para que si es notable la disminución del precio, se exija al tutor que asegure con otros bienes los intereses que administra.

CAPÍTULO IX
DEL DESEMPEÑO DE LA TUTELA

(REFORMADO, P.O. 5 DE SEPTIEMBRE DE 2015)

Art. 684.- Cuando el tutor tenga que administrar bienes, no podrá entrar a la administración sin que antes se nombre curador, excepto cuando la tutela la desempeñe institución pública.

(REFORMADO, P.O. 29 DE NOVIEMBRE DE 2014)

Art. 685.- El tutor que entre a la administración de los bienes sin que se haya nombrado curador, será responsable de los daños y perjuicios que cause al incapaz y, además, separado de la tutela; mas ningún extraño puede rehusarse a tratar con él judicial o extrajudicialmente, alegando la falta del curador.

Art. 686.- El tutor está obligado:

(REFORMADA, P.O. 29 DE NOVIEMBRE DE 2014)

I. A la custodia del incapaz;

(REFORMADA, P.O. 29 DE NOVIEMBRE DE 2014)

II. A destinar los recursos del incapaz que no pueda gobernarse ni obligarse por sí mismo o manifestar su voluntad por algún medio, para procurar su buen estado de salud física y psíquica, así como a la prevención de enfermedades y en su caso a la recuperación de niveles de salud universalmente aceptados;

(REFORMADA, P.O. 29 DE NOVIEMBRE DE 2014)

III. A realizar formal inventario debidamente circunstanciado de cuanto constituye el patrimonio del incapaz, dentro del término que el Juez designe, con intervención del curador y del mismo incapaz si goza de discernimiento y ha cumplido dieciséis años de edad, el término para formar el inventario no podrá ser mayor de tres meses;

(REFORMADA, P.O. 29 DE NOVIEMBRE DE 2014)

IV. A administrar el caudal del incapaz que no pueda gobernarse ni obligarse por sí mismo o manifestar su voluntad por algún medio;

El pupilo será consultado para los actos importantes de la administración, cuando es capaz de discernimiento y mayor de dieciséis años; pero la falta de consulta no surte efectos contra tercero. La administración de los bienes que el pupilo menor ha adquirido con su trabajo, le corresponde a él y no al tutor;

(REFORMADA, P.O. 29 DE NOVIEMBRE DE 2014)

V. A representar al incapaz que no pueda gobernarse ni obligarse por sí mismo o manifestar su voluntad por algún medio, en juicio y fuera de él, en todos los actos civiles con excepción del matrimonio, del reconocimiento de hijos, del testamento, de otros estrictamente personales y los que se hubieran determinado en la sentencia respectiva;

(REFORMADA, P.O. 29 DE NOVIEMBRE DE 2014)

VI. Asistir al incapacitado cuyo grado de discernimiento le permita gobernarse u obligarse por sí mismo o manifestar su voluntad por algún medio, según el grado de limitación a la capacidad de ejercicio impuesto en el estado de interdicción; y

(REFORMADA [N. DE E. ADICIONADA], P.O. 29 DE NOVIEMBRE DE 2014)

VII. A solicitar oportunamente la autorización judicial para todo lo que legalmente no puede hacer sin ella.

CAPÍTULO X
DE LA TUTELA DEL MENOR

Art. 687.- Los gastos de alimentación y educación del menor deben regularse de manera que nada necesario le falte, según sus condiciones y posibilidades económicas.

Art. 688.- Cuando el tutor entre en el ejercicio de su cargo, el juez fijará, con audiencia de aquél, la cantidad que haya de invertirse en los alimentos y educación del menor; sin perjuicio de alterarla, según el aumento o disminución del patrimonio y otras circunstancias. Por las mismas razones, podrá el juez alterar la cantidad que el que nombró tutor hubiere señalado para dicho objeto.

(REFORMADO, P.O. 5 DE SEPTIEMBRE DE 2015)

Art. 689.- El tutor observará el cumplimiento de la educación obligatoria de su pupilo, y le destinará la profesión u oficio que éste elija, según sus circunstancias. Si el tutor infringe esta disposición, la niña, niño o adolescente puede, por conducto del curador, la Procuraduría de Protección de Niñas, Niños y Adolescentes o por sí misma, ponerlo en conocimiento del juez, para que dicte las medidas convenientes.

(REFORMADO, P.O. 5 DE SEPTIEMBRE DE 2015)

Art. 690.- Si el que tenía la patria potestad sobre la niña, niño o adolescente le hubiera dedicado alguna carrera, el tutor no variará ésta sin la aprobación del juez, quien decidirá este punto, prudentemente y oyendo en todo caso al (sic) mismo al pupilo, al curador y la Procuraduría de Protección de Niñas, Niños y Adolescentes.

Art. 691.- Si las rentas del menor no alcanzan a cubrir los gastos de su alimentación y educación, el juez decidirá si ha de ponérsele a aprender un oficio o adoptarse otro medio para evitar la enajenación de los bienes y, si fuere posible, sujetará a las rentas de éstos, los gastos de alimentación.

(REFORMADO, P.O. 5 DE SEPTIEMBRE DE 2015)

Art. 692.- Si los pupilos fuesen indigentes o careciesen de suficientes medios para los gastos que demande su alimentación y educación, el tutor exigirá judicialmente la prestación de esos gastos a los parientes que tienen obligación legal de alimentar a los incapaces. Las expensas que esto origine, serán cubiertas por el deudor alimentario. Cuando el mismo tutor sea obligado a dar alimentos por razón de su parentesco con el pupilo, el curador ejercitará la acción a que este artículo se refiere.

Igual acción podrá ejercer la Procuraduría de Protección de Niñas, Niños y Adolescentes o la Procuraduría Social.

(REFORMADO, P.O. 5 DE SEPTIEMBRE DE 2015)

Art. 693.- Si los pupilos no han alcanzado la mayoría de edad y no tienen personas que estén obligadas a alimentarlos o si teniéndolas, no pudieren hacerlo, el tutor, pondrá a la niña, niño o adolescente a cargo de la Procuraduría de Protección de Niñas, Niños y Adolescentes. El tutor observará en todo momento el interés superior de la niñez y lo previsto en la legislación general y estatal de los Derechos de Niñas, Niños y Adolescentes.

(REFORMADO [N. DE E. ADICIONADO], P.O. 29 DE NOVIEMBRE DE 2014)

Art. 693 Bis.- El tutor administrará los bienes del incapaz, cuando éste tenga limitación en la capacidad de ejercicio, en los términos de la sentencia respectiva, a falta de disposición expresa en la sentencia, se estará a lo dispuesto en este capítulo y demás artículos aplicables.

CAPÍTULO XI
REGLAS SOBRE LA ADMINISTRACIÓN DE BIENES

Art. 694.- La obligación de hacer inventarios no puede ser dispensada ni aún por los que tienen derecho de nombrar tutor testamentario.

(REFORMADO, P.O. 29 DE NOVIEMBRE DE 2014)

Art. 695.- Mientras que el inventario no estuviere formado, la tutela debe limitarse a los actos de mera protección a la persona y conservación de los bienes del incapaz.

(REFORMADO, P.O. 29 DE NOVIEMBRE DE 2014)

Art. 696.- El tutor está obligado a señalar en el inventario, el crédito que tenga contra el incapaz; si no lo hace, pierde el derecho de cobrarlo.

(REFORMADO, P.O. 29 DE NOVIEMBRE DE 2014)

Art. 697.- Los bienes que el incapaz adquiera después de la formación del inventario, se incluirán inmediatamente en él, con las mismas formalidades prescritas en la fracción III del artículo 686.

(REFORMADO PRIMER PÁRRAFO, P.O. 29 DE NOVIEMBRE DE 2014)

Art. 698.- Hecho el inventario, no se admitirá al tutor rendir prueba contra él, en perjuicio del incapaz, ni antes ni después de la mayor edad de éste, ya sea que litigue en nombre propio o con la representación del incapaz.

Se exceptúan de lo dispuesto en el párrafo anterior, los casos en que el error del inventario sea evidente o cuando se trate de un derecho claramente establecido.

(REFORMADO, P.O. 29 DE NOVIEMBRE DE 2014)

Art. 699.- La omisión de bienes en el inventario, no puede perjudicar los intereses del incapaz.

(REFORMADO, P.O. 5 DE SEPTIEMBRE DE 2015)

Art. 700.- El tutor, dentro del primer mes de ejercer su cargo, fijará con aprobación del Juez, el número y sueldo de los dependientes necesarios. El número y el sueldo de los empleados podrán aumentarse o disminuirse con aprobación del Juez, cuando ello fuere necesario. Se escuchará en todos los casos la opinión de la Procuraduría de Protección de Niñas, Niños y Adolescentes.

Art. 701.- Lo dispuesto en el artículo anterior no libera al tutor de justificar, al rendir sus cuentas, que efectivamente han sido gastadas dichas sumas en sus respectivos objetos.

(REFORMADO, P.O. 5 DE SEPTIEMBRE DE 2015)

Art. 702.- Cuando entre los bienes del incapaz se encuentren establecimientos agrícolas, comerciales, industriales o ganaderos que normalmente requieren una atención directa y permanente, y no puedan ser atendidos por el tutor, éste lo pondrá en conocimiento del Juez para tomar la determinación que sea más favorable a los intereses del incapaz.

Art. 703.- El dinero que resulte sobrante después de cubiertas las cargas y atenciones de la tutela; el que proceda de las redenciones de capital y el que se adquiera de cualquier otro modo, será invertido por el tutor procurando la mayor rentabilidad y seguridad.

(REFORMADO, P.O. 5 DE SEPTIEMBRE DE 2015)

Art. 704.- Mientras que se hacen las imposiciones del capital, el tutor con intervención del Juez, depositará las cantidades que se perciban en una institución bancaria procurando obtener el mayor rendimiento posible considerando también la pronta liquidez.

(REFORMADO, P.O. 29 DE NOVIEMBRE DE 2014)

Art. 705.- Los bienes inmuebles, los derechos anexos a ellos y los muebles valiosos, no pueden ser enajenados ni gravados por el tutor, sino por causa de absoluta necesidad o evidente utilidad del incapaz, debidamente justificada, y previa la autorización judicial que se dictará con audiencia del curador.

(REFORMADO, P.O. 5 DE SEPTIEMBRE DE 2015)

Art. 706.- Cuando la enajenación se haya permitido para cubrir con su producto algún objeto determinado, el juez en su resolución fijará un plazo dentro del cual el tutor deberá acreditar que el producto de la enajenación se ha invertido en su objeto.

(REFORMADO, P.O. 29 DE NOVIEMBRE DE 2014)

Art. 707.- En la enajenación de alhajas y muebles valiosos, el Juez decidirá la forma y condición para proceder a ello, buscando el mayor beneficio al incapaz.

Los tutores no podrán vender valores comerciales, industriales, títulos de rentas, acciones, frutos y ganados pertenecientes al incapaz, por menor valor del que se cotice en la plaza el día de la venta; ni otorgar garantía o fianza a nombre de su pupilo u obligarlo solidariamente.

(REFORMADO, P.O. 29 DE NOVIEMBRE DE 2014)

Art. 708.- Cuando se trata de enajenar, gravar o hipotecar a título oneroso, bienes que pertenezcan al incapaz como copropietario, se comenzará por mandar justipreciar dichos bienes, para fijar con toda precisión su valor y la parte que en ellos represente el incapaz, a fin de que el Juez resuelva si conviene o no que se dividan materialmente dichos bienes para que aquél reciba en plena propiedad su porción; o si, por el contrario, es conveniente la enajenación, gravamen o hipoteca, fijando en este caso las condiciones y seguridades con que debe hacerse.

(REFORMADO, P.O. 5 DE SEPTIEMBRE DE 2015)

Art. 709.- Para todos los gastos extraordinarios que no sean de conservación ni de reparación, necesita el tutor ser autorizado por el Juez.

(REFORMADO, P.O. 29 DE NOVIEMBRE DE 2014)

Art. 710.- Se requiere licencia judicial para que el tutor pueda transigir o comprometer en árbitros, los negocios del incapaz.

(REFORMADO, P.O. 5 DE SEPTIEMBRE DE 2015)

Art. 711.- El nombramiento de árbitros hecho por el tutor deberá sujetarse a la aprobación del Juez.

(REFORMADO, P.O. 5 DE SEPTIEMBRE DE 2015)

Art. 712.- Para que el tutor transija, cuando el objeto de la reclamación consista en bienes inmuebles, muebles valiosos o bien en valores mercantiles o industriales, necesita de la aprobación del Juez, otorgada con audiencia de la Procuraduría de Protección de Niñas, Niños y Adolescentes, y del curador.

(REFORMADO, P.O. 29 DE NOVIEMBRE DE 2014)

Art. 713.- El tutor no puede comprar o arrendar los bienes del incapaz, ni hacer contrato alguno respecto de ellos, alcanzando dicha prohibición a sus ascendientes, cónyuge, hijos o hermanos por consanguinidad o afinidad. Si lo hiciere, además de la nulidad del contrato, el acto será suficiente para que se le remueva.

(REFORMADO, P.O. 29 DE NOVIEMBRE DE 2014)

Art. 714.- Cesa la prohibición del artículo anterior, respecto de la venta de bienes, en el caso de que el tutor o sus parientes allí mencionados sean coherederos, partícipes o socios del incapaz.

(REFORMADO, P.O. 5 DE SEPTIEMBRE DE 2015)

Art. 715.- El tutor no podrá hacerse pago de sus créditos contra el incapaz sin la conformidad del curador y autorización judicial.

(REFORMADO, P.O. 29 DE NOVIEMBRE DE 2014)

Art. 716.- El tutor no puede aceptar para sí, a título gratuito u oneroso, la cesión de algún derecho o crédito contra el incapaz.

(REFORMADO, P.O. 5 DE SEPTIEMBRE DE 2015)

Art. 717.- El tutor no puede dar en arrendamiento los bienes del incapaz, por más de cinco años, sino en caso de necesidad o utilidad, previos el consentimiento del curador y autorización judicial, observándose en su caso lo dispuesto en el artículo 713.

Art. 718.- El arrendamiento hecho de conformidad con el artículo anterior, subsistirá por el tiempo convenido, aun cuando se acabe la tutela, pero será nula toda anticipación de renta o alquileres por más de dos años.

(REFORMADO, P.O. 29 DE NOVIEMBRE DE 2014)

Art. 719.- Sin autorización judicial, no puede el tutor, contraer deudas en nombre del incapaz, ya sea que se constituya o no garantía de cualquiera especie en el contrato.

(REFORMADO, P.O. 29 DE NOVIEMBRE DE 2014)

Art. 720.- El tutor no puede hacer donaciones a nombre del incapaz.

(REFORMADO, P.O. 29 DE NOVIEMBRE DE 2014)

Art. 721.-El tutor tiene, respecto de la persona menor de edad, los mismos deberes en todo lo relativo a la custodia, educación y formación que corresponden a quien ejerza la patria potestad.

(REFORMADO, P.O. 29 DE NOVIEMBRE DE 2014)

Art. 722.- Durante la tutela, no corre la prescripción ni la usucapión entre el tutor y el incapaz.

(REFORMADO, P.O. 29 DE NOVIEMBRE DE 2014)

Art. 723.- El tutor tiene obligación de admitir las donaciones simples, legados y herencias que se dejen al incapaz.

(REFORMADO, P.O. 29 DE NOVIEMBRE DE 2014)

Art. 724.- La expropiación por causa de utilidad pública, de bienes de incapaces, no se sujetará a las reglas antes establecidas, sino a lo que dispongan las leyes de la materia.

(REFORMADO, P.O. 5 DE SEPTIEMBRE DE 2015)

Art. 725.- Cuando la tutela del incapaz recayere en su cónyuge, continuará éste ejerciendo los derechos conyugales, con las siguientes modificaciones:

I. En los casos en que conforme a derecho fuera necesario el consentimiento del cónyuge incapaz, se suplirá éste por el agente de la Procuraduría Social, con audiencia del curador; y

II. En los casos en que el cónyuge incapaz requiera querellarse del otro o demandarlo para asegurar sus derechos violados o amenazados, será representado por un tutor interino que el Juez le nombrará. Es obligación del curador promover este nombramiento y si no la cumple, será responsable de los perjuicios que se causen al incapaz. También podrá promover este nombramiento la Procuraduría Social o los parientes del incapaz.

Art. 726.- Cuando la tutela del incapaz recaiga en el cónyuge, éste sólo podrá gravar o enajenar los bienes mencionados en el artículo 707, previa audiencia del curador y autorización judicial, que se concederá de acuerdo con lo dispuesto en el artículo 705.

Art. 727.- Cuando la tutela recaiga en cualquiera otra persona, se ejercerá conforme a las reglas establecidas para la tutela de los menores.

(REFORMADO, P.O. 5 DE SEPTIEMBRE DE 2015)

Art. 728.- En caso de maltrato, de negligencia en los cuidados debidos al incapaz o de mala administración de sus bienes, podrá el tutor ser removido de la tutela a petición del curador, de los parientes del incapaz, del Agente de la Procuraduría Social o la Procuraduría de Protección de Niñas, Niños y Adolescentes, según corresponda.

(REFORMADO, P.O. 5 DE SEPTIEMBRE DE 2015)

Art. 729.- El tutor tiene derecho a una retribución sobre los rendimientos que produzcan los bienes del incapaz, que podrá fijar el ascendiente o extraño que conforme a derecho lo nombre en su testamento y, para los tutores legítimos y dativos, el Juez.

(REFORMADO, P.O. 5 DE SEPTIEMBRE DE 2015)

Art. 730.- La retribución así fijada por el Juez, no podrá (sic) mayor al cinco por ciento de los rendimientos líquidos de dichos bienes

Art. 731.- (DEROGADO, P.O. 5 DE SEPTIEMBRE DE 2015)

Art. 732.- (DEROGADO, P.O. 5 DE SEPTIEMBRE DE 2015)

Art. 733.- El tutor no tendrá derecho a remuneración alguna y restituirá lo que por este título hubiese recibido, si contraviniese lo dispuesto en el artículo 271.

CAPÍTULO XII
DE LAS CUENTAS DE LA TUTELA

(REFORMADO, P.O. 24 DE OCTUBRE DE 2009)

Art. 734.- El tutor está obligado a rendir al Juez, cuenta detallada de su administración, en el mes de enero de cada año, sea cual fuere la fecha en que se le hubiere discernido el cargo. La falta de presentación de la cuenta en los tres meses siguientes al de enero, motivará la remoción del tutor.

(REFORMADO, P.O. 5 DE SEPTIEMBRE DE 2015)

Art. 735.- También tiene obligación de rendir cuentas cuando por causas graves, que calificará el Juez, las exijan el curador, el Agente de la Procuraduría Social, la Procuraduría de Protección de Niñas, Niños y Adolescentes o el adolescente, y en el supuesto de este artículo, la cuenta deberá rendirse dentro de los quince días a partir de la fecha en que se le ordene hacerlo.

Art. 736.- La cuenta de administración comprenderá, no sólo las cantidades en numerario que hubiere recibido el tutor por productos de los bienes y la aplicación que les haya dado, sino en general, todas las operaciones que se hubieren practicado, e irá acompañada de los documentos justificativos y de un balance del estado de los bienes.

Art. 737.- El tutor es responsable del valor de los créditos activos, si dentro de sesenta días, contados desde el vencimiento de su plazo, no ha obtenido su pago o garantía que asegure éste, o no ha pedido judicialmente el uno o la otra.

(REFORMADO, P.O. 29 DE NOVIEMBRE DE 2014)

Art. 738.- Si el incapaz no está en posesión de algunos bienes a que tiene derecho, será responsable el tutor de la pérdida de ellos, si dentro de dos meses, contados desde que tuvo noticia del derecho del incapaz, no entabla a nombre de éste, judicialmente, las acciones conducentes para recobrarlos.

Art. 739.- Lo dispuesto en el artículo anterior se entiende sin perjuicio de la responsabilidad que, después de intentadas las acciones, puede resultar al tutor por culpa o negligencia en el desempeño de su encargo.

Art. 740.- Las cuentas deben rendirse en el lugar en que se desempeñe la tutela.

(REFORMADO, P.O. 29 DE NOVIEMBRE DE 2014)

Art. 741.- Deben abonarse al tutor todos los gastos hechos debida y legalmente, aunque los haya anticipado de su propio caudal y aunque de ellos no haya resultado utilidad al incapaz, si esto ha sido sin culpa del primero.

(REFORMADO, P.O. 5 DE SEPTIEMBRE DE 2015)

Art. 742.- Ninguna anticipación ni crédito contra el incapaz se abonará al tutor, a menos que al efecto haya sido autorizado por el Juez con audiencia del curador y del agente de la Procuraduría Social.

(REFORMADO, P.O. 5 DE SEPTIEMBRE DE 2015)

Art. 743.- El tutor será igualmente indemnizado, según el prudente arbitrio del Juez, del daño que haya sufrido por causa de la tutela y en desempeño necesario de ella, cuando no haya existido de su parte culpa o negligencia.

(REFORMADO, P.O. 29 DE NOVIEMBRE DE 2014)

Art. 744.- La obligación de dar cuentas no puede ser dispensada en contrato o testamento, ni aún por el mismo incapaz; y si esa dispensa se pusiere como condición en cualquier acto, se tendrá por no puesta.

(REFORMADO, P.O. 29 DE NOVIEMBRE DE 2014)

Art. 745.- El tutor que sea reemplazado por otro, estará obligado, y lo mismo sus herederos, a rendir cuenta general de la tutela al que le reemplaza. El nuevo tutor responderá al incapaz por los daños y perjuicios si no pudiere y tomare las cuentas de su antecesor.

(REFORMADO, P.O. 5 DE SEPTIEMBRE DE 2015)

Art. 746.- El tutor o en su falta, quien lo represente, rendirá las cuentas generales de la tutela en el término de tres meses contados desde el día en que fenezca la tutela. El Juez podrá prorrogar este plazo hasta por tres meses más, si circunstancias extraordinarias así lo exigieren.

Art. 747.- La obligación de dar cuenta pasa a los herederos del tutor; y si alguno de ellos sigue administrando los bienes de la tutela, su responsabilidad será la misma que la de aquél.

Art. 748.- La garantía dada por el tutor no se cancelará sino cuando las cuentas hayan sido aprobadas.

Art. 749.- El convenio celebrado entre el tutor y el del pupilo que estuvo bajo su guarda, antes de que transcurra un mes contado desde la rendición y aprobación de las cuentas, no tendrá eficacia jurídica.

CAPÍTULO XIII
DE LA EXTINCIÓN DE LA TUTELA

(REFORMADO, P.O. 29 DE NOVIEMBRE DE 2014)

Art. 750.- La tutela que verse sobre la persona y bienes del incapaz se extingue, además de los supuestos previstos en el artículo 620, cuando el incapaz entre a la patria potestad por cualquier causa.

CAPÍTULO XIV
DE LA ENTREGA DE LOS BIENES

(REFORMADO, P.O. 29 DE NOVIEMBRE DE 2014)

Art. 751.- El tutor, concluida la tutela, está obligado a entregar todos los bienes del incapaz y todos los documentos que le pertenezcan, conforme al inventario y a las cuentas aprobadas.

Art. 752.- La obligación de entregar los bienes no se suspende por estar pendiente la rendición de cuentas. La entrega debe ser hecha durante el mes siguiente a la terminación de la tutela. Cuando los bienes sean muy cuantiosos o estuvieren ubicados en diversos lugares, el juez puede fijar un término prudente para su conclusión, pero en todo caso deberá comenzarse en el plazo antes señalado.

(REFORMADO, P.O. 29 DE NOVIEMBRE DE 2014)

Art. 753.- El tutor que entre al cargo sucediendo a otro, está obligado a exigir la entrega de bienes y cuentas al que le ha precedido; si no la exige, es responsable de todos los daños y perjuicios que por su omisión se siguieren al incapaz.

(REFORMADO, P.O. 5 DE SEPTIEMBRE DE 2015)

Art. 754.- La entrega de los bienes y la cuenta de la tutela, se efectuarán a expensas del incapaz. Si para realizarse no hubiere fondos disponibles, el Juez podrá autorizar al tutor a fin de que se proporcionen los necesarios para la primera y éste adelantará los relativos a la segunda, los cuales le serán reembolsados con los primeros fondos de que se pueda disponer.

Art. 755.- Cuando exista dolo o culpa de parte del tutor, serán de su cuenta todos los gastos.

Art. 756.- El saldo que resulte a favor o a cargo del tutor, producirá interés legal. En el primer caso correrá desde que, previa entrega de los bienes, se haga el requerimiento legal para el pago; y en el segundo, desde la rendición de cuentas, si hubiesen sido dadas dentro del término designado por la ley; y si no, desde que expire el mismo término.

Art. 757.- Cuando en la cuenta resulte con saldo a cargo del tutor, aunque por un arreglo con el menor o sus representantes se otorguen plazos al responsable o a sus herederos para satisfacerlo, quedarán vigentes las hipotecas u otras garantías dadas para la administración, hasta que se verifique el pago; a menos que se haya pactado expresamente lo contrario en el arreglo.

Art. 758.- Si la caución fuere de fianza, el convenio que conceda nuevos plazos al tutor, se hará saber al fiador; si éste consiente, permanecerá obligado hasta la solución; si no está conforme no habrá espera y se podrá exigir el pago inmediato o la sustitución del fiador por otro igualmente idóneo que acepte el convenio.

(REFORMADO, P.O. 29 DE NOVIEMBRE DE 2014)

Art. 759.- Todas las acciones por hechos relativos a la administración de la tutela, que el incapaz pueda ejercitar contra su tutor o contra los fiadores y garantes de éste, prescribirán en cuatro años, contados desde el día en que se cumpla la mayor edad, o desde el momento en que se hayan recibido los bienes y la cuenta de la tutela o desde que haya cesado la incapacidad o éste pueda comparecer personalmente a juicio en los demás casos previstos por la ley.

(REFORMADO, P.O. 29 DE NOVIEMBRE DE 2014)

Art. 760.- Si la tutela hubiere fenecido durante la minoridad, la persona menor de edad podrá ejercitar las acciones correspondientes contra el primer tutor y los que le hubieren sucedido en el cargo, computándose entonces los términos desde el día en que llegue a la mayor edad. Tratándose de los demás incapaces, los términos se computarán desde que cese la incapacidad.

CAPÍTULO XV
DEL CURADOR

(REFORMADO, P.O. 29 DE NOVIEMBRE DE 2014)

Art. 761.- Todas las personas sujetas a tutela testamentaria, legítima, dativa o voluntaria, además del tutor tendrán un curador.

Se exceptúa de lo previsto en el párrafo anterior en los casos en que la tutela sea desempeñada por una institución de beneficencia pública, descentralizada o particular; cuando el incapaz no tenga bienes o cuando se desempeñe, subsistiendo la patria potestad.

Art. 762.- En todo caso en que se nombre al menor un tutor interino, se le nombrará curador con el mismo carácter, si no lo tuviere definitivo o si teniéndolo, se halla impedido.

Art. 763.- También se nombrará un curador interino en el caso de oposición de intereses entre los incapaces sujetos a la misma tutela.

Art. 764.- Igualmente se nombrará curador interino en los casos de impedimento, separación o excusa del nombrado, mientras se determine lo pertinente luego que se decida, se nombrará nuevo curador conforme a derecho.

Art. 765.- Lo dispuesto sobre impedimentos o excusas de los tutores, regirá igualmente respecto de los curadores.

Art. 766.- Los que tienen derecho a nombrar tutor, lo tienen también de nombrar curador.

Art. 767.- Designarán por sí mismos al curador con aprobación judicial:

I. Los comprendidos en el artículo 649, observándose lo que en él se dispone respecto de esos nombramientos; y

II. Los menores de edad emancipados, tratándose de negocios judiciales.

Art. 768.- El curador en todos los demás casos será nombrado por el juez.

(REFORMADO, P.O. 5 DE SEPTIEMBRE DE 2015)

Art. 769.- El curador está obligado a:

I. Defender los derechos del incapaz en juicio o fuera de él, exclusivamente en el caso de que estén en oposición con los del tutor;

II. Vigilar la conducta del tutor y a poner en conocimiento del Juez todo aquello que considere que pueda ser perjudicial para el incapaz;

III. Dar aviso al juez para que se haga el nombramiento del tutor, cuando éste faltare o abandonare la tutela; y

IV. Cumplir las demás obligaciones que la ley le señale.

(REFORMADO, P.O. 29 DE NOVIEMBRE DE 2014)

Art. 770.- El curador que no cumpla los deberes prescritos en el artículo precedente, será responsable de los daños y perjuicios que resultaren al incapaz.

(REFORMADO, P.O. 29 DE NOVIEMBRE DE 2014)

Art. 771.- Las funciones del curador cesarán cuando el incapaz salga de la tutela; pero si sólo variaren las personas de los tutores, el curador continuará en la curaduría.

Art. 772.- El curador tiene derecho a ser relevado de la curaduría, pasados diez años desde que se encargó de ella.

Art. 773.- En los casos en que conforme a este código tenga que intervenir el curador, cobrará el honorario equivalente a la mitad que le corresponda al tutor, sin que por ningún otro motivo pueda pretender mayor retribución. Si hiciere algunos gastos en su desempeño le serán cubiertos con cargo al patrimonio del incapaz.

(REFORMADA SU DENOMINACIÓN, P.O. 5 DE SEPTIEMBRE DE 2015)

TÍTULO DÉCIMO
DE LA PROCURADURÍA DE PROTECCIÓN DE NIÑAS, NIÑOS Y ADOLESCENTES

CAPÍTULO ÚNICO
DISPOSICIONES GENERALES

(REFORMADO, P.O. 5 DE SEPTIEMBRE DE 2015)

Art. 774.- La protección y restitución integral de los derechos a las niñas, niños y adolescentes estará a cargo de la Procuraduría de Protección de Niñas, Niños y Adolescentes, de conformidad a la legislación general y estatal de los Derechos de Niñas, Niños y Adolescentes, misma que se aplicará de manera supletoria a lo previsto en este Código.

(REFORMADO, P.O. 19 DE SEPTIEMBRE DE 2020)

Para el cumplimiento de sus atribuciones en asuntos jurisdiccionales y administrativos la Procuraduría de Protección de Niñas, Niños y Adolescentes actuará de manera directa por conducto de agentes, o a través de delegados institucionales o del respectivo del Hogar Cabañas, de conformidad a la legislación de la materia.

(REFORMADO PRIMER PÁRRAFO, P.O. 19 DE SEPTIEMBRE DE 2020)

Art. 775.- La Procuraduría de Protección de Niñas, Niños y Adolescentes, las delegaciones institucionales y la delegación institucional del Hogar Cabañas desempeñarán las siguientes atribuciones:

(REFORMADA, P.O. 5 DE SEPTIEMBRE DE 2015)

I. Ejercer la representación en suplencia de una niña, niño o adolescente, y prestar asesoría jurídica a niñas, niños y adolescentes involucrados en procedimientos judiciales o administrativos, sin perjuicio de las atribuciones que le correspondan al Ministerio Público y a la representación social;

(REFORMADA, P.O. 5 DE SEPTIEMBRE DE 2015)

II. Intervenir oficiosamente, con representación coadyuvante, en todos los procedimientos jurisdiccionales y administrativos en que participen niñas, niños y adolescentes;

(REFORMADA, P.O. 5 DE SEPTIEMBRE DE 2015)

III. Fungir como conciliador y mediador en casos de conflicto familiar, cuando los derechos de niñas, niños y adolescentes hayan sido restringidos o vulnerados, conforme a las disposiciones aplicables. La conciliación no procederá en casos de violencia;

(REFORMADA, P.O. 5 DE SEPTIEMBRE DE 2015)

IV. Registrar, capacitar, evaluar y certificar a las familias que resulten idóneas, considerando los requisitos señalados para el acogimiento preadoptivo, y de igual forma para las familias de acogida;

(REFORMADA, P.O. 5 DE SEPTIEMBRE DE 2015)

V. Supervisar la ejecución de las medidas especiales de protección de niñas, niños y adolescentes que hayan sido separados de su familia de origen por resolución judicial o administrativa;

(REFORMADA, P.O. 5 DE SEPTIEMBRE DE 2015)

VI. Solicitar medidas para la suspensión de la difusión de información publicada en internet o por cualquier otro medio de comunicación que afecte los derechos humanos o ponga en riesgo objetivamente el sano desarrollo de niñas, niños y adolescentes;

(REFORMADA, P.O. 5 DE SEPTIEMBRE DE 2015)

VII. Substanciar de manera oficiosa o a petición de parte el procedimiento para la protección y restitución integral de los derechos de niñas, niños y adolescentes, conforme a lo previsto en la legislación de la materia;

(REFORMADA, P.O. 5 DE SEPTIEMBRE DE 2015)

VIII. Emitir bajo el principio del interés superior de la niñez, un diagnóstico sobre la situación de vulneración y un plan de restitución de derechos, que incluya las propuestas de medidas para su protección;

(REFORMADA, P.O. 5 DE SEPTIEMBRE DE 2015)

IX. Coordinar la ejecución y dar seguimiento a las medidas de seguridad y protección que se dicten para la restitución integral de los derechos de niñas, niños y adolescentes, a fin de que las instituciones competentes actúen de manera oportuna y articulada; y

(REFORMADA, P.O. 5 DE SEPTIEMBRE DE 2015)

X. Las demás previstas en la legislación general y estatal de los Derechos de Niñas, Niños y Adolescentes.

(REFORMADO PRIMER PÁRRAFO, P.O. 19 DE SEPTIEMBRE DE 2020)

Art. 776.- La Procuraduría de Protección de Niñas, Niños y Adolescentes, las delegaciones institucionales y la delegación institucional del Hogar Cabañas, solicitarán al Ministerio Público competente la imposición de medidas urgentes de protección especial idóneas, cuando exista un riesgo inminente contra la vida, integridad o libertad de niñas, niños y adolescentes, e informará al órgano jurisdiccional competente, para que éste, dentro de las 24 horas siguientes a la imposición de la medida urgente de protección, se pronuncie sobre la cancelación, ratificación o modificación de la medida que se encuentre vigente.

(REFORMADO, P.O. 5 DE SEPTIEMBRE DE 2015)

Asimismo, solicitará la imposición de las medidas de apremio, previstas en la legislación civil, en caso de incumplimiento de las medidas urgentes de protección.

TÍTULO DECIMOPRIMERO
EL PATRIMONIO DE FAMILIA

CAPÍTULO ÚNICO

(REFORMADO PRIMER PÁRRAFO, P.O. 28 DE DICIEMBRE DE 1996)

Art. 777.- Serán objeto del patrimonio de familia:

(REFORMADA, P.O. 28 DE DICIEMBRE DE 1996)

I. La casa que ésta habita, incluyendo el mobiliario y equipo de la vivienda;

(REFORMADA, P.O. 28 DE DICIEMBRE DE 1996)

II. Un vehículo automotor;

(REFORMADA, P.O. 28 DE DICIEMBRE DE 1996)

III. El equipo y herramienta de la micro o pequeña industria que sirva de sustento conómico (sic) a la familia;

(REFORMADA, P.O. 27 DE SEPTIEMBRE DE 2012)

IV. La parcela cultivable de dominio pleno;

(REFORMADA, P.O. 27 DE SEPTIEMBRE DE 2012)

V. La pequeña propiedad, en los términos de la Ley Agraria, y

(REFORMADA [N. DE E. ADICIONADA], P.O. 27 DE SEPTIEMBRE DE 2012)

VI. El lote destinado a la construcción de casa-habitación para la familia.

Art. 778.- El patrimonio de familia puede ser constituido por cualesquiera de los miembros de ésta, entendiéndose por familia para los efectos de este capítulo a todo grupo de personas que habitan una misma casa, se encuentren unidos por vínculo de matrimonio o concubinato o lazos de parentesco consanguíneo y que por la ley o voluntariamente, tengan unidad en la administración del hogar.

(REFORMADO, P.O. 6 DE MAYO DE 2021)

Para los efectos de este artículo, se entiende por concubinato el estado por el cual un hombre y una mujer solteros viven como si fueran cónyuges, durante tres años o más. Se considera también concubinato cuando hubieren procreado entre sí algún hijo.

(ADICIONADO, P.O. 14 DE DICIEMBRE DE 2000)

Se considerará que existe el concubinato, siempre y cuando la pareja se haya establecido en un mismo domicilio, a partir de ese momento no se den separaciones físicas por un tiempo mayor de seis meses y hayan transcurrido los plazos del párrafo anterior.

Art. 779.- La constitución del patrimonio de familia no transmite la propiedad de los bienes que lo constituyen a sus beneficiarios. Estos sólo tienen derecho de disfrutar de esos bienes para el fin a que fueron afectos.

Art. 780.- Los derechos establecidos en favor de los beneficiarios se consideran en atención a su persona, por ello son ingravables, intransferibles por cualquier acto e inembargables.

Art. 781.- Si los bienes que constituyen el patrimonio de familia pertenecen a la sociedad legal o conyugal, se tendrá por constituyentes del patrimonio a ambos cónyuges y por administrador del patrimonio, quien haya sido designado administrador de los bienes matrimoniales.

Art. 782.- Los beneficiarios de los bienes afectos al patrimonio de familia serán representados en sus relaciones con terceros, en todo lo que al patrimonio se refiere, por quien lo constituyó y en su defecto por el que nombre la mayoría o el juez; si requeridos los interesados no hacen la designación, el representante tendrá también la administración de dichos bienes.

Art. 783.- Sólo se tendrá derecho a constituir por cada familia un patrimonio, en su modalidad de habitación y de instrumentos de trabajo o en una sola de ellas si así se conviniere. Cuando se constituya un patrimonio subsistiendo el anterior, dicho acto carecerá de eficacia jurídica.

(REFORMADO PRIMER PÁRRAFO, P.O. 28 DE DICIEMBRE DE 1996)

Art. 784.- Quien pretenda constituir el patrimonio de la familia lo solicitará así por escrito al juez de primera instancia de su domicilio, precisando los bienes que quedarán afectados y además deberá comprobar lo siguiente:

I. Que es mayor de edad o que está emancipado;

II. Que está domiciliado en el lugar donde se quiere constituir el Patrimonio;

III. La existencia de la familia a cuyo favor se va a constituir el Patrimonio y el número de personas que la componen;

(REFORMADA, P.O. 28 DE DICIEMBRE DE 1996)

IV. Que son de su propiedad o de su cónyuge, con el consentimiento de éste, los bienes destinados a su patrimonio, y que tratándose de inmuebles no reportan gravámenes fuera de las servidumbres legales;

V. (DEROGADA, P.O. 7 DE NOVIEMBRE DE 2020)

(REFORMADA, P.O. 28 DE DICIEMBRE DE 1996)

VI. Tratándose de instrumentos de trabajo, que ellos son esenciales para la manutención de los integrantes de la familia.

(REFORMADO, P.O. 25 DE JULIO DE 2013)

El Juez dará trámite a la solicitud de constitución de patrimonio familiar y deberá emitir la resolución que lo declare constituido dentro de los quince días siguientes al día en que el interesado acredite los requisitos establecidos en este artículo.

Art. 785.- Satisfechos los requisitos anteriormente enunciados, el juez dictará resolución aprobando la constitución del patrimonio de familia y su inscripción en el Registro Público de la Propiedad y en las oficinas de recaudación fiscal, y tratándose de automotores, en la dependencia correspondiente.

Art. 786.- No será necesaria la declaración judicial, cuando, en el momento de la adquisición de los bienes y sean enajenados por instituciones públicas o descentralizadas, o encargadas de regularización territorial, encargadas de programas de vivienda masiva o que para su adquisición se cuente con financiamiento preferencial; ésta incorporación al patrimonio de familia le deviene por el sólo hecho de su adquisición cuando así se pacte en el contrato.

En estos casos, podrán constituirse garantías reales sobre los inmuebles cuando exista un saldo pendiente de su pago, debiendo constar la garantía en el mismo instrumento de adquisición y constituirse siempre en favor del vendedor o de la institución que otorgó el financiamiento preferencial.

Art. 787.- En el acto de la Constitución del patrimonio de familia, deberá indicarse el nombre de los sucesores en la propiedad de los bienes, para el caso de que ocurra el fallecimiento del constituyente durante la vigencia del Régimen de patrimonio de familia; bastando para que opere la transmisión con la exhibición de la copia certificada del acta de defunción o presunción de muerte del constituyente.

(REFORMADO, P.O. 21 DE MARZO DE 2019)

Art. 788.- Cuando se constituya el patrimonio de familia por personas unidas por vínculo matrimonial y se disuelva éste por el divorcio, no se entenderá extinguido el patrimonio de familia.

Art. 789.- En caso de que el patrimonio de familia esté constituido por bienes que sirvan para obtener la manutención de los beneficiarios y a su desgaste, podrán ser sustituidos por otros de similares características, debiéndose autorizar la sustitución por el juez que decretó la constitución del patrimonio de familia y cuando se trate de automotores, se dará aviso a las autoridades correspondientes para los efectos legales.

(REFORMADO, P.O. 5 DE SEPTIEMBRE DE 2015)

Art. 790.- Cuando haya peligro de que quien tiene la obligación de dar alimentos, pierda sus bienes por mala administración o porque los esté dilapidando, los acreedores alimentistas, y si estos son incapaces, sus tutores, sus representantes o el Agente de la Procuraduría Social, tienen derecho de exigir judicialmente que se constituya el patrimonio de familia.

Art. 791.- El patrimonio de familia se extingue cuando:

I. Todos los beneficiarios cesen del derecho de percibir alimentos o se desintegre la familia y así lo solicite quien lo haya constituido;

II. Sin causa justificada, tratándose de inmuebles, la familia deje de habitar por un año la casa que le sirve de morada o de depender para su manutención de los bienes afectos al patrimonio;

III. Se demuestre que hay una gran necesidad o notoria utilidad para la familia de que el patrimonio quede extinguido o disminuido; y

IV. Se sufra la evicción, se expropien o perezcan los bienes que le formen.

Art. 792.- Se requiere de declaración judicial para la extinción del patrimonio, la que se comunicará al Registro Público de la Propiedad y a la oficina de Recaudación Fiscal y tratándose de automotores a las autoridades correspondientes para que hagan las cancelaciones respectivas.

Art. 793.- El monto de la indemnización proveniente de expropiación o del pago de seguro a consecuencia del siniestro sufrido por los bienes afectos al patrimonio de familia, se depositará en una institución de crédito para que genere el máximo de intereses, a fin de destinarse a la adquisición de bienes para la constitución del nuevo patrimonio de familia. Durante un año son inembargables el precio depositado y el importe del seguro.

Si el dueño de los bienes vendidos no lo constituye dentro del plazo de seis meses, los miembros de la familia a que se refiere el artículo 778 tienen derecho de exigir judicialmente la constitución del patrimonio de familia.

Transcurrido un año después que se hizo el depósito, sin que se hubiere promovido la constitución del patrimonio, la cantidad depositada se entregará al dueño de los bienes.

En los casos de suma necesidad o de evidente utilidad, puede el juez autorizar al dueño del depósito, para disponer de él antes de que transcurra el año.

(REFORMADO, P.O. 31 DE MAYO DE 2007)

Art. 794.- El Agente de la Procuraduría Social será oído en la extinción y en la reducción del patrimonio de la familia.

Art. 795.- Extinguido el patrimonio de la familia, los bienes que lo formaban vuelven al pleno dominio del que lo constituyó y en su caso a sus beneficiarios, y si no existieren éstos, a los herederos de su titular.

LIBRO TERCERO
DE LOS BIENES, SU PROPIEDAD Y SUS DIFERENTES MANIFESTACIONES

TÍTULO PRIMERO
DISPOSICIONES PRELIMINARES

Art. 796.- Son bienes todas las cosas que pueden ser objeto de derechos.

Art. 797.- Pueden ser objeto de apropiación todas las cosas que no estén excluidas del comercio.

Art. 798.- Están fuera del comercio por su naturaleza, las cosas que no puedan ser objeto de apropiación por una o varias personas exclusivamente; y por disposición de la ley, cuando ésta las declara irreductibles a propiedad particular.

TÍTULO SEGUNDO
CLASIFICACIÓN DE LOS BIENES INTEGRANTES DEL PATRIMONIO ECONÓMICO

CAPÍTULO I
DE LOS BIENES INMUEBLES

Art. 799.- Son bienes inmuebles por su naturaleza, aquellos que no pueden trasladarse de un lugar a otro, ya por sí mismos o por efecto de una fuerza exterior sin que se alteren en su substancia y en su forma. Siempre se considerarán como tales:

I. El suelo y las construcciones adheridas a él;

II. Las plantas y árboles, mientras estuvieren unidas a la tierra, y los frutos pendientes de los mismos mientras no sean separadas de ellos por cosechas o cortes regulares;

III. Todo lo que esté unido a un inmueble de manera fija, de modo que no pueda ser separado sin deterioro de él o del objeto a él adherido;

IV. Las estatuas, relieves, pinturas y otros objetos de ornamentación colocados en predios y edificios, de tal forma que revele el propósito de unirlos de un modo permanente por el dueño;

V. Los invernaderos, palomares, colmenas, estanques de peces o criaderos análogos, cuando el propietario los conserve con el propósito de mantenerlos unidos a la finca y formando parte de ella de un modo permanente;

VI. Las máquinas, vasos, instrumentos o utensilios que se encuentren en una finca destinados por el propietario directa y exclusivamente a la explotación industrial o agropecuaria;

VII. Los abonos destinados al cultivo de un predio, que estén en las tierras donde hayan de utilizarse y las semillas necesarias para el cultivo;

VIII. Los aparatos o mecanismos operados con cualquier tipo de energía, con sistemas de cómputo o sin él, o de aprovechamiento de corriente de aire y sus accesorios adheridos al suelo o a los edificios;

IX. Los manantiales, estanques, aljibes y corrientes de agua, así como los acueductos y los ductos de cualquier especie que sirvan para conducir los líquidos, gases y energía;

X. Los animales de trabajo así como los que forman el pie de cría en los predios pecuarios;

XI. Los diques y construcciones que, aun cuando sean flotantes, estén destinados por su objeto y condiciones a permanecer en un punto fijo de un río, lago o costa;

XII. Los derechos reales sobre inmuebles;

XIII. El material rodante de los ferrocarriles, las líneas telefónicas, telegráficas y de transmisión y distribución eléctrica y las estaciones radiotelefónicas y radiotelegráficas fijas; así como las antenas receptoras o emisoras, su instrumentación y equipamiento; y

XIV. Las plantas, instalaciones o establecimientos para el uso y aprovechamiento de las concesiones a que se refiere el artículo 27 de la Constitución Política de los Estados Unidos Mexicanos, que tengan por objeto el aprovechamiento de medios o energías y aquéllas cuyo fin requiera el establecimiento de plantas o instalaciones adheridas al suelo.

Art. 800.- Los bienes muebles por su naturaleza que se hayan considerado como inmuebles en el artículo anterior, recobrarán su calidad de muebles cuando el mismo dueño los separe del predio o edificio; salvo el caso de que en el valor de éste se haya computado el de aquéllos para constituir algún derecho real a favor de un tercero.

CAPÍTULO II
DE LOS BIENES MUEBLES

Art. 801.- Son bienes muebles por su naturaleza, los cuerpos que puedan trasladarse de un lugar a otro, ya por sí mismos, ya por efecto de una fuerza exterior, sin que se altere su substancia y forma.

Art. 802.- Son bienes muebles por determinación de la ley, los documentos que contengan obligaciones, los derechos y acciones que tienen por objeto cosas muebles o cantidades exigibles en virtud de acción personal, así como los derechos derivados de las concesiones o asignaciones autorizadas por el Estado o Municipio.

Art. 803.- Por igual razón se consideran muebles los documentos relativos a las acciones, participaciones u obligaciones que cada socio tiene en o de las asociaciones o sociedades, aun cuando a estas pertenezcan algunos bienes inmuebles o su objeto principal o único se refiera a esa clase de bienes.

Art. 804.- Las embarcaciones ya sean marítimas, aéreas o terrestres se consideran como bienes muebles.

Art. 805.- Los materiales procedentes de la demolición de un edificio y los que se hubieren utilizado para repararlo o construir uno nuevo, serán muebles mientras no se hayan empleado en la construcción.

Art. 806.- Los derechos de crédito y de autor se equiparan a bienes muebles.

Art. 807.- En general, son bienes muebles todos los demás no considerados por la ley como inmuebles.

Art. 808.- Cuando en una disposición de la ley o en los actos y contratos se use de las palabras "bienes muebles", se comprenderán bajo esa denominación los enumerados en los artículos anteriores.

Art. 809.- Cuando se use de las palabras "muebles" o "bienes muebles" de una casa, se comprenderán los que formen el ajuar y utensilios de ésta y que sirvan exclusiva y propiamente para el uso y trato ordinario de una familia, según las circunstancias de las personas que la integren.

Art. 810.- Cuando por la redacción de un convenio, se descubra que las partes contratantes han dado a las palabras "muebles" o "bienes muebles" una significación diversa a la fijada en los artículos anteriores, se estará a lo dispuesto en el convenio.

Art. 811.- Los bienes muebles son fungibles o no fungibles. Pertenecen a la primera clase los que en el pago pueden ser reemplazados por otros de la misma especie, calidad y cantidad.

Los no fungibles son los que en el pago no pueden ser sustituidos por otros de la misma especie, calidad y cantidad.

CAPÍTULO III
DE LOS BIENES CONSIDERADOS SEGÚN LAS PERSONAS A QUIENES PERTENECEN

Art. 812.- Los bienes son de dominio público o de propiedad de los particulares.

Art. 813.- Son bienes de dominio público los que pertenecen a la Federación, a las entidades federativas o a los municipios.

Art. 814.- Los bienes del dominio público pertenecientes al Estado o a los municipios en Jalisco, se regirán por las disposiciones de este código en cuanto no esté determinado por leyes especiales.

Art. 815.- Los bienes del dominio público se dividen en bienes de uso común, bienes destinados a un servicio público y bienes propios.

Art. 816.- Los bienes de uso común son inalienables e imprescriptibles. Pueden aprovecharse de ellos todos los habitantes, con las restricciones establecidas por la ley; pero para aprovechamientos especiales se necesita concesión otorgada con los requisitos que prevengan las leyes respectivas.

Art. 817.- Los que estorben el aprovechamiento de los bienes de uso común, quedan sujetos a las penas correspondientes; a pagar los daños y perjuicios causados y a la pérdida de las obras que hubieren ejecutado.

Art. 818.- Los bienes destinados a un servicio público y los bienes propios, pertenecen en pleno dominio a la Federación, a los Estados integrantes de ésta o a los Municipios; pero los primeros son inalienables e imprescriptibles, mientras no se les desafecte del servicio público a que se hallen destinados y los segundos tienen solamente el carácter de imprescriptibles pero no de inalienables.

Art. 819.- Cuando conforme a la ley pueda enajenarse y se enajene una vía pública, los propietarios de los predios colindantes gozarán del derecho del tanto en la parte que les corresponda, a cuyo efecto se les dará aviso de la enajenación. El derecho que este artículo concede deberá ejercitarse precisamente dentro de los ocho días siguientes al aviso. Cuando éste no se haya dado, los colindantes podrán demandar la nulidad de la enajenación dentro de los seis meses contados desde su celebración.

Art. 820.- Son bienes de propiedad de los particulares todas las cosas cuyo dominio les pertenece legalmente, y de las que no puede aprovecharse ninguno sin consentimiento del dueño o autorización de la ley.

Art. 821.- Los extranjeros y las personas jurídicas para adquirir la propiedad de bienes inmuebles observará lo dispuesto en el artículo 27 de la Constitución Política de los Estados Unidos Mexicanos y sus leyes reglamentarias.

CAPÍTULO IV
DE LOS BIENES MOSTRENCOS

Art. 822.- Son bienes mostrencos los muebles abandonados en la vía pública y los perdidos cuyo dueño se ignore.

Art. 823.- También se consideran bienes mostrencos los animales domésticos que no tengan poseedor cierto.

Art. 824.- El que hallare una cosa perdida o abandonada, deberá entregarla dentro de tres días a la autoridad municipal del lugar del hallazgo.

Art. 825.- La autoridad la recibirá en depósito extendiendo formal y circunstanciado recibo.

Art. 826.- Cualquiera que sea el valor del bien, se fijarán avisos durante un mes, de diez en diez días, en los sitios públicos del lugar en que haya sido encontrada y en la cabecera del municipio, anunciándose que al vencimiento del plazo se rematará el bien si no se presentare reclamante.

Art. 827.- Si el bien hallado fuere de los que no pueden conservarse, la autoridad dispondrá desde luego su venta y mandará depositar el precio. Lo mismo se hará cuando la conservación del bien pueda ocasionar gastos que no estén en relación con su valor.

Art. 828.- Si durante el plazo establecido se presentare la reclamación del bien, la autoridad municipal:

(REFORMADA, P.O. 31 DE MAYO DE 2007)

I. Con intervención del Agente de la Procuraduría Social procederá a entregar el bien en los términos del articulo siguiente, si el reclamante, mediante los documentos que exhiba, acredita plenamente que es el dueño; o

(REFORMADA, P.O. 31 DE MAYO DE 2007)

II. Remitirá todos los datos del caso al Juez competente, según el valor del bien, ante quien el reclamante probará su acción, interviniendo como parte demandada el Agente de la Procuraduría Social.

Art. 829.- Si el reclamante es declarado dueño, se le entregará el bien o su precio, en caso de que hubiere sido vendido, deduciéndose en todo caso los gastos que hubieren sido erogados en su conservación.

Art. 830.- Si el reclamante no es declarado dueño o si pasado el plazo de un mes, contado desde la última publicación de los avisos, nadie reclama la propiedad del bien, éste se venderá, dándose un (sic) cuarta parte del precio al que lo halló y destinándose las otras tres cuartas partes a la asistencia pública. Los gastos se repartirán entre los adjudicatarios en proporción a la parte que reciban.

Art. 831.- Cuando por alguna circunstancia especial, a juicio de la autoridad fuere necesaria la conservación del bien, el que halló éste recibirá la cuarta parte del precio.

Art. 832.- La venta se hará siempre en almoneda pública, previa estimación de peritos.

CAPÍTULO V
DE LOS BIENES VACANTES

Art. 833.- Son bienes vacantes los inmuebles que no tienen dueño cierto y conocido y se encuentren abandonados.

(REFORMADO, P.O. 31 DE MAYO DE 2007)

Art. 834.- El que tuviera noticia de la existencia de bienes vacantes en el estado y quisiere adquirir la participación que la ley da al descubridor, hará la denuncia de ellos ante el Agente de la Procuraduría Social del lugar de la ubicación de los bienes.

(REFORMADO, P.O. 31 DE MAYO DE 2007)

Art. 835.- El Agente de la Procuraduría Social, si estima que procede, ocurrirá al Juez de Primera Instancia del lugar, quien desde luego mandará fijar avisos en los bienes de que se trate y hará publicarlos por tres veces en el periódico oficial El Estado de Jalisco y en otro de los de mayor circulación, de diez en diez días, convocando a quienes se crean con derecho a los bienes de que se trate; se recabarán los informes y noticias que sea posible sobre el abandono absoluto de dichos bienes; y si en vista de esos informes y pasado un mes de la última publicación no se presenta persona alguna, el Juez declarará los bienes vacantes y los adjudicará al organismo titular de la asistencia social en el estado. En este procedimiento se tendrá al que hizo la denuncia como coadyuvante del Ministerio Público.

Art. 836.- El denunciante recibirá la cuarta parte del valor de los bienes, reduciéndosele en forma proporcional los gastos que se hubieren hecho.

Art. 837.- El que se apodere de un bien vacante sin cumplir lo previsto en este capítulo, será responsable de los daños y perjuicios que su conducta origine sin perjuicio de lo que disponga el Código Penal por la comisión de algún ilícito.

CAPÍTULO VI
DE LOS BIENES TANGIBLES E INTANGIBLES

Art. 838.- Son bienes tangibles aquellos que pueden apreciarse por los sentidos.

Art. 839.- Son bienes intangibles los que carecen de los atributos a que se refiere el artículo anterior.

TÍTULO TERCERO
DE LA POSESIÓN

CAPÍTULO ÚNICO

Art. 840.- Es poseedor de un bien quien ejerce sobre él un poder de hecho. Posee un derecho el que usa o goza de el.

La posesión se adquiere y se ejerce por su titular en forma directa o por otro a su favor.

Art. 841.- Cuando en virtud de un acto jurídico el propietario entrega a otro un bien, concediéndole el derecho de retenerlo temporalmente en su poder en calidad de usufructuario, arrendatario, acreedor pignoraticio, depositario o con otro título análogo, los dos son poseedores del bien. El que lo posee a título de propietario tiene una posesión originaria; el otro, una posesión derivada.

Art. 842.- En caso de despojo, el poseedor originario tiene el derecho de pedir que sea restituido quien tenía la posesión derivada; y si éste no puede o no quiere recobrarla, el primero puede pedir que se le dé la posesión a él mismo.

El poseedor derivado tendrá expeditas por sí todas las acciones que sean relativas al derecho que le concierne, a fin de conservarla y hacerla efectiva.

Art. 843.- Cuando se demuestre que una persona tiene en su poder un bien en virtud de la situación de dependencia en que se encuentra respecto del propietario, o de otro poseedor del mismo y que la retiene en provecho de éste, en cumplimiento de las órdenes e instrucciones que de él ha recibido, no se le considerará poseedor.

Art. 844.- Sólo pueden ser objeto de posesión las cosas y derechos que sean susceptibles de apropiación.

Art. 845.- Puede adquirirse la posesión por la misma persona que va a disfrutarla, por su representante legal, por su mandatario y por un tercero sin mandato alguno; pero en este último caso no se entenderá adquirida la posesión hasta que la persona a cuyo nombre se haya verificado el acto posesorio lo ratifique.

Art. 846.- Cuando varias personas posean una cosa indivisa, podrá cada una de ellas ejercer actos posesorios sobre el bien común, con tal que no excluya los actos posesorios de los otros coposeedores.

Art. 847.- Se entiende que cada uno de los partícipes de una cosa que se posee en común, ha poseído la parte que al dividirse le tocare, exclusivamente por todo el tiempo que dure la indivisión.

Art. 848.- La posesión otorga a quien la tiene la presunción de propietario para todos los efectos legales. El que posee en virtud de un derecho personal o de un derecho real distinto de la propiedad, no se presume propietario; pero si es poseedor de buena fe, tiene a su favor la presunción de haber obtenido la posesión del dueño del bien o derecho poseído.

Art. 849.- Todo propietario de un bien mueble perdido o robado, no podrá recuperarlo de un tercero de buena fe que lo haya adquirido en almoneda o de quien en establecimiento comercial se dedique a la venta de objetos de la misma especie, sin reembolsar al poseedor el precio que hubiere pagado por el bien. El recuperante tiene el derecho de repetir contra el vendedor.

Art. 850.- La moneda y los títulos al portador no pueden ser reivindicados del adquirente de buena fe, aunque el poseedor haya sido desposeído de ellos contra su voluntad.

Art. 851.- El poseedor actual que pruebe haber poseído en tiempo anterior, tiene a su favor la presunción de haber poseído en el intermedio.

Art. 852.- La posesión de un inmueble hace presumir la de los bienes muebles que se hallen en él.

Art. 853.- Todo poseedor debe ser mantenido o restituido en la posesión contra aquellos que no tengan mejor derecho para poseer.

Es mejor la posesión que se funda en título y, cuando se trate de inmuebles, la que esté inscrita en el Registro Público de la Propiedad.

A falta de título o siendo iguales los títulos, la más antigua.

Si las posesiones fueren dudosas, se pondrá en depósito de un tercero el bien hasta que se resuelva a quién corresponde la posesión.

Art. 854.- La acción interdictal de recuperar la posesión dura un año a partir del momento en que se verificó el despojo.

Art. 855.- Se considera como nunca perturbado o despojado, el que judicialmente fue mantenido o restituido en la posesión.

Art. 856.- Es poseedor de buena fe quien tiene título suficiente para usar y disfrutar del bien o derecho; como también lo es quien ignora los vicios de su título.

Es poseedor de mala fe quien sin título alguno usa y disfruta de un bien o derecho, lo mismo que quien conoce los vicios de su título que le impiden poseer con derecho.

Se considerarán de mala fe para todos los efectos legales, los casos en que la posesión verse sobre bienes del dominio público.

Para los efectos de este artículo, se entiende por título la causa generadora del derecho a la posesión.

Art. 857.- La buena fe se presume siempre; al que afirma la mala fe del poseedor le corresponde probarla.

Art. 858.- La posesión adquirida de buena fe no pierde ese carácter sino en el caso que se acredite que el poseedor no ignora los vicios de su título.

Art. 859.- Las relaciones de quien posee en forma derivada, se regirán por las disposiciones que normen los actos jurídicos en virtud de los cuales son poseedores, en todo lo relativo a frutos, pago de gastos y responsabilidad por pérdida o menoscabo del bien poseído.

Art. 860.- El poseedor de buena fe que haya adquirido la posesión por título traslativo de dominio, tiene los derechos siguientes:

I. Hacer suyos los frutos percibidos, mientras su buena fe no es interrumpida;

II. Exigir se le abonen todos los gastos necesarios, lo mismo que los útiles, teniendo además el derecho a retener el bien poseído hasta cuando se haga el pago;

III. Retirar las mejoras voluntarias, si no se causa daño en el bien mejorado, o reparando el que se cause al retirarlas; y

IV. Requerir se le abonen los gastos hechos por él, para la producción de los frutos naturales e industriales que no hace suyos por estar pendientes al tiempo de interrumpirse la posesión, teniendo derecho al interés legal sobre el importe de esos gastos desde el día que los realizó.

Art. 861.- El poseedor de buena fe a que se refiere el artículo anterior, no responde del deterioro o pérdida del bien poseído, aunque haya ocurrido por hechos propios, pero sí responde de la utilidad que el mismo haya obtenido de la pérdida o deterioro.

Art. 862.- El que posee por menos de un año, a título traslativo de dominio y de mala fe, siempre que no haya obtenido la posesión por un medio delictuoso, esta obligado a:

I. Restituir los frutos percibidos; y

II. Responder de la pérdida o deterioro del bien, sobrevenidos por su culpa o por caso fortuito o fuerza mayor; a no ser que pruebe que éstos se habrían causado aunque el bien hubiere estado poseído por su dueño. No responde de la pérdida sobrevenida natural e inevitablemente por el solo transcurso del tiempo.

Tiene derecho a que se le reembolsen los gastos necesarios.

Art. 863.- El que posee en concepto de dueño por más de un año, pacífica, continua y públicamente, aunque su posesión sea de mala fe, con tal que no sea delictuosa, tiene derecho a:

I. Las dos terceras partes de los frutos industriales que haga producir al bien poseído, perteneciendo la otra tercera parte al propietario, si reivindica el bien antes de que se prescriba; y

II. Que se le abonen los gastos necesarios y a retirar las mejoras útiles, si es dable separarlas sin detrimento del bien mejorado.

No tiene derecho a los frutos naturales y civiles que produzca el bien que posee y responde de la pérdida o deterioro del bien sobrevenidos por su culpa.

Art. 864.- La persona que haya adquirido la posesión por algún hecho delictuoso, está obligado (sic) a restituir todos los frutos que haya producido el bien y los que haya dejado de producir por omisión culpable.

Tiene también la obligación de responder de la pérdida o deterioro del bien sobrevenidos por su culpa, o en caso fortuito o fuerza mayor; a no ser que se pruebe que éstos se habrían causado aunque el bien hubiere estado poseído por su dueño. No responderá de la pérdida que sea sobrevenida natural e inevitablemente por el transcurso del tiempo.

Art. 865.- Las mejoras voluntarias no son abonables a poseedor alguno; pero el que actúe de buena fe puede retirarlas si no se causa daño en el bien mejorado, o se repara el que se cause por el retiro.

Art. 866.- Se entienden percibidos los frutos naturales o industriales desde que se alzan o se separan. Los frutos civiles se producen día por día y pertenecen al poseedor en esta proporción, luego que son debidos, aunque no los haya recibido.

Art. 867.- Son gastos necesarios los que están prescritos por la ley y aquellos sin los cuales el bien se pierde o desmejora.

Art. 868.- Son gastos útiles aquellos que, sin ser necesarios, aumentan el precio o producto del bien.

Art. 869.- Son gastos voluntarios los que sirven sólo al ornato del bien, o al placer o comodidad del poseedor.

Art. 870.- El poseedor debe justificar el importe de los gastos a que tenga derecho; en caso de duda se tasarán por peritos.

Art. 871.- Cuando el poseedor debe ser indemnizado por gastos y haya percibido algunos frutos a que no tenía derecho, habrá lugar a la compensación.

Art. 872.- Las mejoras provenientes de la naturaleza o del tiempo, ceden siempre en beneficio del que haya vencido en la posesión.

Art. 873.- Posesión pacífica es la que se adquiere sin violencia.

Art. 874.- Posesión continua es la que no ha sufrido interrupción alguna.

Art. 875.- Posesión pública es la que se disfruta de manera que pueda ser conocida de todos. También lo es la que ha sido inscrita en el Registro Público de la Propiedad.

Art. 876.- Se presume que la posesión se sigue disfrutando en el mismo concepto en que se adquirió, a menos que se pruebe que ha cambiado la causa de la posesión.

Art. 877.- La posesión se pierde por:
I. Abandono;
II. Cesión a título oneroso o gratuito;
III. La destrucción o pérdida del bien o por quedar este fuera del comercio;

IV. Resolución judicial;
V. Despojo, si la posesión del despojante dura más de un año;
VI. Reivindicación del propietario;
VII. Expropiación por causa de utilidad pública; y
VIII. Renuncia expresa.

Art. 878.- Se pierde la posesión de los derechos cuando es imposible ejercitarlos o cuando no se ejercen por el tiempo que baste para que operen la usucapión.

TÍTULO CUARTO
DE LA USUCAPIÓN

CAPÍTULO I
DISPOSICIONES GENERALES

Art. 879.- Usucapión es el medio para adquirir la propiedad y los demás derechos reales sobre bienes, mediante la posesión con el ánimo de dueño, por el tiempo y con los requisitos señalados en éste código.

Art. 880.- Sólo la posesión que se adquiere y disfruta en concepto de dueño del bien poseído, puede producir la usucapión.

El poseedor derivado puede cambiar la causa de la posesión, que no ejercía a título de dueño. Comienza a poseer con ese carácter en virtud de un justo título, pero el plazo de la usucapión corre desde el día en que haya cambiado la causa de la posesión.

Es justo título el que es o fundadamente se cree bastante para transferir el dominio o los derechos distintos de la propiedad.

Art. 881.- Toda persona capaz de adquirir bienes por cualquier título es sujeto activo del derecho de usucapión.

Art. 882.- El incapaz puede adquirir por usucapión por conducto de su representante legal.

Art. 883.- Quien tiene capacidad para enajenar puede renunciar a la usucapión ganada, incluyendo a la consumada; pero no al derecho para usucapir en lo sucesivo.

Art. 884.- La renuncia de la usucapión es expresa o tácita, siendo ésta última la que resulta de un hecho que importa el abandono del derecho adquirido.

Art. 885.- Los acreedores y todos los que tuvieren legítimo interés en que la usucapión subsista, pueden hacerla valer aunque su titular haya renunciado a los derechos adquiridos por ese medio.

Art. 886.- Si varias personas poseen en común algún bien, no puede ninguna de ellas usucapir contra sus copropietarios o coposeedores, pero si contra un extraño y en este caso aprovecha a todos los partícipes.

Art. 887.- El Estado en su caso, así como los municipios y las otras personas jurídicas, se considerarán como particulares para la usucapión de sus bienes, derechos y acciones que sean susceptibles de propiedad privada.

Art. 888.- Quien hace valer la usucapión puede completar el término necesario para ello reuniendo al tiempo que haya poseído, el que poseyó la persona que le transmitió el bien, con tal de que ambas posesiones reúnan los requisitos legales.

Art. 889.- La posesión necesaria para usucapir debe ser:
I. En concepto de propietario;
II. Pacífica;
III. Continua; y
IV. Pública.

Art. 890.- Se consuma la usucapión de inmuebles:
I. En cinco años, cuando se poseen en concepto de propietario, de buena fe en el momento de la adquisición, pacífica, continua y públicamente;
II. En cinco años, cuando los inmuebles hayan sido objeto de una inscripción de posesión;
III. En diez años, cuando se poseen con mala fe, si la posesión es en concepto de propietario, pacífica, continua y públicamente; y
IV. Se aumentará en una tercera parte el tiempo señalado en las fracciones I y III, si se demuestra por quien tenga interés jurídico en ello, que el poseedor de un inmueble rústico no lo ha cultivado durante la mayor parte del tiempo que lo ha poseído, o por no haber hecho el poseedor de la finca urbana las reparaciones necesarias, ésta haya permanecido deshabitada la mayor parte del tiempo que ha estado en poder de aquél.

Art. 891.- Los bienes muebles son susceptibles de usucapión cuando son poseídos con buena fe, pública, pacífica y continuamente en tres años. Faltando la buena fe, se usucapirán en cinco años.

Art. 892.- Cuando la posesión se adquiere por medio de violencia, aunque ésta cese y la posesión continúe pacíficamente, el plazo para la usucapión será de diez años para los inmuebles y de cinco para los muebles, contados desde que cese la violencia.

Art. 893.- La posesión adquirida por medio de un delito, se tendrá en cuenta para la usucapión, a partir de la fecha en que haya quedado extinguida la pena o prescrita la acción penal, considerándose la posesión como de mala fe.

Art. 894.- La usucapión puede comenzar y correr contra cualquier persona, excepto en los casos siguientes:

(REFORMADA, P.O. 29 DE NOVIEMBRE DE 2014)

I. En contra de los incapaces, cuando no se haya discernido su tutela conforme a las leyes. Los incapaces tendrán derecho de exigir responsabilidad a sus tutores cuando por culpa de éstos no se hubiere interrumpido la usucapión;

II. Entre ascendientes y descendientes, durante la patria potestad respecto de los bienes a que los segundos tengan derecho conforme a la ley;

III. Entre hermanos;

IV. Entre consortes;

(REFORMADA, P.O. 29 DE NOVIEMBRE DE 2014)

V. Entre los incapaces y sus tutores o curadores, mientras dure la tutela;

VI. Entre beneficiarios del patrimonio familiar respecto de los bienes que integran éste;

VII. Entre copropietarios o coposeedores respecto del bien común;

VIII. Contra quienes se encuentren en servicio público fuera del estado; y

IX. Contra los militares en servicio activo en tiempo de guerra.

Art. 895.- La usucapión se interrumpe:

I. Si el poseedor es privado de la posesión del bien o del goce del derecho por más de un año;

II. Por la presentación de la demanda u otro cualquier género de interpelación judicial. Se considerará la usucapión como no interrumpida por la interpelación judicial, si el actor desistiese de ella, o fuese desestimada su demanda; y

III. Porque la persona a cuyo favor corre la usucapión reconozca expresamente, de palabra o por escrito, o tácitamente por hechos indudables, el derecho de la persona contra quien usucapie.

Art. 896.- El efecto de la interrupción es inutilizar todo el tiempo corrido antes de ella.

Art. 897.- El tiempo para la usucapión se cuenta por años y no de momento a momento.

El día en que comienza la usucapión se cuenta siempre entero, aunque no lo sea; pero aquél en que termina, debe ser completo.

Cuando el último día sea feriado, no se tendrá por completa la usucapión, sino cumplido el primero día hábil siguiente.

CAPÍTULO II
DE LA TITULACIÓN POR USUCAPIÓN

Art. 898.- Quien hubiere poseído bienes inmuebles por el tiempo y con las condiciones exigidas por este código para adquirirlos por usucapión, puede promover juicio contra el que aparezca como propietario de los mismos en el Registro Público de la Propiedad, para demandar se declare que la usucapión se ha consumado y ha adquirido por ende la propiedad.

Art. 899.- La sentencia ejecutoria que declare procedente la acción de usucapión, se inscribirá en el Registro Público de la Propiedad y servirá de título de dominio al poseedor propietario.

TÍTULO QUINTO
DE LA PROPIEDAD

CAPÍTULO I
DISPOSICIONES GENERALES

Art. 900.- La propiedad es el derecho real de usar, disfrutar, conservar y disponer de un bien con las limitaciones y modalidades que fijen las leyes.

La propiedad presume para su titular la posesión del bien.

Art. 901.- La propiedad no puede ser ocupada contra la voluntad de su dueño, sino por causa de utilidad pública y mediante indemnización.

Art. 902.- La autoridad puede mediante indemnización y una vez agotado el procedimiento de expropiación ocupar la propiedad particular, deteriorarla y aún destruirla, si esto es indispensable para evitar o remediar una calamidad pública, prevenir un riesgo inminente o para ejecutar obras de evidente beneficio colectivo.

Art. 903.- No es lícito ejercitar el derecho de propiedad de manera que su ejercicio no dé otro resultado que causar perjuicios a un tercero.

Art. 904.- Todo propietario tiene derecho a deslindar su propiedad y hacer o exigir el amojonamiento de la misma.

Art. 905.- También tiene derecho y en su caso obligación de cerrar o cercar su propiedad, en todo o en parte, del modo que lo estime conveniente o lo dispongan las leyes o reglamentos, sin perjuicio de las servidumbres que reporte la propiedad.

CAPÍTULO II
DE LOS TESOROS

Art. 906.- Para los efectos de los artículos que siguen, se entiende por tesoro el depósito oculto de dinero, alhajas u otros objetos valiosos cuya legítima procedencia se ignore. Un tesoro nunca se considera como fruto de una finca.

Art. 907.- El tesoro pertenece a quien lo descubre en predio de su propiedad.

Art. 908.- Si el predio fuere de dominio público o perteneciere a alguna persona particular que no sea el mismo descubridor, se aplicará a éste una mitad del tesoro y la otra mitad al propietario del lugar.

Art. 909.- Cuando los objetos descubiertos fueren de interés para las ciencias o para las artes, se entregarán a la federación, estado o municipios, quien pagará por ellos el precio que les corresponda, el cual se repartirá conforme a lo dispuesto por los artículos que preceden.

Art. 910.- Quien descubra un tesoro en predio ajeno tendrá el derecho ya declarado, si el descubrimiento es casual.

Art. 911.- Nadie debe, en propiedad ajena, hacer excavación u obra alguna para buscar un tesoro.

Art. 912.- El tesoro descubierto en predio ajeno, por obras practicadas sin consentimiento de su dueño, pertenece íntegramente a éste.

Art. 913.- El que sin consentimiento del dueño hiciere en predio ajeno obras para descubrir un tesoro, estará obligado a pagar los daños y perjuicios que causare, a reponer a su costa al bien en su estado anterior y perderá los derechos que tuviere como inquilino, comodatario, depositario, acreedor prendario o por cualquier otro título, aunque no haya concluido el plazo a que se sometió el derecho por virtud del cual tenía la posesión.

Art. 914.- Si el tesoro se encontrare con consentimiento del dueño del fundo, se observarán las estipulaciones que se hubieren hecho para la distribución; y si no las hubiere, los gastos y lo descubierto se repartirán por partes iguales.

Art. 915.- Cuando uno tuviera la propiedad y otro el usufructo de una finca en que se haya encontrado el tesoro, si el que lo encontró fue el mismo usufructuario, la parte que le corresponde, se determinará según las reglas que quedan establecidas para el descubridor extraño. Si el descubridor no es el dueño ni el usufructuario, el tesoro se repartirá entre el dueño y el descubridor, con exclusión del usufructuario, observándose en este caso lo dispuesto en los tres artículos que preceden.

Art. 916.- Si el nudo propietario encuentra el tesoro en la finca o terreno cuyo usufructo pertenece a otra persona, ésta no tendrá parte alguna en el tesoro, pero sí derecho de exigir del propietario una indemnización por los daños y perjuicios que origine la interrupción del usufructo, en la parte ocupada o demolida para buscar el tesoro; la indemnización se pagará aun cuando no se encuentre el tesoro.

CAPÍTULO III
DEL DERECHO DE ACCESIÓN

Art. 917.- La propiedad de los bienes da derecho a todo lo que ellos producen o se les une o incorpora natural o artificialmente. Este derecho se llama de accesión.

Art. 918.- En virtud del derecho de accesión pertenecen al propietario:
I. Los frutos naturales;
II. Los frutos industriales; y
III. Los frutos civiles.

Art. 919.- Son frutos naturales las producciones espontáneas de la tierra, las crías y demás producciones de los animales.

Art. 920.- Las crías de los animales pertenecen al dueño de la madre y no al del padre, salvo convenio en contrario.

Art. 921.- Son frutos industriales los que producen los inmuebles mediante el cultivo o trabajo realizados en ellos.

Art. 922.- No se reputan frutos industriales o sino desde que están manifiestos.

Art. 923.- Para que los animales se consideren frutos, basta que estén en el vientre de la madre, aunque no hayan nacido.

Art. 924.- Son frutos civiles los alquileres de los bienes muebles, las rentas de los inmuebles, los réditos de los capitales y todos aquellos que, no siendo producidos por la misma cosa directamente, vienen de ella por contrato, por testamento o por la ley.

Art. 925.- El que perciba frutos tiene la obligación de abonar los gastos hechos por un tercero para su producción, recolección y conservación.

Art. 926.- Todo lo que se une o se incorpora a una cosa, lo edificado, plantado y sembrado, así como lo reparado o mejorado en terreno o finca de propiedad ajena, pertenece al dueño del terreno o finca con sujeción a lo que se dispone en los artículos siguientes.

Art. 927.- Todas las obras, siembras y plantaciones, así como las mejoras y reparaciones ejecutadas en un terreno, se presumen hechas por el propietario y a su costa, mientras no se pruebe lo contrario.

Art. 928.- El que siembre, plante o edifique en predio propio, con semillas, plantas o materiales ajenos, adquiere la propiedad de unas y otros, pero con la obligación de pagarlos en todo caso y de resarcir los daños y perjuicios si ha procedido de mala fe.

Art. 929.- El dueño de las semillas, plantas o materiales, no tendrá derecho de pedir que se le devuelvan destruyéndose la obra o plantación, a no ser que las plantas no hayan echado raíces y puedan sacarse sin sufrir detrimento.

Art. 930.- Cuando las semillas o materiales no estén aun aplicados a su objeto ni confundidos con otros, pueden reivindicarse por el dueño.

Art. 931.- El dueño del terreno en que se edifique, siembre o plante de buena fe, tendrá derecho de hacer suya la obra, siembra o plantación, previo pago del precio de las semillas, plantas o materiales empleados, o de obligar al que edificó a pagar el precio del terreno ocupado por la construcción, y al que lo sembró o plantó, solamente la renta. Si el dueño del terreno ha procedido de mala fe, sólo tendrá derecho de que se le pague el valor de la renta o el precio del terreno, en sus respectivos casos.

Art. 932.- El que edifica, planta o siembra de mala fe en terreno ajeno, pierde lo edificado, plantado o sembrado, sin que tenga derecho de reclamar indemnización alguna del dueño del suelo, ni de retener el bien.

Art. 933.- El dueño del terreno en que se haya edificado de mala fe, podrá pedir la demolición de la obra y la reposición de las cosas a su estado primitivo; a costa del edificador.

Art. 934.- Cuando haya mala fe, no sólo por parte del que edificare sino por parte del dueño, se entenderá compensada esta circunstancia y se arreglarán los derechos de uno y otro, conforme a lo resuelto para el caso de haberse procedido de buena fe.

Art. 935.- Se entiende que hay mala fe de parte del edificador, plantador o sembrador, cuando hace la edificación, plantación o siembra, o permite, sin reclamar, que con material suyo las haga otro, en terreno que sabe es ajeno, no pidiendo previamente al dueño su consentimiento por escrito.

Art. 936.- Se entiende haber mala fe por parte del dueño, siempre que a su vista ciencia y paciencia se hiciere el edificio, la siembra o la plantación.

Art. 937.- Si los materiales, plantas o semillas pertenecen a un tercero que no ha procedido de mala fe, el dueño del terreno es responsable subsidiariamente del valor de aquellos objetos, siempre que concurran las dos circunstancias siguientes:

I. Que el que de mala fe empleó materiales, plantas o semillas, no tenga bienes con que responder de su valor; y

II. Que lo edificado, plantado o sembrado aproveche al dueño.

Art. 938.- No tendrá lugar lo dispuesto en el artículo anterior si el propietario reclama la demolición de la obra y la reposición de las cosas a su estado anterior a costa del edificador, plantador o sembrador.

Art. 939.- Los dueños de los inmuebles colindantes con las lagunas o estanques, no adquieren el terreno descubierto por la disminución natural de las aguas, ni pierden el que éstas inunden con las crecidas extraordinarias.

Art. 940.- Cuando la fuerza del río arranca una porción considerable y reconocible de un campo ribereño y la lleva a otro inferior o a la ribera opuesta, el propietario de la porción arrancada puede reclamar su propiedad, haciéndolo dentro de dos años contados desde el acaecimiento; pasado este plazo perderá su derecho de propiedad, a menos que el propietario del campo a que se unió la porción arrancada no haya aún tomado posesión de ella.

Art. 941.- Los cauces abandonados por corrientes de agua que no sean de la Federación, pertenecen a los dueños de los terrenos por donde corren esas aguas. Si la corriente era limítrofe de varios predios, el cauce abandonado pertenece a los propietarios de ambas riberas proporcionalmente a la extensión del frente de cada predio, a lo largo de la corriente, tirando una línea divisoria por en medio del álveo.

Art. 942.- Se estará a lo dispuesto por la ley de la materia, para determinar quién es el titular de los derechos de uso y aprovechamiento de agua, así como la forma y términos en que se puede hacer uso de ese derecho.

También se estará a lo dispuesto por la mencionada ley para determinar a quien pertenecen los cauces abandonados de los ríos federales que varíen de curso.

Art. 943.- Los árboles arrancados y transportados por la corriente de las aguas pertenecen al propietario del terreno a donde vayan a parar, si no los reclaman dentro de dos meses los antiguos dueños. Si éstos los reclaman, deberán abonar los gastos ocasionados en recogerlos o ponerlos en lugar seguro.

Art. 944.- Cuando la corriente del río se divide en dos brazos o ramales, dejando aislado un predio o parte de él, el dueño no pierde su propiedad sino en la parte ocupada por las aguas, salvo lo que sobre el particular disponga la ley.

Art. 945.- Cuando dos bienes muebles que pertenecen a dos dueños distintos, se unen de tal manera que vienen a formar uno solo, sin que exista mala fe, el propietario de la parte principal adquiere la accesoria, pagando su valor.

Si la incorporación se hace por cualesquiera de los dueños con conocimiento del otro, sin que éste se oponga, además se observará lo dispuesto en los tres artículos siguientes.

Art. 946.- Se considera principal, entre dos bienes incorporados, el de mayor valor.

Art. 947.- Si no pudiere hacerse la calificación conforme a la regla establecida en el artículo que precede, se reputará principal el objeto cuyo uso, perfección o adorno se haya conseguido por la unión del otro.

Art. 948.- Cuando los bienes unidos puedan separarse sin detrimento y subsistir independientemente, los dueños respectivos pueden exigir la separación.

Art. 949.- En el caso en que los bienes unidos no pueden separarse sin que el que se considera accesorio sufra deterioro, el dueño del principal tendrá también derecho de pedir la separación, pero quedará obligado a indemnizar al dueño del accesorio, siempre que éste haya procedido de buena fe.

Art. 950.- Cuando el dueño del bien accesorio es el que ha hecho la incorporación, la pierde si ha obrado de mala fe; y está además, obligado a indemnizar al propietario de los perjuicios que se le hayan ocasionado a causa de la incorporación.

Art. 951.- Si el dueño del bien principal es el que ha procedido de mala fe, el que lo sea del accesorio tendrá derecho a que aquél le pague su valor y le indemnice de los daños y perjuicios; o que el bien de su pertenencia se separe, siempre que para ello no haya de destruirse el principal.

Art. 952.- Si la incorporación se hace por uno de los dueños con conocimiento y sin oposición del otro, los derechos respectivos se arreglarán conforme a lo dispuesto en los artículos 947 y 948.

Art. 953.- Siempre que el dueño de la materia empleada sin su consentimiento, tenga derecho a indemnización, podrá exigir que ésta consista en la entrega de un bien igual en especie, en valor y en todas sus circunstancias, a la empleada; o bien en el precio del mismo fijado por peritos.

Art. 954.- Si se mezclan dos bienes de igual o diferente especie por voluntad de sus dueños o por casualidad, y en este último caso, los bienes no son separables sin detrimento, cada propietario adquirirá un derecho proporcional a la parte que le corresponda, conforme al valor de los bienes mezclados o confundidos.

Art. 955.- Si por voluntad de uno solo, pero de buena fe, se mezclan o confunden dos bienes de igual o diferente especie, los derechos de los propietarios se arreglarán por lo dispuesto en el artículo anterior; a no ser que el dueño del bien mezclado sin su consentimiento, prefiera la indemnización de daños y perjuicios.

Art. 956.- Quien de mala fe hace la mezcla o confusión, pierde el bien mezclado o confundido que fuere de su propiedad, y queda además, obligado a la indemnización de los perjuicios causados al dueño del bien o bienes con que se hizo la mezcla.

Art. 957.- En la pintura, escultura y bordado; en los escritos, impresos, grabados, litografías, fotograbados, oleografías, cromolitografías y, en las demás obras obtenidas por otros procedimientos análogos a los anteriores, se estima accesorio la tabla, el metal, la piedra, el lienzo, el papel o el pergamino.

Art. 958.- El que de buena fe empleó materia ajena en todo o en parte, para formar una cosa de nueva especie, hará suya la obra, siempre que el mérito de ésta exceda en precio a la materia cuyo valor indemnizará al dueño.

Art. 959.- Cuando el mérito de la obra sea inferior en precio a la materia, el dueño de ésta hará suya la nueva especie y tendrá derecho además, para reclamar indemnización de daños y perjuicios; descontándose del monto de éstos el valor de la obra, a tasación de peritos.

Art. 960.- Si la nueva especie se hizo de mala fe, el dueño de la materia empleada tiene derecho de quedarse con la obra sin pagar nada al que la hizo, o exigir de éste que le pague el valor de la materia y le indemnice de los perjuicios que se le hayan seguido.

CAPÍTULO IV
DE LA COPROPIEDAD

Art. 961.- Hay copropiedad cuando un bien o un derecho pertenecen pro indiviso a varias personas.

Art. 962.- Los que por cualquier título tienen el dominio común de un bien, no pueden ser obligados a conservarlo indiviso.

Art. 963.- Si el dominio no es divisible, o el bien no admite cómoda división y los partícipes no se convienen en que sea vendido o adjudicado a uno de ellos, se procederá a su venta y a la repartición de su precio entre los interesados.

Art. 964.- A falta de contrato o disposición especial, se regirá la copropiedad por las disposiciones siguientes y, en último término, por las que rigen toda sociedad de hecho.

Art. 965.- Mientras varias personas permanezcan en la indivisión de una propiedad, cualquiera de ellas podrá exigir a las demás que se haga la designación de un administrador, el que será nombrado por mayoría de votos calculada conjuntamente por personas y por intereses. Si no hubiere mayoría, el juez hará la designación de entre los copropietarios.

Art. 966.- El concurso de los partícipes, tanto en los beneficios como en las cargas, será proporcional a sus respectivas porciones.

Se presumirán iguales, mientras no se pruebe lo contrario, las porciones correspondientes a los partícipes en la comunidad.

Art. 967.- Cada partícipe podrá servirse de los bienes comunes, siempre que disponga de ellos conforme a su uso y de manera que no perjudique el interés de la comunidad, ni impida a los copropietarios aprovecharlos según su derecho.

Art. 968.- Todo copropietario tiene derecho para obligar a los partícipes a contribuir a los gastos de conservación del bien o derecho común. Sólo puede eximirse de esta obligación quien renuncie a la parte que le pertenece en el dominio.

Art. 969.- Ninguno de los condueños podrá, sin el consentimiento de los demás, hacer alteraciones en el bien común, aunque de ello pudieran resultar ventajas para todos.

Art. 970.- Para la administración del bien común, serán obligatorios todos los acuerdos de la mayoría de los copropietarios; calculada ésta conjuntamente por personas e intereses.

Art. 971.- Si no hubiere mayoría, el juez oyendo a los interesados, resolverá lo que debe hacerse dentro de lo propuesto por los mismos.

Art. 972.- Cuando parte del bien perteneciere exclusivamente a un copropietario o algunos de ellos, y otra fuere común, sólo a ésta será aplicable la disposición anterior.

Art. 973.- Todo condueño tiene la plena propiedad de la parte alícuota que le corresponda y la de sus frutos y utilidades, pudiendo en consecuencia enajenarla, cederla o hipotecarla y aun ser sustituido por otro en su aprovechamiento, salvo si se tratare de derecho intransmisible. Pero el efecto de la enajenación o de la hipoteca en relación a los condueños estará limitado a la porción que se le adjudique en la división al cesar la comunidad. Los condueños gozan del derecho del tanto.

Art. 974.- Los copropietarios del bien indiviso no pueden enajenar a extraños su parte alícuota respectiva, si el copartícipe quiere hacer uso del derecho del tanto. A este efecto, el copropietario notificará a los demás por medio de notario o judicialmente la enajenación que tuviere convenida, para que dentro de los ocho días siguientes hagan uso del derecho del tanto. Por el solo transcurso del término se pierde el derecho.

Cuando la venta está simplemente propalada y el copropietario ejercita el derecho del tanto, implica una venta directa del copropietario enajenante en favor del que ejercita el tanto; cuando la venta ha sido consumada los copropietarios preteridos pueden ejercitar el derecho de retracto por medio del cual el copartícipe actor se subroga en todos los derechos y obligaciones del comprador.

Mientras no se haya hecho la notificación o se haya consumado el plazo, la enajenación no producirá efecto legal alguno.

Art. 975.- Si varios propietarios de bien indiviso hicieren uso del derecho del tanto, será preferido el que represente mayor parte o si fuesen iguales, entonces el más antiguo. Ante toda igualdad, el designado por la suerte; salvo pacto en contrario.

Art. 976.- Cuando haya constancia que demuestre quien costeó la pared que divide los predios, el que la hizo es dueño exclusivo de ella; pero si consta que se fabricó por los colindantes o no consta quien la edifico, es de propiedad común.

Art. 977.- Se presume la copropiedad mientras no haya signo exterior que demuestre lo contrario en:

I. Las paredes divisorias de los edificios contiguos, hasta el punto común de elevación;

II. Las paredes divisorias de los jardines o corrales, situadas en poblado o en el campo; y

III. Las cercas, vallados y setos vivos que dividan los predios rústicos. Si las construcciones no tienen una misma altura, sólo hay presunción de copropiedad hasta la altura de la construcción menos elevada.

Art. 978.- Hay signo contrario a la copropiedad cuando:

I. Hay ventanas o huecos abiertos en la pared divisoria de los edificios;

II. Conocidamente toda la pared, vallado, cerca o seto están construidos sobre el terreno de una de las fincas y no por mitad entre una y otra de las dos contiguas;

III. La pared soporte las cargas y carreras, pesos y armaduras de una de las posesiones y no de la contigua;

IV. La pared divisoria entre patios, jardines y otros predios, esté construida de modo que la albardilla caiga hacia una sola de las propiedades;

V. La pared divisoria construida de mampostería presente piedras llamadas pasaderas, que de distancia en distancia, quedan fuera de la superficie sólo por un lado de la pared y no por el otro;

VI. La pared fuere divisoria entre un edificio, del cual forma parte, y un jardín, campo, corral o sitio sin edificios;

VII. Un predio se halle cerrado o defendido por vallados, cercas o setos vivos y las contiguas no lo estén;

VIII. La cerca que encierra completamente un predio, es de distinta especie de la que tiene la vecina en sus lados contiguos a la primera; y

IX. Los materiales empleados en una estructura de edificación sean uniformes.

Art. 979.- En general, en los casos señalados en el artículo anterior, se presume que la propiedad de las paredes, cercas, vallados o setos, pertenece exclusivamente al dueño de la finca o predio que tiene a su favor estos signos exteriores.

Art. 980.- Las zanjas o acequias abiertas entre las heredades, se presumen también de copropiedad si no hay título o signo que demuestren lo contrario.

Art. 981.- Hay signo contrario a la copropiedad, cuando la tierra o broza sacada de la zanja o acequia para abrirla o limpiarla, se halla sólo de un lado; en este caso, se presume que la propiedad de la zanja o acequia es exclusivamente del dueño del predio sobre el cual se ha echado la tierra o broza.

Art. 982.- La presunción que establece el artículo anterior cesa, cuando la inclinación del terreno obliga a echar la tierra de un solo lado.

Art. 983.- Los dueños de los predios están obligados a cuidar de que no se deteriore la pared, zanja o seto de propiedad común; y si por el hecho de alguno de sus dependientes, animales, substancias almacenadas o producidas que sean corrosivas o inflamables, por maquinaria ahí emplazada, o por cualquiera otra causa que dependa de ellos, se deterioraren, deben reponerlos, pagando los daños y perjuicios que se hubieren causado.

Art. 984.- La reparación y reconstrucción de las paredes de propiedad común y el mantenimiento de los vallados, setos vivos, zanjas o acequias, también comunes, se costearán proporcionalmente por todos los dueños que tengan a su favor la copropiedad.

Art. 985.- El copropietario que quiera librarse de las obligaciones que impone el artículo anterior, puede hacerlo renunciando a la copropiedad, salvo el caso en que la pared común sostenga un edificio suyo.

Art. 986.- El propietario de un edificio que se apoye en una pared común, puede, al derribarlo, renunciar o no a la copropiedad. En el primer caso serán de su cuenta todos los gastos necesarios para evitar o reparar los daños que cause la demolición. En el segundo, además de ésta obligación, queda sujeto a las que le imponen los artículos 983 y 984.

Art. 987.- El propietario de una finca contigua a una pared divisoria que no sea común, sólo puede darle este carácter en todo o en parte, por contrato con el dueño de ella.

Art. 988.- Todo propietario puede alzar la pared de propiedad común, haciéndolo a sus expensas e indemnizando de los perjuicios que se ocasionen por la obra, aunque sean temporales.

Art. 989.- Serán igualmente de su cuenta todas las obras de conservación de la pared en la parte en donde esta haya aumentado su altura o espesor, así como las que en la parte común sean necesarias, siempre que el deterioro provenga de la mayor altura o espesor que se haya dado a la pared.

Art. 990.- Si la pared de propiedad común no puede resistir a la elevación, el propietario que quiera levantarla tendrá la obligación de reconstruirla a su costa, y si fuere necesario darle mayor espesor, deberá darlo de su suelo.

Art. 991.- En los casos de aumento de la altura o del espesor de la barda, la pared continúa siendo de propiedad común hasta la altura que lo era antiguamente, aun cuando haya sido edificada de nuevo a expensas de uno solo; y desde el punto donde comenzó la mayor altura o mayor espesor, es propiedad de quien la edificó.

Art. 992.- Los demás propietarios que no hayan contribuido a dar más elevación o espesor a la pared, podrán, sin embargo, adquirir en la parte nuevamente elevada los derechos de copropiedad, pagando proporcionalmente el valor de la obra y la mitad del valor del terreno sobre que se hubiere dado mayor espesor.

Art. 993.- Cada copropietario de una pared común podrá usar de ella en proporción al derecho que tenga en la comunidad; podrá por tanto edificar, apoyando su obra en la pared común o introduciendo vigas hasta la mitad de su espesor, pero sin impedir el uso común y respectivo de los demás copropietarios. En caso de resistencia se arreglarán por medio de peritos las condiciones necesarias para que la nueva obra no perjudique los derechos de aquellos.

Art. 994.- Los árboles existentes en cerca de copropiedad o que señalen lindero, son también de copropiedad; estos no pueden ser cortados ni sustituidos con otros sin el consentimiento de ambos copropietarios o por decisión judicial pronunciada en juicio contradictorio, en caso de desacuerdo de los copropietarios.

Art. 995.- Los frutos del árbol o del arbusto común y los gastos de su cultivo, serán repartidos por partes iguales entre los copropietarios.

Art. 996.- Ningún copropietario puede, sin consentimiento del otro, abrir ventanas ni hueco alguno en pared común.

Art. 997.- La copropiedad cesa: por la división del bien común; por la destrucción o pérdida de él; por su enajenación y por la consolidación o reunión de todas las partes alícuotas en un solo titular.

Art. 998.- La división de una cosa común no perjudica a tercero.

Art. 999.- La división de bienes inmuebles es nula si no se hace con las mismas formalidades que la ley exige para su venta.

Art. 1000.- Son aplicables a la división entre copartícipes las reglas concernientes a la partición hereditaria.

TÍTULO SEXTO
DEL CONDOMINIO

CAPÍTULO I
PREVENCIONES GENERALES

Art. 1001.- Condominio es el régimen jurídico que integra las modalidades y limitaciones al dominio de un predio o edificación y la reglamentación de su uso y destino, para su aprovechamiento conjunto y simultáneo.

Los titulares de la propiedad en condominio reciben la denominación de condóminos. La titularidad puede referirse a un espacio o a un uso y bienes determinados en forma exclusiva, cuyo aprovechamiento y disposición es libre, que se denominan áreas o bienes privativos; además la titularidad exclusiva está referida porcentualmente a las áreas y bienes de uso común, los que no podrán ser objeto de acción divisoria y son inseparables de la propiedad individual.

El conjunto de áreas y bienes privativos, con las áreas, instalaciones y bienes de uso común, que hacen posible su aprovechamiento por un grupo de titulares, se denomina unidad condominal.

El conjunto de bienes cuyo aprovechamiento y libre disposición corresponden a un condómino, se denomina unidad privativa.

Art. 1002.- En atención al funcionamiento y aprovechamiento de los elementos comunes, por una o varias unidades condominales, se clasifican en condominio simple o condominio compuesto.

El condominio es simple, cuando las áreas comunes y sus obras de infraestructura y equipamiento, corresponden a una sola unidad condominal.

El condominio es compuesto, cuando una parte de sus áreas comunes y obras de infraestructura y equipamiento, son aprovechadas por los titulares de dos o más unidades condominales, que coexisten en un mismo predio.

Art. 1003.- En atención a la distribución de las áreas comunes y privativas, respecto al predio y las edificaciones, el condominio se clasifica en horizontal, vertical y mixto.

El condominio es horizontal, cuando a cada condómino le corresponde como área privativa una fracción o lote del predio, con su edificación e instalaciones.

El condominio es vertical, cuando la totalidad del predio es bien común y una misma estructura arquitectónica, se divide en áreas privativas.

El condominio es mixto, cuando concurren las condiciones a que se refieren los párrafos anteriores, para los condominios horizontal y vertical.

Art. 1004.- En atención a su uso, al condominio le corresponderá la categoría que determinen las normas urbanísticas de zonificación, como son: habitacional; alojamiento temporal; comercios y servicios; oficinas administrativas; abastos, almacenamientos y talleres especiales; manufacturas y usos industriales.

El condominio de servicios municipales, es aquel que está destinado a complementar el equipamiento urbano de una comunidad.

(REFORMADO, P.O. 18 DE SEPTIEMBRE DE 2004)

Art. 1005.- Todo condominio habitacional, simple o compuesto, tendrá una extensión máxima de diez hectáreas o una población que no exceda de dos mil quinientos habitantes. Estos límites de extensión territorial y de población podrán incrementarse hasta veinte por ciento, cuando por las características del lugar o de las funciones a desarrollar, de conformidad con las normas de urbanización aplicables, se demuestre la necesidad de zonas de mayor dimensión o población.

Los condominios para usos o destinos distintos del habitacional tendrán la extensión máxima que determinen las normas municipales de zonificación.

Art. 1006.- Para constituir el régimen de condominio respecto de un predio o edificación, se requiere que quien tenga su libre disposición, solicite y obtenga autorización del municipio donde se localice el inmueble y lo formalice en escritura pública, en la que se hará constar de manera clara, lo siguiente:

I. Los antecedentes de propiedad y en su caso el título que origine la libre disposición;

II. La ubicación, medidas y linderos del predio; y en su caso, las concesiones para el aprovechamiento de aguas, playas, esteros e islas del dominio público de la nación. Además cuando sea parte de un condominio compuesto, la noticia de ello, así como el porcentaje que en áreas comunes, derechos y obligaciones le corresponden;

III. Una descripción general de las construcciones y obras de infraestructura, así como del equipamiento urbano que exista; y la calidad de los materiales que se empleen en su edificación;

IV. Una descripción individual de cada unidad privativa que se genere, indicándose su número ordinal, su situación, medidas, linderos, clase de material utilizado, servicios a que se tenga derecho, así como el porcentaje que le corresponda sobre los elementos comunes. Además si existen áreas de servicios separadas físicamente de la unidad privativa, se indicará con toda precisión cuáles son éstas;

V. Cuando el área de servicios correspondiente a la unidad privativa esté separada físicamente de los otros bienes de uso exclusivo, se referirá con la nomenclatura que sirva de identificación y se hará también una descripción general de la misma, con sus medidas y linderos. Estas áreas de servicios, se consideran en forma accesoria y por ello, pueden transmitirse el uso o propiedad entre los condóminos, fijándose en estos casos la proporción porcentual sobre los elementos comunes;

VI. Una descripción de las áreas comunes, señalándose su situación, medidas, linderos, partes de que se componga, obras de infraestructura, equipamiento y mobiliario afectos a ellas, su uso y cuando fuere posible, su marca comercial e inventarios. Exclusivamente y para prestación de servicios comunes, se podrán considerar en el acto de constitución del régimen de propiedad en condominio, o con posterioridad a este acto, cuando se convenga en su incorporación por su evidente utilidad, áreas separadas físicamente de la unidad condominal, haciéndose la descripción correspondiente;

VII. La clasificación del condominio, de acuerdo a sus aspectos de funcionamiento y aprovechamiento de elementos comunes; la distribución de las áreas comunes y privativas; su uso y destino;

VIII. La referencia de haberse obtenido la autorización para constituir el régimen de condominio, indicando su extensión o población, así como los dictámenes, autorizaciones o licencias que correspondan, en materia de urbanización;

IX. La información relativa a las licencias y permisos de construcción. Cuando sea parte de un condominio compuesto del que exista consejo de administración, su aprobación aceptando que el proyecto de la unidad condominal cumple con los objetivos y acata los criterios de diseño y las restricciones generales de condominio. Cuando esté ya concluida la edificación, el certificado de habitabilidad.

En su caso, cuando la edificación sea entregada a los condóminos en obra negra, para que cada uno de ellos haga las adaptaciones correspondientes, así se hará constar en las certificaciones que se expidan por las autoridades;

X. La referencia a las garantías que constituye el afectante al régimen de condominio, ante la autoridad municipal de la ubicación del inmueble, para responder tanto por la terminación de las obras, como por la calidad de las mismas;

XI. El reglamento interior del condominio de manera particular regulará:

a) Los derechos y obligaciones de los condóminos, que serán proporcionales al porcentaje que les correspondan sobre los elementos comunes;

b) Las facultades de los órganos de administración y de gobierno;

c) La formación de los fondos de reserva y en su caso, el establecimiento de comités para asuntos particulares que coadyuven con el consejo de administración, los que pueden tener autonomía financiera;

d) El establecimiento de las bases para el pago de las cuotas de mantenimiento, conservación y creación de fondos de reserva que se incurra;

e) El establecimiento de criterios para la restricción de giros en cuanto a la cantidad y de actividades afines, mismos que deberá respetar el ayuntamiento al autorizar las licencias respectivas;

f) La instancia y el procedimiento para resolver conflictos entre los condóminos;

g) Los casos y condiciones en que pueda ser modificado el propio reglamento; y

h) La transformación y extinción del condominio; y

(REFORMADA, P.O. 20 DE ABRIL DE 2000)

XII. La forma en que los condóminos responderán del pago de las cuotas establecidas en el artículo 1026;

(REFORMADA [N. DE E. ADICIONADA], P.O. 20 DE ABRIL DE 2000)

XIII. Se agregarán los planos de zonificación del condominio, los generales de la edificación y los de las unidades privativas.

(REFORMADO, P.O. 20 DE ABRIL DE 2000)

La escritura constitutiva del régimen de condominio deberá inscribirse en el Registro Público de la Propiedad.

Art. 1007.- Son bienes comunes, atendiendo a su clasificación, como a su edificación, siempre que sean de uso general:

I. Las obras de cimentación;

II. Las obras de infraestructura y equipamiento urbano;

III. Los pórticos, puertas, corredores, escaleras, pasillos y patios;

IV. Los espacios de recreación y jardines;

V. Los estacionamientos al público, las rúas y andadores;

VI. Los locales de administración, almacenes de mobiliario destinado al condominio, como las bodegas, los locales destinados al alojamiento de porteros, vigilantes, jardineros, y servidumbre;

VII. Los ductos y postería para servicios de suministro como gas, y energía eléctrica;

VIII. Los cableados para servicios telefónicos, de televisión por cable y conexiones a antenas para captar señales de radio y televisión;

IX. Los fosos, pozos, tinacos, cisternas, ductos de aguas pluviales y drenaje;

X. Las plantas de tratamiento de aguas residuales;

XI. Los pozos de absorción de aguas pluviales;

XII. Los ductos de desagüe y de calefacción;

XIII. Los ascensores, escaleras eléctricas y montacargas;

XIV. Los muros de carga y las azoteas; y

XV. Los demás que por su naturaleza y destino tengan ese fin.

(ADICIONADO, P.O. 20 DE ABRIL DE 2000)

El administrador llevará un inventario completo y actualizado de todos los bienes muebles e inmuebles, de uso general pertenecientes al condominio.

Art. 1008.- Cada condómino podrá servirse de los bienes comunes y gozar de los servicios e instalaciones generales, conforme a su naturaleza y destino ordinario, sin restringir o hacer más oneroso el derecho de los demás.

Los derechos de cada condómino en los bienes comunes son esenciales a sus derechos de propiedad individual, por ello cualquier afectación o disposición de la misma, se entiende referida a los bienes comunes.

El condómino que no haga uso de su propiedad o de algunos bienes comunes, no quedará exento de las obligaciones que le competan como tal.

(ADICIONADO, P.O. 20 DE ABRIL DE 2000) (F. DE E., P.O. 16 DE DICIEMBRE DE 2000)

Para conservar la armonía del condominio, cada vecino procurará hacer uso de su unidad privativa sin afectar la tranquilidad de los demás condóminos, ni destinarla a usos contrarios a los señalados en la escritura constitutiva.

Art. 1009.- Para la realización de obras en bienes e instalaciones generales, se observarán las siguientes reglas:

I. Las obras de conservación se efectuarán por determinación del administrador, siguiendo instrucciones permanentes o precisas del Consejo de Administración y sin necesidad de acuerdo de los condóminos, con cargo al fondo de gastos de mantenimiento y administración;

II. El administrador, deberá hacer efectivas las garantías que en su caso otorguen el constituyente del condominio, o los contratistas que realizaron las obras;

III. Las obras de mejoramiento se harán previo acuerdo de condóminos tomado en asamblea extraordinaria.

Dichas obras serán dirigidas en su ejecución por el administrador, con la vigilancia del consejo de administración o cuando se nombre una comisión específica para ello, bajo responsabilidad de la misma.

No se realizarán obras que atenten a la estabilidad e infraestructura del edificio, o que menoscaben la seguridad o comodidad del condominio, así como que impidan permanentemente el uso de una parte o un servicio común aunque sólo sea a un condómino; a no ser que éste consienta y sea indemnizado proporcionalmente por los demás; y

(REFORMADA, P.O. 20 DE ABRIL DE 2000)

IV. Las reparaciones urgentes a bienes o instalaciones comunes cuyo desperfecto ponga en peligro la seguridad de los condóminos, la integridad del inmueble o que impidan el buen funcionamiento de los servicios comunes, deberán ser efectuadas por el administrador en tiempo prudente, de no hacerlo o a falta de administrador, se mandarán realizar por cualquier condómino, sin necesidad de autorización previa, a quien le serán reembolsados los gatos de las mismas, repartiendo el costo entre los condóminos, debiéndose someter finalmente dicho pago a justificación y comprobación en la próxima asamblea de condóminos.

(REFORMADO PRIMER PÁRRAFO, P.O. 20 DE ABRIL DE 2000)

Art. 1010.- Cada condómino podrá realizar las obras y adaptaciones que correspondan a su unidad privativa, pero no podrá realizarse ninguna innovación o modificación que afecte la estructura, la cimentación, las paredes maestras, las azoteas, las redes de descargas de aguas residuales, ni aquellas que puedan perjudicar la estética, la seguridad, la durabilidad o la comodidad del edificio.

Todos los proyectos de adaptación deberán aprobarse previamente por el consejo de administración del condominio.

(ADICIONADO, P.O. 20 DE ABRIL DE 2000)

Art. 1010 Bis.- Los condóminos y en general los ocupantes del condominio no podrán, sino con el consentimiento de la asamblea y con arreglo a las leyes aplicables:

I. Realizar acto alguno que afecte la tranquilidad y comodidad de los demás condóminos y ocupantes, o que comprometa la estabilidad, seguridad o salubridad del condominio, ni incurrir en omisiones que produzcan los mismos resultados;

II. Efectuar actos en el exterior o en el interior de su unidad privativa, que impida o haga ineficaz la operación de los servicios comunes e instalaciones generales, limite o dificulte el uso de las áreas comunes o ponga en riesgo la seguridad o tranquilidad de los condóminos u ocupantes;

III. Realizar obras o reparaciones en horarios nocturnos, salvo por causa de fuerza mayor;

IV. Derribar o trasplantar árboles y cambiar el uso o naturaleza de las áreas verdes;

V. Modificar, alterar ni destruir las áreas de uso común; y

VI. Poseer animales que por su número, tamaño o naturaleza afecten las condiciones de seguridad, comodidad o salubridad de los condóminos.

El infractor de estas disposiciones, independiente de las sanciones que establece este título, será responsable por el pago de los daños y perjuicios.

CAPÍTULO II
DE LA ADMINISTRACIÓN

Art. 1011.- Los bienes afectos al régimen de condominio serán administrados por quien se designe en la asamblea de condóminos, pudiendo recaer este cargo a una persona física o jurídica.

(ADICIONADO, P.O. 20 DE ABRIL DE 2000)

Si el cargo de administrador recae en condómino deberá acreditar previamente tener cubiertas sus cuotas.

La designación del primer administrador, cuyo encargo no podrá exceder del término de un año, compete a quien constituye el régimen de condominio.

En los condominios compuestos, la designación del administrador en caso de requerirlo, será hecha por mayoría porcentual que representen los diversos desarrollos condominales, los que expresarán su voluntad por conducto de sus administradores particulares.

En los condominios de servicios municipales, cuando no se haga la designación por los condóminos o el designado no se presentare a desempeñar su cargo, o lo abandonare, a petición de condóminos que representen el veinte por ciento de derechos, podrá la autoridad municipal hacer la designación que corresponda y estará en funciones todo el tiempo que sea necesario para ello a discreción del síndico del ayuntamiento.

En los condominios de servicios municipales destinados a cementerios, la designación siempre será hecha por el ayuntamiento del lugar de ubicación del condominio.

(ADICIONADO, P.O. 20 DE ABRIL DE 2000)

Cuando la asamblea de condóminos decida contratar servicios profesionales para su administración, el comité de vigilancia deberá celebrar contrato correspondiente conforme a las disposiciones aplicables, el cual no podrá exceder de un año, pudiendo ser renovado en tanto la asamblea de condóminos no determine lo contrario.

Art. 1012.- El administrador del condominio tiene las facultades y obligaciones siguientes:

I. Ser el ejecutor de los acuerdos de las asambleas de condóminos y del consejo de administración, así como el representante legal frente a terceros del condominio, con las facultades de un apoderado general judicial y para actos de administración, sin que las facultades de mandatario puedan ser sustituidas o delegadas salvo que así lo autorice expresamente el consejo de administración. Cuando el condominio forme parte de un condominio compuesto, acatar las resoluciones que dé el administrador general de éste; en caso de conflicto por instrucciones encontradas entre el administrador del condominio compuesto y el consejo de administración, se deberán someter obligatoriamente las diferencias a arbitraje de la Procuraduría de Desarrollo Urbano, quien a la brevedad resolverá lo conducente y sin que quepa algún recurso contra tal determinación;

II. Verificar y atender la operatividad, mantenimiento de instalaciones, servicios generales y conservación de la edificación;

III. Efectuar los gastos de mantenimiento y administración;

IV. Cobrar las cuotas y extender los recibos que amparen los pagos a cargo de los condóminos;

V. Llevar los libros y documentación que soporten los gastos efectuados, los que deberán tener una actualización no mayor de quince días hábiles;

VI. Llevar los libros del condominio, que cuando menos deberán ser tres:

a) El primer libro, que será para asentar las actas de asambleas de condóminos;

b) El segundo libro, para asentar las actas de asamblea del consejo de administración;

c) El tercer libro, para registrar los ingresos y egresos del condominio; y

d) Cuando así lo estime necesario la asamblea de condóminos podrán llevarse los libros de registros auxiliares que se requieran; también podrán utilizarse para llevar los registros auxiliares sistemas de cómputo.

Los libros antes indicados deberán ser autorizados en la primera hoja útil por el secretario del ayuntamiento de (sic) correspondiente a la ubicación del condominio.

Al realizarse los asientos en los libros señalados se deberán conservar como apéndice de dichas actas los documentos relativos a las mismas.

Cuando por cualquier circunstancia no fuere posible asentar el acta en el libro que corresponda, para su validez, deberá ser protocolizada por notario, con residencia o jurisdicción en el municipio en que esté asentado el condominio;

VII. Entregar en la primera quincena de los meses de abril, julio, octubre y enero de cada año, al condómino que lo solicite o tenerlo a disposición de los mismos en las oficinas de la administración, un estado de cuentas que señale:

a) Un informe analítico de los gastos del trimestre;

b) Un informe consolidado que demuestre y refleje los ingresos y las cuotas vencidas pendientes de pago;

c) Un listado general de los deudores explicando el origen de su adeudo;

d) Una relación de los acreedores explicando el origen de sus créditos; y

e) Los saldos en efectivo que existan;

VIII. Convocar a asamblea de condóminos;

IX. Auxiliar y en su caso hacer que se auxilie a los comités específicos que llegaren a formarse para la realización de una obra concreta o para el logro de un fin determinado; y

X. Las demás que le confiera este código o cualquier otro ordenamiento que le sea aplicable, la escritura constitutiva y el reglamento que se expida.

Art. 1013.- El acta que se levante con motivo de la designación del administrador y en su caso el otorgamiento de la fianza que se constituya para el desempeño de su cargo, serán protocolizadas y se tomará nota de ellas en la inscripción que al efecto se lleve en el Registro Público de la Propiedad, relativa a la constitución del régimen de propiedad en condominio.

Cuando la designación sea hecha por el ayuntamiento, bastará para su inscripción una copia certificada que expida el secretario del mismo, para proceder en los términos antes señalados.

(ADICIONADO, P.O. 20 DE ABRIL DE 2000)

Art. 1013 Bis.- Cuando la asamblea de condóminos designe una nueva administración, la saliente deberá entrega en un término que no exceda de quince días naturales al día de la designación, todos los documentos incluyendo los estados de cuenta, valores, muebles, inmuebles, y demás bienes que tuviera bajo su resguardo y responsabilidad, sin que dicho plazo pueda ampliarse sino por causa justificada que acrediten tal demora.

CAPÍTULO III
DEL CONSEJO DE ADMINISTRACIÓN

Art. 1014.- El consejo de administración se integrará con el número de miembros que se señalen en el reglamento.

Art. 1015.- Para ser consejero se requiere ser condómino u ocupante de alguna propiedad del condominio con el consentimiento del condómino y estar al corriente en el pago de cuotas al condominio.

Art. 1016.- El cargo de consejero es indelegable y honorario; sin embargo la asamblea general de condóminos, cuando así lo estime necesario podrá determinar el pago de alguna remuneración a sus integrantes, o a parte de ellos.

Art. 1017.- El consejo de administración tendrá las siguientes facultades y obligaciones:

I. Tener la representación permanente de los condóminos, para asuntos de interés común, con las facultades de un apoderado general judicial y para actos de administración;

II. Vigilar que el administrador cumpla con las obligaciones que se le imponen y pedir a éste informes y cuentas de sus gestiones, cuando lo estime necesario;

III. Reunirse cuando menos una vez al mes para recibir noticia del administrador, que podrá expresarse en forma oral u escrita respecto de la marcha y negocios del condominio verificando los estados contables y sus asientos en los libros;

IV. Comprobar las inversiones de los fondos de mantenimiento, administración y de reserva;

V. Coadyuvar con la administración en la observancia por los condóminos del cumplimiento de sus obligaciones;

VI. Rendir a la asamblea de condóminos, anualmente durante el primer trimestre, un informe de labores así como del estado general que guardan los asuntos del condominio y su posición financiera;

VII. Cuando se trate de condominios habitacionales y comerciales, autorizar la celebración de cualquier contrato que implique la ocupación y uso de los bienes y servicios comunes, por terceros extraños a los condóminos; en este caso, los contratos que se celebren en contravención a los reglamentos y a lo aquí estipulado, serán nulos de pleno derecho;

VIII. Autorizar al administrador para otorgar o conferir directamente poder general con facultades judiciales de administración en favor de quienes estime pertinente para defensa y representación de los intereses específicos del condominio. También podrá otorgar poderes especiales; y

IX. Los poderes que se confieran comprenden las facultades de articular y absolver posiciones, formular denuncias penales y coadyuvar con el ministerio público; adquirir bienes en remate o fuera de él haciendo las posturas y pujas que procedan celebrar los convenios de transacción, intentar y desistirse de juicios constitucionales de garantías. En los poderes bastará y será necesario que se relacionen los siguientes puntos:

a) El instrumento mediante el cual constituyó el régimen de condominio respecto de la edificación, destacándose el lugar y fecha, el notario autorizante, el número del instrumento, los bienes genéricos que se afectaron, su ubicación y los datos de su inscripción en el Registro Público de la Propiedad;

b) Las facultades que según el reglamento de condominio tengan los consejeros, independientemente de las establecidas en la ley;

c) Las reformas que en su caso se hubieren efectuado;

d) El acta mediante la cual se hizo la designación de los consejeros;

e) Los datos de la inscripción en el Registro Público de la Propiedad, en el cual se hubieren inscrito los instrumentos a que se refieren los puntos que anteceden; y

f) El acta de consejo en la que se acordó el otorgamiento del poder; ésta deberá ser transcrita en lo conducente.

Art. 1018.- El acta que se levante con motivo de la designación de los consejeros y sus anexos, deberá ser protocolizada por notario con residencia o jurisdicción en el municipio en que esté asentado el condominio y contener cuando menos:

I. El instrumento en el donde conste el acto mediante el cual se afectó la edificación al régimen de condominio, mencionándose el lugar y fecha, el notario autorizante, el número del instrumento, los bienes genéricos que se afectaron, su ubicación y los datos de su inscripción en el Registro Público de la Propiedad;

II. Las facultades que según el reglamento del condominio tengan los consejeros, independientemente de las establecidas en la ley;

III. Las reformas que en su caso se hubieren efectuado; y

IV. Se transcribirá en lo conducente el acta levantada.

De la escritura que contenga la protocolización, se tomará nota en la inscripción del condominio que se lleve en el Registro Público de la Propiedad.

El acta que se levante también deberá asentarse en el libro de actas del propio condominio.

(ADICIONADO, P.O. 27 DE ABRIL DE 2021)

Art. 1018 Bis.- Las sesiones del consejo de administración podrán celebrarse a distancia, mediante el uso de herramientas tecnológicas, Los temas que podrán ser abordados en este tipo de sesiones deben estar aprobados en los estatutos, o en caso contrario, los acuerdos tomados en la sesión a distancia deberán contar con la aprobación de por lo menos las dos terceras partes de los asociados.

Las sesiones para su validez deben contar con lo siguiente:

I. La identificación visual plena de sus integrantes;

II. La interacción e intercomunicación, en tiempo real, para propiciar la correcta deliberación de la (sic) ideas y asuntos;

III. Las votaciones que se realicen serán de carácter nominal asentando registro de las mismas; y

IV. Dejar registro audiovisual de la sesión y sus acuerdos.

En estos casos, las convocatorias serán realizadas también mediante el uso de herramientas tecnológicas que permitan dejar constancia de su envío.

La convocatoria de la celebración de sesiones a distancia así como la redacción y protocolización de las correspondientes actas, estarán sujetas a las mismas normas que rigen las sesiones presenciales, en lo que les sea aplicable.

CAPÍTULO IV
DE LAS ASAMBLEAS

Art. 1019.- La asamblea de condóminos es el órgano supremo de la administración.

Las asambleas para los condominios compuestos y simples serán ordinarias y extraordinarias.

Art. 1020.- La asamblea ordinaria se reunirá cuando menos una vez al año, dentro del primer trimestre y en ella se tratarán los asuntos siguientes:

I. El informe general sobre el condominio, tanto en bienes y servicios como su posición financiera;

II. La elección de los integrantes del consejo de administración y en su caso, de las comisiones especiales;

III. La designación del administrador; y

IV. La aprobación del presupuesto de ingresos y de egresos para el siguiente año.

Art. 1021.- La asamblea extraordinaria se reunirá en cualquier tiempo, cuando se requiera su decisión en alguno de los casos siguientes:

I. Modificar el reglamento del condominio;

II. Realizar obras voluntarias o de mejoramiento;

III. Transformar y disponer de los bienes comunes;

IV. Acordar sobre la extinción del régimen de propiedad en condominio;

V. Incorporar nuevas áreas al régimen de propiedad en condominio o separar áreas afectas al mismo;

VI. Pedir al juez se obligue a un condómino a la venta de sus derechos;

VII. Acordar la reconstrucción del inmueble afecto al régimen de condominio; y

VIII. Las demás decisiones que correspondan a los condóminos reunidos en asamblea.

Art. 1022.- Las asambleas serán convocadas por:

I. El administrador;

II. El consejo de administración;

III. El juez de primera instancia del ramo civil con jurisdicción en el municipio de ubicación del condominio, a requerimiento de un grupo de condóminos que representen por lo menos una quinta parte de derechos; o a petición de cualquier condómino, cuando se dejen de celebrar por más de un año; y

IV. En los casos de condominios de servicios municipales, por el presidente del municipio de ubicación del condominio.

Art. 1023.- Para que se declare legalmente instalada la asamblea ordinaria en primera convocatoria, será necesario que concurran a ella condóminos que representen cuando menos el cincuenta y uno por ciento sobre los derechos del condominio.

Si no se reuniere el porcentaje antes señalado, se convocará por segunda vez a los condóminos para que celebren asamblea en un plazo no menor de siete, ni mayor de quince días y esta se efectuará con los que asistan.

Las resoluciones que se tomen en las asambleas ordinarias serán válidas cuando se decida el negocio por condóminos que tengan la mayoría porcentual de los derechos sobre el condominio, que estén representados por los asistentes a la misma.

Por lo que se refiere a la asamblea extraordinaria, podrá celebrarse con el número de condóminos que asistan, pero sólo serán válidos los acuerdos que en ella se tomen, si son aprobados por condóminos que representen cuando menos el setenta y cinco por ciento de los derechos sobre el condominio. Esta aprobación se tendrá, ya sea mediante asamblea en la que concurran condóminos cuyos votos representen tal porcentaje, o se complementen en los siguientes treinta días naturales a su celebración, con condóminos ausentes a la asamblea, quienes en forma auténtica se manifiesten sabedores de los acuerdos tomados y los aprueben.

Los acuerdos tomados en asamblea legalmente constituida, obligan a los ausentes, disidentes y en su caso, a los ocupantes por cualquier título.

Quien no haya asistido a la celebración de la asamblea alegando no haber sido convocado en forma legal, podrá demandar la inoponibilidad de los acuerdos tomados en la misma, dentro de los siguientes treinta días naturales a la fecha de su celebración, siempre y cuando no hayan ejecutado actos que impliquen la aprobación de los acuerdos a que se oponen, o su realización fuera hecha con la advertencia de que no implica conformidad con la misma. La resolución judicial que se dicte sólo tendrá efectos respecto de quien la promovió.

Art. 1024.- Las reglas anteriormente señaladas rigen para los condominios compuestos y para los condominios simples.

Las asambleas serán presididas por quien designen los condóminos asistentes a ellas, tomándose la votación por mayoría de personas asistentes a la misma, independientemente del porcentaje que representen en el condominio. El administrador podrá ser designado presidente de la asamblea.

Art. 1025.- Las convocatorias para la celebración de la asamblea serán suscritas por quien las haga.

Las asambleas deberán verificarse invariablemente en el municipio de la ubicación del condominio, buscando siempre la mayor comodidad y fácil acceso a los condóminos; preferentemente se deberán desarrollar en la unidad condominal.

La convocatoria para asamblea ordinaria deberá hacerse cuando menos con quince días naturales de anticipación a la fecha en que deba celebrarse.

La convocatoria para asamblea extraordinaria deberá hacerse cuando menos con veinte días naturales de anticipación a la fecha en que deba celebrarse.

En ambos casos, la convocatoria se fijará en los lugares visibles de la edificación del condominio en la fecha en que se expida. Además, deberá citarse por medio del servicio postal con acuse de recibo, a los condóminos que lo requieran en el domicilio que para estos casos tengan registrado en la administración. El depósito de la correspondencia en el correo, deberá hacerse con la misma anticipación que se señala para su fijación, debiéndose conservar los acuses de recibo para acreditar lo anterior.

Cuando la convocatoria se formule por la autoridad judicial o la municipal, bastará que se publique con la misma anticipación en uno de los periódicos de amplia circulación en el Estado, así como en el Periódico Oficial "El Estado de Jalisco" y sin perjuicio de que se coloque un ejemplar de la convocatoria en los lugares visibles del condominio.

La convocatoria deberá señalar el día y la hora para la cual se cita a la asamblea, la clase de asamblea a verificar, el lugar de la reunión y los puntos a considerarse.

Cualquier asunto tratado en la asamblea y que no éste comprendido en el orden del día, no tendrá fuerza legal alguna, salvo el caso de que hayan estado representados el cien por ciento de personas e intereses.

(ADICIONADO, P.O. 27 DE ABRIL DE 2021)

Art. 1025 Bis.- Las sesiones de la asamblea de condóminos podrán celebrarse a distancia, mediante el uso de herramientas tecnológicas, Los temas que podrán ser abordados en este tipo de sesiones deben estar aprobados en su reglamento, o en caso contrario, los acuerdos tomados en la sesión a distancia deberán contar con la aprobación de por lo menos las dos terceras partes de los asociados.

Las sesiones para su validez deben contar con lo siguiente:

I. La identificación visual plena de sus integrantes;

II. La interacción e intercomunicación, en tiempo real, para propiciar la correcta deliberación de la (sic) ideas y asuntos;

III. Las votaciones que se realicen serán de carácter nominal asentando el registro de las mismas; y

IV. Dejar registro audiovisual de la sesión y sus acuerdos.

Las convocatorias a la asamblea de condóminos serán realizadas también mediante el uso de herramientas tecnológicas que permitan dejar constancia de su envío.

La convocatoria de la celebración de sesiones a distancia así como la redacción y protocolización de las correspondientes actas, estarán sujetas a las mismas normas que rigen las sesiones presenciales, en lo que les sea aplicable.

CAPÍTULO V
DE LAS CUOTAS

Art. 1026.- Los condóminos deberán contribuir para sufragar los gastos de mantenimiento y operación de las instalaciones y servicios del condominio, como también para constituir y conservar fondos de reserva, en base al porcentaje que sobre el condominio represente cada unidad privativa; pero cuando un condominio conste de diferentes elementos y comprenda varias escaleras, patios, jardines, obras e instalaciones como ascensores, montacargas, antenas y otros elementos o aparatos, de uso exclusivo de uno o varios condóminos, los gastos que por ello se originen serán a cargo de quienes directa y exclusivamente se sirvan.

Cuando se decrete la realización de una obra de mejoramiento o voluntaria, en el mismo acuerdo deberán fijarse las bases para cubrir su costo.

Tratándose de condominios de servicios municipales y cuando no hubiere acuerdo entre los condóminos, la fijación de las cuotas condominales deberá hacerse por el tesorero del municipio de la ubicación del condominio.

Art. 1027.- Cuando se trate de condominios compuestos se seguirán las mismas reglas para el pago de las cuotas, tanto ordinarias como extraordinarias en que se incurran.

Art. 1028.- Las cuotas a cargo de los condóminos deberán pagarse por adelantado, precisamente en la fecha establecida y, en caso de no hacerse, se pagará como perjuicio hasta la cantidad que resulte de considerar el tipo de interés moratorio promedio que se fije por las dos mayores instituciones de crédito en el país, en préstamos ordinarios quirografarios a treinta días, según se determine en el reglamento.

Art. 1029.- Es título ejecutivo el estado de cuenta que se emita después de haber transcurrido noventa días de haberse vencido el plazo para el pago y que sea suscrito por el administrador con la aprobación del presidente del consejo de administración.

El estado de cuenta aquí indicado deberá precisar con toda claridad el importe y origen del adeudo, ya que éstos pueden provenir tanto por falta de pago de cuotas, como por alguna otra responsabilidad que se derive a cargo del condómino, asimismo el pago de los perjuicios que causen.

Cuando se trate de condominios de servicios municipales el cobro de los adeudos podrá hacerse por conducto de la Tesorería Municipal del lugar de ubicación del condominio, considerándose para todos los efectos legales como créditos municipales.

Los ocupantes o usuarios del condominio por cualquier título, son solidariamente responsables con los condóminos del pago de las cuotas ordinarias y extraordinarias que se establezcan, así como de cualquier responsabilidad que les resulte a sus acciones.

(ADICIONADO, P.O. 20 DE ABRIL DE 2000)

Art. 1029 Bis.- Todo condómino tendrá derecho a que se le expida del (sic) estado de cuenta que guarde en el condominio.

Cuando se celebre un contrato traslativo de dominio en relación a una unidad privativa, el notario público que elabore la escritura, deberá exigir a la parte vendedora la entrega de la constancia de no adeudo expedida por el administrador del condominio.

Art. 1030.- Las obligaciones a cargo del condominio, se ejecutarán sobre los fondos del patrimonio común; en caso de no ajustar con el mismo, el excedente deberá ser pagado proporcionalmente, al interés que cada condómino represente.

CAPÍTULO VI
DE LAS CONTROVERSIAS

Art. 1031.- Cuando surjan controversias entre los condóminos por los derechos que les competan en el uso de sus unidades privativas y bienes comunes, se resolverán conforme a las reglas siguientes:

I. Las controversias entre condóminos deberán sujetarse necesariamente al arbitraje del consejo de administración;

II. Cuando estas controversias se susciten en condominios de servicios municipales, se deberán someter al arbitraje del secretario del ayuntamiento del lugar de ubicación del condominio;

III. El Código de Procedimientos Civiles del Estado será supletorio en estos negocios; y

IV. Las demás controversias que surjan, serán ventiladas ante el juez de primera instancia del domicilio de ubicación del condominio.

Art. 1032.- El condómino que reiteradamente deje de cumplir sus obligaciones o injustificadamente cause conflictos a los demás condóminos será demandado por el administrador ante el Juez de Primera Instancia de la ubicación del condominio, para que en subasta pública se vendan al mejor postor sus derechos condominales, en los términos que para los remates señala el Código de Procedimientos Civiles del Estado.

A la demanda se acompañarán como documentos fundatorios de la misma, copia de la escritura de constitución del régimen de condominio, las reformas que hubiere sufrido la misma, certificado de gravámenes expedido por el Registro Público de la Propiedad y del testimonio de la escritura que contenga la protocolización del Acta de Asamblea Extraordinaria que acuerde la medida, misma que para ser válida deberá ser tomada por más de la mitad del total de los condóminos. En los casos de los condominios compuestos, bastará con que lo acuerden el más de la mitad de los titulares de la unidad condominal a la que pertenezca el condómino cuya exclusión se promueve.

El juez dará entrada a la demanda y dará vista al condómino afectado, previniéndole para que en el término de ley haga la designación del perito valuador que le corresponde apercibiéndole que de no hacerlo lo hará el juzgado en su rebeldía.

Rendido el peritaje se señalará día y hora para que tenga verificativo la almoneda.

Art. 1033.- Si quien no cumple con sus obligaciones fuese ocupante no propietario, será demandado por la desocupación del departamento, vivienda, casa o local, por el administrador, previo consentimiento del condominio. Si éste se opusiere, se procederá contra ambos, en términos del artículo anterior.

CAPÍTULO VII
DE LA DESTRUCCIÓN Y EXTINCIÓN

Art. 1034.- Si la edificación afecta al régimen de condominio se destruyere en su totalidad o en una proporción que represente por lo menos las tres cuartas partes de su valor, cualesquiera de los condóminos podrá pedir la división de los bienes comunes con arreglo a las disposiciones generales sobre la copropiedad.

Si la destrucción no alcanza la gravedad que se indica, mediante asamblea extraordinaria se resolverá sobre su reconstrucción.

Los condóminos que queden en minoría están obligados a contribuir a la reconstrucción en la proporción que les corresponda, o a vender sus derechos a los mayoritarios, según valuación pericial.

Las reglas anteriores se observarán también en caso de ruina o de inoperabilidad de la edificación.

CAPÍTULO VIII
DE LOS CONDOMINIOS HABITACIONALES DUPLEX

Art. 1035.- Esta modalidad de condominios es aplicable exclusivamente, para aprovechar la superficie e infraestructura urbana de un predio sobre el que se edifican dos viviendas.

Art. 1036.- Cada una de las viviendas representará la mitad de la totalidad de los derechos comunes del inmueble.

Art. 1037.- Serán aplicables para el funcionamiento de este tipo de condominios las siguientes bases:

I. Deberán constituirse mediante escritura pública, en la que se insertará la descripción general del condominio; descripción particular de cada una de las viviendas, los permisos para su edificación o habitabilidad que otorguen las autoridades de urbanización; el pago de los impuestos y derechos que se generen; los planos a escala del inmueble y de cada vivienda; y en su caso, el reglamento particular del condominio;

II. Las decisiones que se tomen para el mantenimiento y conservación del condominio, así como cualquier variación al mismo, deberán siempre de tomarse por común acuerdo entre los condóminos;

III. Los gastos que se originen por la conservación del condominio serán siempre por partes iguales;

IV. Los condóminos deberán usar en igualdad de circunstancias los bienes de uso común, pudiéndose delimitar para uso reservado de cada una de las unidades habitacionales los espacios correspondientes a las azoteas y lugares de estacionamiento;

V. En caso de destrucción, ruina o inoperabilidad de la edificación, los condóminos deberán decidir conjuntamente sobre la reconstrucción, demolición o enajenación del inmueble;

VI. En caso de que los condóminos no se pongan de acuerdo sobre los cuatro puntos anteriores, cualquiera de ellos podrá ocurrir ante la Procuraduría del Desarrollo Urbano en procedimiento arbitral forzoso, para que con audiencia del otro condómino y siguiendo las formalidades que para el trámite de los incidentes regula el Código de Procedimientos Civiles del Estado, dicte la resolución que corresponda, la cual será obligatoria para las partes involucradas. Cuando existan acreedores hipotecarios o quirografarios, también deberá dárseles intervención para salvaguarda de sus intereses; y

VII. Cada una de las unidades habitacionales podrá ser enajenada libremente por sus titulares, sin que el otro condómino tenga para ello derecho al tanto.

Art. 1038.- Cuando surja alguna circunstancia no prevista en el reglamento particular que se emita para el condominio o en éste capítulo, se aplicarán de manera supletoria las bases que para la copropiedad se refiere en este código.

TÍTULO SÉPTIMO
DEL USUFRUCTO

CAPÍTULO I
DEL USUFRUCTO EN GENERAL

Art. 1039.- El usufructo es el derecho real y temporal de disfrutar de los bienes ajenos sin alterar su substancia ni su forma, salvo pacto en contrario.

Art. 1040.- El usufructo puede constituirse por disposición legal, contrato, testamento o usucapión.

Art. 1041.- Puede constituirse el usufructo a favor de una o varias personas, simultánea o sucesivamente.

Art. 1042.- Si se constituye a favor de varias personas simultáneamente, sea por herencia, sea por contrato, cesando el derecho de una de las personas, pasará al propietario, salvo que al constituirse el usufructo se hubiere dispuesto que acrezca a los otros usufructuarios.

Art. 1043.- Si se constituye sucesivamente, el usufructo no tendrá lugar sino en favor de las personas que existan al tiempo de comenzar el derecho del primer usufructuario.

Art. 1044.- El usufructo puede constituirse desde o hasta cierto día, puramente y bajo condición.

Art. 1045.- Es vitalicio el usufructo si en el título constitutivo no se expresa lo contrario.

Art. 1046.- Los derechos y obligaciones del usufructuario y del propietario se arreglan, en todo caso, por el título constitutivo del usufructo.

Art. 1047.- Las corporaciones que no pueden adquirir, poseer o administrar bienes raíces, tampoco pueden tener usufructo constituido sobre bienes de esta clase.

Art. 1048.- Las personas o sociedades que necesiten llenar algún requisito para adquirir bienes raíces, deberán satisfacerlo igualmente para tener el usufructo sobre ellos.

Art. 1049.- El propietario y el usufructuario, en su caso, tendrán recíprocamente el derecho del tanto.

CAPÍTULO II
DE LOS DERECHOS DEL USUFRUCTUARIO

Art. 1050.- El usufructuario tiene derecho de ejercitar todas las acciones y excepciones reales, personales o posesorias, así como de ser considerado como parte en todo litigio, aunque sea seguido por el propietario, siempre que en él se interese el usufructo.

Art. 1051.- El usufructuario tiene derecho de percibir todos los frutos, sean naturales, industriales o civiles.

Art. 1052.- Los frutos naturales o industriales pendientes al tiempo de comenzar el usufructo, pertenecerán al usufructuario. Los pendientes al tiempo de extinguirse el usufructo, pertenecen al propietario. Ni éste ni el usufructuario tienen que hacerse abono alguno por razón de labores, semillas u otros gastos semejantes.

Lo dispuesto en este artículo no perjudica a los aparceros o arrendatarios que tengan derecho de percibir alguna porción de frutos, al tiempo de comenzar o extinguirse el usufructo.

Art. 1053.- Los frutos civiles pertenecen al usufructuario en proporción del tiempo que dure el usufructo, aun cuando no estén cobrados.

Art. 1054.- Si el usufructo comprendiere cosas que se deterioren por el uso, el usufructuario tendrá derecho a servirse de ellas, empleándolas según su destino; no estará obligado a restituirlas al concluir el usufructo, sino en el estado en que se encuentren; pero tiene obligación de indemnizar al propietario del deterioro que hubiere sufrido por dolo o negligencia.

Art. 1055.- Si el usufructo se constituye sobre capitales impuestos a réditos, el usufructuario sólo hace suyos éstos y no aquéllos, pero para que el capital se redima anticipadamente, para que se haga novación de la obligación primitiva, para que se sustituya la persona del deudor, si no se trata de derechos garantizados con gravamen real, así como para que el capital redimido vuelva a imponerse, se necesita el consentimiento del usufructuario.

Art. 1056.- El usufructuario de un monte disfruta de todos los productos que provengan de éste, según su naturaleza.

Art. 1057.- Si el monte fuere talar o de maderas de construcción, podrá el usufructuario hacer en él las talas o cortes ordinarios que haría el dueño, acomodándose en el modo, porción o época a las leyes especiales o a las costumbres del lugar, sin que en ningún caso y por algún concepto le sea permitido que por estas actividades se rompa el equilibrio ecológico.

Art. 1058.- En los demás casos, el usufructuario no podrá cortar árboles por el pie, como no sea para reponer o reparar algunas de las cosas usufructuadas; y en este caso acreditará previamente al propietario la necesidad de la obra.

Art. 1059.- El usufructuario podrá utilizar los viveros, sin perjuicio de su conservación y según las costumbres del lugar y lo dispuesto en las leyes respectivas.

Art. 1060.- Corresponde al usufructuario el fruto de los aumentos que reciban las cosas por accesión y el goce de las servidumbres que tengan a su favor.

Art. 1061.- No corresponden al usufructuario los productos de las minas que se exploten en el terreno dado en usufructo, a no ser que expresamente se le concedan en el título constitutivo del usufructo o que éste sea universal; pero debe indemnizarse al usufructuario de los daños y perjuicios que se le originen por la interrupción del usufructo a consecuencia de las obras que se practiquen para el trabajo de las minas.

Art. 1062.- El derecho de usufructo, concedido gratuitamente, no puede ser enajenado, arrendado, ni gravado sin autorización expresa y por escrito del dueño del bien sobre el cual se ejerce, quedando en todo caso la cesión, el arrendamiento o el gravamen, sujetos a los términos y condiciones del derecho mismo.

Art. 1063.- El usufructuario puede hacer mejoras útiles y puramente voluntarias; pero no tiene derecho de reclamar su pago, aunque sí puede retirarlas, siempre que sea posible hacerlo sin detrimento del bien en que esté constituido el usufructo.

Art. 1064.- El propietario de bienes en que otro tenga el usufructo, puede enajenarlos con la condición de que se conserve el usufructo.

CAPÍTULO III
DE LAS OBLIGACIONES DEL USUFRUCTUARIO

Art. 1065.- El usufructuario, antes de entrar en el goce de los bienes, está obligado a:

I. Formar a sus expensas, con citación del dueño, un inventario de todos ellos, haciendo tasar los muebles y constar el estado en que se hallen los inmuebles; y

II. Dar la correspondiente garantía de que disfrutará de las cosas con moderación y las restituirá al propietario con sus accesiones al extinguirse el usufructo, no empeoradas ni deterioradas por su negligencia, salvo que el usufructuario hubiere enajenado el bien.

Art. 1066.- El donador que se reserva el usufructo de los bienes donados, está dispensado de dar la garantía referida, si no se ha obligado expresamente a ello.

Art. 1067.- El que se reserva la propiedad, puede dispensar al usufructuario de la obligación de garantizar.

Art. 1068.- Si el usufructo fuere constituido por contrato, el que contrató quedare de propietario y no exigiere en el contrato la fianza, no estará obligado el usufructuario a darla; pero si quedare de propietario un tercero, podrá pedirla aunque no se haya estipulado en el contrato.

Art. 1069.- Si el usufructo se constituye por título oneroso y el usufructuario no presta la correspondiente garantía, el propietario tiene el derecho de intervenir la administración de los bienes para procurar su conservación, sujetándose a las condiciones prescritas en el artículo 1105 y percibiendo la retribución que en él se concede.

Cuando el usufructo es a título gratuito y el usufructuario no otorga la garantía, se extingue este derecho.

Art. 1070.- El usufructuario, dada la garantía, tendrá derecho a todos los frutos del bien desde el día en que, conforme al título constitutivo del usufructo, debió comenzar a percibirlos.

Art. 1071.- En los casos de que sea causado daño al bien materia del usufructo en virtud de arrendamiento, el usufructuario es responsable del menoscabo que tengan los bienes por culpa o negligencia de la persona que le sustituya.

Art. 1072.- Si el usufructo se constituye sobre ganados, el usufructuario está obligado a reemplazar con las crías, las cabezas que falten por cualquier causa.

Art. 1073.- Si el ganado en que se constituyó el usufructo perece, sin culpa del usufructuario, por efecto de una epizootia o de algún otro acontecimiento no común, el usufructuario cumple con entregar al dueño los despojos que se hayan salvado de esa calamidad.

Art. 1074.- Si el rebaño perece en parte y sin culpa del usufructuario, continuará el usufructo la parte que queda.

Art. 1075.- El usufructuario de árboles frutales está obligado a la replantación de los pies muertos naturalmente.

Art. 1076.- Si el usufructo se ha constituido a título gratuito, el usufructuario está obligado a hacer las reparaciones indispensables para mantener el bien en el estado en que se encontraba cuando lo recibió.

Art. 1077.- El usufructuario no está obligado a hacer dichas reparaciones, si la necesidad de éstas proviene de la vejez, vicio intrínseco o deterioro grave del bien anterior a la constitución del usufructo.

Art. 1078.- Si el usufructuario quiere hacer las reparaciones referidas, debe obtener antes el consentimiento del dueño; y en ningún caso tiene derecho de exigir indemnización de ninguna especie.

Art. 1079.- El propietario, en los supuestos de vejez, vicio intrínseco o deterioro grave del bien anterior al usufructo, no está obligado a hacer las reparaciones, y si las hace no tiene derecho a exigir indemnización.

Art. 1080.- Si el usufructo se ha constituido a título oneroso, el propietario tiene obligación de hacer todas las reparaciones convenientes para que el bien, durante el tiempo estipulado en el convenio, pueda producir los frutos que ordinariamente se obtenían de él al tiempo de la entrega.

Art. 1081.- Si el usufructuario quiere hacer en este caso las reparaciones, deberá dar aviso al propietario y, previo este requisito, tendrá derecho para cobrar su importe al fin del usufructo.

Art. 1082.- La omisión del aviso al propietario, hace responsable al usufructuario de la destrucción, pérdida o menoscabo del bien por falta de las reparaciones y le priva del derecho de pedir indemnización si él las hace.

Art. 1083.- Toda disminución de los frutos que provenga de imposición de contribuciones o cargas ordinarias sobre la finca o cosa usufructuada, es por cuenta del usufructuario.

Art. 1084.- La disminución que por las propias causas se verifique no en los frutos, sino en la misma finca o cosa usufructuada, será por cuenta del propietario; y si éste, para conservar íntegro el bien hace el pago, tiene derecho de que se le abonen los intereses de la suma pagada, por todo el tiempo que el usufructuario continúe gozando del bien.

Art. 1085.- Si el usufructuario hace el pago de la cantidad, no tiene derecho de cobrar intereses, quedando compensados éstos con los frutos que reciba.

Art. 1086.- El que por sucesión adquiere el usufructo universal, está obligado a pagar por entero el legado de renta vitalicia o pensión de alimentos.

Art. 1087.- El que por el mismo título adquiera una parte del usufructo universal, pagará el legado o la pensión en proporción a su cuota.

Art. 1088.- El usufructuario particular de una finca hipotecada no está obligado a pagar las deudas para cuya seguridad se constituyó la hipoteca.

Art. 1089.- Si la finca se embarga o se vende por la autoridad para el pago de la deuda, el propietario responde al usufructuario de lo que pierda por este motivo, si no se ha dispuesto otra cosa al constituir el usufructo.

Art. 1090.- Si el usufructo es de todos los bienes de una herencia o de una parte de ellos, el usufructuario podrá anticipar las sumas que para el pago de las deudas hereditarias correspondan a los bienes usufructuados; y tendrá derecho de exigir del propietario su restitución, sin intereses, al extinguirse el usufructo.

Art. 1091.- Si el usufructuario se negare a hacer la anticipación de que habla el artículo que precede, el propietario podrá hacer que se venda la parte de bienes que baste para el pago de la cantidad que aquél debía satisfacer, según la regla establecida en dicho artículo.

Art. 1092.- Si el propietario hiciere la anticipación por su cuenta, el usufructuario pagará el interés del dinero, por todo el tiempo que continúe gozando el bien.

Art. 1093.- Si los derechos del propietario son perturbados por un tercero, sea del modo o por el motivo que fuere, el usufructuario está obligado a ponerlo en conocimiento de aquél; y si no lo hace, es responsable de los daños que resulten, como si hubiesen sido ocasionados por su culpa.

Art. 1094.- Los gastos, costas y condenas de los pleitos sostenidos sobre el usufructo, son por cuenta del propietario, si el usufructo se ha constituido por título oneroso, y del usufructuario, si se ha constituido por título gratuito.

Art. 1095.- Si el pleito interesa al mismo tiempo al dueño y al usufructuario, contribuirán a los gastos en proporción de sus derechos respectivos, si el usufructo se constituyó a título gratuito; pero el usufructuario en ningún caso estará obligado a responder por más de lo que produce el usufructo.

Art. 1096.- Si el usufructuario, sin citación del propietario, o éste sin la de aquél, ha seguido un pleito, la sentencia favorable aprovecha al no citado y la adversa, no le perjudica.

CAPÍTULO IV
DE LOS MODOS DE EXTINGUIRSE EL USUFRUCTO

Art. 1097.- El usufructo se extingue:

I. Por muerte del usufructuario;

II. Por vencimiento del plazo por el cual se constituyó;

III. Por cumplirse la condición impuesta en el título constitutivo para la cesación de este derecho;

IV. Por la reunión del usufructo y de la propiedad en una misma persona; mas si la reunión se verifica en un solo bien o parte de lo usufructuado, en lo demás subsistirá el usufructo;

V. Por usucapión, conforme a lo prevenido respecto de los derechos reales;

VI. Por la renuncia expresa del usufructuario, salvo lo dispuesto respecto de las renuncias hechas en fraude de los acreedores;

VII. Por la pérdida total del bien que era objeto del usufructo. Si la destrucción no es total, el derecho continúa sobre lo que del bien haya quedado;

VIII. Por la cesación del derecho del que constituyó el usufructo, cuando teniendo un dominio revocable llega el caso de la revocación; y

IX. Por no dar garantía el usufructuario por título gratuito, si el dueño no le ha eximido de esa obligación.

Art. 1098.- La muerte del usufructuario no extingue el usufructo cuando éste se ha constituido a favor de varias personas sucesivamente, en tal caso entra al goce del mismo la persona que corresponda.

Art. 1099.- El usufructo constituido a favor de personas jurídicas, que puedan adquirir y administrar bienes raíces, sólo durará veinte años; cesando antes, en el caso de que dichas personas dejen de existir.

Art. 1100.- El usufructo concedido por el tiempo que tarde un tercero en llegar a cierta edad, dura el numero de años prefijados aunque el tercero muera antes.

Art. 1101.- Si el usufructo está constituido sobre un edificio y éste se arruina en un incendio, por vetustez, o por algún otro accidente, el usufructuario no tiene derecho a gozar del solar, ni de los materiales; más si estuviere constituido sobre una hacienda, quinta o rancho de que sólo forme parte el edificio arruinado, el usufructuario podrá continuar usufructuando el solar y los materiales.

Art. 1102.- Si el bien usufructuado fuere expropiado por causa de utilidad pública, el propietario está obligado, bien a sustituirlo con otro de igual valor y análogas condiciones, o bien a abonar al usufructuario el interés legal del importe de la indemnización por todo el tiempo que debía durar el usufructo. Si el propietario optare por lo último, deberá garantizar el pago de los réditos.

Art. 1103.- El impedimento temporal por caso fortuito o fuerza mayor, no extingue el usufructo ni da derecho a exigir indemnización del propietario.

Art. 1104.- El tiempo del impedimento se tendrá por corrido para el usufructuario, de quien serán los frutos que durante él pueda producir el bien.

Art. 1105.- El usufructo no se extingue por el mal uso que haga el usufructuario del bien usufructuado; pero si el abuso es grave, el propietario puede pedir que se le ponga en posesión de los bienes, obligándose, mediante garantía, a pagar anualmente al usufructuario el producto líquido de los mismos, por el tiempo que dure el usufructo, deducido el premio de administración que el juez le acuerde.

Art. 1106.- Terminado el usufructo, los contratos que respecto de él haya celebrado el usufructuario, no obligan al propietario; éste entrará en posesión del bien sin que contra él tengan derecho los que contrataron con el usufructuario para pedirle indemnización por la disolución de los contratos ni por las estipulaciones de estos derechos, que solo, pueden hacer valer contra el usufructuario y sus herederos, salvo lo dispuesto en el artículo 1062.

TÍTULO OCTAVO
DEL USO Y DE LA HABITACIÓN

CAPÍTULO ÚNICO

Art. 1107.- El uso da derecho para percibir, de los frutos de una cosa ajena, los que basten a las necesidades del usuario y su familia, aunque ésta aumente.

Art. 1108.- La habitación da, a quien tiene este derecho, la facultad de ocupar gratuitamente, en casa ajena, las piezas necesarias para sí y para las personas de su familia.

Art. 1109.- El usuario y el que tiene derecho de habitación en un edificio, no pueden enajenar, gravar, ni arrendar en todo ni en parte su derecho a otro, ni estos derechos pueden ser embargados por sus acreedores.

Los derechos de uso de habitación se extinguen con la muerte de su titular, y siempre se entienden concedidos en atención a la calidad de la persona.

Art. 1110.- Los derechos y obligaciones del usuario y del que tiene el goce de habitación, se arreglarán por los títulos respectivos y, en su defecto, por las disposiciones siguientes.

Art. 1111.- Las disposiciones establecidas para el usufructo son aplicables a los derechos de uso y de habitación, en cuanto no se opongan a lo ordenado en el presente capítulo.

Art. 1112.- El que tiene derecho de uso sobre un ganado, puede aprovecharse de las crías, leche y lana en cuanto baste para su consumo y el de su familia.

Art. 1113.- Si el usuario consume todos los frutos de los bienes, o el que tiene derecho de habitación ocupa todas las piezas de la casa, quedan obligados a todos los gastos de cultivo, reparaciones y pago de contribuciones, lo mismo que el usufructuario; pero si el primero sólo consume parte de los frutos, o el segundo sólo ocupa parte de la casa, no deben contribuir en nada, siempre que al propietario le quede una parte de frutos o aprovechamientos bastantes para cubrir los gastos y cargas.

Art. 1114.- Si los frutos que quedan al propietario no alcanzan a cubrir los gastos y cargas, la parte que falte será cubierta por el usuario o por el que tiene derecho a la habitación.

TÍTULO NOVENO
DERECHO DE USO EN TIEMPO COMPARTIDO

CAPÍTULO I
DISPOSICIONES GENERALES

Art. 1115.- El derecho de uso en tiempo compartido es el régimen jurídico a que se afecta una edificación y el mobiliario útil para ello, con la finalidad de que sea aprovechado para fines turísticos en forma conjunta, separada y sucesivamente por los adquirentes a quienes se denominará compartidarios y compartidor a los afectantes.

Se considera como operador para los fines de este artículo a quien tiene el cuidado y mantenimiento del desarrollo.

Art. 1116.- Los derechos y obligaciones de las partes, se rigen por la ley en lo general; por el reglamento que expida quien afecta el bien a la modalidad de tiempo compartido; y en lo particular, por los contratos y convenios que en cada caso se celebren.

Los derechos de los compartidarios no tienen la categoría de reales y no son renunciables.

Art. 1117.- La afectación a la modalidad de uso en tiempo compartido, en los términos de este capítulo, puede comprender propiedades individuales o integrantes de un régimen de condominio, e igualmente puede coexistir con otros servicios turísticos.

Art. 1118.- Para poder celebrar válidamente cualquier clase de actos jurídicos en forma directa o indirecta de desarrollos sujetos a la modalidad de tiempo compartido, ubicados en el Estado de Jalisco así como para realizar cualquier clase de campaña publicitaria, se requiere previamente afectar el inmueble en cuestión al régimen de uso en tiempo compartido, e inscribirle en el Registro Público de la Propiedad.

Cuando esté en proceso de edificación el desarrollo turístico, para su promoción y publicidad deberá contarse con la autorización del ayuntamiento, misma que se otorgará en forma discrecional y una vez que se hubiere constituido ante ella las garantías para responder, tanto por la terminación de las obras como por la calidad de las mismas.

Si los bienes sujetos a esta modalidad están ubicados fuera del Estado de Jalisco, los promotores deberán insertar de manera clara en todos los contratos, folletos promocionales y demás propaganda, que las relaciones con los adquirentes se sujetarán a las disposiciones vigentes en el lugar de ubicación.

En los lugares de promoción, existirá la obligación de advertir que el producto en venta no tiene la protección de las leyes del Estado de Jalisco.

Art. 1119.- Una vez inscrita en el Registro Público de la Propiedad la escritura de afectación, no podrá modificarse sino en los casos siguientes:

I. Cuando se hagan mejoras al bien inmueble sujeto a este derecho que tengan como consecuencia el aumento a las áreas recreativas, o sin disminuir éstas, la incorporación de nuevas propiedades o superficie a la edificación; y

II. Cuando se amplíe el término de duración de la sujeción a esta modalidad.

En ningún caso se podrá modificar en perjuicio de los compartidarios el destino del inmueble, la superficie de las unidades privativas, ni las destinadas a áreas verdes recreativas, deportivas y de estacionamiento.

Art. 1120.- La afectación se hará en escritura pública por quien tenga la libre disposición del bien y en ella se hará constar lo siguiente:

I. Los antecedentes de propiedad y en su caso el título que origine la libre disposición;

II. La ubicación, medidas y linderos de su perímetro territorial, además, cuando sea parte de un condominio, los derechos y obligaciones a que estén sujetos los usuarios de éste;

III. Una descripción general de las construcciones y obras de infraestructura, así como del mobiliario y demás equipamiento que corresponda;

IV. El plazo de afectación a esta modalidad de uso;

V. Un certificado de gravámenes que reporte el bien; cuando ya exista algún gravamen anterior, constancia de quien resulte acreedor, respecto de la modalidad y cuantía del mismo;

VI. En su caso, las condiciones y facultades para constituir otros gravámenes o limitaciones de dominio;

VII. Un plano arquitectónico general a escala, del inmueble y en su caso, los planos de cada una de las unidades vacacionales;

VIII. La descripción general del inmueble y cuando se ubique en un condominio, las áreas comunes a que se tiene derecho a usar;

IX. La descripción general de instalaciones que puedan ser disfrutadas por los compartidarios, tales como albercas, áreas de estacionamiento y canchas deportivas;

X. La descripción de los materiales de construcción y de los bienes muebles implementados para su aprovechamiento;

XI. El reglamento interior, el que invariablemente deberá de señalar:

a) La forma, condiciones y horario de prestar los servicios turísticos;

b) Los casos, condiciones y requisitos para que opere la cesión de derechos de los compartidarios;

c) Los casos, condiciones y requisitos en que opera el intercambio de los derechos de los compartidarios con otros desarrollos; y

d) El máximo número de ocupantes por cada unidad vacacional;

XII. Las autorizaciones que para la edificación y afectación del inmueble tengan que expedir las autoridades municipales, de urbanización, salubridad y turismo; y

XIII. Los permisos de habitabilidad u ocupación cuando ya esté concluida la edificación, o en su caso cuando la edificación esté en proceso, las garantías que constituye el afectante ante la autoridad municipal de la ubicación del inmueble, para responder tanto por la terminación de las obras, como por la calidad de las mismas.

Art. 1121.- Para acreditar la titularidad del compartidario bastará que se consigne en forma documental privada.

El afectante del inmueble o compartidor, deberá llevar un libro de registro de todos los compartidarios, como de los plazos, términos y condiciones que harán uso de ese derecho.

CAPÍTULO II
DERECHOS Y OBLIGACIONES

Art. 1122.- Son responsables solidariamente en favor de los compartidarios:

I. Por lo que corresponde a la entrega puntual, oportuna y en buen estado del bien materia de la afectación a uso en tiempo compartido, el afectante o constituyente, el promotor, el desarrollador y el vendedor o las personas físicas o de derecho que con él hayan contratado;

II. Respecto a la calidad y vicios ocultos en los bienes materia de la afectación; el constituyente o afectante, el operador, el constructor y los proveedores; y

III. Por lo que se refiere al ejercicio de los derechos de los titulares de esta modalidad o compartidarios; el constituyente o afectante, y el operador.

Art. 1123.- Son obligaciones de los compartidarios:

I. Pagar el precio en la forma y términos convenidos;

II. Pagar la (sic) cuotas de conservación y mantenimiento, dentro de las cuales estarán comprendidos los gastos de operación, reparación y reposición de mobiliario;

Esta obligación es independiente de que se haga o no uso de las instalaciones y servicios;

III. Respetar tanto el compartidario, como sus familiares e invitados, el reglamento de tiempo compartido, así como usar el mobiliario y demás instalaciones en forma moderada procurando su conservación.

En caso de que por cualquier evento sea destruido o afectado en su funcionamiento cualesquiera de los bienes destinados al servicio, el responsable y solidariamente el compartidario, deberán pagar en su totalidad el importe de la reparación o reposición de los bienes dañados; y

IV. Sujetarse estrictamente al tiempo que le ha sido asignado para el uso en materia de la modalidad de esta propiedad.

En caso de que no se haga la desocupación el día y la hora señalados, el operador del bien, solicitará por escrito ante la corporación de la policía del municipio, se le auxilie para proceder a la inmediata desocupación de la unidad, debiéndose para ello en este caso levantar acta pormenorizada y quedando el equipaje a disposición del operador como garantía de pago de cualquier responsabilidad en que hubiere incurrido el usuario.

Art. 1124.- Son derechos de los compartidarios, usar y gozar, por el tiempo asignado, la unidad vacacional, así como los bienes muebles destinados y afectos a ese servicio, ceder parcial o totalmente sus derechos; cuando se haga en forma parcial, deberá notificarse con la debida antelación al operador mediante comunicación por escrito. Cuando sea en forma total, la comunicación deberá ser auténtica y por escrito a efecto de que se hagan las anotaciones que correspondan en el libro de registro de compartidarios.

Art. 1125.- Cuando por cualquier causa imputable al operador, no pueda el compartidario ocupar la unidad, se deberá alojar a éste, en un establecimiento del mismo lugar y de calidad similar o mejor a la que tenga derecho, y en caso de que esto no fuera posible, se le pagarán al usuario los daños y perjuicios que se causen, comprendiéndose entre otros; los gastos de transportación por el mismo medio y calidad en que se efectúo el viaje, y además cubrirá a éste como pena por no haber prestado el servicio en la manera convenida con otro periodo vacacional similar dentro del plazo que ambas partes convengan, lo anterior siempre y cuando no se haga la reclamación por concepto de daños y perjuicios, ya que en tal caso se estará a lo resuelto por la autoridad judicial en ese sentido.

Art. 1126.- En los contratos y documentos que se celebren con los compartidarios se deberá hacer mención de los siguientes puntos:

I. El nombre, domicilio, lugar y fecha de nacimiento del compartidario; cuando fuere casado, el régimen económico bajo el que se celebró el matrimonio, y si fuere, el de sociedad legal o conyugal los mismos datos anteriores del cónyuge;

II. Los beneficiarios para el caso de fallecimiento del titular;

III. Las características en cuanto a superficie y descripción de la unidad sobre la que se constituye el derecho, cuando dentro de un conjunto vacacional existan diversos tipos de ellas, el que corresponde a su titular; y

IV. Las temporadas de uso y la forma de determinarlas.

Art. 1127.- La cesión de derechos podrá notificarse al operador del inmueble, quien por este concepto de traspaso podrá cobrar como máximo, una suma igual al costo de un año de mantenimiento, cuyas cantidades se distribuirán por mitad entre el operador y los demás compartidarios, depositándose esta porción en la caja de gastos de mantenimiento.

Art. 1128.- La afectación a esta modalidad de uso, podrá también sujetarse en forma indefinida y a perpetuidad, la que permanecerá durante toda la vida útil de la edificación. En este supuesto, el afectante pierde toda acción sobre el inmueble, pero tampoco tendrá alguna responsabilidad de las señaladas en este título.

Art. 1129.- En el caso del artículo anterior, se deberán regir las relaciones entre los compartidarios por las reglas de la copropiedad en lo que le sean aplicables, sin perjuicio de lo que disponga el reglamento, y en este supuesto, sí se podrán considerar cuotas para la mejoría de los bienes sujetos a esta modalidad de uso, debiéndose fijar el monto de las operaciones por el operador que las someterá a la consideración y aprobación final de las autoridades de Turismo, ya sean estas federales, estatales o municipales, y que tengan su residencia en el lugar de ubicación de la propiedad.

Art. 1130.- Cada unidad podrá ser distribuida para su utilización por los compartidarios en períodos diarios, semanales, mensuales o anuales.

Art. 1131.- Los derechos y obligaciones de los compartidarios no se extinguen por su muerte. Cuando el derecho pertenezca a la sociedad legal o conyugal, en caso de fallecimiento de uno de los integrantes, los derechos y obligaciones sobre el mismo se trasmiten al cónyuge supérstite sin necesidad de declaración judicial o juicio sucesorio; a menos que haya disposición testamentaria expresa.

Cuando el derecho pertenezca en exclusividad al compartidario, podrá señalar beneficiario.

CAPÍTULO III
CUOTAS DE MANTENIMIENTO

Art. 1132.- El monto de las cuotas de mantenimiento de los servicios, será fijado por las partes al otorgar el contrato, debiendo ser iguales para todos los compartidarios en igualdad de condiciones. Los incrementos anuales no podrán exceder del que registren los precios al consumidor, según publicaciones que emita anualmente la Secretaría de Hacienda y Crédito Público, pudiendo adicionársele a las mismas en forma extraordinaria hasta un quince por ciento sobre tales resultados.

Cuando exista inconformidad sobre el monto, las partes se someterán al arbitraje inapelable de la autoridad municipal donde se ubique el inmueble, la cual podrá solicitar antes de resolver un conflicto, la opinión técnica de la Secretaría de Turismo.

Art. 1133.- Queda estrictamente prohibido solicitar y gravar a los compartidarios con cuotas destinadas a la mejoría del bien sujeto a la modalidad de tiempo compartido.

CAPÍTULO IV
PÉRDIDA DE DERECHOS

Art. 1134.- Cuando la falta de pago de las cuotas de mantenimiento se prolongue por más de tres años, se extinguirán los derechos del compartidario, pudiéndose proceder a su posterior trasmisión en favor de terceros.

Para que opere esta extinción el constituyente o afectante y el operador, en forma conjunta deberán notificar al compartidario esta circunstancia, mediante comunicación que en tal sentido le dirijan al domicilio que ante ellos tenga registrado.

Esta comunicación deberá hacerse por conducto del servicio postal, levantándose acta notarial en la que se haga constar en forma circunstanciada, el depósito de la comunicación en el sobre y su entrega al servicio postal, solicitando que se haga mediante el sistema de acuse de recibo; el notario deberá agregar a su libro de documentos un ejemplar del contenido de la comunicación.

El compartidario podrá acreditar dentro del término improrrogable de 50 días naturales, ante el Juez de Primera Instancia de ubicación del inmueble materia del tiempo compartido, que se encuentra al corriente en sus pagos debiéndose substanciar el negocio en forma incidental.

Si el titular no acredita el pago, se tendrán por perdidos en definitiva sus derechos.

Art. 1135.- En caso de pérdida de derechos, se pondrá en venta el mismo, debiéndose destinar el importe al pago de los siguientes conceptos:

I. Los gastos que se hubieren originado por las diligencias de notificación señaladas;

II. El pago de cuotas de mantenimiento atrasadas y las que se originen hasta su venta; y

III. El resto se dividirá por tres partes iguales, entregándose una de ellas a la Asistencia Pública, otra al constituyente y al operador, quienes entre sí la dividirán y la restante se depositará en la tesorería para cubrir los gastos de mantenimiento y conservación del edificio.

Art. 1136.- Cuando el constituyente y el operador del inmueble sujeto a la modalidad de uso en tiempo compartido abandonen la administración y mantenimiento del mismo, a petición de los compartidarios que constituyan por lo menos un diez por ciento el número de ellos, podrán pedir al Juez de Primera Instancia de ubicación del inmueble afecto a la modalidad de tiempo compartido, y en la Vía Civil Ordinaria, que se declare la extinción del citado régimen; la pérdida de los derechos sobre la propiedad afectada, para que se proceda al remate del bien, debiéndose repartir el mismo entre los titulares de esta modalidad en forma proporcional al interés que representen una vez cubiertos los adeudos que se tengan y los gastos que ello origine.

Art. 1137.- Los derechos a que se refiere este capítulo, no comprenden los del tanto, entre titulares de esta modalidad de uso, ni respecto del constituyente.

Art. 1138.- Cuando los compartidarios sean personas jurídicas, el tiempo de duración será el que se pacte expresamente en el contrato.

CAPÍTULO V
SANCIONES

Art. 1139.- La autoridad municipal de la ubicación del desarrollo, aplicará sanciones al compartidor o prestador que incurra en cualesquiera de las prohibiciones que les impone este título, independientemente de la responsabilidad civil, penal, administrativa, o de cualquier índole que corresponda.

(REFORMADO, P.O. 11 DE OCTUBRE DE 2016)

La sanción de que habla el párrafo anterior será de quinientas a dos mil quinientas veces el valor diario de la Unidad de Medida y Actualización.

TÍTULO DÉCIMO
DE LAS SERVIDUMBRES

CAPÍTULO I
DISPOSICIONES GENERALES

Art. 1140.- La servidumbre es un gravamen real impuesto sobre un inmueble para beneficio directo de una persona determinada o, por consideración a otro bien al cual se comunica así mayor utilidad, para el de cualquiera que sea dueño de él. El beneficiado con una servidumbre debe ser siempre persona distinta del dueño del bien sirviente.

Art. 1141.- Para que una servidumbre surta efectos contra terceros será requisito indispensable la inscripción en el Registro Público de la Propiedad.

Art. 1142.- La servidumbre consiste en no hacer o en tolerar; sin embargo, podrá implicar una servidumbre alguna actividad que no sea del beneficiario, cuando tal trabajo o tal actividad sea visiblemente accesoria, no sea inherente a una persona determinada de manera que pueda prestarlo cualquier propietario del bien o sus empleados o dependientes, y a la vez no sea especial y únicamente desarrollada para hacer efectiva aquella servidumbre; o bien cuando el obligado, por su mayor comodidad o conveniencia, acepte desplegar alguna acción sustituyendo al beneficiario y a costa de éste.

Para que al dueño del bien sirviente pueda exigirse la ejecución de un hecho cualquiera, es necesario que esté expresamente determinado por la ley o por voluntad de las partes.

Art. 1143.- Cuando en virtud de convenio u otro título legítimo, a quien deba disfrutar para sí o para algún bien de su propiedad, determinada cantidad de corriente eléctrica, de gas combustible, de agua o de cualquier otro servicio semejante, sólo tendrá la relación creada el carácter de servidumbre, si se pactó expresamente o si en el título constitutivo se han establecido todos y cada uno de los elementos esenciales de la servidumbre. En caso contrario se entenderá que existe sólo una obligación personal.

Art. 1144.- Las servidumbres son inseparables del inmueble o de la persona a que activa o pasivamente pertenecen.

Art. 1145.- Si los inmuebles mudan de dueño, la servidumbre continúa, ya activa, ya pasivamente, en el predio u objeto con relación al cual estaba constituida, hasta que legalmente se extinga.

Art. 1146.- Las servidumbres son indivisibles. Si el predio sirviente se divide entre varios dueños, la servidumbre no se modifica y cada uno de ellos tiene que tolerarla en la parte que le corresponda. Si es el predio dominante el que se divide entre varios, cada porcionero puede usar por entero de la servidumbre, no variando el lugar de su uso ni agravándola de otra manera; mas si la servidumbre se hubiera establecido en favor de una sola de las partes del predio dominante, sólo el dueño de ésta podrá continuar disfrutándola.

Art. 1147.- Las servidumbres tienen su origen en la voluntad del ser humano o de la ley; las primeras se llaman voluntarias y las segundas legales.

CAPÍTULO II
DE LAS SERVIDUMBRES LEGALES

Art. 1148.- Servidumbre legal es la establecida por la ley, teniendo en cuenta la situación de los predios y en vista de la utilidad pública y privada conjuntamente.

Art. 1149.- Es aplicable a las servidumbres legales el capítulo relativo a los derechos y obligaciones de los propietarios de los predios entre los que está constituida alguna servidumbre voluntaria.

Art. 1150.- Todo lo concerniente a las servidumbres establecidas para la utilidad pública o comunal, se regirá por las leyes y reglamentos especiales y, en su defecto, por las disposiciones de este título.

CAPÍTULO III
DE LA SERVIDUMBRE LEGAL DE DESAGÜE

Art. 1151.- Los predios inferiores están sujetos a recibir las aguas que naturalmente, o como consecuencia de las mejoras agrícolas o industriales que se hagan, caigan de los superiores, así como la piedra o tierra que arrastren en su curso.

Art. 1152.- Cuando los predios inferiores reciban las aguas de los superiores a consecuencia de las mejoras agrícolas o industriales hechas a éstos, los dueños de los predios sirvientes tienen derecho a ser indemnizados.

Art. 1153.- Cuando un predio rústico o urbano se encuentre enclavado entre otros, estarán obligados los dueños de los predios circunvecinos a permitir el desagüe del central.

Las dimensiones y dirección del conducto de desagüe, si no se ponen de acuerdo los interesados, se fijarán por el juez, previo informe de peritos y audiencia de los interesados, observándose, en cuanto fuere posible, las reglas dadas para la servidumbre de paso.

Art. 1154.- El dueño de un predio en que existan obras defensivas para contener el agua, o en que por la variación del curso de ésta sea necesario construir nuevas, está obligado, a su elección, a hacer las reparaciones o construcciones o a tolerar que, sin perjuicio suyo, las hagan los dueños de los predios que experimenten o estén inminentemente expuestos a experimentar el daño, a menos que la ley imponga la obligación de hacer las obras.

Art. 1155.- Lo dispuesto en el artículo anterior es aplicable al caso en que sea necesario desembarazar algún predio de las materias cuya acumulación o caída impida el curso del agua con daño o peligro de tercero.

Art. 1156.- Todos los propietarios que participen del beneficio proveniente de las obras de que tratan los artículos anteriores, están obligados a contribuir al gasto de su ejecución en proporción a su interés, a juicio de peritos. Los que por su culpa hubieren ocasionado el daño, serán responsables de los gastos.

Art. 1157.- Si las aguas que pasan al predio sirviente se han vuelto insalubres por los usos domésticos o industriales que de ellas se haya hecho, deberán volverse inofensivas antes de pasar al predio sirviente y a costa del dueño del predio dominante.

CAPÍTULO IV
DE LA SERVIDUMBRE LEGAL DE ACUEDUCTOS

Art. 1158.- El que quiera usar agua de que pueda disponer, tiene derecho a hacerla pasar por los fundos intermedios, con obligación de indemnizar a sus dueños, así como a los de los predios inferiores sobre los que se filtren o caigan las aguas.

Art. 1159.- Se exceptúan de la servidumbre que establece el artículo anterior, los edificios, sus patios, jardines y demás dependencias.

Art. 1160.- El que ejercite el derecho de hacer pasar las aguas por un predio intermedio al suyo, está obligado a construir el canal necesario en los predios intermedios aunque haya en ellos canales para el uso de otras aguas.

Art. 1161.- El que tiene en su predio un canal para el curso de aguas que le pertenecen, puede impedir la apertura de otro nuevo, ofreciendo dar paso por aquél, con tal de que no cause perjuicio al dueño del predio dominante.

Art. 1162.- También se deberá conceder el paso de las aguas a través de los canales y acueductos del modo más conveniente, con tal de que el curso de las aguas que se conducen por estos y su volumen, no sufran alteración, ni las aguas de los diversos acueductos se mezclen.

Art. 1163.- El que sin previo permiso pasare el agua o la derramare sobre el camino, quedará obligado a reponer las cosas a su estado antiguo y a indemnizar el daño que a cualquiera se cause, sin perjuicio de las penas impuestas por los reglamentos correspondientes.

Art. 1164.- El que pretenda usar el derecho consignado en el artículo 1158, debe previamente:

I. Justificar que puede disponer del agua que pretende conducir;

II. Acreditar que el paso que solicita es el más conveniente para el uso a que destina el agua;

III. Acreditar que dicho paso es el menos oneroso para los predios por donde debe pasar el agua;

IV. Pagar el valor del terreno que ha de ocupar el canal, según estimación de peritos, y un diez por ciento más; y

V. Resarcir los daños inmediatos, con inclusión del que resulte por dividirse en dos o más partes el predio sirviente, y de cualquier otro deterioro.

Art. 1165.- En el caso a que se refiere el artículo 1161, el que pretenda el paso de aguas deberá pagar, en proporción a la cantidad de éstas, el valor del terreno ocupado por el canal en que se introducen y los gastos necesarios para su conservación; sin perjuicio de la indemnización debida por el terreno que sea necesario ocupar de nuevo, y por los otros gastos que ocasione el paso que se le concede.

Art. 1166.- La cantidad de agua que pueda hacerse pasar por un acueducto establecido en predio ajeno, no tendrá otra limitación que la que resulte de la capacidad que por las dimensiones convenidas se haya fijado al mismo acueducto.

Art. 1167.- Si el que disfruta del acueducto necesitare ampliarlo, deberá costear las obras necesarias y pagar el terreno que nuevamente ocupe y los daños que cause, conforme a lo dispuesto en las fracciones IV y V del artículo 1164.

Art. 1168.- La servidumbre de acueductos por fundos intermedios, trae consigo el derecho de tránsito para las personas y animales y el de conducción de los materiales necesarios para el uso y reparación del acueducto, así como para el cuidado del agua que por él se conduce; observándose lo dispuesto en los artículos del 1178 al 1183 inclusive.

Art. 1169.- Las disposiciones concernientes al paso de las aguas, son aplicables al caso en que el poseedor de un terreno pantanoso quiera desecarlo o dar salida por medio de cauces a las aguas estancadas.

Art. 1170.- Todo el que se aproveche de un acueducto, ya pase por terreno propio, ya por ajeno, debe construir y conservar los puentes, canales, acueductos subterráneos y demás obras necesarias para que no se perjudique el derecho de otro.

Art. 1171.- Si los que se aprovecharen fueren varios, la obligación recaerá sobre todos en proporción de su aprovechamiento, si no hubiere acuerdo o convenio en contrario.

Art. 1172.- Lo dispuesto en los dos artículos anteriores comprende la limpia, construcciones y reparaciones para que el curso del agua no se interrumpa.

Art. 1173.- La servidumbre de acueducto no obsta para que el dueño del predio sirviente pueda cerrarlo y cercarlo, así como edificar sobre el mismo acueducto de manera que éste no experimente perjuicio ni se imposibiliten las reparaciones y limpias necesarias.

Art. 1174.- Cuando para el mejor aprovechamiento del agua de que se tiene derecho de disponer, fuere necesario construir una presa y el que haya de hacerlo no sea el dueño del terreno en que se necesite apoyarla, puede pedir que se establezca la servidumbre de un estribo de presa, previa la indemnización correspondiente.

CAPÍTULO V
DE LA SERVIDUMBRE LEGAL DE PASO

Art. 1175.- Las disposiciones de este capítulo tendrán aplicación exclusivamente para predios rústicos. Tratándose de predios urbanos deberá estarse a lo que dispone la Ley de Desarrollo Urbano.

Art. 1176.- El propietario de un predio enclavado entre otros ajenos, sin salida a la vía pública, tiene derecho de exigir paso, para el aprovechamiento de aquélla, por los predios vecinos; sin que sus respectivos dueños puedan reclamarle otra cosa que una indemnización equivalente al perjuicio que les ocasione este gravamen.

Art. 1177.- La acción para reclamar esta indemnización es prescriptible; pero aunque prescriba, no cesa por este motivo el paso obtenido.

Art. 1178.- El dueño del predio sirviente tiene derecho de señalar el lugar donde haya de construirse la servidumbre de paso.

Art. 1179.- Si el juez califica el lugar señalado, de impracticable o de muy gravoso al predio dominante, el dueño del sirviente debe señalar otro.

Art. 1180.- Si este lugar es calificado de la misma manera que el primero, el juez señalará el que crea más conveniente, procurando conciliar los intereses de los dos predios.

Art. 1181.- Si hubiere varios predios por donde pueda darse el paso a la vía pública, el obligado a la servidumbre será aquél por donde fuere mas corta la distancia, siempre que no resulte más incómodo y costoso el paso por ese lugar. Si la distancia fuere igual, el juez designará cuál de los dos predios ha de dar el paso.

Art. 1182.- En la servidumbre de paso, el ancho de éste será el que baste a las necesidades del predio dominante, a juicio del juez.

Art. 1183.- En caso de que hubiere habido antes comunicación entre el predio y alguna vía pública, el paso sólo se podrá exigir por donde últimamente la hubo; salvo el caso en que la construcción de una mejor, por otro lugar, deje prácticamente fuera de uso la vía pública a que antes se tenía acceso.

Art. 1184.- El dueño de un predio tiene derecho, mediante la indemnización correspondiente, de exigir que se le permita el paso de sus ganados por los predios vecinos, para conducirlos a un abrevadero de que pueda disponer.

Art. 1185.- El propietario de árbol o arbusto contiguo al predio de otro, tiene derecho de exigir de éste que le permita hacer la recolección de los frutos que no se pueden recoger de su lado, siempre que no se haya usado o no se use del derecho que tiene de hacer derribar al árbol a las ramas que pasen a su propiedad; pero el dueño del árbol o arbusto es responsable de cualquier daño que cause con motivo de la recolección.

Art. 1186.- Si fuere indispensable para construir o reparar algún edificio, pasar materiales por predio ajeno o colocar en él andamios u otros objetos para la obra, el dueño estará obligado a consentirlo, recibiendo la indemnización correspondiente al perjuicio que se le irrogue.

Art. 1187.- Cuando para establecer comunicaciones telefónicas particulares entre dos o más fincas o para conducir energía eléctrica a una finca, sea necesario colocar postes y tender alambres en terrenos de una finca ajena, el dueño de ésta tiene obligación de permitirlo mediante la indemnización correspondiente. Esta servidumbre trae consigo el derecho de tránsito de las personas y el de conducción de los materiales necesarios para la construcción y vigilancia de la línea.

CAPÍTULO VI
DE LAS SERVIDUMBRES VOLUNTARIAS

Art. 1188.- El propietario de un predio o heredad puede establecer en ella, cuantas servidumbres tenga por conveniente, y en el modo y forma que mejor le parezca; siempre que no contravenga las leyes ni perjudique derechos de tercero.

Art. 1189.- Sólo pueden constituir servidumbres las personas que tienen derecho de enajenar; los que no pueden enajenar inmuebles sino con ciertas solemnidades o condiciones, no pueden, sin ellas, imponer servidumbres sobre los mismos.

Art. 1190.- Si fueren varios los propietarios de un predio, no se podrán imponer servidumbres sino con consentimiento de todos.

Art. 1191.- Si siendo varios los propietarios, uno sólo de ellos adquiere una servidumbre sobre otro predio, a favor del común, de ella podrán aprovecharse todos los propietarios, quedando obligados a los gravámenes naturales que traiga consigo y a los pactos con que se haya adquirido.

CAPÍTULO VII
DE CÓMO SE ADQUIEREN LAS SERVIDUMBRES VOLUNTARIAS

Art. 1192.- Las servidumbres continuas y aparentes se adquieren por cualquier título legal, incluso la usucapión.

Art. 1193.- Las servidumbres continuas no aparentes y las discontinuas, sean o no aparentes, no podrán adquirirse por usucapión.

Art. 1194.- Al que pretenda tener derecho a una servidumbre, toca probar, aunque esté en posesión de ella, el título en virtud del cual la goza.

Art. 1195.- La existencia de un signo aparente de servidumbre entre dos fincas, establecido o conservado por el propietario de ambas, se considera, si se enajenaren, como título para que la servidumbre continúe; a no ser que, al tiempo de dividirse la propiedad de las dos fincas se exprese lo contrario en el título de enajenación de cualquiera de ellas.

Art. 1196.- Al constituirse una servidumbre se entienden concedidos todos los medios necesarios para su uso; y extinguida aquélla, cesan también estos derechos accesorios.

CAPÍTULO VIII
DERECHOS Y OBLIGACIONES DE LOS PROPIETARIOS DE LOS PREDIOS ENTRE LOS QUE ESTÁ CONSTITUIDA ALGUNA SERVIDUMBRE VOLUNTARIA

Art. 1197.- El uso y la extensión de las servidumbres establecidas por la voluntad del propietario, se arreglarán por los términos del título en que tengan su origen y, en su defecto, por las disposiciones siguientes.

Art. 1198.- Corresponde al dueño del predio dominante hacer a su costa todas las obras necesarias para el uso y conservación de la servidumbre.

Art. 1199.- El mismo tiene la obligación de hacer a su costa las obras que fueren necesarias para que al dueño del predio sirviente no se le causen, por la servidumbre, más gravámenes que los que sean consecuencia natural e inevitable de ella; y si por su descuido u omisión se causare otro daño, estará obligado a la indemnización.

Art. 1200.- Si el dueño del predio sirviente se hubiere obligado en el título constitutivo de la servidumbre a hacer alguna cosa o a costear alguna obra, se librará de esta obligación cediendo su predio al dueño del dominante.

Art. 1201.- El dueño del predio sirviente no podrá menoscabar de modo alguno la servidumbre constituida sobre éste.

Art. 1202.- El dueño del predio sirviente, si el lugar primitivamente designado para el uso de la servidumbre llegase a presentarle graves e inconvenientes, podrá ofrecer otro que sea cómodo al dueño del predio dominante, quien no podrá rehusarlo si no se perjudica.

Art. 1203.- El dueño del predio sirviente puede ejecutar las obras que hagan menos gravosa la servidumbre, si de ellas no resulta perjuicio alguno al predio dominante. Pero si el dueño del predio dominante se opone a dichas obras, será la autoridad judicial, quien decidirá el punto.

Art. 1204.- Si de la conservación de dichas obras se siguiere algún perjuicio al predio dominante, el dueño del sirviente esta obligado a restablecer las cosas a su antiguo estado y a indemnizar de los daños y perjuicios.

Art. 1205.- Cualquier duda sobre el uso y extensión de la servidumbre, se decidirá en el sentido menos gravoso para el predio sirviente, sin imposibilitar o hacer difícil el uso de la servidumbre.

CAPÍTULO IX
DE LA EXTINCIÓN DE LAS SERVIDUMBRES

Art. 1206.- Las servidumbres voluntarias se extinguen:

I. Por reunirse en una misma persona la propiedad de ambos predios; dominante y sirviente;

II. Por el no uso.

Cuando la servidumbre fuere continua y aparente, por el no uso de tres años contados desde el día en que dejó de existir el signo aparente de la servidumbre.

Cuando fuere discontinua o no aparente, por el no uso de cinco años contados desde el día en que dejó de usarse; por haber ejecutado el dueño del fundo sirviente, acto contrario a la servidumbre, o por haber prohibido que se usare de ella. Si no hubo acto contrario o prohibición, aunque no se haya usado de la servidumbre o si hubo tales actos, pero continúa el uso, no corre el tiempo de la usucapión;

III. Cuando los predios llegaren, sin culpa del dueño del predio sirviente, a tal estado que no pueda usarse la servidumbre. Si en lo sucesivo los predios se restablecen de manera que pueda usarse de la servidumbre, revivirá ésta, a no ser que desde el día en que pudo volverse a usar, haya transcurrido el tiempo suficiente para la usucapión;

IV. Por la remisión hecha por el dueño del predio dominante; y

V. Cuando constituida en virtud de un derecho revocable, se vence el plazo, se cumple la condición o sobreviene la circunstancia que debe poner término a aquél.

Art. 1207.- Si los predios entre los que está constituida una servidumbre legal, pasan a poder de un mismo dueño, deja de existir la servidumbre, pero separadas nuevamente las propiedades, revive aquella aun cuando no se haya conservado ningún signo aparente.

Art. 1208.- Las servidumbres legales establecidas como de utilidad pública o comunal, se pierden por el no uso de cinco años si se prueba que durante ese tiempo se ha adquirido, por el que disfrutaba aquéllas, otra servidumbre de la misma naturaleza, por distinto lugar.

Art. 1209.- El dueño de un predio sujeto a una servidumbre legal, puede, por medio de convenio, librarse de ella, con las restricciones siguientes:

I. Si la servidumbre está constituida a favor de un municipio o población, no surtirá el convenio efecto alguno respecto de toda la comunidad, si no se ha celebrado interviniendo el Ayuntamiento en representación de ella; pero sí producirá acción contra cada uno de los particulares que hayan renunciado a dicha servidumbre;

II. Si la servidumbre es de uso público, el convenio es nulo en todo caso;

III. Si la servidumbre es de paso o desagüe, el convenio se entenderá celebrado con la condición de que lo aprueben los dueños de los predios circunvecinos, o por lo menos, el dueño del predio por donde nuevamente se constituya la servidumbre; y

IV. La renuncia de la servidumbre legal de desagüe sólo será válida cuando no se oponga a los reglamentos respectivos.

Art. 1210.- Si el predio dominante pertenece a varios dueños pro indiviso, el uso que haga uno de ellos aprovecha a los demás para impedir la usucapión.

Art. 1211.- Si entre los propietarios hubiere alguno contra quien por leyes especiales no pueda correr la usucapión, ésta no correrá contra los demás.

Art. 1212.- El modo de usar la servidumbre puede prescribirse en el tiempo y de la manera que la servidumbre misma.

TÍTULO DECIMOPRIMERO
DEL DERECHO DE SUPERFICIE

CAPÍTULO ÚNICO

Art. 1213.- El derecho real de superficie faculta a su titular a sembrar, plantar o edificar sobre parte o la totalidad del terreno ajeno o construir por debajo de éste, sin que en ningún caso y mientras subsista tal derecho puedan confundirse ambas propiedades, ya que el terreno seguirá perteneciendo al dueño de éste, y la de lo sembrado, plantado o edificado será del superficiario.

Art. 1214.- La constitución del derecho de superficie deberá constar en escritura pública, y para surtir efectos contra terceros, en todos los casos deberá inscribirse en el Registro Público de la Propiedad.

Art. 1215.- El propietario de un edificio o una plantación existentes en terreno suyo, puede enajenarlos separadamente de la propiedad del suelo, convirtiéndose así el adquirente de dicho edificio o plantación en el titular del derecho real de superficie.

Art. 1216.- El derecho de superficie puede ser a título oneroso o gratuito, y tomar su origen en un contrato o en una disposición testamentaria. Es enajenable, y transmisible por herencia. Puede constituirse a plazo fijo o a plazo indeterminado, sólo que en este último caso no regirán las reglas para dar por concluido aquél mediante la interpelación, sino que la conclusión requerirá el consentimiento del dueño y del superficiario, y si dicho acuerdo no se logra decidirá el Juez, quién deberá fijar un plazo para la conclusión de referencia, procurando que sea suficiente para que se cumpla el fin que se persiguió al constituirlo.

Art. 1217.- En el caso de la parte final del artículo anterior, como en el evento de que la constitución del derecho de superficie se haya hecho por tiempo determinado, al vencimiento de éste se extingue aquél y el propietario del suelo se convierte en propietario del edificio o de la plantación, situación que no puede darse en el caso de la siembra por no poderse extinguir al respecto el derecho de superficie, si antes no concluye el período cíclico correspondiente que permita el levantamiento de la cosecha.

Art. 1218.- La consolidación de la propiedad a que se alude en el artículo precedente, se hará mediante las indemnizaciones, compensaciones y prestaciones pactadas en el título constitutivo, o en las que acuerden los interesados en el momento de la extinción del derecho en cuestión.

Art. 1219.- Los derechos reales o personales que el superficiario haya constituido en favor de terceros respecto de su derecho de superficie concluyen al extinguirse éste.

Art. 1220.- El derecho de superficie no se extingue por la destrucción de lo construido, plantado o sembrado, salvo pacto en contrario.

Art. 1221.- El derecho de plantar o edificar sobre terreno ajeno o construir por debajo de éste, se extingue por no plantar o construir dentro del plazo de dos años, o de un año si dentro de éste no se siembra.

Art. 1222.- El superficiario gozará del derecho del tanto si el propietario pretende enajenar el terreno. Igual derecho tendrá el superficiante si el superficiario pretende enajenar su derecho de superficie.

Art. 1223.- Las partes pueden pactar, en caso de ser factible, que el superficiario al término de su derecho retire su construcción.

TÍTULO DECIMOSEGUNDO
DE LAS LIMITACIONES DE DOMINIO

CAPÍTULO ÚNICO

Art. 1224.- Las limitaciones de dominio son las restricciones que al derecho de propiedad se hacen en beneficio de un número indeterminado de predios circunvecinos.

Art. 1225.- Las limitaciones de dominio pueden imponerse por disposición de los transmitentes, denominándose voluntarias.

Pueden imponerse por determinación de la autoridad y entonces se denominarán forzosas.

Art. 1226.- Las limitaciones de dominio voluntarias deben inscribirse para su validez en el Registro Público de la Propiedad.

Art. 1227.- Las limitaciones de dominio forzosas son obligatorias por el solo hecho de su expedición por la autoridad competente.

TÍTULO DECIMOTERCERO
DE LOS DERECHOS Y OBLIGACIONES DE LA VECINDAD

CAPÍTULO ÚNICO

Art. 1228.- Todo propietario o poseedor, debe respetar el derecho que tienen los vecinos para usar y disfrutar de los predios y construcciones que ocupe.

Art. 1229.- En zonas habitacionales y en edificios de vivienda múltiple deberá respetarse íntegramente el derecho de los vecinos a la paz y a la tranquilidad. Por ello no podrán tenerse en esas zonas animales que aun con el carácter de domésticos causen molestias y temor a los vecinos, ni tampoco operar aparatos de sonido o receptores de imágenes a volúmenes altos y que sean captados fuera del recinto en que se encuentren.

Art. 1230.- El propietario, el usufructuario y el inquilino de un predio tienen derecho de ejercer las acciones que procedan para impedir que por el mal uso, o el abandono de la propiedad del vecino, se perjudiquen la seguridad, el sosiego o la salud de los que habiten el predio.

Art. 1231.- En un predio, no pueden hacerse excavaciones o construcciones que hagan perder el sostén necesario al suelo de la propiedad vecina; a menos que se hagan las obras de consolidación indispensables para evitar todo daño a éstas.

Art. 1232.- Tampoco es permitido arrojar basura o depositarla en áreas comunes, banquetas o jardines ni aun en los propios.

Art. 1233.- Los recipientes donde se guarden las basuras y demás desechos deberán estar debidamente cerrados para evitar los efectos contaminantes del aire.

Art. 1234.- A fin de conservar la armonía arquitectónica, queda prohibido en edificios de vivienda comunal o destinados a actividades comerciales o profesionales:

I. Cuando sean visibles, pintar el interior de los mismos e implementar cortinas que desentonen con el conjunto;

II. Tender ropa en los ventanales y terrazas o miradores;

III. Obstruir los pasillos y áreas de circulación interior, aun con motivos estéticos;

IV. Ocupar espacios comunes destinados al servicio de todos los vecinos como pueden ser patios, escaleras, estacionamientos, u otros similares; y

V. Agregar cualesquiera elementos que rompan la uniformidad arquitectónica.

Art. 1235.- Todo propietario o poseedor deberá tener en perfecto funcionamiento sus ductos hidráulicos y de desalojo de aguas negras y pluviales.

Art. 1236.- Todo propietario o poseedor deberá cuidar el perfecto y equilibrado funcionamiento de los sistemas de conducción de energía eléctrica; asimismo deberá contar con los sistemas de aislamiento y corte para evitar daños a las instalaciones de los vecinos.

Art. 1237.- Es obligación de los propietarios y poseedores tener en buenas condiciones las instalaciones para el consumo de gas, debiendo estar los tanques en lugar fácilmente accesible y ventilado.

Art. 1238.- No es lícito permitir la crianza ni la propagación de fauna cuando ésta represente un peligro para la salud humana o provoque molestias.

Art. 1239.- Es obligación del propietario o poseedor de un predio, no permitir el paso hacia propiedades de vecinos a personas extrañas a ellas, y en su caso cuando adviertan su presencia en el vecindario reportarlas a las autoridades policíacas.

Art. 1240.- Nadie puede plantar árboles cerca de un predio ajeno, sino a la distancia de dos metros de la línea divisoria, si la plantación se hace de árboles grandes; y de un metro, si la plantación se hace de arbustos o árboles pequeños.

Art. 1241.- El propietario o poseedor puede pedir que se arranquen los árboles plantados a menor distancia de su predio de la señalada en el artículo que precede; y aun cuando sea mayor, si es evidente el daño que los árboles causen.

Art. 1242.- Si las ramas de los árboles se extienden sobre predios, jardines o patios vecinos, el dueño de éstos tendrá derecho de que se corten en cuanto se extiendan sobre su propiedad, y si fueren las raíces de los árboles las que se extendieren en el suelo del otro, éste podrá hacerlas cortar por sí mismo dentro de su heredad, pero con previo aviso al vecino.

Art. 1243.- El dueño de una pared que no sea de copropiedad, contigua a finca ajena, puede abrir en ella ventanas o huecos para recibir luces, cumpliendo las disposiciones que sobre urbanización se dieren.

Art. 1244.- Sin embargo, de lo dispuesto en el artículo anterior, el dueño de la finca o propiedad contigua a la pared en que estuvieren abiertas las ventanas o huecos, podrá construir pared contigua a ella, o si adquiere la copropiedad, apoyarse en la misma pared, aunque de uno u otro modo cubra los huecos o ventanas.

Art. 1245.- No se pueden tener ventanas para asomarse ni balcones u otros voladizos semejantes, sobre la propiedad del vecino, prolongándose más allá del límite que separa las heredades. Tampoco pueden tenerse vistas de costado u oblicuas sobre la misma propiedad, si no hay un metro de distancia.

Art. 1246.- La distancia de que habla el artículo anterior se mide desde la línea de separación de las dos propiedades.

Art. 1247.- No se podrán construir edificios que por su altura considerable traigan como consecuencia privar a los predios colindantes ya edificados, del aprovechamiento de los rayos solares.

Art. 1248.- El propietario de un edificio está obligado a construir sus tejados y azoteas de tal manera que las aguas pluviales no caigan sobre el suelo o edificio vecino.

Art. 1249.- Nadie puede construir cerca de una pared ajena o de copropiedad, fosos, cloacas, acueductos, hornos, fraguas, chimeneas, establos; ni instalar depósitos de materias corrosivas, máquinas de vapor o fábricas destinadas a usos que puedan ser peligrosos o nocivos, sin guardar las distancias prescritas por los reglamentos o sin construir las obras de resguardo necesarias con sujeción a lo que prevengan los mismos reglamentos, o a falta de ellos, a lo que se determine por peritos.

Art. 1250.- Es obligación de los propietarios de predios sin construir dentro de las áreas urbanas, mantener aseados y bardar los mismos, para evitar se conviertan en depósitos de desechos y que se propicie la crianza de fauna nociva a la salud humana.

Art. 1251.- Es obligación de los propietarios u ocupantes de fincas en áreas urbanas, asearlas y darles el mantenimiento adecuado, aun en el caso en que estén desocupadas.

TÍTULO DECIMOCUARTO
DEL REGISTRO PÚBLICO DE LA PROPIEDAD

CAPÍTULO ÚNICO

Art. 1252.- Mediante el Registro Público de la Propiedad se da publicidad a los actos jurídicos que conforme a la ley precisan de ese requisito para surtir efectos contra terceros.

Art. 1253.- Los actos que siendo registrables no se registren, sólo producirán efectos entre quienes lo celebren, pero no podrán producir perjuicios a terceros, quienes los podrán aprovechar en todo tiempo.

Art. 1254.- Las inscripciones hechas en el Registro Público de la Propiedad tienen efectos declarativos y no constitutivos, de tal manera que los derechos provienen del acto jurídico declarado, pero no de su inscripción, cuya finalidad es dar publicidad y no constituir el derecho.

Art. 1255.- No obstante lo dispuesto en el artículo anterior, los actos o contratos que se otorguen o celebren por personas que en el Registro Público de la Propiedad aparezcan con derechos para ello, no se invalidarán en cuanto a tercero de buena fe, una vez registrados, aunque después se anulen o se resuelva el derecho del otorgante en virtud del título anterior no inscrito o de causas que no resulten claramente del mismo registro.

Lo dispuesto en este artículo no se aplicará a los contratos gratuitos, ni a actos o contratos que se ejecuten u otorguen violando una ley prohibitiva o de interés público.

Art. 1256.- No podrá ejercitarse acción alguna contradictoria del dominio de inmuebles o de derechos reales registrados a nombre de persona o entidad determinada, sin que previamente, o a la vez, se entable demanda de nulidad o cancelación del registro en que conste dicho dominio o derecho.

Art. 1257.- No pueden aparecer los bienes raíces o derechos reales impuestos sobre los mismos, inscritos a la vez en favor de dos o más personas distintas, a menos que éstas sean copartícipes.

Art. 1258.- La preferencia entre derechos que sean registrables sobre un mismo bien, se determina en la siguiente forma:

I. Tratándose de derechos reales, por la prioridad en su registro independientemente de cuándo se hubieren adquirido siempre que la controversia se de entre adquirentes de la misma calidad.

La afectación de bienes en fideicomiso se equipara a una trasmisión de derechos reales;

II. Tratándose de controversias sobre derechos reales, entre un adquirente a título oneroso y un adquirente a título gratuito, prevalecerá el derecho de quien lo hizo a título oneroso, independientemente de la fecha de su registro siempre que su adquisición se hiciere con anterioridad;

III. Tratándose de controversias entre adquirentes de derechos reales a título oneroso y el adquirente de derechos personales, prevalecerá el del titular del derecho real, independientemente de la época de su inscripción en el Registro, con la condición de que su adquisición sea anterior a la inscripción del derecho personal;

IV. Si la controversia fuere entre el adquirente del derecho real a título gratuito frente a un adquirente de derecho personal, prevalecerá la de éste último siempre que fuere inscrito con anterioridad a la que motiva el derecho real; y

V. Cuando la controversia sea entre adquirentes de derechos personales, la preferencia se determinará por la prioridad en su registro, independientemente de la época de su adquisición.

LIBRO CUARTO
DE LAS OBLIGACIONES

PRIMERA PARTE
DE LAS OBLIGACIONES EN GENERAL

TÍTULO PRIMERO
FUENTES DE LAS OBLIGACIONES

CAPÍTULO I
DISPOSICIONES GENERALES

Art. 1259.- Las obligaciones no se presumen: quien afirme su existencia deberá referirse al título que las origine.

Art. 1260.- Las obligaciones civiles nacen de la voluntad de las partes, de disposiciones expresas de la ley o como consecuencia de delitos, de faltas, o de hechos u omisiones ejecutadas con perjuicio ajeno, que ameriten una indemnización.

(REFORMADO, P.O. 14 DE SEPTIEMBRE DE 2006)

Art. 1261.- La voluntad, como fuente de obligaciones, puede ser expresa o tácita; debiendo presumirse cuando una persona ejecuta actos o acepta beneficios que no se pueden explicar, dentro de la equidad y la justicia, sin el reconocimiento de las obligaciones correlativas, para ello se estará a lo siguiente:

I. Será expresa cuando se manifiesta verbalmente, por escrito, por medios electrónicos, ópticos o de cualquier otra tecnología o por signos inequívocos; y

II. Será tácita cuando resulte de hechos o de actos que la presupongan o que autoricen a presumirlo, excepto en los casos en que por ley o por convenio deba manifestarse expresamente.

Art. 1262.- Las obligaciones que emanan de la ley sólo son exigibles en los casos expresamente establecidos y de acuerdo con los preceptos que las establecen; pero, en lo que éstos sean omisos, deberán regirse por las reglas generales sobre obligaciones y contratos, en cuanto les sean aplicables.

Art. 1263.- Las obligaciones por concepto de reparación o responsabilidad civil, sólo existen en los casos y en la medida expresamente determinados por este código o por leyes especiales.

CAPÍTULO II
DE LOS CONTRATOS

SECCIÓN PRIMERA
DE SU VALIDEZ

Art. 1264.- Para la validez de un contrato se requiere:

I. Consentimiento; y

II. Objeto que pueda ser materia de contrato.

Art. 1265.- El contrato puede ser invalidado:

I. Por incapacidad;

II. Por vicios de consentimiento;
III. Porque su objeto o su causa sean ilícitos; y
IV. Por defectos en la forma establecida por la ley.

Art. 1266.- Desde el momento en que se celebra un contrato con los requisitos necesarios para su existencia, obliga no sólo al cumplimiento de lo expresamente pactado, sino también a las consecuencias que, según su naturaleza, sean conformes a la buena fe, al uso, costumbre o a la ley.

La validez y el cumplimiento de los contratos no pueden dejarse al arbitrio de uno de los contratantes.

SECCIÓN SEGUNDA
DE LA CAPACIDAD

Art. 1267.- Son hábiles para contratar todas las personas no exceptuadas por la ley.

Art. 1268.- La incapacidad de una de las partes no puede ser invocada por la otra en provecho propio, salvo que sea indivisible el objeto del derecho o de la obligación común; o cuando, no habiéndose cumplido o ratificado válidamente la obligación del incapaz, la otra parte demostrare no haber tenido conocimiento de la incapacidad o haber sido engañado a ese respecto al tiempo de celebrarse el contrato.

SECCIÓN TERCERA
DE LA REPRESENTACIÓN

Art. 1269.- El que es hábil para contratar, puede hacerlo por sí o por medio de otra persona debidamente autorizada.

Art. 1270.- Ninguno puede contratar a nombre de otro sin estar autorizado por él o por la ley, quedando obligado, si lo hiciere, al pago de daños y perjuicios.

SECCIÓN CUARTA
DEL CONSENTIMIENTO

Art. 1271.- El consentimiento existe cuando las partes convienen en un mismo objeto y unas mismas condiciones; y además en la conducta de ellas existe un principio de ejecución del negocio, así como en los casos a que se refieren los artículos del 1272 al 1274 y del 1330 al 1337 al recibir la aceptación el proponente, cumplirse la condición o desempeñarse el servicio requerido.

Art. 1272.- Toda persona que propone a otra la celebración de un contrato, fijándole un plazo para aceptar, queda ligada por su oferta hasta la expiración del plazo.

Art. 1273.- Si la oferta se hace a una persona presente, sin fijación de plazo para aceptarla, el autor de la oferta queda desligado si la aceptación no se hace inmediatamente. La misma regla se aplicará a la oferta hecha por cualquier medio de telecomunicación simultánea.

Art. 1274.- Cuando la oferta se proponga a persona que no esté presente, será el mismo proponente quien fijará el término que esté ligado a la misma, así como los medios admitidos para confirmar la aceptación.

Art. 1275.- Cuando la oferta se haga sin fijación de plazo a una persona no presente, el autor de la oferta quedará ligado durante tres días, además del tiempo necesario para la ida y vuelta regular del correo público o del que se juzgue bastante, no habiendo correo público según las distancias y la facilidad o la dificultad de las comunicaciones.

Art. 1276.- La oferta se considerará como no hecha si la retira su autor y el destinatario recibe la retractación antes que la oferta. La misma regla se aplica al caso en que se retire la aceptación.

Art. 1277.- Si al tiempo de la aceptación hubiere fallecido el proponente, sin que el aceptante fuere sabedor de su muerte, quedarán los herederos de aquél obligados a sostener el contrato.

Art. 1278.- El proponente quedará libre de su oferta cuando la respuesta que reciba no sea una aceptación lisa y llana, sino que importe modificación de la primera. En este caso, la respuesta se considerará como nueva proposición que se regirá por lo dispuesto en los artículos anteriores.

Art. 1279.- Cuando exista una oferta al público o en los contratos de ejecución no instantánea, en los de suministro, y en los de prestaciones periódicas, es válida y legítima la telecomunicación impresa para considerarse manifestada la voluntad para contratar, siempre que:

I. Exista un acuerdo previo entre las partes involucradas para confirmar la voluntad por ese medio o la oferta se haga por medios masivos de comunicación;

II. Los documentos transmitidos a través de esos medios, tengan las claves de identificación de las partes; y

III. Se firmen por las partes los originales de los documentos donde conste el negocio y tratándose de inmuebles, que la firma sea autenticada por fedatario público.

SECCIÓN QUINTA
DE LOS VICIOS DEL CONSENTIMIENTO

Art. 1280.- El consentimiento no es válido si ha sido dado por error, arrancado por violencia, captado de mala fe o con lesión.

Art. 1281.- La responsabilidad procedente de cualquier vicio de la voluntad es exigible en todas las obligaciones. La renuncia de hacerla efectiva se tendrá por no puesta.

Art. 1282.- El error de derecho o de hecho invalida el contrato cuando recae sobre la causa determinante de la voluntad, si en el acto de la celebración se declara ese motivo o si del mismo contrato se desprende que se celebró éste en el falso supuesto que lo motivó y no por otra causa.

Art. 1283.- El error sobre las calidades del sujeto que han sido la causa determinante de la voluntad para la celebración del contrato y como tales se hayan expresado en él, anula éste.

Art. 1284.- El error sobre la identidad del objeto específicamente determinado, sobre su substancia o cualidades esenciales o sobre su cantidad, extensión, peso o medida, si en este concepto se ha contratado, anula el contrato.

Art. 1285.- El error sobre cualidades accidentales, sólo da derecho a indemnización.

Art. 1286.- El error de cuenta o cálculo sólo da lugar a que se rectifique.

Art. 1287.- Hay dolo en los contratos cuando se emplea cualquier sugestión o artificio para inducir a error; hay mala fe por la disimulación o mantenimiento del error de uno de los contratantes, una vez conocido.

Art. 1288.- El dolo o mala fe de una de las partes y el dolo que proviene de un tercero, sabiéndolo aquélla, anulan el contrato si ha sido la causa determinante de este acto jurídico.

Art. 1289.- Hay reticencia cuando uno de los contratantes no hace saber al otro un hecho o hechos conocidos por aquél e ignorados por éste y que de haberlos sabido, no hubiere celebrado en sus términos el acto jurídico. La reticencia producirá la anulabilidad si indujere a error.

Art. 1290.- Si ambas partes proceden con dolo o mala fe, ninguna de ellas podrá alegar la nulidad del acto, reticencia o reclamar indemnización.

Art. 1291.- Es nulo el contrato celebrado por violencia, ya provenga ésta de alguno de los contratantes, ya de un tercero.

Art. 1292.- Hay violencia cuando se emplee fuerza física cualquiera o moral, que causen en la víctima el temor de perder o sufrir menoscabo en alguno de sus bienes jurídicamente protegidos o de un tercero con quien le unan lazos de parentesco o afectivos.

Art. 1293.- El temor reverencial, esto es, la posibilidad de desagradar a las personas a quienes se tiene sumisión y respeto, no basta para viciar el consentimiento.

Art. 1294.- Las consideraciones generales que los contratantes expusieren sobre los provechos y perjuicios que naturalmente pueden resultar de la celebración o no celebración del contrato, y que no importen engaño o amenaza alguna de las partes, no serán tomadas en cuenta al calificar el dolo o la violencia.

Art. 1295.- No es lícito renunciar para lo futuro la nulidad que resulte de los vicios de la voluntad.

Art. 1296.- Si habiendo cesado la violencia o siendo conocida la reticencia o el error por quien lo sufrió, se ratifica el contrato, no puede en lo sucesivo reclamarse por semejantes vicios.

Art. 1297.- Hay lesión, cuando en un contrato sinalagmático, conmutativo y oneroso uno o varios de los contratantes abusando de la ignorancia o inexperiencia o miseria o necesidad de la otra parte obtenga un lucro desproporcionado a la contraprestación a que se obliga.

El perjudicado puede reclamar la nulidad del contrato o la reducción equitativa de su obligación, independientemente de los daños y perjuicios que se causaren.

El derecho para reclamar la lesión prescribe en el término de un año contado a partir de la fecha en que se formalizó el contrato.

SECCIÓN SEXTA
DEL OBJETO Y CAUSA DE LOS CONTRATOS

Art. 1298.- Son objeto de los contratos:
I. El bien que el obligado debe dar;
II. El hecho que el obligado debe hacer o no hacer.

Art. 1299.- El bien objeto del contrato debe:
I. Existir en la naturaleza;
II. Ser determinado o determinable en cuanto a su especie; y
III. Estar en el comercio.

Art. 1300.- Los bienes futuros pueden ser objeto de un contrato. Sin embargo, no pueden serlo la herencia de una persona viva, aun cuando ésta preste su consentimiento.

Art. 1301.- El hecho o la abstención objeto del contrato, debe ser:
I. Posible; y
II. Lícito.

Art. 1302.- Es imposible el hecho que no pueda existir porque es incompatible con una ley de la naturaleza o con una norma jurídica que debe regirlo necesariamente y que constituye un obstáculo insuperable para su realización.

Art. 1303.- No se considerará imposible el hecho que no puede ejecutarse por el obligado, pero si por otra persona en lugar de él.

Art. 1304.- Se considerará ilícito, como materia de obligaciones, todo aquello que afecte la personalidad de los contratantes, sus derechos esenciales e inalienables, su estado civil y cuanto sea contrario a las leyes de orden público o a las buenas costumbres.

Art. 1305.- La ilicitud de la causa, produce la nulidad de los contratos.

SECCIÓN SÉPTIMA
DE LA FORMA

Art. 1306.- En los contratos civiles cada uno se obliga en la manera y términos en que aparezca que quiso obligarse, sin que para la validez del contrato se requieran formalidades determinadas, fuera de los casos expresamente señalados por la ley.

Art. 1307.- Cuando la ley exija determinada forma de un contrato, mientras que éste no revista la misma forma, no será válido, salvo disposición en contrario; pero si la voluntad de las partes para celebrarlo consta de una manera fehaciente, y alguna de ellas lo hubiere cumplido de modo voluntario aunque sea parcialmente con la aceptación de la otra, cualesquiera puede exigir que se dé al contrato la forma legal.

Art. 1308.- Cuando se exija la forma escrita para el contrato, los documentos relativos deben ser firmados por todas las personas que en el acto deban intervenir, salvo lo que previene este código para las personas que no saben o no pueden firmar.

(REFORMADO, P.O. 26 DE DICIEMBRE DE 2013)

Lo previsto por el párrafo que antecede se tendrá por cumplido mediante la utilización de medios electrónicos, ópticos, firma electrónica o de cualquier otra tecnología en los términos de la Ley estatal aplicable, siempre y cuando la información generada o comunicada en forma íntegra, a través de dichos medios, sea atribuible a las personas obligadas, pueda existir permanentemente y sea accesible para su ulterior consulta.

(REFORMADO, P.O. 26 DE DICIEMBRE DE 2013)

En los casos en que la Ley establezca como requisito que un acto jurídico deba otorgarse en instrumento ante fedatario público, éste y las partes obligadas podrán generar, enviar, recibir, archivar o comunicar la información que contenga los términos exactos en que las partes han decidido obligarse, mediante la utilización de firma electrónica en los términos de la Ley estatal aplicable, en cuyo caso el fedatario público, deberá hacer constar en el propio instrumento los elementos a través de los cuales se atribuye dicha información a las partes y conservar bajo su resguardo una versión íntegra de la misma para su ulterior consulta, otorgando dicho instrumento de conformidad con la legislación aplicable que lo rige.

SECCIÓN OCTAVA
DE LAS CLÁUSULAS

Art. 1309.- Los contratantes pueden pactar las cláusulas que crean convenientes; pero las que se refieran a requisitos esenciales del contrato, o sean consecuencia de su naturaleza ordinaria, se tendrán por puestas aunque no se expresen. Las cláusulas que sean accidentales a la naturaleza del contrato, son renunciables, pero la renuncia deberá constar expresa y claramente.

Art. 1310.- Pueden los contratantes estipular cierta prestación como pena para el caso de que la obligación no se cumpla o no se cumpla de manera convenida. Si tal estipulación se hace, no podrán reclamarse, además, daños y perjuicios.

Art. 1311.- La nulidad del contrato importa la de la cláusula penal; pero la nulidad de ésta no acarrea la de aquél.

Sin embargo, cuando se promete por otra persona, imponiéndose una pena para el caso de no cumplirse por ésta lo prometido, la cláusula penal surtirá efectos aunque el contrato no se lleve a efecto por falta del consentimiento de dicha persona.

Lo mismo sucederá cuando se estipule con otro, a favor de un tercero y el estipulante se sujete a una pena para el caso de no cumplir lo prometido.

Art. 1312.- Al pedir la pena, el acreedor no está obligado a probar que ha sufrido perjuicios. Ni el deudor podrá eximirse de dicho pago probando que el acreedor no ha sufrido daño o perjuicio alguno.

Art. 1313.- La cláusula penal no puede exceder ni en valor ni en cuantía a la obligación principal.

Art. 1314.- Si la obligación fuere cumplida en parte, la pena se modificará en la misma proporción.

Art. 1315.- Si la modificación no pudiere ser exactamente proporcional, el juez reducirá la pena de una manera equitativa, teniendo en cuenta la naturaleza y demás circunstancias de la obligación.

Art. 1316.- El acreedor puede exigir el cumplimiento de la obligación o el pago de la pena, pero no ambos; a menos que aparezca haber estipulado la pena por el simple retardo en el cumplimiento de la obligación o porque ésta no se preste de la manera convenida.

Art. 1317.- No podrá hacerse efectiva la pena cuando el obligado a ella no haya podido cumplir el contrato por hecho imputable al acreedor, caso fortuito o fuerza insuperable.

Art. 1318.- En las obligaciones mancomunadas con cláusula penal, bastará la contravención de uno de los herederos del deudor para que se incurra en la pena.

Art. 1319.- En el caso del artículo anterior, cada uno de los herederos responderá de la parte de la pena que le corresponda, en proporción a su cuota hereditaria.

Art. 1320.- Tratándose de obligaciones indivisibles, se observará lo dispuesto en el artículo 1514.

SECCIÓN NOVENA
DE LA INTERPRETACIÓN

Art. 1321.- Si los términos de un contrato son claros y no dejan duda sobre la intención de los contratantes, se estará al sentido literal de sus cláusulas.

Si las palabras parecieren contrarias a la intención evidente de los contratantes prevalecerá ésta sobre aquéllas.

Art. 1322.- Cualquiera que sea la generalidad de los términos de un contrato, no deberán entenderse comprendidos en él cosas distintas y casos diferentes de aquéllos sobre los que los interesados se propusieron contratar.

Art. 1323.- Los contratos deben interpretarse de manera global y para que surtan sus efectos legales en forma integral, por ello, si alguna cláusula admitiere diversos sentidos, deberá entenderse en el más adecuado para que produzca efecto.

Art. 1324.- Las cláusulas de los contratos deben interpretarse las unas por las otras, atribuyendo a las dudosas el sentido que resulte del conjunto de todas.

Art. 1325.- Las palabras que pueden tener distintas acepciones serán entendidas en aquélla que sea más conforme a la naturaleza y objeto del contrato.

Art. 1326.- El uso o la costumbre del lugar donde pasó el acto se tendrán en cuenta para interpretar las ambigüedades de los contratos.

Art. 1327.- Cuando fuere imposible determinar las dudas por las reglas establecidas en los artículos precedentes, si aquéllas recaen sobre circunstancias accidentales del contrato, y éste fuere gratuito, se tendrán en favor de la menor transmisión de derechos e intereses; si fuere oneroso se aplicará la duda buscando la reciprocidad en las contraprestaciones.

Cuando la duda recaiga sobre el objeto principal del contrato, de suerte que no pueda conocerse el conocimiento de cuál fue la intención o la voluntad de los contratantes, el contrato será nulo.

SECCIÓN DÉCIMA
DISPOSICIONES FINALES

Art. 1328.- Los contratos que no estén especialmente reglamentados en este código, se regirán por las reglas generales de los contratos, por las estipulaciones de las partes y, en lo que fueren omisas, por las disposiciones del contrato con el que tengan más analogía, de los reglamentados en este ordenamiento.

Art. 1329.- Las disposiciones legales sobre contratos serán aplicables a todos los convenios y a otros actos jurídicos, en lo que no se oponga a la naturaleza de éstos o a disposiciones especiales de la ley sobre los mismos.

CAPÍTULO III
DE LA DECLARACIÓN UNILATERAL DE LA VOLUNTAD

Art. 1330.- El hecho de ofrecer al público objetos en determinado precio, obliga a quien lo hace a sostener su ofrecimiento.

Art. 1331.- El que por anuncios u ofrecimientos hechos al público se compromete a una prestación en favor de quien llene determinada condición o desempeñe cierto servicio, contrae la obligación de cumplir lo prometido.

Art. 1332.- El que en los términos del artículo anterior ejecutare el servicio pedido o llenare la condición señalada, podrá exigir el pago o la recompensa ofrecida.

Art. 1333.- Antes de que esté prestado el servicio o cumplida la condición, podrá el promitente revocar su oferta, siempre que la revocación se haga con la misma publicidad que el ofrecimiento.

En este caso, el que pruebe que ha hecho erogaciones para prestar el servicio o cumplir la condición por la que se había ofrecido recompensa, tiene derecho a que se le reembolse.

Art. 1334.- Si se hubiere señalado plazo para la ejecución de la obra, no podrá revocar el promitente su ofrecimiento mientras no esté vencido el plazo.

Art. 1335.- Si el acto señalado por el promitente se ejecutare por más de un individuo, se procederá como sigue:

I. Tendrá derecho a la recompensa el que primero ejecutare la obra o cumpliere la condición; y

II. Si la ejecución es simultánea o varios llenan al mismo tiempo la condición, se repartirá la recompensa por partes iguales; pero si la recompensa no fuere divisible se sorteará entre los interesados.

Art. 1336.- En los concursos en que haya promesa de recompensa para los que llenaren ciertas condiciones, es requisito esencial que se fije un plazo.

Art. 1337.- El promitente tiene derecho, al convocar al concurso, a designar la persona o personas que deban decidir a quién o a quiénes de los concursantes se otorga la recompensa.

Art. 1338.- En los contratos se pueden hacer estipulaciones en favor de tercero, de acuerdo con los siguientes artículos.

Art. 1339.- La estipulación hecha a favor de tercero hace adquirir a éste, salvo pacto escrito en contrario, el derecho de exigir al promitente la prestación a que se ha obligado.

También confiere al estipulante el derecho de exigir del promitente el cumplimiento de dicha obligación.

Art. 1340.- El derecho de tercero nace en el momento de perfeccionarse el contrato, salvo la facultad que los contratantes conserven de imponerle las modalidades que juzguen convenientes, siempre que éstas consten expresamente en el referido contrato.

Art. 1341.- La estipulación pude (sic) ser revocada mientras que el tercero no haya manifestado su voluntad de querer aprovecharla. En tal caso, o cuando el tercero rehuse la prestación estipulada a su favor, el derecho se considera como no nacido.

Art. 1342.- El promitente podrá, salvo pacto en contrario, oponer al tercero las excepciones derivadas del contrato.

SECCIÓN PRIMERA
DE LOS TÍTULOS DE CRÉDITO CIVILES

Art. 1343.- Puede el deudor obligarse otorgando documentos civiles pagaderos a la orden o al portador.

Art. 1344.- Los documentos que contengan deuda civil, son aquellos necesarios para ejercitar el derecho literal que en ellos se consigne.

Art. 1345.- Los documentos a que se refiere el artículo anterior deben contener los datos esenciales siguientes:

I. Lugar y fecha de otorgamiento;

II. Firma del deudor;
III. Cantidad líquida; y
IV. Nombre del beneficiario o razón de extenderse "al portador".

Art. 1346.- Serán datos accidentales:
I. Fecha de vencimiento y en caso de no tenerla serán "a la vista";
II. Pacto de intereses;
III. Garantías específicas;
IV. Lugar del pago, de no contenerlo será el domicilio del deudor; y
V. Fiadores y deudores solidarios.

Art. 1347.- Cualquier firma puesta en el documento que no tenga mención específica se considerará que su autor es deudor solidario.

Art. 1348.- La propiedad de los documentos de carácter civil que se extiendan a la orden, se transfiere por simple endoso, que contendrá el lugar y fecha en que se hace, el concepto en que se reciba el valor del documento, el nombre de la persona a cuya orden se otorgó el endoso y la firma del endosante.

Art. 1349.- El endoso puede hacerse en blanco, con la sola firma del endosante, sin ninguna otra indicación; pero no podrán ejecutarse los derechos derivados del endoso sin llenarlo con todos los requisitos exigidos por el artículo que precede.

Art. 1350.- Todos los que endosen un documento quedan obligados solidariamente para con el portador, en garantía del mismo. Sin embargo, puede hacerse el endoso sin la responsabilidad solidaria del endosante, siempre que así se haga constar expresamente al extenderse el endoso.

Art. 1351.- La propiedad de los documentos civiles que sean al portador, se transfiere por la simple entrega del título.

Art. 1352.- El deudor está obligado a pagar a cualquiera que le presente y entregue el título al portador, a menos que haya recibido orden judicial para no hacer el pago.

Art. 1353.- La obligación del que emite el título al portador no desaparece, aunque demuestre que el título entró en circulación contra su voluntad.

Art. 1354.- El suscriptor del título al portador no puede oponer más excepciones que las que se refieren a la nulidad del mismo título, las que se deriven de su texto o las que tenga en contra del portador que lo presente.

Art. 1355.- La persona que ha sido desposeída injustamente de títulos al portador, sólo con orden judicial puede impedir que se paguen al detentador que los presente al cobro.

CAPÍTULO IV
DEL ENRIQUECIMIENTO ILEGÍTIMO

Art. 1356.- El que sin causa legítima se enriquece en detrimento de otro, está obligado a indemnizar a éste de su empobrecimiento, en la medida en que él se ha enriquecido.

Art. 1357.- Cuando se reciba algún bien que no se tenía derecho de exigir y que por error ha sido indebidamente entregado, se tiene la obligación de restituirlo.

Si lo indebido consiste en una prestación cumplida, cuando el que la recibe procede de mala fe, debe pagar el precio corriente de esa prestación; si procede de buena fe, sólo debe pagar lo equivalente al enriquecimiento recibido.

Art. 1358.- El que acepte una entrega indebida, si hubiere procedido de mala fe, deberá abonar el interés legal cuando se trate de capitales o los frutos percibidos o dejados de percibir de los bienes que los produjeren.

Además, responderá de los menoscabos que el bien haya sufrido por cualquier causa y de los perjuicios que se irrogaren al que lo entregó, hasta que lo recobre. No responderá del caso fortuito cuando éste hubiere podido afectar del mismo modo a los bienes, hallándose en poder del que los entregó.

Art. 1359.- Si el que recibió el bien de mala fe, lo hubiere enajenado a un tercero que tuviere también mala fe, podrá el dueño reivindicarlo y cobrar solidariamente de uno u otro los daños y perjuicios.

Art. 1360.- Si el tercero a quien se enajena el bien lo adquiere de buena fe, sólo podrá reivindicarse si la enajenación se hizo a título gratuito.

Art. 1361.- El que de buena fe hubiere aceptado una entrega indebida de bien cierto y determinado, sólo responderá de los menoscabos o pérdida de éste y de sus accesiones, en cuanto por ellos se hubiere enriquecido. Si lo hubiere enajenado, restituirá el precio o cederá la acción para hacerlo efectivo.

Art. 1362.- Si el que recibió de buena fe un bien entregado indebidamente, lo hubiere donado, no subsistirá la donación y se aplicará al donatario lo dispuesto en el artículo anterior.

Art. 1363.- El que de buena fe hubiere aceptado una entrega indebida, tiene derecho a que se le abonen los gastos necesarios y a retirar las mejoras útiles, si con la separación no sufre detrimento el bien entregado indebidamente; si sufre, tiene derecho a que se le pague una cantidad equivalente al aumento de valor que recibió el bien con la mejora hecha.

Art. 1364.- Queda libre de la obligación de restituir el que, creyendo de buena fe que se hacía el pago por cuenta de un crédito legítimo y subsistente, hubiere inutilizado el título, dejando prescribir la acción, abandonado las prendas, o cancelado las garantías de su derecho. En este caso el que entrega indebidamente sólo podrá dirigirse contra el verdadero deudor o los fiadores, respecto de los cuales la acción estuviese viva.

Art. 1365.- La prueba de la entrega incumbe al que pretende haberla hecho. También corre a su cargo la del error con que lo realizó, a menos que el demandado negare haber recibido el bien que se le reclama. En este caso, justificada la entrega por el demandante, queda relevado de toda otra prueba. Esto no limita el derecho del demandado para acreditar que le era debido lo que recibió.

Art. 1366.- Se presume que hubo error en la entrega, cuando se da un bien que no se debía o que ya estaba pagado; pero aquél a quien se pide la devolución puede probar que la entrega se hizo a título de liberalidad o por cualquiera otra causa justa.

Art. 1367.- La acción para repetir lo entregado indebidamente prescribe en un año, contado desde que se conoció el error que originó la entrega. El solo transcurso de cinco años, contados desde la entrega indebida, hace perder el derecho para reclamar su devolución.

Art. 1368.- El que ha pagado para cumplir una deuda prescrita o para cumplir un deber moral, no tiene derecho de repetir.

Art. 1369.- Lo que se hubiere entregado para la realización de un fin que sea ilícito o contrario a las buenas costumbres, no quedará en poder del que lo recibió. El cincuenta por cierto (sic) se destinará a la beneficencia pública y el otro cincuenta por ciento tiene derecho de recuperarlo el que lo entregó.

CAPÍTULO V
DE LA GESTIÓN DE NEGOCIOS

Art. 1370.- El que sin mandato y sin estar obligado a ello se encarga de un asunto de otro, debe obrar conforme a los intereses del dueño del negocio.

Art. 1371.- El gestor debe desempeñar su gestión con toda la diligencia que emplea en sus negocios propios e indemnizará los daños y perjuicios que por su culpa o negligencia se irroguen al dueño de los bienes o negocios que gestione.

Art. 1372.- Si la gestión tiene por objeto evitar un daño inminente al dueño, el gestor no responde más que de su dolo o de su falta grave.

Art. 1373.- Si la gestión se ejecuta contra la voluntad real o presunta del dueño, el gestor debe reparar los daños y perjuicios que resulten de aquél, aunque no haya incurrido en falta.

Art. 1374.- El gestor responde aún del caso fortuito si ha hecho operaciones arriesgadas, aunque el dueño del negocio tuviere costumbre de hacerlas; o si hubiere obrado más en interés propio que en interés del dueño del negocio.

Art. 1375.- Si el gestor delegare en otra persona todos o algunos de los deberes de su cargo, responderá de los actos del delegado, sin perjuicio de la obligación directa de éste para con el propietario del negocio.

La responsabilidad de los gestores, cuando fueren dos o más, será solidaria.

Art. 1376.- El gestor, tan pronto como sea posible, debe dar aviso de su gestión al dueño y esperar su decisión, a menos que haya peligro en la demora.

Si no fuere posible dar ese aviso, el gestor debe continuar su gestión hasta que concluya el asunto.

Art. 1377.- El dueño de un asunto que hubiere sido útilmente gestionado, debe cumplir las obligaciones que el gestor haya contraido a nombre de él y pagar los gastos de acuerdo con lo prevenido en los artículos siguientes.

Art. 1378.- Deben pagarse al gestor los gastos necesarios que hubiere hecho en el ejercicio de su cargo y los intereses legales correspondientes; pero no tiene derecho de cobrar retribución por el desempeño de la gestión.

Art. 1379.- El gestor que se encargue de un asunto contra la expresa voluntad del dueño, si éste se aprovecha del beneficio de la gestión, tiene obligación de pagar a aquél el importe de los gastos hasta donde alcancen los beneficios, a no ser que la gestión hubiere tenido por objeto librar al dueño de un deber impuesto en interés público, en cuyo caso debe pagar todos los gastos necesarios hechos.

Art. 1380.- La ratificación pura y simple del dueño del negocio, produce todos los efectos de un mandato.

La ratificación tiene efecto retroactivo al día en que la gestión principió.

Art. 1381.- Cuando el dueño del negocio en un asunto judicial no la ratifique, no producirán efecto alguno las gestiones y probanzas realizadas por el presunto gestor, debiendo éste pagar las costas que haya originado las que se harán efectivas de la fianza depositada.

Art. 1382.- Cuando el dueño del negocio no ratifique la gestión, sólo responderá de los gastos que originó ésta, hasta la concurrencia de las ventajas que obtuvo del negocio.

Art. 1383.- La ratificación en negocios judiciales deberá hacerse hasta antes de dictarse la sentencia. Si no se obtiene la ratificación en esta etapa procesal las gestiones y probanzas realizadas no producirán efecto alguno, sin perjuicio de que en la sentencia se impongan las costas al presunto gestor.

Art. 1384.- Tratándose de negocios que impliquen una contraprestación y no se obtenga la ratificación de la misma, el presunto gestor se substituirá en los derechos y obligaciones que le hubieren correspondido a la persona por quien realizó la gestión.

En el caso a que se refiere este artículo, le serán aplicables en lo conducente al presunto gestor las disposiciones relativas a la cesión de posición contractual.

Art. 1385.- Cuando sin consentimiento del obligado a prestar alimentos, los diese un extraño, éste tendrá derecho a reclamar de aquél su importe, al no constar que los dio con ánimo de hacer un acto de beneficencia.

Art. 1386.- Los gastos funerarios proporcionados a la condición de la persona y a los usos de la localidad, deberán ser satisfechos al que los haga, aunque el difunto no hubiese dejado bienes, por aquéllos que hubieren tenido la obligación de alimentarlo en vida.

CAPÍTULO VI
DE LAS OBLIGACIONES QUE NACEN DE HECHOS ILÍCITOS

Art. 1387.- El que obrando culpable e ilícitamente o contra las buenas costumbres cause daño a otro, está obligado a repararlo, a menos que demuestre que el daño se produjo como consecuencia de culpa o negligencia inexcusable de la víctima.

Art. 1388.- El incapaz que cause daño, debe repararlo; salvo que la responsabilidad recaiga en las personas de él encargadas, conforme a lo dispuesto en los artículos 1397 al 1400.

Art. 1389.- Cuando al ejercitar un derecho se causa daño a otro, hay obligación de indemnizarlo si se demuestra que el derecho sólo se ejercitó a fin de causar el daño, sin utilidad para el titular del derecho.

(REFORMADO, P.O. 26 DE ENERO DE 2013)

Art. 1390.- La reparación del daño consistirá a elección del ofendido en el restablecimiento de la situación anterior cuando sea posible o en el pago de daños y perjuicios.

Cuando el daño causado a las personas produzca la muerte o cualquier tipo de incapacidad, el grado de reparación del daño se determinará atendiendo lo dispuesto por la Ley Federal del Trabajo.

Para calcular la indemnización se estará a lo siguiente:

(REFORMADA, P.O. 11 DE OCTUBRE DE 2016)

I. En el caso de cualquier incapacidad física, se tomará como base cinco tantos del valor diario de la Unidad de Medida y Actualización vigente; y

II. En el caso de muerte, se estará a lo previsto en el artículo 502 de la Ley Federal del Trabajo.

(REFORMADO, P.O. 11 DE OCTUBRE DE 2016)

En los casos de las dos fracciones que anteceden, será la base el valor diario de la Unidad de Medida y Actualización y se extenderá al número de días de la incapacidad.

En caso de muerte, la indemnización corresponderá a los herederos de la víctima.

Los créditos por indemnización o reparación del daño son intransferibles y se cubrirán preferentemente en una sola exhibición, salvo el caso de la subrogación por pago.

Art. 1391.- La violación de cualesquiera de los derechos de personalidad produce el daño moral, que es independiente del daño material. El responsable del mismo tendrá la obligación de repararlo mediante una indemnización pecuniaria.

(ADICIONADO, P.O. 23 DE OCTUBRE DE 2007)

No se considerará daño moral el causado por el ejercicio de los derechos de opinión, crítica, expresión e información, cuando se realice en los términos y con las limitaciones que establece la Constitución Política de los Estados Unidos Mexicanos.

Art. 1392.- La acción de reparación del daño moral no es transmisible a tercero por acto entre vivos; solamente es transmisible a los herederos de la víctima, cuando ésta haya intentado la acción en vida.

Art. 1393.- El monto de la indemnización será determinado por el juez tomando en cuenta las siguientes circunstancias:

I. La naturaleza del hecho dañoso;

II. Los derechos lesionados;

III. El grado de responsabilidad;

IV. La situación pecuniaria o el nivel de vida del responsable;
V. El grado y repercusión de los daños causados; y
VI. Los usos y costumbres del lugar donde se causó el daño.

Art. 1394.- Cuando el daño moral haya afectado a la víctima en su decoro, honor, prestigio personal o profesional, el juez independientemente de lo dispuesto en el artículo anterior ordenará, y en ejecución de sentencia a petición expresa del afectado y con cargo al responsable, la publicación de un extracto de la sentencia, de la que se desprenda con toda claridad las circunstancias y el alcance de la misma, a través de los medios informativos que considere convenientes; pero en los casos en que el daño se produzca por medio de un acto que haya sido difundido por los medios informativos o de difusión masiva, el juez ordenará que los mismos den publicidad al extracto de la sentencia con la misma importancia y consideración que hubiere tenido la difusión original.

(ADICIONADO, P.O. 23 DE OCTUBRE DE 2007)

Art. 1394 Bis.- Estarán sujetas a la reparación del daño moral de acuerdo a lo establecido en el artículo anterior y, por tanto, se considerarán como hechos ilícitos, las siguientes conductas:

I. El que divulgue la imputación que se hace a otra persona física o jurídica, de un hecho cierto o falso, determinado o indeterminado, que pueda causarle deshonra, descrédito, perjuicio o exponerlo al desprecio de alguien;

II. El que impute a otro un hecho determinado y calificado como delito por la ley, si el hecho es falso o inocente la persona a quien se le imputa;

III. El que presente denuncias o querellas calumniosas, entendiéndose por tales aquellas en que su autor imputa un delito a persona determinada, sabiendo que ésta es inocente o que aquél no se ha cometido, y

IV. Al que ofenda el honor, ataque la vida privada o la imagen propia de una persona.

La reproducción fiel de información no da lugar al daño moral, aun en los casos en que la información reproducida no sea correcta y pueda dañar el honor de alguna persona, pues no constituye una responsabilidad para el que difunde dicha información, siempre y cuando se cite la fuente de donde se obtuvo.

(ADICIONADO, P.O. 23 DE OCTUBRE DE 2007)

Art. 1394 Ter.- En ningún caso se considerarán ofensas al honor las opiniones desfavorables de la crítica literaria, artística, histórica, científica o profesional, ni las que versen sobre acontecimientos privados divulgados públicamente por el propio afectado.

Art. 1395.- Las personas que han causado en común un daño son responsables solidariamente hacia la víctima por la reparación a que están obligadas de acuerdo con las disposiciones de este capítulo.

Art. 1396.- Las personas jurídicas son responsables de los daños y perjuicios que causen sus representantes legales en el ejercicio de sus funciones.

(REFORMADO, P.O. 25 DE NOVIEMBRE DE 2014)

Art. 1397.- Los que ejerzan la patria potestad tienen obligación de responder de los daños y perjuicios causados por los actos de los menores que estén bajo su guarda y custodia y que habiten con ellos.

(REFORMADO, P.O. 25 DE NOVIEMBRE DE 2014)

Art. 1398.- El custodio responderá por los daños y perjuicios causados por las personas menores de edad cuando estas se encuentran bajo guarda y custodia de institución o persona distinta a quien ejerce la patria potestad.

No recaerá responsabilidad por daños y perjuicios sobre quien ejerce la patria potestad ni la guarda y custodia, cuando la persona menor de edad al momento de producirlos se encuentre bajo cuidado y vigilancia de otras persona (sic) en guarderías, colegios, talleres y cualquier otra institución que implicitamente se encuentre obligada a ejercer cuidado y vigilancia.

(REFORMADO, P.O. 29 DE NOVIEMBRE DE 2014)

Art. 1399.- Lo dispuesto en los dos artículos anteriores es aplicable a los tutores, respecto de los incapaces que tienen bajo su cuidado.

(REFORMADO, P.O. 29 DE NOVIEMBRE DE 2014)

Art. 1400.- Ni quien ejerza la patria potestad ni los tutores tienen obligación de responder de los daños y perjuicios que causen los incapaces sujetos a su cuidado y vigilancia, si probaren que les ha sido imposible evitarlos. Esta imposibilidad no resulta de la mera circunstancia de haber sucedido el hecho fuera de su presencia, si aparece que ellos no han ejercido suficiente vigilancia sobre los incapaces.

Art. 1401.- Los maestros artesanos son responsables de los daños y perjuicios causados por sus operarios en la ejecución de los trabajos que les encomienden. En este caso se aplica también lo dispuesto en el artículo anterior.

Art. 1402.- Los patrones, los dueños, encargados de establecimientos mercantiles y los jefes de familia están obligados a responder de los daños y perjuicios causados por sus obreros, empleados, dependientes o hijos que se encuentren bajo la patria potestad o tutela en el ejercicio de sus funciones. Esta responsabilidad cesa si demuestran que en la comisión del daño no se les puede imputar culpa o negligencia.

Art. 1403.- En los casos previstos por los artículos 1397 al 1399, el que sufra el daño puede exigir la reparación directamente y en forma solidaria del responsable, en los términos de este capítulo.

Art. 1404.- El que paga el daño causado por sus sirvientes, empleados u obreros, puede repetir de ellos lo que hubiere pagado.

Art. 1405.- (DEROGADO, P.O. 11 DE SEPTIEMBRE DE 2003)

Art. 1406.- El dueño de un animal pagará el daño causado por éste, si no probare alguna de las circunstancias siguientes:

I. Que lo guardaba y vigilaba con el cuidado necesario;

II. Que el animal fue provocado;

III. Que hubo imprudencia por parte del ofendido; y

IV. Que el hecho resulte de caso fortuito o de fuerza mayor.

Art. 1407.- Si el animal que hubiere causado el daño fuere excitado por un tercero, la responsabilidad es de éste y no del dueño del animal.

Art. 1408.- El constructor, propietario, poseedor, encargado o administrador de una edificación son responsables mancomunada y solidariamente de los daños que resulten de la ruina de todo o parte de él, si ésta sobreviene por falta de reparaciones necesarias o por vicios de construcción.

Art. 1409.- Las obligaciones a que se refiere el artículo anterior pasarán a sus sucesores o causahabientes y no cesarán respecto de los deudores originarios por su transmisión.

Art. 1410.- Los jefes de familia que habiten una casa o parte de ella, son responsables de los daños causados por las cosas que se arrojen o cayeren de la misma.

Art. 1411.- La acción para exigir la reparación de los daños causados en los términos del presente capítulo, prescribe en dos años contados a partir del día en que se haya causado el daño.

Art. 1412.- El que estuviere obligado a prestar un hecho y dejare de prestarlo o no lo prestare conforme a lo convenido, será responsable de los daños y perjuicios en los términos siguientes:

I. Si la obligación fuere a plazo, comenzará la responsabilidad desde el vencimiento de éste; y

II. Si la obligación no dependiere de plazo cierto, se observará lo dispuesto en la parte final del artículo 1595.

El que contraviene una obligación de no hacer, pagará daños y perjuicios por el sólo hecho de la contravención.

Art. 1413.- En las obligaciones de dar que tengan plazo fijo, se observará lo dispuesto en la fracción I del artículo anterior.

Si no tuvieren plazo cierto, se aplicará lo prevenido en el artículo 1595, parte primera.

Art. 1414.- La responsabilidad de que se trata en este título, además de importar la devolución del bien o su precio, o la de ambos, en su caso, importará la reparación de los daños y la indemnización de los perjuicios.

Art. 1415.- Se entiende por daño la pérdida o menoscabo sufrido en el patrimonio por la falta de cumplimiento de una obligación.

Art. 1416.- Se reputa perjuicio la privación de cualquiera ganancia lícita, que debiera haberse obtenido con el cumplimiento de la obligación.

Art. 1417.- Los daños y perjuicios deben ser consecuencia inmediata y directa de la falta de cumplimiento de la obligación, ya sea que se hayan causado o que necesariamente deban causarse.

Art. 1418.- Nadie está obligado al caso fortuito sino cuando ha dado causa o contribuido a él, cuando ha aceptado expresamente esa responsabilidad, o cuando la ley se la impone.

Art. 1419.- Si el bien se ha perdido, o ha sufrido un detrimento tan grave que a juicio de peritos, no pueda emplearse en el uso a que naturalmente está destinado, el dueño debe ser indemnizado de todo el valor legítimo de él.

Art. 1420.- Si el deterioro es menos grave, sólo el importe de éste se abonará al dueño al restituirse el bien.

Art. 1421.- El precio del bien, será el que tendría al tiempo de ser devuelto al dueño, excepto en los casos en que la ley o el pacto señale otro momento.

Art. 1422.- Al estimar el deterioro de un bien se atenderá no solamente a la disminución que se causó en el precio del bien, sino a los gastos que necesariamente exija la reparación.

Art. 1423.- Al fijar el valor y el deterioro de un bien, no se atenderá al precio estimativo o de afección, a no ser que se pruebe que el responsable lo destruyó o deterioró con el objeto de lastimar la afección del dueño.

Art. 1424.- La responsabilidad civil puede ser regulada por convenio de las partes, salvo aquellos casos en que la ley disponga expresamente otra cosa.

Art. 1425.- Si la prestación consistiere en el pago de cierta cantidad de dinero, los daños y perjuicios que resulten de la falta de cumplimiento, no podrán exceder del interés legal, salvo convenio en contrario.

Art. 1426.- El pago de los gastos judiciales será a cargo del que faltare al cumplimiento de la obligación.

CAPÍTULO VII
DE LA RESPONSABILIDAD CIVIL OBJETIVA

Art. 1427.- Cuando una persona hace uso de mecanismos, instrumentos, aparatos o sustancias peligrosos por sí mismos, por la velocidad que desarrollen, por su naturaleza explosiva o inflamable, por la energía de la corriente eléctrica que conduzcan o por otras causas análogas, está obligada a responder del daño que cause, aunque no obre ilícitamente, a no ser que demuestre que ese daño se produjo por culpa o negligencia inexcusable de la víctima, por caso fortuito o fuerza mayor.

Art. 1428.- Igualmente responderán de los daños causados:

I. Por la explosión de máquinas o por la inflamación de sustancias fácilmente combustibles o explosivas;

II. Por el humo, o gases, olores, radiaciones y vibraciones que sean nocivos a las personas o a las propiedades;

III. Por la caída de sus árboles, cuando no sea ocasionada por fuerza mayor;

IV. Por las emanaciones de cloacas o depósitos de materias infectantes;

V. Por los depósitos de agua que humedezcan la pared del vecino o derrame sobre la propiedad de éste;

VI. Por los derrames de combustibles y lubricantes que dañen propiedades contiguas o las redes de drenaje municipal;

VII. Por el peso o movimiento de las máquinas, por las aglomeraciones de materias o animales nocivos a la salud; y

VIII. Por cualquier causa, que sin derecho origine algún daño.

Art. 1429.- Cuando sin el empleo de mecanismos, instrumentos, y otros agentes similares a que se refieren los dos artículos anteriores y sin culpa o negligencia de ninguna de las partes, se producen daños, cada una de ellas los soportará sin derecho a indemnización.

Art. 1430.- Son aplicables en lo conducente a este capítulo las disposiciones relativas al de los hechos ilícitos.

Art. 1431.- (DEROGADO, P.O. 11 DE SEPTIEMBRE DE 2003)

CAPÍTULO VIII
DE LAS VENTAS POR AUTORIDAD

Art. 1432.- Las autoridades sean del Poder Ejecutivo o del Judicial, con motivo del ejercicio de sus funciones, pueden hacer rematar en subasta pública bienes pertenecientes a particulares.

Art. 1433.- Para los efectos de este capítulo, se entiende que la autoridad sustituye a la voluntad del particular ejecutado y como acto de imperio, trasmite en su nombre al adquirente la propiedad de los bienes.

Art. 1434.- La venta queda perfeccionada cuando causa estado la resolución que dicte la autoridad, aprobando el procedimiento del remate.

(REFORMADO, P.O. 29 DE NOVIEMBRE DE 2014)

Art. 1435.- No pueden adquirir en remate, los jueces, secretarios y demás servidores públicos de los juzgados; los magistrados del tribunal que administrativa y judicialmente sean superiores de los jueces; la autoridad administrativa que decrete y realice el remate, los superiores de ésta y los empleados de ambos; el ejecutado, sus procuradores, abogados y fiadores; los albaceas y tutores, si se trata de bienes pertenecientes a una sucesión o a los incapaces, respectivamente, ni los peritos que hayan valuado los bienes objeto del remate.

(REFORMADO, P.O. 29 DE NOVIEMBRE DE 2014)

Art. 1436.- El producto de la venta según sea el caso se aplicará en primer término, al pago de los gastos que se originen con la almoneda y el remanente a cubrir pasivos a cargo del ejecutado; o como ingreso del erario público, cuando los bienes rematados fueren confiscados, y finalmente cuando se trata de venta de bienes por causa de división de copropiedad, reparto para el pago del haber hereditario, o de disposición de bienes de personas menores de edad, se entregará el remanente a quien sea el titular de los bienes rematados según el interés que representen.

Art. 1437.- Cuando el remate tenga como consecuencia el pago de pasivos a cargo del ejecutado, no se está en el caso de obligación por causa de la evicción que sufriere el bien vendido, sino a restituir el ejecutante y el ejecutado de lo que hubieren recibido más los intereses legales del precio que haya producido la venta.

Art. 1438.- En el caso a que se refiere el artículo anterior, no tiene el enajenante obligación de responder de los vicios ocultos.

Art. 1439.- Les serán aplicables de manera supletoria a las disposiciones de este capítulo, las relativas a la compra-venta, considerándose éstas de manera análoga.

Art. 1440.- Cuando las ventas tengan como origen el pago de pasivos a cargo del ejecutado y se trate de inmuebles, pasará el bien al comprador libre de todo gravamen, salvo estipulación expresa de la autoridad ejecutante en contrario, a cuyo efecto la autoridad mandará hacer la cancelación que corresponda.

Art. 1441.- Se tendrá como postor preferente en el siguiente orden:

I. Al que ofrezca la mayor cantidad de pago de contado, siempre que se cubra el importe de la postura legal;

II. Cuando el pago de contado no lo sea en su totalidad, al que ofrezca el pago en el plazo más breve; y

III. Cuando ambos plazos sean iguales, al que ofrezca mayor tasa de interés por el saldo.

Art. 1442.- En el caso de que el postor no cubra de contado el importe del bien adquirido, deberá pagar intereses por el saldo, los cuales se computarán cuando menos al tipo legal, salvo que en la postura se hubiere ofrecido interés superior al legal. Invariablemente deberá constituirse reserva de dominio para garantizar el pago del saldo, estableciéndose que la falta de pago de intereses o de abono al adeudo y que se prolongue por más de un mes, serán causa suficiente para rescindir la operación o exigir su cumplimiento.

Art. 1443.- El precio ofrecido deberá pagarse siempre ante la autoridad ejecutora, en el plazo que al efecto se señale en el Código de Procedimientos Civiles del Estado, que será aplicado de manera supletoria.

Art. 1444.- El precio ofrecido por el adjudicatario será considerado como obligación de pago a su cargo, y para el cumplimiento de dicha obligación responde con la totalidad de su patrimonio.

Art. 1445.- No obstante lo dispuesto en el artículo anterior, cuando el precio no sea pagado en tiempo, el adjudicatario perderá el derecho sobre el bien adquirido y el importe de la garantía a su postura legal será aplicado en beneficio del ejecutado, pero se aplicará al ejecutante si éste lo solicita en abono a su crédito.

Art. 1446.- El ejecutante podrá a su elección pedir el cumplimiento de la obligación o la resolución de ésta; pero hecha la elección se tendrá por irrevocable.

TÍTULO SEGUNDO
MODALIDADES DE LAS OBLIGACIONES

CAPÍTULO I
DE LAS OBLIGACIONES CONDICIONALES

Art. 1447.- La obligación es condicional cuando su nacimiento o su resolución dependen de un acontecimiento futuro e incierto.

Art. 1448.- La condición es suspensiva cuando de su cumplimiento depende la eficacia de la obligación.

Art. 1449.- La condición es resolutoria cuando cumplida resuelve la obligación, volviendo las cosas al estado que tenían, como si esa obligación no hubiere existido.

Art. 1450.- Cumplida la condición, la obligación se retrotrae al tiempo en que ésta fue contraída, a menos que los efectos de la obligación o su resolución, por la voluntad de las partes o por la naturaleza del acto, deban ser referidas a fecha diferente.

Art. 1451.- En tanto no se cumpla la condición, el deudor debe abstenerse de realizar todo acto que impida su cumplimiento oportuno.

El acreedor puede, antes de que la condición se cumpla, ejercitar todos los actos conservatorios de su derecho.

Art. 1452.- Las condiciones imposibles, las prohibidas por la ley o que sean contrarias a las buenas costumbres, anulan la obligación que de ellas dependa.

Art. 1453.- Cuando el cumplimiento de la condición dependa de la exclusiva voluntad del deudor, la obligación condicional será nula.

Art. 1454.- Se tendrá por cumplida la condición cuando el obligado impidiese voluntariamente su cumplimiento.

Art. 1455.- La obligación contraída bajo la condición de que un acontecimiento suceda en un tiempo fijo, caduca si pasa el término sin realizarse, o desde que sea indudable que la condición no puede cumplirse.

Art. 1456.- La obligación contraída bajo la condición de que un acontecimiento no se verifique en un tiempo fijo, será exigible si pasa el tiempo sin verificarse.

Si no hubiere tiempo fijado, la condición deberá reputarse cumplida transcurrido el que verosimilmente se hubiere querido señalar, atenta la naturaleza de la obligación.

Art. 1457.- Cuando las obligaciones se hayan contraido bajo condición suspensiva, y pendiente ésta, el bien que fue objeto del contrato se perdiere, deteriorare o mejorare, se observarán las disposiciones siguientes:

I. Si el bien se pierde sin culpa del deudor, quedará extinguida la obligación;

II. Si el bien se pierde por culpa del deudor, éste queda obligado al resarcimiento de daños y perjuicios;

Entiéndase que el bien se pierde cuando se encuentra en alguno de los casos mencionados en el artículo 1529;

III. Cuando el bien se deteriorare sin culpa del deudor, éste cumple su obligación entregándolo al acreedor en el estado en que se encuentre al cumplirse la condición;

IV. Deteriorándose por culpa del deudor, el acreedor podrá optar entre la resolución de la obligación o su cumplimiento, con la indemnización de daños y perjuicios en ambos casos;

V. Si el bien se mejora por su naturaleza o por el tiempo, las mejoras ceden en favor del acreedor;

VI. Si se mejora a expensas del deudor, no tendrá éste otro derecho que el concedido al usufructuario.

CAPÍTULO II
DE LAS OBLIGACIONES A PLAZO

Art. 1458.- Es obligación a plazo aquélla para cuyo cumplimiento o resolución se ha señalado un día cierto.

Art. 1459.- Entiéndase por día cierto aquél que necesariamente ha de llegar.

Art. 1460.- Si la incertidumbre consistiere en si ha de llegar o no el día, la obligación será condicional y se regirá por las reglas que contiene el capítulo que precede.

Art. 1461.- El plazo en las obligaciones se contará de la manera prevenida en los artículos del 1749 al 1753.

Art. 1462.- Lo que se hubiere pagado anticipadamente no puede repetirse.

Si el que paga ignoraba, cuando lo hizo, la existencia del plazo, tendrá derecho a reclamar del acreedor los intereses o los frutos que éste hubiere percibido del bien.

Art. 1463.- El plazo se presume establecido en favor de ambos contratantes, a menos que resulte, de la estipulación o de las circunstancias, que ha sido establecido en favor de uno de ellos exclusivamente.

Art. 1464.- Perderá el deudor todo derecho a utilizar el plazo:

I. Cuando después de contraida la obligación, resultare insolvente, salvo que garantice la deuda;

II. Cuando no otorgue al acreedor las garantías a que estuviese comprometido; o

III. Cuando por actos propios hubiese disminuido aquellas garantías, después de establecidas, y cuando por caso fortuito desaparecieren, a menos que sean inmediatamente sustituidas por otras igualmente seguras.

Art. 1465.- Si fueren varios los deudores solidarios, lo dispuesto en el artículo anterior sólo comprenderá al que se hallare en alguno de los casos que en el se designan.

CAPÍTULO III
DE LAS OBLIGACIONES CONJUNTIVAS Y ALTERNATIVAS

Art. 1466.- El que se ha obligado con diversos bienes o hechos, conjuntamente, debe dar todos los primeros y prestar todos los segundos.

Art. 1467.- Si el deudor se ha obligado a uno de dos hechos, o a uno de dos bienes o a un hecho o a un bien, cumple prestando cualquiera de esos hechos o bienes; mas no puede, contra la voluntad del acreedor, prestar parte de un bien y parte de otro, o ejecutar en parte un hecho.

Art. 1468.- En las obligaciones alternativas la elección corresponde al deudor, salvo pacto diverso.

Art. 1469.- La elección no producirá efecto sino desde que fuere notificada.

Art. 1470.- El deudor perderá el derecho de elección cuando, de las prestaciones a que alternativamente estuviere obligado, sólo una fuere realizable.

Art. 1471.- Si la elección compete al deudor y alguno de los bienes se pierde por culpa suya o caso fortuito, el acreedor está obligado a recibir el que quede.

Art. 1472.- Si los dos bienes se han perdido, y uno lo ha sido por culpa del deudor, éste debe pagar el precio del último que se perdió. Lo mismo se observará si los dos bienes se han perdido por culpa del deudor; pero éste pagará los daños y perjuicios correspondientes.

Art. 1473.- Si los dos bienes se han perdido por caso fortuito, el deudor queda libre de la obligación.

Art. 1474.- Si la elección compete al acreedor y uno de los dos bienes se pierde por culpa del deudor, puede el primero elegir el bien que ha quedado o el valor del perdido, con pago de daños y perjuicios.

Art. 1475.- Si el bien se pierde sin culpa del deudor, estará obligado el acreedor a recibir el que haya quedado.

Art. 1476.- Si ambos bienes se perdieren por culpa del deudor, podrá el acreedor exigir el valor de cualesquiera de ellos, con los daños y perjuicios, o la rescisión del contrato.

Art. 1477.- Si ambos bienes se perdieren sin culpa del deudor, se hará la distinción siguiente:

I. Si se hubiere hecho ya la elección o designación del bien, la pérdida será por cuenta del acreedor;

II. Si la elección no se hubiere hecho, quedará el contrato sin efecto.

Art. 1478.- Si la elección es del deudor y uno de los bienes se pierde por culpa del acreedor, podrá el primero pedir que se le de por libre de la obligación o que se rescinda el contrato, con indemnización de los daños y perjuicios.

Art. 1479.- En el caso del artículo anterior, si la elección es del acreedor, con el bien perdido quedará satisfecha la obligación.

Art. 1480.- Si los dos bienes se pierden por culpa del acreedor y es de éste la elección, quedará a su arbitrio entregar el precio de cualquiera de ellos.

Art. 1481.- En el caso del artículo anterior, si la elección es del deudor éste designará el bien cuyo precio debe pagar, y este precio se probará conforme a derecho en caso de desacuerdo.

Art. 1482.- En los casos de los dos artículos que preceden, el acreedor está obligado al pago de los daños y perjuicios.

Art. 1483.- Si el obligado a prestar un bien o ejecutar un hecho se rehusare a hacer lo segundo y la elección es del acreedor, éste podrá exigir el bien o la ejecución del hecho por un tercero, en los términos del artículo 1535. Si la elección es del deudor, éste cumple entregando el bien.

Art. 1484.- Si el bien se pierde por culpa del deudor y la elección es del acreedor, éste podrá exigir su precio, la prestación del hecho o la rescisión del contrato.

Art. 1485.- En el caso del artículo anterior si el bien se pierde sin culpa del deudor, el acreedor está obligado a recibir la prestación del hecho.

Art. 1486.- Haya habido o no culpa en la pérdida del bien por parte del deudor, si la elección es suya, el acreedor está obligado a recibir la prestación del hecho.

Art. 1487.- Si el bien se pierde o el hecho deja de prestarse por culpa del acreedor, se tiene por cumplida la obligación.

Art. 1488.- La falta de prestación del hecho se regirá por lo dispuesto en los artículos 1535 y 1536.

CAPÍTULO IV
DE LAS OBLIGACIONES MANCOMUNADAS

Art. 1489.- Cuando hay pluralidad de deudores o de acreedores, tratándose de una misma obligación, existe mancomunidad.

Art. 1490.- La simple mancomunidad de deudores o de acreedores no hace que cada uno de los primeros deba cumplir íntegramente la obligación, ni da derecho a cada uno de los segundos para exigir el total cumplimiento de la misma. En este caso el crédito o la deuda se consideran divididos en tantas partes como deudores o acreedores haya y cada parte constituye una deuda o un crédito distintos unos de otros.

Art. 1491.- Las partes se presumen iguales a no ser que se pacte otra cosa o que la ley disponga lo contrario.

Art. 1492.- Además de la mancomunidad, habrá solidaridad activa, cuando dos o más acreedores tienen derecho para exigir cada uno de por sí, el cumplimiento total de la obligación; y solidaridad pasiva cuando dos o más deudores reportan la obligación de prestar, cada uno por sí, en su totalidad, la prestación debida.

Art. 1493.- La solidaridad no se presume; resulta de la ley o de la voluntad de las partes.

Art. 1494.- Cada uno de los acreedores o todos juntos pueden exigir de todos los deudores solidarios o de cualesquiera de ellos, el pago total o parcial de la deuda. Si reclaman todo de uno de los deudores y resultare insolvente, pueden reclamarlo de los demás o de cualesquiera de ellos. Si hubiesen reclamado sólo parte, o de otro modo hubiesen consentido en la división de la deuda, respecto de alguno o algunos de los deudores, podrán reclamar el todo de los demás obligados, con deducción de la parte del deudor o deudores liberados de la solidaridad.

Art. 1495.- El pago hecho a uno de los acreedores solidarios extingue totalmente la deuda.

Art. 1496.- La novación, compensación, confusión o remisión hecha por cualesquiera de los acreedores solidarios, con cualesquiera de los deudores de la misma clase extingue la obligación.

Art. 1497.- El acreedor que hubiese recibido todo o parte de la deuda, o que hubiese hecho quita o remisión de ella, queda responsable a los otros acreedores de la parte que a éstos corresponda, dividido el crédito entre ellos.

Art. 1498.- Si falleciere alguno de los acreedores solidarios dejando más de un heredero, cada uno de los coherederos sólo tendrá derecho de exigir o recibir la parte del crédito que le corresponda en proporción a su haber hereditario, salvo que la obligación sea indivisible.

Art. 1499.- El deudor de varios acreedores solidarios se libra pagando a cualesquiera de éstos, a no ser que haya sido requerido judicialmente por alguno de ellos, en cuyo caso deberá hacer el pago al demandante.

Art. 1500.- El deudor solidario sólo podrá utilizar contra las reclamaciones del acreedor, las excepciones que se deriven de la naturaleza de la obligación y las que le sean personales.

Art. 1501.- El deudor solidario es responsable para con sus coobligados si no hace valer las excepciones que son comunes a todos.

Art. 1502.- Si el bien hubiere perecido, o la prestación se hubiere hecho imposible sin culpa de los deudores solidarios, la obligación quedará extinguida.

Si hubiere mediado culpa de parte de cualesquiera de ellos, todos responderán del precio y la indemnización de daños y perjuicios, teniendo derecho los no culpables de dirigir su acción contra el culpable o negligente.

Art. 1503.- Si muere uno de los deudores solidarios dejando varios herederos, cada uno de éstos está obligado a pagar la cuota que les corresponda en proporción a su haber hereditario, salvo que la obligación sea indivisible; pero todos los coherederos serán considerados como un solo deudor solidario, con relación a los otros deudores.

Art. 1504.- El deudor solidario que paga por entero la deuda, tiene derecho de exigir de los otros codeudores, la parte que en ella les corresponda.

Art. 1505.- Salvo convenio en contrario, los deudores solidarios están obligados entre sí por partes iguales.

Art. 1506.- Si la parte que incumbe a un deudor solidario no puede obtenerse de él, el déficit debe ser repartido entre los demás deudores solidarios, aun entre aquéllos a quienes el acreedor hubiere liberado de la solidaridad.

Art. 1507.- En la medida que un deudor solidario satisface la deuda, se subroga en los derechos del acreedor.

Art. 1508.- Si el negocio por el cual la deuda se contrajo solidariamente, no interesa más que a uno de los deudores solidarios, éste será responsable de toda ella para con los otros codeudores.

Art. 1509.- Cualquier acto que interrumpa la prescripción en favor de uno de los acreedores o en contra de uno de los deudores, aprovecha o perjudica a los demás.

Art. 1510.- Cuando por el no cumplimiento de la obligación se demanden daños y perjuicios, cada uno de los deudores solidarios responderá íntegramente de ellos.

Art. 1511.- Las obligaciones son divisibles cuando tienen por objeto prestaciones susceptibles de cumplirse parcialmente. Son indivisibles si las prestaciones no pudiesen ser cumplidas sino por entero.

Art. 1512.- La solidaridad estipulada no da a la obligación el carácter de indivisible; ni la indivisibilidad de la obligación la hace solidaria.

Art. 1513.- Las obligaciones divisibles en que haya más de un deudor o acreedor se regirán por las reglas comunes de las obligaciones; las indivisibles en que haya más de un deudor o acreedor se sujetarán a las siguientes disposiciones.

Art. 1514.- Cada uno de los que han contraído conjuntamente una deuda indivisible, está obligado por el todo, aunque no se haya estipulado solidaridad.

Lo mismo tiene lugar respecto de los herederos de aquél que haya contraído una obligación indivisible.

Art. 1515.- Cada uno de los herederos del acreedor puede exigir la completa ejecución indivisible, obligándose a dar suficiente garantía para la indemnización de los demás coherederos, pero no puede por sí solo perdonar el débito total, ni recibir el valor en lugar del bien.

Si uno solo de los herederos ha perdonado la deuda o recibido el valor del bien, el coheredero no puede pedir el bien indivisible sino devolviendo la porción del heredero que haya perdonado o que haya recibido el valor.

Art. 1516.- Sólo por el consentimiento de todos los acreedores puede remitirse la obligación indivisible o hacerse una quita de ella.

Art. 1517.- El heredero del deudor, apremiado por la totalidad de la obligación, puede pedir un término para hacer concurrir a sus coherederos, siempre que la deuda no sea de tal naturaleza que sólo pueda satisfacerse por el heredero demandado, el cual entonces puede ser condenado, dejando a salvo sus derechos de indemnización contra sus coherederos.

Art. 1518.- Pierde la calidad de indivisible, la obligación que se resuelve en el pago de daños y perjuicios y entonces se observarán las reglas siguientes:

I. Si para que se produzca esa conversión hubo culpa de parte de todos los deudores, todos responderán de los daños y perjuicios proporcionalmente al interés que representen en la obligación;

II. Si sólo algunos fueren culpables, únicamente ellos responderán de los daños y perjuicios.

CAPÍTULO V
DE LAS OBLIGACIONES DE DAR

Art. 1519.- La prestación de bienes puede consistir:

I. En la traslación de dominio de bien cierto;

II. En la enajenación temporal de uso o goce de bien cierto;

III. En la restitución de bien ajeno o pago de bien debido.

Art. 1520.- El acreedor de bien cierto no puede ser obligado a recibir otro aun cuando sea de mayor valor.

Art. 1521.- La obligación de dar un bien cierto comprende también la de entregar sus accesorios; salvo que lo contrario resulte del título de la obligación o de las circunstancias del caso.

Art. 1522.- En las enajenaciones de bienes ciertos y determinados, la traslación de la propiedad se verifica entre los contratantes, por mero efecto del contrato, sin dependencia de tradición, ya sea natural, ya sea simbólica; debiendo tenerse en cuenta las disposiciones relativas del Registro Público de la Propiedad.

Art. 1523.- En las enajenaciones de alguna especie indeterminada, la propiedad no se transferirá sino hasta el momento en que el bien se hace cierto y determinado con conocimiento del acreedor, o se realice la entrega del mismo.

Art. 1524.- En el caso del artículo que precede, si no se designa la calidad del bien, el deudor cumple entregando uno de mediana calidad.

Art. 1525.- En los casos en que la obligación de dar bien cierto importe la traslación de la propiedad del mismo y se pierde o deteriora en poder del deudor, se observarán las reglas siguientes:

I. Si la pérdida fue por culpa del deudor, éste responderá al acreedor por el valor del bien y por los daños y perjuicios;

II. Si el bien se deteriorase por culpa del deudor, el acreedor puede optar por la rescisión del contrato y el pago de daños y perjuicios, o recibir el bien en el estado en que se encuentre y exigir la reducción de precio y el pago de daños y perjuicios;

III. Si el bien se perdiere por culpa del acreedor, el deudor queda libre de la obligación;

IV. Si se deteriorare por culpa del acreedor, éste tiene obligación de recibir el bien en el estado en que se halle; y

V. Si el bien se pierde por caso fortuito o fuerza mayor, el dueño sufre la pérdida, a menos que otra cosa se haya convenido.

Art. 1526.- La pérdida del bien en poder del deudor, se presume por culpa suya mientras no se pruebe lo contrario.

Art. 1527.- Cuando la deuda de un bien cierto y determinado procediere de delito o falta, no se eximirá el deudor del pago de su precio, a no ser que la pérdida haya ocurrido por hechos directos del acreedor o que, habiendo ofrecido el bien al que debió recibirlo, se haya éste constituido en mora.

Art. 1528.- El acreedor de un bien perdido o deteriorado sin culpa del deudor, se considerará dueño de cuantos derechos y acciones tuviere para reclamar la indemnización a quien fuere responsable.

Art. 1529.- La pérdida del bien puede verificarse:

I. Pereciendo el bien;

II. Quedando fuera del comercio; y

III. Desapareciendo de modo que no se tenga noticias de él o que aunque se tenga alguna, no se pueda recobrar.

Art. 1530.- Cuando la obligación de dar tenga por objeto un bien designado sólo por su género y cantidad, luego que éste se individualice por la elección del deudor o del acreedor, se aplicarán, en caso de pérdida o deterioro, las reglas establecidas en el artículo 1525.

Art. 1531.- En los casos de enajenación con reserva de la posesión, uso o goce del bien hasta cierto tiempo, se observarán las reglas siguientes:

I. Si hay convenio expreso se estará a lo estipulado;

II. Si la pérdida fuere por culpa de alguno de los contratantes, el importe será de la responsabilidad de éste;

III. A falta de convenio o de culpa, cada interesado sufrirá la pérdida que le corresponda; en todo caso si el bien perece totalmente, o en parte, si la pérdida fuere solamente parcial; y

IV. En el caso de la fracción que precede, si la pérdida fuere parcial y las partes no se convinieren en la disminución de sus respectivos derechos, se nombrarán peritos que la determinen.

Art. 1532.- En los contratos en que la prestación del bien no importe la traslación de la propiedad, cada quien sufrirá el menoscabo que corresponda al bien o derecho que le pertenezca, sin perjuicio de los derechos que expresamente le concedan las leyes para rescindir el contrato, pedir reducción proporcional en sus obligaciones, y salvo que la pérdida o el deterioro haya ocurrido por culpa o negligencia de alguno de los interesados.

Art. 1533.- Hay culpa o negligencia cuando el obligado ejecuta actos contrarios a la conservación del bien o deja de ejecutar los que le son necesarios.

Art. 1534.- Si fueren varios los obligados a prestar el mismo bien, cada uno de ellos responderá, proporcionalmente, exceptuándose en los casos siguientes:

I. Cuando cada uno de ellos se hubiere obligado solidariamente;

II. Cuando la prestación consistiere en bien cierto y determinado que se encuentre en poder de uno de ellos, o cuando dependa de hecho que sólo uno de los obligados pueda prestar;

III. Cuando la obligación sea indivisible; y

IV. Cuando por el contrato se ha determinado otra cosa.

CAPÍTULO VI
DE LAS OBLIGACIONES DE HACER O DE NO HACER

Art. 1535.- Si el obligado a prestar un hecho, no lo hiciere, el acreedor tiene derecho de pedir que a costa de aquél se ejecute por otro, cuando la sustitución fuere posible; o el pago de daños y perjuicios, en caso contrario.

Esto mismo se observará si no lo hiciere de la manera convenida. En este caso, el acreedor podrá pedir que se deshaga lo mal hecho.

Art. 1536.- El que estuviere obligado a no hacer, quedará sujeto al pago de daños y perjuicios en caso de contravención. Si hubiere obra material, podrá exigir el acreedor que sea destruida a costa del obligado.

TÍTULO TERCERO
DE LA TRANSMISIÓN DE LAS OBLIGACIONES

CAPÍTULO I
DE LA CESIÓN DE DERECHOS

Art. 1537.- El acreedor puede ceder su derecho a un tercero sin el consentimiento del deudor, a menos que la cesión esté prohibida por la ley o por disposición judicial, se haya convenido no hacerla o no lo permita la naturaleza del derecho.

El deudor no puede alegar contra el tercero que el derecho no podía cederse porque así se había convenido, cuando ese convenio no conste en el título constitutivo del derecho.

Art. 1538.- En la cesión de crédito se observarán las disposiciones relativas al acto jurídico que le dé origen, en lo que no estuvieren modificadas en este capítulo.

Art. 1539.- La cesión de un crédito comprende la de todos los derechos accesorios, como la fianza, hipoteca, prenda o privilegio, salvo aquéllos que son inseparables de la persona del cedente.

Los intereses vencidos se presume que fueron cedidos con el crédito principal.

Art. 1540.- La cesión de créditos a la orden, se regirá por lo dispuesto en los artículos 1348 a 1350; la de los documentos al portador, por lo que se dispone en el artículo 1351.

Art. 1541.- La cesión de créditos que no sean a la orden o al portador, debe constar en escrito privado.

Puede pactarse que el cedente administre el crédito obrando frente a terceros como si el negocio fuera propio.

Art. 1542.- La cesión de créditos que no sean a la orden o al portador, no produce efectos contra tercero, sino desde que su fecha debe tenerse por cierta, conforme a las reglas siguientes:

I. Si tiene por objeto un crédito que deba inscribirse, desde la fecha de su inscripción en el Registro Público de la propiedad;

II. Si se hace en escritura pública, desde la fecha de su autorización; y

III. Si se trata de un documento privado, desde el día en que se haya incorporado o inscrito en el Registro Público; desde que haya muerto o se haya imposibilitado para suscribirlo; cualesquiera de las personas que aparezcan firmándolo; desde que haya sido entregado a un funcionario público, por razón de su oficio; o desde aquella fecha en que, por medios análogos y que no sean simples declaraciones de testigos, se demuestre que se había ya otorgado el documento en cuestión.

Art. 1543.- Cuando no se trate de títulos a la orden o al portador, el deudor puede oponer al cesionario las excepciones que podría oponer al cedente en el momento en que se hace la cesión, teniendo presente lo dispuesto en los artículos 1707 al 1709.

Art. 1544.- En los casos en que se refiere el artículo 1542, para que el cesionario pueda ejercitar sus derechos contra el deudor, deberá hacer a éste la notificación de la cesión, ya sea judicialmente mediante la demanda, o en diligencias especiales, ya en lo extrajudicial, ante dos testigos o ante notario.

Art. 1545.- Sólo tiene derecho para pedir o hacer la notificación, el acreedor que presente el título justificativo del crédito, o el de la cesión, cuando aquél no sea necesario.

Art. 1546.- Si el deudor está presente a la cesión y no se opone a ella, o si estando ausente la ha aceptado, y esto se prueba, se tendrá por hecha la notificación.

Art. 1547.- Si el mismo crédito se ha cedido a varios, tiene preferencia el que primero ha notificado la cesión al deudor, salvo lo dispuesto para títulos que deban registrarse.

Art. 1548.- Mientras no se haya hecho notificación al deudor, éste se libera pagando al acreedor primitivo.

Art. 1549.- Hecha la notificación, no se libera el deudor sino pagando al cesionario.

Art. 1550.- El cedente está obligado a garantizar la existencia y legitimidad del crédito al tiempo de hacerse la cesión, a no ser que aquél se haya cedido con el carácter de dudoso.

Art. 1551.- Con excepción de los títulos a la orden, el cedente no está obligado a garantizar la solvencia del deudor, a no ser que se haya estipulado expresamente o que la insolvencia sea pública y anterior a la cesión.

Art. 1552.- Si el cedente se hubiere hecho responsable de la solvencia del deudor, y no se fijare el tiempo que esta responsabilidad deba durar, se limitará a un año, contado desde la fecha en que la deuda fuere exigible, si estuviere vencida; si no lo estuviere, se contará desde la fecha de vencimiento.

Art. 1553.- Si el crédito cedido consiste en una renta perpetua, la responsabilidad por la solvencia del deudor se extingue a los cinco años, contados desde la fecha de la cesión.

Art. 1554.- El que cede alzada o en globalmente la totalidad de ciertos derechos, cumple con responder de la legitimidad del todo en general; pero no está obligado al saneamiento de cada una de las partes, salvo en el caso de evicción del todo o de la mayor parte.

Art. 1555.- El que cede su derecho a una herencia, sin enumerar los bienes de que ésta se compone, sólo está obligado a responder de su calidad de heredero.

Art. 1556.- Si el cedente se hubiere aprovechado de algunos frutos o percibido algún bien de la herencia que cediere, deberá abonarla al cesionario, si no se hubiere pactado lo contrario.

Art. 1557.- El cesionario debe, por su parte, satisfacer al cedente todo lo que haya pagado por las deudas o cargas de la herencia y sus propios créditos contra ella, salvo si hubiere pactado lo contrario.

Art. 1558.- Si la cesión fuere gratuita, el cedente no será responsable para con el cesionario, ni por la existencia del crédito, ni por la solvencia del deudor.

Art. 1559.- En los contratos de cumplimiento diferido o en los de tracto sucesivo puede convenirse en el momento de su celebración, o con posterioridad, que una de las partes pueda ser sustituida.

Art. 1560.- La cesión de posición contractual queda perfeccionada cuando la otra parte acepta la cesión, o es notificada fehacientemente de que ha operado esta cesión, en virtud de haberse cumplido con los requisitos que se fijaron en el contrato originario para que tenga verificativo la misma.

Art. 1561.- Por regla general el cedente queda liberado de las obligaciones que le competían en el contrato originario, salvo que se estipule otra cosa y entonces se le equipara a un fiador.

Art. 1562.- El contratante podrá oponer al cesionario todas las excepciones derivadas del contrato, pero no las que tengan su origen en otras relaciones con el cedente.

Art. 1563.- El cedente queda obligado a garantizar la validez y legitimidad del contrato, pero no su cumplimiento, salvo lo que se derive de su obligación al ser equiparado a un fiador.

CAPÍTULO II
DE LA SUSTITUCIÓN DE DEUDOR

Art. 1564.- Para que haya sustitución de deudor es necesario que el acreedor consienta expresa o tácitamente.

Art. 1565.- Se presume que el acreedor consiente en la sustitución del deudor, cuando permite que el sustituto ejecute actos que debía ejecutar el deudor, como pago de réditos, pagos parciales o periódicos, siempre que lo haga en nombre propio y no por cuenta del deudor primitivo.

Art. 1566.- El acreedor que exonera al antiguo deudor, aceptando otro en su lugar, no puede repetir contra el primero si el nuevo se encuentra insolvente, salvo convenio en contrario.

Art. 1567.- Cuando el deudor y el que pretende sustituirlo fijen un plazo al acreedor para que manifieste su conformidad con la sustitución, pasado ese plazo sin que el acreedor haya hecho conocer su determinación, se presume que rehusa.

Art. 1568.- El deudor sustituto queda obligado en los términos en que lo estaba el deudor primitivo; pero cuando un tercero ha constituido fianza, prenda o hipoteca para garantizar la deuda, estas garantías cesan con la sustitución del deudor, a menos que el tercero consienta en que continúe.

Art. 1569.- El deudor sustituto puede oponer al acreedor las excepciones que se originen de la naturaleza de la deuda y las que le sean personales; pero no puede oponer las que sean personales del deudor primitivo.

Art. 1570.- Cuando se declara nula la sustitución de deudor, la antigua deuda renace con todos sus accesorios; pero con la reserva de derechos que pertenecen a terceros de buena fe.

CAPÍTULO III
DE LA SUBROGACIÓN

Art. 1571.- Por virtud de la subrogación quien otorga una prestación o cumple una obligación a cargo de un tercero, se sustituye en los derechos patrimoniales del acreedor incluyéndose las garantías por ese concepto.

Art. 1572.- La subrogación legal se verifica sin necesidad de declaración alguna de los interesados:

I. Cuando el que es acreedor paga a otro acreedor preferente;

II. Cuando el que paga tiene interés jurídico en el cumplimiento de la obligación;

III. Cuando un heredero paga con sus bienes propios alguna deuda de la herencia;

IV. Cuando el que adquiere un inmueble paga a un acreedor que tiene sobre él un crédito hipotecario o de embargo anterior a la adquisición;

V. Cuando la obligación proveniente de un ilícito o de responsabilidad objetiva, sea cubierto por instituciones de asistencia social, seguridad social y de beneficencia privada, o de organismos descentralizados o paraestatales; y

VI. Cuando la obligación proveniente de un ilícito o de responsabilidad objetiva, sea cubierta por un tercero en virtud de obligaciones derivadas de relaciones obrero patronales.

Art. 1573.- La subrogación es convencional cuando se pacta expresamente ya sea con el acreedor o con el deudor.

(REFORMADO, P.O. 19 DE SEPTIEMBRE DE 2017)

Art. 1574.- Cuando la deuda fuere pagada por el deudor con dinero que un tercero le prestare con ese objeto, el prestamista quedará subrogado por ministerio de ley en los derechos del acreedor, si el préstamo constare en documento auténtico en que se declare que el dinero fue prestado para el pago de la misma deuda. Por falta de esta circunstancia, el que prestó sólo tendrá los derechos que exprese su respectivo contrato.

En caso de créditos hipotecarios, las garantías vigentes al momento de la subrogación, garantizarán las obligaciones derivadas del nuevo préstamo en los montos, plazos y demás términos acordados entre el prestamista y el deudor, sin que por ello se entienda novada la garantía ni prorrogada la obligación garantizada para los efectos de este Código. En consecuencia las garantías subrogadas, que sean susceptibles de inscripción en el Registro Público de la Propiedad, conservarán su grado de prelación.

Cuando hubiere obligado solidario o diverso titular del bien objeto de la garantía, deberá hacerse constar su consentimiento a favor de la subrogación de garantía.

Art. 1575.- No habrá subrogación parcial en deudas de solución indivisible.

Art. 1576.- El pago de los subrogados en diversas porciones del mismo crédito, cuando no basten los bienes del deudor para cubrirlos todos, se hará a prorrata.

TÍTULO CUARTO
EFECTOS DE LAS OBLIGACIONES

CAPÍTULO I
EFECTOS DE LAS OBLIGACIONES ENTRE LAS PARTES

SECCIÓN PRIMERA
DEL PAGO

Art. 1577.- Pago o cumplimiento es la entrega del bien o cantidad debida, o la prestación de hacer o no hacer que se hubiere prometido.

Art. 1578.- El deudor puede ceder sus bienes en pago de sus deudas. Esta cesión, salvo acuerdo en contrario, sólo libera a aquél de responsabilidad por el importe líquido de los bienes cedidos. Quedando sujeta la cesión a lo dispuesto en el título de la concurrencia y prelación de créditos.

Art. 1579.- La obligación de prestar algún servicio se puede cumplir por un tercero, salvo el caso en que se hubiere establecido, por pacto expreso, que la cumpla personalmente el mismo obligado, o cuando se hubieren elegido sus conocimientos especiales o sus cualidades personales.

Art. 1580.- El pago puede ser hecho por el mismo deudor, por sus representantes o por cualesquiera otra persona que tenga interés jurídico en el cumplimiento de la obligación.

Art. 1581.- Puede también hacerse por un tercero no interesado en el cumplimiento de la obligación, que obre con consentimiento expreso o presunto del deudor.

Art. 1582.- Puede hacerse igualmente por un tercero ignorándolo el deudor.

Art. 1583.- Puede, por último, hacerse contra la voluntad del deudor.

Art. 1584.- En el caso del artículo 1581 se observarán las disposiciones relativas al mandato.

Art. 1585.- En el caso del artículo 1582, el que hizo el pago sólo tendrá derecho de reclamar al deudor la cantidad que hubiere pagado al acreedor, si éste consintió en recibir menor suma que la debida.

Art. 1586.- En el caso del artículo 1583, el que hizo el pago solamente tendrá derecho a cobrar del deudor aquello en que le hubiere sido útil el pago.

Art. 1587.- El acreedor está obligado a aceptar el pago hecho por un tercero; pero no está obligado a subrogarle sus derechos, fuera de los casos previstos en los artículos 1572 y 1574.

Art. 1588.- El pago debe hacerse al mismo acreedor o a su representante con facultades bastantes.

Art. 1589.- El pago hecho a un tercero extinguirá la obligación, si así se hubiere estipulado o consentido por el acreedor, y en los casos en que la ley lo determine expresamente.

Art. 1590.- El pago hecho a una persona incapacitada para administrar sus bienes, será válido en cuanto se hubiere convertido en su utilidad.

También será válido el pago hecho a un tercero en cuanto se hubiere convertido en utilidad del acreedor.

Art. 1591.- El pago hecho de buena fe al que estuviese en posesión del crédito, liberará al deudor.

Art. 1592.- No será válido el pago hecho al acreedor por el deudor después de habérsele ordenado judicialmente la retención de la deuda.

Art. 1593.- El pago deberá hacerse del modo que se hubiere pactado; y nunca podrá hacerse parcialmente sino en virtud de convenio expreso o por disposición de ley.

Sin embargo, cuando la deuda tuviese una parte líquida y la otra ilíquida, podrá exigir el acreedor y hacer el deudor el pago de la primera sin esperar a que se liquide la segunda.

Art. 1594.- El pago se hará en el tiempo designado en el contrato, exceptuando aquellos casos en que la ley permita o prevenga expresamente otra cosa.

Art. 1595.- Si no se ha fijado el tiempo en que deba hacerse el pago y se trata de obligaciones de dar, no podrá el acreedor exigirlo sino después de los treinta días siguientes a la interpelación que se haga, ya judicialmente, ya en lo extrajudicial, ante un Notario o ante dos testigos. Tratándose de obligaciones de hacer, el pago debe efectuarse cuando lo exija el acreedor, siempre que haya transcurrido el tiempo necesario para el cumplimiento de la obligación.

Art. 1596.- Si el deudor quisiere hacer pagos anticipados y el acreedor recibirlos, no podrá éste ser obligado a hacer descuentos.

Art. 1597.- Por regla general, el pago debe hacerse en el domicilio del deudor, salvo que las partes convinieren otra cosa, o que lo contrario se desprenda de la circunstancia, de la naturaleza de la obligación o de la ley.

Si se han designado varios lugares para hacer el pago, el acreedor puede elegir cualquiera de ellos.

Art. 1598.- Si el pago consiste en la traslación de un inmueble o en prestaciones relativas al inmueble, deberá hacerse en el lugar donde éste se encuentre.

Art. 1599.- Si el pago consistiere en una suma de dinero como precio de algún bien enajenado por el acreedor, deberá ser hecho en el lugar en que se entregó el bien, salvo que se designe otro lugar.

Art. 1600.- El deudor que después de celebrado el contrato mudare voluntariamente de domicilio, deberá indemnizar al acreedor de los mayores gastos que haga por esta causa, para obtener el pago. De la misma manera, el acreedor debe indemnizar al deudor cuando debiendo hacerse el pago en el domicilio de aquél, lo cambie voluntariamente.

Art. 1601.- Los gastos de entrega serán de cuenta del deudor, si no se hubiere estipulado otra cosa.

Art. 1602.- No es válido el pago hecho con bien ajeno; pero si el pago se hubiere hecho con una cantidad de dinero u otro bien fungible ajeno, no habrá repetición contra el acreedor que la haya consumido de buena fe.

Art. 1603.- El deudor que paga tiene derecho de exigir el documento que acredite el pago y puede detener éste mientras que no le sea entregado aquél.

Art. 1604.- Cuando la deuda es de pensiones que deben satisfacerse en período determinado, y se acredita por escrito el pago de la última, se presumen pagadas las anteriores, salvo prueba en contrario.

Art. 1605.- Cuando se paga el capital sin hacerse reserva de réditos, se presume que éstos están pagados.

Art. 1606.- La entrega de título hecha al deudor hace presumir el pago de la deuda que constare en aquél.

Art. 1607.- El que tuviere contra sí varias deudas en favor de un solo acreedor, podrá declarar, al tiempo de hacer el pago, a cuál de ellas quiere que éste se aplique.

Art. 1608.- Si el deudor no hiciere la referida declaración, se entenderá hecho el pago por cuenta de la deuda que le fuere más onerosa entre las vencidas. En igualdad de circunstancias, se aplicará a la más antigua; y siendo todas de la misma fecha, se distribuirá entre todas ellas a prorrata.

Art. 1609.- Las cantidades pagadas a cuenta de deudas con intereses, no se imputarán al capital mientras hubiere intereses vencidos y no pagados, salvo convenio en contrario.

Art. 1610.- La obligación queda extinguida cuando el acreedor recibe en pago un bien o prestación distinta en lugar del debido.

Art. 1611.- Si el acreedor sufre la evicción del bien que recibe en pago, renacerá la obligación primitiva, quedando sin efecto la dación en pago.

SECCIÓN SEGUNDA
DEL OFRECIMIENTO DEL PAGO Y DE LA CONSIGNACIÓN

Art. 1612.- El ofrecimiento seguido de la consignación hace veces de pago, si reúne todos los requisitos que para éste exige la ley.

Art. 1613.- Si el acreedor rehusare sin justa causa recibir la prestación debida, o dar el documento justificativo de pago, o si fuere persona incierta o incapaz de recibir, podrá el deudor librarse de la obligación haciendo consignación del bien.

Art. 1614.- Si el acreedor fuere conocido pero dudosos sus derechos, podrá el deudor depositar el bien debido, con citación del interesado, a fin de que justifique sus derechos por los medios legales.

Art. 1615.- La consignación se hará siguiéndose el procedimiento que establezca el código de la materia.

Art. 1616.- Si el juez declara fundada la oposición del acreedor para recibir el pago, el ofrecimiento y la consignación se tienen como no hechos.

Art. 1617.- Aprobada la consignación por el juez, la obligación queda extinguida con todos sus efectos.

Art. 1618.- Si el ofrecimiento y la consignación se han hecho legalmente, todos los gastos se harán de cuenta del acreedor.

SECCIÓN TERCERA
DEL DERECHO DE RETENCIÓN

Art. 1619.- El derecho de retención es la facultad concedida por la ley a una de las partes en un contrato conmutativo, para retener una suma de dinero o un bien debido o perteneciente a la otra parte, para asegurar el exacto cumplimiento de sus obligaciones.

Art. 1620.- El derecho de retención existe:

I. Cuando un acreedor retiene un bien propiedad de su deudor en garantía del cumplimiento de su obligación, aún en el caso en que este bien no le haya sido entregado específicamente como garantía; y

II. Cuando el adquirente de un bien con pago de precio diferido, esté en peligro de perderlo por una causa generada e imputable a su vendedor, antes de perfeccionarse la venta.

Art. 1621.- Si la rescisión del contrato dependiere de un tercero y éste fuere dolosamente inducido a rescindirlo, se tendrá por no rescindido.

SECCIÓN CUARTA
DE LA EVICCIÓN Y SANEAMIENTO

Art. 1622.- Habrá evicción cuando el que adquirió algún bien fuere privado del todo o parte de él por sentencia que cause ejecutoria, en razón de algún derecho anterior a la adquisición y en los casos que expresamente señale la ley.

Art. 1623.- Todo el que enajena está obligado a responder de la evicción, aunque nada se haya expresado en el contrato, salvo lo que se disponga en el título relativo a la donación.

Art. 1624.- Los contratantes pueden aumentar o disminuir convencionalmente los efectos de la evicción, y aún convenir en que ésta no se preste en ningún caso.

Art. 1625.- Es nulo todo pacto que exima al que enajena de responder por la evicción, siempre que hubiere mala fe de parte suya.

Art. 1626.- Cuando el adquirente ha renunciado el derecho al saneamiento para el caso de evicción, llegado que sea éste, debe el que enajena entregar únicamente el precio del bien, conforme a lo dispuesto en los artículos 1629, fracción I y 1630, fracción I; pero aún de esta obligación quedará libre, si el que adquirió, lo hizo con conocimiento de los riesgos de evicción y sometiéndose a sus consecuencias.

Art. 1627.- El adquirente, luego que sea emplazado, debe denunciar el pleito de evicción al que le enajenó.

Art. 1628.- El fallo judicial impone al que enajena, la obligación de indemnizar en los términos de los artículos siguientes.

Art. 1629.- Si el que enajenó hubiera procedido de buena fe, estará obligado a entregar al que sufrió la evicción:

I. El precio íntegro que recibió por el bien;

II. Los gastos causados por el contrato, si fueren satisfechos por el adquirente;

III. Los causados en el pleito de evicción y en el de saneamiento; y

IV. El valor de las mejoras útiles y necesarias.

Art. 1630.- Si el que enajenó hubiere procedido de mala fe, tendrá las obligaciones que expresa el artículo anterior, con las agravantes siguientes:

I. Devolverá, a elección del adquirente, el precio que el bien tenía al tiempo de la adquisición o el que tenga al tiempo en que sufra la evicción;

II. Satisfará al adquirente el importe de las mejoras voluntarias y de mero placer que haya hecho en el bien; y

III. Pagará los daños y perjuicios.

Art. 1631.- Si el que enajena no comparece al pleito de evicción oponiendo excepciones y defensas, en tiempo hábil, o si no rinde prueba alguna, queda obligado al saneamiento en los términos del artículo anterior.

Art. 1632.- Si el que enajena y el que adquiere proceden de mala fe, no tendrá el segundo, en ningún caso, derecho a saneamiento ni a indemnización de ninguna especie.

Art. 1633.- Si el adquirente fuere condenado a restituir los frutos del bien, podrá exigir del que enajenó la indemnización de ellos o el interés legal del precio que haya dado.

Art. 1634.- Si el que adquirió no fuere condenado a dicha restitución, quedarán compensados los intereses del precio con los frutos recibidos.

Art. 1635.- Si el que enajena, al ser emplazado, manifiesta que no tiene medios de defensa, y consigna el precio por no quererlo recibir el adquirente, queda libre de cualquier responsabilidad posterior a la fecha de consignación.

Art. 1636.- Las mejoras que el que enajenó hubiese hecho antes de la enajenación, se le tomarán a cuenta de lo que debe pagar al adquirente, siempre que fueren abonadas por el vendedor.

Art. 1637.- Cuando el adquirente sólo fuere privado por la evicción, de una parte del bien adquirido, se observarán respecto de ésta las reglas establecidas en esta sección, a no ser que el adquirente prefiera la rescisión del contrato.

Art. 1638.- También se observará lo dispuesto en el artículo que precede cuando en un solo contrato se hayan enajenado dos o más bienes sin fijar el precio de cada uno de ellos, y uno solo sufriera la evicción.

Art. 1639.- En el caso de los dos artículos anteriores, si el que adquiere elige la rescisión del contrato, está obligado a devolver el bien, libre de los gravámenes que le haya impuesto.

Art. 1640.- Si al denunciarse el pleito o durante él, reconoce el que enajenó el derecho del que reclama, y se obliga a pagar conforme a las prescripciones de esta sección, sólo será responsable de los gastos que se causen hasta que haga el reconocimiento, y sea cual fuere el resultado del juicio.

Art. 1641.- Si la finca que se enajenó se halla gravada, sin haberse hecho mención de ello en la escritura, con alguna carga o servidumbre voluntaria no aparente, el que adquirió puede pedir la indemnización correspondiente al gravamen o la rescisión del contrato.

Art. 1642.- Las acciones rescisorias y de indemnización a que se refiere el artículo que precede, prescriben en un año, que se contará para la primera, desde el día en que se perfeccionó el contrato y para la segunda, desde el día en que el adquirente tenga noticia de la carga o servidumbre.

Art. 1643.- El que enajena no responde por la evicción:

I. Si así se hubiere convenido;

II. En el caso del artículo 1626;

III. Si conociendo el que adquiere el derecho del que entabla la evicción, lo hubiere ocultado dolosamente al que enajena;

IV. Si la evicción procede de una causa posterior al acto de la enajenación, no imputable al que enajena, o de hecho del que adquiere, ya sea anterior o posterior al mismo acto;

V. Si el adquirente no cumple lo prevenido en el artículo 1639 por su culpa o negligencia;

VI. Si el adquirente y el que reclama transigen o comprometen el negocio en árbitros sin consentimiento del que enajenó; y

VII. Si la evicción tuvo lugar por culpa del adquirente.

Art. 1644.- Si el adquirente que sufre la evicción no hubiere denunciado el pleito oportunamente por causas ajenas a su voluntad, podrá reclamar sus derechos a la persona de quien recibió el bien; pero ésta podrá hacer valer las pruebas y defensas que habría podido presentar en el juicio de evicción.

Art. 1645.- En las ventas por autoridad, el vendedor no está obligado por causa de la evicción que sufriere el bien vendido, sino a restituir el precio que haya producido la venta.

Art. 1646.- En los contratos conmutativos, el enajenante está obligado al saneamiento por los defectos ocultos del bien enajenado que lo hagan impropio para los usos a que se le destine, o que disminuyan de tal modo este uso, que de haberlo conocido el adquirente, no hubiere hecho la adquisición o habría dado un precio menor por el bien.

Art. 1647.- El enajenante no es responsable de los defectos manifiestos o que estén a la vista, ni tampoco de los que no lo estén, si el adquirente es un perito que por razón de su oficio o profesión debe fácilmente conocerlos.

Art. 1648.- En los casos del artículo 1646, puede el adquirente exigir la rescisión del contrato y el pago de los gastos que por él hubiere hecho, o que se le rebaje una cantidad proporcional del precio, a juicio de peritos.

Art. 1649.- Si se probare que el enajenante conocía los defectos ocultos del bien y no los manifestó al adquirente, tendrá éste la misma facultad que le concede el artículo anterior, debiendo, además, ser indemnizado de los daños y perjuicios si prefiere la rescisión.

Art. 1650.- En los casos en que el adquirente pueda elegir la indemnización o la rescisión del contrato, una vez hecha por él la elección del derecho que va a ejercitar, no puede usar del otro sin el consentimiento del enajenante.

Art. 1651.- Si el bien enajenado pereciere o mudare de naturaleza a consecuencia de los vicios que tenía, y eran conocidos del enajenante, éste sufrirá la pérdida y deberá restituir el precio y abonar los gastos del contrato, con los daños y perjuicios.

Art. 1652.- Si el enajenante no conoció los vicios, solamente deberá restituir el precio y abonar los gastos del contrato, en el caso de que el adquirente los haya pagado.

(REFORMADO, P.O. 8 DE FEBRERO DE 2014)

Art. 1653.- Las acciones que nacen de lo dispuesto en los artículos 1646 al 1652, se extinguen, a los doce meses tratándose de bienes inmuebles, y a los seis meses tratándose de bienes muebles, contados a partir de la entrega del bien enajenado, sin perjuicio de lo dispuesto en el caso especial a que se refieren los artículos 1641 y 1642.

Art. 1654.- Enajenándose dos o más animales juntamente, sea en un precio alzado o sea señalándolo a cada uno de ellos, el vicio de uno da sólo lugar a la acción redhibitoria, respecto de él y no respecto a los demás; a no ser que aparezca que el adquirente no habría adquirido el sano o sanos sin el viciado, o que la enajenación fuese de un rebaño y el vicio fuere contagioso.

Art. 1655.- Se presume que el adquirente no tenía voluntad de adquirir uno solo de los animales, cuando se adquiere un tiro, yunta o pareja, aunque se haya señalado un precio separado a cada uno de los animales que los componen.

Art. 1656.- Cuando el animal muere dentro de los tres días siguientes a su adquisición, es responsable el enajenante, si por juicio de peritos se prueba que la enfermedad existía antes de la enajenación.

Art. 1657.- Lo dispuesto en el artículo 1654 es aplicable a la enajenación de cualquier otro bien.

Art. 1658.- Si la enajenación se declara nula o se rescinde, debe devolverse el bien enajenado en el mismo estado en que se entregó, siendo responsable el adquirente de cualquier deterioro que no proceda del vicio o defecto ocultados.

Art. 1659.- En caso de enajenación de animales, ya sea que se enajenen individualmente, por troncos o yuntas, o como ganados, la acción redhibitoria por causa de tachas o vicios ocultos, prescribe a los veinte días, contados desde la fecha del contrato.

Art. 1660.- La calificación de los vicios del bien enajenado se hará por peritos nombrados por las partes, y por un tercero que elegirá el juez en caso de discordia.

Art. 1661.- Los peritos declararán terminantemente si los vicios eran anteriores a la enajenación y si por causa de ellos no puede destinarse el bien a los usos para que fue adquirido.

Art. 1662.- Las partes pueden restringir, renunciar o ampliar su responsabilidad por los vicios redhibitorios, siempre que no haya mala fe.

Art. 1663.- Incumbe al adquirente probar que el vicio existía al tiempo de la adquisición, y no probándolo, se juzga que el vicio sobrevino después.

Art. 1664.- Si el bien enajenado con vicios redhibitorios se pierde por caso fortuito o por culpa del adquirente, le queda a éste, sin embargo, el derecho de pedir el menor valor del bien por el vicio redhibitorio.

Art. 1665.- El adquirente del bien remitido de otro lugar, que alegare que tiene vicios redhibitorios, si se trata de bienes que rápidamente se descomponen, tiene obligación de avisar inmediatamente al enajenante, que no recibe el bien; si no lo hace, será responsable de los daños y perjuicios que su omisión ocasione.

CAPÍTULO II
EFECTOS DE LAS OBLIGACIONES CON RELACIÓN A TERCERO

SECCIÓN PRIMERA
DE LOS ACTOS CELEBRADOS EN FRAUDE DE LOS ACREEDORES

Art. 1666.- Puede demandarse la inoponibilidad de los actos celebrados por un deudor a petición del acreedor siempre que de los mismos resulte la insolvencia del deudor, y el crédito en virtud del cual se intenta la acción, es anterior a ellos.

La inoponibilidad sólo se decretará en beneficio de quien la promueve, o estuviere debidamente representado en la reclamación.

Art. 1667.- Si el acto fuere oneroso, la inoponibilidad sólo podrá tener lugar en el caso y términos que expresa el artículo anterior, cuando haya mala fe tanto por parte del deudor como del tercero que contrató con él.

Art. 1668.- Si el acto fuere gratuito, tendrá lugar la inoponibilidad aún cuando haya habido buena fe por parte de ambos contratantes.

Art. 1669.- Hay insolvencia cuando la suma de los bienes y créditos del deudor, estimados en su justo precio, no iguala al importe de sus deudas de tal manera que hagan imposible su pago en los plazos pactados. La mala fe, en este caso, consiste en el conocimiento de ese déficit.

Art. 1670.- La acción concedida al acreedor, en los artículos anteriores, contra el primer adquirente, no procede contra tercer poseedor sino cuando éste ha adquirido de mala fe o a título gratuito.

Art. 1671.- Declarado inoponible el acto fraudulento del deudor, si hubiere habido enajenación de propiedades, éstas se devolverán por el que las adquirió de mala fe, con todos sus frutos.

Art. 1672.- El que hubiese adquirido de mala fe los bienes enajenados en fraude de los acreedores, deberá indemnizar a éstos de los daños y perjuicios, cuando el bien hubiere pasado a un adquirente de buena fe, o cuando se hubiere perdido.

Art. 1673.- La inoponibilidad puede tener lugar, tanto en los actos en que el deudor enajena los bienes que efectivamente posee, como en aquellos en que renuncia derechos constituidos a su favor y cuyo goce no fuere exclusivamente personal.

Art. 1674.- Si el deudor no hubiere renunciado derechos irrevocablemente adquiridos, sino facultades por cuyo ejercicio pudiere mejorar el estado de su fortuna, los acreedores pueden demandar la inoponibilidad de esa renuncia y usar de las facultades renunciadas.

Art. 1675.- Podrá ser reclamada la inoponibilidad del pago hecho por el deudor insolvente, antes del vencimiento del plazo.

Art. 1676.- Igualmente podrá ser reclamada la inoponibilidad de todo acto o contrato celebrado en los treinta días anteriores a la declaración judicial de la quiebra o del concurso, y que tuviere por objeto dar a un crédito ya existente una preferencia que no tiene.

Art. 1677.- La acción de inoponibilidad mencionada en el artículo 1668 cesará luego que el deudor satisfaga su deuda o adquiera bienes con qué poder cubrirla.

Art. 1678.- El acreedor podrá ejercitar las acciones que competen a su deudor cuando requerido éste para deducirlas descuide o rehuse hacerlo. El tercero demandado puede paralizar la acción pagando al demandante el monto de su crédito.

Las acciones derivadas de los derechos de personalidad y los personales del deudor no podrán ser ejercitados por el acreedor.

Los acreedores que acepten la herencia que corresponde a su deudor, ejercitarán las acciones pertenecientes a éste en los términos de ley.

Art. 1679.- La inoponibilidad de los actos del deudor sólo será pronunciada en interés de los acreedores que la hubiesen pedido, y hasta el importe de sus créditos.

Art. 1680.- La inoponibilidad deberá demandarse en tanto los créditos sean exigibles.

Art. 1681.- El tercero a quien hubiesen pasado los bienes del deudor, puede hacer cesar la acción de los acreedores cubriendo el crédito de los que se hubiesen presentado, o dando garantía suficiente sobre el pago íntegro de sus créditos, si los bienes del deudor no alcanzaren a satisfacerlos.

Art. 1682.- El fraude que consiste únicamente en la preferencia indebida a favor de un acreedor, no importa la pérdida del derecho, sino la de la preferencia.

Art. 1683.- Si el acreedor que pide la inoponibilidad para acreditar la insolvencia del deudor prueba que el monto de las deudas de éste excede al de sus bienes conocidos, le impone al deudor la obligación de acreditar que tiene bienes suficientes para cubrir esas deudas.

Art. 1684.- Se presumen fraudulentas las enajenaciones a título oneroso hechas por aquellas personas contra quienes se hubiese notificado una demanda o expedido mandamiento de embargo de bienes, cuando dichas enajenaciones perjudiquen los derechos de sus acreedores.

SECCIÓN SEGUNDA
DE LA SIMULACIÓN DE LOS ACTOS JURÍDICOS

Art. 1685.- Es simulado el acto en que las partes declaran o confiesan falsamente lo que en realidad no ha pasado o no se ha convenido entre ellas.

Art. 1686.- La simulación es absoluta cuando el acto simulado nada tiene de real; es relativa cuando a un acto jurídico se le da una falsa apariencia que oculta su verdadero carácter.

Art. 1687.- La simulación absoluta no produce efectos jurídicos. Descubierto el acto real que oculta la simulación relativa, ese acto no será nulo si no hay ley que así lo declare.

(REFORMADO, P.O. 5 DE SEPTIEMBRE DE 2015)

Art. 1688.- Tienen acción para reclamar la nulidad de los actos simulados:

I. Los terceros o a sus representantes a quienes perjudique la simulación;

II. El Agente de la Procuraduría Social;

III. El procurador fiscal del Estado cuando se afecte a la hacienda pública estatal; y

IV. El síndico de los ayuntamientos cuando resulte perjudicada la hacienda municipal.

Art. 1689.- Luego que se anule un acto simulado, se restituirá el bien o derecho a quien pertenezca, con sus frutos e intereses, si los hubiere; pero si el bien o derecho ha pasado a título oneroso a un tercero de buena fe, no habrá lugar a la restitución.

Art. 1690.- También subsistirán los gravámenes impuestos a favor de terceros de buena fe.

TÍTULO QUINTO
EXTINCIÓN DE LAS OBLIGACIONES

CAPÍTULO I
DE LA COMPENSACIÓN

Art. 1691.- Tiene lugar la compensación cuando dos personas reúnen la calidad de deudores y acreedores recíprocamente y por su propio derecho.

Art. 1692.- El efecto de la compensación es extinguir por ministerio de la ley las dos deudas, hasta la cantidad que importe la menor.

Art. 1693.- La compensación no procede sino cuando ambas deudas consisten en una cantidad de dinero, o cuando siendo fungibles los bienes debidos, son de la misma especie y calidad.

Art. 1694.- Para que haya lugar a la compensación se requiere que las deudas sean igualmente líquidas y exigibles. Las que no lo fueren, solo podrán compensarse por consentimiento expreso de los interesados.

Art. 1695.- Se llama deuda líquida aquélla cuya cuantía se haya determinado o puede determinarse dentro del plazo de nueve días.

Art. 1696.- Se llama exigible aquella deuda cuyo pago no puede rehusarse conforme a derecho.

Art. 1697.- Si las deudas no fueren de igual cantidad, hecha la compensación, conforme al articulo 1692, queda expedita la acción por el resto de la deuda.

Art. 1698.- La compensación no tendrá lugar:
I. A favor del que la hubiere renunciado;
II. Si una de las deudas toma su origen de fallo condenatorio por causa de despojo, ya que entonces el que obtuvo aquél a su favor deberá ser pagado, aunque el despojante le oponga la compensación;
III. Si una de las deudas fuere por alimentos;

IV. Si una de las deudas toma su origen de una renta vitalicia;

V. Si una de las deudas procede de salario mínimo;

VI. Si la deuda fuere de bien que no puede ser compensado, ya sea por disposición de la ley o por el título de que procede, a no ser que ambas deudas fueren igualmente privilegiadas; y

VII. Si la deuda fuere de bien puesto en depósito.

Art. 1699.- Tratándose de títulos pagaderos a la orden, no podrá el deudor compensar con el endosatario lo que le debieren los endosantes precedentes.

Art. 1700.- La compensación, desde el momento en que es hecha legalmente, produce sus efectos de pleno derecho y extingue todas las obligaciones correlativas.

Art. 1701.- El que paga una deuda compensable, no puede, cuando exija su crédito que podía ser compensado, aprovecharse, en perjuicio de tercero, de los privilegios e hipotecas que tenga a su favor al tiempo de hacer el pago; a no ser que pruebe que ignoraba la existencia del crédito que extinguía la deuda.

Art. 1702.- Si fueren varias las deudas sujetas a compensación, se seguirá, a falta de declaración, el orden establecido en el artículo 1608.

Art. 1703.- El derecho de compensación puede renunciarse, ya expresamente, ya por hechos que manifiesten de un modo claro la voluntad de hacer la renuncia.

(ADICIONADO, P.O. 13 DE MARZO DE 2001)

Este derecho será irrenunciable cuando se trate de créditos con garantía hipotecaria.

Art. 1704.- El fiador, antes de ser demandado por el acreedor, no puede oponer a éste la compensación del crédito que contra él tenga, o con la deuda del deudor principal.

Art. 1705.- El fiador puede utilizar la compensación de lo que el acreedor deba al deudor principal, pero éste no puede oponer la compensación de lo que el acreedor deba al fiador.

Art. 1706.- El deudor solidario no puede exigir compensación con la deuda del acreedor a sus codeudores.

Art. 1707.- El deudor que hubiere consentido la cesión hecha por el acreedor en favor de un tercero, no podrá oponer al cesionario la compensación que podría oponer al cedente.

Art. 1708.- Si el acreedor dio conocimiento de la cesión al deudor, y éste no consintió en ella podrá oponer al cesionario la compensación de los créditos que tuviere contra el cedente y que fueren anteriores a la cesión.

Art. 1709.- Si la cesión se realizare sin consentimiento del deudor, podrá éste oponer la compensación de los créditos anteriores a ella, y la de los posteriores hasta la fecha en que hubiere obtenido conocimiento de la cesión.

Art. 1710.- Las deudas pagaderas en diferente lugar, pueden compensarse mediante la indemnización que deberá hacer la parte que la solicite, por los daños y perjuicios que sufra la otra parte por no obtener o no efectuar la prestación en el lugar fijado.

Art. 1711.- La compensación no puede tener lugar en perjuicio de los derechos de tercero legítimamente adquiridos.

Art. 1712.- La prescripción no excluye la compensación cuando el crédito actualmente prescrito no lo estaba en el momento en que debió operarse la compensación.

CAPÍTULO II
DE LA CONFUSIÓN DE DERECHOS

Art. 1713.- La obligación se extingue por confusión cuando las calidades de acreedor y deudor se reúnen en una misma persona. La obligación renace si la confusión cesa.

Art. 1714.- La confusión que se verifica en la persona del acreedor o deudor solidario, sólo produce sus efectos en la parte proporcional de su crédito o deuda.

Art. 1715.- Mientras se hace la partición de una herencia, no hay confusión cuando el deudor hereda al acreedor o éste a aquél.

CAPÍTULO III
DE LA REMISIÓN DE LA DEUDA

Art. 1716.- Cualquiera puede renunciar su derecho y remitir, en todo o en parte, las prestaciones que le son debidas, excepto en aquellos casos en que la ley lo prohibe.

Art. 1717.- La condonación de la deuda principal extingue las obligaciones accesorias; pero la de éstas deja subsistente la primera.

Art. 1718.- Habiendo varios deudores solidarios, el perdón que fuere concedido solamente a alguno de ellos, en la parte relativa a su responsabilidad no aprovecha a los otros.

Art. 1719.- La devolución de la prenda es presunción de la remisión del derecho a la misma prenda, si el acreedor no prueba lo contrario.

CAPÍTULO IV
DE LA NOVACIÓN

Art. 1720.- Hay novación de contrato cuando las partes en él interesadas la alteran substancialmente, sustituyendo una obligación nueva por la antigua.

Art. 1721.- La novación es un contrato, y como tal, está sujeto a las disposiciones respectivas, salvo lo que prevengan las disposiciones de este capítulo.

Art. 1722.- La novación nunca se presume, debe constar expresamente.

Art. 1723.- La novación deberá constar en la misma forma con que se celebró el contrato original, salvo que la ley o los contratantes exijan mayor formalidad.

Art. 1724.- Aún cuando la obligación anterior esté subordinada a una condición suspensiva, solamente quedará la novación dependiente del cumplimiento de aquélla, si así se hubiere estipulado.

Art. 1725.- Si la primera obligación se hubiere extinguido al tiempo en que se contrajere la segunda, quedará la novación sin efecto.

Art. 1726.- La novación es nula si lo fuere también la obligación primitiva, salvo que la causa de nulidad solamente pueda ser invocada por el deudor, o que la ratificación convalide los actos nulos en su origen.

Art. 1727.- Si la novación fuere nula, subsistirá la antigua obligación.

Art. 1728.- La novación extingue la obligación principal y las obligaciones accesorias. El acreedor puede, por una reserva expresa, impedir la extinción de las obligaciones accesorias, de la obligación original, que entonces pasan a la nueva obligación pactada contractualmente por las partes.

Art. 1729.- El acreedor no puede reservarse el derecho de prenda o hipoteca de la obligación extinguida, si los bienes hipotecados o empeñados pertenecieren a terceros que no hubieren tenido parte en la novación. Tampoco puede reservarse la fianza sin consentimiento del fiador.

Art. 1730.- Cuando la novación se efectúe entre el acreedor y un deudor solidario, los privilegios e hipotecas del antiguo crédito sólo pueden quedar reservados con relación a los bienes del deudor que contrae la nueva obligación.

Art. 1731.- Por la novación hecha entre el acreedor y alguno de los deudores solidarios, quedan exonerados todos los demás codeudores, sin perjuicio de lo dispuesto en el artículo 1509.

CAPÍTULO V
PRESCRIPCIÓN

SECCIÓN PRIMERA
PRESCRIPCIÓN

Art. 1732.- Prescripción es un medio de librarse de obligaciones mediante el transcurso de cierto tiempo, por no exigirse su cumplimiento.

Art. 1733.- La prescripción aprovecha a todos, aún a los que por sí mismos no pueden obligarse, debe ser reclamada ya que no opera oficiosamente.

Art. 1734.- Las personas con capacidad para enajenar pueden renunciar a la prescripción ganada, pero no el derecho de prescribir para lo sucesivo.

Art. 1735.- La renuncia de la prescripción es expresa o tácita, siendo esta última la que resulta de un hecho que importa el reconocimiento de la subsistencia de la obligación.

Art. 1736.- La prescripción adquirida por el deudor principal aprovecha a los deudores solidarios y a los fiadores.

Art. 1737.- La excepción que por prescripción adquiera un codeudor solidario, no aprovechará a los demás sino cuando el tiempo exigido haya debido correr del mismo modo para todos ellos.

Art. 1738.- En el caso previsto por el artículo que precede, el acreedor sólo podrá exigir a los deudores que no prescribieren, el valor de la obligación deducida la parte que corresponde al deudor que prescribió.

Art. 1739.- El Estado, los municipios y las demás personas jurídicas de orden público se considerarán como particulares para la prescripción de las acciones y los derechos de orden privado que tengan a su favor o en su contra.

Art. 1740.- Fuera de los casos expresamente exceptuados por la ley, se necesita el lapso de cinco años, contando desde que una obligación pudo exigirse, para que prescriba el derecho de pedir su cumplimiento.

Art. 1741.- La obligación de dar alimentos es imprescriptible.

Art. 1742.- Prescriben en dos años:

I. Los honorarios profesionales u otras retribuciones por la prestación de cualquier servicio. La prescripción comienza a correr desde la fecha en que dejaron de prestarse los servicios;

II. La acción de los hoteleros para cobrar el importe del hospedaje, y la de éstos y la de los fonderos para cobrar el precio de los alimentos que ministren. La prescripción corre desde el día en que debió ser pagado el hospedaje, o desde aquél en que se ministraron los alimentos; y

III. La responsabilidad civil proveniente de hechos ilícitos que no constituyan delitos. La prescripción corre desde el día en que se verificaron los mismos.

Art. 1743.- Las pensiones, rentas, alquileres, pago de intereses y cualesquiera otras prestaciones periódicas no cobradas a su vencimiento, quedarán prescritas en dos años contados, escalonadamente, desde el vencimiento de cada una de ellas, ya se haga el cobro en virtud de acción real o de acción personal.

Art. 1744.- Prescribe en dos años la obligación de rendir cuentas. En igual término prescriben las obligaciones líquidas que resulten de la rendición de cuentas. En el primer caso, la prescripción comienza a correr desde el día en que el obligado termina su administración; en el segundo caso, desde el día en que la liquidación es aprobada por los interesados.

Art. 1745.- La prescripción se suspende y, por tanto, no puede comenzar ni correr:

I. Entre ascendientes y descendientes, durante la patria potestad;

(REFORMADA, P.O. 29 DE NOVIEMBRE DE 2014)

II. Entre los incapaces y sus tutores mientras dura la tutela;

III. Entre consortes mientras subsista legalmente su unión matrimonial;

IV. Entre personas que no estando casados y sin que haya impedimento no dispensable para contraer matrimonio entre ellas, viven como si lo estuvieren, mientras dure el estado aparente matrimonial;

V. Entre copropietarios o coposeedores, respecto del bien común;

VI. Entre los coherederos por los derechos que entre sí y con relación a la herencia tengan que reclamarse, mientras no se haga la partición definitiva;

VII. Entre las personas cuyos bienes estén sometidos por la ley o por providencia del juez a la administración de otros y éstos, respecto de los actos y responsabilidades inherentes a la administración, mientras no se haya presentado y aprobado definitivamente la cuenta;

VIII. Entre las personas jurídicas y sus administradores mientras éstos estén en el cargo, por las acciones de responsabilidad contra ellos;

IX. Entre el deudor que ha ocultado dolosamente la existencia de la deuda y el acreedor, mientras el dolo no haya sido descubierto;

(REFORMADA, P.O. 29 DE NOVIEMBRE DE 2014)

X. Para incapaces mientras no tengan representante legal en forma individualizada, y por seis meses más siguientes al nombramiento del mismo, o a la cesación de la incapacidad;

XI. Para quienes se encuentran en servicio público fuera del territorio del Estado; y

XII. Para los militares en servicio activo y civiles al servicio de las fuerzas armadas, en tiempo de guerra, tanto fuera como dentro del Estado.

Art. 1746.- La prescripción se interrumpe:

I. Por la presentación de la demanda aunque la misma no hubiere sido notificada o por cualquier género de requerimiento o de interpelación hecha al deudor. Se considerará la prescripción como no interrumpida si el actor desistiese el requerimiento, de la interpelación o de la demanda, o fuese ésta desestimada, u operare la caducidad de la instancia; y

II. Porque la persona a cuyo favor transcurre la prescripción reconozca expresamente, de palabra o por escrito, o tácitamente por hechos indudables, el derecho de la persona contra quien prescribe.

Empezará a contarse el nuevo término de la prescripción, en caso de reconocimiento de las obligaciones, desde el día en que se haga; si se renueva el documento, desde la fecha del nuevo título, y si se hubiere prorrogado el plazo del cumplimiento de la obligación, desde el vencimiento del nuevo plazo o prórroga.

Art. 1747.- La interrupción de la prescripción a favor de alguno de los acreedores solidarios aprovecha a todos, y las causas que interrumpen la prescripción respecto de uno de los deudores solidarios, la interrumpen también respecto de los otros.

Sin embargo, si el acreedor, consintiendo en la división de la deuda respecto de uno de los deudores solidarios sólo exigiere de él la parte que le corresponda, no se tendrá por interrumpida la prescripción respecto de los demás.

Art. 1748.- La interrupción de la prescripción contra el deudor principal produce los mismos efectos contra su fiador.

SECCIÓN SEGUNDA
DE LA MANERA DE CONTAR EL TIEMPO PARA LA PRESCRIPCIÓN

Art. 1749.- Desde el momento en que el crédito es exigible, empieza a correr el tiempo para la prescripción que se cuenta por años y no de momento a momento, excepto en los casos en que así lo determine la ley expresamente.

Art. 1750.- Los meses se regularán con el número de días que les corresponda.

Art. 1751.- Cuando la prescripción se cuente por días, se entenderán éstos de veinticuatro horas naturales, contadas de las veinticuatro a las veinticuatro.

Art. 1752.- El día en que comienza la prescripción se cuenta siempre entero, aunque no lo sea; pero aquél en que la prescripción termina, debe ser completo.

Art. 1753.- Cuando el último día sea feriado, no se tendrá por completa la prescripción, sino cumplido el primer día útil que le siga.

CAPÍTULO VI
LA CADUCIDAD

Art. 1754.- En virtud de la caducidad, por el simple transcurso del tiempo, o la no realización de ciertos y deliberados actos, los derechos y sus acciones dejan de existir, o no se constituyen.

La caducidad contrariamente a la prescripción:

I. Extinguirá derechos sin necesidad de declaración judicial;

II. Deberá ser tomada en cuenta de oficio por el juez, ya que la no caducidad será condición necesaria e imprescindible para el ejercicio de la acción;

III. No admitirá la interrupción ni tampoco la suspensión, a menos que con relación a esta última haya disposición legal expresa en contrario.

Art. 1755.- La caducidad es legal o convencional y se da en contra de todos los involucrados en una relación jurídica.

Art. 1756.- La caducidad legal debe tenerse por cumplida aunque no se invoque por parte legítima.

La caducidad convencional debe ser siempre reclamada por parte legítima.

Art. 1757.- La caducidad no está sujeta a suspensión ni interrupción. Sin embargo, si se trata de un derecho sujeto a una condición suspensiva o al reconocimiento por parte del deudor; el término para la caducidad comenzará a correr desde que se realiza la condición suspensiva o el deudor reconoce la obligación o deuda.

Art. 1758.- En los derechos de orden público y social, podrá establecerse por las partes un término para la caducidad diferente del legal, siempre que beneficie o sea menos gravoso para el deudor.

En caso de que en esta clase de derechos, el término para la caducidad convencional no beneficie al deudor, dicha cláusula se tendrá por no puesta, y se atenderá al término para la caducidad legal.

TÍTULO SEXTO

CAPÍTULO I
DE LA NULIDAD Y DE OTRAS FORMAS DE INEFICACIA

Art. 1759.- La nulidad hace ineficaces los actos jurídicos, y puede ser absoluta o relativa.

Art. 1760.- Se considera que el acto jurídico es afectado con nulidad absoluta por falta de consentimiento, de objeto que pueda ser materia de él, o de las solemnidades prescritas por la ley.

Art. 1761.- La ilicitud en el objeto, en la causa o en la condición del acto produce su nulidad, ya sea absoluta, ya relativa.

Art. 1762.- La incapacidad de goce produce la nulidad absoluta del acto.

Art. 1763.- El acto jurídico afectado por nulidad absoluta produce efectos provisionales, los que serán destruidos retroactivamente cuando se decrete por autoridad judicial, y por ser de orden público, no es susceptible de revalidarse por confirmación ni por prescripción, pudiendo invocarse por todo afectado.

Art. 1764.- La nulidad es relativa cuando no reúne todos los caracteres señalados en el artículo anterior; siempre permite que el acto produzca provisionalmente sus efectos los cuales serán definitivos si el acto se confirma.

Art. 1765.- La falta de forma establecida por la ley, así como el error, el dolo, la violencia, la lesión, la reticencia, y la incapacidad de ejercicio de cualesquiera de los autores del acto produce la nulidad relativa del mismo.

Art. 1766.- La acción y la excepción de la nulidad por falta de forma compete a todos los interesados.

Art. 1767.- La nulidad por causa de error, dolo, violencia, lesión, reticencia o incapacidad de ejercicio sólo puede invocarse por el que ha sufrido esos vicios de consentimiento, se ha perjudicado por la lesión o representa al incapaz.

Art. 1768.- La nulidad de un acto jurídico por defecto en la forma establecida por la ley, se extingue por la confirmación de ese acto hecho en la forma omitida.

Art. 1769.- Cuando la falta de forma produzca la nulidad del acto, si la voluntad de las partes ha quedado constante de una manera indubitable, y no se trata de un acto revocable, cualesquiera de los interesados puede exigir que el acto se otorgue en la forma prescrita por la ley, siempre que además se satisfagan las condiciones establecidas por el artículo 1307 de este mismo código.

Art. 1770.- Cuando el contrato es nulo por incapacidad, violencia o error, puede ser confirmado cuando cese el vicio o motivo de nulidad, siempre que no concurra otra causa que invalide la confirmación.

Art. 1771.- El cumplimiento voluntario por medio del pago, novación o por cualquier otro modo, se tiene por ratificación tácita y extingue la acción de nulidad.

Art. 1772.- La confirmación se retrotrae al día en que se verificó el acto nulo; pero ese efecto retroactivo no perjudicará a los derechos de tercero.

Art. 1773.- La acción de nulidad fundada en incapacidad o en error, puede intentarse en los plazos establecidos en el artículo 53. Si el error se conoce antes de que transcurran esos plazos, la acción de nulidad prescribe a los sesenta días, contados desde que el error fue conocido.

Art. 1774.- La acción para pedir la nulidad de un contrato hecho por violencia, prescribe a los seis meses contados desde que cese ese vicio del consentimiento.

Art. 1775.- El acto jurídico viciado de nulidad en parte, no es totalmente nulo, si las partes que lo forman pueden legalmente subsistir separadas, al menos que se demuestre que al celebrarse el acto se quiso que sólo íntegramente subsistiera.

Art. 1776.- La anulación del acto obliga a los interesados a restituirse mutuamente lo que han recibido o percibido en virtud o por consecuencia del acto anulado, siempre que sea posible conforme a la naturaleza del acto.

Art. 1777.- Si el acto fuere bilateral y las obligaciones correlativas consisten ambas en sumas de dinero o en bienes productivos de frutos, no se hará la restitución respectiva de intereses o de frutos sino desde el día de la demanda de la nulidad. Los intereses y los frutos percibidos hasta esa época se compensan entre sí.

Art. 1778.- Mientras que uno de los contratantes no cumpla con la devolución de aquello que en virtud de la declaración de nulidad del contrato está obligado, no puede ser compelido el otro a que cumpla por su parte.

Art. 1779.- Todos los derechos reales o personales transmitidos a tercero sobre un inmueble, por una persona que ha llegado a ser propietario de él en virtud del acto anulado, quedan sin ningún valor y pueden ser reclamados directamente del poseedor actual mientras que no se cumpla la usucapión, observándose lo dispuesto para los terceros adquirentes de buena fe.

CAPÍTULO II
DE LA REVOCACIÓN

Art. 1780.- Se da la revocación de un acto jurídico perfecto, legítimo y válido cuando quien otorga su consentimiento para darle existencia al mismo, dispone privarlo de eficacia jurídica hacia el futuro; la revocación en consecuencia no tiene efectos retroactivos.

Art. 1781.- La revocación debe consignarse en la misma formalidad con la que se celebró el acto jurídico revocado.

(REFORMADO, P.O. 4 DE ENERO DE 1997)

Art. 1782.- Cuando se pretende la revocación de un contrato sinalagmático, debe convenirse por todas las partes involucradas. Será nulo el pacto por el que se faculte a una sola de las partes a revocarlo, salvo en los casos expresamente previstos por este Código.

CAPÍTULO III
DE LA RESOLUCIÓN O RESCISIÓN

Art. 1783.- Hay resolución en un contrato sinalagmático, cuando una de las partes que ha cumplido en su totalidad las obligaciones que derivan a su cargo, da por concluida la relación contractual en virtud del manifiesto incumplimiento del otro contratante.

En virtud de la resolución queda privado el acto de toda eficacia y concluidas las relaciones jurídicas existentes entre las partes.

Art. 1784.- La facultad de resolver las obligaciones se entiende implícita en las recíprocas, para el caso de que uno de los obligados no cumpliere lo que le incumbe.

El perjudicado podrá optar entre el cumplimiento forzoso o la resolución de la obligación, con el resarcimiento de daños y perjuicios en ambos casos. También podrá pedir la resolución aún después de haber pedido su cumplimiento, cuando éste fuere imposible.

Esta facultad opera de pleno derecho y se tendrá por resuelta la obligación, siempre y cuando:

I. Sea consignado ante la autoridad judicial lo recibido como contraprestación hecha la deducción de los daños y perjuicios o en su caso la pena convencional;

II. Se haga saber tal determinación judicialmente a la otra parte; y

III. Que transcurran treinta días naturales contados a partir del siguiente al que se hizo saber la determinación a que alude la fracción anterior, sin que el notificado demande ante el mismo juzgado que le notificó y acredite haber cumplido las obligaciones que le competen.

Cuando la autoridad judicial declare improcedente la oposición, la resolución surtirá efectos a partir de la fecha de la notificación.

Art. 1785.- La resolución del contrato fundada en falta de pago por parte del adquirente de la propiedad de bienes inmuebles u otro derecho real sobre los mismos, no surtirá efecto contra tercero de buena fe, si no se ha estipulado expresamente y ha sido inscrita en el Registro Público de la Propiedad.

Art. 1786.- Respecto de bienes muebles no tendrá lugar la rescisión, salvo lo previsto para las ventas en las que se faculta al comprador a pagar el precio en abonos.

Art. 1787.- El consentimiento se entiende otorgado en las condiciones y circunstancias en que se celebra el contrato; por tanto, salvo aquellos que aparezcan celebrados con carácter aleatorio, cuando en los negocios de ejecución a largo plazo o de tracto sucesivo, surjan en el intervalo acontecimientos extraordinarios que rompan con la reciprocidad, la equidad o la buena fe de las partes, podrá intentarse la acción tendiente a la recuperación de este equilibrio y cuando el demandado no estuviere de acuerdo con ello, podrá optar por su resolución.

Art. 1788.- En todo caso de aplicación del artículo anterior, la parte que haya obtenido la cesación de los efectos de un contrato deberá indemnizar a la otra, por mitad, de los perjuicios que le ocasione la carencia repentina de las prestaciones materia de dicho contrato, incluyendo gastos y demás erogaciones que tuvieren que hacerse para lograr las mismas prestaciones en los términos que sean usuales o justos en ese momento. Sólo podrá librarse de este compromiso la parte que ofreciere a la otra llevar adelante las prestaciones aludidas, en términos hábiles, aún cuando esta última rehusare la proposición.

Art. 1789.- En los casos a que se refiere el artículo 1322 si por virtud de la resolución quedare sin compensar algún lucro o beneficio obtenidos por una parte a costa de la otra, se estará a lo dispuesto en el capítulo tercero del título primero de este libro.

Art. 1790.- Para que tengan aplicación los artículos que preceden, se supone que el cumplimiento parcial o total del contrato se halla pendiente por causa legítima y no por culpa o mora del obligado.

Art. 1791.- Por virtud de la rescisión, la autoridad judicial ante el incumplimiento de una de las partes en una convención, la libera de su obligación y ordena la restitución recíproca en cuanto ello fuere posible de las prestaciones que entre sí se otorgaron las partes como si el acto jurídico no hubiere existido.

(REFORMADO, P.O. 30 DE DICIEMBRE DE 2003)

Art. 1792.- Tratándose de contratos de arrendamiento de inmuebles, en donde se invoque como única causal para pedir la rescisión la falta de pago de las rentas, si el demandado exhibe recibo o el importe de las pensiones de rentas reclamadas y en su caso, las costas y demás accesorios demandados, la autoridad judicial deberá sobreseer todo procedimiento, si es que aún no se dicta sentencia.

Lo dispuesto en este artículo es de orden público y por ende irrenunciable.

CAPÍTULO IV
DE LA INOPONIBILIDAD

Art. 1793.- Existe la inoponibilidad de un acto jurídico, cuando su celebración no fue debidamente notificada o publicitada a terceros en esa relación y que evidentemente tienen un interés en el mismo.

El acto jurídico vale entre quienes lo celebraron o consintieron su celebración, pero no frente a quien no fue enterado.

CAPÍTULO V
DE LA INOFICIOCIDAD

Art. 1794.- La inoficiocidad se da en los actos jurídicos esencialmente gratuitos por virtud de los cuales su autor, omitiendo cumplir con disposiciones de orden público, o sobreviniendo éstas con posterioridad a su otorgamiento se constituyen derechos en favor de terceros. El acto jurídico en sí es válido, pero su ejecución queda sujeta al cumplimiento de las obligaciones preteridas.

CAPÍTULO VI
DE LA REDUCIBILIDAD

Art. 1795.- Se da la reducibilidad en un contrato sinalagmático cuando en el momento de otorgarse se pacten prestaciones superiores a las establecidas en la ley, es decir, la reducibilidad no anula el contrato sino que restablece la equidad contractual cuando sobrevienen hechos o causas que no existían al momento de otorgarse el acto jurídico y que de haber existido reducirían o anularían las prestaciones otorgadas.

SEGUNDA PARTE

(REFORMADO, P.O. 4 DE ENERO DE 1997)

TÍTULO ÚNICO
DE LA CONCURRENCIA Y GRADUACIÓN DE CRÉDITOS, Y DE LA INSOLVENCIA DE LOS DEUDORES

CAPÍTULO I
DISPOSICIONES GENERALES

Art. 1796.- El deudor responde del cumplimiento de sus obligaciones con todo su patrimonio económico con excepción de los bienes que, conforme a la ley, son inalienables o no embargables.

Art. 1797.- Procede la declaración de concurso tratándose de deudores civiles que, teniendo dos o más acreedores:

I. Suspendan de hecho el pago de sus deudas líquidas y exigibles;

II. No presenten bienes suficientes cuando fueren ejecutados;

III. Siempre que su pasivo exceda a su activo en un treinta y tres por ciento; y

IV. Hicieren, a favor de los acreedores, abandono de sus bienes por medio de la cesión respectiva.

Art. 1798.- Para que los acreedores puedan considerarse como tales y promover la declaración del concurso, no será preciso que haya cosa juzgada sobre su carácter, bastando que sus créditos consten en título ejecutivo; sin perjuicio, de que oportunamente se pueda discutir la admisión de cada crédito por el deudor o por el representante del concurso.

(REFORMADO, P.O. 4 DE ENERO DE 1997)

Art. 1799.- El concurso tiene por objeto resolver en un sólo procedimiento todas las cuestiones referentes a la liquidación de los bienes del deudor, para pagar los créditos en los términos de este título.

Art. 1800.- La declaración de concurso incapacita al deudor para seguir administrando sus bienes, así como para cualesquiera otra administración que por la ley le corresponda, y hace que se venza el plazo de todas sus deudas.

Esa declaración produce también el efecto de que dejan de causar intereses las deudas del concursado, salvo los créditos hipotecario y pignoraticios, que los seguirán devengando, hasta donde alcance el valor de los bienes que los garanticen.

Art. 1801.- Los capitales debidos serán pagados en el orden establecido en este título; y si después de satisfechos quedaren fondos pertenecientes al concurso, se pagarán los réditos correspondientes, en el mismo orden en que se pagaron los capitales, pero reducidos los intereses al tipo legal, a no ser que se hubiere pactado un tipo menor. Sólo que hubieren bienes suficientes para que todos los acreedores queden pagados, se cubrirán los réditos al tipo convenido que sea superior al legal.

(REFORMADO, P.O. 4 DE ENERO DE 1997)

Art. 1802.- El deudor declarado en estado de concurso puede celebrar con sus acreedores los convenios que estime oportunos, pero estos convenios se harán precisamente en junta de acreedores debidamente constituida y sólo obligarán cuando se adopten por la conformidad de la mayoría, con la aprobación del juez que conozca del concurso.

Aquellos convenios que se celebren entre el deudor y cualquiera de sus acreedores y que no se ajusten a los lineamientos previstos en el supuesto anterior, serán nulos sin el requerimiento de la declaratoria judicial.

Art. 1803.- (DEROGADO, P.O. 4 DE ENERO DE 1997)

Art. 1804.- La proposición de convenio se discutirá y pondrá a votación, formando resolución el voto de un número de acreedores que compongan la mitad y uno más de los concurrentes, siempre que su interés en el concurso cubra las tres quintas partes del pasivo, deducido el importe de los créditos de los acreedores hipotecarios y pignoraticios que hubieren optado por no ir al concurso.

Art. 1805.- Dentro de los ocho días siguientes a la celebración de la junta en que se hubiere aprobado el convenio, los acreedores disidentes y los que no hubieren concurrido a la junta podrán oponerse a la aprobación del mismo.

Art. 1806.- Las únicas causas en que podrá fundarse la oposición al convenio serán:

I. Defectos en las formas prescritas para la convocación, celebración y deliberación de la junta;

II. Falta de personalidad o representación en alguno de los votantes, siempre que su voto decida la mayoría en número o en cantidad;

III. Acuerdos fraudulentos entre el deudor y uno o más acreedores, o de los acreedores entre sí, para votar a favor del convenio;

IV. Exageración fraudulenta de créditos para procurar la mayoría de cantidad; y

V. La inexactitud fraudulenta en el inventario de los bienes del deudor o en los informes de los síndicos, para facilitar la admisión de las proposiciones del deudor.

Art. 1807.- Aprobado el convenio por el juez, será obligatorio para el fallido y para todos los acreedores cuyos créditos daten de época anterior a la declaración, si hubiesen sido citados en forma legal, o si habiéndoles notificado la aprobación del convenio no hubieren reclamado contra éste en los términos prevenidos en el Código de Procedimientos Civiles, aunque esos acreedores no estén comprendidos en la lista correspondiente, ni hayan sido parte en el procedimiento.

Art. 1808.- Los acreedores hipotecarios y los pignoraticios, podrán abstenerse de tomar parte en la junta de acreedores en la que haga proposiciones el deudor, y en tal caso, las resoluciones de la junta no perjudicarán sus respectivos derechos.

Si por el contrario, prefieren tener voz y voto en la mencionada junta, serán comprendidos en las esperas o quitas que la junta acuerde, sin perjuicio del lugar y grado que corresponda al título de su crédito.

Art. 1809.- Si el deudor cumpliere el convenio, quedarán extinguidas sus obligaciones en los términos estipulados en el mismo; pero si dejare de cumplirlo en todo o en parte, renacerá el derecho de los acreedores por las cantidades que no hubiesen percibido de su crédito primitivo, y podrá cualesquiera de ellos pedir la declaración o continuación del concurso.

Art. 1810.- No mediando pacto expreso en contrario entre el deudor y acreedores, conservarán éstos su derecho, terminado el concurso, para cobrar de los bienes que el deudor adquiera posteriormente, la parte de crédito que no les hubiere sido satisfecha.

Art. 1811.- Los créditos se graduarán en el orden que se clasifican en los capítulos siguientes, con la prelación que para cada clase se establezca en ellos.

Art. 1812.- Concurriendo diversos acreedores de la misma clase y número, serán pagados según la fecha de sus títulos, si aquélla constare de una manera indubitable. En cualquier otro caso, serán pagados a prorrata.

Art. 1813.- Los gastos judiciales hechos por un acreedor, en lo particular, serán pagados en el lugar en que deba serlo el crédito que los haya causado.

Art. 1814.- El crédito cuya preferencia provenga de convenio fraudulento entre el acreedor y el deudor, pierde toda preferencia, a no ser que el dolo provenga del deudor, quien en este caso será responsable de los daños y perjuicios que se sigan a los demás acreedores, además de las penas que merezca por el fraude.

CAPÍTULO II
DE LOS CRÉDITOS PRIVILEGIADOS, HIPOTECARIOS Y PIGNORATICIOS

Art. 1815.- Son acreedores privilegiados los que a continuación se listan, y cuya prelación se determina por el orden de enumeración:

I. Los acreedores por gastos de funeral del deudor, de su esposa, de sus descendientes sujetos a patria potestad o a tutela y de sus ascendientes cuando éstos no tengan bienes suficientes para cubrirlos, ni algún otro descendiente que pueda sufragarlos. Los costos de funeral deben de ser proporcionados al modo y condición de vida del deudor;

(REFORMADA, P.O. 4 DE ENERO DE 1997)

II. Los gastos de la última enfermedad de las personas mencionadas en la Fracción anterior, hechos en los últimos seis meses que precedieron al fallecimiento; y

III. El crédito por alimentos fiados al deudor para su subsistencia y la de su familia, en los seis meses anteriores a la formación del concurso y el aseguramiento de las obligaciones alimentarias a cargo del deudor por el término de un año.

Art. 1816.- Los acreedores hipotecarios y los pignoraticios no necesitan entrar en concurso para hacer el cobro de sus créditos. Pueden deducir las acciones que les competan en virtud de la hipoteca o de la prenda, en los juicios respectivos, a fin de ser pagados con el valor de los bienes que garanticen sus créditos.

Art. 1817.- Si hubiere varios acreedores hipotecarios garantizados con los mismos bienes, pueden formar un concurso especial con ellos, y serán pagados por el orden de fechas en que se otorgaron las hipotecas, si éstas se registraron antes del inicio del trámite del concurso.

Art. 1818.- Cuando el valor de los bienes hipotecados o dados en prenda no alcanzare a cubrir los créditos que garantizan, por el saldo deudor entrarán al concurso los acreedores de que se trata, y serán pagados como acreedores de tercera clase.

Art. 1819.- Para que el acreedor pignoraticio goce del derecho que le concede el artículo 1816, es necesario que cuando la prenda le hubiere sido entregada en la primera de las formas establecidas en el artículo 2476, la conserve en su poder o que sin culpa suya haya perdido su posesión; y que cuando le hubiere sido entregada en la segunda de las formas previstas en el artículo citado, no haya consentido que el deudor depositario o el tercero que la conserva en su poder, la entreguen a otra persona.

Art. 1820.- Del precio de los bienes hipotecados o dados en prenda, se pagarán en el orden siguiente:

I. Los gastos del juicio respectivo y los que causen las ventas de esos bienes;

II. Los gastos de conservación y administración de los mencionados bienes;
III. La deuda de seguros de los propios bienes; y
IV. Los créditos hipotecarios de acuerdo con lo dispuesto en el artículo 1817, comprendiéndose en el pago de los réditos de los últimos tres años, o los créditos pignoraticios, según su fecha, así como sus réditos, durante los últimos seis meses.

Art. 1821.- Para que se paguen con la preferencia señalada los créditos comprendidos en las fracciones II y III del artículo anterior, son requisitos indispensables que los primeros hayan sido necesarios, y que los segundos consten auténticamente.

Art. 1822.- Si el concurso llega al período en que deba pronunciarse sentencia de graduación, sin que los acreedores privilegiados, hipotecarios o pignoraticios hagan uso de los derechos que les concede los artículos 1815 y 1816, el concurso hará vender los bienes y depositará el importe del crédito y de los réditos correspondientes, observándose, en su caso, las disposiciones relativas a los ausentes.

Art. 1823.- El concurso tiene derecho para redimir los gravámenes hipotecarios y pignoraticios que pesen sobre los bienes del deudor, o de pagar las deudas de que especialmente responden algunos de éstos, y entonces, esos bienes entrarán a formar parte del fondo del concurso.

Art. 1824.- Los trabajadores al servicio del deudor no necesitan entrar al concurso para que se les paguen los créditos que tengan por salarios o sueldos devengados en el último año y por indemnizaciones. Deducirán su reclamación ante la autoridad que corresponda y en cumplimiento de la resolución que se dicte, se enajenarán los bienes que sean necesarios para que los créditos de que se trata se paguen preferentemente a cualesquiera otros.

Art. 1825.- Si entre los bienes del deudor se hallaren comprendidos bienes muebles o raíces adquiridos por sucesión y obligados por el autor de la herencia a ciertos acreedores, podrán éstos pedir que aquéllos sean separados y formar concurso especial con exclusión de los demás acreedores propios del deudor.

Art. 1826.- El derecho reconocido en el artículo anterior no tendrá lugar:

I. Si la separación de los bienes no fuere pedida dentro de tres meses, contados desde que se inició el concurso o desde la aceptación de la herencia; y

II. Si los acreedores hubieren hecho novación de la deuda o de cualquier otro modo hubieren aceptado la responsabilidad personal del heredero.

Art. 1827.- Los acreedores que obtuvieren la separación de bienes, no podrán entrar al concurso del heredero, aunque aquéllos no alcancen a cubrir sus créditos.

CAPÍTULO III
DE LOS ACREEDORES PREFERENTES SOBRE DETERMINADOS BIENES

Art. 1828.- Con el valor de los bienes que se mencionan, serán pagados preferentemente:

I. La deuda por gastos de salvamento, con el valor del bien salvado;

II. La deuda contraida antes del concurso, expresamente para ejecutar obras de rigurosa conservación de algunos bienes, con el valor de éstos; siempre que se pruebe que la cantidad prestada se empleó en esas obras;

III. Los créditos a que se refiere el artículo 2302, con el precio de la obra construida;

IV. Los créditos por semillas, gastos de cultivo y recolección, con el precio de la cosecha para que sirvieron y que no se halle en poder del deudor;

V. El crédito por fletes, con el precio de los efectos transportados, si se encuentran en poder del acreedor;

VI. El crédito por hospedaje, con el precio de los muebles del deudor que se encuentren en la casa o establecimiento donde está hospedado;

VII. El crédito del arrendador, con el precio de los bienes muebles embargables que se hallen dentro de la finca arrendada o con el precio de los frutos de la cosecha respectiva, si el predio fuere rústico;

VIII. El crédito que provenga del precio de los bienes vendidos y no pagados, con el valor de ellos, si el acreedor hace su reclamación dentro de los noventa días siguientes a la venta, si se hizo al contado, o del vencimiento, si la venta fue a plazo, sin que sea aplicable al caso la venta pactada con reserva de dominio.

Tratándose de bienes muebles, cesará la preferencia si hubieren sido inmovilizados; y

IX. Los créditos anotados en el Registro Público de la Propiedad, en virtud de mandamiento judicial, por embargo, secuestro o ejecución de sentencias, sobre los bienes anotados y solamente en cuanto a créditos posteriores.

CAPÍTULO IV
ACREEDORES DE PRIMERA CLASE

Art. 1829.- Pagados los acreedores mencionados en los dos capítulos anteriores y con el valor de todos los bienes que queden, se pagarán:

I. Los gastos judiciales comunes, en los términos que establezca el Código de Procedimientos Civiles;

II. Los gastos de rigurosa conservación y administración de los bienes concursados; y

III. La responsabilidad civil, en la parte que comprende el pago de los gastos de curación o de los funerales del ofendido y las pensiones que por concepto de alimentos se deban a sus familiares. En lo que se refiere a la obligación de restituir, por tratarse de devoluciones de bien ajeno, no entra en concurso, y por lo que toca a las otras indemnizaciones que se deban por el delito, se pagarán como si se tratara de acreedores comunes de cuarta clase.

CAPÍTULO V
ACREEDORES DE SEGUNDA CLASE

Art. 1830.- Pagados los créditos antes mencionados, se pagarán:

I. Los créditos a cargo de administradores de bienes de menores, de tutores y de legatarios que tengan acción para ejercer la constitución de la hipoteca necesaria;

II. Los créditos del erario y los que resulten a cargo de administradores de bienes propiedad del Estado de los municipios y de los organismos descentralizados así como de los recaudadores de renta y de caudales públicos que tengan que otorgar hipoteca necesaria; y

III. Los créditos de los establecimientos de beneficencia pública o privada.

CAPÍTULO VI
ACREEDORES DE TERCERA CLASE

Art. 1831.- Satisfechos los créditos de que se ha hablado anteriormente, se pagarán los créditos que consten en escritura pública o en cualquier otro documento auténtico.

CAPÍTULO VII
ACREEDORES DE CUARTA CLASE

Art. 1832.- Pagados los créditos enumerados en los capítulos que preceden, se pagarán los créditos que consten en documentos privados.

Art. 1833.- Con los bienes restantes serán pagados los demás créditos que no estén comprendidos en las disposiciones anteriores. El pago se hará a prorrata y sin atender a las fechas ni al origen de los créditos.

LIBRO QUINTO
DE LAS DIVERSAS ESPECIES DE CONTRATOS

TÍTULO PRIMERO
DE LOS CONTRATOS PRELIMINARES

CAPÍTULO I
DE LA PROMESA PARA CONTRATAR

Art. 1834.- Puede asumirse contractualmente la obligación de celebrar un contrato futuro.

Art. 1835.- La promesa de contratar puede ser unilateral o bilateral.

Art. 1836.- La promesa de contrato sólo da origen a obligaciones de hacer, consistentes en celebrar el contrato respectivo de acuerdo con lo ofrecido.

Art. 1837.- Para que la promesa de contratar sea válida debe constar por escrito, contener los elementos característicos del contrato definitivo y limitarse a cierto tiempo.

Art. 1838.- Si el promitente rehusa firmar los documentos necesarios para dar forma legal al contrato concertado, en su rebeldía los firmará el juez; salvo el caso de que el bien ofrecido haya pasado por título oneroso a la propiedad de tercero de buena fe, ya que entonces la promesa quedará sin efecto, siendo responsable el que la hizo de todos los daños y perjuicios que se hayan originado a la otra parte.

CAPÍTULO II
DE LA OPCIÓN

Art. 1839.- Por la opción a contratar puede pactarse la celebración del contrato a un tiempo determinado o sobre un acontecimiento futuro e incierto.

Art. 1840.- Caduca el derecho por el simple transcurso del tiempo o la verificación del acontecimiento futuro e incierto sin que se haga uso de la opción.

Art. 1841.- La opción puede ser onerosa o gratuita, pero cuando sea onerosa si no se hace uso de la misma, el opcionante no estará obligado a devolver lo recibido por el hecho de otorgarla.

Art. 1842.- La opción puede ser unilateral o bilateral.

Art. 1843.- La opción puede pactarse como contrato principal o como accesorio.

Art. 1844.- La opción debe otorgarse por escrito para su validez, y cuando tenga referencia a inmuebles deberá constar en escritura pública para inscribirse en el Registro Público de la Propiedad.

CAPÍTULO III
DE LA CARTA INTENCIÓN

Art. 1845.- Por virtud de la carta intención se conviene por los interesados en la celebración de un contrato, el cual no puede quedar sujeto a la voluntad de los otorgantes, sino a la obtención de autorizaciones de carácter administrativo, o de resultados sobre estudios de viabilidad en el negocio proyectado.

Art. 1846.- La carta intención debe contener necesariamente un término para su cumplimiento, el que una vez transcurrido dará lugar a la caducidad de la misma.

Art. 1847.- En la carta intención puede estipularce (sic):
I. El pago de alguna contraprestación; o

II. La conservación y aprovechamiento de estudios técnicos realizados con vista al negocio propuesto.

Art. 1848.- La carta intención deberá otorgarse por escrito y cuando estén involucrados inmuebles, constar en escritura pública para su inscripción en el Registro Público de la Propiedad.

Art. 1849.- Concluidos los negocios a que se refiere la carta intención, sus efectos se retrotraerán a la época en que se otorgó la misma.

TÍTULO SEGUNDO
DE LA COMPRAVENTA

CAPÍTULO I
DISPOSICIONES GENERALES

Art. 1850.- La compraventa es un contrato por virtud del cual una persona transfiere a otra la propiedad de un bien, a cambio de un precio cierto y en dinero.

Art. 1851.- Por regla general, la venta es perfecta y obligatoria para las partes cuando se han convenido en forma sobre el bien y su precio, aunque la primera no haya sido entregada, ni el segundo satisfecho.

Art. 1852.- Si el precio del bien vendido se ha de pagar parte en dinero y parte con el valor de otro bien, el contrato será de venta cuando la parte de numerario sea igual o mayor que la que se pague con el valor de otro bien. Si la parte en numerario fuere inferior, el contrato será de permuta.

Art. 1853.- Los contratantes pueden convenir en que el precio sea el que corre en día o lugar determinados o el que fije un tercero.

Entre tanto no se fije el precio por el tercero, no será eficaz la compraventa. Una vez fijado no podrá ser rechazado por los contratantes sino de común acuerdo, o porque el tercero al fijarlo sufra un vicio de la voluntad o no haya observado las reglas que sobre el particular se le dieron.

Art. 1854.- El señalamiento del precio no puede dejarse al arbitrio de uno de los contratantes.

Art. 1855.- El comprador debe de pagar el precio en los términos y plazos convenidos, a falta de convenio lo deberá de pagar de contado.

Art. 1856.- En las ventas de bienes que se acostumbran pesar, contar o medir, y en las que el precio se determina por el peso, cuenta o medida, la venta no será perfecta si no hasta que los bienes hayan sido pesados, contados o medidos a la vista y aprobados por el comprador.

Art. 1857.- Las mercancías determinadas y conocidas por las partes podrán venderse sobre muestra y el contrato se perfecciona si se acepta la misma.

Art. 1858.- Si la venta se hizo sólo ad corpus, a la vista o por acervo, aún cuando sea de bienes que se suelen contar, pesar o medir, se entenderá realizada luego que los contratantes convengan en el precio, y el comprador no podrá pedir la rescisión del contrato alegando no haber encontrado en el acervo, la cantidad, peso o medida que él calculaba.

Art. 1859.- Habrá lugar a la rescisión si el vendedor presentare el acervo como de especie homogénea, y ocultare en él piezas de inferior clase y calidad de las que están a la vista. Las acciones que nacen de este artículo prescriben al año, desde que se realizó la entrega.

Art. 1860.- Si la venta de uno o más inmuebles se hizo ad corpus o por precio alzado y sin estimar especialmente sus partes, linderos o medidas, no habrá lugar a la rescisión, aunque en la entrega hubiere falta o exceso.

Art. 1861.- Los contratantes pagarán por mitad los gastos de escritura y registro, salvo convenio en contrario.

Art. 1862.- Si un mismo bien fuere vendido por el mismo vendedor a diversas personas, se observará lo siguiente:

I. Si el bien vendido fuere mueble, prevalecerá la venta primera en fecha; si no fuere posible verificar la prioridad de ésta, prevalecerá la hecha al que se halle en posesión del bien; y si ninguno de los compradores tiene la posesión, será válida la venta al que primero exija la entrega judicialmente; y

II. Si el bien vendido fuere inmueble, se aplicarán las disposiciones relativas al Registro Público de la Propiedad.

CAPÍTULO II
DE LA MATERIA DE LA COMPRAVENTA

Art. 1863.- Pueden ser objeto del contrato de compraventa todos los bienes que se encuentren en el comercio.

Art. 1864.- Ninguno puede vender sino lo que es de su propiedad.

Art. 1865.- La venta de bien ajeno es nula respecto de terceros de buena fe, pero válida entre los contratantes; por ello el vendedor es responsable de los daños y perjuicios si procede con dolo o mala fe, debiendo tenerse en cuenta las disposiciones sobre Registro Público de la Propiedad para los adquirentes de buena fe.

Art. 1866.- El contrato quedará revalidado, si antes de que tenga lugar la evicción, adquiere el vendedor, por cualquier título legítimo, la propiedad del bien vendido.

Art. 1867.- La venta de bienes o derechos litigiosos no está prohibida; pero el vendedor que no declare la circunstancia de hallarse el bien en litigio, es responsable de los daños y perjuicios si el comprador sufre la evicción, sin perjuicio de la responsabilidad penal en que incurra.

CAPÍTULO III
DE LAS PARTES EN LA COMPRAVENTA

Art. 1868.- Pueden comprar y vender las personas que puedan contratar, salvo las excepciones establecidas por la ley.

Art. 1869.- Tienen restricción para celebrar el contrato de compraventa:

I. Los consortes no pueden celebrar entre sí el contrato de compraventa, salvo que el bien pertenezca en exclusiva a uno de ellos, y el importe del precio sea pagado con dinero exclusivo del otro;

(REFORMADO PRIMER PÁRRAFO, P.O. 31 DE MAYO DE 2007)

II. Los magistrados, jueces, árbitros, agentes del Ministerio Público, agentes de la Procuraduría Social y defensores oficiales no podrán comprar bienes que sean objeto de juicio que se tramite dentro de su jurisdicción; ni los abogados, procuradores y peritos, de aquellos que lo fueren de juicios en que intervengan. Tampoco podrán, unos ni otros, ser cesionarios de los derechos que tengan sobre los citados bienes.

Con excepción de la venta o cesión de acciones hereditarias cuando sean coherederos o derechos a que estén afectos bienes de su propiedad;

III. Los hijos sujetos a patria potestad solamente pueden vender a sus padres los bienes que hayan adquirido por su trabajo;

IV. Los copropietarios de un bien indiviso cuando no se hubiere pactado la renuncia del derecho del tanto, en los términos previstos en este código relativos a la copropiedad;

V. No pueden comprar los bienes de cuya venta o administración estén encargados:

a) Los tutores y curadores;

b) Los mandatarios;

c) Los albaceas o ejecutores testamentarios y los que fueren nombrados en caso de intestado;

d) Los interventores nombrados por el testador o por los herederos;

e) Los representantes, administradores e interventores en caso de ausencia;

f) Los servidores públicos;

g) Las demás personas que administren bienes ajenos por cualquier causa, salvo que por mandato tengan la facultad para ello;

VI. Los peritos, los notarios y sus asociados sobre los bienes en cuya venta han intervenido. Además su cónyuge, sus ascendientes, sus descendientes y sus demás parientes dentro del cuarto grado.

Art. 1870.- Las compras hechas en contravención a lo dispuesto en el capítulo VIII del título primero del libro cuarto de este código, serán nulas, ya se hayan hecho directamente o por interpósita persona.

CAPÍTULO IV
DE LAS OBLIGACIONES DEL VENDEDOR

Art. 1871.- El vendedor está obligado a:

I. Entregar al comprador el bien vendido;

II. Garantizar las calidades del bien vendido;

III. Prestar el saneamiento para el caso de evicción;

IV. Garantizar una posesión útil al comprador;

V. Custodiar el bien en calidad de depositario, desde que celebre el contrato de compraventa hasta la entrega del bien vendido; y

VI. Garantizar una posesión pacífica del comprador contra perturbaciones jurídicas de terceros.

Art. 1872.- La entrega del bien puede ser:

I. Material;

II. Jurídica; y

III. Virtual o simbólica.

Art. 1873.- Hay entrega material cuando se otorga físicamente el bien vendido, o el título que lo represente, en tratándose de derechos o bienes intangibles.

Art. 1874.- Hay entrega jurídica cuando, aún sin estar entregado materialmente el bien, la ley lo considera recibido por el comprador.

Art. 1875.- Hay entrega virtual o simbólica desde el momento en que el comprador acepte que el bien vendido queda a su disposición, y el vendedor que lo conserve en su poder sólo tendrá los derechos y obligaciones de un depositario.

Art. 1876.- Los gastos de la entrega del bien vendido son de cuenta del vendedor, y los de su transporte o traslación, de cargo del comprador, salvo convenio en contrario.

Art. 1877.- El vendedor no está obligado a entregar el bien vendido, si el comprador no ha pagado el precio, salvo que en el contrato se haya señalado un plazo para el pago.

Art. 1878.- Tampoco está obligado a la entrega, aunque haya concedido un término para el pago, si después de la venta se descubre que el comprador se halla en estado de insolvencia de suerte que el vendedor corra inminente riesgo de perder el precio, a no ser que el comprador le dé garantía de pagar al plazo convenido.

Art. 1879.- El vendedor debe entregar el bien vendido en el estado en que se hallaba al perfeccionarse el contrato.

Art. 1880.- Debe también el vendedor entregar todos los frutos producidos desde que se perfeccione la venta y los rendimientos, acciones y demás documentación relativa al bien.

Art. 1881.- Si en la venta de un inmueble se han designado los linderos, el vendedor estará obligado a entregar todo lo que dentro de ellos se comprenda, aunque haya exceso en las medidas expresadas en el contrato, a no ser que el precio se hubiese fijado en razón de la superficie, en cuyo caso el exceso o defecto se reflejará en el monto del mismo.

Art. 1882.- La entrega del bien vendido debe hacerse en el lugar convenido, y si no hubiere lugar designado en el contrato, en el lugar en que se encontraba el bien en la época en que se vendió.

CAPÍTULO V
DE LAS OBLIGACIONES DEL COMPRADOR

Art. 1883.- El comprador debe cumplir todo aquello a que se haya obligado, y especialmente pagar el precio del bien en el tiempo, lugar y forma convenidos.

Art. 1884.- Si no se han fijado tiempo y lugar, el pago se hará en el tiempo y lugar en que se entregue el bien.

Art. 1885.- Si ocurre duda sobre cuál de los contratantes deberá hacer primero la entrega, ésta se hará simultáneamente ante un fedatario público o la autoridad judicial competente del lugar.

Art. 1886.- El comprador debe pagar intereses por el tiempo que medie entre la entrega del bien y el pago del precio, en los tres casos siguientes:

I. Si así se hubiere convenido;

II. Si el bien vendido o entregado produce fruto o renta; y

III. Si se hubiere constituido en mora de conformidad a lo que este código señala para el incumplimiento de las obligaciones.

Art. 1887.- En las ventas a plazo, no debe el comprador pagar intereses por dicho plazo, salvo pacto en contrario.

Lo anterior es aplicable, aún cuando perciba frutos del bien, antes de liquidar totalmente el precio del mismo.

Art. 1888.- Si la concesión del plazo fue posterior al contrato, el comprador estará obligado a pagar los intereses, salvo convenio en contrario.

Art. 1889.- Cuando el comprador a plazo o con espera del precio, fuere perturbado en su posesión o derecho, o tuviere justo temor de serlo, podrá suspender el pago si aún no lo ha hecho, mientras el vendedor le asegure la posesión o le dé garantía, salvo si hay convenio en contrario.

Art. 1890.- La falta de pago del precio da derecho para pedir la rescisión del contrato, pero si el bien ha sido enajenado a un tercero de buena fe, el vendedor sólo tendrá derecho para demandar al primer comprador por el pago del precio total del bien vendido, más los daños y perjuicios que la omisión del pago le haya ocasionado y que nunca será menor del veinte por ciento del precio del bien.

Lo anterior será aplicable aun cuando la compraventa se haya celebrado con pago a plazos.

Art. 1891.- Si el comprador se constituyó en mora de recibir, abonará al vendedor los gastos causados por el almacenamiento, y el vendedor quedará descargado del cuidado ordinario de conservar el bien, y solamente será responsable del dolo o de la culpa grave.

CAPÍTULO VI
DE ALGUNAS MODALIDADES DEL CONTRATO DE COMPRAVENTA

Art. 1892.- Puede pactarse que el bien comprado no se venda a determinada persona; pero es nula la cláusula en que se estipule que no puede venderse a persona alguna.

Art. 1893.- (DEROGADO, P.O. 16 DE OCTUBRE DE 2012)

Art. 1894.- (DEROGADO, P.O. 16 DE OCTUBRE DE 2012)

Art. 1895.- Queda prohibida la venta con pacto de retroventa, así como la promesa de venta de un bien raíz que haya sido objeto de una compraventa entre los mismos contratantes.

Art. 1896.- Puede estipularse que el vendedor goce del derecho de preferencia por el tanto, para el caso de que el comprador quisiere vender el bien que fue objeto del contrato de compraventa.

El vendedor está obligado a ejercer su derecho de preferencia, dentro de ocho días si el bien fuere mueble, después de que el comprador le hubiese hecho saber la oferta que tenga por él, bajo pena de perder su derecho si en ese tiempo no lo ejerciere. Si el bien fuere inmueble, tendrá el término de quince días para ejercer el derecho, bajo la misma pena. En ambos casos está obligado a pagar el precio que el comprador ofreciere, y si no lo pudiere satisfacer, quedará sin efecto el pacto de preferencia.

Art. 1897.- Debe hacerse saber de una manera fehaciente, al que goza del derecho de preferencia, el precio y condiciones que ofrezcan por el bien, y si éste se vendiere sin dar ese aviso, la venta es válida; pero el vendedor responderá de los daños y perjuicios causados.

Art. 1898.- Si se ha concedido un plazo para pagar el precio, el que tiene el derecho de preferencia no puede prevalerse de este término si no da las seguridades necesarias de que pagará el precio al expirar el plazo.

Art. 1899.- Cuando el objeto sobre el que se tiene derecho de preferencia se venda en subasta pública, debe hacerse saber al que goza de ese derecho, el día, la hora y el lugar en que se verificará el remate.

Art. 1900.- El derecho adquirido por el pacto de preferencia es intransferible.

Art. 1901.- Si se venden bienes futuros, tomando el comprador el riesgo de que no llegasen a existir, el contrato es aleatorio y se rige por lo dispuesto en el capítulo relativo a la compra de esperanza.

Art. 1902.- La venta que se haga facultando al comprador para que pague el precio en abonos, se sujetará a las reglas siguientes:

I. Si la venta es de bienes inmuebles, puede pactarse que la falta de pago de uno o de varios abonos ocasionará la rescisión del contrato. La rescisión producirá efectos contra tercero que hubiere adquirido los bienes de que se trata, siempre que la cláusula rescisoria se haya inscrito en el Registro Público;

II. Si se trata de bienes muebles tales como automóviles, motores, pianos, máquinas de coser u otros que sean susceptibles de identificarse de manera indubitable, podrá también pactarse la cláusula rescisoria de que habla la fracción anterior, y esa cláusula producirá efectos contra tercero que haya adquirido los bienes, si se inscribió en el Registro Público; y

III. Si se trata de bienes muebles que no sean susceptibles de identificarse indubitablemente, y que, por lo mismo, su venta no pueda registrarse, los contratantes podrán pactar la rescisión de la venta por falta de pago del precio; pero esa cláusula no producirá efectos contra tercero de buena fe, que hubiere adquirido los bienes a que esta fracción se refiere.

Art. 1903.- Si se rescinde la venta, el vendedor y el comprador deben restituirse las prestaciones que se hubieren hecho; pero el vendedor que hubiere entregado el bien vendido, puede exigir del comprador, por el uso de él, el pago de un alquiler o renta que fijarán peritos, y una indemnización, también fijada por peritos, por el deterioro que haya sufrido el bien.

El comprador que haya pagado parte del precio, tiene derecho a los intereses legales de la cantidad que entregó.

Las convenciones que impongan al comprador obligaciones más onerosas que las expresadas, serán nulas.

Art. 1904.- Puede pactarse válidamente que el vendedor se reserve la propiedad del bien vendido hasta que su precio haya sido pagado.

Cuando los bienes vendidos son de los mencionados en las fracciones I y II del artículo 1902, el pacto de que se trata produce efectos contra tercero, si se inscribe en el Registro Público de la Propiedad.

Art. 1905.- El vendedor a que se refiere el artículo anterior, mientras no se venza el plazo para pagar el precio, no puede enajenar el bien vendido con la reserva de dominio.

Art. 1906.- En la compraventa con reserva de dominio, mientras que no pasa el dominio del bien vendido al comprador, si éste recibe el bien, será considerado como arrendatario del mismo.

CAPÍTULO VII
DE LA FORMA DEL CONTRATO DE COMPRAVENTA

Art. 1907.- El contrato de compraventa no requiere de formalidad alguna especial, sino cuando recae sobre inmueble.

Art. 1908.- Toda compraventa de inmuebles deberá constar en escritura pública, salvo aquellas en que se otorguen por o con intervención de organismos públicos destinados a la promoción de vivienda popular, o de regularización territorial, y así se prevea en las leyes orgánicas de los mismos.

TÍTULO TERCERO
DE LA PERMUTA

Art. 1909.- La permuta es un contrato por el cual cada uno de los contratantes trasmite un bien por otro.

Art. 1910.- Si uno de los contratantes ha recibido el bien que se le da en permuta, y acredita que no era propio del que lo dio, no puede ser obligado a entregar lo que él ofreció en cambio, y cumple con devolver el que recibió.

Art. 1911.- El permutante que sufra evicción del bien que recibió en cambio, podrá reivindicar el que dio, si se halla aún en poder del otro permutante, o exigir su valor o el valor del bien que se le hubiere dado en cambio, con el pago de daños y perjuicios.

Art. 1912.- Lo dispuesto en el artículo anterior no perjudica los derechos que a título oneroso haya adquirido un tercero de buena fe sobre el bien que reclame el que sufrió la evicción.

Art. 1913.- Con excepción de lo relativo al precio, son aplicables a este contrato las reglas de la compraventa, en cuanto no se opongan a los artículos anteriores.

TÍTULO CUARTO
DE LAS DONACIONES

CAPÍTULO I
DE LAS DONACIONES EN GENERAL

Art. 1914.- Donación es un contrato por el cual una persona llamada donante transfiere gratuitamente, una parte o la totalidad de sus bienes presentes a otra persona llamada donatario.

Art. 1915.- La donación no puede comprender los bienes futuros.

Art. 1916.- La donación puede ser pura, condicional, onerosa o remuneratoria.

Art. 1917.- Es pura la donación que se otorga en términos absolutos.

Art. 1918.- Es condicional la donación que depende de algún acontecimiento futuro de realización incierta.

Art. 1919.- Es onerosa la donación en la cual el donante impone algunos gravámenes al donatario.

Art. 1920.- Es remuneratoria la donación que se hace al donatario en atención a servicios recibidos por el donante y que éste no tenga obligación de pagar.

Art. 1921.- Cuando la donación sea onerosa, sólo se considera donado el exceso que hubiere en el precio del bien, deducidas de él las cargas.

Art. 1922.- Las donaciones sólo deben tener lugar entre vivos y no pueden revocarse sino en los casos declarados en la ley.

Art. 1923.- Las donaciones que se hagan para después de la muerte del donante, se regirán por las disposiciones relativas a las sucesiones y, las que se hagan entre consortes, a lo dispuesto en el Título relativo al matrimonio.

Art. 1924.- La donación es perfecta desde que el donatario la acepta y hace saber la aceptación al donante.

Art. 1925.- La donación puede hacerse verbalmente o por escrito.

Art. 1926.- No puede hacerse donación verbal mas que de bienes muebles.

(REFORMADO, P.O. 11 DE OCTUBRE DE 2016)

Art. 1927.- La donación verbal sólo producirá efectos legales cuando el valor de los muebles sea menor a cien veces el valor diario de la Unidad de Medida y Actualización.

(REFORMADO, P.O. 11 DE OCTUBRE DE 2016)

Art. 1928.- Si el valor de los muebles excede de cien veces el valor diario de la Unidad de Medida y Actualización, debe constar por escrito.

Art. 1929.- La donación de bienes raíces se hará en la misma forma que para su venta exige la ley.

Art. 1930.- La aceptación de las donaciones se hará en la misma forma en que éstas deban hacerse; pero no surtirá efecto si no se hiciere en vida del donante.

Art. 1931.- Es inoficiosa la donación que comprenda la totalidad de los bienes del donante, si éste no se reserva en propiedad o en usufructo lo necesario para vivir según sus circunstancias particulares. En los casos en que no se haya reservado bienes, o los que se haya reservado no sean suficientes para vivir según sus circunstancias particulares, la donación se verá reducida hasta el monto necesario para que lo reservado alcance a cubrirlas.

Las circunstancias particulares del donante estarán delimitadas por el estilo de vida que éste acostumbre tener.

(ADICIONADO, P.O. 25 DE MARZO DE 2023)

El notario que expida el o los instrumentos públicos relacionados con la donación deberá informar a las partes el contenido del presente artículo y los derechos que les asisten.

Art. 1932.- Las donaciones serán inoficiosas en cuanto perjudiquen la obligación del donante de ministrar alimentos a aquellas personas a quienes los debe conforme a la ley, a no ser que el donatario tome sobre sí la obligación de ministrar alimentos y la garantice debidamente.

Art. 1933.- Si el que hace donación general de sus bienes, se reserva algunos para testar, sin otra declaración, se entenderá reservada la mitad de los bienes donados.

Art. 1934.- La donación hecha a varias personas conjuntamente, no produce a favor de éstas el derecho de acrecer, si no es que el donante lo haya establecido de un modo expreso.

Art. 1935.- El donante sólo es responsable de la evicción del bien donado si expresamente se obligó a prestarla.

Art. 1936.- No obstante lo dispuesto en el artículo que precede, el donatario queda subrogado en todos los derechos del donante si se verifica la evicción.

Art. 1937.- Si la donación se hace con la carga de pagar las deudas del donante, sólo se entenderán comprendidas las que existan con fecha auténtica al tiempo de la donación.

Art. 1938.- Si la donación fuere de ciertos y determinados bienes, el donatario no responderá de las deudas del donante, sino cuando sobre los bienes donados estuviere constituida alguna hipoteca o prenda, o en caso de fraude, en perjuicio de los acreedores.

Art. 1939.- Si la donación fuere de todos los bienes, el donatario será responsable de todas las deudas del donante anteriormente contraídas; pero sólo hasta la cantidad concurrente con los bienes donados y siempre que las deudas tengan fecha auténtica.

Art. 1940.- Salvo que el donante dispusiere otra cosa, las donaciones que consistan en prestaciones periódicas se extinguen con su muerte.

CAPÍTULO II
DE LAS PERSONAS QUE PUEDEN RECIBIR DONACIONES

Art. 1941.- Los no nacidos pueden adquirir por donación, con tal que hayan estado concebidos al tiempo en que aquélla se hizo y sean viables.

Art. 1942.- Las donaciones hechas simulando otro contrato a personas que conforme a la ley no puedan recibirlas, son nulas, ya se hagan de un modo directo, ya por interpósita persona.

CAPÍTULO III
DE LA REVOCACIÓN Y REDUCCIÓN DE LAS DONACIONES

Art. 1943.- Las donaciones legalmente hechas por una persona, que al tiempo de otorgarlas, no tenía hijos, pueden ser revocadas por el donante cuando le hayan sobrevenido hijos que han nacido y que hallan (sic) sido viables.

Si transcurren cinco años desde que se hizo la donación y el donante no ha tenido hijos o habiéndolos tenido no ha revocado la donación, ésta se volverá irrevocable. Lo mismo sucede si el donante muere dentro de ese plazo de cinco años sin haber revocado la donación.

Si dentro del mencionado plazo naciere un hijo póstumo del donante, la donación se tendrá por revocada en su totalidad.

Art. 1944.- La donación no podrá ser revocada por superveniencia de hijos:

(REFORMADA, P.O. 11 DE OCTUBRE DE 2016)

I. Cuando sea menor de cien veces el valor diario de la Unidad de Medida y Actualización;

II. Cuando sea antenupcial;

III. Cuando sea entre consortes; y

IV. Cuando sea puramente remuneratoria.

Art. 1945.- Rescindida o revocada la donación se restituirán al donante los bienes donados, o su valor si han sido enajenados.

Art. 1946.- Cuando los bienes no pueden ser restituidos en especie, el valor será el que tuvieron o debió corresponderles al tiempo en que debiera ser hecha su entrega, teniendo en cuenta el demérito natural por el uso cuidadoso y moderado que de ellos pudo hacerse.

Art. 1947.- El donatario hace suyos los frutos de los bienes donados hasta el día en que se le notifique la revocación o hasta el día del nacimiento del hijo póstumo en su caso.

Art. 1948.- El donante no puede renunciar anticipadamente el derecho de revocación por superveniencia de hijos.

Art. 1949.- La acción de revocación por superveniencia de hijos corresponde exclusivamente al donante y al hijo póstumo; pero la reducción por razón de alimentos tienen derecho de pedirla todos los que sean acreedores alimentarios.

Art. 1950.- El donatario responde del cumplimiento de las cargas que se le imponen, únicamente con el bien donado y no con sus bienes propios. Puede substraerse a la ejecución de las cargas, abandonando el bien donado; y si éste perece por caso fortuito, queda libre de toda obligación.

Art. 1951.- Cuando se rescinda o revoque la donación, si el donatario hubiere hipotecado los bienes donados, subsistirá la hipoteca; pero tendrá derecho el donante de exigir que aquél la redima. Esto mismo tendrá lugar tratándose de usufructo o servidumbre impuestos por el donatario.

Art. 1952.- La donación puede ser revocada por ingratitud:

I. Si el donatario comete algún delito contra la persona, la honra o los bienes del donante o de los ascendientes, descendientes o cónyuge de éste; y

II. Si el donatario rehusa socorrer, según el valor de la donación, al donante que ha venido en pobreza.

Art. 1953.- Son aplicables a la revocación de las donaciones hechas por ingratitud las normas relativas a la revocación por superveniencia de hijos.

Art. 1954.- La acción de revocación por causa de ingratitud no puede ser renunciada anticipadamente, y prescribe dentro de un año, contado desde que tuvo conocimiento del hecho el donador.

Art. 1955.- Esta acción no podrá ejercitarse contra los herederos del donatario, a no ser que en vida de éste hubiese sido intentada.

Art. 1956.- Tampoco puede esta acción ejercitarse por los herederos del donante si éste, pudiendo, no la hubiese intentado.

Art. 1957.- Las donaciones inoficiosas no serán revocadas ni reducidas, cuando muerto el donante, el donatario tome sobre sí la obligación de ministrar los alimentos debidos y la garantice conforme a derecho.

Art. 1958.- La reducción de las donaciones comenzará por la última en fecha, que será totalmente suprimida si la reducción no bastare a completar los alimentos.

Art. 1959.- Si el importe de la donación menos antigua no alcanzare, se procederá respecto de la anterior, en los términos establecidos en el artículo que precede, siguiéndose el mismo orden hasta llegar a la más antigua.

Art. 1960.- Habiendo diversas donaciones otorgadas en el mismo acto o no se pueda precisar cuál es la más antigua, se hará la reducción entre ellas a prorrata.

Art. 1961.- Si la donación consiste en bienes muebles, se tendrá presente para la reducción el valor que tenían al tiempo de ser donados.

Art. 1962.- Cuando la donación consista en bienes raíces que fueren cómodamente divisibles, la reducción se hará en especie.

Art. 1963.- Cuando el inmueble no pueda ser dividido y el importe de la reducción exceda de la mitad del valor de aquél, recibirá el donatario el resto en dinero.

Art. 1964.- Cuando la reducción no excede de la mitad del valor del inmueble, el donatario pagará el resto.

Art. 1965.- Revocada o reducida una donación por inoficiosa, el donatario sólo responderá de los frutos desde que fuere demandado.

TÍTULO QUINTO
DEL MUTUO

CAPÍTULO I
DEL MUTUO SIMPLE

Art. 1966.- El mutuo es un contrato por el cual el mutuante se obliga a transferir la propiedad de una suma de dinero o de otros bienes fungibles al mutuario, quien se obliga a devolver otro tanto de la misma especie y calidad. El contrato deberá constar siempre por escrito.

Art. 1967.- Si en el contrato no se ha fijado plazo para la devolución de lo mutuado, se observarán las reglas siguientes:

I. Si el mutuario fuere agricultor y el mutuo consistiere en cereales u otros productos del campo, la restitución se hará en la siguiente cosecha de los mismos o semejantes frutos o productos;

II. Lo mismo se observará respecto de los mutuarios que, no siendo agricultores, hayan de percibir frutos semejantes por otro título; y

III. En los demás casos, deberá hacerse la devolución en los 30 días siguientes a la interpelación judicial o extrajudicial que el mutuante haya hecho al mutuario. Lo anterior será aplicable aún cuando en el contrato de mutuo se haya convenido que la restitución del bien mutuado se hará cuando el mutuante pueda o tenga medios para hacerla.

La interpelación extrajudicial que se haga, deberá realizarse ante notario público o ante dos testigos.

Art. 1968.- La entrega del bien mutuado y la restitución del mismo, se harán en lugar convenido.

Art. 1969.- Cuando no se ha señalado lugar para la entrega y restitución del bien mutuado, se observarán las reglas siguientes:

I. El bien mutuado se entregará en el lugar donde se encuentre; y

II. La restitución del bien mutuado se hará, si el mutuo consistiere en bienes en especie, en el lugar donde se recibieron. Si consiste en dinero, en el domicilio del deudor.

Art. 1970.- Si no fuere posible al mutuario, restituir en género, satisfará pagando el valor que el bien mutuado tenga en el lugar y tiempo en que se haga la restitución, a juicio de peritos, si no hubiere estipulación en contrario.

Art. 1971.- Consistiendo el mutuo en dinero, pagará el mutuario devolviendo una cantidad igual a la recibida, conforme a la ley monetaria vigente al tiempo de hacerse el pago, sin que esta prescripción sea renunciable.

Art. 1972.- El mutuante es responsable de los perjuicios que sufra el mutuario por la mala calidad o vicios ocultos del bien mutuado, si conoció los defectos y no dio aviso oportuno al mutuario.

Art. 1973.- No se declararán nulas las deudas contraídas por el menor para proporcionarse los alimentos que necesite, cuando su representante legítimo se encuentre ausente o no provea a dichas necesidades de conformidad con lo establecido por este código.

CAPÍTULO II
DEL MUTUO CON INTERÉS

Art. 1974.- Es permitido estipular interés por el mutuo, ya consista en dinero, ya en géneros, pero la estipulación será nula si no consta por escrito.

Art. 1975.- El interés es legal o convencional.

(REFORMADO PRIMER PÁRRAFO, P.O. 15 DE DICIEMBRE DE 2011)

Art. 1976.- El interés legal será del 9% anual.

El interés convencional es el que fijen los contratantes, y puede ser mayor o menor que el interés legal; pero cuando el interés sea tan desproporcionado que haga fundadamente creer que se ha abusado del apuro pecuniario, de la inexperiencia o de la ignorancia del deudor, a petición de éste el juez, teniendo en cuenta las especiales circunstancias del caso, podrá reducir equitativamente el interés hasta alcanzar el tipo legal.

Art. 1977.- El interés convencional puede ser natural o moratorio:

I. Es interés natural aquel que se fija durante la vigencia del contrato;

II. Es interés moratorio el que sustituye al natural al incurrir en mora el deudor, y éste nunca podrá exceder del natural, aumentado en un cincuenta por ciento. Cualquier pacto en contrario se tendrá por no puesto.

Art. 1978.- Si se ha convenido un interés superior al doce por ciento anual, el deudor, después de seis meses contados desde que se celebró el contrato, podrá hacer el reembolso respectivo, cualquiera que sea el plazo fijado para ello, dando aviso al acreedor con dos meses de anticipación y pagando los intereses vencidos.

Art. 1979.- Las partes no pueden, bajo pena de nulidad, convenir de antemano que los intereses se capitalicen y que produzcan intereses.

TÍTULO SEXTO
DEL ARRENDAMIENTO

CAPÍTULO I
DISPOSICIONES GENERALES

Art. 1980.- Es arrendamiento aquél contrato por virtud del cual, las dos partes contratantes se obligan recíprocamente; una de ellas, denominada arrendador, a permitir el uso o goce temporal de un bien; y la otra, llamada arrendatario, a pagar por ese uso o goce, un precio cierto.

Art. 1981.- La renta o precio del arrendamiento puede consistir en una suma de dinero o en cualquiera otra cosa equivalente, con tal que sea cierta y determinada o determinable al momento del pago.

(ADICIONADO, P.O. 28 DE DICIEMBRE DE 2019)

Art. 1981 Bis.- Tratándose de bienes inmuebles, las partes no pueden convenir en ningún momento, bajo pena de nulidad, interés de ningún tipo que exceda lo contemplado en los artículos comprendidos del 1974 al 1977 en el capítulo de este Código referente a mutuo con interés.

Art. 1982.- Son susceptibles de arrendamiento todos los bienes que pueden usarse sin consumirse por su primer uso, excepto aquéllos que la ley prohibe arrendar y los derechos de personalidad.

Los bienes consumibles podrán arrendarse cuando se altere el destino natural del bien y se le dé otra aplicación que no lo consuma por su primer uso.

Art. 1983.- Podrá arrendar el bien quien tenga la:

I. Libre disposición del mismo;

II. Facultad de conceder el uso o goce de los bienes ajenos, por autorización de quien tenga su libre disposición; y

III. Facultad para conceder el uso o goce de los bienes ajenos, por autorización expresa de la ley.

Art. 1984.- En caso de que el arrendamiento se dé por autorización de quien tenga la libre disposición del bien, la constitución de dicho arrendamiento se sujetará a los límites fijados en la misma.

Art. 1985.- En caso de que el arrendamiento se otorgue por disposición legal, deberá sujetarse a los límites que la ley haya fijado a los administradores de bienes ajenos.

Art. 1986.- Tienen incapacidad para arrendar:

I. Todos aquéllos que no tengan la libre disposición de los bienes o facultad para conceder el uso o goce de los bienes ajenos;

II. El copropietario de bien indiviso, sin consentimiento de la mayoría de intereses en la copropiedad;

III. Los magistrados, jueces y cualesquiera otros servidores públicos que tomen en arrendamiento por sí o por interpósita persona, los bienes que deban arrendarse en los negocios que se tramiten dentro de su jurisdicción;

IV. Los encargados de los establecimientos públicos y los servidores públicos, respecto de los bienes que administren; y

V. Las personas que de conformidad con este código, carezcan de capacidad de ejercicio.

(REFORMADO, P.O. 11 DE OCTUBRE DE 2016)

Art. 1987.- El arrendamiento debe otorgarse por escrito siempre que se refiera a inmuebles. En tratándose de muebles o intangibles, deberá otorgarse por escrito cuando la renta mensual exceda de veinte veces el valor diario de la Unidad de Medida y Actualización.

Art. 1988.- El contrato de arrendamiento no se rescinde por la muerte del arrendador ni del arrendatario, salvo convenio en contrario.

(REFORMADO, P.O. 5 DE MAYO DE 2011)

Art. 1989.- Si durante la vigencia del contrato de arrendamiento, por cualquier motivo, se verificare alguna modificación respecto de la persona que tiene la facultad de arrendar de conformidad con el artículo 1983, el arrendamiento subsistirá en los términos del contrato.

Art. 1990.- Respecto al pago de las rentas en el caso del artículo anterior, el arrendatario tendrá obligación de pagar al nuevo arrendador la renta estipulada en el contrato. Esta obligación surtirá efectos desde la fecha en que se le notifique judicialmente o ante notario o mediante acuse de recibo firmado y fechado por el arrendatario, de haberse transmitido la facultad de otorgar el uso o goce del bien arrendado.

Art. 1991.- Hecha la notificación a que se refiere el artículo precedente la renta deberá pagarse al nuevo arrendador, aún cuando se alegue haber pagado al anterior, a no ser que el adelanto de renta aparezca expresamente estipulado en el mismo contrato de arrendamiento.

Art. 1992.- En caso de expropiación del bien arrendado por causa de utilidad pública, el contrato concluirá. El arrendador y el arrendatario deberán ser indemnizados por el expropiador, conforme a lo que establezca la ley respectiva.

Art. 1993.- Los arrendamientos de bienes del Estado, municipales o de establecimientos públicos, estarán sujetos a las disposiciones del derecho administrativo y, en lo que no lo estuvieren, a las disposiciones de este título.

Art. 1994.- El arrendador no puede rehusar como fiador a una persona que reúna los requisitos exigidos por la ley para ello.

CAPÍTULO II
DE LOS DERECHOS Y OBLIGACIONES DEL ARRENDADOR

Art. 1995.- El arrendador está obligado, aunque no haya pacto expreso a:

(REFORMADA, P.O. 18 DE SEPTIEMBRE DE 2004)

I. Transmitir el uso o goce temporal del bien, entregándolo al arrendatario, con todas sus pertenencias y en estado de servir para el uso convenido y, si no hubo convenio expreso para aquél a que por su naturaleza estuviese destinado y; sin adeudo alguno por concepto de servicios con que cuente el mismo, salvo pacto en contrario. El bien deberá entregarse en condiciones que ofrezcan al arrendatario la higiene y seguridad del mismo;

II. Conservar el bien arrendado en el mismo estado, durante el arrendamiento, haciendo para ello todas las reparaciones necesarias que no se deban a la negligencia o mal uso del arrendatario;

III. No estorbar ni poner dificultades de manera alguna para el uso del bien arrendado, a no ser por causa de reparaciones urgentes e indispensables y no modificar la forma del mismo;

IV. Garantizar el uso o goce pacífico del bien, por todo el tiempo que dure el contrato;

V. Garantizar una posesión útil del bien arrendado, respondiendo de los daños y perjuicios que sufra el arrendatario por los defectos o vicios ocultos del bien, anteriores al arrendamiento;

(ADICIONADA, P.O. 28 DE DICIEMBRE DE 2019)

VI. Entregar el bien inmueble al corriente de pagos de todo tipo de contribuciones, previas a la vigencia del contrato;

(REUBICADA [N. DE E. ANTES FRACCIÓN VI], P.O. 28 DE DICIEMBRE DE 2019)

VII. Responder de los daños y perjuicios que se causen al arrendatario en el caso de que el arrendador sufra la evicción del bien arrendado. En caso de que ésta se dé habiendo mala fe del arrendador, la indemnización en ningún caso será inferior al importe de tres meses de rentas;

(REFORMADA Y REUBICADA [N. DE E. ANTES FRACCIÓN VII], P.O. 28 DE DICIEMBRE DE 2019)

VIII. Devolver al arrendatario el saldo que hubiese a su favor al terminar el contrato de arrendamiento;

(REFORMADA Y REUBICADA [N. DE E. ANTES FRACCIÓN VIII], P.O. 28 DE DICIEMBRE DE 2019)

IX. Entregar al arrendatario los documentos que acrediten el pago de la renta; y

(ADICIONADA, P.O. 28 DE DICIEMBRE DE 2019)

X. Tratándose de arrendamiento de inmuebles ajustarse, en cuanto a intereses se refiere, a lo estipulado en los artículos comprendidos del 1974 al 1977 en el capítulo de este Código referente a Mutuo con interés.

(REFORMADO, P.O. 28 DE DICIEMBRE DE 2019)

La entrega de los documentos a que se refiere la fracción IX, presume la existencia del contrato de arrendamiento y el pago de la deuda constante en ellos.

Art. 1996.- La entrega del bien se hará en el tiempo convenido; y si no hubiere convenio, se estará a lo dispuesto en este título.

Art. 1997.- El arrendatario está obligado a poner en conocimiento del arrendador, a la brevedad posible, la necesidad de las reparaciones, bajo pena de pagar los daños y perjuicios que su omisión cause.

Art. 1998.- Si el arrendador no cumpliere con hacer las reparaciones necesarias para el uso a que esté destinado el bien, quedará a elección del arrendatario, rescindir el arrendamiento u ocurrir al juez para que constriña al arrendador al cumplimiento de su obligación.

Art. 1999.- La obligación del arrendador de garantizar el uso o goce pacífico del bien arrendado, no comprende las acciones de terceros que por vías de hecho perturben su uso o goce. En estos casos, el arrendatario sólo tendrá acción contra los autores de los hechos, pero no contra el arrendador.

Art. 2000.- Si el arrendador fuere vencido en juicio sobre una parte del bien arrendado, puede el arrendatario reclamar una disminución en la renta o la rescisión del contrato y el pago de los daños y perjuicios que sufra.

Art. 2001.- El arrendador debe garantizar el uso útil del bien arrendado, aún cuando los vicios o defectos del bien hubiesen sobrevenido en el curso del arrendamiento, sin culpa del arrendatario. Este puede pedir la disminución de la renta o la rescisión del contrato, salvo que se pruebe que tuvo conocimiento antes de celebrar el contrato, de los vicios o defectos del bien arrendado.

Art. 2002.- La obligación del arrendador de devolver el saldo que tenga a favor el arrendatario, al finalizar el contrato, podrá dejarse de cumplir en caso de que tuviera algún derecho que ejercitar contra del arrendatario. En este caso, depositará judicialmente el saldo referido.

Art. 2003.- El arrendador deberá pagar las mejoras hechas por el arrendatario:

I. Si en el contrato o posteriormente, lo autorizó para hacerlas y se obligó a pagarlas;

II. Si se trata de mejoras útiles y por culpa del arrendador, se rescindiera el contrato; y

III. Cuando el contrato se pactare por tiempo indeterminado, si el arrendador autorizó al arrendatario para que hiciera mejoras y antes de que transcurra el tiempo necesario para que el arrendatario quede compensado por el uso de las mejoras, de los gastos que hizo, da el arrendador por concluido el arrendamiento.

Art. 2004.- Aún cuando en el contrato se hubiese pactado que las mejoras realizadas por cuenta del arrendatario queden en beneficio del bien arrendado, en el caso a que se refieren las fracciones II y III del artículo que precede, deberá ser reembolsado de ellas el arrendatario.

CAPÍTULO III
DE LOS DERECHOS Y OBLIGACIONES DEL ARRENDATARIO

Art. 2005.- El arrendatario está obligado a:

I. Satisfacer la renta en la forma y tiempo convenidos;

II. Responder de los daños que el bien arrendado sufra, por su culpa o negligencia, la de sus familiares, sirvientes o subarrendatarios;

(REFORMADA, P.O. 30 DE DICIEMBRE DE 2003)

III. Utilizar el bien solamente para el uso convenido o conforme a la naturaleza y destino de él;

(REFORMADA, P.O. 30 DE DICIEMBRE DE 2003)

IV. Poner en conocimiento del arrendador, en el término más breve posible, toda usurpación o novedad dañosa que otro haya hecho o abiertamente prepare en el bien arrendado. En caso de no hacerlo, responderá de los daños y perjuicios que pueda ocasionar al arrendador con su omisión;

(REFORMADA [N. DE E. ADICIONADA], P.O. 30 DE DICIEMBRE DE 2003)

V. Recibir del arrendador, los documentos que acrediten el pago de la renta, pudiendo consignarlo, cuando el arrendador se niegue a entregarlos; y

(REPUBLICADA, P.O. 28 DE DICIEMBRE DE 2019)

VI. Desocupar el bien, en caso de arrendamiento de inmuebles, y entregarlo al arrendador una vez cumplido el plazo fijado en el contrato o en la ley;

(REFORMADA, P.O. 28 DE DICIEMBRE DE 2019)

VII. Pagar las cantidades que resulten con motivo de los servicios con que cuente el bien material del arrendamiento, y al término de dicho contrato, entregar al arrendador la documentación que acredite que no se dejan adeudos por tales conceptos, si no hubo convenio expreso; y

(ADICIONADA, P.O. 28 DE DICIEMBRE DE 2019)

VIII. Tratándose de arrendamiento de inmuebles, pagar como máximo de intereses en caso de mora, lo estipulado en los artículos comprendidos del 1974 al 1977 en el capítulo de este Código referente a mutuo con interés.

Art. 2006.- El arrendatario no está obligado a pagar la renta, sino desde el día en que reciba el bien arrendado, salvo pacto en contrario.

Art. 2007.- La renta será pagada en el lugar convenido o a falta de convenio, en el lugar en que le sea entregado el bien al arrendatario. La renta deberá pagarse en el tiempo convenido, y a falta de éste por meses vencidos, en tratándose de inmuebles y por quincena vencida, en caso de muebles o intangibles.

Art. 2008.- Las partes están obligadas, cuando exista algún saldo de una en favor de la otra, a devolverlo de manera inmediata.

Art. 2009.- El arrendatario está obligado a pagar la renta que se venza hasta que entregue el bien en las condiciones en que lo recibió.

Art. 2010.- Cuando el arrendatario devuelva el bien arrendado, antes del tiempo convenido en el contrato de arrendamiento, se seguirán las siguientes disposiciones:

I. Si se determinó un sólo precio por el tiempo total del arrendamiento, deberá pagarlo íntegramente;

II. Si se pactó por un tiempo indefinido, sólo estará obligado a pagar los períodos en que haya poseído dichos bienes en calidad de arrendatario, hasta la entrega del bien arrendado, al arrendador; y

III. Si se pactó un tiempo fijo y los períodos sólo se determinaron como plazos para hacer el pago parcial de la renta, el arrendatario estará obligado a pagar la totalidad del precio.

Art. 2011.- Si el precio del arrendamiento debiere pagarse en especie o en frutos, correspondiendo a la totalidad, una parte o una cantidad fija de los frutos o especie obtenidos del bien arrendado y el arrendatario no los entregare en el tiempo debido, está obligado a pagar en dinero el precio comercial que tuvieren dichas especies o frutos.

Dicho precio será el de mayor valor que tuvieren los frutos o especie dentro del término corrido, desde la fecha en que debió hacerlo hasta el día que verifique la entrega. En forma adicional, deberá pagar el veinte por ciento de dicho valor al arrendador por concepto de indemnización debido a su incumplimiento.

En caso de no haber acuerdo en el precio comercial de los frutos o especies, deberá de fijarse éste por peritos.

Art. 2012.- Si por caso fortuito o fuerza mayor, se impide totalmente al arrendatario el uso o goce del bien arrendado y si éste dura más de un mes, podrá pedir la rescisión del contrato de manera anticipada sin responsabilidad para él. Este derecho no es renunciable.

Art. 2013.- Si por caso fortuito o fuerza mayor, sólo se impide en parte el uso o goce del bien, podrá el arrendatario pedir la reducción proporcional de la renta, a juicio de peritos, a no ser que las partes opten por la rescisión del contrato, si el impedimento dura cuando menos un mes. Este derecho no es renunciable.

Art. 2014.- Si la privación del uso proviene de la evicción del bien, el arrendatario podrá pedir la rescisión del contrato de arrendamiento, además de las indemnizaciones que le correspondan de conformidad con la ley.

Art. 2015.- El arrendatario es responsable del incendio del bien arrendado, a no ser que provenga de caso fortuito, fuerza mayor o vicio oculto del bien, desconocido para él.

Art. 2016.- El arrendatario no puede, sin consentimiento expreso del arrendador, variar la forma del bien arrendado; y si lo hace debe, cuando lo devuelva, restablecerlo al estado en que lo reciba. Será, además, responsable de los daños y perjuicios que ocasione.

Art. 2017.- Si el arrendatario ha recibido el bien con expresa descripción de las partes de que se compone, deberá devolverlo, al concluir el arrendamiento, tal como lo recibió, salvo que hubiese perecido o menoscabado por el tiempo o causa inevitable.

Art. 2018.- La ley presume que el arrendatario que recibió el bien arrendado sin la descripción a que se refiere el artículo anterior, lo recibió en buen estado, salvo prueba en contrario.

Art. 2019.- El arrendatario debe hacer las reparaciones de aquéllos deterioros de poca cuantía económica, que exija el uso del bien dado en arrendamiento.

Art. 2020.- El arrendatario que por causa de reparaciones, pierda el uso total o parcial del bien arrendado, tiene derecho a no pagar el precio del arrendamiento, a pedir la reducción de ese precio o a la rescisión del contrato, si la pérdida del uso dura más de un mes, en sus respectivos casos.

Art. 2021.- Si el mismo bien se ha dado en arrendamiento separadamente a dos o más personas para ser usado en la misma época, prevalecerá el arrendamiento del que tiene en su poder el bien arrendado.

Si el arrendamiento debe ser inscrito en el Registro Público de la Propiedad, sólo vale el inscrito y si hubiese varios inscritos, el que lo hubiese sido primero.

En éste caso, el arrendador será responsable de daños y perjuicios y por este último concepto no podrán ser menores a una quinta parte del total de las rentas pactadas.

Art. 2022.- El arrendatario que hubiera perdido el uso o goce del bien arrendado por existir otro arrendamiento con prioridad, tendrá derecho a reclamar al arrendador, las indemnizaciones que le corresponderían en caso de evicción del bien arrendado.

CAPÍTULO IV
DEL ARRENDAMIENTO DE BIENES INMUEBLES

SECCIÓN PRIMERA
DISPOSICIONES GENERALES

Art. 2023.- Los contratos de arrendamiento de inmuebles deben contener:

(REFORMADA, P.O. 30 DE DICIEMBRE DE 2003)

I. El nombre del arrendador;

(REFORMADA, P.O. 30 DE DICIEMBRE DE 2003)

II. El nombre del arrendatario;

(REFORMADA, P.O. 30 DE DICIEMBRE DE 2003)

III. La descripción detallada del inmueble objeto del contrato;

(REFORMADA, P.O. 30 DE DICIEMBRE DE 2003)

IV. Las instalaciones y accesorios con que cuenta para su uso el bien arrendado;

(REFORMADA, P.O. 30 DE DICIEMBRE DE 2003)

V. El estado que guarda el inmueble;

(REFORMADA, P.O. 30 DE DICIEMBRE DE 2003)

VI. La garantía que deberá otorgar el arrendatario;

(REFORMADA, P.O. 30 DE DICIEMBRE DE 2003)

VII. El destino del inmueble;

(REFORMADA, P.O. 30 DE DICIEMBRE DE 2003)

VIII. El término del contrato;

(REFORMADA [N. DE E. ADICIONADA], P.O. 30 DE DICIEMBRE DE 2003)

IX. El señalamiento de a quien corresponde el pago del servicio de agua potable y alcantarillado y demás servicios públicos estatales o municipales que estén relacionados con el objeto del contrato de arrendamiento; y

(REFORMADA, P.O. 30 DE DICIEMBRE DE 2003)

X. Las obligaciones que el arrendador y el arrendatario contraen adicionalmente a las establecidas en la ley.

La falta de alguno de estos requisitos no invalida el contrato.

Art. 2024.- Cuando se ejecuten mejoras en el inmueble arrendado, por parte del arrendador o que el bien sea sujeto de impuestos de plusvalía o pago de cuotas por colaboración municipal, la renta podrá ser aumentada proporcionalmente a la utilidad.

Art. 2025.- En los arrendamientos que hayan durado más de tres años, el arrendatario tiene derecho a que, en igualdad de condiciones se le prefiera a otro interesado en el nuevo arrendamiento, siempre que satisfaga los siguientes requisitos:

I. Estar al corriente en el pago de la renta; y

II. Si durante el término del arrendamiento no se retrasó en los pagos periódicos de la renta por dos meses.

Art. 2026.- Cuando el arrendatario ejecute mejoras de importancia al bien arrendado con autorización del arrendador, gozará del derecho de preferencia por el tanto, en caso de que quien tiene la libre disposición del inmueble quiera vender dicho bien, aplicándose en lo conducente, lo dispuesto por los artículos 1896 y 1897.

Art. 2027.- Para ejercitar el derecho de preferencia para el nuevo arrendamiento, el arrendador deberá dar aviso al arrendatario de las nuevas condiciones para el arrendamiento. Dicho aviso deberá hacerse cuando menos diez días antes de que venza el contrato, para que el arrendatario, en los cinco días siguientes, le dé el aviso de si desea o no seguir arrendando el inmueble con las nuevas condiciones.

En caso de que el arrendatario aún no haya respondido al aviso hecho por el arrendador, acerca de las nuevas condiciones del arrendamiento, podrá éste modificar dichas condiciones, dando un nuevo aviso al arrendatario, quien tendrá cinco días a partir de ese momento para responder al nuevo aviso. La violación de este derecho no invalida la renta.

Art. 2028.- Deberán de pagarse daños y perjuicios, los cuales en ningún caso serán inferiores al diez por ciento del importe bruto de la renta calculado sobre una anualidad, al otro contratante, en los siguientes casos:

I. Cuando el arrendador no conceda al arrendatario el derecho de preferencia que le corresponde para un nuevo arrendamiento;

II. Cuando el arrendatario haya dado aviso indubitable de querer ejercitar dicho derecho y no cumpla o se retracte; y

III. En el caso de violación a lo dispuesto por el artículo anterior.

Art. 2029.- El arrendatario no responderá del incendio del bien arrendado, siempre que éste se haya comunicado u originado de otra parte, si tomó las precauciones necesarias para evitar que el fuego se propagara.

Art. 2030.- Cuando son varios los arrendatarios y no se sabe dónde comenzó el incendio, todos son responsables proporcionalmente a la renta que paguen. Si inició el incendio en el local de uno de los arrendatarios, sólo éste será responsable.

Art. 2031.- El arrendatario que va a establecer en la finca arrendada, una industria peligrosa, tiene obligación de asegurar dicha finca contra el riesgo probable que origine el ejercicio de esa industria.

En caso de omisión por parte del arrendatario del cumplimiento de esta obligación, podrá el arrendador contratar él mismo el seguro, teniendo derecho a repetir por el monto de las primas contra el arrendatario, presentando como título ejecutivo, el recibo, el contrato de seguro y el contrato de arrendamiento.

Art. 2032.- Si alguno de los arrendatarios prueba que el fuego no pudo comenzar en la parte que ocupa, quedará libre de responsabilidad.

Art. 2033.- La responsabilidad que resulte de un incendio comprende:

I. El pago de los daños y perjuicios sufridos por el arrendador; y

II. El pago de los daños y perjuicios que se hayan causado a otras personas, siempre que provengan directamente del incendio.

Art. 2034.- Todos los arrendamientos, sea de predios rústicos o urbanos que no se hayan celebrado por tiempo expresamente determinado, se entenderán por tiempo indefinido y las obligaciones de las partes continuarán hasta que no se dé por terminada la relación contractual.

(REFORMADO PRIMER PÁRRAFO, P.O. 30 DE DICIEMBRE DE 2003)

Art. 2035.- En los casos de contrato por tiempo indefinido, el arrendamiento concluirá a voluntad de cualesquiera de los contratantes, previo aviso dado a la otra parte en forma indubitable. Tratándose de un predio urbano, el aviso deberá darse con tres meses de antelación si lo da el arrendador y un mes si lo da el arrendatario; y con nueve meses de anticipación para ambas partes, si el predio es rústico o destinado a fines agropecuarios.

Lo dispuesto en este artículo no será objeto de renuncia.

Art. 2036.- No podrá darse en arrendamiento una finca urbana que no reúna las condiciones de higiene y salubridad exigidas por la legislación respectiva.

Art. 2037.- Son aplicables al arrendamiento de inmuebles todas las disposiciones de este título, en lo que no contravengan lo establecido en este capítulo.

SECCIÓN SEGUNDA
DEL ARRENDAMIENTO DE INMUEBLES DESTINADOS A HABITACIÓN

Art. 2038.- Se considera arrendamiento de inmuebles destinados a habitación, el que se haga de cualquier finca urbana o rústica, siempre que se celebre con el objeto primordial de servir de habitación a una o más personas.

Art. 2039.- El arrendamiento por tiempo determinado de inmuebles destinados a habitación, no podrá exceder de 15 años.

Cuando este tipo de arrendamiento exceda de cinco años, deberá ser inscrito en el Registro Público de la Propiedad.

Art. 2040.- El arrendador que no haga las obras que ordene la autoridad competente, como necesarias para que una localidad sea habitable e higiénica, es responsable de los daños y perjuicios que los arrendatarios sufran por esa causa. Este derecho no es renunciable.

(REFORMADO PRIMER PÁRRAFO, P.O. 11 DE OCTUBRE DE 2016)

Art. 2041.- Cuando el valor comercial del inmueble sea el equivalente hasta diez mil veces el valor diario de la Unidad de Medida y Actualización se seguirán las siguientes reglas:

I. En cuanto al importe de las rentas:

a) No podrá exceder del doce por ciento anual sobre el valor fiscal que reporte el inmueble;

(REFORMADO, P.O. 13 DE MARZO DE 2001)

b) Cuando no exista valor fiscal o éste no se hubiese actualizado durante los últimos tres años, el importe de la renta no podrá exceder del diez por ciento anual del valor comercial del inmueble; y

c) Cuando para la edificación o reconstrucción del inmueble materia del arrendamiento se hubiese obtenido financiamiento preferencial para su empleo en esos fines, el importe de la renta será fijado de acuerdo a los programas y criterios del mismo;

II. En cuanto a su duración:

a) Su plazo mínimo de vigencia será de un año;

b) El plazo será obligatorio solamente para el arrendador; y

(REFORMADO, P.O. 30 DE DICIEMBRE DE 2003)

c) El arrendatario podrá dar por concluido el contrato en cualquier tiempo, con la obligación respecto del pago de las rentas de cubrirlas hasta la fecha en que desocupe totalmente el inmueble y lo ponga a disposición del arrendador.

(REFORMADO, P.O. 23 DE MARZO DE 2000)

Art. 2042.- Las disposiciones contenidas en el artículo anterior son de orden público. Por lo tanto, son irrenunciables y en consecuencia, cualquiera estipulación en contrario se tendrá por no puesta.

(REFORMADO, P.O. 23 DE MARZO DE 2000)

Art. 2043.- En el caso a que se refiere el artículo 2041, cuando se celebren convenios que generen obligaciones más gravosas para el arrendatario, éstos serán nulos de pleno derecho, no importando si se hacen constar bajo la forma de recibos, vales, cartas o cualquier otro documento, sin perjuicio de la responsabilidad penal en que se incurra.

(REFORMADO, P.O. 23 DE MARZO DE 2000)

Art. 2044.- Al término del arrendamiento, el arrendatario que haya cumplido en tiempo con todas las obligaciones que la ley y el contrato le hayan impuesto, tendrá derecho a una prórroga del mismo por el término de un año.

SECCIÓN TERCERA
DEL ARRENDAMIENTO DE INMUEBLES DESTINADOS AL COMERCIO E INDUSTRIA

(REFORMADO, P.O. 18 DE FEBRERO DE 20120)

Art. 2045.- El arrendamiento por tiempo determinado de bienes inmuebles destinados al comercio, no puede exceder de veinte años: el destinado a la industria, no puede exceder de veinticinco años. En ambos casos cuando excedan de ocho años deberá inscribirse en el Registro Público de la Propiedad.

Art. 2046.- El precio del arrendamiento de los inmuebles destinados al comercio o la industria, que deberá pagar periódicamente el arrendatario al arrendador, será fijado libremente por las partes.

Art. 2047.- El precio del arrendamiento de los inmuebles destinados al comercio o la industria, podrá ser fijado en una cantidad líquida determinada o sobre un porcentaje del importe de los ingresos brutos del comercio o del valor total de la producción que se genere en ese inmueble.

Art. 2048.- Cuando así se convenga en el contrato, el arrendatario tendrá derecho a traspasar el comercio o industria establecido en el inmueble arrendado, sin que el arrendador tenga derecho alguno a oponerse.

Será válido el convenio en el que el arrendatario traspase su derecho como tal, a cambio de recibir una cantidad determinada de la persona a la cual transfiere, a manera de contraprestación.

El nuevo arrendatario deberá destinar el inmueble al objeto para el que se celebró el contrato de arrendamiento y la variación de dicho objeto, será causa de rescisión anticipada del contrato, imputable al nuevo arrendatario, salvo pacto en contrario.

Art. 2049.- En el caso del artículo anterior, el arrendatario que haya traspasado, será obligado solidario del nuevo ocupante al cual se traspasó el inmueble arrendado, por todas las obligaciones que puedan sobrevenir por el arrendamiento, a favor del arrendador.

La solidaridad a que se refiere este artículo comprende a todos los traspasos subsecuentes.

Art. 2050.- El término del arrendamiento del nuevo arrendatario, al cual se traspasó el inmueble arrendado, será el que se hubiere pactado originalmente en el contrato de arrendamiento.

Art. 2051.- Al término del arrendamiento, el arrendatario que haya cumplido en tiempo con todas las obligaciones que la ley y el contrato le hayan impuesto, tendrá derecho a una prórroga del mismo, por un término equivalente a una cuarta parte del periodo pactado en el contrato original de arrendamiento.

Para computar el término de prórroga a que se refiere este artículo, se empezará a contar desde el día en que entró en posesión del inmueble como arrendatario, aunque la finca hubiese cambiado de propietario.

(REFORMADO PRIMER PÁRRAFO, P.O. 30 DE DICIEMBRE DE 2003)

Art. 2052.- Es obligación del arrendador y del arrendatario sujetarse a las normas ecológicas, de desarrollo urbano, protección civil y demás obligaciones que señalen las leyes.

(F. DE E., P.O. 26 DE AGOSTO DE 2004)

Cuando el acatamiento de dichas disposiciones vuelva su cumplimiento oneroso o imposible, las partes podrán optar por su rescisión o por un cambio en las condiciones del contrato.

Art. 2053.- Son aplicables al arrendamiento de bienes inmuebles con destino comercial o industrial, las disposiciones generales del arrendamiento, así como del arrendamiento de inmuebles, en lo que no contradigan lo establecido en este capítulo.

SECCIÓN CUARTA
DEL ARRENDAMIENTO DE INMUEBLES DESTINADOS A FINES AGROPECUARIOS

Art. 2054.- El arrendamiento de inmuebles destinados a la agricultura, no podrá exceder de veinticinco años, ni destinarse a cultivos ilícitos.

Art. 2055.- El arrendamiento de inmuebles destinados a la agricultura, deberá otorgarse por escrito y cuando su duración exceda de diez años, deberá inscribirse en el Registro Público de la Propiedad.

Art. 2056.- La falta de inscripción en el Registro Público de Propiedad, de conformidad con el artículo anterior, será imputable al arrendador.

Art. 2057.- La renta deberá pagarse en los plazos convenidos, y a falta de convenio, por semestres vencidos.

Art. 2058.- El contrato de arrendamiento con fines agropecuarios, podrá hacerse sólo de la tierra, o de la unidad de producción en forma parcial o integral.

Art. 2059.- Cuando en un contrato de arrendamiento agropecuario se pacte la renta de toda la unidad de producción, deberá señalarse en forma enunciativa lo que incluye dicho arrendamiento, así como el estado que guardan las partes integrantes de la unidad de producción. La entrega podrá hacerse a inventario, para que al momento de la recepción, se verifique el estado de todos los bienes integrantes de la unidad de producción, tales como cantidad y calidad de tierra, tractores, almacenes, frigoríficos, habitaciones, y demás bienes que lo compongan.

Cuando no se formule inventario con características de los bienes, los mismos deberán entregarse al arrendador, al finalizar el arrendamiento, en un estado tal que permita el funcionamiento del bien para lograr su objeto, salvo que se pruebe que por el uso ordinario del mismo, ha dejado de servir.

Art. 2060.- En el arrendamiento de predios rústicos por plazo determinado, debe el arrendatario, en el último año que permanezca en el fundo, permitir a su sucesor o al dueño, en su caso, el barbecho de las tierras que tenga desocupadas y en las que él no pueda realizar la nueva siembra, así como el uso de los edificios, parte de la unidad de producción y demás medios que fueren necesarios para las labores preparatorias del año siguiente.

Art. 2061.- El permiso a que se refiere el artículo anterior, no será obligatorio, sino en el periodo y por el tiempo rigurosamente indispensable, conforme a las costumbres locales, salvo convenio en contrario.

Art. 2062.- Terminado el arrendamiento, tendrá a su vez el arrendatario saliente, derecho para usar de las tierras y edificios o parte de la unidad de producción, por el tiempo absolutamente indispensable para la recolección y aprovechamiento de los frutos pendientes al terminar el contrato. Lo dispuesto por éste y los dos artículos anteriores, se aplicará aún cuando el bien arrendado sea expropiado o enajenado por venta de autoridad.

Art. 2063.- El arrendatario deberá utilizar el bien arrendado con fines agropecuarios, cumpliendo las disposiciones ecológicas que dispongan las leyes. El daño en la tierra, el ambiente o la unidad de producción arrendada, hará al arrendatario responsable de las sanciones que marquen las legislaciones en materia ecológica más el pago de daños y perjuicios al arrendador, que nunca será mayor al equivalente a dos veces el valor de la producción que se haya obtenido en el último año en el predio arrendado.

CAPÍTULO V
DEL ARRENDAMIENTO DE BIENES MUEBLES

Art. 2064.- En todo contrato de arrendamiento de bienes muebles, deberá señalarse el plazo de vigencia del mismo, así como el uso a que el bien será destinado.

Si en el contrato, no se hubiese fijado plazo ni expresado el uso a que el bien se destina, el arrendatario será libre para devolverlo cuando quiera o en los términos previstos para el arrendamiento por tiempo indeterminado. El arrendador no podrá pedir la devolución, sino después de cinco días de celebrado el contrato, salvo estipulación en contrario.

Art. 2065.- Si se arrienda un inmueble que contenga muebles dentro de él, se entenderá que el arrendamiento de éstos, es por el mismo tiempo que el del inmueble, a menos que exista convenio en contrario.

Esta disposición será aplicable respecto a los instrumentos de cualquier oficio que se arrienden dentro de un inmueble, como complemento del mismo, aún cuando sólo se hayan determinado el número de cada utensilio o instrumento.

Art. 2066.- Cuando los muebles se arrendasen con separación del bien inmueble, su alquiler se regirá por lo dispuesto en este capítulo.

Art. 2067.- La pérdida o deterioro del bien arrendado se presume siempre a cargo del arrendatario, a menos que él pruebe que sobrevino sin culpa suya, en cuyo caso será a cargo del arrendador. El arrendador podrá en este último caso, repetir contra el culpable de dicha pérdida o deterioro.

Art. 2068.- Aún cuando la pérdida o deterioro sobrevengan por caso fortuito, serán a cargo del arrendatario si éste usó el bien de un modo no conforme con el contrato, y sin cuyo uso no habría sobrevenido el caso fortuito.

Art. 2069.- El arrendatario está obligado a dar de comer y beber al animal durante el tiempo en que lo tiene en su poder en calidad de arrendatario, de modo que no se desmejore y a curarle las enfermedades ligeras, sin poder cobrar nada al arrendador.

Art. 2070.- Los frutos del animal arrendado pertenecen al arrendador, salvo convenio o disposición legal en contrario.

Art. 2071.- En caso de muerte de algún animal arrendado, sus despojos serán entregados por el arrendatario al arrendador, si son de alguna utilidad y es posible el transporte.

Art. 2072.- Cuando se arrienden dos o más animales que forman un todo, como una yunta o un tiro y uno de ellos se inutiliza, se rescindirá el arrendamiento, a no ser que el arrendador quiera dar otro que forme un todo con el que es aún utilizable.

Art. 2073.- El que arriende uno o más animales especificados individualmente, que antes de ser entregados al arrendatario se inutilizaren sin culpa del arrendador, quedará enteramente libre de la obligación si ha avisado al arrendatario inmediatamente después de que se inutilizó el animal; pero si éste se ha inutilizado por culpa del arrendador o si no se ha dado el aviso, estará sujeto al pago de daños y perjuicios, o a reemplazar el animal arrendado, a elección del arrendatario.

Art. 2074.- En el caso del artículo anterior, si en el contrato de arrendamiento no se trató de animal individualmente determinado, sino de un género y número determinados, el arrendador está obligado a los daños y perjuicios siempre que se falte a la entrega.

Art. 2075.- Si en el arrendamiento de un predio rústico se incluyere el ganado de labranza o de cría existente en él, el arrendatario tendrá, respecto del ganado, los mismos derechos y obligaciones que el usufructuario, pero no está obligado a dar fianza.

Art. 2076.- Si el bien arrendado fue recibido por el arrendatario por inventario o de manera detallada de su estado, deberá devolverlo en el mismo estado, salvo que se hubiera menoscabado por su uso ordinario o por el simple paso del tiempo.

Art. 2077.- Si el bien arrendado fue recibido sin que mediara inventario o descripción detallada de su estado, deberá ser devuelto al arrendador en estado de ser utilizado por éste para el objeto al cual está destinado ordinariamente.

Art. 2078.- En caso de robo o destrucción del bien mueble arrendado, el arrendatario será responsable de los daños y perjuicios que se causen al arrendador. Cuando la culpa del robo o destrucción se deba a persona determinada, el arrendatario tendrá derecho de repetir en su contra, pudiendo además cobrarle el interés legal que proceda entre el tiempo en que él pagó al arrendador y el día en que le sea cubierto nuevamente el monto pagado.

Art. 2079.- Son aplicables al arrendamiento de bienes muebles, las disposiciones de este título, en lo que no contravengan a este capítulo.

CAPÍTULO VI
DEL ARRENDAMIENTO CON PRESTACIÓN DE SERVICIOS Y DERECHO A USO DE ÁREAS COMUNES

Art. 2080.- En un contrato de arrendamiento, serán válidas las disposiciones que otorguen al arrendatario, junto con el permiso de uso o goce de un bien inmueble, el permiso para hacer uso en forma compartida de áreas comunes de un inmueble o conjunto de inmuebles, así como donde se determine que el arrendador tendrá la obligación de prestar algún servicio al arrendatario.

Art. 2081.- El derecho a hacer uso de áreas comunes, ya sea en forma personal el arrendatario, ya sea sus clientes, pacientes, o demás personas a él relacionadas, se podrá referir a áreas como:

I. Salas de espera;

II. Pasillos;

III. Escaleras y elevadores;

IV. Areas deportivas, de descanso o recreativas;

V. Recepción;

VI. Salones de eventos;

VII. Salas de juntas, firmas o entrevista;

VIII. Estacionamiento; y

IX. Todas las demás áreas que se señalen en el contrato, o que por su naturaleza, sirvan para el uso común de los usuarios de un inmueble.

Art. 2082.- Las áreas comunes de que pueda hacer uso el arrendatario, deberán estar señaladas expresamente en el contrato de arrendamiento. En caso de no mencionarse, se considerará que el arrendatario no tiene derecho de hacer uso de tales áreas comunes.

Art. 2083.- Se exceptúa de lo dispuesto en el artículo anterior, cuando sea necesario el acceso a dichas áreas comunes para que el arrendatario y las personas a él relacionadas puedan llegar a la parte del inmueble arrendado.

Art. 2084.- El uso de las áreas comunes, en caso de no estar determinado en el contrato de arrendamiento, deberá ser el objeto natural del área arrendada.

Art. 2085.- En caso de abuso por parte del arrendatario de las áreas comunes, tendrá la obligación de pagar los daños y perjuicios que por tal abuso haya ocasionado al arrendador.

Art. 2086.- La prestación de servicios que puede incluir un arrendamiento de bien inmueble podrá tratarse de:

I. Secretarias;

II. Limpieza;

III. Jardinería;

IV. Estacionamiento vigilado;

V. Vigilancia;

VI. Mensajería;

VII. Uso de teléfonos, fax, computadoras y demás medios de comunicación e informática;

VIII. Cobradores;

IX. Mantenimiento;

X. Porteros;

XI. Edecanes;

XII. Papelería; y

XIII. Las demás que estén estipuladas en el contrato de arrendamiento y no sean contrarias a la ley.

Art. 2087.- En caso de que el arrendatario incumpla sus obligaciones de pago, tendrá el arrendador derecho a dejar de suministrar los servicios a que se refiere el artículo anterior, en tanto dure el incumplimiento por parte del arrendatario, siempre que acredite dicha falta de pago de manera fehaciente.

Art. 2088.- Si el arrendador incumple con su obligación de prestar los servicios a que se comprometió expresamente en el contrato, podrá el arrendatario contratar por su parte dichos servicios, repitiendo en contra del arrendador por el monto que haya erogado por ellos, más los daños y perjuicios que le haya ocasionado, además del interés que se pacte, entre el día en que pague dichos servicios y el día en que el arrendador le reembolse los mismos.

Art. 2089.- En caso de que el arrendador no permita al arrendatario el uso de las áreas comunes que se hayan convenido en el contrato de arrendamiento, podrá el arrendatario demandar ante la autoridad jurisdiccional competente, el pago de los daños y perjuicios que esto le haya ocasionado, además de exigir la reducción del precio del arrendamiento, durante todo el tiempo que dure la falta de uso por su parte de las áreas comunes. En todos los casos, el juez deberá ordenar al arrendador que permita al arrendatario el uso y goce de las áreas comunes en los términos del contrato.

Art. 2090.- Se exceptúa de lo dispuesto en el artículo anterior, cuando dichas áreas comunes hayan sido menoscabadas por causa no imputable al arrendador o cuando se estén realizando mejoras o reparaciones necesarias a dichas áreas comunes y éstas no duren más de un mes. Será aplicable lo dispuesto en el artículo anterior, en el término que exceda de un mes, pero en estos casos, no podrá demandarse el pago de daños y perjuicios, sino sólo la reducción del precio del arrendamiento.

CAPÍTULO VII
DEL ARRENDAMIENTO DE PROMOCIÓN Y EXHIBICIÓN

Art. 2091.- En virtud del contrato de arrendamiento de promoción y exhibición, el arrendador concede un espacio de un bien al arrendatario por un tiempo determinado y perentorio, para que sea aprovechado con fines de promoción y propaganda.

Art. 2092.- Al término del plazo estipulado en el contrato, queda facultado el arrendador a retirar sin su responsabilidad, en caso de que el arrendatario no lo haya hecho, los bienes y propaganda que ocupen el espacio arrendado.

Art. 2093.- Esta modalidad de arrendamientos puede pactarse por una o varias veces, por distintas épocas durante una anualidad y por varias épocas durante varias anualidades.

Art. 2094.- Este contrato se entiende celebrado por el flujo de personas que concurren al punto de promoción y propaganda; por ello, el arrendador durante su vigencia debe tomar las providencias necesarias para satisfacer tal expectativa.

Art. 2095.- El precio del arrendamiento será libremente fijado por los contratantes, pudiéndose pactar una cantidad fija o sobre un porcentaje de las ventas brutas que se concerten con motivo del espacio arrendado.

Art. 2096.- El arrendador tendrá derecho a retener en garantía de las obligaciones a cargo del arrendatario los bienes y propaganda propiedad de éste que estuvieren instalados en el espacio arrendado.

CAPÍTULO VIII
DEL ARRENDAMIENTO CON OPCIÓN A COMPRA

Art. 2097.- Para los efectos de este código, habrá arrendamiento con opción a compra, siempre que en un contrato por tiempo determinado y forzoso para ambas partes, el arrendador, se obligue a permitir el uso, goce o disfrute de un bien y el arrendatario, a pagar como contraprestación un precio periódico, y quien, al vencimiento del término tendrá opción de comprar el bien arrendado, por el precio de compra que se pactó originalmente.

Art. 2098.- Sólo quien posea la libre disposición de un bien, podrá celebrar respecto de él, contrato de arrendamiento con opción a compra en calidad de arrendador.

Art. 2099.- Todo contrato de arrendamiento con opción a compra deberá contener:

I. Su término;

II. Precio de venta del bien. Este precio se aplicará al vencimiento del contrato, en caso de haber voluntad por parte del arrendatario, de adquirir el bien objeto del arrendamiento;

III. El plazo que tendrá el arrendatario para dar aviso de compra al arrendador;

IV. El monto del pago periódico que deberá hacer el arrendatario al arrendador, durante la vigencia del contrato;

V. El lugar y plazos donde deberán hacerse los pagos parciales y el de la opción de compra, en caso de darse;

VI. El uso o giro que se dará a los bienes arrendados; y

VII. Si tiene o no el arrendatario, derecho a prorrogar el contrato de arrendamiento. En caso de tener derecho a la prórroga, deberá determinarse la duración de la misma, pago periódico a hacerse y los derechos que tendrá el arrendatario al término.

Art. 2100.- En caso de no fijarse un término de tiempo forzoso para ambas partes, se entenderá celebrado por un año, contado a partir de que el arrendatario adquiera el uso, goce y disfrute del bien, ya sea por entrega material, virtual o jurídica.

Art. 2101.- Si no se determina el precio de venta ni se dan las bases para su determinación, al término del contrato de arrendamiento; se considerará para todos sus efectos como un contrato de arrendamiento simple, con término forzoso y el arrendatario no tendrá derecho a exigir la enajenación del bien en su favor.

Art. 2102.- El precio de venta del bien materia del contrato de arrendamiento con opción a compra puede fijarse en cantidad líquida o cualquier otra cantidad que sea pecuniariamente determinable al finalizar el término del mismo. De igual manera, podrá pactarse el monto de los pagos periódicos que deba hacer el arrendatario al arrendador.

Art. 2103.- Llegado el momento para ejercer la opción de compra, el arrendador deberá notificar al arrendatario, que tiene el término de treinta días para ejercerla y pagarla o en su caso, proceder a la devolución del bien.

Art. 2104.- Los contratos de arrendamiento con opción a compra deberán otorgarse por escrito y, tratándose de bienes inmuebles, en escritura pública.

Art. 2105.- En el caso de bienes inmuebles, los contratos de arrendamiento con opción a compra se inscribirán en el Registro Público de la Propiedad.

Una vez inscrito, no tendrá validez cualquier traslación de dominio, gravamen, embargo o derecho real que se inscriba sobre el bien materia del contrato de arrendamiento con opción a compra. Dichas traslaciones de dominio, gravámenes, embargos o derechos reales podrán convalidarse en caso de no ser ejercitado, por parte del arrendatario, el derecho de compra del bien arrendado, en el término señalado.

Art. 2106.- De no haber inscripción del contrato de arrendamiento con opción a compra en el Registro Público de la Propiedad, y si durante el término de éste, se inscribe cualquier gravamen, embargo, derecho real o traslación de dominio respecto del mismo bien; el arrendatario podrá ejercitar acción en contra del arrendador por los daños y perjuicios sufridos.

Art. 2107.- Salvo pacto en contrario, la obligación de realizar los pagos periódicos del arrendamiento con opción a compra, inicia a partir de la entrega de los bienes objeto del arrendamiento.

Art. 2108.- En caso de que el arrendatario sufra la evicción del bien materia del contrato de arrendamiento con opción a compra, el arrendador deberá pagar a aquél:

I. Los gastos causados en el contrato;

II. Los gastos originados en el juicio de evicción y el de saneamiento;

III. El valor de las mejoras útiles y necesarias hechas a costa del arrendatario; y

IV. El monto de los daños y perjuicios ocasionados al arrendatario.

Art. 2109.- En supuesto de despojo, perturbación o cualquier acto de tercero, que afecte el uso o goce de los bienes, la posesión de los mismos o bien la propiedad, el arrendador tiene la obligación de realizar las operaciones que correspondan para recuperar los bienes o defender el uso o goce de los mismos. Igualmente, estará obligado a ejercer las defensas que procedan cuando medie cualquier acto o resolución de autoridad que afecte la posesión o la propiedad de los bienes.

Art. 2110.- Cuando ocurra cualesquiera de las eventualidades a que se refiere el artículo anterior, el arrendatario deberá dar aviso al arrendador, a la brevedad posible. En caso de no hacerlo, será responsable de los daños y perjuicios que se ocasionen.

Art. 2111.- El arrendatario podrá ejercitar directamente dichas acciones y defensas, en el caso de que dé el aviso de compra al arrendador.

Art. 2112.- Si existe incumplimiento por parte del arrendatario en sus obligaciones, el arrendador podrá pedir judicialmente, la rescisión del contrato, para recuperar la posesión de los bienes objeto de dicho contrato.

Art. 2113.- Una vez que el arrendatario justifique con documento auténtico, haber cumplido sus obligaciones, el Registro Público de la Propiedad tomará nota e inscribirá de manera definitiva el inmueble a favor del mismo.

CAPÍTULO IX
DEL ARRENDAMIENTO DE VEHÍCULOS AUTOMOTORES

Art. 2114.- Serán aplicables las disposiciones de este capítulo al arrendamiento que de vehículos automotores haga una persona física o jurídica.

Art. 2115.- El contrato de arrendamiento de vehículos automotores, además de los requisitos del arrendamiento ordinario, deberá contener:

I. Lugar de entrega del vehículo;

II. Costo del arrendamiento y posibilidad de que se incremente el mismo en función del kilometraje recorrido;

III. Epoca del pago;

IV. Si existirá o no garantía adicional al seguro que debe contratar el arrendatario;

V. Objeto o fin para el cual se utilizará el vehículo automotor arrendado;

VI. Inventario del vehículo y descripción de los implementos especiales o adicionales que contenga, tales como aire acondicionado, herramientas, aparatos de sonido, o cualquier otro aparato que se encuentre en el vehículo arrendado, para ser revisado al momento de recepción y entrega del vehículo;

VII. Area en la cual se permite que circule el vehículo arrendado;

VIII. Si lo hay, límite de kilometraje diario o total que puede recorrer el vehículo;

IX. Mención de los daños y raspaduras que tenga el vehículo;

X. Fecha y lugar de recepción del vehículo; y

XI. La mención del tipo de seguro que contratará el arrendatario para asegurar el vehículo materia del contrato.

Art. 2116.- En caso de no determinarse el lugar de entrega del vehículo, se entenderá el mismo lugar de la recepción.

Art. 2117.- Al momento de la entrega del vehículo, se firmará acta de recepción por parte del arrendador, en la que se recibirá la unidad conforme a inventario asentándose las circunstancias relevantes.

Art. 2118.- En caso de que el vehículo se descomponga por causas no imputables al arrendatario, el arrendador deberá sustituir de manera inmediata la unidad por una similar o mejor que la arrendada, sin cargo adicional o, a elección del arrendatario, a que se le paguen los daños y perjuicios que ésto le ocasione y será causa de rescisión anticipada del contrato de arrendamiento.

Art. 2119.- Cuando no se fije la época de pago, se entenderá que debe hacerse al momento de la entrega del vehículo al arrendatario. En caso de que no se haga así, dicho pago deberá hacerse cuando lo reclame el arrendador.

Art. 2120.- El arrendatario tiene la obligación de contratar un seguro que cubra los daños que pueda sufrir el vehículo arrendado. En caso de no hacerse, será responsable de los daños y perjuicios que ocasione al arrendador con motivo del siniestro al vehículo arrendado, y será causa de rescisión anticipada del contrato.

Art. 2121.- Al ser devuelto el vehículo arrendado al arrendador, deberá de cancelarse el seguro contratado, así como toda garantía que el arrendatario haya ofrecido a aquél, con motivo del arrendamiento del vehículo.

Art. 2122.- En el contrato de arrendamiento de vehículos automotores, podrá pactarse una cláusula penal para el caso en que el arrendatario utilice el vehículo arrendado con un objeto diverso a aquél para el cual contrató o exceda el área o kilometraje máximo que estaba facultado a utilizar. En caso de no disponerse esta cláusula penal, se aplicarán al arrendatario las siguientes sanciones:

I. Cuando utilice el vehículo para un objeto diverso del arrendado, se le sancionará como mínimo con lo correspondiente al cincuenta por ciento del costo del arrendamiento, y como máximo el cien por ciento de dicho costo;

(REFORMADA, P.O. 11 DE OCTUBRE DE 2016)

II. Cuando se exceda en el kilometraje, se le sancionará con el equivalente a un tanto del valor diario de la Unidad de Medida y Actualización por cada 20 kilómetros de excedencia;

III. Cuando no respete el área en la cual podía utilizar el vehículo arrendado, se le sancionará con el equivalente al cien por ciento del costo del arrendamiento; y

IV. Pagará todos los gastos que se ocasionen con motivo de su incumplimiento.

Las sanciones mencionadas se aplicarán de manera adicional a las demás obligaciones que pueda adquirir por daños o demás incumplimientos al contrato de arrendamiento.

Art. 2123.- En caso de raspaduras o daños adicionales imputables al arrendatario en el vehículo arrendado o en los implementos adicionales en él contenidos, el arrendador tendrá derecho a no cancelar la garantía que aquél haya otorgado, hasta en tanto no sea reparado el vehículo a su plena satisfacción. Se exceptúa de lo anterior el caso en que el seguro cubra plenamente los daños ocasionados al vehículo o el arrendatario consigne o deposite el equivalente al deducible de dicho seguro.

Art. 2124.- Cuando así se convenga expresamente, si el arrendatario no entrega el vehículo en el lugar y tiempo pactados, el arrendador podrá pedir a las autoridades competentes o encargadas de la seguridad pública o de la vialidad, con la sola exhibición del contrato de arrendamiento o su copia certificada, que dicha autoridad dé orden a sus integrantes para que a la vista del vehículo, lo recojan y pongan a disposición del arrendador.

Dicha dependencia deberá poner el vehículo a disposición del arrendador, en un depósito de vehículos del municipio donde se arrendó el mismo o de la institución titular de la asistencia pública en el Estado.

Art. 2125.- En el caso del artículo anterior, la autoridad deberá de realizar el inventario del vehículo arrendado y de sus componentes o atributos especiales y aparatos adicionales que contenga el mismo, así como de los daños o raspaduras que presente. Dicho inventario, podrá anexarlo con fotografías del vehículo al momento de su recepción.

Art. 2126.- En caso de accidente o de robo del vehículo arrendado, aún cuando esté asegurado, el arrendatario deberá dar aviso al arrendador en las siguientes 24 horas. En caso de omisión, será responsable de los daños y perjuicios que ocasione al arrendador, salvo el caso en que justificadamente estuviere impedido de hacerlo.

Art. 2127.- Salvo lo dispuesto por el artículo 2118 o pacto en contrario, el arrendador no tendrá responsabilidad alguna con respecto al arrendatario, en caso de accidente o robo del vehículo. El arrendador tendrá derecho a hacer efectivo el seguro o garantía adicional que haya prestado el arrendatario, en los términos de los artículos anteriores.

Art. 2128.- Serán aplicables las disposiciones previstas en este título para el arrendamiento de vehículos automotores, en lo que no contradigan las normas de este capítulo.

CAPÍTULO X
DEL ARRENDAMIENTO DE MEMBRESÍAS DE CLUBES

Art. 2129.- Se considera como arrendamiento de membresías de clubes, aquel permiso o autorización que concede un socio o miembro de un club para que otra persona haga uso de su derecho y goce de los privilegios que dicha membresía otorga.

Art. 2130.- El arrendamiento de membresías de clubes podrá darse en instituciones de carácter deportivo, recreativo, cultural, social o de cualquiera otra índole, siempre que para ser miembro de estas instituciones sea necesario obtener una membresía o pagar una cantidad única para poder ser parte de la misma, además de las aportaciones o cuotas periódicas que deban hacerse para el mantenimiento y demás gastos de la institución.

Art. 2131.- El arrendatario de membresías de clubes deberá de cubrir los requisitos que el reglamento, escritura constitutiva o demás normas del club señalen para todos sus socios o miembros.

Art. 2132.- De todo arrendamiento de membresías de clubes, deberá el arrendador informar al club, en los cinco días siguientes a la celebración del contrato. La falta de este requisito será causa suficiente para que el club o institución niegue la entrada a sus instalaciones al arrendatario.

Art. 2133.- La administración del club discrecionalmente podrá oponerse a la designación del arrendatario. Dicha determinación deberá hacerse saber en los diez días siguientes; en caso contrario, se tendrá por aceptada.

Art. 2134.- Cuando se dé el arrendamiento de membresías de clubes, los pagos que deban cubrirse a éstos se podrán hacer por el arrendatario, pero el arrendador será obligado solidario en todas las obligaciones que, con objeto de la membresía del club, adquiera el arrendatario hacia la institución.

Art. 2135.- Son aplicables al arrendamiento de membresías de clubes todas las disposiciones relativas al arrendamiento, en lo que no contradigan las disposiciones de este capítulo.

CAPÍTULO XI
DEL SUBARRIENDO

Art. 2136.- Hay subarriendo, cuando el arrendatario arrienda el mismo bien que él recibió en arrendamiento.

Art. 2137.- El arrendatario no debe subarrendar el bien arrendado en todo, ni en parte, ni ceder sus derechos sin el consentimiento del arrendador; si lo hiciere, responderá solidariamente con el subarrendatario de todos los daños y perjuicios ocasionados al arrendador, además de ser causa de rescisión anticipada del contrato de arrendamiento.

Art. 2138.- Si el subarriendo se hiciere en virtud de la autorización general concedida en el contrato, el arrendatario será responsable ante el arrendador, como si él mismo continuara en el uso o goce del bien.

Art. 2139.- Si el arrendador aprueba expresamente el contrato especial de subarriendo, el subarrendatario queda subrogado en todos los derechos y obligaciones del arrendatario, a no ser que por convenio se acuerde otra cosa.

CAPÍTULO XII
DEL MODO DE TERMINAR EL ARRENDAMIENTO

Art. 2140.- El arrendamiento puede terminar:

I. Por haberse cumplido el plazo fijado en el contrato o por la ley o por estar satisfecho el objeto para el que fue arrendado el bien;

II. Por convenio expreso;

III. Por nulidad;

IV. Por confusión;

V. Por pérdida o destrucción total del bien arrendado, por caso fortuito o fuerza mayor;

VI. Por rescisión;

VII. Por expropiación del bien arrendado hecha por causa de utilidad pública; y

VIII. Por evicción del bien dado en arrendamiento.

Art. 2141.- Si el arrendamiento se ha hecho por tiempo determinado, concluye en el día prefijado. Si no se ha señalado tiempo, se atenderá a las disposiciones del capítulo I de este título.

Art. 2142.- Cuando a la falta de pago del importe de la renta por dos o más meses consecutivos tratándose de inmuebles y de dos quincenas para los muebles, se aúne el abandono del bien, previa certificación de la autoridad judicial, se entregará el mismo al arrendador, cesando en ese momento la obligación de seguir pagando rentas, dándose por concluido el contrato.

(REFORMADO, P.O. 28 DE DICIEMBRE DE 2019)

Art. 2143.- Si después de terminado el plazo por el que se celebró el arrendamiento o su prórroga, el arrendatario continúa sin oposición en el uso y goce del bien arrendado, continuará el arrendamiento hasta por un tiempo igual al del establecido en el contrato y se observará lo previsto en las disposiciones generales de dicho contrato estando obligado el arrendatario a pagar la renta que corresponda por el tiempo que exceda conforme a lo convenido en el contrato, actualizándose el pago de la renta conforme al interés legal establecido en el presente Código.

En caso de haber operado la tácita reconducción en términos de lo establecido en el párrafo anterior del presente artículo, el arrendamiento concluirá a voluntad de cualesquiera de los contratantes, previo aviso dado a la otra parte en forma indubitable. Tratándose de un predio urbano, el aviso deberá darse con tres meses de antelación si lo da el arrendador y un mes si lo da el arrendatario; y con nueve meses de anticipación para ambas partes, si el predio es rústico o destinado a fines agropecuarios.

Las obligaciones contraídas por un tercero con objeto de garantizar el cumplimiento del arrendamiento, cesan al término del plazo determinado, salvo convenio en contrario.

(ADICIONADO, P.O. 30 DE DICIEMBRE DE 2003)

Art. 2143 Bis.- Si terminado el plazo establecido en el contrato o en la ley para el arrendamiento, y el arrendador solicita el bien, en los términos previstos por aquellos, el arrendatario deberá desocupar y entregar inmediatamente el inmueble.

Si no lo hiciere y fuere demandado, por los días que permanezca en posesión del inmueble deberá pagar la renta que corresponda por el tiempo que exceda conforme a lo convenido en el contrato, actualizándose el pago de la renta conforme al interés legal establecido en el presente código.

Art. 2144.- El arrendador puede exigir la rescisión del contrato de arrendamiento:

(REFORMADA, P.O. 30 DE DICIEMBRE DE 2003)

I. Por la falta de pago de la renta en los términos contractuales o legales;

II. Por usarse el bien arrendado con un objeto distinto del convenido o de la naturaleza o destino de dicho bien;

III. Por el subarriendo o traspaso de la cosa o bien sin autorización del arrendador;

(REFORMADA, P.O. 3 DE MARZO DE 2011)

IV. Por daños graves al bien arrendado, imputables al arrendatario;

(REFORMADA, P.O. 3 DE MARZO DE 2011)

V. Por variar la forma del bien arrendado, sin contar con el consentimiento expreso del arrendador, y

(ADICIONADA, P.O. 2 DE MARZO DE 2011)

VI. Por la falta de pago de servicios públicos por más de dos meses o el tiempo que acuerden las partes, cuando se haya comprometido a realizarlo el arrendatario.

Art. 2145.- El arrendatario tendrá derecho a exigir la rescisión del contrato de arrendamiento:

I. Por no cumplir el arrendador con su obligación de prestar los servicios o de mantener el bien arrendado en el mismo estado durante el arrendamiento, haciendo para ello todas las reparaciones necesarias;

II. Por la pérdida total o parcial del bien arrendado;

III. Por pérdida de uso parcial del bien arrendado, siempre que la reparación dure más de un mes;

(REFORMADA, P.O. 3 DE MARZO DE 2011)

IV. Por la existencia de defectos o vicios ocultos del bien, anteriores al arrendamiento y desconocidos por el arrendatario. En este caso, también podrá optar por la acción de reducción del precio del arrendamiento, y

(REFORMADA, P.O. 3 DE MARZO DE 2011)

V. Por la falta de pago de servicios públicos por más de dos meses o el tiempo que acuerden las partes, cuando se haya comprometido a realizarlo el arrendador.

Art. 2146.- Si el bien dado en arrendamiento fuere enajenado por venta de autoridad, el contrato de arrendamiento subsistirá, a menos que aparezca que se celebró dentro de los 60 días anteriores al secuestro del bien o después de registrada la hipoteca que da lugar a la subasta, en cuyo caso el arrendamiento podrá darse por concluido.

TÍTULO SÉPTIMO
DEL COMODATO

Art. 2147.- Existe el contrato de comodato cuando una persona llamada comodante se obliga a conceder gratuita y temporalmente el uso de un bien no fungible, a otro denominado comodatario quien contrae la obligación de restituirlo individualmente.

Art. 2148.- Cuando el préstamo tuviere por objeto bienes consumibles, sólo será comodato si ellos fuesen prestados como no fungibles, es decir, para ser restituidos idénticamente.

Art. 2149.- Los tutores, curadores y en general todos los administradores de bienes ajenos no podrán dar en comodato, sin autorización especial, los bienes confiados a su guarda.

Art. 2150.- Sin permiso del comodante no puede el comodatario conceder a un tercero el uso del bien entregado en comodato.

Art. 2151.- El comodatario adquiere el uso, pero no los frutos y accesiones del bien prestado.

Art. 2152.- El comodatario está obligado a poner toda diligencia en la conservación del bien, y es responsable de todo deterioro que sufra por su culpa.

Art. 2153.- Si el deterioro es tal, que el bien no sea susceptible de emplearse en su uso ordinario, podrá el comodante exigir el valor anterior de él, abandonando su propiedad al comodatario.

Art. 2154.- El comodatario responde de la pérdida del bien si lo emplea en uso diverso o por más tiempo del convenido, aún cuando aquél sobrevenga por caso fortuito.

Art. 2155.- Cuando el bien perece por caso fortuito y el comodatario haya podido salvarlo empleando un bien propio, o si no pudiendo conservar más que uno de los dos, ha preferido el suyo, responde de la pérdida del otro.

Art. 2156.- Si el bien ha sido valuado al prestarlo, su pérdida, aún cuando sobrevenga por caso fortuito, es de cuenta del comodatario, quien deberá entregar el precio, si no hay convenio expreso en contrario.

Art. 2157.- Si el bien se deteriora por el solo efecto del uso para el que fue prestado, y sin culpa del comodatario, no es éste responsable del deterioro.

Art. 2158.- El comodatario no tiene derecho para repetir el importe de los gastos ordinarios que se necesiten para el uso y la conservación del bien prestado.

Art. 2159.- Tampoco tiene derecho el comodatario para retener el bien a pretexto de lo que por expensas o por cualquiera otra causa le deba el dueño.

Art. 2160.- Siendo dos o más los comodatarios, respecto de un mismo bien o conjunto de bienes, están sujetos solidariamente a las mismas obligaciones.

Art. 2161.- Si no se ha determinado el uso o el plazo del préstamo, el comodante podrá exigir el bien cuando le pareciere. En este caso, la prueba de haber convenido uso o plazo, incumbe al comodatario. El comodatario deberá devolver el bien concedido en comodato, en el término de cinco días hábiles en tratándose de muebles y treinta días naturales en tratándose de inmuebles.

Art. 2162.- El contrato de comodato no requiere de forma especial. En caso de que el contrato de comodato no se otorgue por escrito, se presumirá que éste será vigente hasta que el comodante requiera judicial o extrajudicialmente su devolución al comodatario o que éste devuelva voluntariamente el bien.

Art. 2163.- El comodante podrá exigir la devolución del bien antes de que termine el plazo o uso convenidos, sobreviniéndole necesidad urgente de él, probando, que hay peligro de que éste perezca si continúa en poder del comodatario, o si éste ha autorizado a un tercero a servirse del bien, sin consentimiento del comodante.

Art. 2164.- Si durante el préstamo el comodatario ha tenido que hacer para la conservación del bien, algún gasto extraordinario y de tal manera urgente que no haya podido dar aviso de él al comodante, éste tendrá obligación de reembolsarlo.

Art. 2165.- Cuando el bien prestado tiene defectos tales que causen perjuicios al que se sirva de él, el comodante es responsable de éstos, si conocía los defectos y no dio aviso oportuno al comodatario.

Art. 2166.- El comodato termina:

I. Por acuerdo de los contratantes;

II. Por muerte del comodatario;

III. Por revocación del comodante en los casos en que proceda;

IV. Por requerimiento hecho al comodatario en los casos en que no se haya pactado término por las partes;

V. Por pérdida del bien;

VI. Por haber cumplido con el objeto para el que fue celebrado; y

VII. Por haberse cumplido el término del comodato.

TÍTULO OCTAVO
DEL DEPÓSITO

Art. 2167.- El depósito es un contrato por el cual el depositario recibe del depositante un bien, mueble o inmueble, que aquél le confía y se obliga a guardarlo para restituirlo cuando lo pida el depositante.

Art. 2168.- El depósito debe celebrarse por escrito. Al texto del contrato, debe añadirse un inventario de los bienes entregados en depósito y las condiciones en que éstos se encuentren y el trato especial que requieran para su conservación.

Art. 2169.- Salvo pacto en contrario, el depositario tiene derecho a exigir retribución por el depósito la cual se arreglará a los términos del contrato y, en su defecto, a los usos del lugar en que se constituya.

Art. 2170.- Los depositarios de títulos, valores, efectos o documentos que devenguen intereses, quedan obligados a realizar el cobro de éstos en las épocas de su vencimiento, así como también a practicar cuantos actos sean necesarios para que los efectos depositados conserven el valor y los derechos que les correspondan con arreglo a las leyes.

Art. 2171.- Podrán ser depositantes:

I. El dueño o quien tenga la libre disposición del bien o de los bienes o su representante o mandatario;

II. En caso de que el depositante sea menor, quién tenga sobre él la patria potestad o el tutor, con autorización judicial;

III. En caso de que el depositante sea un incapaz, su tutor; y

IV. El depósito que realicen voluntariamente las partes contendientes en un juicio con autorización del juez o el depósito de bienes embargados o retenidos.

Art. 2172.- La incapacidad de uno de los contratantes no exime al otro de las obligaciones a que están sujetos el que deposita y el depositario.

Art. 2173.- Si el depositante fuere incapaz, en cualquier tiempo podrá su representante pedir la devolución de los bienes depositados.

Art. 2174.- El incapaz que acepte el depósito, puede, si se le demanda por daños y perjuicios, oponer como excepción la nulidad del contrato, más no podrá eximirse de restituir el bien depositado si se conserva aún en su poder, o el provecho que hubiere recibido de su enajenación.

Art. 2175.- Cuando la incapacidad del depositario no fuere absoluta, podrá éste ser condenado al pago de daños y perjuicios, si hubiere procedido con dolo o mala fe.

Art. 2176.- Si el depositario fuere incapaz y el bien hubiere salido de su poder, el depositante podrá hacer uso de las acciones que corresponderían a dicho incapaz para pedir su devolución, aún mediante la nulidad de los contratos que hubiere celebrado, o para reclamar el precio o el bien ofrecidos en cambio.

Art. 2177.- El depositario está obligado a conservar el bien objeto del contrato, según lo reciba, y a devolverlo cuando el depositante se lo pida, aunque al constituirse el depósito se hubiere fijado plazo y éste no hubiere llegado, salvo que por estipulación expresa o por las circunstancias se comprenda que el plazo fue pactado, en beneficio del depositario o de ambos contratantes.

En la conservación del depósito responderá el depositario de los menoscabos, daños y perjuicios que los bienes depositados sufrieren por su malicia o negligencia.

Art. 2178.- Si después de constituido el depósito, tiene conocimiento el depositario de que el bien es robado y quién es el verdadero dueño, debe dar aviso a éste o a la autoridad competente, con la reserva debida.

Art. 2179.- Si dentro de ocho días no se le manda judicialmente retener o entregar el bien, puede devolverlo al que lo depositó, sin que por ello quede sujeto a responsabilidad alguna.

Art. 2180.- Siendo varios los depositantes, respecto de un solo bien o conjunto de bienes, no podrá el depositario entregarlo sino con previo consentimiento de la mayoría de los depositantes, computado por cantidades y no por personas, a no ser que al constituirse el depósito se haya convenido que la entrega se haga a cualquiera de los depositantes.

Art. 2181.- El depositario entregará a cada depositante una parte del bien, si al constituirse el depósito se señaló lo que a cada uno correspondía.

Art. 2182.- Si no hubiere lugar designado para la entrega del depósito, la devolución se hará en el lugar donde se halla el bien depositado. Los gastos de entrega serán por cuenta del depositante.

Art. 2183.- El depositario no está obligado a entregar el bien cuando judicialmente se haya mandado retener o embargar.

Art. 2184.- El depósito debe ser entregado al depositante, a la persona que éste designe o al causahabiente de uno u otra, en sus respectivos casos.

Art. 2185.- El depositario puede por causa justificada devolver el bien antes del plazo convenido.

Art. 2186.- Cuando el depositario descubra o pruebe que es suyo el bien depositado, y el depositante insiste en sostener sus derechos, debe ocurrir al juez pidiéndole orden para retenerlo o para depositarlo judicialmente.

Art. 2187.- Cuando no se ha estipulado tiempo, el depositario puede devolver el depósito al depositante cuando quiera, siempre que le avise con una anticipación de cuando menos cinco días, si se necesita preparar algo para la guarda del bien, salvo pacto en contrario.

Art. 2188.- El depositante está obligado a indemnizar al depositario de todos los gastos que haya hecho en la conservación requerida por el bien depositado y de los perjuicios que por él haya sufrido, salvo que éstos hayan sido ocasionados por culpa o negligencia del depositario o sus dependientes.

Art. 2189.- El depositario no puede retener el bien, aún cuando al pedírselo no haya recibido el importe de las expensas a que se refiere el artículo anterior; pero si podrá, en este caso, si el pago no se le asegura, pedir judicialmente la retención del depósito.

Art. 2190.- Tampoco puede retener el bien como prenda que garantice otro crédito que tengan contra el depositante.

Art. 2191.- Contra la deuda derivada de un depósito, no es admisible la compensación.

Art. 2192.- Los dueños de establecimientos en donde se reciben huéspedes, son responsables del deterioro, destrucción o pérdida de los efectos introducidos en el establecimiento con su consentimiento o el de sus empleados autorizados, por las personas que ahí se alojen; a menos que prueben que el daño sufrido es imputable a estas personas, a sus acompañantes, a sus servidores o a los que los visiten, o que proviene de caso fortuito, fuerza mayor o vicios de los mismos efectos.

(REFORMADO, P.O. 11 DE OCTUBRE DE 2016)

Art. 2193.- La responsabilidad de que habla el artículo anterior, no excederá del equivalente a un tanto del valor anual de la Unidad de Medida y Actualización, cuando no se puede imputar culpa al hotelero o a su personal.

Art. 2194.- Para que en los establecimientos donde se reciben huéspedes sean responsables del dinero, valores u objetos de precio notoriamente elevado que introduzcan en esos establecimientos las personas que allí se alojan, es necesario que sean entregados en depósito a ellos o a sus empleados debidamente autorizados.

Art. 2195.- El hotelero no se exime de la responsabilidad que le imponen los dos artículos anteriores, por avisos que ponga en su establecimiento para eludirla. Cualquier pacto que celebre, limitando o modificando esa responsabilidad, será nulo.

Art. 2196.- Las fondas, cafés, casas de baño y otros establecimientos semejantes, no responden de los efectos que introduzcan los usuarios o clientes, a menos que los pongan bajo el cuidado de los empleados del establecimiento.

TÍTULO NOVENO
DEL MANDATO

CAPÍTULO I
DISPOSICIONES GENERALES

Art. 2197.- El mandato es un contrato por el cual una persona llamada mandante otorga a otra denominada mandatario, la facultad de realizar por el otorgante un acto jurídico. Cuando el mandato tenga efectos patrimoniales, deberá entenderse que su finalidad es, la de conservar ese patrimonio.

Art. 2198.- El contrato de mandato se perfecciona con la aceptación del mandatario.

Art. 2199.- El mandato que implica el ejercicio de una profesión se presume aceptado, en términos generales, cuando es conferido a persona que ofrece al público el ejercicio de su profesión y el mandatario no lo rehusa dentro de los tres días siguientes a su conocimiento.

Art. 2200.- El mandatario, en sus relaciones con el mandante, no estará obligado a intervenir en actos para los cuales no tenga instrucciones del mandante, ni en aquéllos en los que se considere impedido.

Art. 2201.- Los terceros no podrán exigir al mandatario su representación sino cuando haya aceptado especialmente para el acto de que se trate. La aceptación puede ser expresa o tácita. Habrá aceptación tácita cuando el mandatario ejecute cualquier acto en el negocio ejercitando el mandato.

Art. 2202.- Pueden ser objeto del mandato todos los actos lícitos para los que la ley no exige la intervención personal del interesado.

Art. 2203.- El mandato es esencialmente oneroso. Solamente será gratuito cuando así se haya convenido expresamente.

Art. 2204.- El mandato debe de formalizarse por escrito, y otorgarse:

I. En escritura pública:

a) Siempre que sea general;

b) Cuando se refiera a inmuebles o a derechos reales;

(REFORMADO, P.O. 11 DE OCTUBRE DE 2016)

c) Cuando el negocio para el que se confiera, su importe sea superior al equivalente a 300 veces el valor diario de la Unidad de Medida y Actualización; y

d) Cuando en virtud de él haya de ejecutar el mandatario algún acto que conforme a la ley deba constar en escritura pública;

II. En escrito privado, ante dos testigos y ratificadas las firmas del otorgante ante el notario público o servidor público que corresponda conocer del negocio para el que se otorga; y

III. En escrito privado sin ratificación de firmas en los demás casos.

Art. 2205.- El mandato puede ser general o especial.

Art. 2206.- Son mandatos generales:
I. Poder Judicial;
II. Poder para administrar bienes; y
III. Poder para ejercer actos de dominio.

Art. 2207.- En los poderes generales judiciales, bastará decir que se otorgan con ese carácter, para que el apoderado pueda representar al poderdante en todo negocio de jurisdicción voluntaria, mixta y contenciosa, desde su principio hasta su fin; siempre que no se trate de actos que conforme a las leyes requieran poder especial, en tal caso se consignarán detalladamente las facultades que se confieran con su carácter de especialidad.

Este tipo de poderes sólo podrá otorgarse a personas que tengan el título de abogado, licenciado en derecho o a quien no tenga ese carácter se encuentre asesorado necesariamente por profesionales del derecho, quien deberá suscribir y actuar conjuntamente con el apoderado, en todos los trámites judiciales.

En los poderes generales para administrar bienes, bastará decir que se otorgan con ese carácter, para que el apoderado tenga toda clase de facultades administrativas.

En los poderes generales para ejercer actos de dominio, será suficiente que se exprese que se confieren con ese carácter, a efecto de que el apoderado tenga todas las facultades de propietario, en lo relativo a los bienes como en su defensa.

Art. 2208.- Cuando se quieran limitar las facultades del apoderado deberán consignarse expresa y claramente las limitaciones.

Art. 2209.- Cuando el mandato no se otorgue en la forma prescrita en este título, el contrato será nulo y sólo quedarán subsistentes las obligaciones contraídas entre el tercero que haya procedido de buena fe y el mandatario, como si éste hubiese obrado en negocio propio.

Art. 2210.- En el caso del artículo anterior, podrá el mandante exigir del mandatario la devolución de las sumas que le haya entregado, y respecto de las cuales será considerado el último como simple depositario.

Art. 2211.- Si el mandante, el mandatario y el que haya tratado con éste, proceden de mala fe, ninguno de ellos tendrá derecho a hacer valer la falta de forma del mandato.

Art. 2212.- El mandatario no es responsable para con los terceros con quienes contrata, sino cuando se obliga personalmente o traspasa los límites del mandato sin dar a aquéllos conocimiento suficiente de su poder.

Art. 2213.- Cuando el mandatario obra en su propio nombre, el mandante no tiene acción contra las personas con quienes el mandatario ha contratado, ni éstas tampoco contra el mandante.

En este caso, el mandatario es el obligado directamente en favor de la persona con quien ha contratado, como si el asunto fuere personal suyo. Exceptúase el caso en que se trate de cosas propias del mandante.

Lo dispuesto en este artículo se entiende sin perjuicio de las acciones entre mandante y mandatario.

Art. 2214.- Ningún poder se otorgará por una duración mayor a cinco años, salvo que antes de que se cumpla ese tiempo, el mandante lo revoque.

Cuando durante la vigencia del poder, se hubiere iniciado un negocio cuya duración trascienda el término de su vigencia, se entenderán prorrogadas las facultades, hasta su conclusión, quedando comprendida la de intentar el juicio de Amparo.

Art. 2215.- Para hacer factible la sustitución del apoderado en el contrato de mandato, deberá de señalarse en forma expresa dicha facultad.

Art. 2216.- La sustitución de mandatario deberá hacerse con la misma formalidad con la cual se otorgó el mandato, señalándose expresamente el nombre del nuevo mandatario. Salvo el caso de que se trate de mandato otorgado en escritura pública, la sustitución, podrá hacerse constar en el primer testimonio.

CAPÍTULO II
DE LAS OBLIGACIONES DEL MANDATARIO CON RESPECTO AL MANDANTE

Art. 2217.- El mandatario, en el desempeño de su encargo, se sujetará a las instrucciones recibidas del mandante y en ningún caso podrá proceder contra disposiciones expresas del mismo.

Art. 2218.- En lo no previsto y prescrito expresamente por el mandante, deberá el mandatario consultarle, siempre que lo permita la naturaleza del negocio. Si no fuere posible la consulta o estuviere el mandatario autorizado para obrar a su arbitrio, hará lo que la prudencia dicte, cuidando del negocio como propio.

Art. 2219.- Si una circunstancia imprevista hiciere, a juicio del mandatario, perjudicial la ejecución de las instrucciones recibidas, podrá suspender el cumplimiento del mandato, comunicándolo así al mandante, con la mayor brevedad posible.

Art. 2220.- En las operaciones hechas por el mandatario, con violación o en exceso del encargo recibido, además de la indemnización a favor del mandante, de daños y perjuicios, quedará a opción de éste, ratificarlas o dejarlas a cargo del mandatario.

Art. 2221.- El mandatario está obligado a dar oportunamente noticia al mandante de todos los hechos o circunstancias que puedan determinarlo a revocar o modificar el encargo. Asimismo, debe dársele sin demora de la ejecución de dicho encargo.

Art. 2222.- El mandatario no puede compensar los perjuicios que cause con los provechos que por otro motivo haya procurado al mandante.

Art. 2223.- El mandatario que se exceda en sus facultades, es responsable de los daños y perjuicios que cause al mandante y al tercero con quien contrató, si éste ignoraba que aquél traspasaba los límites del mandato.

Art. 2224.- El mandatario está obligado a dar al mandante cuentas exactas de su administración, conforme al convenio, si lo hubiere. No habiendo convenio, cuando el mandante lo pida; y en todo caso al fin del contrato.

Art. 2225.- El mandatario tiene obligación de entregar al mandante todo lo que haya recibido en virtud del poder, aún cuando lo que recibió no fuere debido al mandante.

Art. 2226.- El mandatario debe pagar los intereses de las sumas que pertenezcan al mandante y que haya distraído de su objeto o invertido en provecho propio, desde la fecha de inversión; así como los de las cantidades en que resulte alcanzado, desde la fecha en que se constituyó en mora.

CAPÍTULO III
DE LAS OBLIGACIONES DEL MANDANTE CON RELACIÓN AL MANDATARIO

Art. 2227.- El mandante debe anticipar al mandatario, si éste lo pide, las cantidades necesarias para la ejecución del mandato.

Si el mandatario las hubiere anticipado, debe el mandante reembolsarlas, aunque el negocio no haya salido bien, con tal que esté exento de culpa el mandatario.

El reembolso comprenderá los intereses de la cantidad anticipada, a contar desde el día en que se hizo el anticipo.

Art. 2228.- El mandante debe indemnizar al mandatario de todos los daños y perjuicios que le haya causado el cumplimiento del mandato, sin culpa ni imprudencia del mismo mandatario.

Art. 2229.- El mandatario podrá retener en prenda los bienes que son objeto del mandato, hasta que el mandante haga la indemnización y reembolso de que tratan los dos artículos anteriores.

Art. 2230.- Si varios mandantes hubiesen nombrado a un solo mandatario para hacer algún negocio común, le quedan obligados solidariamente para todos los efectos del mandato.

CAPÍTULO IV
DE LAS OBLIGACIONES Y DERECHOS DEL MANDANTE Y DEL MANDATARIO EN RELACIÓN A TERCERO

Art. 2231.- El mandante debe cumplir con todas las obligaciones que el mandatario haya contraído dentro de los límites del mandato.

Art. 2232.- El mandatario no tendrá acción para exigir el cumplimiento de las obligaciones contraídas a nombre del mandante, a no ser que esta facultad se haya previsto expresamente en el poder.

Art. 2233.- Los actos que el mandatario practique a nombre del mandante, traspasando los límites expresos del mandato, serán nulos respecto del mandante, si éste no los ratifica tácita o expresamente.

En este caso, las obligaciones contraídas a favor de tercero deberán ser cumplidas por el mandatario que actuó en exceso del mandato.

Art. 2234.- El tercero que hubiere contratado con el mandatario que se excedió en sus facultades no tendrá acción contra de éste, siempre que el mandatario le hubiere dado a conocer cuáles fueron aquéllas y no se hubiere obligado personalmente para el caso de que el mandante no aceptare lo pactado al margen de dichas facultades.

CAPÍTULO V
DEL MANDATO JUDICIAL O EN PROCURACIÓN

Art. 2235.- No pueden ser procuradores en juicio:

(REFORMADA, P.O. 29 DE NOVIEMBRE DE 2014)

I. Los incapaces; y

II. Los servidores públicos judiciales y aquellos que laboren en las dependencias fiscales, dentro de los límites de su circunscripción territorial.

Art. 2236.- El mandatario o procurador en un mandato judicial o poder general judicial no requiere poder o cláusula especial, sino en los casos siguientes:

I. Desistirse;

II. Transigir;

III. Comprometerse en árbitros;

IV. Absolver y articular posiciones;

V. Hacer cesión de bienes,

VI. Recibir pagos;

VII. Adquirir en venta de autoridad, formulando las posturas y pujas que procedan, respecto de los bienes que sean materia del juicio; y

VIII. Los demás actos que expresamente determine la ley.

Podrá en un poder general, conferirse algunas de las facultades enumeradas, en los términos de este título.

Art. 2237.- El procurador o mandatario judicial, una vez aceptado el poder o mandato judicial, está obligado a:

I. Seguir el juicio por todas sus instancias mientras no haya cesado su encargo por terminación del contrato de mandato;

II. Pagar los gastos que se ocasionen en el desarrollo del juicio, sin perjuicio del derecho que tiene de que el mandante se los reembolse; y

III. Practicar, bajo la responsabilidad que este código impone al mandatario, cuanto sea necesario para la tramitación judicial del negocio del mandante o poderdante, arreglándose al efecto a las instrucciones que éste le hubiere dado, y si no las tuviere, a lo que exija la naturaleza e índole del litigio. El procurador o mandatario judicial no puede, con base a las instrucciones recibidas, eximirse de la responsabilidad en que incurra.

Art. 2238.- El mandatario judicial, abogado o procurador que acepte el mandato de una de las partes, no puede admitir el del contrario, en el mismo juicio, aunque renuncie al primero. Si el mandatario judicial hiciere caso omiso a esta disposición, será responsable de los daños y perjuicios que ocasione a las partes, independientemente de las demás sanciones a las que se haga acreedor.

Art. 2239.- El mandatario judicial, abogado o procurador que revele a la parte contraria los secretos de su poderdante o cliente, o le suministre documentos o datos que lo perjudiquen, será responsable de todos los daños y perjuicios que a su mandante ocasione, quedando, además, sujeto a lo que para estos casos dispone el Código Penal.

Art. 2240.- La representación del mandatario judicial, abogado o procurador cesa, además de las causas de terminación del mandato en general por:

I. Separarse el poderdante o mandante de la acción u oposición que haya formulado;

II. Haber terminado la personalidad del poderdante o mandante;

III. Haber transmitido el mandante a otro sus derechos sobre el bien objeto del litigio, luego que la transmisión o cesión sea debidamente notificada y se haga constar en autos; y

IV. Hacer el dueño del negocio alguna gestión en el juicio, manifestando que revoca el mandato.

Art. 2241.- El mandatario judicial, procurador o abogado que ha sustituido su poder puede revocar la sustitución, rigiendo también en este caso, respecto del sustituto, lo dispuesto por el artículo anterior.

Art. 2242.- La parte o mandante judicial puede ratificar antes de la sentencia que cause ejecutoria, lo que el procurador, abogado o mandatario judicial hubiere hecho excediéndose del poder.

CAPÍTULO VI
DE LOS DIVERSOS MODOS DE TERMINAR EL MANDATO

Art. 2243.- El mandato termina por:

I. Revocación;

II. Renuncia del mandatario;

III. Muerte del mandante o del mandatario;

IV. Interdicción de uno u otro;

V. Vencimiento del plazo y por la conclusión del negocio para el cual fue concedido; y

(REFORMADA, P.O. 30 DE JULIO DE 2011)

VI. Interdicción del mandatario o del mandante, salvo que en éste hubiere existido estipulación expresa en el sentido de continuar su vigencia, en cuyo caso el mandatario deberá rendir cuentas al tutor del mandante.

Art. 2244.- El mandato podrá ser revocado en todo tiempo y libremente por el mandante o renunciado en igual forma por el mandatario. Cualquier estipulación en contrario será nula de pleno derecho y se tendrá por no puesta.

La parte que revoque o renuncie el mandato en tiempo inoportuno, deberá indemnizar a la otra, de los daños y perjuicios que le cause.

Art. 2245.- El mandante no podrá revocar el mandato, ni el mandatario podrá renunciar a su ejercicio cuando su otorgamiento se hubiera estipulado como condición en un contrato bilateral de vigencia determinada como medio para cumplir una obligación contraída.

Art. 2246.- El mandatario que tuviere justo impedimento para desempeñar su encargo no podrá abandonarlo sin sustituir el mandato, teniendo facultades para ello. Cuando no tenga facultades para sustituir el mandato, deberá dar aviso al mandante, para que nombre a otra persona.

Art. 2247.- Cuando se ha otorgado un mandato para tratar con determinada persona, el mandante debe notificar a ésta la revocación del mandato so pena de quedar obligado por los actos del mandatario ejecutados después de la revocación, siempre que haya habido buena fe de parte de dicha persona.

Art. 2248.- El mandante puede exigir la devolución del instrumento o escrito en que conste el mandato, y todos los documentos relativos al negocio o negocios que tuvo a su cargo el mandatario.

El mandante que descuide exigir los documentos que acrediten los poderes del mandatario, responde de los daños que puedan resultar por esa causa a terceros de buena fe.

Art. 2249.- Aunque el mandato termine por la muerte del mandante, debe el mandatario continuar en la atención de los negocios en que haya asumido la respresentación (sic) de este, entretanto los herederos proveen por sí mismos a los negocios, siempre que de lo contrario pueda resultar algún perjuicio.

Art. 2250.- Si el mandato termina por muerte del mandatario, deben sus presuntos herederos dar aviso al mandante y practicar, mientras éste resuelva, solamente las diligencias que sean indispensables para evitar cualquier perjuicio al mandante.

Art. 2251.- El mandatario que renuncie tiene obligación de seguir el negocio mientras el mandante no provee a la procuración, si de lo contrario se sigue algún perjuicio al mandante.

Art. 2252.- En el caso de que el mandato termine por la muerte del mandante o renuncia del mandatario, tiene derecho el mandatario para pedir al juez que se señale un término breve al mandante o a sus herederos, en su caso, a fin de que presenten a encargarse de sus negocios o designen un nuevo mandatario.

Art. 2253.- Lo que el mandatario, sabiendo que ha cesado el mandato, hiciere con un tercero que ignora el término de la procuración, no obliga al mandante, salvo los casos en que el mandante no haya exigido al mandatario la devolución del título en que se otorgó el mandato, o cuando el mandato se haya otorgado para tratar con determinada persona y no se haya avisado a ésta de la terminación del mandato.

TÍTULO DÉCIMO
DE LOS CONTRATOS DE PRESTACIÓN DE SERVICIOS

CAPÍTULO I
DEL CONTRATO DE PRESTACIÓN DE SERVICIOS TÉCNICOS Y PROFESIONALES

SECCIÓN PRIMERA
DISPOSICIONES GENERALES

Art. 2254.- El contrato de prestación de servicios técnicos o profesionales es aquél por medio del cual el prestador se obliga a proporcionar en beneficio del cliente o prestatario determinados servicios que requieren de una preparación técnica o profesional.

Art. 2255.- La contraprestación por la prestación de servicios técnicos o profesionales se denomina honorario, y puede ser cubierto por el receptor del servicio o por un tercero.

Art. 2256.- Los servicios podrán prestarse por:

I. Persona o conjunto de personas físicas con conocimientos técnicos o profesionales, a quienes se denominará técnico y profesionista, respectivamente;

II. Persona jurídica, que entre sus objetos sociales, se encuentra la de prestar servicios técnicos o profesionales; o de la combinación de ambos; y

III. Conjunto de personas jurídicas con las características señaladas en la fracción anterior.

Art. 2257.- Cuando el prestador no pueda continuar con el contrato deberá avisar oportunamente al cliente, quedando obligado a satisfacer los daños y perjuicios que se causen, cuando no diere el aviso con oportunidad.

Art. 2258.- Cuando el prestador haya celebrado el contrato obligándose a atender todos o algunos de los negocios del cliente, de manera regular y mediante una retribución periódica, denominada iguala, no podrá darse por concluido el contrato, por parte del prestador, sino dando aviso con un mes de anticipación.

Art. 2259.- En el caso del artículo anterior, el prestador estará obligado a dar oportunamente todos los informes y explicaciones que sean necesarios a la persona que se le designe como sustituto, para continuar en el desempeño de los mismos servicios. Esta obligación durará 180 días naturales contados desde la fecha en que se dejaran de prestar los servicios.

Art. 2260.- Cuando el cliente quiera dar por concluido dicho contrato, deberá:

I. Dar aviso al prestador cuando menos con tres meses de anticipación; y

II. Pagar a éste los honorarios correspondientes a un mes.

Si el cliente no diera el aviso con la anticipación debida, estará obligado a pagar al prestador como indemnización, los honorarios correspondientes a tres meses.

Las disposiciones de este artículo no serán válidas cuando el prestador haya dado causa justificada para dar por terminado el contrato, sin responsabilidad para el cliente.

Art. 2261.- El prestador es responsable igualmente, hacia el cliente, por negligencia, impericia o dolo de su parte o de cualquiera de las personas de él dependientes.

Los directores o administradores de personas jurídicas son responsables por quienes atiendan el servicio profesional, de la posesión del título o grado académico, de su experiencia, conducta, ética, desarrollo profesional, de su actualización y renovación de autorización para el ejercicio y de la protección a los intereses del consumidor.

Art. 2262.- Los directores o administradores de instituciones prestadoras de servicio profesional, siempre será una persona física y deberán poseer el grado académico que se requiera para los prestadores de servicio profesional.

SECCIÓN SEGUNDA
DE LA INVESTIGACIÓN

Art. 2263.- Pueden ser objeto del contrato de prestación de servicios técnicos y profesionales, la investigación que sobre un tema específico se propongan por el prestatario.

Art. 2264.- Los resultados de la investigación corresponden al prestatario quien podrá usarlos, aprovecharlos o difundirlos.

Art. 2265.- Si transcurridos 10 años desde que concluyeran las investigaciones, el prestatario no los ha usado, difundido o aprovechado, puede el prestador usarlo, difundirlo o aprovecharlo sin responsabilidad alguna.

Art. 2266.- El prestador del servicio está obligado a la reserva o secreto, considerando tanto los datos y resultados como secreto profesional.

Art. 2267.- El prestador del servicio no deberá de utilizar los resultados obtenidos de la investigación en beneficio de persona distinta al prestatario.

SECCIÓN TERCERA
DE LOS HONORARIOS

Art. 2268.- Los honorarios deberán de fijarse en el contrato mismo de prestación de servicios técnicos o profesionales. En caso de omisión a esta disposición, las partes los fijarán de acuerdo a los siguientes lineamientos:

I. La costumbre del lugar;

II. Importancia de los trabajos prestados;

III. Asunto o caso en que se prestaren;

IV. Facultades pecuniarias del que recibe el servicio; y

V. Prestigio y reputación del prestador.

Si los servicios prestados estuvieren regulados por el arancel, éste servirá de norma para fijar el importe de los honorarios debidos.

Art. 2269.- Los que presten servicios profesionales sin tener el título correspondiente que exija la ley, para su ejercicio, además de incurrir en las penas respectivas, no tendrán derecho de cobrar retribución alguna por los servicios profesionales que hayan prestado.

Art. 2270.- En la prestación de servicios técnicos y profesionales pueden incluirse las expensas o gastos que hayan de hacerse en el negocio en que aquéllos se presten.

Art. 2271.- El pago de los honorarios y de los gastos o expensas, cuando los haya, deberá hacerse en el lugar de la prestación del servicio, inmediatamente que se preste cada servicio o al fin de todos. También deberá pagarse cuando el prestador deje de prestar el servicio técnico o profesional, sin culpa para él o cuando haya concluido el negocio o trabajo que se le confió.

Podrá determinarse contractualmente que el pago sea hecho en un lugar diferente.

Art. 2272.- Cuando los clientes son varios y encomendaron uno o varios negocios o trabajos en forma conjunta, serán solidariamente responsables de los honorarios, gastos y expensas que haya realizado el prestador del servicio.

Art. 2273.- Cuando varios entes profesionales, en la misma área científica o técnica, presten sus servicios en un negocio o asunto, podrán cobrar los servicios que individualmente haya prestado cada uno.

Art. 2274.- Los prestadores tienen derecho de exigir sus honorarios, cualquiera que sea el éxito del negocio o trabajo que se le haya encomendado, salvo pacto en contrario.

CAPÍTULO II
DEL CONTRATO DE OBRAS A PRECIO ALZADO

Art. 2275.- Se denomina contrato de obra a precio alzado aquél por el cual una persona llamada empresario se obliga a dirigir y realizar una obra con materiales propios, asumiendo el riesgo de su realización a cambio de una remuneración previamente determinada.

Art. 2276.- El riesgo de la obra correrá a cargo del empresario, hasta el acto de la entrega, a no ser que hubiere morosidad de parte del dueño de la obra en recibirla, o convenio expreso o contrario.

Art. 2277.- Siempre que el empresario se encargue por precio alzado de la obra en bien inmueble, cualquiera que sea su valor, se otorgará el contrato por escrito, incluyéndose en él una descripción pormenorizada y en los casos que lo requieran, un plano, maqueta, diseño y presupuesto de la obra.

Art. 2278.- Si no hay plano, maqueta, diseño o presupuesto para la ejecución de la obra y surgieren dificultades entre el empresario y el dueño, serán resueltas teniendo en cuenta la naturaleza de la obra, el precio de ella, los aranceles profesionales si fueren emitidos y la costumbre del lugar oyéndose el dictamen de peritos.

Cuando la obra se efectúe en virtud de licitación pública, se deben tomar también en consideración las bases emitidas para el concurso y la adjudicación de la obra.

Art. 2279.- El perito que firme el plano, diseño, maqueta o presupuesto de una obra, y la ejecute, no puede cobrar el plano, diseño, maqueta o presupuesto fuera del honorario de la obra. Si la obra no se ejecuta por causa del dueño, podrá cobrarlo, a no ser que al encargárselo se haya pactado que el dueño no lo paga si no le conviniera aceptarlo.

Art. 2280.- Cuando se haya invitado a varios peritos para hacer planos, diseños, maquetas o presupuestos, con el objeto de escoger de entre ellos el que parezca mejor, y los peritos han tenido conocimiento de esta circunstancia, ninguno puede cobrar honorarios, salvo convenio expreso.

Art. 2281.- En el caso del artículo anterior, podrá el autor del plano, diseño, maqueta o presupuesto aceptado, cobrar honorarios cuando la obra se ejecutare conforme a él por otra persona.

Art. 2282.- El autor de un plano, diseño, maqueta o presupuesto que no hubiere sido aceptado, podrá también cobrar honorarios si la obra se ejecutare conforme a él por otra persona, aun cuando se hayan hecho modificaciones en los detalles.

Art. 2283.- Cuando al encargarse una obra no se hubieren fijado honorarios, los contratantes no se pusieren de acuerdo después, se tendrán por tales los designados en el arancel o a falta de ellos los que tasen peritos.

Art. 2284.- El honorario de la obra se pagará al entregarse ésta, salvo convenio en contrario.

Art. 2285.- El empresario que se encargue de ejecutar alguna obra por precio determinado, no tiene derecho de exigir después ningún aumento, aunque lo haya tenido el precio de los materiales o el de los jornales.

Art. 2286.- Lo dispuesto en el artículo anterior, se observará también cuando haya habido algún cambio o aumento en el plano o diseño, a no ser que sean autorizados por escrito por el dueño y con expresa designación del precio.

Art. 2287.- Una vez pagado y recibido el precio, no ha lugar a reclamación sobre él, a menos que al pagar o recibir, las partes se hayan reservado expresamente el derecho de reclamar.

Art. 2288.- El que se obliga a hacer una obra por precio alzado, debe comenzar y concluir en los términos designados en el contrato, y en caso contrario, en los que sean suficientes, a juicios de peritos.

Art. 2289.- El que se obligue a hacer una obra por piezas o por medida, puede exigir que el dueño la reciba en partes y se la pague en proporción de las que reciba.

Art. 2290.- La parte pagada se presume aprobada y recibida por el dueño; pero no habrá lugar a esa presunción solamente porque el dueño haya hecho adelantos a buena cuenta del precio de la obra, si no se expresa que el pago se aplique a la parte ya entregada.

Art. 2291.- Lo dispuesto en los dos artículos anteriores, no se observará cuando las piezas que se manden construir no puedan ser útiles, sino formando reunidas un todo.

Art. 2292.- El empresario que se encargue de ejecutar alguna obra, no puede hacerla ejecutar por otro, a menos que se haya pactado lo contrario, o el dueño lo consienta; en estos casos, la obra se hará siempre bajo la responsabilidad del empresario.

Art. 2293.- Recibida y aprobada la obra por el que la encargó, el empresario es responsable de los defectos que después aparezcan y que procedan de vicios en su construcción y hechura, mala calidad de los materiales empleados o vicios del suelo en que se fabricó; a no ser que por disposición expresa del dueño se hayan empleado materiales defectuosos, después que el empresario le haya dado a conocer sus defectos, o que se haya edificado en terreno inapropiado indicado por el dueño, a pesar de las observaciones del empresario.

Art. 2294.- El dueño de la obra puede desistir de la empresa comenzada, con tal que indemnice al empresario de todos los gastos y trabajos y de la utilidad que pudiera haber sacado de la obra.

Art. 2295.- Cuando la obra fue ajustada por peso o medida, sin designación del número de piezas o de la medida total, el contrato puede revocarse por una y otra parte, concluidas que sean las partes designadas, pagándose la parte concluida.

Art. 2296.- Pagado el empresario de lo que le corresponde, según los dos artículos anteriores, el dueño queda en libertad de continuar la obra, empleando a otras personas, aun cuando aquélla siga conforme al mismo plano, diseño, maqueta o presupuesto.

Art. 2297.- Si el empresario muere antes de terminar la obra, podrá rescindirse el contrato; pero el dueño indemnizará a los herederos de aquél del trabajo y gastos hechos.

Art. 2298.- La misma disposición tendrá lugar si el empresario no puede concluir la obra por alguna causa independiente de su voluntad.

Art. 2299.- Si muere el dueño de la obra, no se rescindirá el contrato, y sus herederos serán responsables del cumplimiento para con el empresario.

Art. 2300.- El empresario es responsable del trabajo ejecutado por las personas que ocupe en la obra.

Art. 2301.- Cuando se conviniere en que la obra deba hacerse a satisfacción del propietario o de otra persona, se entiende reservada la aprobación, a juicio de peritos.

Art. 2302.- El constructor de cualquier obra mueble tiene derecho de retenerla mientras no se le pague, y su crédito será cubierto preferentemente con el precio de dicha obra.

Art. 2303.- Los empresarios constructores son responsables:
I. Por la inobservancia de las disposiciones administrativas; y
II. Solidariamente con el dueño, por todo daño que causen a los vecinos.

CAPÍTULO III
DEL CONTRATO DE TRANSPORTE

Art. 2304.- Se denomina contrato de transporte al acuerdo de voluntades entre una persona llamada porteador que se obliga a transportar, bajo su inmediata dirección o la de sus dependientes, por tierra, por agua o por aire, a personas, animales, mercaderías o cualesquiera otros bienes, y otra persona llamada pasajero o cargador que utiliza el transporte para sí mismo o para trasladar bienes, a cambio del pago de una cantidad cierta y en dinero; si no constituye un contrato mercantil, se regirá por las reglas siguientes.

Art. 2305.- El contrato de transporte es esencialmente oneroso, pero podrá ser gratuito, si así lo pactan el porteador y cargador o pasajero.

Art. 2306.- Los porteadores tienen responsabilidad sobre:

I. El daño causado a las personas o bienes, por defectos de los conductores y medios de transporte que empleen; y estos defectos se presumen siempre que el mismo porteador no pruebe que el mal aconteció por fuerza mayor o por caso fortuito que no le puede ser imputado a él o sus dependientes;

II. De la pérdida y de las averías de los bienes que reciban, a no ser que el porteador pruebe que la pérdida o las averías han provenido de caso fortuito, de fuerza mayor o de vicio de los mismos bienes;

III. De las omisiones o equivocaciones que haya en la remisión de los bienes, ya sea que los envíen fuera del tiempo convenido o a un lugar distinto al acordado; y

IV. De los daños por el retardo en la entrega del bien transportado, a menos que prueben que dicho retardo fue ocasionado por caso fortuito o fuerza mayor.

Art. 2307.- Los porteadores no son responsables de los bienes que no se les entreguen a ellos, sino a sus cocheros, marineros, remeros o dependientes, que no estén autorizados para recibirlos. En este caso, la responsabilidad es exclusiva de la persona a quien se entregó el bien.

Art. 2308.- La responsabilidad de todas las infracciones que durante el transporte se cometan, de leyes y reglamentos de carácter administrativo, será del conductor y no de los pasajeros, ni de los dueños de los bienes conducidos o cargados, a no ser que la falta haya sido cometida por estas personas.

Art. 2309.- El porteador no será responsable de las faltas de que trata el artículo que precede, en cuanto a las penas, sino cuando tuviere culpa; pero lo será siempre de la indemnización de los daños y perjuicios.

Art. 2310.- Las personas transportadas no tienen derecho para exigir aceleración o retardo en el viaje, ni alteración alguna en la ruta, ni en las detenciones o paradas, cuando estos actos estén señalados por los reglamentos o por el contrato.

Art. 2311.- El contrato de transporte deberá celebrarse por escrito. La falta de este requisito no invalidará el contrato, pero será imputable al porteador.

Art. 2312.- El porteador de bienes, deberá extender al pasajero una carta de porte de la que éste podrá pedir una copia. En dicha carta se expresarán:

I. El nombre, apellido y domicilio del pasajero;

II. El nombre, apellido y domicilio del porteador;

III. El nombre, apellido y domicilio de la persona a quien o a cuya orden van dirigidos los efectos, o si han de entregarse al portador de la misma carta;

IV. La designación de los bienes, con expresión de su calidad genérica, de su peso y de las marcas o signos exteriores de los bultos en que se contengan;

V. El precio del transporte;

VI. La fecha en que se hace la expedición;

VII. El lugar de la entrega al porteador;

VIII. El lugar y el plazo en que habrá de hacerse la entrega al consignatario;

IX. La indemnización que haya de abonar el porteador en caso de retardo, si sobre este punto mediare algún pacto, a manera de cláusula penal; y

X. El monto del seguro en caso de que el cargador o el porteador así lo requieran.

Art. 2313.- Las acciones que nacen del contrato de transporte, sean en pro o en contra de los porteadores, prescriben a los seis meses a partir de la fecha en que sea exigible la prestación.

Art. 2314.- Si el bien transportado fuere de naturaleza peligrosa, de mala calidad o no estuviere convenientemente empacado o envasado, y el daño proviene de alguna de esas circunstancias, la responsabilidad será del dueño del bien transportado, si tuvo conocimiento de ellas; en caso contrario, la responsabilidad será del pasajero que contrató con el porteador, tanto por el daño que se cause en el bien, como por el que reciban el medio de transporte u otras personas o bienes.

Art. 2315.- Se exceptúa de lo dispuesto en el artículo anterior, cuando el pasajero o el dueño del bien transportado haya hecho saber al porteador las circunstancias del bien peligroso o de la mala calidad o de deficiencias en el empaque o en el envase, y éste, contractualmente se obligó a transportarlos indicando expresamente la responsabilidad que adquirirá sobre dichos bienes.

En este caso, la falta de forma en el contrato será imputable al pasajero.

Art. 2316.- A falta de convenio expreso, se observará la costumbre del lugar, ya sobre el importe del precio y de los gastos, ya sobre el tiempo en que haya de hacerse el pago.

Art. 2317.- El crédito por fletes que se adeudaren al porteador, será pagado preferentemente con el precio de los bienes transportados, si se encuentran en poder del acreedor.

Art. 2318.- El contrato de transporte es rescindible a voluntad del cargador, antes o después de comenzarse el viaje, pagando en el primer caso al porteador la mitad y en el segundo, la totalidad del precio del transporte, y siendo obligación suya recibir los bienes en el tiempo y lugar en que se verifique la rescisión. Si no cumpliere con esta obligación, o no pagare el porte al contado, el contrato no quedará rescindido.

Art. 2319.- El contrato de transporte se rescindirá de hecho antes de emprenderse el viaje, o durante su curso, si sobreviniere algún suceso de fuerza mayor que impida verificarlo o continuarlo.

Art. 2320.- En el caso previsto en el artículo anterior, cada uno de los interesados perderá los gastos que hubiere hecho, si el viaje no se ha verificado; y si está en curso, el porteador tendrá derecho a que se le pague del precio del transporte, la parte proporcional al camino recorrido.

El porteador tendrá la obligación de presentar los bienes, para su depósito, a la autoridad judicial más cercana al lugar en que ya no le sea posible continuar el transporte, comprobando este hecho y recabando la constancia relativa de hallarse los bienes en el estado consignado en la carta de porte, de cuyo hecho dará conocimiento oportuno al cargador, a cuya disposición han de quedar.

CAPÍTULO IV
DEL CONTRATO DE HOSPEDAJE

Art. 2321.- Es contrato de hospedaje aquél por medio del cual una persona llamada hotelero se compromete a brindar alojamiento por un tiempo determinado a otra persona llamada huésped.

El huésped se obliga a pagar un precio cierto por el hospedaje.

En el contrato de hospedaje, además del alojamiento, podrán añadirse otros servicios que preste el hotelero por un precio adicional o en el mismo precio del alojamiento, según lo pacten las partes.

Art. 2322.- Es expreso el contrato de hospedaje, siempre que las partes hayan estipulado fehacientemente las condiciones del mismo o cuando el hotelero oferte públicamente sus servicios como tal, ofreciendo determinados servicios y calidad de hospedaje por una determinada retribución cierta.

Art. 2323.- Es tácito el contrato de hospedaje cuando:

I. No haya convenio entre las partes donde se estipulen las condiciones del mismo;

II. Exista un comportamiento recíproco del huésped y el hotelero que implique una relación de hospedaje; o

III. Que el inmueble del hotelero donde se aloja el huésped se destine cotidianamente a ese objeto, pero no se hayan ofertado públicamente las condiciones del hospedaje.

Art. 2324.- Cuando el huésped permanezca alojado en el inmueble del hotelero por más tiempo del pactado en el contrato, el hotelero podrá dar aviso al huésped para que desocupe la parte del inmueble que esté ocupando éste, en las siguientes veinticuatro horas.

En caso de que dado el aviso, no desocupe la parte del inmueble donde esté alojado el huésped, el hotelero podrá, auxiliándose de la fuerza pública, obligar al huésped para la desocupación total de la parte del inmueble que ocupe.

En estos casos, el huésped será responsable de los daños y perjuicios que ocasione al hotelero, así como del pago de la contraprestación que corresponda por todo el tiempo que haya estado alojado y recibiendo servicios del hotelero.

Art. 2325.- Cuando el huésped permanezca por más tiempo del pactado en el contrato alojado en el inmueble del hotelero, y no se le dé aviso para que desocupe, se entenderá que el contrato está prorrogado indefinidamente en las mismas condiciones del contrato de hospedaje inicial. Esta prórroga continuará hasta que no exista el aviso por parte del hotelero o la desocupación voluntaria por el huésped.

Art. 2326.- El contrato de hospedaje expreso deberá realizarse por escrito. La falta de forma en un contrato de hospedaje expreso, será imputable al hotelero.

Art. 2327.- El contrato de hospedaje deberá contener:

I. Nombre del hotelero y su representante;

II. Nombre del huésped;

III. Domicilio de ambos;

IV. Lugar de procedencia del huésped;

V. Tiempo de duración del contrato de hospedaje;

VI. Precio determinado;

VII. Características de la habitación donde se prestará el hospedaje;

VIII. Servicios que presta por el precio pactado;

IX. Servicios adicionales que puede contratar el huésped por un precio adicional; y

X. Firma del huésped y del hotelero o su representante.

Art. 2328.- El hotelero deberá proporcionar al huésped la estancia donde habrá de alojarse, en condiciones de limpieza e higiene que permitan cumplir con el objeto del contrato de hospedaje.

Art. 2329.- El hotelero debe garantizar al huésped un alojamiento pacífico y útil, así como la prestación de los servicios establecidos en el contrato en las condiciones pactadas en éste.

Art. 2330.- En caso de incumplimiento por parte del hotelero de las obligaciones señaladas en los dos artículos anteriores, el huésped tendrá derecho a la rescisión anticipada del contrato de hospedaje, teniendo derecho a lo siguiente:

I. Si el contrato se celebró por un día o menos, tendrá derecho a la devolución del precio que hubiese pagado;

II. Si el contrato se celebró por un periodo mayor a un día, tendrá derecho a la devolución del precio que haya pagado por el tiempo que no se alojó en el inmueble destinado al hospedaje, por causa imputable al hotelero, incluyendo el día en que el hotelero incurrió en el incumplimiento; y

III. Al pago de daños y perjuicios ocasionados al huésped, en todos los casos donde el incumplimiento sea imputable al hotelero.

Art. 2331.- En caso de incumplimiento por parte del huésped, éste responderá del importe adeudado del hospedaje con su equipaje. El hotelero o su representante tendrá derecho de suspender todos los servicios, incluso el de alojamiento, además de retener el equipaje hasta que no le sea pagado el hospedaje.

Art. 2332.- En caso de que no le sea pagado el hospedaje al hotelero y que no haya retenido, por cualquier causa, equipaje al huésped, podrá exigir el pago del hospedaje, ante la autoridad judicial competente. En estos casos, el huésped será responsable del pago de los daños y perjuicios que ocasione al hotelero.

TÍTULO DECIMOPRIMERO
DE LA APARCERÍA

CAPÍTULO I
DISPOSICIONES GENERALES

Art. 2333.- Es contrato de aparcería, aquél por virtud del cual, una persona llamada aparcerista concede el derecho de utilizar un inmueble o animales de los cuales tiene la libre disposición, a otra persona llamada aparcero, para que éste practique en el inmueble o con los animales, actividades agrícolas, apícolas, piscícolas, avícolas, cunícolas o ganaderas, con la finalidad de repartir entre ambos los frutos o productos que se obtengan.

Art. 2334.- El contrato de aparcería se rige por las leyes especiales de la materia y, en su defecto, por las disposiciones de este capítulo. Puede celebrarse por personas físicas o jurídicas.

Art. 2335.- Todo contrato de aparcería será oneroso, recibiendo el aparcero una porción convenida de los frutos o productos que se obtengan de la aparcería, sin que dicha porción pueda ser menor del cuarenta por ciento en la agrícola y de treinta por ciento en los demás casos, siempre que se haya concedido para la realización de la aparcería, el predio con infraestructura y los animales, semillas o plantas para lograr el objeto del contrato.

Art. 2336.- Cuando se pacte expresamente que con motivo de la aparcería se experimentan nuevos procesos, ciclos, técnicas de producción, el porcentaje a que se refiere el artículo anterior puede variar convencionalmente.

Art. 2337.- Si fueren varios los aparceros, la porción de que habla el artículo 2335 se dividirá entre ellos en la forma convenida o en proporción al trabajo hecho por cada uno.

Art. 2338.- Todo contrato de aparcería rural podrá otorgarse por escrito, por duplicado, para que cada una de las partes conserve un ejemplar del mismo. Para que surta efectos contra terceros, deberá documentarse e inscribirse en el Registro Público de la Propiedad tratándose de aparcería agrícola y en la asociación ganadera local o ante la autoridad pecuaria que promueva la producción; tratándose de aparcería animal. En caso que no lleven registros, u otros elementos de identificación, cuando menos serán certificadas las firmas por notario, autoridad judicial o encargado del Registro Público de la Propiedad.

Art. 2339.- Si no se pacta en el contrato de aparcería rural, la porción de los frutos o productos que corresponderá al aparcero, se atenderá a las costumbres del lugar, mientras no se contradigan las disposiciones de este capítulo.

Art. 2340.- El término del contrato de aparcería rural será el que pacten las partes. En caso de que no se pacte término alguno, será el de la cosecha, cría o recolección.

Art. 2341.- Si durante el término del contrato, fallece el aparcerista o los bienes materia del contrato son enajenados, la aparcería subsistirá.

Art. 2342.- Si durante el término del contrato, fallece el aparcero, se tendrá por terminado el contrato de aparcería rural. En este caso, el aparcerista tendrá la obligación de pagar a los herederos el importe de los trabajos hechos siempre que se aproveche de ellos la aparcería, por sí o por interpósita persona.

Art. 2343.- Si el aparcero no cumple con lo dispuesto en el contrato de aparcería rural y demás obligaciones que le son inherentes con motivo del mismo, será responsable de los daños y perjuicios que ocasione por este motivo al aparcerista.

Art. 2344.- También es responsable el aparcero de daños y perjuicios, si como resultado de su inexperiencia o falta de aplicación de técnicas adecuadas de producción, no se obtienen los resultados esperados conforme a los usos y costumbres del lugar.

Cuando el contrato de aparcería sea con fines experimentales, puede pactarse que el aparcero no incurra en responsabilidades por la aplicación de esa técnica.

Art. 2345.- Si el objeto de la aparcería no se logra por alguna causa imputable al aparcerista, o los frutos o productos disminuyen por el incumplimiento de las disposiciones legales y contractuales que contrajo, deberá pagar al aparcero, la porción de los frutos o productos que se hubieran logrado, a juicio de peritos, en caso de haberse continuado el contrato de aparcería en condiciones óptimas.

Art. 2346.- El aparcerista no tiene derecho de retener, de propia autoridad, todos o parte de los frutos o productos que correspondan al aparcero, para garantizar lo que éste le deba por razón del contrato de aparcería rural.

Art. 2347.- Al concluir el contrato de aparcería, el aparcero que hubiere cumplido fielmente sus compromisos, goza del derecho de preferencia, si el aparcerista va a celebrar nuevo contrato de aparcería rural respecto de los mismos bienes.

CAPÍTULO II
DE LA APARCERÍA AGRÍCOLA

Art. 2348.- Salvo pacto en contrario, el aparcero que tuviere predios en aparcería agrícola, no podrá levantar las mieses o cosechar los frutos en que deba tener parte, sin dar aviso al aparcerista o a su representante, si éste o aquél están domiciliados en lugar que para trasladarse al predio materia del contrato se emplee menos de una hora utilizando los medios de transporte comunes en el lugar.

Art. 2349.- Si no ocurre el aparcerista o su representante, el aparcero podrá levantar la cosecha o las mieses, midiendo, contando o pesando los frutos, en presencia de cuando menos dos testigos.

Art. 2350.- Si el aparcero no cumple lo dispuesto en los dos artículos anteriores, tendrá obligación de entregar al aparcerista la cantidad de frutos o productos, o su equivalente en dinero, que de acuerdo con el contrato, fijen peritos. Los honorarios de los peritos serán cubiertos por el aparcero.

Art. 2351.- El aparcerista no podrá levantar la cosecha o mieses, sino cuando el aparcero por cualquier causa abandone la siembra o fallezca.

Art. 2352.- Si la cosecha se pierde por completo, sin culpa del aparcero, éste no tiene obligación de pagar las semillas o demás gastos que haya hecho el aparcerista. Si la pérdida de la cosecha es parcial, en proporción a esa pérdida se reducirá su obligación de pago.

Art. 2353.- Podrá el aparcero establecer su habitación en el campo que va a cultivar, durante la vigencia del contrato de aparcería. Si en el predio hay agua potable, podrá éste proveerse de ésta en la cantidad que requiera para su uso y el de sus operarios y familia. El aparcerista determinará al aparcero el lugar del predio donde podrá establecer su habitación. Contractualmente, el aparcerista podrá otorgar derechos adicionales al aparcero.

Art. 2354.- Si el aparcero habita en el campo que va a cultivar, y el contrato de aparcería agrícola termina, éste tendrá 10 días para desalojar el inmueble objeto del contrato.

CAPÍTULO III
DE LA APARCERÍA ANIMAL

Art. 2355.- Tiene lugar la aparcería apícola, piscícola, avícola, cunícola o ganadera cuando el aparcerista proporciona al aparcero cierto número de animales, productos genéticos, huevos o colmenas, a fin de que los cuide y alimente, con el objeto de repartirse la producción en la proporción que convenga.

Art. 2356.- La aparcería de animales podrá realizarse en inmueble que tenga a disposición el aparcero o en la infraestructura que para ese fin facilite el aparcerista.

Art. 2357.- Constituyen el objeto de esta aparcería, las crías de los animales, sus productos y sus desechos cuando sean aprovechables económicamente.

Art. 2358.- El aparcero de animales está obligado a emplear en la guarda y tratamiento de los mismos, el cuidado que ordinariamente emplee en ellos, según la costumbre y usos del lugar, salvo que contractualmente se establezcan cuidados especiales. En caso de omisión, será responsable de los daños y perjuicios que ocasione al aparcerista.

Art. 2359.- El aparcerista está obligado a garantizar a su aparcero, la posesión y el uso de los animales y a sustituir por otros en caso de evicción los animales o colmenas perdidas. De lo contrario, es responsable de los daños y perjuicios a que diere lugar por falta de cumplimiento del contrato.

Art. 2360.- El aparcero sólo responderá de las pérdidas de animales que le sean imputables. Cuando la causa de la pérdida se deba a caso fortuito o fuerza mayor, y haya crías, se sustituirán al aparcerista las pérdidas con crías, y la repartición de crías, sólo incluirá a las restantes.

Art. 2361.- El aparcero de animales no podrá disponer de ellos, ni de las crías de los productos o de sus desechos aprovechables económicamente antes del reparto, sin consentimiento del aparcerista, ni éste sin el de aquél.

Art. 2362.- El aparcero de ganados no podrá hacer el esquileo sin dar aviso al aparcerista, y si omite darlo, deberá entregar a éste, la cantidad de lana o pelo que de acuerdo con el contrato, fijen peritos. Los honorarios de los peritos serán cubiertos por el aparcero.

Art. 2363.- El aparcerista cuyos animales se enajenaron indebidamente por el aparcero, tiene derecho para reivindicarlos, salvo que la venta se haya hecho en pública subasta; pero tanto en el primer caso como cuando la subasta se hubiere llevado a cabo sin aviso al aparcerista, éste conservará su derecho para cobrar al aparcero los daños y perjuicios ocasionados con la enajenación.

Art. 2364.- Si los animales fueren embargados en poder del aparcero, éste deberá dar aviso inmediatamente al aparcerista; siendo responsable de los daños y perjuicios que se originen por la omisión o la demora en dar el aviso.

Art. 2365.- Si el aparcerista no exige su parte dentro de los sesenta días después de fenecido el término del contrato de aparcería, se entenderá prorrogado éste en favor del aparcero, por otro periodo igual al término pactado.

Art. 2366.- En el caso de la venta de animales, antes de que termine el contrato de aparcería, disfrutarán los contratantes del derecho del tanto.

TÍTULO DECIMOSEGUNDO
DE LOS CONTRATOS ALEATORIOS

CAPÍTULO I
DEL JUEGO Y DE LA APUESTA

Art. 2367.- La ley no concede acción para reclamar lo que se gana en juego prohibido.

Art. 2368.- Las cantidades que hayan sido pagadas por deuda de juego prohibido y se recojan, pasarán a la Beneficencia Pública.

Art. 2369.- Lo dispuesto en los dos artículos anteriores se aplicará a las apuestas que deban tenerse como prohibidas porque tengan analogía con los juegos prohibidos.

(REFORMADO, P.O. 3 DE MARZO DE 2011)

Art. 2370.- El que pierde en un juego o apuesta que no estén prohibidos queda obligado civilmente, con tal de que la pérdida no exceda de la vigésima parte de su fortuna. Prescribe en un año el derecho para exigir la deuda de juego a que este artículo se refiere.

Art. 2371.- La deuda de juego o de apuesta prohibidos no puede compensarse, ni ser convertida por novación en una obligación eficaz.

Art. 2372.- El que hubiere firmado una obligación que en realidad tenía por causa una deuda de juego o de apuesta prohibidos, conserva, aunque se atribuya a la obligación una causa civilmente eficaz, la excepción que nace del artículo anterior, y se puede probar por todos los medios la causa real de la obligación.

Art. 2373.- Si a una obligación de juego o apuesta prohibidos se le hubiere dado la forma de título a la orden o al portador, el suscriptor debe pagarla al portador de buena fe; pero podrá la Beneficencia Pública ejercitar su acción para recoger del beneficiario primitivo lo que éste hubiere percibido.

Art. 2374.- Cuando las personas se sirvieren del medio de la suerte, no como apuesta o juego, sino para dividir cosas comunes o terminar cuestiones, producirá, en el primer caso, los efectos de una partición legítima, y en el segundo, los de una transacción.

Art. 2375.- Las loterías o rifas, cuando se permitan, serán regidas, las primeras, por las leyes especiales que las autoricen, y las segundas, por los reglamentos administrativos.

Art. 2376.- El contrato celebrado entre los compradores de billetes y las loterías autorizadas en país extranjero, no será válido en el Estado, a menos que la venta de esos billetes haya sido permitida por la autoridad correspondiente.

CAPÍTULO II
DE LA RENTA VITALICIA

(REFORMADO, P.O. 30 DE JULIO DE 2011)

Art. 2377.- El contrato aleatorio de renta vitalicia es aquel por virtud del cual el deudor se obliga a pagar periódicamente una pensión durante la vida de una o más personas determinadas que serán los rentistas vitalicios o acreedores, mediante la entrega de una cantidad de dinero o el dominio de un bien mueble o inmueble que se le transferirá en el momento de formalizarse el contrato o en el que se pacte.

La pensión podrá referirse al pago que debe efectuarse a una casa de descanso para la atención del rentista.

Art. 2378.- El contrato de renta vitalicia puede tener como término, la vida del rentista vitalicio, del deudor o de un tercero. Puede otorgarse a favor de aquélla persona sobre cuya vida se otorga, o de otra u otras distintas.

Art. 2379.- La renta vitalicia puede también constituirse a título puramente gratuito, sea por donación o por testamento.

Art. 2380.- El contrato de renta vitalicia debe hacerse por escrito, y en escritura pública, cuando los bienes cuya propiedad se transfiere deban enajenarse con esa formalidad.

Art. 2381.- Cuando la renta vitalicia se constituya a favor de una persona que no ha transmitido el dominio de bien alguno, debe considerarse como una donación. Sin embargo, sólo se sujetará a los preceptos que regulan ese contrato, en lo que no contradigan las disposiciones de este capítulo.

Art. 2382.- El contrato de renta vitalicia es nulo si la persona sobre cuya vida se constituye ha muerto antes de su otorgamiento.

Art. 2383.- También es nulo el contrato si la persona a cuyo favor se constituye la renta vitalicia fallece dentro de los treinta días de su celebración. Las partes podrán estipular un término más amplio para el mismo efecto.

Art. 2384.- Puede contractualmente imponerse al deudor la obligación de garantir el importe de la renta vitalicia, mediante prenda, hipoteca o reserva de dominio sobre los bienes que constituyen la contraprestación.

(REFORMADO, P.O. 30 DE JULIO DE 2011)

Art. 2385.- El acreedor rentista o su tutor, en el caso de la falta de pago de las pensiones, tiene acción para demandar al deudor por su sustitución mediante la cesión de su posición contractual forzosa; lo anterior, independientemente de reclamar daños y perjuicios. El cesionario sustituto tendrá un plazo máximo de seis meses, contados a partir de la fecha en que operó la sustitución, para reembolsar al deudor originario las cantidades pagadas por éste, causándose intereses al tipo legal sobre el saldo.

Art. 2386.- La pensión correspondiente al periodo en que muere el que la disfruta, se pagará en proporción a los días que éste vivió siempre que los pagos se hagan por plazos vencidos. Cuando los pagos deban hacerse anticipadamente no habrá lugar a reclamar lo pagado.

Art. 2387.- Si la pensión debía pagarse por plazos anticipados, al morir la persona cuyo fallecimiento pone término al contrato, deberá quedar cubierto íntegramente el importe del último periodo que hubiere empezado a correr en vida del rentista vitalicio.

Art. 2388.- Solamente el que constituye a título gratuito una renta vitalicia sobre sus bienes, puede disponer, al tiempo de su otorgamiento, que no estará sujeta a embargo por derecho de un tercero.

Art. 2389.- Si la renta vitalicia se ha constituido onerosamente para alimentos, no podrá ser embargada sino en la parte que a juicio del juez exceda de la cantidad que sea necesaria para cubrir aquéllos, según las circunstancias de la persona.

Art. 2390.- La renta vitalicia constituida sobre la vida del mismo rentista vitalicio no se extingue sino con la muerte de éste.

Art. 2391.- Si la renta se constituye sobre la vida de un tercero, no cesará con la muerte del rentista vitalicio, sino que se transmitirá a sus herederos, y sólo cesará con la muerte de la persona sobre cuya vida se constituyó.

Art. 2392.- El rentista vitalicio o sus herederos sólo pueden demandar las pensiones justificando su supervivencia o la de aquélla persona sobre cuya vida se constituyó la renta vitalicia.

Art. 2393.- Si el deudor ha causado la muerte del rentista vitalicio o la de aquél sobre cuya vida había sido constituida la renta vitalicia, debe restituir los bienes que recibió al constituirse el contrato, al que lo constituyó o a sus herederos, además de las sanciones civiles y penales en las que incurra.

CAPÍTULO III
DE LA COMPRA DE ESPERANZA

Art. 2394.- Se llama compra de esperanza al contrato por virtud del cual una persona denominada comprador adquiere por una cantidad determinada, los frutos que un bien produzca en un tiempo determinado o bien, los productos inciertos de un hecho que pueden estimarse en dinero, de una persona llamada vendedor.

Art. 2395.- Es vendedor en una compra de esperanza, la persona que tiene la libre disposición del bien o los bienes objeto del contrato, de los cuales se obtendrán los frutos, durante el tiempo de vigencia del mismo.

Art. 2396.- Cuando no se pacte el término del contrato, éste será el de la cosecha, temporada, o hecho de que se trate, cuando exista; en caso contrario, se entenderá celebrado por un año.

Art. 2397.- El contrato de venta de esperanza debe otorgarse por escrito. La falta de este requisito será imputable al comprador.

Art. 2398.- El comprador toma para sí el riesgo de que los frutos no lleguen a existir o existan en cantidad o calidad menor a la esperada.

Art. 2399.- El vendedor tiene derecho al precio aunque no lleguen a existir los frutos o productos comprados.

Art. 2400.- Los demás derechos y obligaciones de las partes, en la compra de esperanza serán los que se determinan en el título de compraventa.

TÍTULO DECIMOTERCERO
DE LA FIANZA

CAPÍTULO I
DE LA FIANZA EN GENERAL

Art. 2401.- La fianza es un contrato por el cual, una persona llamada fiador se compromete con el acreedor de una obligación, a pagar por el deudor, si éste no lo hace.

Art. 2402.- Para los efectos de este título, el deudor se denominará fiado.

Art. 2403.- Todo contrato de fianza deberá otorgarse por escrito.

Art. 2404.- La fianza puede ser legal, judicial, convencional, gratuita o a título oneroso.

Art. 2405.- Fianza legal es aquélla que debe constituirse obligatoriamente por una disposición legal.

Art. 2406.- Fianza judicial es aquélla que debe constituirse obligatoriamente por una disposición de la autoridad jurisdiccional competente.

Art. 2407.- Fianza convencional es aquélla que se constituye por voluntad de las partes.

Art. 2408.- Fianza gratuita es aquélla que se considera sin que el fiador reciba contraprestación alguna; de lo contrario, se tratará de una fianza a título oneroso.

Art. 2409.- La fianza puede otorgarse no sólo en favor del fiado, sino del fiador. Esto podrá darse cuando ambos consientan en la garantía, ya sea que la nueva fianza ignore a la anterior, o que la contradiga.

Art. 2410.- La fianza no puede existir sin una obligación válida.

Podrá, no obstante, recaer sobre una obligación cuya nulidad pueda ser reclamada a virtud de una excepción puramente personal del obligado.

Art. 2411.- Puede también prestarse fianza en garantía de deudas futuras, cuyo importe no sea aún conocido; pero no se podrá reclamar contra el fiador hasta que la deuda sea líquida. Podrá pactarse en este tipo de fianzas, el límite hasta el cual responderá el fiador.

Art. 2412.- El fiador puede obligarse a menos y no a más que el fiado. Si se hubiere obligado a más se reducirá su obligación a los límites de la del fiado. En caso de duda sobre si se obligó por menos o por lo mismo que el fiado, se presumirá esto último.

Art. 2413.- Puede también obligarse el fiador a pagar una cantidad en dinero, si el fiado no presta una cosa o un hecho determinado.

Art. 2414.- La responsabilidad de los herederos del fiador será la de pagar la cuota que le corresponda en proporción a su haber hereditario, salvo que la obligación sea indivisible; en este caso, todos los coherederos serán considerados como un solo fiador, con relación al deudor principal.

Art. 2415.- El obligado a dar fiador debe presentar persona que tenga capacidad para obligarse y bienes suficientes para responder de la obligación que garantiza. El fiador se entenderá sometido a la jurisdicción del juez del lugar donde esta obligación deba cumplirse, salvo pacto en contrario.

Si el fiador fuere declarado en estado de insolvencia, puede el acreedor pedir que se nombre otro fiador que reúna las cualidades que exige el párrafo anterior.

Art. 2416.- En las obligaciones a plazo o de prestación periódica, el acreedor podrá exigir fianza, aun cuando en el contrato no se haya constituido, si después de celebrado, el fiado sufre menoscabo en sus bienes, o pretende ausentarse del lugar en que debe hacer el pago.

Art. 2417.- El que debiendo dar o reemplazar el fiador, no lo presenta dentro del término que el juez le señale, a petición de parte legítima, queda obligado al pago inmediato de la deuda, aunque no se haya vencido el plazo de ésta.

Art. 2418.- Si la fianza fuere para garantizar la administración de bienes, cesará ésta si aquélla no se da en el término convenido o señalado por la ley o por el juez, salvo los casos en que la ley disponga otra cosa.

Art. 2419.- Las cartas de recomendación en que se asegure la probidad y solvencia de alguien, no constituyen fianza.

Art. 2420.- Si las cartas de recomendación fuesen dadas de mala fe, afirmando falsamente la solvencia del recomendado, el que la suscriba será responsable del daño que sobreviniese a las personas a quienes se dirige, por la insolvencia del recomendado.

Art. 2421.- No tendrá lugar la responsabilidad del artículo anterior, si el que dio la carta probase que no fue su recomendación la que condujo a tratar con su recomendado.

Art. 2422.- Quedan sujetas a las disposiciones de este título, las fianzas otorgadas por individuos o compañías accidentalmente en favor de determinadas personas, siempre que no se expidan en forma de póliza; y que no sean objeto de publicidad especial.

CAPÍTULO II
DE LOS EFECTOS DE LA FIANZA ENTRE EL FIADOR Y EL ACREEDOR

Art. 2423.- El fiador tiene derecho de oponer todas las excepciones que sean inherentes a la obligación principal, mas no las que sean personales del fiado.

Art. 2424.- La renuncia voluntaria que hiciese el fiado de la prescripción de la deuda, o de toda otra causa de liberación, o de la nulidad o rescisión de la obligación, no impide que el fiador haga valer esas excepciones.

Art. 2425.- El fiador no puede ser compelido a pagar al acreedor, sin que previamente le sea exigido el pago al fiado y se haga la excusión de sus bienes.

Art. 2426.- La excusión consiste en aplicar todo el valor libre de los bienes del fiado al pago de la obligación, que quedará extinguida o reducida a la parte que no se ha cubierto.

Art. 2427.- La excusión no tendrá lugar:

I. En los casos de concurso o de insolvencia probada del fiado;

II. Cuando el fiado no puede ser judicialmente demandado dentro del territorio de la República;

III. Cuando el negocio para el que se prestó la fianza sea propio del fiador; y

IV. Cuando se ignore el paradero del fiado, siempre que llamado éste, por edictos, no comparezca ni tenga bienes embargables en el lugar donde deba cumplirse la obligación.

Art. 2428.- Para que el beneficio de excusión aproveche al fiador, son indispensables los requisitos siguientes:

I. Que el fiador alegue el beneficio luego que se le requiera de pago;

II. Que designe bienes del fiado que basten para cubrir el crédito y que se hallen dentro del territorio del Estado; y

III. Que anticipe o asegure competentemente los gastos de excusión.

Art. 2429.- Si el fiado adquiere bienes después del requerimiento o si se descubren los que hubiese ocultado, el fiador puede pedir la excusión, aunque antes no la haya pedido. En el segundo caso, el fiado será responsable de los daños y perjuicios que ocasione por no haber notificado a la autoridad que conoce del juicio, de la existencia de dichos bienes.

Art. 2430.- El acreedor puede obligar al fiador a que haga la excusión en los bienes del fiado.

Art. 2431.- Si el fiador, voluntariamente u obligado por el acreedor, hace por sí mismo la excusión y pide plazo, el juez puede concederle el que crea conveniente, atendidas las circunstancias de las personas y las calidades de la obligación.

Art. 2432.- El acreedor que hubiere sido negligente en promover la excusión, queda responsable de los perjuicios que pueda causar al fiador. En este caso, el fiador quedará libre de la obligación hasta por la cantidad a que alcancen los bienes que hubiere designado para la excusión.

Art. 2433.- Cuando el fiador haya renunciado al beneficio de orden, el acreedor puede perseguir en un mismo juicio al fiado y al fiador; mas éste conservará el beneficio de excusión aún cuando se dé sentencia contra los dos.

Art. 2434.- El que fía al fiador goza del beneficio de excusión, tanto contra el fiador como contra el fiado.

Art. 2435.- No fían a un fiador los testigos que declaren de ciencia cierta en favor de su idoneidad. Los testigos que declaren falsamente, además de las demás sanciones civiles y penales en que incurran, serán responsables del daño que sobrevenga al acreedor, por la insolvencia del fiador.

Art. 2436.- La transacción entre el acreedor y el fiado, aprovecha al fiador, pero no le perjudica. La celebrada entre el fiador y el acreedor, aprovecha, pero no perjudica al fiado.

Art. 2437.- Si son varios los fiadores de un fiado por una sola deuda, responderá cada uno de ellos por la totalidad de aquélla, no habiendo convenio en contrario; pero si sólo uno de los fiadores es demandado, podrá hacer citar a los demás para que se defiendan juntamente, y en la proporción debida estén a las resultas del juicio.

CAPÍTULO III
DE LOS EFECTOS DE LA FIANZA ENTRE EL FIADOR Y EL FIADO

Art. 2438.- El fiador que paga, debe ser indemnizado por el fiado, aunque éste no haya prestado su consentimiento para la constitución de la fianza, en cuanto dicho pago le haya beneficiado.

Art. 2439.- El fiador que paga por el fiado, debe ser indemnizado por éste:

I. De la deuda principal;

II. De los intereses respectivos, desde que se haya notificado al fiado, o éste haya sido sabedor del pago, aún cuando no estuviere obligado por razón del contrato a pagarlos al acreedor;

III. De los gastos que haya hecho desde que dio noticia al fiado de haber sido requerido de pago; y

IV. De los daños y perjuicios que haya sufrido por causa del fiado.

Art. 2440.- El fiador que paga, se subroga en todos los derechos que el acreedor tenía contra el fiado.

Art. 2441.- Si el fiador hubiese transigido con el acreedor, no podrá exigir del fiado sino lo que en realidad haya pagado.

Art. 2442.- Si el fiador hace el pago sin ponerlo en conocimiento del fiado, podrá éste oponerle todas las excepciones que podría oponer al acreedor al tiempo de hacer el pago.

Art. 2443.- Si el fiado, ignorando el pago por falta de aviso del fiador, paga de nuevo, no podrá éste repetir contra aquél, sino sólo contra el acreedor.

Art. 2444.- Si el fiador ha pagado en virtud de resolución judicial, y por motivo fundado no pudo hacer saber el pago al fiado, éste quedará obligado a indemnizar a aquél y no podrá oponerle más excepciones que las que sean inherentes a la obligación y que no hubieren sido opuestas por el fiador, teniendo conocimiento de ellas.

Art. 2445.- Si la deuda fuere a plazo o bajo condición, y el fiador la pagare antes de que aquél o ésta se cumplan, no podrá cobrarla al fiado sino cuando fuere legalmente exigible.

Art. 2446.- El fiador puede, aún antes de haber pagado, exigir que el fiado asegure el pago o lo releve de la fianza cuando se dé alguna de las siguientes circunstancias:

I. Haya sido judicialmente demandado por el pago;

II. El fiado sufra menoscabo de sus bienes, de modo que se halle en riesgo de quedar insolvente;

III. El fiado pretenda ausentarse de la República;

IV. Si el fiado se obligó a relevar al fiador, de la fianza en tiempo determinado y éste ha transcurrido; o

V. Cuando la deuda se hace exigible por el vencimiento del plazo.

CAPÍTULO IV
DE LOS EFECTOS DE LA FIANZA ENTRE LOS COFIADORES

Art. 2447.- Hay cofiadores siempre que dos o más fiadores responden por la misma obligación de un mismo fiado.

Art. 2448.- Cuando uno de los cofiadores paga la obligación, podrá repetir de cada uno de los otros cofiadores por la parte que proporcionalmente o contractualmente le corresponda satisfacer.

Art. 2449.- Si alguno de los cofiadores obligados al pago, resultare insolvente, la parte que correspondía a éste recaerá sobre los demás cofiadores en la misma proporción, salvo pacto en contrario.

Art. 2450.- Lo dispuesto en los dos artículos anteriores sólo se aplicará cuando el pago se haya hecho en virtud de demanda judicial, o hallándose el fiado en estado de concurso.

Art. 2451.- Los cofiadores obligados al pago al cofiador que pagó la obligación, podrán oponer a éste, las mismas excepciones que habrían correspondido al fiado contra el acreedor y que no fueren puramente personales del fiado o del cofiador que hizo el pago.

Art. 2452.- El beneficio de división no tendrá lugar entre los cofiadores cuando ocurra alguna de las siguientes circunstancias:

I. Se renuncia expresamente;

II. Si cada uno se ha obligado mancomunadamente con el fiado;

III. Cuando alguno o algunos de los cofiadores son concursados o se hallan insolventes, en cuyo caso se procederá conforme a las disposiciones de este capítulo;

IV. En el caso de que el negocio para el que prestó la fianza sea propio del cofiador;

V. Cuando alguno o algunos de los cofiadores no puedan ser demandados judicialmente dentro del territorio de la República; y

VI. Si se ignora el paradero de alguno o algunos de los cofiadores y habiendo sido emplazados por edictos, no hayan comparecido ni tengan bienes embargables en el lugar donde deba cumplirse la obligación.

Art. 2453.- El cofiador que pide el beneficio de división, sólo responde por la parte del cofiador o cofiadores insolventes, si la insolvencia es anterior a la petición.

Art. 2454.- El cofiador no responderá por la parte del cofiador o cofiadores insolventes si el acreedor voluntariamente hace el cobro a prorrata, sin que el cofiador lo reclame.

Art. 2455.- El que fía al cofiador, en el caso de insolvencia de éste, es responsable para con los otros cofiadores en los mismos términos en que lo sería el cofiador fiado.

CAPÍTULO V
DE LA EXTINCIÓN DE LA FIANZA

Art. 2456.- La obligación del fiador se extingue al mismo tiempo que la del fiado y por las mismas causas que las demás obligaciones.

Art. 2457.- Si la obligación del fiado y la del fiador se confunden, porque uno herede al otro, no se extingue la obligación del que fió al fiador.

Art. 2458.- El perdón que fuere concedido por el acreedor, solamente a alguno de los cofiadores, en la parte relativa a su responsabilidad, no aprovecha a los otros.

Art. 2459.- Los fiadores quedan libres de su obligación si por culpa o negligencia del acreedor no pueden subrogarse en los derechos, privilegios o hipotecas del mismo acreedor.

Art. 2460.- La prórroga o espera concedida al fiado por el acreedor, sin consentimiento del fiador, extingue la fianza.

Art. 2461.- La remisión de una parte de la obligación, reduce la fianza en la misma proporción que la obligación principal, y la extingue en el caso de que, en virtud de ella, quede sujeta la obligación principal a nuevos gravámenes o condiciones.

Art. 2462.- El fiador queda libre de su obligación cuando:

I. Se obligó por tiempo determinado, y el acreedor no requiere judicialmente al fiado por el cumplimiento de la obligación principal, dentro de dicho plazo;

II. El acreedor, sin causa justificada, deje de promover por más de tres meses, en el juicio entablado contra el fiado; o

III. Se obligó por tiempo indeterminado y el acreedor no ejercita sus derechos respecto de dicha obligación, en el término a que se refiere el artículo siguiente.

Art. 2463.- Cuando la deuda principal se vuelva exigible, el fiador tiene derecho de pedir al acreedor que promueva judicialmente, dentro del plazo de un mes, el cumplimiento de la obligación.

CAPÍTULO VI
DE LA FIANZA LEGAL O JUDICIAL

Art. 2464.- El fiador legal o judicial debe tener bienes raíces inscritos en el Registro Público de la Propiedad y de un valor que garantice suficientemente las obligaciones que contraiga, salvo que se trate de una institución debidamente autorizada.

(REFORMADO, P.O. 11 DE OCTUBRE DE 2016)

Art. 2465.- Cuando la fianza sea para garantizar el cumplimiento de una obligación cuya cuantía no exceda de cien veces el valor diario de la Unidad de Medida y Actualización, no se exigirá que el fiador tenga bienes raíces.

Art. 2466.- La fianza legal o judicial puede sustituirse con prenda, hipoteca o billete de depósito.

(REFORMADO, P.O. 11 DE OCTUBRE DE 2016)

Art. 2467.- Para otorgar una fianza legal o judicial por un valor que exceda de 100 veces el valor diario de la Unidad de Medida y Actualización, se presentará un certificado expedido por el encargado del Registro Público de la Propiedad, a fin de demostrar que el fiador tiene bienes raíces suficientes para responder del cumplimiento de la obligación que garantice.

Art. 2468.- El acreedor al cual se otorgue la fianza, deberá dentro del término de diez días, dar aviso del otorgamiento al Registro Público de la Propiedad, para que al margen de la inscripción de propiedad correspondiente al bien raíz que se designó para comprobar la solvencia del fiador, se ponga nota relativa al otorgamiento de la fianza.

Art. 2469.- Extinguida la fianza, dentro del término de diez días, se dará aviso al Registro Público de la Propiedad, para que haga la cancelación de la nota marginal a que se refiere el artículo anterior.

Art. 2470.- La omisión de dar los avisos a que se refieren los dos artículos anteriores, hará responsable al que debe darlos, de los daños y perjuicios que su omisión origine.

Art. 2471.- En los certificados de gravamen que se expidan en el Registro Público de la Propiedad, se harán figurar las notas de que habla este capítulo.

Art. 2472.- El fiador legal o judicial y sus fiadores, no gozan del beneficio de orden y excusión.

TÍTULO DECIMOCUARTO
DE LA PRENDA

CAPÍTULO I
DISPOSICIONES GENERALES

Art. 2473.- La prenda es un contrato de naturaleza accesoria por virtud del cual, quien tiene la libre disponibilidad sobre el bien mueble que se afecta, lo hace para garantizar el cumplimiento de una obligación a su cargo o de un tercero, así como su preferencia en el pago.

Art. 2474.- Para que se tenga por constituida la prenda, deberá ser entregada al acreedor, real o virtualmente.

Art. 2475.- A la acción de gravar un bien con el derecho real de prenda, se le llama empeñar o pignorar, y al crédito garantizado con este tipo de gravamen, se le denomina pignoraticio o prendario.

Art. 2476.- Habrá entrega virtual de la prenda al acreedor, siempre que éste y el deudor convengan en que la misma quede en poder de un tercero o del mismo deudor. En estos casos, la prenda sólo producirá sus efectos contra tercero cuando esté inscrita en el Registro Público de la Propiedad.

Art. 2477.- El tercero o deudor que permanezca en la posesión del bien sobre el cual se constituyó la prenda tendrán derecho a utilizarlo de la manera que convengan las partes. En caso de que no haya pacto expreso, tendrá los derechos y obligaciones de un depositario.

Art. 2478.- El contrato de prenda debe constar por escrito. Si se otorga en escrito privado, debe hacerse en duplicado, conservando un ejemplar el acreedor y otro el deudor.

Art. 2479.- El contrato de prenda no surtirá efectos en perjuicio de tercero si no consta la certeza de la fecha por el registro, escritura pública o de alguna otra manera fehaciente.

Art. 2480.- Se puede constituir prenda para garantizar una obligación, aun sin consentimiento del deudor.

Art. 2481.- Solamente quien tiene la libre disposición de los bienes con los que se constituye la garantía, puede darlos en prenda.

Art. 2482.- Si se prueba fehacientemente que el dueño prestó un bien a otro, con el objeto de que éste lo empeñara, valdrá la prenda como si la hubiere constituido el mismo dueño.

Art. 2483.- Puede darse prenda para garantizar obligaciones futuras, pero en este caso, no puede venderse ni adjudicarse el bien empeñado, sin que se pruebe que la obligación principal fue legalmente exigible.

Art. 2484.- El acreedor abusa del bien empeñado, cuando lo usa o utiliza sin estar autorizado por convenio o cuando estándolo, lo deteriora o aplica a objeto diverso de aquél a que está destinado.

Art. 2485.- Si el deudor enajenare el bien empeñado o concediere su uso o posesión, el adquirente no podrá exigir su entrega, sino pagando al acreedor el importe de la obligación garantizada, con los intereses y gastos, en sus respectivos casos.

Art. 2486.- Los frutos del bien empeñado pertenecen al deudor; mas si por convenio, los percibe el acreedor, su importe se imputará primero a los gastos, después a los intereses y el sobrante, al capital.

Art. 2487.- Respecto de los Montes de Piedad que con autorización legal, prestan dinero sobre prenda, se observarán las leyes y reglamentos que les conciernen y supletoriamente, las disposiciones de este título.

CAPÍTULO II
DE LA PRENDA SOBRE FRUTOS

Art. 2488.- Puede constituirse prenda sobre frutos pendientes de los bienes raíces que deben ser recogidos en tiempo determinado.

Art. 2489.- Para que esta prenda surta efectos contra tercero, debe inscribirse en el Registro Público de la Propiedad.

Art. 2490.- El deudor que dé los frutos en prenda, se considerará como depositario de ellos, salvo convenio en contrario.

CAPÍTULO III
DE LA PRENDA SOBRE CRÉDITOS O TÍTULOS DE CRÉDITO

Art. 2491.- Cuando el bien dado en prenda sea un título de crédito que legalmente deba constar en el Registro Público de la Propiedad, no surtirá efecto contra tercero el derecho de prenda, sino desde que se inscriba en dicha institución.

Art. 2492.- Si los títulos de crédito dados en prenda son amortizados por quien los emitió, deberá el deudor, salvo pacto en contrario, sustituirlos por otros de igual valor y calidad en la garantía en su caso.

Art. 2493.- A voluntad de las partes, podrá suplirse la entrega del título al acreedor, con el depósito de aquél en una Institución de Crédito.

Art. 2494.- Salvo pacto en contrario, el acreedor a quien se haya dado en prenda un título de crédito, no tiene derecho para cobrarlo ni para recibir su precio, aun cuando se venza el plazo del crédito empeñado, salvo lo que dispone el siguiente artículo. En este caso, podrá exigir que el importe del crédito se deposite.

Art. 2495.- Siempre que la prenda fuere un crédito, el acreedor que tuviere en su poder el título, estará obligado a hacer todo lo que sea necesario para que no se altere o menoscabe el derecho que aquél representa.

Art. 2496.- Si la prenda fuese un crédito o acciones que no sean al portador o negociables por endoso, para que la prenda quede legalmente constituida, deberá ser notificado el titular del crédito o acciones dados en prenda.

CAPÍTULO IV
DERECHOS Y OBLIGACIONES DEL ACREEDOR Y DEUDOR PIGNORATICIOS

Art. 2497.- El acreedor adquiere por empeño:

I. El derecho de ser pagado de su deuda con el precio del bien empeñado, con la misma preferencia de que gozan los créditos hipotecarios;

II. El derecho de recobrar la prenda de cualquier poseedor, sin exceptuar al mismo deudor;

III. El derecho de ser indemnizado de los gastos necesarios y útiles que hiciere para conservar el bien empeñado, a no ser que use de él por convenio; y

IV. El de exigir del deudor otra prenda, o el pago de la deuda, aún antes del plazo convenido, si el bien empeñado se pierde o se deteriora sin su culpa.

Art. 2498.- Si alguno hubiere prometido dar cierto bien en prenda y no lo hubiere entregado, sea con culpa suya o sin ella, el acreedor puede pedir que se le entregue el bien, que se dé por vencido el plazo de su obligación o que ésta se rescinda.

Art. 2499.- En el caso del artículo anterior, el acreedor no podrá pedir que se le entregue el bien, si ha pasado a poder de un tercero en virtud de cualquier título legal.

Art. 2500.- Si perdida la prenda, el deudor ofreciere otra o alguna caución, queda al arbitrio del acreedor aceptarlas o rescindir el contrato.

Art. 2501.- El acreedor está obligado:

I. A conservar el bien empeñado como si fuera propio, y a responder de los deterioros y perjuicios que sufra por su culpa o negligencia; y

II. A restituir la prenda, luego que estén pagados íntegramente la deuda, sus intereses, y los gastos de conservación del bien pignorado, si se han estipulado los primeros y realizado los segundos.

Art. 2502.- Si el acreedor es turbado en la posesión de la prenda, debe avisarlo al dueño para que la defienda; si el deudor no cumpliere con esta obligación, será responsable de los daños y perjuicios que su omisión cause al acreedor.

Art. 2503.- Si el acreedor abusa del bien empeñado, el deudor puede exigir que éste se deposite o que aquél constituya fianza que asegure la restitución en el estado en que la recibió.

CAPÍTULO V
DE LA EXTINCIÓN DE LA PRENDA

Art. 2504.- La prenda se extingue:

I. Por consentimiento expreso de las partes;

II. Por cumplimiento de la obligación por parte del deudor, debiéndosele restituir el bien pignorado; y

III. Por incumplimiento del deudor, debiéndose rematar el bien empeñado para pagar con su monto, la obligación a favor del acreedor.

Art. 2505.- Si el deudor no paga en el plazo estipulado o cuando tenga obligación de hacerlo, el acreedor podrá pedir y el juez decretará la venta en pública subasta del bien empeñado, previa citación del deudor o del que hubiere constituido la prenda.

Art. 2506.- El bien se adjudicará al acreedor en las dos terceras partes de la postura legal, si no pudiera venderse en los términos que establezca el Código de Procedimientos Civiles.

Art. 2507.- El deudor, sin embargo, puede convenir con el acreedor en que éste se quede con la prenda en el precio que se fije al vencimiento de la deuda, pero no al tiempo de celebrarse el contrato. Este convenio no puede perjudicar los derechos de tercero.

Art. 2508.- Puede por convenio expreso, venderse la prenda extrajudicialmente.

Art. 2509.- En cualquiera de los casos mencionados en los tres artículos anteriores, podrá el deudor hacer suspender la enajenación de la prenda, pagando dentro de las 24 horas, contadas desde la suspensión.

Si el deudor suspende la enajenación, y no paga, su deuda se incrementará en un diez por ciento adicional, por concepto de daños y perjuicios ocasionados por su omisión, perdiendo además todo derecho a solicitar la suspensión de la enajenación.

Art. 2510.- Si el producto de la venta excede a la deuda, se entregará el exceso al deudor; pero si el precio no cumple todo el crédito, tiene derecho el acreedor de demandar al deudor por lo que falte.

Art. 2511.- Es nula toda cláusula que autoriza al acreedor a apropiarse la prenda, aunque ésta sea de menor valor que la obligación garantizada, o a disponer de ella fuera de la manera establecida en los artículos que preceden.

Art. 2512.- Es nula la cláusula que prohiba al acreedor solicitar la venta del bien dado en prenda.

Art. 2513.- El derecho que da la prenda al acreedor se extiende a todos los accesorios del bien y a todos los aumentos del mismo.

Art. 2514.- El acreedor no responde por la evicción de la prenda vendida, a no ser que intervenga dolo de su parte o que se hubiere sujetado a aquella responsabilidad expresamente.

Art. 2515.- El derecho y la obligación que resultan de la prenda son indivisibles, salvo el caso en que haya estipulación en contrario; sin embargo, cuando el deudor esté facultado para hacer pagos parciales y se hayan dado en prenda varios bienes, o uno que sea cómodamente divisible, ésta se irá reduciendo proporcionalmente a los pagos hechos, con tal que los derechos del acreedor siempre queden eficazmente garantizados.

Art. 2516.- Extinguida la obligación principal, queda extinguido el derecho de prenda.

TÍTULO DECIMOQUINTO
DE LA HIPOTECA

CAPÍTULO I
DE LA HIPOTECA EN GENERAL

Art. 2517.- Es contrato de hipoteca aquél por virtud del cual se constituye un derecho real sobre bienes inmuebles o derechos reales que no se entreguen al acreedor, para garantizar el cumplimiento de una obligación y su grado de preferencia en el pago.

Art. 2518.- La hipoteca sólo puede ser constituida, además de los casos previstos en el artículo anterior, sobre un conjunto de bienes muebles e inmuebles que formen una misma unidad industrial, comercial, de servicios, agrícola o ganadera.

Art. 2519.- La hipoteca deberá constar en escritura pública, e insertarse en ella certificado de gravámenes.

Art. 2520.- Se exceptúa de lo dispuesto en el artículo anterior, la hipoteca constituida en favor de organismos públicos destinados a la promoción de vivienda popular, y así se prevea en las leyes orgánicas de los mismos.

Art. 2521.- La hipoteca comprende, aunque no se exprese:

I. El área o superficie sobre la cual estén construidos los edificios en que se encuentre el bien hipotecado, salvo que esté constituido respecto de dicho inmueble, el derecho de superficie y el propietario del terreno sea un tercero ajeno a la hipoteca;

II. Las accesiones naturales del bien hipotecado;

III. Las mejoras realizadas en los bienes gravados;

IV. Los bienes muebles incorporados permanentemente al inmueble y que no pueden separarse sin menoscabo de ésta o deterioro de los objetos;

V. Los nuevos edificios que se construyan sobre el terreno hipotecado y los nuevos pisos que se levanten sobre los inmuebles hipotecados; y

VI. Los nuevos edificios que el constituyente de la garantía levantare, en reconstrucción total o parcial de los inmuebles hipotecados.

Art. 2522.- La hipoteca de una construcción levantada en terreno ajeno no comprende el área.

Cuando alguien construyere de buena fe en terreno ajeno, y el propietario no quiere hacer uso del derecho que le concede este código para adquirir la construcción, podrá hipotecarse ésta por el constructor.

Art. 2523.- El derecho de superficie puede ser hipotecado, siguiendo el gravamen las limitaciones y modalidades de ese derecho.

Art. 2524.- Si la hipoteca o gravamen se constituye sobre la totalidad del edificio sujeto al régimen de propiedad en condominio, o sobre el terreno destinado a su construcción, será forzoso determinar, por qué porción del crédito responde cada local, pudiendo cualquiera de ellos ser redimido del gravamen, pagándose la parte del crédito que garantiza.

Art. 2525.- Salvo pacto en contrario, no serán objeto del contrato de hipoteca:

I. Los frutos industriales de los bienes hipotecados, siempre que éstos se hayan producido antes de que el acreedor exija el pago de su crédito; y

II. Las rentas vencidas y no satisfechas al tiempo de exigirse el cumplimiento de la obligación garantizada.

Art. 2526.- No podrán ser objeto del contrato de hipoteca:

I. Los frutos y rentas pendientes, con separación del predio que los produzca;

II. Los bienes muebles accesorios de un inmueble con separación de éste, a no ser que se hipotequen juntamente con dichos edificios;

III. Las servidumbres, a no ser que se hipotequen juntamente con el predio dominante;

IV. El derecho de percibir los frutos en el usufructo concedido por este código a los ascendientes, sobre los bienes de sus descendientes;

V. El usufructo concedido gratuitamente;

VI. El uso y la habitación; y

VII. Los bienes litigiosos, salvo que la demanda, origen del juicio, se haya registrado preventivamente, o que se haga constar en el título constitutivo de la hipoteca, que el acreedor tiene conocimiento del litigio. En ambos casos, la hipoteca quedará pendiente de la resolución del pleito.

Los contratos de hipoteca que se constituyan en contravención a lo dispuesto por este artículo, serán nulos de pleno derecho.

Art. 2527.- Puede hipotecarse la nuda propiedad, en cuyo caso, si el usufructo se consolidare con ella, en la persona del propietario, la hipoteca se extenderá al mismo usufructo, si así se hubiere pactado.

Art. 2528.- Pueden también ser hipotecados los bienes que ya lo estén anteriormente, sin perjuicio de los derechos de prelación que establece este código. El pacto entre las partes en que se comprometa a no volver a hipotecar un bien, se tendrá por no puesto.

Art. 2529.- El bien común no puede ser hipotecado, sino por consentimiento de todos los copropietarios. El copropietario puede hipotecar su porción indivisa, y al dividirse el bien común, la hipoteca gravará la parte que le corresponde en la división. El acreedor tiene derecho a intervenir en la división, para impedir que a su deudor se le aplique una parte de la finca con valor inferior al que le corresponda.

Art. 2530.- La hipoteca constituida sobre derechos reales, sólo durará mientras éstos subsistan, pero si los derechos en que ella se hubiere constituido, se han extinguido por culpa del que los disfrutaba, éste tiene obligación de constituir una nueva hipoteca, a satisfacción del acreedor y, en caso contrario, a pagarle todos los daños y perjuicios que le ocasione. Si el derecho hipotecado fuere el de usufructo, y éste concluyere por voluntad del usufructuario, la hipoteca subsistirá hasta que venza el tiempo en que el usufructo hubiera concluido, al no haber mediado el acto voluntario que le puso fin.

Art. 2531.- La hipoteca puede ser constituida tanto por el deudor, como por otro a su favor.

Art. 2532.- El propietario cuyo derecho sea condicional, o de cualquiera otra manera limitado, deberá declarar en el contrato, la naturaleza de su derecho, si la conoce.

Art. 2533.- Sólo puede hipotecar el que puede enajenar, y solamente pueden ser hipotecados los bienes que pueden ser enajenados.

Art. 2534.- Si con culpa del deudor o sin ella, el inmueble hipotecado se hiciere insuficiente para la seguridad de la deuda, podrá el acreedor exigir que se incremente la hipoteca, hasta que a juicio de peritos, garantice debidamente la obligación principal.

Art. 2535.- Si quedare comprobada la insuficiencia de la finca hipotecada, para la seguridad de la deuda, y el deudor no incrementara la hipoteca en los términos del artículo anterior, dentro de los ocho días siguientes a la declaración judicial correspondiente, procederá el cobro del crédito hipotecario, dándose por vencida la hipoteca para todos los efectos legales.

Art. 2536.- Si la finca estuviere asegurada y se destruyere por incendio u otro caso fortuito, subsistirá la hipoteca, en lo que quede, y además, el valor del seguro quedará afecto al pago.

Si el crédito no fuere de plazo cumplido, podrá exigir el acreedor, que se constituya hipoteca en otros bienes que garanticen suficientemente, o de no hacerlo así, se pague su crédito, dándose por vencido desde luego el plazo.

En todo caso podrá el acreedor pedir la retención del seguro mientras se garantiza o se cubre el crédito. Lo mismo se observará en caso de ocupación por causa de utilidad pública o de venta de autoridad.

Art. 2537.- La hipoteca subsistirá íntegra aunque se reduzca la obligación garantizada y gravará cualquier parte de los bienes hipotecados que se conserven, aunque la restante hubiere desaparecido, pero sin perjuicio de lo que disponen los artículos siguientes.

Art. 2538.- Cuando se hipotequen varias fincas, para la seguridad de un crédito, es forzoso determinar por qué porción del crédito responde cada finca, y puede cada una de ellas ser redimida del gravamen, pagándose la parte del crédito que garantiza.

Art. 2539.- Cuando una finca hipotecada, susceptible de ser fraccionada convenientemente, se divida, se repartirá equitativamente el gravamen hipotecario entre las fracciones. Al efecto, se pondrán de acuerdo el propietario de la finca y el acreedor hipotecario, y si no se consiguiere ese acuerdo, la distribución del gravamen se hará por decisión judicial.

Art. 2540.- Sin consentimiento del acreedor, el propietario del predio hipotecado no puede darlo en arrendamiento, ni pactar pago anticipado de rentas, por un término que exceda a la duración de la hipoteca, bajo la pena de que sea declarado ineficaz el contrato en la parte que exceda de la expresada duración.

Si la hipoteca no tiene plazo cierto, no podrá estipularse anticipo de rentas, ni arrendamiento, por más de un año.

Art. 2541.- La hipoteca constituida a favor de un crédito que devenga intereses, no garantiza en perjuicio de tercero, además del capital, sino los intereses de tres años, salvo pacto expreso en contrario. El pacto que se convenga en contrario, no podrá exceder del término para la prescripción de los intereses. Deberá darse razón de esta estipulación en el Registro Público de la Propiedad.

Art. 2542.- El acreedor hipotecario puede adquirir el bien hipotecado, en remate de autoridad, o por adjudicación en los casos en que no se presente otro postor, de acuerdo a lo que establezca el Código de Procedimientos Civiles.

Puede también convenir con el deudor en que se le adjudique en el precio que se fije al exigirse la deuda, pero no al constituirse la hipoteca. Este convenio no puede perjudicar los derechos de tercero.

Art. 2543.- Cuando se constituya una hipoteca, debe insertarse en la escritura correspondiente, un certificado de los gravámenes que tenga el bien hipotecado, o de libertad de gravamen, que comprenda un periodo no menor a 10 años.

Art. 2544.- El derecho hipotecario prescribe en igual tiempo que la obligación principal.

Art. 2545.- Las concesiones administrativas pueden ser objeto de hipoteca, de acuerdo con lo que establezcan las leyes respectivas.

Art. 2546.- La hipoteca nunca es tácita, ni general; para producir efectos frente a terceros, necesita siempre de inscripciones en el Registro Público de la Propiedad.

Inscrito el gravamen, quedan sujetos los bienes al mismo, aunque pasen a poder de terceros.

Art. 2547.- La hipoteca puede constituirse por contrato, testamento o declaración unilateral de voluntad, así como por mandato legal. En los tres primeros casos, la hipoteca se llama voluntaria y en el último, necesaria.

(REFORMADO [N. DE E. ADICIONADO], P.O. 9 DE OCTUBRE DE 2014)

La hipoteca pensionaria se constituirá por contrato.

CAPÍTULO II
DE LA HIPOTECA VOLUNTARIA

Art. 2548.- La hipoteca constituida para la seguridad de una obligación futura o sujeta a condiciones suspensivas inscritas, surtirá efectos contra tercero desde su inscripción en el Registro Público de la Propiedad, si la obligación llega a realizarse o la condición a cumplirse.

Art. 2549.- Cuando la obligación asegurada esté sujeta a condición resolutoria inscrita, la hipoteca seguirá surtiendo sus efectos respecto a tercero, aún cuando se haya realizado la condición, hasta que se haga constar en el Registro Público de la Propiedad, el cumplimiento de la condición.

Art. 2550.- Cuando se contraiga la obligación futura o se cumplan las condiciones de que tratan los dos artículos anteriores, deberán los interesados pedir que se haga constar así, por medio de una nota en la inscripción hipotecaria, sin cuyo requisito no podrá aprovechar ni perjudicar a tercero la hipoteca constituida.

Art. 2551.- Para hacer constar en el Registro, el cumplimiento de las condiciones a que se refieren los artículos que preceden, o la existencia de las obligaciones futuras, presentará cualquiera de los interesados al registrador, la copia del documento público que así lo acredite y, en su defecto, una solicitud formulada por ambas partes, pidiendo que se extienda la anotación y expresando claramente los hechos que deben dar lugar a ella.

Si alguno de los interesados se niega a firmar dicha solicitud, acudirá el otro a la autoridad judicial para que, previo el procedimiento correspondiente, dicte la resolución que proceda.

Art. 2552.- La hipoteca constituida por declaración unilateral de persona distinta al acreedor y deudor de la obligación principal, será irrevocable desde el momento en que se hace saber a aquél o a éste.

Art. 2553.- Quien tenga la libre disposición de un inmueble puede, por declaración unilateral de voluntad, constituir una hipoteca en primer lugar, sobre dicho bien, en garantía de obligaciones que no existan aún ni estén sujetas a condición suspensiva. Esta hipoteca se regirá por las siguientes reglas:

I. La declaración unilateral de la voluntad que la constituya se hará constar en escritura pública, estableciendo expresamente el plazo de la hipoteca y el interés que en su caso causará la suma por la que se constituya;

II. La suma que garantiza la hipoteca, no será mayor en ochenta por ciento del valor que tenga el bien hipotecado según avalúo bancario;

III. Una vez hecha la inscripción, el propietario podrá transmitir total o parcialmente su derecho real hipotecario a una o más personas, en garantía de las obligaciones que adquiera en favor de éstas;

IV. La trasmisión de los derechos de hipoteca deberá ser en títulos de crédito, los cuales tendrán como signo de identificación, la anotación que se haga por el fedatario que autorizó la hipoteca en la cual se deberá expresar el término con que hubiere quedado inscrita en el Registro Público de la Propiedad, así como los datos de la inscripción hipotecaria.

Los títulos de crédito deberán ser numerados y fácilmente identificables, además para efectos de confrontación el notario señalado deberá compulsar fotocopia íntegra de los citados documentos y agregarse al libro de documentos de su protocolo;

V. En los testimonios de las escrituras a que se refiere la fracción anterior, se insertará la escritura constitutiva de la hipoteca y la razón de su registro;

VI. Si el notario que autorice las transmisiones de la hipoteca, no es el que autorizó la escritura de constitución de la hipoteca, se agregará al apéndice una copia certificada de la misma y aquél comunicará a éste, dentro de diez días las transmisiones, para que las anote marginalmente en la escritura correspondiente;

VII. El adquirente o adquirentes de este derecho real hipotecario, tendrán los derechos establecidos en la escritura constitutiva de la hipoteca;

VIII. Quienes adquieran total o parcialmente el derecho hipotecario a que se refiere este artículo, gozarán de los derechos de garantía y preferencia, oponibles a todos los acreedores personales del constituyente de la hipoteca y a los que tengan un derecho real constituido con posterioridad a su registro;

IX. Si la trasmisión es parcial y se hace a varios acreedores, en la misma o en diferentes fechas, todos ellos ocuparán el mismo grado de preferencia; y

X. La mora en el pago de los intereses respecto a uno de los acreedores produce los mismos efectos respecto a todos.

Art. 2554.- Cuando la hipoteca a que se refiere el artículo anterior, se otorga respecto de un bien que tenía gravámenes previos, serán aplicables las disposiciones señaladas en él, exceptuando lo relativo a la prelación del crédito, cuyas características serán las mismas, pero en segundo o ulterior grado, después de los gravámenes impuestos con anterioridad.

Art. 2555.- La hipoteca constituida por testamento, puede tener por objeto mejorar un crédito a cargo del testador, para convertirlo de simple en hipotecario, o bien garantizar un legado, o un crédito que se reconozca por testamento.

Art. 2556.- Todo hecho o convenio entre las partes, que pueda modificar o destruir la eficacia de una obligación hipotecaria anterior, no surtirá efectos contra tercero si no se hace constar en el Registro Público de la Propiedad, por medio de una inscripción nueva, de una cancelación total o parcial o de una anotación, según los casos.

(REFORMADO, P.O. 13 DE MARZO DE 2001)

Art. 2557.- La cesión total o parcial de los créditos con garantía hipotecaria se sujetará a las siguientes reglas:

I. El acreedor podrá ceder el crédito con garantía hipotecaria, sin necesidad de satisfacer requisito alguno cuando conserve la administración del mismo;

(REFORMADA, P.O. 29 DE DICIEMBRE DE 2001)

II. Si el cedente deja de llevar la administración de los créditos, debe notificar la cesión al deudor por escrito, señalando quien será el nuevo acreedor y, en su caso, el domicilio para recibir el pago dentro del lugar donde se estuviere realizando antes de la cesión;

III. Derivado de la cesión no podrán variarse las condiciones para el cumplimiento de las obligaciones del deudor, sin su consentimiento, salvo lo dispuesto en la fracción anterior;

IV. Será competente para conocer de los juicios que se originen con motivo del crédito con garantía hipotecaria, el juez del lugar donde se encuentre el inmueble;

V. Si la hipoteca se ha constituido para garantizar obligaciones a la orden, puede transmitirse por endoso del título, sin necesidad de notificación al deudor, ni de registro; y

VI. La hipoteca constituida para garantizar obligaciones al portador, se transmitirá por la simple entrega del título sin ningún otro requisito.

Art. 2558.- La hipoteca generalmente durará por todo el tiempo que subsista la obligación que garantice y cuando ésta no tuviere término para su vencimiento, la hipoteca no podrá durar más de diez años.

Los contratantes pueden señalar a la hipoteca, una duración menor que la de la obligación principal, pero nunca mayor.

Art. 2559.- Cuando se prorrogue el plazo de la obligación garantizada con la hipoteca, ésta se entenderá prorrogada por el mismo término, a no ser que expresamente se asigne menor tiempo a la prórroga de la hipoteca.

Se deberá tomar razón expresa en el Registro Público de la Propiedad de la prórroga, para que surta efectos frente a terceros.

Art. 2560.- Si antes de que expire el plazo, se prorrogare por primera vez, durante la prórroga y el término señalado para la prescripción, la hipoteca conservará la prelación que le corresponde desde su origen.

Art. 2561.- La hipoteca prorrogada, por segunda o posterior ocasión, sólo conservará la preferencia derivada del registro de su constitución, por el tiempo a que se refiere el artículo anterior; por el demás tiempo, o sea, el de la segunda o ulterior prórroga, sólo tendrá la prelación que le corresponda por la fecha del último registro.

Lo mismo se observará en el caso de que el acreedor conceda un nuevo plazo para que se le pague su crédito.

Art. 2562.- En caso de prórroga, la prescripción empieza a contar a partir del día siguiente del vencimiento de aquélla.

CAPÍTULO III
DE LA HIPOTECA NECESARIA

Art. 2563.- Se denomina hipoteca necesaria aquélla que se constituye de manera especial y expresa, y que por disposición de la ley, se obligan a constituir ciertas personas para asegurar los créditos de determinados acreedores o la administración de ciertos bienes.

Art. 2564.- La constitución de la hipoteca necesaria podrá exigirse en cualquier tiempo, aunque haya cesado la causa que le diere fundamento, siempre que esté pendiente de cumplimiento la obligación que se debiera haber asegurado.

Art. 2565.- Si para la constitución de alguna hipoteca necesaria se ofrecieren diferentes bienes y no convinieren los interesados en la parte de la responsabilidad que haya de pesar sobre cada uno de dichos bienes, decidirá la autoridad judicial.

Del mismo modo decidirá el juez las cuestiones que se susciten entre los interesados, sobre la calificación de suficiencia de los bienes ofrecidos para la constitución de cualquier hipoteca necesaria.

Art. 2566.- La hipoteca necesaria durará el mismo tiempo que la obligación que con ella se garantiza.

Art. 2567.- Tienen derecho de pedir la hipoteca necesaria para seguridad de sus créditos:

I. El coheredero o partícipe, sobre los inmuebles repartidos, en cuanto importen los respectivos saneamientos o el exceso de los bienes que hayan recibido;

II. Los descendientes de cuyos bienes fueren meros administradores los ascendientes, sobre los bienes de éstos, para garantizar la conservación y devolución de aquéllos;

(REFORMADA, P.O. 29 DE NOVIEMBRE DE 2014)

III. Las personas menores de edad y demás incapaces sobre los bienes de sus tutores por los que éstos administren;

IV. Los legatarios, por el importe de sus legados, si no hubiere hipoteca especial designada por el mismo testador;

V. Los acreedores de la herencia, por el importe de sus créditos, si en la misma existen bienes inmuebles o derechos reales sobre bienes raíces; y

VI. El Estado, los municipios y los organismos descentralizados, sobre los bienes de sus administradores o recaudadores, para asegurar las responsabilidades de sus respectivos cargos.

(REFORMADO, P.O. 5 DE SEPTIEMBRE DE 2015)

Art. 2568.- La constitución de la hipoteca, en los casos de las fracciones II y III del artículo anterior, podrá ser pedida:

I. Por los herederos legítimos de niñas, niños y adolescentes, respecto de bienes de que fueren meros administradores los padres;

II. Por los herederos legítimos, el curador del incapaz, respecto de bienes administrados por los tutores; y

III. Por el Agente de la Procuraduría Social, o la Procuraduría de Protección de Niñas, Niños y Adolescentes, si no la piden las personas señaladas en las dos fracciones anteriores.

Art. 2569.- La constitución de hipotecas que se refieran a bienes de menores u otros incapacitados, deberá de sujetarse a lo que disponga este código en materia de patria potestad, tutela y representación del ausente o ignorado.

Art. 2570.- Los que tienen derecho de exigir la constitución de hipoteca necesaria, tienen también el de objetar la suficiencia de la que se ofrezca y el de pedir su ampliación cuando los bienes hipotecados se hagan por cualquier motivo insuficientes para garantizar el crédito; en ambos casos resolverá el juez.

(ADICIONADO CON LOS ARTÍCULOS QUE LO INTEGRAN, P.O. 9 DE OCTUBRE DE 2014)

CAPÍTULO III BIS
DE LA HIPOTECA PENSIONARIA

(ADICIONADO, P.O. 9 DE OCTUBRE DE 2014)

Art. 2570 Bis.- Se denomina hipoteca pensionaria aquella que se constituye sobre un bien inmueble propiedad del pensionista y que garantizará el pago del capital mediante la amortización pecuniaria que le otorgará el pensionario para cubrir o complementar el pago de sus necesidades económicas de vida.

(ADICIONADO, P.O. 9 DE OCTUBRE DE 2014)

Art. 2570 Bis 1.- La hipoteca pensionaria se instituirá mediante contrato en el cual se obliga al pensionario a pagar con una periodicidad máxima mensual, en el lugar y plazo acordados en el contrato y en forma vitalicia, predeterminada cantidad de dinero al pensionista o su beneficiario en base al valor del inmueble, y se sujetará a las siguientes reglas:

I. El pensionista deberá ser persona física y tener al menos 60 años de edad a la fecha de celebración del contrato de hipoteca pensionaria;

II. Las personas físicas y jurídicas podrán ser pensionarios y otorgar hipoteca pensionaria. Quedan excluidos de ser pensionarios los ascendientes o descendientes del pensionista;

III. El tutor podrá constituir hipoteca pensionaria para garantizar las necesidades económicas a favor de un adulto mayor incapaz con la debida autorización judicial y en los términos del presente capítulo;

IV. El beneficiario del pensionista podrá ser su cónyuge, concubina o concubinario siempre y cuando cuenten con al menos 60 años de edad al constituirse la hipoteca;

V. El valor del inmueble sujeto a hipoteca deberá valuarse cada tres años para mantener la actualización de la plusvalía del bien, el costo del avalúo será a cargo del pensionario; y

VI. Se considerará que cuando se acredite una enfermedad grave o accidente que ponga en riesgo la vida del pensionista o su beneficiario, el pensionario garantice un adelanto al pensionista o a su beneficiario, de al menos el equivalente a cinco tantos de las aportaciones periódicas convenidas, para efecto de contribuir a satisfacer las necesidades y gastos extraordinarios que esto le origine al pensionista.

La disposición prevista en la fracción anterior no podrá exceder de un evento cada dos años.

(ADICIONADO, P.O. 9 DE OCTUBRE DE 2014)

Art. 2570 Bis 2.- Para la constitución de la hipoteca pensionaria, deberán además de lo pactado, satisfacerse los siguientes requisitos:

I. Que los montos que reciba y disponga el pensionista sean suficientes para que se satisfagan las necesidades básicas para su manutención, así como en su momento la de su beneficiario, y que mediante éstas acceda en un término razonable al importe objeto de la hipoteca;

II. Establecer los nombres y generales de las personas que intervengan, los lineamientos de las amortizaciones, las condiciones de pago total y la terminación anticipada sin penalización alguna;

III. Se deberá prever que en caso de que con el transcurso del tiempo se cubra por el pensionario el monto total del valor del inmueble sujeto a hipoteca, el pensionista continuará recibiendo la amortización periódica pactada hasta su fallecimiento y podrá, en su caso, continuar habitando el inmueble sujeto a hipoteca, pero en caso de que el inmueble sea arrendado por el pensionista, el monto de la mensualidad por el arrendamiento que reciba el pensionista se restará de la aportación periódica mensual que le corresponda pagar al pensionario;

IV. El pensionista preferentemente habitará de forma vitalicia el inmueble hipotecado, pero puede arrendarlo parcial o totalmente siempre y cuando cuente con autorización expresa por parte del pensionario, sin afectar la naturaleza de la hipoteca pensionaria constituida sobre el mismo; y

(REFORMADA, P.O. 11 DE OCTUBRE DE 2016)

V. Se incluirán las especificaciones del incremento anual que tendrá la amortización periódica que se entrega al pensionario, de acuerdo con las condiciones del mercado y el valor del inmueble, mismo que no deberá ser inferior al porcentaje de incremento del valor de la Unidad de Medida y Actualización.

(ADICIONADO, P.O. 9 DE OCTUBRE DE 2014)

Art. 2570 Bis 3.- El cálculo de intereses que se generen por el capital, será únicamente sobre las cantidades dispuestas por el pensionista, pero no podrá ser superior al interés legal.

Cualquier heredero del pensionista podrá pagar al pensionario ante fedatario público la totalidad del adeudo existente y vencido, sin compensación por la cancelación del gravamen y pago del adeudo en los casos de fallecimiento del pensionista y de su beneficiario.

Transcurridos tres meses después del fallecimiento del pensionista sin efectuar el pago por parte de los herederos, el pensionario cobrará el adeudo hasta donde alcance el valor del bien hipotecado o, en su caso, se ejecutará la hipoteca de conformidad con el contrato.

(ADICIONADO, P.O. 9 DE OCTUBRE DE 2014)

Art. 2570 Bis 4.- El incumplimiento del pensionario de una mensualidad de pago al pensionista, dará lugar a la rescisión o cumplimiento forzoso del contrato, en ambos casos durante la tramitación del juicio correspondiente se dictarán las medidas cautelares equivalentes a las señaladas para el juicio de alimentos.

El monto a fijar en las medidas cautelares señaladas en el párrafo anterior, serán equivalentes al monto de la pensión hipotecaria actualizada, sin que sea obligatorio probar la necesidad del acreedor alimenticio ni la capacidad del deudor.

En los casos que se demuestre el incumplimiento del pensionario, el Juez dictará invariablemente en la sentencia la cancelación de la hipoteca en beneficio del pensionista a costa del pensionario.

(ADICIONADO, P.O. 9 DE OCTUBRE DE 2014)

Art. 2570 Bis 5.- El inmueble sobre el cual se constituya la hipoteca pensionaria no podrá ser transmitido o enajenado sin la autorización expresa del pensionario, por lo que cualquier acto que afecte al inmueble se declarará nulo de pleno derecho.

CAPÍTULO IV
DISPOSICIONES COMUNES A LAS DIVERSAS CLASES DE HIPOTECAS

Art. 2571.- La hipoteca constituida por el propietario aparente será válida aún cuando se declare la nulidad del título de propiedad o la falta del mismo, siempre que el acreedor sea de buena fe, no se desprendan los vicios del título de dominio del mismo Registro Público de la Propiedad y la obligación que garantice tenga su origen en un acto a título oneroso.

En los casos de mala fe del acreedor hipotecario, cuando los vicios resulten del mismo Registro Público de la Propiedad o cuando el acto que haya dado origen a la obligación principal sea gratuito, la hipoteca será nula.

Esta nulidad podrá ser invocada por todo aquél que tenga interés en ella, será imprescriptible y sólo podrá ser convalidada cuando el constituyente de la misma adquiera la propiedad por un título legítimo, antes de que exista evicción.

Art. 2572.- Lo dispuesto en el artículo anterior se aplicará al caso en que se declare la nulidad del título del constituyente de la hipoteca.

Art. 2573.- Serán hipotecas solidarias las que constituyen dos o más personas para garantizar una deuda solidaria existente a cargo de cualesquiera de los constituyentes, de todos ellos o de un tercero.

Art. 2574.- Por virtud de las hipotecas solidarias, el acreedor podrá hacer efectiva la totalidad de su crédito sobre cualesquiera de los bienes hipotecados o sobre todos conjuntamente. Si por avalúo que se haga de dichos bienes, se infiere que para cubrir el crédito hipotecario, basta con el remate o venta de uno o varios inmuebles, exclusivamente éstas serán objeto de remate.

Art. 2575.- Pueden pactarse en las hipotecas solidarias o estipularse así en su constitución por pacto unilateral, que la obligación se hará efectiva sucesivamente en los bienes que se designen conforme al orden indicado.

Art. 2576.- Se llaman hipotecas mancomunadas las constituidas por dos o más personas para garantizar obligaciones mancomunadas existentes a cargo de las mismas.

Art. 2577.- Las hipotecas mancomunadas facultan al acreedor para hacer efectiva únicamente la parte de la deuda garantizada sobre el bien o bienes hipotecados.

Art. 2578.- Si todos los deudores de una obligación mancomunada constituyeren hipotecas sobre diversos bienes, se entenderá, salvo pacto en contrario, que cada bien gravado responderá hasta el monto de la parte alícuota de la deuda que corresponda a cada obligado.

Art. 2579.- Se llaman hipotecas indivisibles las constituidas para garantizar una obligación indivisible. Las mismas facultan al acreedor para hacer efectivo su crédito sobre todos los bienes gravados, atendiendo lo dispuesto para el remate en las hipotecas solidarias.

CAPÍTULO V
DE LA EXTINCIÓN DE LAS HIPOTECAS

Art. 2580.- La hipoteca produce todos sus efectos jurídicos contra tercero mientras no sea cancelada su inscripción.

Art. 2581.- La hipoteca se extingue, debiendo declararse judicialmente su cancelación, a petición de parte interesada en los siguientes casos:

I. Cuando se extingue el bien hipotecado;

II. Cuando se extinga la obligación a que sirvió de garantía;

III. Cuando se expropie por causa de utilidad pública el bien hipotecado; debiéndose en este caso pagarse o consignarse la obligación con el producto de la indemnización;

IV. Cuando se remate por orden de autoridad el bien hipotecado;

V. Por la remisión expresa del acreedor;

VI. Por la declaración de estar prescrito el derecho hipotecario, o la obligación principal;

VII. Cuando por consolidación, el propietario del bien hipotecado adquiera la hipoteca;

VIII. Cuando por confusión, el acreedor adquiera el bien hipotecado; y

IX. Cuando se extinga el derecho del constituyente de la hipoteca sobre el bien gravado.

(REFORMADO, P.O. 29 DE DICIEMBRE DE 2001)

Art. 2581 Bis.- El pago anticipado, total o parcial de los créditos con garantía hipotecaria para la adquisición de vivienda, obliga al acreedor a recibirlo.

Art. 2582.- La extinción del bien hipotecado tendrá lugar en los siguientes casos:

I. Por la destrucción del bien;

II. Cuando éste quede fuera del comercio; y

III. Cuando tratándose de muebles inmovilizados se pierda de modo que no puedan localizarse o que, conociendo su paradero, exista una imposibilidad material o legal para recuperarlos.

Art. 2583.- Si entre los bienes de una herencia existe un crédito hipotecario, y el bien objeto del gravamen pertenece a uno de los herederos, la hipoteca no se extinguirá. En el caso de que se adjudique a dicho heredero el crédito, se extinguirá la hipoteca.

Art. 2584.- Cuando el acreedor hipotecario hereda con los demás herederos el bien hipotecado, no se extinguirá la hipoteca, y si en la división de la herencia se le aplicare íntegramente el bien, se extinguirá la hipoteca.

Art. 2585.- Cuando el acreedor hipotecario adquiera legado el bien hipotecado, se extinguirá la hipoteca.

Art. 2586.- La hipoteca extinguida por dación en pago revivirá si el pago queda sin efecto:

I. Cuando el bien dado en pago se pierda por culpa del deudor estando todavía en su poder; y

II. Cuando el acreedor pierda el bien dado en pago en virtud de evicción.

Art. 2587.- En los casos del artículo anterior, si el registro hubiere sido ya cancelado, revivirá solamente desde la fecha de la nueva inscripción; quedando siempre a salvo del acreedor, el derecho para ser indemnizado por el deudor, de los daños y perjuicios que se la hayan seguido.

Art. 2588.- La cancelación de las hipotecas constituidas en garantía de títulos transmisibles por endoso, puede hacerse:

I. Presentando la escritura en la que se constituyó la garantía hipotecaria, con la constancia de recibo de pago del acreedor, con la extinción de los títulos inutilizados y la declaración suscrita por el deudor de que han quedado inutilizados los títulos de crédito. Las anteriores constancias deben ser ratificadas ante notario público;

II. A solicitud firmada por dichos interesados, y por el deudor, a la cual se acompañen inutilizados los referidos títulos; y

III. Por ofrecimiento de pago y consignación del importe de los títulos y sus accesorios, hecho de acuerdo a las disposiciones relativas.

Art. 2589.- Las inscripciones o registros de hipotecas constituidas con el objeto de garantizar títulos al portador se cancelarán totalmente, si se hiciere constar por acta notarial, estar recibida y en poder del deudor toda la emisión de títulos debidamente inutilizados.

Art. 2590.- Procederá también la cancelación total si se presentaren, por lo menos, las tres cuartas partes de los títulos al portador emitidos y se asegurase el pago de los restantes, consignándose su importe y sus accesorios.

La cancelación, en este caso, deberá decretarse por sentencia, previos los trámites fijados en el Código de Procedimientos Civiles.

Art. 2591.- Podrán cancelarse parcialmente las inscripciones o registros hipotecarios de que se trata, presentando acta notarial de estar recibidos y en poder del deudor, debidamente inutilizados, títulos por un valor equivalente al importe de la hipoteca parcial que se trata de extinguir, siempre que dichos títulos asciendan por lo menos a la décima parte del total de la emisión.

TÍTULO DECIMOSEXTO
CONTRATO DE COMPROMISO ARBITRAL

CAPÍTULO I
DISPOSICIONES GENERALES

Art. 2592.- Habrá contrato de compromiso arbitral siempre que dos o más personas, llamadas compromitentes, se obliguen a resolver una controversia presente o futura entre estos, a través de un procedimiento arbitral, para lo cual renuncian a la jurisdicción de los tribunales ordinarios.

(REFORMADO, P.O. 11 DE OCTUBRE DE 2016)

Art. 2593.- Todo contrato de compromiso arbitral deberá otorgarse por escrito. Cuando el valor del objeto principal de la controversia exceda 100 veces el valor anual de la Unidad de Medida y Actualización, deberá otorgarse en escritura pública.

Art. 2594.- El contrato de compromiso arbitral puede celebrarse antes de que haya juicio o durante éste, hasta antes de que haya sentencia ejecutoriada.

Art. 2595.- Podrá celebrar contrato de compromiso arbitral cualquier persona capaz, en los términos de ley.

Art. 2596.- El contrato de compromiso arbitral, debe contener:

I. Los nombres de los compromitentes;

II. El objeto materia del contrato;

III. El nombre o características distintivas de los árbitros, tales como puesto, especialidad, carácter o condición; podrán incluso nombrarse árbitros sustitutos en caso de que los primeros no puedan o quieran serlo. El número de los árbitros siempre deberá ser impar;

IV. Las obligaciones y derechos de los árbitros con respecto a las partes;

V. Honorarios de los árbitros en caso de haberlo y de quién será la obligación de pagarlo;

VI. Procedimiento al cual se sujetará la controversia arbitral, pudiendo convenirse en delimitar las pruebas, excluir alguna de las comunes, fijando asimismo el valor de las mismas;

VII. Términos en la controversia;

VIII. Término para que se dicte el laudo arbitral;

IX. La renuncia a la apelación si se conviene;

X. El lugar donde se debiera llevar a cabo el arbitraje; y

XI. Los idiomas a emplear diversos del español.

La omisión de lo previsto en la fracción II provoca su nulidad de pleno derecho sin necesidad de declaración judicial.

Art. 2597.- No podrá someterse a contrato de compromiso arbitral:

(REFORMADA, P.O. 29 DE NOVIEMBRE DE 2014)

I. Ninguna controversia de un incapaz, por su tutor o quien tenga la patria potestad sobre él, salvo que haya autorización judicial expresa en ese sentido, acreditando el beneficio para el incapaz;

II. Ninguna controversia de una sucesión, sino hasta que el albacea haya obtenido el consentimiento unánime de los herederos; salvo que se trate de cumplimentar una cláusula compromisoria pactada por el autor de la sucesión en un contrato;

III. Ninguna controversia en la que participe una persona sujeta a concurso de acreedores, salvo que se obtenga el consentimiento unánime de estos;

IV. Ninguna controversia relativa al estado civil y a la posesión de estado, ni sobre ineficacia, ilegitimidad e irregularidad de matrimonio, así como sobre cualesquiera otra controversia relativa a derechos de personalidad;

V. El derecho a recibir alimentos, salvo que se trate de alimentos ya fijados y debidos;

VI. Controversias que versen sobre delito, dolo y culpa futuros;

VII. Sobre sucesión futura;

VIII. Sobre una herencia, antes de visto el testamento si éste existe;

IX. Ninguna controversia, por representantes oficiosos;

X. Ninguna controversia de orden público;

XI. Ninguna controversia por administradores de bienes ajenos, salvo que hayan obtenido autorización judicial; y

XII. En los demás casos en que lo prevenga expresamente la ley.

Art. 2598.- Será válida la celebración de un contrato de compromiso arbitral acerca de la acción civil proveniente de un delito, pero no por eso se extinguirá la acción pública para la imposición de la pena, ni se da por probado el delito.

Art. 2599.- Es válido el contrato de compromiso arbitral referente a los derechos pecuniarios que de la declaración del estado civil, pudieran deducirse a favor de una persona; pero el contrato en tal caso, no importará la adquisición del estado.

Art. 2600.- El fiador sólo queda obligado por el contrato de compromiso arbitral cuando consiente en él.

Art. 2601.- Con anterioridad a las actuaciones arbitrales o durante su transcurso, el compromitente podrá solicitar al juez, la adopción de medidas cautelares y provisionales. El compromitente que solicite al juez la adopción de dichas medidas, deberá presentar a éste el original o copia certificada del contrato de compromiso arbitral y regirse por las normas aplicables en la ejecución de dichas medidas cautelares o provisionales.

Art. 2602.- Será nulo el contrato de compromiso arbitral en los siguientes casos:

I. Cuando se haga en razón de un título nulo, a no ser que los compromitentes hayan tratado expresamente la nulidad;

II. Cuando el contrato se haya celebrado, tomando en cuenta documentos que después han resultado falsos, por sentencia judicial;

III. Cuando se hayan descubierto nuevos títulos o documentos y haya habido mala fe o dolo a no ser que expresamente se hubiere considerado su existencia;

IV. Cuando se trate de un negocio que esté decidido judicialmente por sentencia;

V. Cuando un compromitente pruebe la incapacidad de otro compromitente;

VI. Cuando un compromitente pruebe no haber sido debidamente notificado del nombramiento de árbitro o de cualquier actuación arbitral, o de alguna otra manera, se le haya privado de su derecho a defenderse en el juicio arbitral;

VII. Cuando un compromitente pruebe que el arbitraje excedía los términos del contrato de compromiso arbitral; y

VIII. El juez o algún compromitente compruebe que, según este título, el objeto de la controversia no era susceptible de juicio arbitral, o que el laudo es contrario al orden público o que se afectan derechos de terceros ajenos al juicio arbitral.

Art. 2603.- La resolución dictada como consecuencia del contrato de compromiso arbitral tiene, respecto de las partes, la misma eficacia y autoridad que la cosa juzgada, cuando no se apele.

Art. 2604.- Se tendrá por tácitamente renunciado el derecho a impugnar una resolución de arbitraje en los siguientes casos:

I. Cuando un compromitente prosigue el arbitraje sabiendo que no se ha cumplido alguna disposición de este título y que constituya una causa para que él se aparte legalmente del arbitraje;

II. Cuando no se ha cumplido algún acuerdo del contrato de compromiso arbitral y no se exprese su objeción a tal incumplimiento sin demora justificada; y

III. Cuando se prevea un plazo para objetar un incumplimiento al contrato de compromiso arbitral y el compromitente que pueda hacerlo no lo haga.

CAPÍTULO II
DE LA DESIGNACIÓN Y ACEPTACIÓN DE ÁRBITROS

Art. 2605.- En el caso de que no se haya determinado en el contrato de compromiso arbitral, el nombre o características distintivas de los árbitros, o no hayan podido o querido hacer la aceptación del cargo de árbitros, éstos deberán de ser designados de la siguiente manera:

I. Por las partes, si llegaran a un acuerdo;

II. Por un tercero designado por las partes; y

III. En caso de no haber convenio de las partes, por la autoridad judicial, en los términos de ley.

Art. 2606.- Podrá ser árbitro cualquier persona jurídica o física, sea por razón a su persona o por el cargo o función que desempeña u otra característica distintiva.

Art. 2607.- El cargo de árbitro podrá ser aceptado o rechazado libremente por la persona designada en el contrato, por voluntad de las partes o por designación judicial.

Art. 2608.- La aceptación del cargo de árbitro se hará una vez que exista la controversia entre las partes y de alguna de las siguientes maneras:

I. Manifestándolo por escrito ante el Tribunal Ordinario del lugar de residencia del árbitro; o

II. En acta protocolizada ante Notario Público del lugar de residencia del árbitro.

Art. 2609.- En caso de que los árbitros residan en varias plazas, la aceptación podrá hacerse en cualquiera de ellas, pero deberá ser en forma conjunta por la unanimidad de los árbitros.

Art. 2610.- El escrito de aceptación del cargo de árbitro deberá contener:

I. La aceptación y firma del o los árbitros del cargo conferido;

II. Generales y actividad profesional del o los árbitros;

III. La cuantía de los honorarios para el o los árbitros, debiendo ser pagados de conformidad a lo dispuesto en el contrato de compromiso arbitral. En caso de no estar estipulado, deberá ser pagado equitativamente por los compromitentes;

IV. Descripción de la controversia que ha de resolverse;

V. Obligación del o los árbitros de que se lleve el juicio arbitral hasta su término y con sujeción al procedimiento pactado por los compromitentes y permitido por la ley;

VI. Copia certificada anexa del contrato de compromiso arbitral, en caso de que éste exista; y

VII. Firma de los compromitentes.

Art. 2611.- En caso de haber designación de árbitros en el contrato de compromiso arbitral, y que uno de los compromitentes no quiera o pueda firmar el escrito de aceptación del árbitro, bastará la anexión del contrato de compromiso arbitral para considerar aceptado el nombramiento.

Art. 2612.- En caso de que sea persona jurídica quien sea designado y acepte el nombramiento como árbitro, será necesario que dentro de las facultades de sus representantes, se encuentre la de fungir como árbitro y que su órgano de representación se encuentre integrado por número impar. En caso de haber número par de miembros en el órgano representativo de la persona jurídica, podrá uno de ellos abstenerse de conocer, para estar acorde a lo dispuesto en este título.

El procedimiento y el laudo deberán ser seguidos y emitidos por el órgano que legalmente represente a la persona jurídica.

Art. 2613.- Una vez que el o los árbitros han aceptado el cargo, solamente podrán excusarse de él en los siguientes casos:

I. Cuando surjan o existan graves enemistades entre ellos y los compromitentes;

II. Cuando requieran salir del lugar de residencia habitual, por razones imperiosas, a larga distancia o por un largo periodo de tiempo;

III. Por enfermedad grave;

IV. Si ha favorecido a alguna de las partes en dicho negocio, antes de ser nombrado árbitro en el mismo;

V. Si ha conocido del negocio como juez o asesor, resolviendo algún punto que afecte a la sustancia de la cuestión; y

VI. Cuando alguna de las partes o sus representantes, es o ha sido denunciante, querellante o acusador del árbitro de que se trate, su cónyuge, sus parientes consanguíneos en línea recta, sin limitación de grados, de los colaterales dentro del cuarto, o de los afines dentro del segundo o viceversa.

(REFORMADO, P.O. 5 DE SEPTIEMBRE DE 2015)

Art. 2614.- Los árbitros sólo podrán ser recusados cuando surja, con posterioridad a la celebración del contrato de compromiso arbitral, alguna de las siguientes circunstancias:

I. Que adquiera algún interés directo o indirecto en el negocio;

II. Que le interese de la misma manera dicho negocio a su cónyuge, parientes consanguíneos en línea recta sin limitación de grados, a los colaterales dentro del cuarto grado y a los afines dentro del segundo;

III. Que entre el árbitro o sus parientes señalados exista relación de intimidad nacida de algún acto civil o religioso, sancionado y respetado por la costumbre, con alguna de las partes;

IV. Cuando después de comenzado el pleito hayan admitido él, su cónyuge o hijos, dádivas o servicios de alguna de las partes;

V. Cuando el árbitro, o sus expresados parientes, sea contrario a cualquiera de las partes en negocio administrativo que afecte a sus intereses;

VI. Si él o sus expresados parientes siguen algún proceso civil o criminal en que sea juez, Agente del Ministerio Público, Agente de la Procuraduría Social, representante de la Procuraduría de Protección de Niñas, Niños y Adolescentes de alguna de las partes; y

VII. Si es tutor o curador de alguna de las partes o no han pasado tres años de haberlo sido.

Art. 2615.- El árbitro o árbitros designados de común acuerdo no son recusables, pero si revocables por todos los interesados.

Art. 2616.- En el caso de que no se fije término para dictarse el laudo arbitral, se entenderá que éste es de 100 días hábiles contados a partir del momento en que se reciba la aceptación del árbitro o árbitros, del cargo a el o ellos conferido, sólo que las partes convengan en prorrogarlo.

Art. 2617.- Las cláusulas del contrato de compromiso arbitral deben interpretarse estrictamente; son indivisibles, salvo pacto en contrario.

Art. 2618.- No podrá intentarse demanda contra el valor o subsistencia de un contrato de compromiso arbitral, sin que previamente se haya asegurado la devolución de todo lo recibido por virtud del convenio que quiera impugnar.

CAPÍTULO III
DE LAS OBLIGACIONES DE LOS COMPROMITENTES

Art. 2619.- Es obligación de ambos compromitentes someterse al arbitraje.

Art. 2620.- Los compromitentes deben ejecutar voluntariamente el laudo arbitral. En caso de que no lo hagan en el término de ley, el árbitro o el compromitente que haya sido declarado como vencedor podrá solicitar al Juez de Primera Instancia del lugar, para que constriña al compromitente vencido al cumplimiento, y por ende, sea ejecutado el laudo arbitral.

Art. 2621.- Los compromitentes deben renunciar, en los términos del contrato de compromiso arbitral, a la jurisdicción de los Tribunales Ordinarios para dirimir la contradicción del fondo del negocio.

Art. 2622.- Cuando en la ejecución del laudo arbitral, alguno de los compromitentes haya transmitido al otro algún bien que no era objeto de la disputa del que sufre evicción; tenga vicios o gravámenes ocultos, podrá el que lo recibió proceder conforme a lo que se determina en el contrato de compraventa y el libro tercero de este código.

Art. 2623.- Cuando el bien transmitido en los términos del artículo anterior tenga vicios o gravámenes ocultos, podrá el que lo recibió, proceder conforme a lo que se determina en el contrato de compraventa.

CAPÍTULO IV
MODALIDADES DEL CONTRATO DE COMPROMISO ARBITRAL

Art. 2624.- El contrato de compromiso arbitral podrá estipular que la controversia se dirimirá mediante arbitraje de estricto derecho o mediante amigable composición.

Art. 2625.- Por arbitraje de estricto derecho se entiende aquél que se resuelve conforme a las reglas de derecho positivo de manera estricta, aunque modificando los términos para finalizar y dictar el laudo arbitral en el plazo fijado en el contrato.

(REFORMADO, P.O. 11 DE OCTUBRE DE 2016)

Art. 2626.- Se entiende por arbitraje en amigable composición aquél que se resuelve conforme al libre entendimiento del árbitro. Esta clase de arbitraje sólo procederá cuando el valor del objeto materia de la controversia, no exceda de 100 veces el valor diario de la Unidad de Medida y Actualización.

Art. 2627.- Cuando en el contrato de compromiso arbitral no se establezca a qué clase de arbitraje se refiere, se entenderá sujeto al arbitraje de estricto derecho.

Art. 2628.- Las partes tendrán plena facultad para establecer la normatividad sustantiva y adjetiva que deberá seguir el juicio arbitral, pero a condición de que las primeras no vayan contra las disposiciones del orden público y en las segundas, se respete siempre el derecho de las partes de rendir pruebas y producir alegatos.

CAPÍTULO V
DE LA CLÁUSULA COMPROMISORIA

Art. 2629.- Dentro de cualquier contrato, se podrá pactar que en caso de controversia que surgiere de la interpretación o cumplimiento del mismo, se someterán las partes obligatoriamente a que éste sea resuelto mediante un procedimiento arbitral.

Art. 2630.- Cuando se pacte la cláusula compromisoria, los contratantes se obligan a someter a consideración de un árbitro las cuestiones que pudieran surgir en el futuro con motivo de ese contrato, y renunciarán en forma expresa a la jurisdicción de los Tribunales Ordinarios.

Art. 2631.- Las escrituras constitutivas de las fundaciones, sociedades y asociaciones civiles, o sus modificaciones, podrán establecer una cláusula compromisoria en que se comprometan los socios, miembros o asociados, al surgir una controversia con la institución o con otro socio, miembro o asociado o conjunto de éstos, a someter dicha controversia a un arbitraje, en los términos establecidos en la escritura constitutiva o su modificación.

Lo anterior será aplicable, siempre que dicha controversia se refiera a derechos y obligaciones derivados de su actividad en dicha fundación, sociedad o asociación.

Art. 2632.- En el caso del artículo anterior, el procedimiento arbitral se sujetará a lo dispuesto en la escritura constitutiva o reglamento de la fundación, asociación o sociedad civil y a las disposiciones de la ley. En caso de que el nombramiento de los árbitros no se haya hecho en la misma escritura constitutiva o su modificación, deberá hacerse de conformidad a lo dispuesto por este título.

Las disposiciones del reglamento de la fundación, sociedad o asociación civil serán aplicables, siempre que dicho ordenamiento haya sido aprobado, con sus reformas, por más de la mitad de los socios, miembros o asociados de la institución.

TÍTULO DECIMOSÉPTIMO
DE LAS TRANSACCIONES

Art. 2633.- La transacción es un contrato por el cual las partes, haciéndose recíprocas concesiones, terminan una controversia presente o previenen una futura.

Art. 2634.- La transacción debe formalizarse:

I. Para prevenir una controversia futura y que se trate de derechos personales, mediante escrito en el cual estén autenticadas las firmas de los otorgantes;

(REFORMADA, P.O. 25 DE MARZO DE 2023)

II. Cuando se refiera a una controversia presente o para prevenir una controversia futura y se trate de derechos personales o reales o ambos a la vez, mediante ocurso presentado y ratificado ante la autoridad judicial que sea competente para conocer del negocio o en escritura pública y se deberá identificar ante notario mediante su credencial para votar con fotografía, o bien alguna otra identificación contenida en los soportes tecnológicos aprobados por el Consejo de Notarios, y verificar los datos biométricos disponibles; y

III. (DEROGADA, P.O. 18 DE SEPTIEMBRE DE 2004)

(REFORMADO, P.O. 29 DE NOVIEMBRE DE 2014)

Art. 2635.- Los ascendientes y tutores sólo podrán transigir en nombre de quienes ejercen la patria potestad o el cargo de tutor, cuando la transacción sea necesaria o útil para los intereses del incapaz y previa autorización judicial.

Art. 2636.- Se puede transigir sobre la acción civil proveniente de un delito, pero no por eso se extingue la acción pública para la imposición de la pena, ni se da por probado el delito.

Art. 2637.- No se puede transigir sobre el estado civil de las personas, ni sobre la validez del matrimonio.

Art. 2638.- Es válida la transacción sobre los derechos pecuniarios que de la declaración del estado civil pudieran deducirse a favor de una persona; pero la transacción, en tal caso, no importa la adquisición del estado.

Art. 2639.- Serán nulas las transacciones que versen sobre:

I. Las consecuencias jurídicas de un delito, de un acto doloso o de un hecho ilícito que puedan tener realización futura;

II. La acción civil que nazca de un delito o culpa futuros;

III. La sucesión futura;

IV. Una herencia, antes de visto el testamento, si lo hay; y

V. El derecho de recibir alimentos, pero no la transacción que versare sobre las cantidades que ya sean debidas por alimentos caídos pero no pagados.

Art. 2640.- El fiador sólo queda obligado por la transacción cuando consiente en ella.

Art. 2641.- La transacción tiene, respecto de las partes, la misma eficacia y autoridad que la cosa juzgada, pero podrá pedirse la nulidad o la rescisión de aquélla en los casos autorizados por la ley.

Art. 2642.- Puede anularse la transacción cuando se haga en razón de un título nulo, a no ser que las partes hayan tratado expresamente la nulidad.

Art. 2643.- Cuando las partes estén instruidas de la nulidad del título, o la disputa es sobre esa misma nulidad, pueden transigir válidamente, siempre que los derechos a que se refiere el título sean renunciables.

Art. 2644.- La transacción celebrada teniéndose en cuenta documentos que después han resultado falsos por sentencia judicial es nula.

Art. 2645.- El descubrimiento de nuevos títulos o documentos, no es causa para anular o rescindir la transacción, si no ha habido mala fe.

Art. 2646.- Es nula la transacción sobre cualquier negocio que esté decidido judicialmente por sentencia irrevocable, ignorada por los interesados.

Art. 2647.- En las transacciones sólo hay lugar a la evicción cuando en virtud de ellas una de las partes da a la otra alguna cosa que no era objeto de la disputa y que, conforme a derecho, pierde el que la recibió.

Art. 2648.- Cuando la cosa dada tiene vicios o gravámenes ignorados por el que la recibió, ha lugar a pedir la diferencia que resulte del vicio o gravamen, en los mismos términos que respecto de la cosa vendida.

Art. 2649.- La transacción podrá tener por objeto:

I. Crear, transmitir, modificar o extinguir derechos respecto de ambas partes o de una de ellas, siempre y cuando guarden alguna relación con los derechos disputados o inciertos;

II. Declarar o reconocer los derechos que sean objeto de las diferencias sobre las que la transacción recaiga; y

III. Establecer certidumbre en cuanto a derechos dudosos o inciertos, determinando en su caso sus alcances y efectos.

La declaración o reconocimiento de los derechos a que se refiere la fracción II, no obligará al que la haga a garantizarlos, ni le impondrá responsabilidad alguna en el caso de evicción salvo pacto en contrario, ni tampoco implicará un título propio para fundar la prescripción en perjuicio de tercero, pero sí en contra de quien haga la declaración o reconocimiento.

Art. 2650.- Las transacciones deben interpretarse estrictamente y sus cláusulas son indivisibles a menos que otra cosa convengan las partes.

Art. 2651.- No podrá intentarse demanda contra el valor o subsistencia de una transacción, sin que previamente se haya asegurado la devolución de todo lo recibido, a virtud del convenio que quiera impugnar.

LIBRO SEXTO
DE LAS SUCESIONES

TÍTULO PRIMERO
DISPOSICIONES PRELIMINARES

Art. 2652.- Herencia es la sucesión de todos los bienes del difunto y de todos sus derechos y obligaciones que no se extinguen por la muerte.

Art. 2653.- La herencia se transfiere por la voluntad del testador o por disposición de la ley. La primera se llama testamentaria y la segunda legítima o intestamentaria.

Art. 2654.- Cuando los beneficiarios designados en el libro relativo al patrimonio de familia fallezcan antes o al mismo tiempo que el autor de la sucesión, los bienes que integran el patrimonio de familia se distribuirán en la forma y términos de este libro.

Art. 2655.- La herencia puede ser en parte testamentaria y en parte legítima.

Art. 2656.- El heredero adquiere a título universal y responde de las cargas de la herencia hasta donde alcance la cuantía de los bienes que hereda.

Art. 2657.- El legatario adquiere a título particular y no tiene más cargas que las que expresamente le imponga el testador, sin perjuicio de su responsabilidad subsidiaria con los herederos.

Art. 2658.- Cuando toda la herencia se distribuya en legados, los legatarios serán considerados como herederos.

Art. 2659.- Si el autor de la herencia y sus herederos o legatarios perecieren en el mismo desastre o en el mismo día, sin que se pueda averiguar a ciencia cierta quiénes murieron antes, se tendrán todos por muertos al mismo tiempo y no habrá lugar entre ellos a la transmisión de la herencia o legado.

Art. 2660.- A la muerte del autor de la sucesión, los herederos adquieren derechos a la masa hereditaria como a un patrimonio común, mientras que no se hace la división.

Art. 2661.- Cada heredero puede disponer del derecho que tiene en la masa hereditaria; pero no puede disponer de las cosas que forman la sucesión.

Art. 2662.- El legatario adquiere derecho al legado puro y simple, así como al de día cierto, desde el momento de la muerte del testador.

Art. 2663.- El heredero o legatario no puede enajenar su parte de la herencia sino después de la muerte de aquél a quien hereda.

Art. 2664.- El heredero de parte de los bienes, que quiera vender a un extraño su derecho hereditario, debe notificar a sus coherederos, por medio de notario, judicialmente o por medio de dos testigos, las bases o condiciones en que se ha concertado la venta, a fin de que aquéllos, dentro del término de ocho días, hagan uso del derecho del tanto; si los herederos hacen uso de ese derecho, el vendedor está obligado a consumar la venta a su favor, conforme a las bases concertadas. Por el sólo transcurso de los ocho días se pierde el derecho del tanto. Si la venta se hace omitiéndose la notificación prescrita en este artículo, el coheredero podrá ejercer la acción de retracto por virtud de la cual se subroga de los derechos del adquirente.

Art. 2665.- Si dos o más coherederos quisieran hacer uso del derecho del tanto, se preferirá al que represente mayor porción en la herencia; y si las porciones son iguales, la suerte decidirá quien hace uso del derecho.

(REFORMADO PRIMER PÁRRAFO, P.O. 10 DE SEPTIEMBRE DE 2022)

Art. 2665 Bis.- En la escritura pública que formalice los contratos o actos traslativos de dominio sobre bienes inmuebles, las personas que adquieren la propiedad de los mismos pueden señalar en la cláusula de beneficiario o testamentaria, para que, a su fallecimiento, la propiedad de dichos inmuebles pase a su cónyuge, descendientes, ascendientes o a la persona que decida, al momento de elaborar la escritura pública o mediante la adición de una anotación de forma posterior.

(REFORMADO, P.O. 21 DE NOVIEMBRE DE 2020)

Al fallecimiento del adquirente de la propiedad de los bienes inmuebles, bastará que se exhiban ante el encargado de la oficina del Registro Público de la Propiedad el pago de los impuestos que se causaren por la transmisión de dominio, copia certificada de la partida de defunción y la constancia expedida por el Registro Público de la Propiedad y del Director del Archivo de Instrumentos Públicos, en la que conste que no ha sido revocada o modificada la designación, para que se hagan las anotaciones que corresponden.

(REFORMADO [N. DE E. REPUBLICADO ESTE PÁRRAFO], P.O. 21 DE NOVIEMBRE DE 2020)

La designación hecha conforme a este artículo tiene las siguientes características:

(ADICIONADA, P.O. 16 DE OCTUBRE DE 2012)

I. Podrá ser libremente constituida, revocada o modificada en cualquier momento, debiendo constar la misma en escritura pública o en disposición testamentaria;

(ADICIONADA, P.O. 16 DE OCTUBRE DE 2012)

II. Cuando el adquiriente del inmueble la realice por más de una ocasión se entenderá que la última es la que subsiste, y

(ADICIONADA, P.O. 16 DE OCTUBRE DE 2012)

III. Cuando la adquisición se haga para una sociedad económico matrimonial o en copropiedad, ésta se equiparará a la adquisición de un inmueble y, desde luego, el derecho a la designación de beneficiarios comprende exclusivamente los derechos adquiridos.

TÍTULO SEGUNDO
DE LA SUCESIÓN POR TESTAMENTO

CAPÍTULO I
DE LOS TESTAMENTOS EN GENERAL

Art. 2666.- El testamento es el acto jurídico, unilateral, personalísimo, libre y solemne por medio del cual una persona física capaz para ello, dispone de sus bienes y derechos; declara o cumple deberes para después de su muerte o realiza reconocimiento de hijo.

El testamento es revocable en cualquier momento, pero esta revocación sólo tendrá efectos en cuanto a la disposición de bienes y derechos.

Art. 2667.- No pueden testar en el mismo acto dos o más personas, ya en provecho recíproco, ya en favor de un tercero.

Art. 2668.- Ni la subsistencia del nombramiento del heredero o de los legatarios; ni la designación de las cantidades que a ellos corresponda, pueden dejarse al arbitrio de un tercero.

Art. 2669.- Cuando el testador deje como herederos o legatarios a determinadas clases formadas por número ilimitado de beneficiarios, tales como los pobres, los huérfanos, los ciegos, u otros; puede encomendar a un tercero la distribución de las cantidades que deje para ese objeto y la elección de las personas a quienes deban aplicarse, observándose lo dispuesto en la ley que regula los organismos de la asistencia social en el Estado.

Art. 2670.- El testador puede encomendar a un tercero que haga la elección de los actos de beneficencia pública o de los establecimientos públicos o privados a los cuales deban aplicarse los bienes que legue con ese objeto, así como la distribución de las cantidades que a cada uno correspondan.

Art. 2671.- Podrá el testador señalar para la adecuada interpretación de su testamento las causas y circunstancias por las que se otorga en determinado sentido y no será causa de invalidez el hecho de que las mismas sean erróneas o falsas, ya que con ello se pretende preservar los derechos de afección de que es titular.

Art. 2672.- La expresión de una causa contraria a derecho, aunque sea verdadera, está afectada de nulidad absoluta.

Art. 2673.- Para la interpretación de los testamentos se deberán de tomar en consideración las siguientes reglas:

I. Debe atenderse más a la voluntad que al sentido literal de las palabras, tomando en cuenta para ello la educación, afectos, instrucción y medio de vida del testador;

II. La interpretación se debe hacer considerándose a las costumbres y modo conocido que el testador tenía de entender las cosas y de expresarse;

III. Si la cláusula es ambigua, ha de interpretarse en favor de la validez de la disposición o del legado; debe buscarse que los testamentos produzcan efectos y no que se destruyan;

IV. Si alguna disposición es obscura, deben interpretarse en forma conjunta con las demás que aparezcan en beneficio de determinada persona;

V. Si el testador quisiera que surtan efecto dos disposiciones contradictorias, quedarán ambas sin efectos;

VI. Si no se alcanza a conocer el sentido, debe decidirse en favor del que tenga que ejecutar la disposición testamentaria;

VII. Si la duda es respecto de las diferencias en las cláusulas, y no sobre el legado, debe interpretarse más bien dando extensión al de la voluntad del testador que restringiéndola; y

VIII. La disposición hecha en términos vagos en favor de los parientes del testador, se entenderá que se refiere a los parientes más próximos según el orden de la sucesión legítima.

Art. 2674.- Si un testamento se pierde por un evento ignorado por el testador, o por haber sido ocultado por otra persona, podrán los interesados exigir su cumplimiento si demuestran el hecho de la pérdida o de la ocultación, logran igualmente comprobar lo contenido en el mismo testamento y que en su otorgamiento se llenaron las formalidades legales.

(REFORMADO, P.O. 30 DE DICIEMBRE DE 2003)

Art. 2675.- En todo testamento, el testador deberá expresar cuando los hubiere, los siguientes datos: sus generales, documento con que se identifica, los nombres completos de sus progenitores, el de sus hijos, el o los matrimonios contraídos, bajo que régimen y en su caso, si vive en concubinato.

CAPÍTULO II
DE LA CAPACIDAD PARA TESTAR

Art. 2676.- Pueden testar todos aquellos a quienes la ley no prohíbe expresamente el ejercicio de ese derecho.

Art. 2677.- Están incapacitados para testar:

(REFORMADA, P.O. 18 DE DICIEMBRE DE 2014)

I. Los menores de dieciocho años de edad; a menos que estén emancipados, con excepción de lo establecido en las disposiciones laborales; y

II. Los que habitual o accidentalmente no disfrutan de su cabal juicio.

Art. 2678.- El testamento hecho por una persona que no disfruta de su cabal juicio es válido, si se otorga en un intervalo de lucidez, con tal de que al efecto se observen so pena de nulidad, todas las prescripciones siguientes:

I. Deberá solicitarlo por escrito, al juez que corresponda, el tutor o, en su defecto, sus familiares o el propio discapacitado acompañando un dictamen médico que afirme hallarse en estado de lucidez necesaria;

II. Recibida la solicitud, de inmediato el juez nombrará dos médicos, de preferencia psiquiatras, o en caso de no encontrarse en la localidad, médicos que tengan conocimientos en la enfermedad que padezca el testador, para que examinen al enfermo y dictaminen acerca de su salud mental;

III. El examen, que deberá realizarse a la mayor brevedad posible de acuerdo a las circunstancias del caso, se hará en presencia del juez y su secretario, y podrán ambos hacer cuantas preguntas estimen convenientes, a fin de cerciorarse de su capacidad para testar;

IV. El resultado del reconocimiento se hará constar en acta formal;

V. Si fuere favorable, se procederá desde luego a la formación del testamento con todas las solemnidades que se requieren para un testamento público abierto; y

VI. Firmarán el testamento, además del testador y el notario, el juez, el secretario y los médicos que intervinieron en el reconocimiento, poniéndose al pie del mismo razón expresa que durante todo el acto conservó el testador perfecta lucidez de juicio.

Art. 2679.- Para apreciar la capacidad del testador se atenderá únicamente el estado en que se halle al hacer el testamento.

CAPÍTULO III
DE LAS CONDICIONES QUE PUEDEN PONERSE EN LOS TESTAMENTOS

Art. 2680.- Con las limitaciones establecidas en el presente capítulo, el testador es libre para establecer condiciones al disponer de sus bienes.

Art. 2681.- Las condiciones impuestas a los herederos y legatarios, en lo que no esté prevenido en este capítulo, se regirán por las reglas establecidas para las obligaciones condicionales.

Art. 2682.- La falta de cumplimiento de alguna condición impuesta al heredero o al legatario no perjudicará a éstos, siempre que hayan empleado todos los medios necesarios para cumplir aquélla.

Art. 2683.- La condición suspensiva, o la condición resolutoria que sean física o legalmente imposible de dar o de hacer, impuesta al heredero o legatario, anula su derecho a la herencia.

Art. 2684.- Si la condición que era imposible al tiempo de otorgar el testamento, dejare de serlo a la muerte del testador, será válida.

Art. 2685.- Es nula la institución hecha bajo la condición de que el heredero o legatario haga en su testamento alguna disposición en favor del testador o de otra persona.

Art. 2686.- La condición que solamente suspende por cierto tiempo la ejecución del testamento, no impedirá que el heredero o el legatario adquiera derecho a la herencia o legado y lo trasmita a sus herederos.

Art. 2687.- Cuando el testador no hubiere señalado plazo para el cumplimiento de la condición, la cosa legada permanecerá en poder del albacea; y al hacerse la partición se asegurará completamente el derecho del legatario para el caso de cumplirse la condición; observándose además las disposiciones establecidas para hacer la partición cuando alguno de los herederos es condicional.

Art. 2688.- Si la condición es puramente potestativa de dar o hacer alguna cosa y el que ha sido gravado con ella ofrece cumplirla, pero aquél a cuyo favor se estableció rehusa aceptar la cosa o el hecho, la condición se tiene por cumplida.

Art. 2689.- La condición potestativa se tendrá por cumplida aun cuando el heredero o legatario haya prestado la cosa o el hecho antes de que se otorgara el testamento, a no ser que pueda reiterarse la prestación, en cuyo caso no será ésta obligatoria sino cuando el testador haya tenido conocimiento de la primera.

Art. 2690.- En el caso final del artículo que precede, corresponde al que debe pagar el legado la prueba de que el testador tuvo conocimiento de la primera prestación.

Art. 2691.- La condición de no dar o de no hacer, se tendrá por no puesta.

La condición de no impugnar el testamento o alguna de las disposiciones que contenga, so pena de perder el carácter de heredero o legatario, se tendrá por no puesta.

Art. 2692.- Cuando la condición fuere casual o mixta, bastará que se realice en cualquier tiempo, vivo o muerto el testador, si éste no hubiere dispuesto otra cosa.

Art. 2693.- Si la condición se hubiere cumplido al hacerse el testamento, ignorándolo el testador, se tendrá por cumplida; mas si lo sabía, sólo se tendrá por cumplida si ya no puede existir o cumplirse de nuevo.

Art. 2694.- La condición impuesta al heredero o legatario, de tomar o dejar de tomar estado civil, o de disolver su matrimonio se tendrá por no puesta.

Art. 2695.- Podrá, sin embargo, dejarse a alguno el uso o habitación, una pensión alimenticia periódica o el usufructo que equivalga a esa pensión por el tiempo que permanezca soltero o viudo. La pensión alimenticia se fijará en forma proporcional a la posibilidad del caudal hereditario y a la necesidad del que deba recibirlo.

Art. 2696.- La condición que se ha cumplido existiendo la persona a quien se impuso, se retrotrae al tiempo de la muerte del testador, y desde entonces deben abonarse los frutos de la herencia o legado, a menos que el testador haya dispuesto expresamente otra cosa.

Art. 2697.- La carga de hacer alguna cosa se considera como condición resolutoria.

Art. 2698.- Si no se hubiere señalado tiempo para el cumplimiento de la carga, ni ésta por su propia naturaleza lo tuviere, los bienes permanecerán en poder del albacea y al hacerse la partición se asegurará el derecho del legatario o del heredero para el caso de cumplimiento.

Art. 2699.- Si el legado fuere de prestación periódica, que debe concluir en un día que es inseguro si llegará o no, llegado el día el legatario habrá hecho suyas todas las prestaciones que correspondan hasta aquel día.

Art. 2700.- Si el día que debe comenzar el legado fuere señalado, sea que se sepa o no cuando ha de llegar, el que ha de entregar la cosa legada tendrá, respecto de ella, los derechos y las obligaciones del usufructuario.

Art. 2701.- En el caso del artículo anterior, si el legado consiste en prestación periódica, el que debe pagarlo hace suyo todo lo correspondiente al intermedio, y cumple con hacer la prestación comenzando el día señalado.

Art. 2702.- Cuando el legado debe concluir en un día que es seguro que ha de llegar, se entregará la cosa o cantidad legada al legatario, quien se considerará como usufructuario de ella.

Art. 2703.- Si el legado consistiere en prestación periódica, el legatario hará suyas todas las cantidades vencidas hasta el día señalado.

CAPÍTULO IV
DE LOS TESTAMENTOS INOFICIOSOS

Art. 2704.- Es inoficioso el testamento en que no se deje la pensión alimenticia según lo establecido en el Capítulo Tercero del Título Quinto del presente libro.

Art. 2705.- La pensión alimenticia es carga de la masa hereditaria, excepto cuando el testador haya gravado con ella a alguno o algunos de los partícipes en la sucesión.

Art. 2706.- El preterido tendrá solamente derecho a que se le dé la pensión que corresponda, subsistiendo el testamento en todo lo que no perjudique ese derecho.

Art. 2707.- No obstante lo dispuesto en el artículo que antecede, el hijo póstumo tendrá derecho a percibir íntegra la porción que le correspondería como heredero por sucesión legítima si no hubiere testamento, a menos que el testador hubiere dispuesto expresamente otra cosa.

Art. 2708.- Es hijo póstumo:

I. El nacido después de la muerte del testador; y

II. El nacido en vida de su padre o de su madre después que aquél o ésta hayan otorgado su testamento, si no existe disposición expresa en el sentido de desheredarlo.

CAPÍTULO V
DE LA INSTITUCIÓN DE HEREDERO

Art. 2709.- El testamento otorgado legalmente será válido, aunque no contenga institución de heredero o legatario, o aunque el nombrado no acepte la herencia o sea incapaz de heredar.

Art. 2710.- En los tres casos señalados en el artículo anterior, se cumplirán las demás disposiciones testamentarias que estuvieren hechas conforme a las leyes.

Art. 2711.- La designación de día en que deba comenzar o cesar la institución de heredero, se tendrá por no puesta.

Art. 2712.- Los herederos instituidos en forma simultánea sin designación de la parte que a cada uno corresponda, heredarán por partes iguales.

Art. 2713.- El heredero instituido en cosa cierta y determinada debe tenerse por legatario.

(REFORMADO, P.O. 15 DE SEPTIEMBRE DE 2011)

Art. 2714.- El testador podrá instituir herederos a personas no identificadas individualmente sino por su inclusión a un grupo o heredero colectivo.

Cuando el testador nombre heredero colectivo se considerará a los integrantes del grupo como si fuesen herederos individuales, a no ser que se conozca de un modo indubitable que ha sido otra la voluntad del testador.

La disposición señalada en el párrafo anterior no afecta a la institución de los herederos que hayan sido considerados individualmente.

Art. 2715.- Si el testador instituye a sus hermanos, y los tiene sólo de padre o sólo de madre, o de padre y madre, se dividirán la herencia como en el caso de intestado.

Art. 2716.- Si el testador llama a la sucesión a cierta persona y a sus hijos, se entenderán todos instituidos simultánea y no sucesivamente.

Art. 2717.- El heredero debe ser instituido designándolo por su nombre y apellido; y si hubiere varios que tuvieren el mismo nombre y apellido, deben agregarse otros nombres y circunstancias que distingan al que se quiere nombrar.

Art. 2718.- Aunque se haya omitido el nombre del heredero, si el testador le designare de modo que no pueda dudarse de quién se trata, valdrá la institución.

Art. 2719.- El error en el nombre, apellido o cualidades del heredero, no vicia la institución, si de otro modo se supiere ciertamente cuál es la persona nombrada.

Art. 2720.- Si entre varios individuos del mismo nombre y circunstancias no pudiere saberse a quién quiso designar el testador, ninguno será heredero.

Art. 2721.- Toda disposición en favor de persona incierta o sobre cosa que no pueda identificarse, será nula; a menos que por algún evento puedan resultar ciertas.

CAPÍTULO VI
DE LOS LEGADOS

Art. 2722.- Cuando no haya disposiciones especiales, los legatarios se regirán por las mismas normas que los herederos.

Art. 2723.- El legado puede consistir en la prestación de una cosa o en la de algún hecho o servicio.

Art. 2724.- No produce efecto el legado si por acto del testador pierde la cosa legada, la forma y denominación que la determinaban.

Art. 2725.- El testador puede gravar con legados no sólo a los herederos, sino a los mismos legatarios.

Art. 2726.- La cosa legada deberá ser entregada con todos sus accesorios y en el estado en que se halle al morir el testador.

Art. 2727.- Los gastos necesarios para la entrega de la cosa legada, serán a cargo del legatario, salvo disposición del testador en contrario.

Art. 2728.- El legatario no puede aceptar una parte del legado y repudiar otra.

Art. 2729.- Si el legatario muere antes de aceptar un legado y deja varios herederos, puede uno de éstos aceptar y otro repudiar la parte que le corresponda en el legado.

Art. 2730.- Si se dejaren dos legados y uno fuere oneroso, el legatario no podrá renunciar éste y aceptar el que no lo sea. Si los dos son onerosos o gratuitos, es libre para aceptarlos todos o repudiar el que quiera.

Art. 2731.- El heredero que sea al mismo tiempo legatario, puede renunciar la herencia y aceptar el legado o renunciar a éste y aceptar aquélla.

Art. 2732.- El acreedor cuyo crédito no conste más que por testamento, se tendrá, para los efectos legales, como legatario preferente.

Art. 2733.- Cuando se legue una cosa con todo lo que comprenda, no se entenderán legados los documentos justificantes de propiedades o de créditos activos, a no ser que se hayan mencionado expresa y específicamente.

Art. 2734.- El legado del menaje de una casa sólo comprende los que forman el ajuar y utensilios de ésta, y que sirvieran exclusiva y propiamente para el uso y trato ordinario de la familia del testador.

Art. 2735.- Si el que lega una propiedad le agrega después nuevas adquisiciones, no se comprenderán éstas en el legado, aunque sean contiguas, si no hay nueva declaración del testador.

Art. 2736.- La declaración a que se refiere el artículo precedente no se requiere, respecto de las mejoras necesarias, útiles o voluntarias hechas en el mismo predio.

Art. 2737.- El legatario puede exigir que el heredero otorgue garantía suficiente en todos los casos en que pueda exigirlo el acreedor.

Art. 2738.- Si sólo hubiere legatarios, podrán éstos exigirse entre sí la constitución de la hipoteca necesaria.

Art. 2739.- No puede el legatario ocupar por su propia autoridad la cosa legada, debiendo pedir su entrega y posesión al albacea o al ejecutor especial.

Art. 2740.- Si la cosa legada estuviese en poder del legatario, podrá éste retenerla, sin perjuicio de devolver, en caso de reducción, lo que corresponda conforme a derecho.

Art. 2741.- El importe de las contribuciones correspondientes al legado, se deducirá del valor de éste a no ser que el testador disponga otra cosa.

Art. 2742.- Si toda la herencia se distribuye en legados, se prorratearán las deudas y gravámenes de ella entre todos los partícipes, en proporción de sus cuotas, a no ser que el testador hubiere dispuesto otra cosa.

(REFORMADO, P.O. 13 DE NOVIEMBRE DE 2001)

Art. 2743.- El legado queda sin efecto si la cosa legada perece viviendo el testador; y se entenderá perdida la cosa para el legatario en caso de evicción, siempre que haya sido individualmente determinada, o si perece después de muerto el testador, sin culpa del heredero, albacea o depositario.

Art. 2744.- Queda también sin efecto el legado, si el testador enajena la cosa legada; pero vale si la recobra por un título legal.

Art. 2745.- Si los bienes de la herencia no alcanzan para cubrir todos los legados, el pago se hará en el siguiente orden:

I. Legados remuneratorios;

II. Legados que el testador o la ley hayan declarado preferentes;

III. Legados de cosa cierta y determinada;

IV. Legados de alimentos o de educación; y

V. Los demás a prorrata.

Art. 2746.- Los legatarios tienen derecho de reivindicar de tercero la cosa legada, ya sea mueble o raíz, con tal que sea cierta y determinada; observándose lo dispuesto para los actos y contratos que celebren los que en el Registro Público aparezcan con derecho para ello, como terceros de buena fe que los inscriban.

Art. 2747.- El legatario de un bien que es destruido o robado después de la muerte del testador, tiene derecho de recibir la indemnización del seguro, si la cosa estaba asegurada, y a exigir las responsabilidades de tercero por daños y perjuicios que se causen.

Art. 2748.- Si se declara nulo el testamento después de pagado el legado, la acción del verdadero heredero para recobrar la cosa legada procede contra el legatario.

Art. 2749.- Si el heredero o legatario renunciaré a la sucesión, la carga que se le haya impuesto se pagará solamente con la cantidad a que tenía derecho el que renunció.

Art. 2750.- Si la carga consiste en la ejecución de un hecho, el heredero o legatario que acepte la sucesión queda obligado a prestarlo.

Art. 2751.- Si el legatario a quien se impuso un gravamen, no recibe todo el legado, se reducirá la carga proporcionalmente; y si sufre evicción, podrá repetir lo que haya pagado.

Art. 2752.- En los legados alternativos la elección corresponde al deudor, si el testador no la concede expresamente al beneficiario.

Art. 2753.- (DEROGADO, P.O. 13 DE NOVIEMBRE DE 2001)

Art. 2754.- En los legados alternativos se observará, además, lo dispuesto para las obligaciones alternativas.

Art. 2755.- En todos los casos en que el que tenga derecho de hacer la elección no pudiere hacerla, la harán su representante legítimo o sus herederos.

Art. 2756.- El juez, a petición de parte legítima, hará la elección, si en el término que le señale no lo hiciere la persona que tenga derecho de hacerla.

Art. 2757.- La elección hecha legalmente es irrevocable.

Art. 2758.- Es nulo el legado que el testador hace de cosa propia individualmente determinada, que al tiempo de su muerte no se halle en su caudal hereditario.

Art. 2759.- Si la cosa mencionada en el artículo que precede, existe en el caudal hereditario, pero no en la cantidad y números designados, tendrá el legatario lo que hubiere.

Art. 2760.- Cuando el legado es de cosa específica y determinada, propia del testador, el legatario adquiere su propiedad desde que aquél muere y hace suyos los frutos pendientes y futuros, a no ser que el testador haya dispuesto otra cosa.

Art. 2761.- La cosa legada en el caso del artículo anterior, correrá desde el mismo instante a riesgo del legatario; y en cuanto a su pérdida, aumento o deterioro posteriores, se observará lo dispuesto en las obligaciones de dar, para el caso de que se pierda, deteriore o aumente la cosa cierta que deba entregarse.

Art. 2762.- Cuando el testador, el heredero o el legatario solo tengan cierta parte o derecho en la cosa legada, se restringirá el legado a esa parte o derecho, si el testador no declara de un modo expreso tener conocimiento que la cosa era parcialmente de otro y que, no obstante esto, la legaba por entero.

Art. 2763.- El legado de cosa ajena, si el testador sabía que lo era, es válido; y el heredero está obligado a adquirirla para entregarla al legatario o a dar a éste su precio.

Art. 2764.- La prueba de que el testador sabía que la cosa era ajena, corresponde al legatario.

Art. 2765.- Si el testador ignoraba que la cosa era ajena, es nulo el legado.

Art. 2766.- Es válido el legado si el testador, después de otorgado el testamento, adquiere la cosa que al otorgarlo no era suya.

Art. 2767.- Es nulo el legado de cosa que al otorgarse el testamento pertenezca al mismo legatario o heredero; aunque lo ignore el testador.

Art. 2768.- Si en la cosa legada tiene alguna parte el testador o un tercero sabiéndolo aquél, en lo que a ellos corresponda, vale el legado.

Art. 2769.- Si el legatario adquiere a título oneroso la cosa legada después de otorgado el testamento, se entiende legado su precio.

Art. 2770.- Es válido el legado hecho a un tercero de cosa propia del heredero o de un legatario, quienes, si aceptan la sucesión, deberán entregar la cosa legada o su precio.

Art. 2771.- El legado que consiste en la devolución de la cosa recibida en prenda, o en el título constitutivo de una hipoteca, sólo extingue el derecho de prenda o hipoteca, pero no la deuda, a no ser que así se prevenga expresamente.

Art. 2772.- Lo dispuesto en el artículo que precede se observará también en el legado de una fianza, ya sea hecho al fiador, ya al deudor principal.

Art. 2773.- Si la cosa legada está dada en prenda o hipotecada, o lo fuere después de otorgado el testamento, el desempeño o la redención serán a cargo de la herencia, a no ser que el testador haya dispuesto expresamente otra cosa.

Si por no pagar el obligado, conforme al párrafo anterior, lo hiciere el legatario, quedará éste subrogado en el lugar y derechos del acreedor para reclamar contra aquél.

Cualquiera otra carga, perpetua o temporal, a que se halle afecta la cosa legada, pasa con ésta al legatario; pero en ambos casos las rentas y los réditos devengados hasta la muerte del testador son carga de la herencia.

Art. 2774.- El legado de una deuda hecho al mismo deudor extingue la obligación y el que debe cumplir el legado está obligado, no solamente a dar al deudor la constancia del pago, sino también a desempeñar las prendas, a cancelar las hipotecas y las fianzas y a liberar al legatario de toda responsabilidad. Lo anterior se entiende sin perjuicio de la acción que tienen los acreedores que resulten perjudicados, para pedir la revocación del legado en caso de que por él quede insolvente la sucesión.

Art. 2775.- Legado el título, sea público o privado, de un crédito, se entiende legado éste.

Art. 2776.- El legado hecho al acreedor no se entiende hecho en pago de su crédito, debiendo subsistir éste a más de aquél, a no ser que el testador declare lo contrario.

Art. 2777.- Hecha la declaración a que se refiere la última parte del artículo anterior, si los valores fueren diferentes, el acreedor tendrá derecho de cobrar el exceso del crédito o del legado.

Art. 2778.- Por medio de un legado puede el deudor mejorar la condición de su acreedor, haciendo puro el crédito condicional, hipotecario, el simple, o exigible desde luego el que lo sea a plazo; pero esta mejora no perjudicará en manera alguna los privilegios de los demás acreedores.

Art. 2779.- El legado hecho a un tercero, de un crédito a favor del testador, sólo produce efecto en la parte del crédito que esté insoluto al tiempo de abrirse la sucesión.

Art. 2780.- En el caso del artículo anterior, el que debe cumplir el legado entregará al legatario el título del crédito y le cederá todas las acciones que en virtud de él correspondan al testador.

Art. 2781.- Cumpliendo lo dispuesto en el artículo que precede, el que debe pagar el legado queda enteramente libre de la obligación de saneamiento y de cualquiera otra responsabilidad, ya provenga ésta del mismo título, ya de insolvencia del deudor o de sus fiadores, ya de otra causa.

Art. 2782.- Los legados de créditos comprenden también los intereses que por el crédito o deuda se deban a la muerte del testador.

Art. 2783.- Dichos legados subsistirán aunque el testador haya demandado judicialmente al deudor, si el pago no se ha realizado.

Art. 2784.- El legado genérico de liberación o perdón de las deudas, comprende sólo las existentes al tiempo de otorgar el testamento y no las posteriores.

Art. 2785.- El legado de una cosa mueble indeterminada, pero comprendida en género determinado, será válido aunque en la herencia no haya cosa alguna del género a que la cosa legada pertenezca.

Art. 2786.- En el caso del artículo anterior la elección es del que debe pagar el legado, quien, si las cosas existen, cumple con entregar una de mediana calidad; pudiendo, en caso contrario, comprar una de esa misma calidad o abonar al legatario el precio correspondiente, previo convenio o a juicio de peritos.

Art. 2787.- Si el testador concede expresamente la elección al legatario, éste podrá, si hubiere varias cosas del género determinado, escoger la mejor; pero si no las hay, sólo podrá exigir una de mediana calidad o el precio que le corresponda.

Art. 2788.- Si la cosa indeterminada fuere inmueble, sólo valdrá el legado existiendo en la herencia varias del mismo género; para la elección se observarán las reglas establecidas en los dos artículos anteriores.

Art. 2789.- El obligado a la entrega del legado responderá, en caso de evicción, si la cosa fuere indeterminada y se señalase solamente por género o especie.

Art. 2790.- En el legado de especie, el heredero debe entregar la misma cosa legada; en caso de pérdida se observará lo dispuesto para las obligaciones de dar cosa determinada.

Art. 2791.- Los legados en dinero deben pagarse en esa especie; y si no la hay en la herencia, con el producto de los bienes que al efecto se vendan.

Art. 2792.- El legado de cosa o cantidad depositada en lugar designado, sólo subsistirá en la parte que en él se encuentre.

Art. 2793.- El legado de alimentos dura mientras viva el legatario, a no ser que el testador haya dispuesto que dure menos.

Art. 2794.- Si el testador no señala la cantidad de alimentos, se observará lo dispuesto en las reglas que al efecto se señalan en el libro segundo de este código.

Art. 2795.- Si el testador acostumbró en vida dar al legatario cierta cantidad de dinero por vía de alimentos, se entenderá legada la misma cantidad, si no resultare en notable desproporción con la cuantía de la herencia.

Art. 2796.- El legado de educación, si el testador no fija plazo, durará hasta que el legatario salga de la menor edad, además subsistirá por todo el tiempo normal del aprendizaje de un oficio y, en su caso, si se estudia una profesión, por el número de años que el plan de estudios señale para la carrera de que se trate, hasta el nivel de licenciatura incluyendo la práctica y servicio social, por un año si antes no obtiene su título profesional.

Art. 2797.- Cesa también el legado de educación si el legatario, durante la menor edad, obtiene profesión u oficio con qué poder subsistir o si contrae matrimonio.

Art. 2798.- El legado de pensión, sean cuales fueren la cantidad, el objeto y los plazos, corre desde la muerte del testador; es exigible al principio de cada período y el legatario hace suya la que tuvo derecho de cobrar, aunque muera antes de que termine el período comenzado.

Art. 2799.- Los legados de usufructo, uso, habitación o servidumbre, subsistirán mientras viva el legatario, a no ser que el testador dispusiere que duren menos.

Art. 2800.- Sólo duran veinte años los legados de que trata el artículo anterior, si fueren dejados a alguna corporación que tuviere capacidad de adquirirlos.

Art. 2801.- Si la cosa legada estuviere sujeta a usufructo, uso o habitación, el legatario deberá respetar esos derechos hasta que legalmente se extingan.

CAPÍTULO VII
DE LAS SUSTITUCIONES

(REFORMADO, P.O. 13 DE NOVIEMBRE DE 2001)

Art. 2802.- Puede el testador designar una o más personas en calidad de sustitutos de los herederos o legatarios instituidos, para el caso de que mueran antes que él o de que no puedan o no quieran aceptar la herencia.

Art. 2803.- Quedan prohibidas las sustituciones fideicomisarias y cualquiera otra diversa de la contenida en el artículo anterior, sea cual fuere la forma de que se le revista.

Art. 2804.- Los sustitutos pueden ser nombrados conjunta o sucesivamente.

Art. 2805.- El sustituto del sustituto, faltando éste, lo es del heredero sustituido.

Art. 2806.- Los sustitutos recibirán la herencia con los mismos gravámenes y condiciones con que debían recibirla los herederos; a no ser que el testador haya dispuesto expresamente otra cosa o que los gravámenes o condiciones fueren meramente personales del heredero.

Art. 2807.- Si los herederos instituidos en partes desiguales fueren sustituidos recíprocamente, la sustitución recibirá las mismas partes que en la institución correspondía al heredero sustituido, a no ser que claramente aparezca haber sido otra la voluntad del testador.

Art. 2808.- La nulidad de la sustitución fideicomisaria no importa la de la institución, ni la del legado, teniéndose únicamente por no escrita la cláusula fideicomisaria.

Art. 2809.- No se reputa fideicomisaria la disposición en que el testador deja la propiedad del todo o de parte de sus bienes a una persona y el usufructo a otra; a no ser que el propietario o el usufructuario queden obligados a transferir a su muerte la propiedad o el usufructo a un tercero.

Art. 2810.- Puede el padre o la madre dejar una parte o la totalidad de sus bienes a sus hijos, con la carga de transferirlos a su vez al hijo o hijos que tuvieren concebidos y viables hasta la muerte del testador, en cuyo caso al heredero o legatario se considerará como usufructuario.

Art. 2811.- La disposición que autoriza el artículo anterior, será nula cuando la transmisión de los bienes deba hacerse a descendientes de ulteriores grados.

Art. 2812.- Se consideran fideicomisarias y, en consecuencia, prohibidas, las disposiciones que contengan prohibiciones de enajenar o que llamen a un tercero a lo que quede de la herencia por la muerte del heredero; o el encargo de prestar a más de una persona sucesivamente cierta renta o pensión.

Art. 2813.- La obligación que se impone al heredero de invertir ciertas cantidades en obras benéficas, como pensiones para estudiantes, para los pobres o para cualquier establecimiento de beneficencia, no está comprendida en la prohibición del artículo anterior.

Si la carga se impusiere sobre bienes inmuebles y fuere temporal, el heredero o herederos podrán disponer de la finca gravada, sin que cese el gravamen mientras que la inscripción de éste no se cancele.

Si la carga fuere perpetua, el heredero podrá capitalizarla e imponer el capital a interés con primera y suficiente hipoteca.

(REFORMADO, P.O. 31 DE MAYO DE 2007)

La capitalización e imposición del capital se hará interviniendo la autoridad correspondiente, y con audiencia de los interesados y del Agente de la Procuraduría Social.

CAPÍTULO VIII
DE LA NULIDAD, REVOCACIÓN Y CADUCIDAD DE LOS TESTAMENTOS

Art. 2814.- Es nula la institución de heredero o legatario hecha en memorias o comunicados secretos.

Art. 2815.- Es nulo el testamento que haga el testador bajo la influencia de amenazas contra su persona o sus bienes, o contra la persona o bienes de su cónyuge o de sus parientes.

Art. 2816.- El testador que se encuentre en el caso del artículo que precede, podrá, luego que cese la violencia o disfrute de la libertad completa, invalidar el testamento otorgando uno nuevo.

Art. 2817.- Es nulo el testamento captado por dolo o fraude.

Art. 2818.- Toda autoridad que tuviere noticia de que alguno impide a otro testar, se presentará sin demora en el lugar donde se encuentre el segundo para asegurar el ejercicio de su derecho y levantará acta en que haga constar el hecho que ha motivado su presencia, la persona, o personas que causen la violencia, los medios que al efecto hayan empleado o intentado emplear y si la persona cuya libertad ampara hace uso de su derecho.

Art. 2819.- Es nulo el testamento en que el testador no exprese cumplida y claramente su voluntad, sino sólo por señales o monosílabos en respuesta a las preguntas que se le hacen.

Art. 2820.- El testador no puede prohibir que se impugne el testamento en los casos en que éste deba ser nulo conforme a la ley.

Art. 2821.- El testamento es nulo cuando se otorga en contravención a las formas prescritas por la ley.

Art. 2822.- Son nulas la renuncia del derecho de testar y la cláusula en que alguno se obligue a no usar de ese derecho, sino bajo ciertas condiciones, sean éstas de la clase que fueren.

Art. 2823.- La renuncia de la facultad de revocar el testamento se tendrá por no puesta.

Art. 2824.- El testamento anterior queda revocado de pleno derecho por el posterior perfecto, si el testador no expresa en éste su voluntad de que aquél subsista en todo o en parte.

Art. 2825.- La revocación producirá su efecto aunque el segundo testamento caduque por la incapacidad o renuncia del heredero o de los legatarios nuevamente nombrados.

Art. 2826.- El testamento anterior recobrará, no obstante, su fuerza, si el testador, revocando el posterior, declara ser su voluntad que el primero subsista.

Art. 2827.- Las disposiciones testamentarias caducan y quedan sin efecto en lo relativo a los herederos y legatarios:

I. Si el heredero o legatario muere antes que el testador o antes de que se cumpla la condición de que dependa la herencia o el legado;

II. Si el heredero o legatario se hace incapaz de recibir la herencia o el legado; y

III. Si renuncia a su derecho.

Art. 2828.- La disposición testamentaria que contenga condición de suceso pasado o presente desconocido, no caduca aunque la noticia del hecho se adquiera después de la muerte del heredero o legatario, cuyos derechos se transmiten a sus respectivos herederos.

TÍTULO TERCERO
DE LA FORMA DE LOS TESTAMENTOS

CAPÍTULO I
DISPOSICIONES GENERALES

Art. 2829.- El testamento, en cuanto a su forma puede ser, ordinario y extraordinario o especial.

Art. 2830.- El ordinario puede ser:
I. Público abierto;
II. Público cerrado; y
III. Ológrafo.

Art. 2831.- El extraordinario o especial puede ser:
I. Privado;
II. Militar y Marítimo;
III. Hecho fuera del Estado de Jalisco; y
IV. Hecho en el extranjero.

Art. 2832.- No pueden ser testigos del testamento:

I. Los empleados, colaboradores, y dependientes económicos del notario, así como quien tenga el carácter de notario titular, suplente o asociado a la misma notaría;

II. Los menores de edad;

III. Los que no estén en su sano juicio;

IV. Los ciegos, sordos o mudos;

V. Los que no entiendan el idioma que habla el testador;

VI. Los herederos o legatarios; sus descendientes, ascendientes, cónyuge o hermanos. La asistencia como testigo de una de las personas a que se refiere ésta fracción, sólo produce como efecto la nulidad de la disposición que beneficie a ella o a sus mencionados parientes; y

VII. Los que hayan sido condenados por el delito de falsedad.

Art. 2833.- Cuando el testador ignore el idioma español, el notario autorizará el instrumento si él conoce el del testador haciéndose constar especialmente esta circunstancia y de que la voluntad del testador es reflejo fiel de lo señalado en el testamento.

También se podrá otorgar un testamento a doble columna en español y en cualquier otro idioma si así lo solicitare el otorgante que podrá hacer uso de este derecho aún en la hipótesis de que conozca perfectamente el idioma español.

Cuando el otorgante no conozca el idioma español y el notario a su vez no conozca el de aquel para el otorgamiento del testamento se exigirá la asistencia de un intérprete con autorización para actuar como tal ante el Supremo Tribunal de Justicia del Estado y con asistencia de dos testigos que conozcan el idioma del autor del testamento.

Art. 2834.- Tanto el notario como los testigos que intervengan en cualquier testamento, deberán conocer al testador o cerciorarse de algún modo de su identidad y de que se halla en su cabal juicio y libre de cualquiera coacción.

Art. 2835.- Si la identidad del testador no pudiere ser verificada, se declarará esta circunstancia por el notario o por los testigos, en su caso, agregando uno u otros, todas las señales que caractericen la persona de aquél.

Art. 2836.- En el caso del artículo que precede, no tendrá validez el testamento mientras no se justifique la identidad del testador.

Art. 2837.- Se prohibe a los notarios en la redacción de testamentos dejar espacios en blanco, utilizar abreviaturas, no escribir las cantidades con número y letra, bajo pena, en caso de hacerlo, ser acreedor a una suspensión hasta por seis meses; lo anterior además de los daños y perjuicios que su conducta origine.

Art. 2838.- El notario que hubiese autorizado el testamento, debe dar aviso a los interesados luego que sepa la muerte del testador. Si no lo hace, es responsable de los daños y perjuicios que la dilación ocasione.

Art. 2839.- Lo dispuesto en el artículo que precede se observará también por cualquiera que tenga en su poder un testamento.

Art. 2840.- Si los interesados están ausentes o son desconocidos, la noticia se dará al juez.

CAPÍTULO II
DEL TESTAMENTO PÚBLICO ABIERTO

Art. 2841.- El testamento público abierto, es el que se otorga y dicta de una manera clara, precisa y terminante por el testador ante el notario, salvo lo dispuesto en el artículo siguiente.

Art. 2842.- Se requiere de dos testigos cuando:

I. El testador sea menor de edad;

II. El testador no sepa leer y escribir;

III. El testador sea sordo, mudo, o ciego;

IV. El notario no conozca al testador, ni haya bases suficientes para su plena identificación; y

V. En el caso previsto en el artículo 2833.

(REFORMADO [N. DE E. ADICIONADO], P.O. 1 DE SEPTIEMBRE DE 2018)

Cuando el testador sea ciego y designe perito en sistema de escritura Braille o existan las condiciones técnicas en la notaría, se podrá realizar el testamento en escritura braille, sin la asistencia de los testigos.

Art. 2843.- El notario redactará por escrito las cláusulas del testamento, sujetándose estrictamente a la voluntad del testador, y las leerá en voz alta para que éste manifieste si está conforme. Si lo estuviere, firmarán todos el instrumento, asentándose el lugar, año, mes, y día en que hubiere sido otorgado, precisándose, además, la hora de su inicio y de su terminación.

Art. 2844.- El que fuere enteramente sordo pero que sepa leer, deberá dar lectura a su testamento; si no supiere o no pudiere hacerlo, designará una persona que lo lea a su nombre.

Art. 2845.- Cuando sea ciego el testador, se dará lectura en voz alta al testamento dos veces: una por el notario y otra por uno de los testigos u otra persona que el testador designe.

(REFORMADO [N. DE E. ADICIONADO], P.O. 1 DE SEPTIEMBRE DE 2018)

En el caso de que el testador hubiere optado por el sistema de escritura Braille, él mismo realizará la segunda lectura, asentando este hecho en el instrumento público.

(REFORMADO, P.O. 6 DE MAYO DE 2021)

Art. 2846.- Concluido el acto lo deberán firmar el testador y los testigos en los casos a que se refiere este código y el notario y finalmente el testador estampará sus dos huellas digitales; en caso de que el interesado no pueda estampar o no cuente con huellas digitales, se razonará esta circunstancia.

Art. 2847.- Las solemnidades se practicarán ininterrumpidamente y el notario dará fe de haberse llenado todas ellas. Faltando alguna de las mismas, quedará el testamento sin efecto, y el notario será responsable de los daños y perjuicios.

No se considera interrumpido el testamento por la impresión de la escritura.

CAPÍTULO III
DEL TESTAMENTO PÚBLICO CERRADO

Art. 2848.- El testamento público cerrado puede ser escrito por el testador o por otra persona a su ruego, o en cualquier otro medio mecánico o electrónico de impresión.

Art. 2849.- El testador debe escribir con su puño y letra su nombre debajo de su firma, su nombre completo y estampar sus dos huellas digitales en todas las hojas y al calce del testamento.

Art. 2850.- Solamente pueden otorgar testamento público cerrado quienes sepan leer y escribir.

Art. 2851.- El testador, al hacer la presentación ante el notario, declarará que en aquel pliego está contenida su última voluntad.

Art. 2852.- El notario leerá el testamento, con la obligación de reservar para sí su conocimiento y en caso de advertir alguna irregularidad evidente lo hará así saber al testador, para que se corrija, o si no se encontró ninguna pondrá su sello y firmará todas las hojas del pliego, al final levantará certificación de que es el que se le presentó por el testador, lo cerrará y sellará la cubierta del mismo que deberá ser firmada por el testador, los testigos, y el notario quien además, pondrá su sello.

Art. 2853.- Si al hacer la presentación del testamento no pudiere firmar el testador, lo hará otra persona en su nombre y en su presencia, pero debiendo estampar sus huellas digitales y el notario hará constar expresamente esta circunstancia bajo la pena de suspensión de oficio por un año.

Art. 2854.- El sordomudo podrá hacer testamento cerrado con tal que esté todo escrito, fechado y firmado de su propia mano, y que al presentarlo al notario ante dos testigos, escriba en presencia de todos, sobre la cubierta, que en aquel pliego se contiene su última voluntad y va escrita y firmada por él. El notario declarará en el acta de la cubierta que el testador lo escribió así.

Art. 2855.- En el caso del artículo anterior, si el testador no puede firmar la cubierta, se observará lo dispuesto en el artículo 2853, dando fe el notario de la elección que el testador haga de uno de los testigos para que firme por él.

Art. 2856.- El que sea sólo mudo o sólo sordo, puede hacer testamento cerrado con tal que esté escrito de su puño y letra o, si ha sido escrito por otro, lo anote así el testador y firme la nota de su puño y letra, sujetándose a las demás solemnidades precisas para esta clase de testamentos.

Art. 2857.- El testamento cerrado que carezca de alguna de las solemnidades referidas, quedará sin efecto, y el notario será responsable de los daños y perjuicios que se causen.

Art. 2858.- Cerrado y autorizado el testamento, se entregará al testador y el notario pondrá razón en el protocolo, del lugar, hora, día, mes y año, en que el testamento fue autorizado y entregado.

Art. 2859.- Por la infracción del artículo anterior no se anulará el testamento, pero el notario incurrirá en la pena de suspensión por seis meses.

Art. 2860.- El testador podrá conservar el testamento en su poder, darlo en guarda a persona de su confianza o depositarlo en el Registro Público de la Propiedad.

Art. 2861.- El testador que quiera depositar su testamento en el Registro Público de la Propiedad, se presentará con él ante el encargado de éste, quien hará asentar en el libro que con ese objeto debe llevarse, una razón del depósito o entrega, que será firmada por dicho funcionario y el testador, a quien se dará copia autorizada.

Art. 2862.- Pueden hacerse por procurador la presentación y depósito de que habla el artículo que precede, y en este caso, el poder quedará unido al testamento.

Art. 2863.- El testador puede retirar, cuando le parezca, su testamento; pero la devolución se hará con las mismas solemnidades que la entrega.

Art. 2864.- El poder para la entrega y para la extracción del testamento, debe otorgarse en escritura pública, y esta circunstancia se hará constar en la nota respectiva.

Art. 2865.- Luego que el juez reciba un testamento cerrado, hará comparecer al notario y a los testigos que concurrieron a su otorgamiento.

Esta comparecencia podrá ser simultánea o sucesiva.

Art. 2866.- El testamento cerrado no podrá ser abierto sino después que el notario y los testigos instrumentales hayan reconocido ante el juez sus firmas y las del testador o la de la persona que por éste hubiere firmado, y hayan declarado si en su concepto está cerrado y sellado como lo estaba en el acto de la entrega.

Art. 2867.- Si no pudieren comparecer todos los testigos por muerte, enfermedad o ausencia, bastará el reconocimiento de quien quede y el del notario.

Art. 2868.- Si por iguales causas no pudieren comparecer el notario o los testigos o ninguno de ellos, el juez lo hará constar así por información, como también la legitimidad de las firmas y que en la fecha que lleva el testamento se encontraban aquéllos en el lugar en que éste se otorgó.

Art. 2869.- En todo caso, los que comparecieren reconocerán sus firmas.

Art. 2870.- Satisfecho lo prescrito en los cinco artículos anteriores, el juez decretará la publicación y protocolización del testamento.

Art. 2871.- El testamento cerrado quedará sin efecto siempre que se encuentre roto el pliego interior o abierto el que forma la cubierta; o borradas, raspadas o enmendadas las firmas que lo autorizan, aunque el contenido no esté viciado.

Art. 2872.- Quien substraiga o destruya un testamento cerrado, será sancionado en los términos del Código Penal, y si fuese heredero aún en el caso de intestado, perderá sus derechos sobre la herencia.

CAPÍTULO IV
DEL TESTAMENTO OLÓGRAFO

Art. 2873.- El testamento ológrafo sólo podrá ser otorgado por las personas mayores de edad; y para que sea válido, deberá estar totalmente escrito por el testador y firmado por él, por su puño y letra su nombre bajo su firma e impresas sus huellas digitales en todas las hojas que lo compongan, con expresión del día, mes y año en que se otorgó.

Los extranjeros podrán otorgar testamento ológrafo en su propio idioma.

Art. 2874.- Si contuviere palabras tachadas, enmendadas o entre renglones las salvará el testador bajo su firma.

La omisión de esta formalidad por el testador, sólo afecta a la validez de las palabras tachadas, enmendadas o entre renglones, pero no al testamento mismo.

Art. 2875.- El testador hará por duplicado su testamento ológrafo. Será depositado en la sección correspondiente del Registro Público de la Propiedad, y el duplicado, también encerrado en un sobre lacrado, y con la nota en la cubierta, de que se hablará después, será devuelto al testador. Este podrá poner en los sobres que contengan los testamentos, los sellos, señales o marcas que estime necesarios para evitar violaciones.

Art. 2876.- El depósito en el Registro Público de la Propiedad se hará personalmente por el testador, quien si no es conocido del encargado de la oficina, debe presentar dos testigos que lo identifiquen. En el sobre que contenga el testamento original, el testador, de su puño y letra, pondrá la siguiente constancia: "Dentro de este sobre se contiene mi testamento". A continuación se expresará el lugar y la fecha en que se hace el depósito. La constancia será firmada por el testador y por el encargado de la oficina. En caso de que intervengan testigos de identificación, también firmarán.

Art. 2877.- En caso que en el domicilio del testador no hubiere oficina del Registro Público de la Propiedad, el depósito y recepción se harán ante y por el jefe de la Oficina de Recaudación Fiscal, quien una vez realizadas las diligencias a que se refiere el artículo siguiente, lo remitirá a la oficina del Registro Público de la Propiedad de la circunscripción territorial que corresponda, dentro de los cinco días hábiles después de su presentación.

Art. 2878.- En el sobre cerrado que contenga el duplicado del testamento ológrafo se pondrá la siguiente constancia extendida por el encargado de la oficina: "Recibí el pliego cerrado en el que... afirma contiene original su testamento ológrafo, del cual, según su afirmación existe dentro de este sobre un duplicado". Se pondrá luego el lugar y la fecha en que se extiende la constancia que será firmada por el encargado de la oficina, poniéndose también al calce la firma del testador y de los testigos de identificación, cuando intervengan.

Art. 2879.- Cuando el testador estuviere imposibilitado para hacer personalmente la entrega de su testamento en las oficinas del Registro Público de la Propiedad o de la Oficina de Recaudación Fiscal en su caso, el encargado de ellas deberá concurrir al lugar donde aquél se encontrare, para cumplir las formalidades del depósito.

Art. 2880.- Hecho el depósito, el encargado del Registro tomará razón de él en el libro respectivo, a fin de que el testamento pueda ser identificado, y conservará el original bajo su directa responsabilidad hasta que proceda a hacer entrega al mismo testador o al juez competente.

Art. 2881.- En cualquier tiempo el testador tendrá derecho de retirar del Registro Público de la Propiedad, personalmente o por medio de mandatario con poder especial otorgado ante Notario Público, el testamento depositado; haciéndose constar la entrega en una acta que firmarán el interesado y el encargado de la oficina.

(REFORMADO, P.O. 26 DE AGOSTO DE 2006)

Art. 2882.- El juez ante quien se promueva un juicio sucesorio pedirá informe al encargado del Registro Público del lugar y a la Dirección del Registro Nacional de Testamentos, acerca de si en su oficina se ha depositado algún testamento ológrafo del autor de la sucesión, para que en caso de que así sea, se le remita el testamento o se informe de su existencia.

Art. 2883.- El que guarde en su poder el duplicado de un testamento, o cualquiera que tenga noticia de que el autor de una sucesión ha depositado algún testamento ológrafo, lo comunicará al juez competente, quien pedirá al encargado de la oficina del Registro en que se encuentre el testamento, que se lo remita.

(REFORMADO, P.O. 31 DE MAYO DE 2007)

Art. 2884.- Recibido el testamento, el Juez examinará la cubierta que lo contiene para cerciorarse de que no ha sido violada, hará que los testigos de identificación que residieren en el lugar, reconozcan sus firmas y las del testador, y en presencia del Agente de la Procuraduría Social, de los que se hayan presentado como interesados y de los mencionados testigos, abrirá el sobre que contiene el testamento. Si éste llena los requisitos mencionados a que se refiere este capítulo y queda comprobado que es el mismo que depositó el testador, se declarará formal testamento de éste.

Art. 2885.- Sólo cuando el original depositado haya sido destruido o robado, se tendrá como formal testamento el duplicado, procediéndose para su apertura como se dispone en el artículo que precede.

Art. 2886.- El testamento ológrafo quedará sin efecto cuando el original o el duplicado, en su caso, estuvieren rotos, el sobre que los cubre resultare abierto o las firmas que los autoricen aparecieren borradas, raspadas o con enmendaduras, aún cuando el contenido del testamento no este viciado.

Art. 2887.- El encargado del Registro Público de la Propiedad no proporcionará informes acerca del testamento ológrafo depositado en su oficina, sino al mismo testador o a los jueces competentes que oficialmente se los pidan.

CAPÍTULO V
DEL TESTAMENTO PRIVADO

Art. 2888.- El testamento privado esta permitido en los casos siguientes; cuando:

I. El testador es atacado de una enfermedad tan violenta y grave que no dé tiempo para que concurra notario a hacer el testamento;

II. No haya notario en la población;

III. Aunque haya notario en la población, sea imposible, o por lo menos muy difícil que concurra al otorgamiento del testamento;

IV. Esté en una población incomunicada por razón de cerco sanitario decretado por las autoridades de Salubridad, en razón de alguna epidemia, aunque él no la padezca; y

V. Cuando los militares o asimilados del Ejército entren en campaña o se encuentren prisioneros de guerra.

Para que en los casos enumerados en este artículo pueda otorgarse testamento privado, es necesario que al testador no le sea posible hacer testamento público u ológrafo.

Art. 2889.- El testador que se encuentre en el caso de hacer testamento privado, declarará en presencia de cuando menos tres testigos idóneos su última voluntad, que uno de ellos redactará por escrito, si el testador no puede escribir.

Art. 2890.- No será necesario redactar por escrito el testamento, cuando ninguno de los testigos sepa escribir o en los casos de suma urgencia.

Art. 2891.- Los testigos antes indicados deberán concurrir en forma conjunta ante la primera autoridad del lugar, ya sea política, administrativa o judicial, haciendo una síntesis de lo presenciado en virtud del testamento, y con ello preconstituir con el acta que a efecto se levante, un principio de prueba que deberá acompañarse al Juez de Primera Instancia en el ocurso donde se promueva la declaratoria sobre la formalidad del testamento.

Art. 2892.- Al otorgarse el testamento privado se observarán, en lo conducente, las solemnidades prescritas para los testamentos públicos abiertos.

Art. 2893.- El testamento privado necesita, además, para su validez, que el Juez de Primera Instancia declare que el dicho de los testigos, es el formal testamento de la persona de quien se trate, teniendo en cuenta las declaraciones de los testigos que firmaron u oyeron, en su caso, la voluntad del testador.

Art. 2894.- La declaración a que se refiere el artículo anterior será pedida por los interesados, inmediatamente después que supieren la muerte del testador y la forma de su disposición.

Art. 2895.- Los testigos que concurran a un testamento privado deberán declarar circunstancialmente:

I. El lugar, la hora, el día, el mes y el año en que se otorgó el testamento;

II. Si reconocieron, vieron y oyeron claramente al testador;

III. El tenor de la disposición;

IV. Si el testador estaba en su cabal juicio y libre de cualquiera coacción;

V. El motivo por el que se otorgó el testamento privado; y

VI. Si saben que el testador falleció o no de la enfermedad o en el peligro en que se hallaba.

Art. 2896.- Si los testigos fueren idóneos y estuvieren conformes en todas y cada una de las circunstancias enumeradas en el artículo que precede, el juez declarará que sus dichos son el formal testamento de la persona de quien se trate.

Art. 2897.- Si después de la muerte del testador muriese alguno de los testigos, se hará la declaración con los restantes, con tal de que no sean menos de dos y mayores de toda excepción.

Art. 2898.- Lo dispuesto en el artículo anterior se observará también en el caso de ausencia de alguno de los testigos, siempre que en la falta de comparecencia del testigo no hubiere dolo. Sabiéndose el lugar donde se hallan los testigos, serán examinados por exhorto.

Art. 2899.- El testamento privado sólo surtirá sus efectos si el testador fallece de la enfermedad o en el peligro que se hallaba, o dentro de un mes de desaparecida la causa que lo motivó.

CAPÍTULO VI
DEL TESTAMENTO MILITAR Y MARÍTIMO

Art. 2900.- Si el militar, el asimilado del Ejército o integrante de la Armada Nacional hace su disposición en el momento de entrar en acción de guerra o estando herido sobre el campo de batalla, bastará que declare su voluntad ante dos testigos o que entregue a los mismos el pliego cerrado que contenga su última disposición, firmada de su puño y letra.

Art. 2901.- Lo dispuesto en el artículo anterior se observará, en su caso, respecto de los prisioneros de guerra.

Art. 2902.- También se reconocen como testamentos en el Estado de Jalisco las disposiciones mortuorias o pliegos de última voluntad que formulen los miembros del Ejército Mexicano, de la Fuerza Aérea o de la Armada Nacional, ante dos testigos y depositadas en las Secretarías del ramo correspondiente o en los institutos de seguridad social para ello instruidos y no exista testamento general expreso.

(REFORMADO, P.O. 13 DE NOVIEMBRE DE 2001)

Art. 2903.- Los testamentos otorgados por escrito, conforme a este Capítulo, deberán ser entregados luego que muera el testador, por aquél en cuyo poder hubieren quedado, al jefe de la corporación, quien lo remitirá a el Superior Jerárquico que corresponda y éste a la Autoridad judicial competente.

Art. 2904.- Si el testamento hubiere sido otorgado de palabra, los testigos instruirán de él desde luego al jefe de la corporación, quien dará parte en el acto al Ministerio de la Secretaría correspondiente y éste a la autoridad judicial competente, a fin de que proceda teniendo en cuenta lo dispuesto en los artículos del 2893 a 2899 de este código.

CAPÍTULO VII
EL TESTAMENTO HECHO FUERA DEL ESTADO

Art. 2905.- En el Estado de Jalisco se dará plena validez y reconocimiento a los testamentos hechos en otra entidad federativa, dentro del territorio nacional siempre y cuando hayan sido formulados de acuerdo con las leyes del lugar donde pasaron.

CAPÍTULO VIII
EL TESTAMENTO HECHO EN PAÍS EXTRANJERO

Art. 2906.- Tendrán plena validez los testamentos otorgados por mexicanos en el extranjero, siempre y cuando hubieren sido autorizados en las misiones diplomáticas; legaciones y consulados mexicanos y se hubieren otorgado conforme a derecho.

Art. 2907.- Para que en el Estado se admitan y tengan validez los testamentos hechos en país extranjero, se requiere acreditar que hayan sido otorgados conforme a las leyes del país en que pasaron.

TÍTULO CUARTO
DE LA SUCESIÓN LEGÍTIMA

CAPÍTULO I
DISPOSICIONES GENERALES

Art. 2908.- La herencia legítima se abre cuando:

I. No hay testamento o el que se otorgó es nulo o perdió su validez;

II. El testador no dispuso de todos sus bienes;

III. No se cumpla la condición impuesta al heredero; y

IV. El heredero muere antes que el testador, repudie la herencia o es incapaz de heredar, si no se le ha nombrado sustituto.

Art. 2909.- Cuando siendo válido el testamento no deba subsistir la institución de heredero, subsistirán, sin embargo, las demás disposiciones hechas en él; y la sucesión legítima sólo comprenderá los bienes que debían corresponder al heredero instituido.

Art. 2910.- Si el testador dispone legalmente sólo de una parte de sus bienes, el resto de ellos forma la sucesión legítima.

Art. 2911.- Tienen derecho a heredar por sucesión legítima:

I. Los descendientes, cónyuge, ascendientes y parientes colaterales dentro del cuarto grado, y la concubina o el concubinario; y

II. A falta de los anteriores, la Beneficencia Pública.

Art. 2912.- El parentesco de afinidad no da derecho a heredar.

Art. 2913.- Los parientes más próximos excluyen a los más remotos, salvo que concurran hijos con descendientes de ulterior grado o cuando concurran hermanos con sobrinos hijos de hermanos o medios hermanos.

Art. 2914.- Los parientes que se hallaren en el mismo grado, heredarán por partes iguales.

CAPÍTULO II
DE LA SUCESIÓN DE LOS DESCENDIENTES

Art. 2915.- Si a la muerte de los padres quedaren sólo hijos, la herencia se dividirá entre todos por partes iguales.

Art. 2916.- Cuando concurran descendientes con el cónyuge que sobreviva, a éste le corresponderá la porción de un hijo, si carece de bienes, o los que tiene al morir el autor de la sucesión no igualan la porción que a cada uno le deben corresponder.

Art. 2917.- Si quedaren hijos y descendientes de ulterior grado, los primeros heredarán por cabeza y los segundos por estirpe. Lo mismo se observará tratándose de descendientes de hijos fallecidos antes que el autor de la herencia, incapaces de heredar o que hubieren renunciado a la herencia.

Art. 2918.- Si sólo quedaren descendientes de ulterior grado, la herencia se dividirá por estirpes; y si en algunas de éstas hubiere varios herederos, la porción que a ella corresponda se dividirá por partes iguales.

Art. 2919.- El adoptado hereda como un hijo; pero no hay derecho de sucesión entre el adoptado y los parientes del adoptante salvo que se esté en el caso de la adopción plena.

Art. 2920.- Concurriendo padres adoptantes y descendientes del adoptado, los primeros sólo tendrán derecho a alimentos.

CAPÍTULO III
DE LA SUCESIÓN DE LOS ASCENDIENTES

Art. 2921.- A falta de descendientes y cónyuge, sucederán el padre y la madre por partes iguales.

Art. 2922.- Si sólo hubiere padre o madre, el que viva sucederá al hijo en toda la herencia.

Art. 2923.- Si sólo hubiere ascendientes de ulterior grado por una línea, se dividirá la herencia por partes iguales.

Art. 2924.- Si hubiere ascendientes por ambas líneas, se dividirá la herencia en dos partes iguales y se aplicará una a los ascendientes de la línea paterna y otra a los de la materna.

Art. 2925.- Los miembros de cada línea dividirán entre sí, por partes iguales, la porción que les corresponda.

Art. 2926.- Concurriendo los adoptantes con ascendientes del adoptado, la herencia de éste se dividirá por partes iguales entre los adoptantes y los ascendientes.

Art. 2927.- Si concurre el cónyuge del adoptado con los adoptantes, las dos terceras partes de la herencia corresponden al cónyuge y la otra tercera parte a los que hicieron la adopción.

Art. 2928.- Los ascendientes, tienen derecho de heredar a sus descendientes reconocidos.

Art. 2929.- Si el reconocimiento se hace después de que el descendiente haya adquirido bienes cuya cuantía, teniendo en cuenta las circunstancias personales del que reconoce, haga suponer fundadamente que motivó el reconocimiento, ni el que reconoce, ni sus descendientes tienen derecho a la herencia del reconocido. El que reconoce tiene derecho a alimentos, en el caso de que el reconocimiento lo haya hecho cuando el reconocido tuvo también derecho a percibir alimentos.

CAPÍTULO IV
DE LA SUCESIÓN DEL CÓNYUGE

Art. 2930.- El cónyuge que sobrevive, concurriendo con descendientes, tendrá el derecho de un hijo, si carece de bienes o los que tiene al morir el autor de la sucesión, no igualan a la porción que a cada hijo debe corresponder. Lo mismo se observará si concurre con hijos adoptivos del autor de la herencia.

Los bienes que el cónyuge viudo recibe con motivo de la liquidación de la sociedad económico-matrimonial se consideran como bienes propios.

Art. 2931.- En el primer caso del artículo anterior, el cónyuge recibirá íntegra la porción señalada; en el segundo sólo tendrá derecho de recibir lo que baste para igualar sus bienes con la porción mencionada.

Art. 2932.- Si el cónyuge que sobrevive concurre con ascendientes, la herencia se dividirá en dos partes iguales, de las cuales una se aplicará al cónyuge y la otra a los ascendientes.

Art. 2933.- Concurriendo el cónyuge con uno o más hermanos del autor de la sucesión, estos últimos sólo tendrán derecho a alimentos si ordinariamente tuvieran derecho a recibirlos.

Art. 2934.- El cónyuge recibirá las porciones que le correspondan conforme a los dos artículos anteriores, aunque tenga bienes propios.

Art. 2935.- A falta de descendientes y ascendientes, el cónyuge sucederá en todos los bienes.

CAPÍTULO V
DE LA SUCESIÓN DE LOS COLATERALES

Art. 2936.- Si sólo hay hermanos por ambas líneas, sucederán por partes iguales.

Art. 2937.- Si concurren hermanos con medios hermanos, aquéllos heredarán doble porción que éstos.

Art. 2938.- Si concurren hermanos con sobrinos, hijos de hermanos o de medios hermanos, los primeros heredarán por cabeza y los segundos por estirpe, teniendo en cuenta lo dispuesto en el artículo anterior.

Art. 2939.- A falta de hermanos, sucederán sus hijos, dividiéndose la herencia por estirpes y la porción de cada estirpe por cabeza.

Art. 2940.- A falta de los llamados en los artículos anteriores, sucederán los parientes más próximos dentro del cuarto grado, sin distinción de línea ni consideración al doble vínculo, y heredarán por partes iguales.

CAPÍTULO VI
DE LA SUCESIÓN DE LOS CONCUBINOS

Art. 2941.- Tendrá derecho a heredar, aplicándose las disposiciones relativas a la sucesión del cónyuge, la persona con quien el autor de la herencia vivió en el mismo domicilio como si fuera su cónyuge durante los 3 años si tuvieron hijos en común o durante 5 años si no los hubieren tenido, siempre que ambos hayan permanecido libres de matrimonio durante el concubinato, en ambos casos se deberá entender los años que precedieron inmediatamente a su muerte. Si fueron varias las personas que vivieron con el autor de la sucesión como si éste fuere su cónyuge, ninguna de ellas heredará.

CAPÍTULO VII
DE LA SUCESIÓN DE LA BENEFICENCIA PÚBLICA

Art. 2942.- A falta de todos los herederos llamados en los capítulos anteriores, sucederán los establecimientos de asistencia social en los términos de ley prefiriéndose a los que funcionen en el lugar del domicilio del autor de la sucesión.

TÍTULO QUINTO
DISPOSICIONES COMUNES A LAS SUCESIONES TESTAMENTARIA Y LEGÍTIMA

CAPÍTULO I
DE LAS PRECAUCIONES QUE DEBEN ADOPTARSE CUANDO LA VIUDA QUEDE ENCINTA

Art. 2943.- Cuando a la muerte del marido, la viuda haya quedado encinta, lo pondrá en conocimiento del juez que conozca de la sucesión, para que en forma inmediata lo notifique a los que tengan un posible derecho a la herencia y éste fuera de tal naturaleza que pueda desaparecer o disminuir por el nacimiento del póstumo.

(REFORMADO, P.O. 5 DE SEPTIEMBRE DE 2015)

Art. 2944.- Los interesados a que se refiere el precedente artículo pueden pedir al juez que dicte las providencias convenientes para evitar la suposición del parto, la sustitución de la niña o el niño o que se haga pasar por viable quien no lo es. En todos los casos se dará aviso a la Procuraduría de Protección de Niñas, Niños y Adolescentes.

Cuidará el juez de que las medidas que dicte no ataquen el pudor ni a la libertad de la viuda.

Art. 2945.- Aun cuando no se hubiere dado el aviso, al aproximarse la época del parto, la viuda deberá ponerlo en conocimiento del juez, para que lo haga saber a los interesados. Estos tienen derecho de pedir que el juez nombre una persona que se cerciore de la realidad del alumbramiento; debiendo recaer el nombramiento en profesional de medicina o en una partera.

Art. 2946.- Si el marido reconoció en instrumento público o privado la certeza de la preñez de su consorte, estará dispensada ésta de dar el aviso pero deberá cumplirse lo ordenado en el artículo que antecede.

Art. 2947.- La omisión de la madre de dar el aviso de la gravidez no perjudicará los derechos del hijo, si por otros medios puede acreditarse.

Art. 2948.- Serán con cargo a la masa hereditaria, la totalidad de los gastos relativos al embarazo y nacimiento aún cuando la viuda tuviere bienes propios.

Art. 2949.- Si no se cumple por la viuda, con dar los avisos antes referidos, podrán los interesados negarle los alimentos cuando tenga bienes; pero si por averiguaciones posteriores resultare cierta la preñez, se deberán abonar los alimentos que dejaron de pagarse.

Art. 2950.- La viuda no está obligada a devolver los alimentos percibidos, aún cuando haya habido aborto o no resulte cierta la preñez, salvo el caso en que ésta hubiere sido contradicha por dictamen pericial.

Art. 2951.- El juez decidirá de plano todas las cuestiones relativas a alimentos, conforme a los artículos anteriores; resolviendo en caso dudoso en favor de la viuda.

Art. 2952.- Para cualquiera de las diligencias que se practiquen conforme a lo dispuesto en este capítulo, deberá ser oída la viuda.

Art. 2953.- La división de la herencia se suspenderá hasta que se verifique el parto o hasta que transcurra el término máximo de la preñez; mas los acreedores podrán ser pagados por mandato judicial.

CAPÍTULO II
DE LA CAPACIDAD PARA HEREDAR

Art. 2954.- Toda persona, de cualquier edad que sea, tiene capacidad para heredar y no puede ser privada de ella de un modo absoluto; pero con relación a ciertas personas y a determinados bienes, pueden perderla por alguna de las causas siguientes:

I. Falta de personalidad;

II. Delito;

III. Presunción de influencia contraria a la libertad del testador o a la verdad o integridad del testamento;

IV. Utilidad pública; y

(REFORMADA, P.O. 6 DE MAYO DE 2021)

V. Renuncia o remoción de algún cargo conferido en el testamento, siempre y cuando el desempeño del mismo sea condicionante para heredar.

Art. 2955.- Son incapaces de adquirir por testamento o por intestado, a causa de falta de personalidad, los que no estén concebidos al tiempo de la muerte del autor de la herencia; o los concebidos, cuando no sean viables.

Art. 2956.- Será, no obstante, válida la disposición hecha en favor de los hijos que nacieran de ciertas y determinadas personas durante la vida del testador.

Art. 2957.- Por razón de delito son incapaces de adquirir por testamento o por intestado:

(REFORMADA, P.O. 13 DE NOVIEMBRE DE 2001)

I. El que haya sido condenado por haber dado, mandado o intentado dar muerte a la persona de cuya sucesión se trate o a los ascendientes, descendientes, cónyuge, concubina o concubinario o colaterales hasta el cuarto grado;

(REFORMADA, P.O. 16 DE FEBRERO DE 2016)

II. El que haya hecho contra el autor de la sucesión, sus ascendientes, descendientes, cónyuge, concubina o concubinario o colaterales hasta el cuarto grado, acusación de delito que merezca pena privativa de la libertad personal o deambulatoria, aun cuando aquella sea fundada, si fuere su descendiente, su ascendiente, su cónyuge o su hermano, a no ser que ese acto haya sido preciso para que el acusador salvara su vida, su honra o la de sus ascendientes, descendientes, cónyuge, concubina o concubinario o hermanos;

III. El cónyuge que mediante juicio ha sido declarado adúltero, si se trata de suceder al cónyuge inocente;

IV. El coautor del adulterio, ya sea que se trate de la sucesión de éste o de la del cónyuge inocente;

(REFORMADA, P.O. 13 DE NOVIEMBRE DE 2001)

V. El que haya sido condenado por un delito que merezca pena de prisión, cometido contra el autor de la herencia, de sus ascendientes, descendientes, cónyuge, concubina o concubinario o colaterales hasta el cuarto grado;

VI. El padre y la madre respecto del hijo expuesto por ellos;

VII. Padres que abandonaren a sus hijos, o los prostituyeren o atentaren a su pudor, respecto de los ofendidos;

VIII. Los demás parientes del autor de la herencia que, teniendo obligación de proporcionarle alimentos, no la hubieren cumplido;

IX. Los parientes del autor de la herencia que, hallándose éste imposibilitado para trabajar y sin recursos, no cuidaren de recogerlo o de hacerlo recoger en establecimientos de beneficencia;

X. El que usare de violencia, dolo o fraude con una persona para que haga, deje de hacer o revoque su testamento; y

XI. El que conforme al Código Penal, fuere culpable de supresión, sustitución, o suposición de infante, siempre que se trate de la herencia que debió corresponder a éste o a las personas a quienes se haya perjudicado o intentado perjudicar con estos actos.

Art. 2958.- Se aplicará también lo dispuesto en la fracción II del artículo anterior, aunque el autor de la herencia no fuere descendiente, ascendiente, cónyuge o hermano del acusador, si la acusación es declarada calumniosa.

Art. 2959.- Cuando la parte agraviada por aquélla que en razón de delito sea incapaz de adquirir (sic) perdonare al ofensor, recobrará éste la capacidad de suceder al ofendido, si el perdón consta por declaración auténtica o por hechos indubitables.

Art. 2960.- Las capacidades para suceder por testamento, sólo se recobran si después de conocido el agravio, el ofendido instituye heredero al ofensor o revalida su institución anterior con las mismas solemnidades que se exigen para testar.

Art. 2961.- En los casos de intestado, los descendientes del incapaz de heredar conforme a este capítulo, heredarán al autor de la sucesión, no debiendo ser excluidos por la falta de sus padres; pero éstos no pueden, en ningún caso, tener los bienes de la sucesión, el usufructo, ni la administración que la ley acuerda a los padres sobre los bienes de sus hijos.

Art. 2962.- Por presunción de influjo contrario a la libertad del autor de la herencia, son incapaces de adquirir por testamento del menor, los tutores y curadores, a no ser que sean instituidos antes de ser nombrados para el cargo o después de la mayor edad de aquél, estando ya aprobadas las cuentas de la tutela.

Art. 2963.- La incapacidad a que se refiere el artículo anterior no comprende a los ascendientes ni hermanos del incapaz.

Art. 2964.- Por presunción contraria a la libertad del testador, son incapaces de heredar por testamento, el médico que haya asistido a aquél durante su última enfermedad, si entonces hizo su disposición testamentaria; así como el cónyuge, ascendientes, descendientes y hermanos del facultativo, a no ser que los herederos instituidos sean también herederos legítimos.

Art. 2965.- Por presunción de influjo contrario a la verdad, e integridad del testamento, son incapaces de heredar, quienes intervinieron en él, y sus cónyuges, descendientes, ascendientes o hermanos.

Art. 2966.- La capacidad de los ministros de cualquier culto religioso para heredar por testamento, estará sujeta a lo dispuesto por el artículo 130 Constitucional y su ley reglamentaria; en consecuencia sus ascendientes, descendientes, hermanos y cónyuges, así como las asociaciones religiosas a que aquellos pertenezcan, serán incapaces para heredar por testamento, de las personas a quienes los propios ministros hayan dirigido o auxiliado espiritualmente y no tengan parentesco dentro del cuarto grado.

Art. 2967.- El notario que a sabiendas autorice un testamento en que se contravenga lo dispuesto en los tres artículos anteriores, sufrirá la pena de suspensión por un año.

Art. 2968.- Los extranjeros y las personas jurídicas, son capaces de adquirir bienes por sucesión pero su capacidad tiene las limitaciones establecidas en la Constitución Política de los Estados Unidos Mexicanos y en las respectivas leyes reglamentarias. Tratándose de extranjeros, se observará también lo dispuesto en el artículo siguiente.

Art. 2969.- Son incapaces de heredar, a los habitantes del Estado, los extranjeros que, según las leyes de su país, no pueden transmitir sus bienes a favor de los mexicanos por causa de muerte.

Art. 2970.- La herencia o legado que se deje a un establecimiento público, imponiéndose algún gravamen o bajo alguna condición, sólo serán válidos si la instancia gubernamental los aprueba.

(REFORMADO, P.O. 26 DE MAYO DE 2005)

Art. 2971.- Las disposiciones testamentarias hechas a favor de la beneficencia se regirán por la ley del organismo titular de la asistencia social en el Estado. Las hechas a favor de los pobres en general, o de clases formadas por número ilimitado de beneficiarios, tales como huérfanos, los ancianos o los ciegos, sin especificar a personas determinadas, se entenderán hechas a la asistencia social para los fines de sus funciones y, las hechas a favor de las iglesias, asociaciones religiosas, agrupaciones religiosas o culto público, se sujetarán a lo dispuesto en el artículo 27 y 130 de la Constitución Política de los Estados Unidos Mexicanos y sus leyes reglamentarias.

(REFORMADO, P.O. 6 DE MAYO DE 2021)

Art. 2972.- Son incapaces de heredar por testamento, los que, nombrados en él tutores, curadores o albaceas, por mala conducta hayan sido separados judicialmente de su ejercicio.

Art. 2973.- (DEROGADO, P.O. 6 DE MAYO DE 2021)

Art. 2974.- Las personas llamadas por la ley para desempeñar la tutela legítima y que rehusen sin justa causa desempeñarla, no tienen derecho de heredar a los incapaces de quienes debieron ser tutores.

Art. 2975.- Para que el heredero pueda suceder, basta que sea capaz para ello al tiempo de la muerte del autor de la herencia.

Art. 2976.- Si la institución fuere condicional, se necesitará, además, que el heredero sea capaz para ello al tiempo en que se cumpla la condición.

Art. 2977.- El heredero por testamento, que muera antes que el testador o antes de que se cumpla la condición a él impuesta, el incapaz de heredar y el que renuncie a la sucesión, no transmiten ningún derecho a sus herederos.

Art. 2978.- En los casos del artículo anterior, la herencia pertenece a los herederos legítimos del testador, a no ser que éste haya dispuesto otra cosa.

Art. 2979.- El que hereda en lugar del excluido, tendrá las mismas cargas y condiciones que legalmente se habían puesto a aquél.

Art. 2980.- Los deudores hereditarios que fueren demandados y que no tengan el carácter de herederos, no podrán oponer, al que esté en posesión del derecho de heredero o legatario, la excepción de incapacidad.

Art. 2981.- La incapacidad no produce el efecto de privar al incapaz de lo que hubiere de percibir, sino después de declarada en juicio, a petición de algún interesado, no pudiendo decretarla el juez de oficio.

Art. 2982.- No puede deducirse acción para declarar la incapacidad, pasados tres años desde que el incapaz esté en posesión de la herencia o legado;

salvo que se trate de incapacidades establecidas en vista del interés público, las cuales en todo tiempo pueden hacerse valer.

Art. 2983.- Si el que entró en posesión de la herencia y la pierde después por declaración de incapacidad, hubiere enajenado o gravado todo o parte de los bienes antes de ser emplazado en el juicio en que se discuta su incapacidad, y aquél, con quien se contrató hubiere tenido buena fe, el contrato subsistirá, mas el heredero incapaz estará obligado a indemnizar al legítimo, de todos los daños y perjuicios.

CAPÍTULO III
DE LAS CARGAS ALIMENTARIAS

Art. 2984.- La masa hereditaria está afectada en forma preferente al pago de los alimentos a las personas que se mencionan en las fracciones siguientes:

I. A los descendientes menores de dieciocho años;

II. A los descendientes que están imposibilitados para trabajar, cualquiera que sea su edad;

III. Al cónyuge supérstite, cuando esté impedido de trabajar o no tenga bienes propios suficientes; este derecho subsistirá en tanto no contraiga matrimonio y viva honestamente;

IV. A los ascendientes;

(REFORMADO, P.O. 29 DE NOVIEMBRE DE 2014)

V. A los hermanos y demás parientes colaterales dentro del cuarto grado, si son incapaces o mientras que no cumplan dieciocho años, si no tienen bienes para subvenir a sus necesidades; y

VI. A la persona con quien el testador vivió como si fuera su cónyuge durante los cinco años que precedieron inmediatamente a su muerte o con quien tuvo hijos, siempre que ambos hayan permanecido libres de matrimonio durante esa vida en común y el superviviente esté imposibilitado para trabajar y no tenga bienes propios suficientes. Este derecho subsistirá mientras el beneficiario no contraiga nupcias y observe buena conducta. Si fueren varias las personas que se encuentren en el mismo caso a que se refiere este artículo, respecto del testador, ninguna de ellas tendrá derecho a alimentos.

Art. 2985.- No hay obligación de dar alimentos, sino a falta o por imposibilidad de los parientes más próximos en grado.

Art. 2986.- No hay obligación de dar alimentos a las personas que tengan bienes; pero si teniéndolos, su producto no iguala a la pensión que debería corresponderles, la obligación se reducirá a lo que falte para completarla.

Art. 2987.- Cesa el derecho de ser alimentado, tan luego el interesado deje de estar en las condiciones a que se refiere este capítulo, observe mala conducta o adquiera bienes, aplicándose en este caso lo dispuesto en el artículo anterior.

(REFORMADO, P.O. 5 DE SEPTIEMBRE DE 2015)

Art. 2988.- El derecho de alimentos a que se refiere este capítulo se rige por las siguientes bases:

I. No es renunciable;

II. No puede ser objeto de transacción;

III. La pensión alimenticia se fijará y asegurará en los siguientes términos:

a) Los alimentos comprenden la comida, el vestido, la habitación y la asistencia en casos de enfermedad.

Respecto de niñas, niños y adolescentes, los alimentos comprenden, además los gastos necesarios para la educación obligatoria del alimentista.

Pero si, al haber concluido la educación obligatoria, están estudiando una carrera a nivel licenciatura tienen el derecho a recibir alimentos hasta que obtengan el título correspondiente, si realizan sus estudios normalmente y sin interrupción;

b) La obligación de dar alimentos no comprende la de proveer de capital al beneficiario para su establecimiento o para el ejercicio del oficio, arte o profesión a que se hubiere dedicado;

c) Tienen acción para pedir y asegurar los alimentos:

1) El acreedor alimentario;

2) El ascendiente que le tenga bajo su patria potestad;

3) El tutor del acreedor alimentario;

4) Los demás parientes del acreedor, sin limitación de grado en línea recta o dentro del tercer grado en la línea colateral;

5) La Procuraduría de Protección de Niñas, Niños y Adolescentes;

6) El Agente de la Procuraduría Social; y

d) El aseguramiento podrá consistir, en fianza, prenda, hipoteca, o depósito de dinero;

IV. La pensión alimentaria por ningún motivo podrá exceder de los productos de la porción y en caso de sucesión intestada correspondería al que tenga derecho a dicha pensión; ni será menor de la mitad de dichos productos;

V. Si el testador hubiere fijado la pensión alimenticia, subsistirá su designación cualquiera que sea siempre que no sea inferior al mínimo antes señalado; y

VI. No le son aplicables a los alimentos debidos por sucesión las disposiciones del libro segundo, título quinto, capítulo II de este código.

Art. 2989.- Cuando el caudal hereditario no fuere suficiente para dar alimento a todas las personas enumeradas en este capítulo, se observarán las siguientes reglas:

I. Se ministrarán a los descendientes y al cónyuge supérstite, o a la concubina o concubinario a prorrata;

II. Cubiertas las pensiones a que se refiere la fracción anterior, se ministrarán a prorrata a los ascendientes;

III. Después se ministrarán también a prorrata a los hermanos; y

IV. Se ministrarán igualmente a prorrata a los demás parientes consanguíneos dentro del cuarto grado.

CAPÍTULO IV
DE LA APERTURA Y TRANSMISIÓN DE LA HERENCIA

Art. 2990.- La sucesión se abre en el momento en que muere el autor de la herencia y cuando se declara la presunción de muerte de un ausente.

Art. 2991.- No habiendo albacea nombrado, cada uno de los herederos puede, si no ha sido instituido heredero de bienes determinados, reclamar la totalidad de la herencia que le corresponde conjuntamente con otros, sin que el demandado pueda oponer la excepción de que la herencia no le pertenece por entero.

Art. 2992.- Habiendo albacea nombrado, él deberá promover la reclamación a que se refiere el artículo precedente; y siendo moroso en hacerlo, los herederos tienen derecho de pedir su remoción.

(REFORMADO, P.O. 19 DE SEPTIEMBRE DE 2000)

Art. 2993.- El derecho a reclamar la herencia prescribe en diez años contados a partir del discernimiento del cargo al albacea de la sucesión. Este derecho es transmisible a los herederos y legatarios.

CAPÍTULO V
DE LA ACEPTACIÓN Y DE LA REPUDIACIÓN DE LA HERENCIA

Art. 2994.- Pueden aceptar o repudiar la herencia todos los que tienen la libre disposición de sus bienes.

(REFORMADO, P.O. 5 DE SEPTIEMBRE DE 2015)

Art. 2995.- La herencia dejada a niñas, niños y adolescentes o incapaces, será aceptada por sus representantes, quienes podrán repudiarla con autorización judicial, previa audiencia del Agente de la Procuraduría Social, y la Procuraduría de Protección de Niñas, Niños y Adolescentes.

Art. 2996.- La aceptación puede ser expresa o tácita: Es expresa la aceptación, si el heredero acepta con palabras terminantes en forma oral o escrita; y tácita, si ejecuta algunos hechos de que se deduzca necesariamente la intención de aceptar o aquéllos que no podría ejecutar sino en su calidad de heredero.

Art. 2997.- Ninguno puede aceptar o repudiar la herencia en parte, con plazo o condicionalmente.

Art. 2998.- Si los herederos no se convinieren sobre la aceptación o repudiación, podrán aceptar unos y repudiar otros.

Art. 2999.- Si el heredero fallece sin aceptar o repudiar la herencia, el derecho de hacerlo se transmite a sus sucesores.

Art. 3000.- Los efectos de la aceptación o repudiación de la herencia se retrotraen siempre a la fecha de la muerte de la persona a quien se hereda.

(REFORMADO, P.O. 18 DE SEPTIEMBRE DE 2004)

Art. 3001.- La repudiación debe ser expresa y hacerse por escrito ante el juez o por medio de instrumento público otorgado ante notario.

Art. 3002.- La repudiación no priva al que la hace, si no es heredero ejecutor, del derecho de reclamar los legados que se le hubieren dejado.

Art. 3003.- El que es llamado a una misma herencia por testamento y abintestato, y la repudia por el primer título, se entiende haberla repudiado por los dos.

Art. 3004.- El que repudia el derecho de suceder por intestado sin tener noticia de su título testamentario, puede, en virtud de éste, aceptar la herencia.

Art. 3005.- Ninguno puede renunciar la sucesión de persona viva, ni enajenar los derechos que pueda tener a su herencia.

Art. 3006.- Nadie puede aceptar ni repudiar sin estar cierto de la muerte de aquél de cuya herencia se trate, o decretada judicialmente su presunción de muerte.

Art. 3007.- Conocida la muerte de aquél a quien se hereda, se puede renunciar la herencia dejada bajo condición, aunque ésta no se haya cumplido.

(REFORMADO PRIMER PÁRRAFO, P.O. 31 DE MAYO DE 2007)

Art. 3008.- Las personas jurídicas capaces de adquirir pueden, por conducto de sus representantes legítimos, aceptar o repudiar herencias; pero tratándose de corporaciones de carácter oficial o de instituciones de beneficencia privada, no pueden repudiar la herencia, las primeras, sin aprobación judicial, previa audiencia del Agente de la Procuraduría Social, y las segundas sin sujetarse a las disposiciones relativas de la ley que regula la asistencia social en el estado.

Los establecimientos públicos no pueden aceptar ni repudiar herencias sin aprobación de la autoridad administrativa superior de quien dependa.

Art. 3009.- Cuando alguno tuviere interés en que el heredero declare si acepta o repudia la herencia, podrá pedir, pasados nueve días de la apertura de ésta, que el juez fije al heredero un plazo, que no excederá de un mes, para que dentro de él haga su declaración, apercibido de que, si no la hace, se tendrá la herencia por aceptada.

Art. 3010.- La aceptación y la repudiación, una vez hechas, son irrevocables y no pueden ser impugnadas sino en el caso de darse vicios en la voluntad del aceptante o del repudiante.

Art. 3011.- El heredero puede revocar la aceptación o la repudiación, cuando por un testamento desconocido al tiempo de hacerla, se altera la cantidad o calidad de la herencia.

Art. 3012.- En el caso del artículo anterior, si el heredero revoca la aceptación, devolverá todo lo que hubiere percibido de la herencia, observándose respecto de los frutos, las reglas relativas a los poseedores.

Art. 3013.- Si el heredero repudia la herencia en perjuicio de sus acreedores, pueden éstos pedir al juez que tramita la sucesión los autorice para aceptar en nombre de aquél.

Art. 3014.- En el caso del artículo anterior, la aceptación sólo aprovechará a los acreedores para el pago de sus créditos; pero si la herencia excediere del importe de éstos, el exceso pertenecerá a quien llame la ley y en ningún caso al que hizo la renuncia.

Art. 3015.- La repudiación podrá hacerse en cualquier momento hasta antes de aprobarse la adjudicación.

Art. 3016.- Los acreedores cuyos créditos fueren posteriores a la repudiación, no pueden ejercer el derecho de pedir al juez que los autorice a aceptarle en su nombre.

Art. 3017.- El que por la repudiación de la herencia debe entrar en ella, podrá impedir que la acepten los acreedores, pagando a éstos los créditos que tienen contra el que la repudió.

Art. 3018.- El que a instancias de un legatario o acreedor hereditario, haya sido declarado heredero, será considerado como tal por los demás acreedores o legatarios sin necesidad de nuevo juicio.

Art. 3019.- La aceptación en ningún caso produce confusión de los bienes del autor de la herencia y de los herederos, porque toda herencia se entiende aceptada a beneficio de inventario, aunque no se exprese.

CAPÍTULO VI
DE LOS ALBACEAS E INTERVENTORES

SECCIÓN PRIMERA
DE LOS ALBACEAS

Art. 3020.- El albacea es el representante legal de la sucesión, se encarga del trámite de la misma; y en caso de que su designación provenga de disposición testamentaria, será ejecutor de la voluntad del testador.

No podrá ser albacea, quien no tenga la libre disposición de sus bienes.

Art. 3021.- No pueden ser albaceas, excepto en el caso de ser herederos únicos:

I. Los magistrados y jueces que estén ejerciendo jurisdicción en el lugar en que se abre la sucesión;

II. Los que por sentencia ejecutoriada hubieren sido removidos del cargo de albacea;

III. Los que hayan sido condenados por delitos contra la propiedad;

IV. Los que no tengan un modo honesto de vivir; y

V. Los deudores de la sucesión.

Art. 3022.- Cuando no exista albacea definitivo, y sea necesario conservar o defender los intereses de la sucesión, deberá el juez hacer la designación del albacea provisional que durará en su encargo hasta que el definitivo sea nombrado y tome posesión de su cargo.

Art. 3023.- El testador puede nombrar uno o más albaceas.

(ADICIONADO, P.O. 6 DE MAYO DE 2021)

En los casos en que el testador nombre como albacea a uno de los designados como herederos, deberá establecerse de forma expresa en el mismo testamento si es condición para heredar la aceptación o no del cargo.

Art. 3024.- Cuando el testador no hubiere designado albacea o el nombrado no desempeñare el cargo, los herederos elegirán albacea por mayoría de votos. Por los herederos menores votarán sus legítimos representantes.

El heredero que hubiera sido removido del cargo de albacea, no tendrá derecho de votar en la elección del nuevo albacea.

Cuando se hayan removido a dos o más albaceas, sin que éstos hubieran cumplido las obligaciones inherentes a su cargo y se cause daño o perjuicio a heredero alguno, a petición del perjudicado el juez procederá al nombramiento de albacea.

Art. 3025.- La mayoría, en todos los casos de que habla este capítulo, se calculará por el importe de las porciones y no por el número de las personas.

Cuando quienes voten por una misma persona, excedan en número de las dos terceras partes del total de votantes, deberán prevalecer aún cuando sus intereses sumados no constituyan mayoría.

Si habiendo tres o más proposiciones, no se estuviere en el caso a que se refiere el párrafo anterior y la mayoría de intereses se encuentra formada por personas que no constituyan a la vez mayoría en número, ni sean, por lo menos, una cuarta parte del total de votantes, el juez hará el nombramiento.

Art. 3026.- Si no hubiere mayoría, el albacea será nombrado por el juez de entre los propuestos.

Art. 3027.- Lo dispuesto en los dos artículos que preceden se observará también en los casos de intestado y cuando el albacea nombrado falte, sea por la causa que fuere.

Art. 3028.- El heredero que fuere único, será albacea si no hubiere sido nombrado otro en el testamento. Si es incapaz, desempeñará el cargo su legítimo representante.

Art. 3029.- Cuando no haya heredero o el nombrado no entre en la herencia, el juez nombrará al albacea, si no hubiere legatarios.

Art. 3030.- En el caso del artículo anterior, si hay legatarios, el albacea será nombrado por éstos.

Art. 3031.- El albacea nombrado conforme a los dos artículos que preceden, durará en su encargo mientras que, declarados los herederos legítimos, éstos hacen la elección de albacea.

Art. 3032.- Cuando toda la herencia se distribuye en legados, los legatarios nombrarán el albacea.

Art. 3033.- Es albacea universal quien tiene la total representación de los intereses, trámite y ejecución de la sucesión.

Es albacea especial, quien tiene el encargo de un trámite, una representación o una ejecución particular de la sucesión.

Art. 3034.- Cuando fueren varios los albaceas nombrados, el albaceazgo será ejercido por cada uno de ellos, en el orden en que hubiesen sido designados, a no ser que el testador hubiere dispuesto expresamente que se ejerza de común acuerdo por todos los nombrados, ya que se considerarán mancomunados.

Art. 3035.- Cuando los albaceas fueren mancomunados sólo valdrá lo que todos hagan de común acuerdo; lo que haga uno de ellos, legalmente autorizado por los demás, o lo que, en caso de disidencia, acuerde el mayor número. Si no hubiere mayoría, decidirá el juez.

Art. 3036.- En los casos de suma urgencia, puede uno de los albaceas mancomunados practicar, bajo su responsabilidad personal, los actos que fueren necesarios, dando cuenta inmediatamente a los demás.

Art. 3037.- El cargo de albacea es voluntario; pero el que lo acepte se constituye en la obligación de desempeñarlo.

(REFORMADO, P.O. 6 DE MAYO DE 2021)

Art. 3038.- El albacea, tutor o curador que no acepte el cargo, la excusa sea injustificada o renuncie sin justa causa, perderá lo que le hubiere dejado el testador únicamente cuando sea condición en el testamento la aceptación o el ejercicio del cargo para recibir lo que le corresponde. Lo mismo sucederá cuando estando presente no desempeñe el cargo mientras se decide la excusa.

En caso de que el testamento no señale la condición prevista en el párrafo anterior, se entenderá que no es condición para recibir lo que le hubiera dejado, salvo que lo que le dejó el testador corresponda única y exclusivamente a la remuneración en contraprestación por el servicio brindado.

Art. 3039.- (DEROGADO, P.O. 6 DE MAYO DE 2021)

Art. 3040.- Pueden excusarse de ser albaceas:

I. Los servidores públicos;

II. Los militares en servicio activo;

III. Los que fueren tan pobres que no puedan atender el albaceazgo sin menoscabo de su subsistencia;

IV. Los que por el mal estado habitual de salud o por no saber leer ni escribir, no puedan atender debidamente el albaceazgo;

V. Los que tengan setenta años cumplidos; y

(REFORMADA, P.O. 6 DE MAYO DE 2021)

VI. Los que tengan a su cargo otro albaceazgo; y

(ADICIONADA, P.O. 6 DE MAYO DE 2021)

VII. Los que tengan residencia fuera del Estado de Jalisco.

Art. 3041.- El albacea será puesto en posesión material de los bienes por el juez, respetando siempre derechos de terceros; el cónyuge supérstite en los casos de matrimonio bajo los regímenes de sociedad legal o conyugal serán los poseedores de los bienes que formen parte de dichas sociedades.

Art. 3042.- El albacea no podrá delegar el cargo que ha recibido, ni por su muerte pasa a sus herederos; pero no está obligado a obrar personalmente: puede hacerlo por apoderados especiales que obren bajo sus órdenes, respondiendo de los actos de éstos.

Art. 3043.- El albacea general está obligado a entregar al especial las cantidades o cosas necesarias para que cumpla la parte que estuviere a su cargo.

Art. 3044.- Si el cumplimiento del legado dependiere de plazo o de alguna condición suspensiva, podrá el ejecutor general resistir la entrega de la cosa o cantidad, dando fianza a satisfacción del legatario o del ejecutor especial, de que la entrega se hará en su debido tiempo.

Art. 3045.- El albacea especial, podrá también, a nombre del legatario, exigir la constitución de la hipoteca necesaria.

Art. 3046.- El derecho a la posesión de los bienes hereditarios se transmite, por ministerio de la ley, a los herederos y a los albaceas universales, desde el momento de la muerte del autor de la herencia, salvo que el autor de sucesión fuere casado bajo el régimen de sociedad legal o conyugal, en cuyo caso tendrá la posesión el cónyuge supérstite.

Art. 3047.- El albacea universal debe deducir todas las acciones que pertenezcan a la herencia.

Art. 3048.- Son obligaciones del albacea universal:

I. La presentación del testamento;

II. El aseguramiento de los bienes de la herencia;

III. La formación de inventarios;

IV. La administración de los bienes y la rendición de las cuentas del albaceazgo;

V. El pago de las deudas mortuorias, hereditarias y testamentarias;

VI. La partición y adjudicación de los bienes entre los herederos y legatarios;

VII. La defensa, en juicio y fuera de él, así de la herencia como de la validez del testamento;

VIII. La de representar a la sucesión en todos los juicios que hubieren de promoverse en su nombre o que se promovieren contra ella; y

IX. Las demás que le imponga la ley.

Art. 3049.- Los albaceas, cuando el trámite de la sucesión se haga judicialmente dentro de los quince días siguientes a la aprobación del inventario, propondrán al juez la distribución provisional de los productos de los bienes hereditarios, señalando la parte de ellos que cada bimestre deberá entregarse a los herederos o legatarios.

El juez observando el procedimiento fijado por el código de la materia, aprobará o modificará la proposición hecha, según corresponda.

El albacea que no presente la proposición de que se trata o que durante dos bimestres consecutivos, sin justa causa, no cubra a los herederos o legatarios lo que les corresponda, será separado del cargo a solicitud de cualquiera de los interesados.

Cuando el trámite sea ante notario, la destitución se hará de conformidad por todos los interesados sujeta a las bases anteriormente señaladas.

Art. 3050.- El albacea también está obligado, dentro de los tres meses contados desde que acepte su nombramiento, a garantizar su manejo con fianza, hipoteca o prenda, a su elección, conforme a las bases siguientes:

I. Por el importe de la renta de los bienes raíces en el último año y por los réditos de los capitales impuestos, durante ese mismo tiempo;

II. Por el valor de los bienes muebles;

III. Por el de los productos de las fincas rústicas en un año calculados por peritos; u opinión de los interesados o por el término medio de un quinquenio, a elección del juez; y

IV. En las negociaciones mercantiles e industriales, por el veinte por ciento del importe de las mercancías y demás efectos muebles, calculado según la contabilidad, si está llevada en la forma debida, o a juicio de peritos u opinión de los interesados.

Art. 3051.- Cuando el albacea fuere coheredero y su porción baste para garantizar conforme a lo dispuesto en el artículo que precede, no estará obligado a prestar garantía especial, pero quedará sujeto a lo prevenido por el Código Penal si enajenare sus derechos sin otorgar previamente otra garantía a satisfacción de las autoridades que conozcan de la sucesión. Si su porción no fuere suficiente para prestar la garantía de que se trata, estará obligado a dar fianza, hipoteca o prenda por lo que falte.

Art. 3052.- El testador no puede librar al albacea de la obligación de garantizar su manejo; pero los herederos, sean testamentarios o legítimos, tienen derecho de dispensar al albacea del cumplimiento de esa obligación.

[N. DE E. VÉASE LITERALIDAD DEL DECRETO NO. 28391/LXII/21, PUBLICADO EN EL P.O. DE 6 DE MAYO DE 2021, PÁGINAS 3 Y 6.]

Art. 3053.- [...] (SIC) (DEROGADO, P.O. 6 DE MAYO DE 2021)

Art. 3054.- El albacea debe formar el inventario dentro del término señalado por el Código de Procedimientos Civiles. Si no lo hace, será removido.

Art. 3055.- El albacea, antes de formar el inventario, no permitirá la extracción de cosa alguna, si no es que conste la propiedad ajena por el mismo testamento, por instrumento público o por la contabilidad llevada en forma debida, si el autor de la herencia hubiere sido comerciante.

Art. 3056.- Cuando la propiedad de la cosa ajena conste por medios diversos de los enumerados en el artículo que precede, el albacea se limitará a poner al margen de las partidas respectivas, una nota que indique la pertenencia de la cosa, para que la propiedad se discuta en el juicio correspondiente.

Art. 3057.- La infracción a los dos artículos anteriores, hará responsable al albacea de los daños y perjuicios.

Art. 3058.- El albacea, dentro del primer mes de ejercer su cargo, fijará, de acuerdo con los herederos, la cantidad que haya de emplearse en los gastos de administración y el número y sueldos de los dependientes.

Art. 3059.- Si para el pago de una deuda u otro gasto urgente, fuere necesario vender algunos bienes, el albacea deberá hacerlo de acuerdo con los herederos o, si esto no fuere posible, con aprobación judicial.

Art. 3060.- La venta de bienes hereditarios para el pago de deudas y legados, se hará en pública subasta; a no ser que la mayoría de los interesados acuerde otra cosa.

Art. 3061.- La mayoría de los interesados, o la autorización judicial en su caso, determinarán la aplicación que haya de darse al precio de las cosas vendidas.

Art. 3062.- Ni con licencia judicial, ni en subasta pública o fuera de ella puede el albacea comprar o arrendar los bienes de la sucesión, ni hacer contrato alguno respecto de ellos, para sí, sus ascendientes, su cónyuge, hijos, hermanos o parientes afines dentro del segundo grado. Si lo hiciere además de la nulidad del contrato, será causa suficiente para que se le remueva.

Cesa la prohibición anterior, respecto de la venta de bienes, en caso de que el albacea o sus parientes ahí mencionados sean coherederos.

Art. 3063.- El albacea no puede gravar ni hipotecar los bienes, sin consentimiento de los herederos o de los legatarios en su caso.

Art. 3064.- El albacea no puede transigir ni comprometer en árbitros los negocios de la herencia, sino con consentimiento de los herederos.

Art. 3065.- El albacea sólo puede dar en arrendamiento hasta por un año los bienes de la herencia. Para arrendarlos por mayor tiempo necesita del consentimiento de los herederos o de los legatarios en su caso.

Art. 3066.- El albacea está obligado a rendir cuentas de su administración cada seis meses o antes si por cualquier motivo deja de ser albacea; debiendo además rendir la cuenta general de albaceazgo dentro de los quince días siguientes a la fecha en que concluya su gestión.

Art. 3067.- La cuenta de albaceazgo, a más de lo relativo a la mera administración del caudal hereditario, deberá referirse a los pagos que se hubieren hecho por concepto de créditos o legados y cuanto se refiera a la gestión del albacea y afecte los bienes o derechos correspondientes a la sucesión.

Art. 3068.- La obligación que de dar cuentas tiene el albacea, pasa a sus herederos.

Art. 3069.- Son nulas de pleno derecho las disposiciones por las que el testador dispensa al albacea de la obligación de hacer inventario o de rendir cuentas.

Art. 3070.- Las cuentas deben ser aprobadas por todos los herederos; el que disienta podrá seguir, a su costa, el incidente o el juicio respectivo, según se trate de cuentas de mera administración o de cuenta general de albaceazgo.

(REFORMADO, P.O. 5 DE SEPTIEMBRE DE 2015)

Art. 3071.- Cuando fuere heredera la beneficencia pública o los herederos fueren niñas, niños o adolescentes, intervendrán en la aprobación de las cuentas el Agente de la Procuraduría Social y la Procuraduría de Protección de Niñas, Niños y Adolescentes.

Art. 3072.- Aprobadas las cuentas, los interesados pueden celebrar sobre su resultado los convenios que quieran.

Art. 3073.- Cuando el albacea haya recibido del testador algún encargo especial, además del de seguir el juicio sucesorio para hacer entrega de los bienes a los herederos, no quedará privado de aquel encargo por la revocación del nombramiento de albacea que hagan los herederos. En tal caso, se considerará como ejecutor especial.

Art. 3074.- Si la revocación se hace sin causa justificada, el albacea removido tiene derecho de percibir lo que el testador le haya dejado por el desempeño del cargo o el tanto por ciento que le corresponda.

Art. 3075.- El albacea será removido en los casos expresamente señalados por la ley; si no diere la garantía debida, dentro de los términos correspondientes, o enajenare los bienes con que acreditó su solvencia, sin otorgar antes nueva garantía; cuando no rinda cuentas dentro de los treinta días siguientes al período a que deben referirse; y siempre que falte gravemente al cumplimiento de sus obligaciones, como albacea.

Art. 3076.- La remoción no tendrá lugar sino por sentencia pronunciada en el incidente respectivo, promovido por parte legítima. En el caso de conclusión del término y las prórrogas concedidas, será necesaria declaración del juez que conoce de la sucesión, la que podrá dictarse de plano.

Art. 3077.- El albacea que una vez haya ejercitado el cargo y no haya concluido la sucesión durante el término, no podrá ser designado nuevamente para el mismo efecto sino por unanimidad de votos.

SECCIÓN SEGUNDA
DE LOS INTERVENTORES

Art. 3078.- El heredero o los herederos que no hubieren estado conformes con el nombramiento de albacea hecho por la mayoría, tienen derecho de nombrar un interventor que vigile al albacea.

Si la minoría inconforme la forman varios herederos, el nombramiento de interventor se hará por mayoría de votos; y si no se obtiene mayoría, el nombramiento lo hará el juez, eligiendo el interventor de entre las personas propuestas por los herederos de la minoría.

Art. 3079.- Las funciones del interventor se limitarán a vigilar el exacto cumplimiento del cargo de albacea. El interventor no puede tener la posesión, ni aún interina, de los bienes.

Art. 3080.- Debe nombrarse precisamente un interventor:

I. Siempre que el heredero esté ausente o no sea conocido;

II. Cuando la cuantía de los legados iguale o exceda a la porción del heredero albacea; y

III. Cuando se hagan legados para objetos o establecimientos de Beneficencia Pública.

Art. 3081.- Los interventores deben ser mayores de edad y capaces de obligarse.

Art. 3082.- Los interventores durarán mientras que no se revoque su nombramiento.

Art. 3083.- Los interventores tendrán la retribución que acuerden los herederos que los nombren; si los designa el juez, cobrarán conforme al arancel, como si fuera un apoderado.

Art. 3084.- Lo dispuesto en los artículos que preceden no priva a cualquier heredero del derecho que tiene para examinar por sí o por persona de su confianza la contabilidad, los libros, documentos, cuentas, y cualesquier otro indicio de bienes pertenecientes a la sucesión.

Art. 3085.- Los acreedores no podrán exigir el pago de sus créditos sino hasta que el inventario haya sido formado, y los legatarios el de sus legados, sino cuando dicho inventario haya sido aprobado, siempre que las operaciones aludidas se formen dentro de noventa días contados desde la fecha de la licencia concedida para su formación, respecto al primer caso, y quede aprobado dentro de los ciento ochenta días del otorgamiento de dicha licencia, por lo que ve a los legatarios.

Se exceptúan de lo dispuesto en el párrafo anterior los casos de deudas mortuorias y de gastos de conservación y administración, y aquellas deudas sobre las cuales hubiere juicio pendiente al abrirse la sucesión.

Art. 3086.- Los gastos hechos por el albacea en cumplimiento de su cargo, incluso los honorarios de abogado y procurador que haya ocupado, se pagarán de la masa de la herencia.

Art. 3087.- El albacea debe cumplir su encargo dentro de un año, contado desde su aceptación, o desde que terminen los litigios que se promovieron sobre la validez o nulidad del testamento. Pero si tales litigios se prolongaren más de un año, cesará el albacea y se procederá al nombramiento de otra persona que desempeñe el cargo.

Art. 3088.- Sólo por causa justificada pueden los herederos prorrogar al albacea el plazo señalado en el artículo anterior, y la prórroga no excederá de un año.

Art. 3089.- Para prorrogar el plazo del albaceazgo, es indispensable que hayan sido aprobadas las cuentas del albacea y que la prórroga la acuerde una mayoría que represente las dos terceras partes de la herencia.

Art. 3090.- El testador puede señalar al albacea la retribución que quiera.

Art. 3091.- Si el testador no designare la retribución, el albacea cobrará el dos por ciento sobre el importe líquido y efectivo de la herencia, y el cinco por ciento sobre los frutos industriales de los bienes hereditarios.

Art. 3092.- El albacea tiene derecho de elegir entre lo que le deja el testador por el desempeño del cargo y lo que la ley le concede por el mismo motivo.

Art. 3093.- Si fueren varios y mancomunados los albaceas, la retribución se repartirá entre todos ellos; si no fueren mancomunados, la repartición se hará en proporción al tiempo que cada uno haya administrado y el trabajo que hubiere tenido en la administración.

Art. 3094.- Si el testador legó conjuntamente a los albaceas alguna cosa por el desempeño de su cargo, la parte de los que no admitan éste, acrecerá a los que lo ejerzan.

SECCIÓN TERCERA
DISPOSICIONES COMUNES AL ALBACEA Y AL INTERVENTOR

(REFORMADO, P.O. 5 DE SEPTIEMBRE DE 2015)

Art. 3095.- Los cargos de albacea e interventor, acaban:

I. Por el término natural del encargo;

II. Por muerte;

III. Por incapacidad legal, declarada en forma;

IV. Por excusa que el juez califique de legítima, con audiencia de los interesados y de la Procuraduría de Protección de Niñas, Niños y Adolescentes, cuando se interesen a niñas, niños o adolescentes, o la beneficencia pública;

V. Por terminar el plazo señalado por la ley y las prórrogas concedidas para desempeñar el cargo;

VI. Por revocación de sus nombramientos, hecho por los herederos; y

VII. Por remoción.

Art. 3096.- La revocación puede hacerse por los herederos en cualquier tiempo, pero en el mismo acto debe nombrarse al sustituto.

(ADICIONADO, P.O. 6 DE MAYO DE 2021)

Art. 3096 Bis.- El albacea que haya sido nombrado por el testador en el testamento sólo podrá ser removido por los herederos cuando se acrediten judicialmente las causas señaladas en la ley.

CAPÍTULO VII
DEL INVENTARIO Y DE LA LIQUIDACIÓN DE LA HERENCIA

Art. 3097.- El albacea definitivo, dentro del término y condiciones que fije el Código de Procedimientos Civiles, promoverá la formación del inventario.

Art. 3098.- Concluido y aprobado judicialmente el inventario, el albacea procederá a la liquidación de la herencia.

Art. 3099.- En primer lugar, serán pagadas las deudas mortuorias, si no lo estuvieren ya, porque pueden pagarse antes de la formación del inventario.

Art. 3100.- Se llaman deudas mortuorias, los gastos del funeral y los que se hayan causado en la última enfermedad del autor de la herencia.

Art. 3101.- Las deudas mortuorias se pagarán del caudal hereditario.

Art. 3102.- En segundo lugar se pagarán los gastos de rigurosa conservación y administración de la herencia, así como los créditos alimenticios que pueden también ser cubiertos antes de la formación del inventario.

Art. 3103.- Enseguida se pagarán las deudas hereditarias que fueren exigibles.

Art. 3104.- Se llaman deudas hereditarias las contraídas por el autor de la herencia, independientemente de su última disposición, y de las que es responsable con sus bienes.

Art. 3105.- Si hubiere pendiente algún concurso, el albacea no deberá pagar sino conforme a la sentencia de graduación de acreedores.

Art. 3106.- Los acreedores, cuando no haya concurso, serán pagados en el orden en que se presenten; pero si entre los no presentados hubiere algunos preferentes, se exigirá a los que fueren pagados la caución de acreedor de mejor derecho.

Art. 3107.- El albacea, concluido el inventario, no podrá pagar los legados sin haber cubierto o asignado bienes bastantes para pagar las deudas, conservando en los respectivos bienes los gravámenes especiales que tengan.

Art. 3108.- Los acreedores que se presenten después de pagados los legatarios, solamente tendrán acción contra éstos cuando en la herencia no hubiere bienes bastantes para cubrir sus créditos.

CAPÍTULO VIII
DE LA PARTICIÓN

Art. 3109.- Aprobados el inventario y las cuentas de albaceazgo, el albacea debe hacer enseguida la partición de la herencia.

Art. 3110.- A ningún coheredero puede obligarse a permanecer en la indivisión de los bienes, ni aún por prevención expresa del testador.

(REFORMADO, P.O. 5 DE SEPTIEMBRE DE 2015)

Art. 3111.- Puede suspenderse la partición en virtud de convenio expreso de los interesados. Habiendo niñas, niños y adolescentes entre ellos, deberá oírse al representante legal y al Agente de la Procuraduría Social; y el auto en que se apruebe el convenio determinará el tiempo que debe durar la indivisión.

Art. 3112.- Si el autor de la herencia dispone en su testamento que a algún heredero o legatario se le entreguen determinados bienes, el albacea, aprobado el inventario, les entregará esos bienes, siempre que garanticen suficientemente responder por los gastos y cargas generales de la herencia, en la proporción que les corresponda.

Art. 3113.- Si el autor de la herencia hiciere la partición de los bienes en su testamento, a ella deberá estarse, salvo derecho de tercero.

Art. 3114.- Si el autor de la sucesión no dispuso cómo debieran repartirse sus bienes y se trata de una negociación que forme una unidad agrícola, industrial o comercial, habiendo entre los herederos agricultores, industriales o comerciantes, a ellos se aplicará la negociación, siempre que puedan entregar en dinero a los otros coherederos la parte que les corresponda. El precio de la negociación se fijará por peritos.

Lo dispuesto en este artículo, no impide que los coherederos celebren los convenios que estimen pertinentes.

Art. 3115.- Los coherederos deben abonarse recíprocamente las rentas y frutos que cada uno haya recibido de los bienes hereditarios, los gastos útiles y necesarios y los daños ocasionados por malicia o negligencia.

Art. 3116.- Si el testador hubiere legado alguna pensión o renta vitalicia, sin gravar con ella en particular a algún heredero o legatario, se capitalizará al tipo de interés y a plazos convenientes según los cambios que se presenten en los mercados de dinero y se separará un capital o fundo de igual valor, que se entregará a la persona que deba percibir la pensión o renta, quien tendrá todas las obligaciones de mero usufructuario. Lo mismo se observará cuando se trate de las pensiones alimenticias a que se refiere este libro.

Art. 3117.- En el proyecto de partición se expresará la parte que del capital o fundo afecto a la pensión, corresponderá a cada uno de los herederos luego que aquélla se extinga.

(REFORMADO PRIMER PÁRRAFO, P.O. 1 DE SEPTIEMBRE DE 2018)

Art. 3118.- Cuando todos los herederos sean mayores de edad, no existan herederos incapaces, exista testamento público abierto, o se trate de sucesión legitima, podrán los interesados tramitar, desde su inicio, el negocio sucesorio ante notario público que tenga su jurisdicción en el domicilio donde correspondería conocer a la autoridad judicial del mismo, en los términos del Código de Procedimientos Civiles. También en los casos de sucesión legítima, iniciada ante la autoridad judicial, o cuando exista testamento público cerrado u ológrafo, una vez que hubieren sido reconocidos los herederos, y designado el albacea, podrán los interesados separarse del trámite judicial y concurrir a notaría para la prosecución del negocio.

(REFORMADO, P.O. 5 DE SEPTIEMBRE DE 2015)

Cuando haya niñas, niños o adolescentes, podrán separarse, si están debidamente representados y el Agente de la Procuraduría Social da su conformidad. En este caso, los acuerdos que se tomen se denunciarán al Juez, y éste, oyendo a la Procuraduría de Protección de Niñas, Niños y Adolescentes, dará su aprobación si no se lesiona (sic) derechos y el interés superior de la niñez.

(REFORMADO, P.O. 5 DE SEPTIEMBRE DE 2015)

Ante el notario podrán adoptar todos los acuerdos que se estimen convenientes para el arreglo y terminación del trámite sucesorio.

(REFORMADO, P.O. 5 DE SEPTIEMBRE DE 2015)

El notario expedirá el título de propiedad respectivo.

Art. 3119.- Cuando se tramite la sucesión ante la autoridad judicial y se hubieren formulado las operaciones de inventario en forma solemne, servirá como título de propiedad a los herederos copia certificada que se expida por el Tribunal en la que se contengan las siguientes actuaciones: el auto de radicación; en su caso el de la lectura de testamento o de reconocimiento de herederos y designación de albacea, de las operaciones solemnes de inventarios y del proyecto de adjudicación y de la resolución que la decreta.

Estas constancias serán inscritas en el Registro Público de la Propiedad que corresponde.

Art. 3120.- Los gastos de la partición se rebajarán del fondo común; los que se hagan por el interés particular de alguno de los herederos o legatarios, se imputarán a su haber.

Art. 3121.- Puede el albacea entregar a los herederos parcialmente los bienes que constituyan su haber hereditario si no existiese causa suficiente que lo impidiere.

Art. 3122.- Si hecha la partición aparecieren algunos bienes omitidos en ella, se hará una división suplementaria, en la cual se observarán las disposiciones contenidas en este título.

CAPÍTULO IX
DE LOS EFECTOS DE LA PARTICIÓN

Art. 3123.- La partición legalmente hecha, fija la porción de bienes hereditarios que corresponde a cada uno de los herederos y concreta en ella el derecho de propiedad que de manera indirecta tenía antes el adjudicatario en toda la masa de la herencia.

Art. 3124.- Cuando por causas anteriores a la partición, alguno de los coherederos fuese privado de todo o de parte de su haber, los otros coherederos están obligados a indemnizarle de esta pérdida, en proporción a sus derechos hereditarios.

Art. 3125.- La porción que deberá pagarse al que pierda su parte, no será la que represente su haber primitivo, sino la que le corresponda, deduciendo del total de la herencia la parte perdida.

Art. 3126.- Si alguno de los coherederos estuviere insolvente, la cuota con que debía contribuir se repartirá entre los demás, incluso el que perdió su parte.

Art. 3127.- Los que pagaren por el insolvente, conservarán su acción contra él para cuando mejore de fortuna.

Art. 3128.- La obligación de contribuir al pago de la evicción por el coheredero, sólo cesará en los casos siguientes:

I. Cuando se hubieren dejado al heredero bienes individualmente determinados, de los cuales es privado;

II. Cuando al hacerse la partición, los coherederos renuncien expresamente el derecho a ser indemnizados; y

III. Cuando la pérdida fuere ocasionada por culpa del heredero que la sufre.

Art. 3129.- Si se adjudica como cobrable un crédito, los coherederos no responden de la insolvencia posterior del deudor hereditario y sólo son responsables de su solvencia al tiempo de hacerse la partición.

Art. 3130.- Por los créditos incobrables no hay responsabilidad.

Art. 3131.- El heredero cuyos bienes hereditarios fueren embargados, o contra quien se pronunciaré sentencia en juicio por causa de ellos, tiene derecho de pedir que sus coherederos caucionen la responsabilidad que pueda resultarles y, en caso contrario, que se les prohiba enajenar los bienes que recibieron.

CAPÍTULO X
DE LA RESCISIÓN Y NULIDAD DE LAS PARTICIONES

Art. 3132.- Las particiones son rescindibles o anulables por las mismas causas que las obligaciones.

Art. 3133.- El heredero preterido tiene derecho de pedir la nulidad de la partición. Decretada ésta, se hará una nueva partición para que perciba la parte que le corresponda.

Art. 3134.- La partición hecha con un heredero o legatario falso, es nula en cuanto tenga relación con él; y la parte que se le aplicó se distribuirá entre los herederos.

TRANSITORIOS

Primero.- Se derogan el Código Civil del Estado de Jalisco, contenido en el Decreto número 3830, de fecha 6 de junio de 1933, publicado en el Periódico Oficial "El Estado de Jalisco" el 14 de mayo de 1935, sus subsecuentes reformas, las leyes reglamentarias de algún precepto de dicha Ley Sustantiva Civil y las demás disposiciones que se opongan al presente Decreto.

Segundo.- Las disposiciones relativas al condominio contenidas en el título sexto del libro tercero "Del Condominio" del código que se expide mediante el presente decreto, entrarán en vigor diez días después de su publicación en el Periódico Oficial "El Estado de Jalisco".

Tercero.- Este código entrará en vigor el 14 de septiembre de 1995 previa su publicación en el Periódico Oficial "El Estado de Jalisco", excepto lo previsto en el artículo quinto transitorio del presente decreto.

Cuarto.- Las disposiciones referentes al libro cuarto, parte tercera, título segundo, de la institución del Registro Público de la Propiedad, seguirán observándose en tanto sea expedida la Ley del Registro Público de la Propiedad.

Quinto.- Las facultades y funciones que este código le señala al Consejo de Familias, en el libro segundo, títulos segundo a noveno y que el Código Civil que se deroga encomienda a la autoridad judicial competente y al Consejo Local de Tutelas y Adopciones, seguirán a cargo de éstos hasta la fecha en que entren en vigor las reformas a la Ley sobre el Sistema Estatal de Asistencia Social, contenida en el decreto número 13114 del Congreso del Estado.

Sexto.- Se abroga la "Ley sobre el Régimen de Propiedad y Condominio de Inmuebles Reglamentaria del Artículo 986 del Código Civil para el Estado Libre y Soberano de Jalisco" del decreto número 12006, publicado en el Periódico Oficial "El Estado de Jalisco" del 11 de abril de 1985.

Séptimo.- Los titulares de derechos de copropiedad que al entrar en vigor este código deseen sujetar sus derechos al régimen de condominio habitacional duplex a que se refiere el capítulo VIII del título sexto del libro tercero, lo harán mediante documento privado en el que cumplirán los requisitos a que alude la fracción I del artículo 1037 del código que se expide mediante el presente decreto. Las firmas de los otorgantes deberán ser ratificadas ante notario o el Registro Público de la Propiedad para proceder a su inscripción.

Octavo.- Los derechos y obligaciones derivados de hechos y actos jurídicos celebrados bajo la vigencia del código anterior se regirán por el mismo.

Noveno.- Cuando en alguna ley o documento conste un acto jurídico y se haga referencia a una disposición específica del código que se deroga, se considerará hecha a la que corresponda en este código.

(ADICIONADO, P.O. 11 DE ENERO DE 2007)

Décimo.- Lo dispuesto por lo (sic) artículos 1893 y 1894 del presente código será aplicable a los contratos de compraventa formalizados con anterioridad al día 14 de septiembre de 1995, si la declaración se realiza a través de testamento o instrumento público.

SALÓN DE SESIONES DEL CONGRESO DEL ESTADO

Guadalajara, Jalisco, a 8 de febrero de 1995.

DIPUTADO PRESIDENTE
ARTURO URIBE AVIN

DIPUTADO SECRETARIO
LEÓN DE LA TORRE GUTIÉRREZ

DIPUTADO SECRETARIO
GREGORIO ARRIETA LÓPEZ

Por tanto, mando se imprima, publique, circule y se le dé el debido cumplimiento.

Dado en Palacio del Poder Ejecutivo del Estado, a los veinticuatro días del mes de febrero de mil novecientos noventa y cinco.

El Gobernador Sustituto del Estado
Lic. Carlos Rivera Aceves
El Secretario General de Gobierno
Lic. José Luis Leal Sanabria

Código Nacional de Procedimientos Civiles y Familiares

Nuevo Código publicado en el Diario Oficial de la Federación el 7 de junio de 2023

TEXTO VIGENTE
Última reforma publicada DOF 04-06-2024

Declaratoria de invalidez de artículos por Sentencia de la SCJN notificada al Congreso de la Unión para efectos legales el 14-08-2024

Nota sobre la entrada en vigor y aplicación gradual de este Código: De conformidad con los **artículos transitorios Primero y Segundo** del Decreto **DOF 07-06-2023**, se establece:

"***Artículo Primero.*** *El presente Decreto entrará en vigor al día siguiente de su publicación en el Diario Oficial de la Federación.*

Artículo Segundo. *La aplicación de lo dispuesto en el Código Nacional de Procedimientos Civiles y Familiares previsto en el presente Decreto, entrará en vigor gradualmente, como sigue: en el Orden Federal, de conformidad con la Declaratoria que indistinta y sucesivamente realicen las Cámaras de Diputados y Senadores que integran el Congreso de la Unión, previa solicitud del Poder Judicial de la Federación, sin que la misma pueda exceder del 1o. de abril de 2027.*

En el caso de las Entidades Federativas, el presente Código Nacional, entrará en vigor en cada una de éstas de conformidad con la Declaratoria que al efecto emita el Congreso Local, previa solicitud del Poder Judicial del Estado correspondiente, sin que la misma pueda exceder del 1o. de abril de 2027.

La Declaratoria que al efecto se expida, deberá señalar expresamente la fecha en la que entrará en vigor el Código Nacional de Procedimientos Civiles y Familiares, y será publicada en el Diario Oficial de la Federación y en los Periódicos o Gacetas Oficiales del Estado, según corresponda.

Entre la Declaratoria a que se hace referencia en los párrafos anteriores, y la entrada en vigor del presente Código Nacional de Procedimientos Civiles y Familiares, deberán mediar máximo 120 días naturales. En todos los casos, vencido el plazo, sin que se hubiera emitido la Declaratoria respectiva, la entrada en vigor será automática en todo el territorio nacional sin que la misma pueda exceder el día 1o. de abril de 2027.

Al margen un sello con el Escudo Nacional, que dice: Estados Unidos Mexicanos.- Presidencia de la República.

ANDRÉS MANUEL LÓPEZ OBRADOR, Presidente de los Estados Unidos Mexicanos, a sus habitantes sabed:

Que el Honorable Congreso de la Unión, se ha servido dirigirme el siguiente

DECRETO

"EL CONGRESO GENERAL DE LOS ESTADOS UNIDOS MEXICANOS, DECRETA:

SE EXPIDE EL CÓDIGO NACIONAL DE PROCEDIMIENTOS CIVILES Y FAMILIARES

Artículo Único.- Se expide el Código Nacional de Procedimientos Civiles y Familiares, para quedar como sigue:

CÓDIGO NACIONAL DE PROCEDIMIENTOS CIVILES Y FAMILIARES

LIBRO PRIMERO
DEL SISTEMA DE IMPARTICIÓN DE JUSTICIA EN MATERIA CIVIL Y FAMILIAR

TÍTULO PRIMERO
DISPOSICIONES GENERALES

CAPÍTULO I
DEL CÓDIGO NACIONAL DE PROCEDIMIENTOS CIVILES Y FAMILIARES

SECCIÓN PRIMERA
FORMALIDADES DEL PROCEDIMIENTO

Artículo 1. Las disposiciones de este Código Nacional son de orden público, interés social y observancia general en todo el territorio nacional, tienen por objeto establecer la regulación procesal civil y familiar, con base en los derechos humanos previstos en la Constitución Política de los Estados Unidos Mexicanos y en los Tratados Internacionales de los que el Estado mexicano sea parte.

Artículo 2. Para los efectos de este Código Nacional de Procedimientos Civiles y Familiares, se entenderá por:

I. Ajustes de Procedimiento. Las modificaciones y adaptaciones necesarias y adecuadas para facilitar y garantizar el desempeño de las funciones efectivas de las personas que pertenecen a los grupos sociales en situación de vulnerabilidad como participantes directos e indirectos, en todos los procedimientos judiciales, así como el acceso a la justicia en igualdad de condiciones;

II. Apoyo. Formas de asistir en el Procedimiento a las personas para facilitar su comprensión, ejercicio y manifestación de voluntad, derechos y obligaciones;

III. Archivo o documento electrónico. Con independencia del formato en que se encuentre, comprenden el escrito que es generado, consultado, modificado o procesado por medios electrónicos, digitales u ópticos, enviado, recibido, almacenado o utilizado a través de sistemas de justicia digital;

IV. Área de transmisión. Espacio físico desde donde los intervinientes en un procedimiento en línea participan en una audiencia o diligencia virtuales, usando la herramienta de sala virtual designada para tal propósito;

V. Audiencia virtual. Cualquier audiencia de las previstas en este Código Nacional celebrada a través de una sala virtual;

VI. Autoridad jurisdiccional. Jueza, juez, magistrada, magistrado u órganos del Poder Judicial, con facultades para emitir resoluciones en el ejercicio de impartición de justicia dentro del ámbito de sus respectivas competencias;

VII. Cadena de bloques. Conjunto de tecnologías cuyas características buscan posibilitar la transferencia de valor en entornos digitales a través de métodos de consenso y cifrado. Desde un punto de vista técnico, y atendiendo a sus características, una cadena de bloques es una base de datos, descentralizada y distribuida en una red de computadoras, formada por un conjunto de registros vinculados donde se almacenan transacciones o datos, que han sido diseñados para evitar su modificación o manipulación no autorizada, una vez que un dato ha sido publicado. Una cadena de bloques es pública cuando es abierta, transparente, cualquiera puede unirse, tener acceso a ella, enviar transacciones y participar en el proceso de consenso o validación de datos. Se consideran cadenas de bloques sin permiso o no permisionadas, ya que no hay restricciones y la participación en ellas no está controlada por un administrador o por un cuerpo central de gobierno;

VIII. Certificado digital. Mensaje de datos o registro que confirme el vínculo entre un firmante y la clave privada;

IX. Clave privada. Los datos que el firmante genera de manera secreta y utiliza para crear su firma electrónica avanzada, a fin de lograr el vínculo entre dicha firma electrónica avanzada y el firmante;

X. Código Civil. Los Códigos Civiles y Familiares, Federal o Locales;

XI. Código Nacional. El Código Nacional de Procedimientos Civiles y Familiares;

XII. Declaración especial de ausencia por desaparición. Se entenderá lo previsto en la Ley General en materia de Desaparición Forzada, Desaparición cometida por Particulares y del Sistema Nacional de Búsqueda, en la Ley Federal de Declaración Especial de Ausencia para Personas Desaparecidas, así como en las leyes especiales de la materia en las Entidades Federativas;

XIII. Digitalización. Migración de documentos en soporte físico a un medio electrónico, óptico, digital o de cualquier tecnología, que genera como resultado un mensaje de datos, mediante un proceso que permita asegurar la fidelidad e integridad conforme a los documentos amparados en soportes físicos;

XIV. Diligencia virtual. Actuaciones procesales, distintas de las audiencias virtuales y promociones electrónicas, desarrolladas por personas funcionarias judiciales, las partes o sus representantes y cualquier interviniente autorizado dentro de un procedimiento judicial que se lleva a cabo a distancia o de forma remota, mediante el uso de cualquier sistema de justicia digital;

XV. Documento digitalizado. Escrito que contiene información que ha sido creado originalmente en soporte físico o de forma impresa y posteriormente ha migrado a un medio electrónico, digital o de cualquier tecnología;

XVI. Documento electrónico. Escrito que es generado, consultado, modificado o procesado por medios electrónicos, que es enviado, recibido, almacenado o utilizado a través de sistemas de justicia digital;

XVII. Enlace. Dirección electrónica o hipervínculo de la sala virtual a través de la cual las partes y el órgano jurisdiccional llevarán a cabo las audiencias o diligencias virtuales correspondientes a los procedimientos en línea;

XVIII. Expediente electrónico. Conjunto de información contenida en documentos electrónicos, documentos digitalizados o mensajes de datos que conforman un determinado procedimiento jurisdiccional, independientemente de que esté conformado por texto, imagen, audio, video o cualquier otra tecnología;

XIX. Expediente físico. Conjunto de documentos físicos que contienen las actuaciones y resoluciones judiciales, así como las promociones de las partes y demás intervinientes en un determinado procedimiento judicial;

XX. Firma electrónica avanzada. El conjunto de datos y caracteres que permite la identificación del firmante, que ha sido creada por medios electrónicos bajo su exclusivo control, de manera que está vinculada únicamente al mismo y a los datos a los que se refiere, lo que permite que sea detectable cualquier modificación ulterior de éstos, la cual produce los mismos efectos jurídicos que la firma autógrafa. La firma electrónica avanzada prevalece frente a la firma electrónica simple, ya que los requisitos de producción de la primera la dotan de más seguridad que la segunda. A pesar de que las autoridades utilicen una terminología distinta para este tipo de firma, si la misma cuenta con los atributos y características señaladas en esta definición, será considerada como firma electrónica avanzada para los efectos de este Código Nacional;

XXI. Firma electrónica o firma electrónica simple. Los datos en forma electrónica consignados en un mensaje de datos, o adjuntados o lógicamente asociados al mismo por cualquier tecnología, que son utilizados para identificar al firmante en relación con el mensaje de datos e indicar que el firmante aprueba la información contenida en el mensaje de datos, y que produce los mismos efectos jurídicos que la firma autógrafa, siendo admisible como prueba en juicio;

XXII. Grupos sociales en situación de vulnerabilidad. Las personas que pertenecen a grupos sociales en situación de vulnerabilidad, que, por causas diversas, enfrentan situaciones de riesgo o discriminación;

XXIII. Integridad. Se considerará que el contenido de un documento electrónico o mensaje de datos es íntegro, si éste ha permanecido completo e inalterado independientemente de los cambios que hubiere podido sufrir el medio que lo contiene, resultado del proceso de comunicación, archivo o presentación. El grado de confiabilidad requerido será determinado conforme a los fines para los que se generó la información y de todas las circunstancias relevantes del caso;

XXIV. Medio de comunicación judicial. El boletín judicial, lista de acuerdos, lista electrónica de acuerdos o medios electrónicos o informáticos por los que la autoridad jurisdiccional, en sus respectivos ámbitos de competencia, hace del conocimiento de las partes, la emisión de una resolución judicial;

XXV. Mensaje de datos. La información generada, enviada, recibida, archivada o comunicada a través de medios de comunicación electrónica, que puede contener documentos electrónicos;

XXVI. Metaverso. Espacio virtual que posibilita la convivencia social en mundos digitales a través de experiencias gráficas inmersivas en tercera dimensión, que suele utilizar tecnologías de realidad virtual, realidad aumentada, realidad mixta o híbrida, tokens y cadena de bloques;

XXVII. Notificación electrónica. Acto mediante el cual se hace saber a las personas a quienes va dirigida, a través de medios electrónicos, una resolución judicial;

XXVIII. Persona Desaparecida. Se entenderá lo previsto en la Ley General en materia de Desaparición Forzada, Desaparición cometida por Particulares y del Sistema Nacional de Búsqueda, en la Ley Federal de Declaración Especial de Ausencia para Personas Desaparecidas, así como las leyes especiales de la materia en las Entidades Federativas;

XXIX. Personas Mayores. Las personas determinadas como tales por la ley de la materia;

XXX. Persona Representante Autorizada. La persona autorizada por cualquiera de las partes con funciones de representación en el procedimiento judicial, de carácter público o privado que se encuentre legalmente autorizado para ejercer la profesión de abogado o licenciado en derecho con cédula profesional expedida por la autoridad competente;

XXXI. Procedimiento en línea. Todo procedimiento, contencioso o no contencioso, regulado en el presente Código Nacional, que se tramite utilizando sistemas de justicia digital;

XXXII. Promoción electrónica. Cualquier documento enviado o presentado ante un órgano jurisdiccional, a través de sistemas de justicia digital;

XXXIII. Representante social. Autoridad administrativa encargada de procurar la legalidad en los asuntos civiles y familiares, así como la representación de la sociedad en los procedimientos de orden e interés público, de acuerdo con la legislación de cada Entidad Federativa;

XXXIV. Sala virtual. Programa de cómputo, herramienta, plataforma electrónica de videoconferencia, metaverso, sistema de realidad virtual o aumentada, sistema holográfico, o cualquier otro medio tecnológico designado como sistema de interacción a distancia, que permita la transmisión de audio, video o imágenes, así como la comunicación sincrónica entre las partes que participan en cualquier acto procesal y el órgano jurisdiccional;

XXXV. Sistemas de justicia digital. Todo dispositivo electrónico, programa de cómputo, aplicación, herramienta tecnológica o plataforma electrónica, propiedad del Poder Judicial o de terceros, que sea utilizada para consultar, usar, enviar o llevar a cabo procedimientos en línea, audiencias virtuales, diligencias virtuales, expedientes electrónicos, firmas electrónicas, mensajes de datos, documentos electrónicos o digitalizados, promociones electrónicas, salas virtuales y videoconferencias, y

XXXVI. Videoconferencia. Sistema interactivo de comunicación que transmita, de forma simultánea y en tiempo real, imagen, sonido y datos a distancia de una o más personas, ubicadas en un lugar distinto del recinto del órgano jurisdiccional.

Artículo 3. En el sistema de impartición de justicia en materia civil y familiar se ponderará en todo tiempo la solución de la controversia sobre los formalismos procesales, serán aplicables las reglas y principios del juicio oral en lo que resulte compatible; asimismo, serán considerados los beneficios de la justicia alternativa o procedimientos convencionales que pacten las partes y de conformidad con lo dispuesto en este Código Nacional, podrá tramitarse mediante el uso de las tecnologías de la información y la comunicación.

Artículo 4. Las autoridades jurisdiccionales contarán con las más amplias facultades de dirección procesal para decidir en forma pronta y expedita lo que en derecho corresponda al procedimiento respectivo. Para hacer cumplir sus determinaciones podrán hacer uso de las medidas de apremio previstas en este Código Nacional.

Las autoridades jurisdiccionales deberán cerciorarse en todos los casos que las partes se encuentren debidamente representadas por persona representante autorizada.

Artículo 5. En los asuntos de orden familiar y civil, y sin alterar el principio de igualdad procesal, las partes podrán revelar su condición de vulnerabilidad, a fin de que la autoridad jurisdiccional provea ajustes de procedimiento en su caso y supla oportunamente de oficio, las deficiencias de sus planteamientos sobre la base de proteger los intereses de la familia, personas mayores, niñas, niños, adolescentes, personas con discapacidad o cualquier otra persona que se encuentre en alguna condición de vulnerabilidad.

En los casos que se involucren derechos de niñas, niños y adolescentes, así como los derechos de las mujeres, la autoridad jurisdiccional deberá actuar y resolver con base en el interés superior de las niñas, niños, o adolescentes, así como con perspectiva de género de conformidad con los Tratados Internacionales de los que el Estado Mexicano sea parte.

Asimismo, deberán adecuar sus actuaciones a las circunstancias de los grupos sociales en situación de vulnerabilidad mediante formatos alternativos, a fin de garantizar equidad y accesibilidad estructural y de comunicación, durante el procedimiento, en estricto apego al ejercicio de los derechos humanos.

Artículo 6. Tratándose de personas que pertenezcan a pueblos y comunidades indígenas y afromexicanas, la autoridad jurisdiccional deberá cerciorarse que cuenten con intérprete y traductor y en todos los casos considerará sus sistemas normativos, usos y costumbres, siempre que no contravengan lo dispuesto por la Constitución Política de los Estados Unidos Mexicanos y los Tratados Internacionales de los que el Estado mexicano sea parte.

Las personas intérpretes y traductoras al iniciar su función serán advertidos de las penas en que incurren los falsos declarantes y sobre su obligación de traducir o interpretar fielmente lo dicho. Si para el desahogo de la audiencia no es posible contar con la asistencia requerida, deberá suspenderse y ordenarse nueva fecha. En ningún caso las partes o los testigos podrán ser intérpretes.

Artículo 7. Son principios rectores del sistema de impartición de justicia en materia civil y familiar:

I. Acceso a la justicia. Cualquier persona tiene derecho a acudir ante la autoridad jurisdiccional para formular una pretensión jurídica concreta de carácter familiar y la autoridad jurisdiccional requerida deberá de proveer sobre sus peticiones;

II. Concentración. Se procurará desahogar la mayor cantidad de actuaciones procesales en una sola audiencia o el menor número de diligencias procesales;

III. Colaboración. Se propiciará que las partes resuelvan por sí mismas el conflicto en cualquier etapa del procedimiento, por tanto, las autoridades jurisdiccionales facilitarán que sean ellas las que pongan fin a la controversia mediante acuerdos conciliatorios, exceptuando aquellos casos en que existan conductas de violencia en cualquiera de sus modalidades, o que se discutan derechos intransigibles;

IV. Continuidad. Las audiencias deberán ser ininterrumpidas, permitiendo excepcionalmente su suspensión en los casos establecidos en el presente Código Nacional;

V. Contradicción. Las partes tienen derecho a debatir los hechos, argumentos jurídicos y pruebas de su contraparte, en los términos establecidos en este Código Nacional;

VI. Dirección Procesal. La rectoría del proceso está confiada únicamente a las autoridades jurisdiccionales en primera o en segunda instancia, según sea el caso;

VII. Igualdad Procesal. Desde el escrito inicial de demanda y hasta la ejecución de la sentencia, las personas recibirán el mismo trato, oportunidades, derechos y cargas procesales sin discriminación alguna. Con las excepciones que se establezcan expresamente en este Código Nacional, cuando en la controversia se involucren derechos de niñas, niños, adolescentes y personas en grupos sociales en situación de vulnerabilidad;

VIII. Inmediación. El contacto directo, personal e indelegable de la autoridad jurisdiccional con las partes y las pruebas, salvo las excepciones previstas en este Código Nacional;

IX. Interés superior de la niñez. Observancia que debe darse para hacer prevalecer los derechos de las niñas, niños o adolescentes, por sobre los otros derechos que pudieran estar en pugna en el litigio;

X. Impulso procesal. Las partes tienen la facultad para solicitar las diligencias necesarias que impidan la paralización del procedimiento, con independencia del principio de Dirección procesal que le corresponde a la autoridad jurisdiccional;

XI. Lealtad procesal. Quienes participen en el proceso, ajustarán su conducta a la dignidad de la justicia, al respeto que se deben, a la probidad y buena fe;

XII. Litis abierta. En materia familiar, la litis no se reduce a la demanda y a la contestación, o en su caso, a la reconvención y a la contestación de ésta, sino que la autoridad jurisdiccional debe hacer mérito de los hechos constitutivos, modificativos o extintivos, producidos durante la sustanciación del proceso y debidamente probados, aunque no hubiesen sido invocados oportunamente como hechos nuevos;

XIII. Oralidad. El proceso se desarrollará en audiencias orales, salvo las excepciones previstas en este Código Nacional y las que, en casos debidamente fundados y motivados, considere la autoridad jurisdiccional;

XIV. Perspectiva de género. Es una visión científica, analítica y política sobre las mujeres y los hombres. Se propone eliminar las causas de la opresión de género como la desigualdad, la injusticia y la jerarquización de las personas basada en el género. Promueve la igualdad entre los géneros a través de la equidad, el adelanto y el bienestar de las mujeres; contribuye a construir una sociedad en donde las mujeres y los hombres tengan el mismo valor, la igualdad de derechos y oportunidades para acceder a los recursos económicos y a la representación política y social en los ámbitos de toma de decisiones;

XV. Preclusión. El no ejercicio de los derechos procesales en la etapa correspondiente extingue la oportunidad de ejercerlos en la posterior;

XVI. Privacidad. En materia familiar el acceso a las audiencias queda reservado a las partes y a quienes deban comparecer conforme a la ley, y

XVII. Publicidad. En materia civil, las audiencias serán públicas, de conformidad con lo dispuesto en este Código Nacional, por las Leyes de Protección de Datos Personales, Transparencia y Acceso a la Información Pública, y demás ordenamientos aplicables en sus respectivos ámbitos de competencia.

SECCIÓN SEGUNDA
DE LA ACCIÓN

Artículo 8. El ejercicio de la acción requiere:

I. La existencia de un derecho;

II. La violación de un derecho, el incumplimiento o desconocimiento de una obligación, o la necesidad de declarar, preservar o constituir un derecho o imponer una condena, y

III. La capacidad o legitimación para ejercitar la acción por sí o por quien represente legalmente, al Ministerio Público, procurador, fiscal o representante social y a quienes cuya intervención esté autorizada por la Ley en casos especiales.

Se exceptúa de lo señalado en la fracción III anterior, el derecho o interés difuso, colectivo o individual de incidencia colectiva, de conformidad con lo dispuesto en el Libro respectivo de este Código Nacional.

Artículo 9. Las instituciones, servicios y dependencias de la Administración Pública de la Federación y de las Entidades Federativas, tendrán dentro del procedimiento judicial, en cualquier forma en que intervengan, la misma situación que otra parte cualquiera; pero nunca podrá dictarse en su contra, mandamiento de ejecución ni providencia de embargo, y estarán exentos de prestar las garantías que este Código Nacional exija de las partes.

Las resoluciones dictadas en su contra serán cumplimentadas por las autoridades correspondientes, dentro de los límites de sus atribuciones.

Artículo 10. La acción procede en juicio aun cuando no se exprese su nombre o se manifieste equivocadamente, siempre que se determine con claridad la prestación que se exija de la parte demandada y el título o causa de la acción.

Artículo 11. Por razón de su objeto, las acciones se clasifican en:
I. Reales;
II. Personales, y
III. Del estado civil de las personas.

Artículo 12. Son acciones reales las que tienen por objeto:
I. La reclamación de un bien que pertenece a título de dominio;
II. La reclamación de gravámenes, de servidumbre o la declaración que un fundo está libre de ellas;
III. La reclamación de los derechos de usufructo, uso y habitación;
IV. Las hipotecarias;
V. Las de prenda;
VI. Las de herencia;
VII. Las de posesión, y
VIII. Las demás acciones que tiendan a ejercitar un derecho contra una persona a título de propietaria o poseedora y no de obligada.

Artículo 13. Las acciones personales se deducirán para exigir el cumplimiento de una obligación personal, ya sea de dar, de hacer o no hacer determinado acto. Éstas no pueden ejercitarse sino contra la persona obligada, contra quien la haya garantizado y contra quienes legalmente le sucedan en la obligación.

Artículo 14. Las acciones de estado civil tienen por objeto las cuestiones relativas al nacimiento, reconocimiento, defunción, matrimonio, concubinato y su cesación, pacto civil de solidaridad, sociedad de convivencia o sus equivalentes.

Artículo 15. La reivindicación compete a quien no está en posesión del bien del cual tiene la propiedad, y su efecto será declarar que la parte actora tiene dominio sobre este y ordenar la entrega con sus frutos y accesiones en los términos prescritos por el Código Civil.

Artículo 16. El tenedor del bien puede declinar la responsabilidad del juicio designando a quien posee a título de dueño.

Artículo 17. El poseedor que niegue la posesión la perderá en beneficio del demandante.

Artículo 18. Pueden ser demandadas en reivindicación, aunque no posean el bien, quienes para evitar los efectos de la acción reivindicatoria dejaron de poseer y quienes están obligadas a restituir el bien o su estimación si la sentencia fuera condenatoria. La parte demandada que paga la estimación del bien puede ejercitar a su vez la reivindicación.

Artículo 19. No pueden reivindicarse los bienes que están fuera del comercio, los géneros no determinados al entablarse la demanda, las cosas unidas a otras por vía de accesión según lo dispuesto por el Código Civil, ni los bienes muebles pérdidas o robadas que una tercera persona haya adquirido de buena fe en almoneda, o de comerciante que en mercado público se dedica a la venta de objetos de la misma especie, sin previo reembolso del precio que se pagó. Se presume que no hay buena fe del adquirente, si de la pérdida o robo la persona propietaria dio aviso oportunamente a la autoridad, institución, dependencia u organismo público que corresponda, y ello se hizo del conocimiento público a través de los registros respectivos, y éstos pudieron ser consultados por el adquiriente.

Artículo 20. A quien adquiere con justo título y de buena fe, le compete la acción plenaria de posesión para que se le restituya el bien con sus frutos y accesiones en los términos del artículo 15 de este Código Nacional, incluso cuando no lo haya prescrito.

La acción se ejercitará contra el poseedor de mala fe o contra el que teniendo título de igual calidad al de la parte actora, ha poseído por menos tiempo el bien.

No procede esta acción en casos en que ambas posesiones fuesen dudosas, o la parte demandada tuviere su título registrado y la parte actora no, así como contra quien sea legítima propietaria.

Artículo 21. Procederá la acción negatoria para obtener la declaración de libertad o la de reducción de gravámenes de bien inmueble y la demolición de obras o señales que importen gravámenes, la cancelación o anotación en el Registro Público de la Propiedad, Oficina Registral o cualquier otra Institución análoga según la Entidad Federativa de que se trate, y conjuntamente, en su caso, la indemnización de daños y perjuicios. Cuando la sentencia sea condenatoria, la parte actora puede exigir de la parte demandada que caucione el respeto de la libertad del inmueble. Sólo se dará esta acción a quien posea a título de dueño o que tenga derecho real sobre el bien.

Artículo 22. Compete la acción confesoria al titular del derecho real sobre el inmueble y a quien posea el fundo dominante interesado en la existencia de la servidumbre. Se da esta acción contra el tenedor o poseedor jurídico que contraría el gravamen, para que se obtenga el reconocimiento, la declaración de los derechos y obligaciones del gravamen y el pago de frutos, daños y perjuicios, en su caso, y se haga cesar la violación. Si fuere la sentencia condenatoria, la parte actora puede exigir de la demandada que garantice el respeto del derecho.

Artículo 23. Se intentará la acción hipotecaria para constituir, ampliar y registrar una hipoteca, o bien, para obtener el pago o prelación del crédito que una hipoteca garantiza o cuando tenga por objeto la división, registro y extinción de ésta, así como su nulidad, cancelación o para obtener el pago o prelación del crédito que la hipoteca garantice. Procederá contra quien posea a título de dueña del fundo hipotecado y, en su caso, contra personas acreedoras. Cuando después de anotada la demanda en el Registro Público de la Propiedad, Oficina Registral o cualquier otra Institución análoga según la Entidad Federativa de que se trate y contestada ésta, cambiare el dueño y poseedor jurídico del fundo, con éste continuará el juicio.

Artículo 24. La acción de petición de herencia se ejercitará para que sea declarado heredero quien demande, se le haga entrega de los bienes hereditarios con sus accesiones, sea indemnizado y le rindan cuentas.

Artículo 25. La petición de herencia se deducirá por la persona presunta heredera por testamento o sucesión legítima, así como la legataria, y se da contra quien tenga el cargo de albacea y contra quien posea los bienes hereditarios con carácter de heredera o cesionaria de ésta, y contra quien no alega título ninguno de posesión del bien hereditario, o dolosamente dejó de poseerlo.

Para el caso que el juicio sucesorio ya hubiera concluido, la acción de petición de herencia deberá formularse en contra de quienes tengan la calidad de causahabientes; y de no haberse formalizado en escritura la titularidad de los bienes, esta acción real se hará en contra de quien se haya adjudicado.

Artículo 26. El copropietario puede deducir las acciones relativas al bien común, en calidad de dueño, salvo pacto en contrario o ley especial que así lo determine. La acción reivindicatoria puede ser ejercida por todos los copropietarios del bien común, una parte de ellos o uno solo, debiendo la autoridad jurisdiccional en este caso, llamar a todos al juicio ante la existencia de un litisconsorcio activo necesario. Por otro lado, el copropietario, no podrá transigir ni comprometer en árbitros el procedimiento, sin consentimiento unánime de los copropietarios.

Artículo 27. A quien se perturbe en la posesión jurídica, tanto originaria como derivada de un bien inmueble, compete el interdicto de retener la posesión contra quien le perturbe, mandó tal perturbación o que a sabiendas y directamente se aproveche de ella, y contra la sucesora de la despojante. El objeto de esta acción es poner término a la perturbación, indemnizar a la poseedora y que la parte condenada garantice no volver a perturbar.

La procedencia de esta acción requiere que la perturbación consista en actos preparatorios tendientes directamente a la usurpación violenta, o a impedir el ejercicio del derecho. Que se reclame dentro de un año, y que la persona poseedora no haya obtenido la posesión de la contraria.

Artículo 28. Quien sea despojada de la posesión jurídica de un bien inmueble, tanto originaria como derivada, debe ser restituida, y le compete la acción de recobrar contra quien despoje o lo haya mandado hacer, contra quien a sabiendas y directamente se aprovecha del despojo y contra la sucesora de quien despojó.

Artículo 29. El interdicto de recuperar la posesión tiene por objeto reponer a la persona despojada en la posesión, indemnizarla de los daños y perjuicios, obtener de la parte condenada que garantice su abstención y a la vez apercibirla con multa y arresto para el caso de reincidencia.

Artículo 30. La acción de recuperar la posesión se deducirá dentro de los dos años siguientes a los actos violentos o vías de hecho causantes del despojo. No procede en favor de aquella persona que, con relación a la parte demandada, poseía clandestinamente, por la fuerza o a ruego; pero sí contra la persona propietaria despojante que transfirió el uso y el aprovechamiento del bien por medio de contrato.

Artículo 31. A quien posea el fundo o derecho real sobre éste, compete la acción para suspender la conclusión de una obra perjudicial a sus posesiones, su demolición o modificación en su caso, y la restitución de las cosas al estado anterior a la obra nueva. Compete también a vecinos del lugar cuando la obra nueva se construye en bienes de uso común. Se da contra la persona que la mandó construir, sea poseedora o detentadora del bien donde se construye.

Para los efectos de esta acción por obra nueva, se entiende por tal no sólo la construcción de nueva planta, sino también la que se realiza sobre edificio antiguo, añadiéndole, quitándole o dándole una forma distinta.

Artículo 32. La autoridad jurisdiccional que conozca del procedimiento podrá ordenar la suspensión de la construcción hasta que el juicio se resuelva, mediante garantía que otorgue la parte actora para responder de los daños y perjuicios que se causen al demandado por obra nueva.

La suspensión quedará sin efecto, si la persona propietaria de la obra nueva da a su vez, contragarantía bastante para restituir las cosas al estado que guardaban antes o paga los gastos que erogó la parte actora para garantizar la suspensión de la obra, así como los daños y perjuicios que le sobrevengan a éste en caso de que se declare procedente la acción, salvo que la restitución se haga físicamente imposible con la conclusión de la obra, o con ésta se siga perjuicio al interés social o se contravengan disposiciones de orden público.

Artículo 33. La acción de obra peligrosa se da a quien esté en la posesión jurídica o derivada de una propiedad contigua o cercana que pueda resentirse o padecer por la ruina o derrumbe de la otra, caída de un árbol u otro objeto análogo. Su finalidad es adoptar medidas urgentes para evitar los riesgos que ofrezca el mal estado de los objetos referidos, obtener la demolición total o parcial de la obra o la destrucción del objeto peligroso.

Compete la misma acción a quienes tengan derecho privado o público de paso por las inmediaciones de la obra, árbol u otro objeto peligroso.

Artículo 34. La autoridad jurisdiccional que conozca del procedimiento podrá, previa garantía que otorgue la parte actora para responder de los daños y perjuicios que se causen a la demandada, ordenar desde luego y sin esperar la sentencia, que la persona demandada suspenda la obra o realice las obras indispensables para evitar daños a la actora.

Artículo 35. Compete acción a terceras personas para coadyuvar en el juicio seguido contra sus codeudores solidarios. Igual facultad corresponde a quienes cuyo derecho dependa de la subsistencia del derecho de la parte demandada o de la actora.

La persona deudora de obligación indivisible que sea demandada por la totalidad de la prestación puede hacer concurrir a juicio a sus codeudores, siempre y cuando su cumplimiento no sea de tal naturaleza que sólo pueda satisfacerse por la parte demandada.

Artículo 36. La parte demandada al contestar la demanda podrá denunciar el pleito a quien esté obligada a la evicción; de así considerarlo, la autoridad jurisdiccional, ordenará su llamamiento para que conteste dentro del plazo previsto por este ordenamiento para la contestación a la demanda. Quien sea llamada como obligada a la evicción, una vez salida al pleito, se convierte en principal.

El llamamiento a juicio se hará con las mismas formalidades que el emplazamiento. La parte demandada que pida sea llamada la tercera, deberá proporcionar el domicilio de ésta, y si no lo hace no se dará curso a la petición respectiva; si afirmare que desconoce, se procederá en términos de la fracción II del artículo 209 de este Código Nacional, y será a su costa el importe de la publicación de los edictos para el emplazamiento.

Artículo 37. Quien sea llamada a juicio para que le pare perjuicio la sentencia, podrá comparecer al mismo en un plazo de quince días, y estará en aptitud de ofrecer pruebas, alegar e interponer toda clase de defensas y recursos. El llamamiento a juicio se hará corriéndole traslado con los escritos y documentos que formen la litis, que deberán ser exhibidos por quien solicite la citación o en su caso, quien lo solicite deberá cubrir el pago por derecho de expedición de las copias simples necesarias para su llamamiento.

Artículo 38. Quien se ostente como tercero e intente excluir los derechos de la parte actora y de la demandada, o los de la primera solamente, tiene la facultad de concurrir al procedimiento o de iniciar uno nuevo, en el caso de que ya se haya dictado sentencia firme en aquel.

Artículo 39. Los procedimientos relacionados con el estado civil, así como su rectificación, serán competencia de la autoridad jurisdiccional o autoridad administrativa, de conformidad con las disposiciones del Código Civil respectivo.

Artículo 40. Tratándose de acciones del estado civil, salvo lo dispuesto en el párrafo siguiente, se realizará la anotación al margen o al calce del atestado respectivo, en los términos que sean ordenadas por la autoridad jurisdiccional o autoridad administrativa.

En los procedimientos de reconocimiento de identidad de género, o de reasignación por concordancia sexo genérica, en la sentencia o constancia se deberá ordenar el levantamiento de una nueva acta de nacimiento, y la cancelación del acta de nacimiento primigenia.

Artículo 41. Las acciones del estado civil fundadas en la posesión de estado de hijo o hija producirán el efecto que se ampare o restituya a quien la disfrute contra cualquier perturbador.

Las decisiones judiciales recaídas en el ejercicio de acciones de estado civil perjudican aún a quienes no litigaron.

Artículo 42. La autoridad competente tendrá a su cargo el control del registro de personas deudoras alimentarias morosas, en el que harán las inscripciones.

Artículo 43. El enriquecimiento sin causa de una parte en detrimento de otra, da derecho a la parte perjudicada para ejercitar la acción de indemnización en la medida en que aquélla se enriqueció.

Artículo 44. Quien sea perjudicado por falta de título legal, le compete la acción proforma para exigir de quien esté obligado le extienda el documento correspondiente, siempre y cuando se acredite la titularidad registral del bien inmueble transmitido por quien esté obligado a realizar la formalización que se exige.

Artículo 45. En las acciones mancomunadas por título de herencia o legado, sean reales o personales, se observarán las reglas siguientes:

I. Si no se ha nombrado albacea, interventor o albacea judicial o provisional, puede ejercitarlas quienes tengan un derecho reconocido de herencia o legado, y

II. Si se ha nombrado albacea, interventor o albacea judicial o provisional, sólo a ellos compete la facultad de deducirlas en juicio, y sólo podrán hacerlo quienes tengan reconocido derecho de herencia o legado cuando, requeridos por estos, aquéllos se rehúsen a hacerlo.

Artículo 46. Procede la acción oblicua cuando la persona acreedora tenga interés en ejercitar las acciones que competan a su deudor, cuando conste el crédito en título ejecutivo y, requerido quien sea deudor para deducirlas, descuide o rehúse hacerlo. La persona tercera demandada puede paralizar la acción pagando a la demandante el monto de su crédito.

Las acciones derivadas de derechos inherentes a la persona del deudor nunca se ejercitarán por quien sea acreedor.

Quienes acepten la herencia que corresponda a su deudor, ejercitarán las acciones pertenecientes a éste, en los términos previstos por el Código Civil correspondiente.

Artículo 47. Las acciones que pueden ejercitarse contra los herederos no obligan a éstos sino en proporción a su masa hereditaria, salvo en todo caso, la responsabilidad que les resulte cuando sea solidaria la obligación con el autor de la herencia, por ocultación de bienes o por dolo o fraude en la administración de los bienes indivisos.

Artículo 48. Cuando haya varias acciones contra una misma persona, respecto de un mismo bien y provengan de una misma causa, deberán intentarse en una sola demanda y por el ejercicio de una o más quedan extinguidas las otras. No pueden acumularse en la misma demanda las acciones contrarias o contradictorias, ni las posesorias con las petitorias ni cuando una dependa del resultado de la otra. Tampoco son acumulables acciones que por su cuantía, materia o naturaleza correspondan a jurisdicciones diferentes. Queda abolida la práctica de deducir subsidiariamente acciones contrarias o contradictorias.

Artículo 49. A nadie puede obligarse a intentar o proseguir una acción contra su voluntad, excepto cuando alguno tenga acción o excepción que dependa del ejercicio de la acción de otro, a quien pueda exigir que la deduzca, oponga o continúe desde luego; y si se rehusare, lo podrá hacer aquel.

Artículo 50. Admitida la demanda, así como formulada la contestación, no podrán modificarse ni alterarse, salvo en los casos que este Código Nacional lo disponga.

El desistimiento de la instancia que se realice con posterioridad al emplazamiento requerirá del consentimiento de la persona demandada.

Para tal efecto, se dará vista a la contraria por el término de tres días para que manifieste su conformidad o inconformidad, y en caso de silencio, se tendrá por conforme con dicho desistimiento y su efecto será que las cosas vuelvan al estado que tenían antes de la presentación de la demanda, sin perjuicio del pago a la contraparte de las costas, daños y perjuicios, en el caso de que éste haya sido emplazado, salvo convenio en contrario.

Artículo 51. El desistimiento de la acción, la extingue, aún sin consentimiento de la parte demandada, y obliga a quien lo hizo, a resarcir a la contraria en los mismos términos del desistimiento de la instancia.

Artículo 52. La acción de nulidad de juicio concluido procede en aquellos asuntos en los cuales se ha dictado sentencia o auto definitivo que han causado ejecutoria, y se actualiza alguna de las siguientes hipótesis:

I. Si se falló con base en pruebas reconocidas o declaradas de cualquier modo falsas con posterioridad a la resolución, o que la parte vencida ignoraba que se habían reconocido o declarado como tales antes de la sentencia, y

II. Cuando existiere colusión u otra maniobra fraudulenta de las partes litigantes en el juicio cuya nulidad se pide, en perjuicio de la parte promovente de la acción de nulidad de juicio concluido.

Artículo 53. La acción de nulidad de juicio concluido puede ser ejercitada por quienes hayan sido parte en el procedimiento, sus sucesores o causahabientes y los terceros a quienes perjudique la resolución.

Artículo 54. Es competente la autoridad jurisdiccional de proceso oral civil para conocer de la acción de nulidad de juicio concluido, independientemente de la cuantía del juicio solicitado como nulo.

Artículo 55. En ningún caso podrá interponerse la acción de nulidad de juicio concluido:

I. Si ha transcurrido un año desde que hubiere causado ejecutoria la resolución que en ese juicio se dictó, o

II. Si han transcurrido tres meses desde que el recurrente hubiere conocido o debió conocer los motivos en que se fundare la misma.

No procede la acción de nulidad de juicio concluido contra las sentencias dictadas en el mismo juicio de nulidad.

Artículo 56. Si se encuentra juicio pendiente de resolver sobre la falsedad de alguna prueba que fue determinante en fallo dictado en el juicio reclamado como nulo, se suspenderán los plazos a que se refiere el artículo anterior.

Artículo 57. La interposición de la acción de nulidad de juicio concluido no suspenderá la ejecución de la resolución firme que la motivare. Sin embargo, quien promueva la nulidad podrá solicitar a la autoridad jurisdiccional que conociere de la misma, la suspensión de la ejecución de aquella sentencia que motive la acción de nulidad. Para este fin, deberá otorgar garantía que fije la autoridad jurisdiccional que conoce de la acción de nulidad, por los daños y perjuicios que, de manera inmediata y directa, pudieran ocasionarse con motivo de la suspensión a la parte vencedora del juicio cuya nulidad se solicita.

Artículo 58. Cuando la acción de nulidad de juicio concluido se declare infundada, la garantía se adjudicará a la parte demandada por concepto de daños y perjuicios ocasionados por la suspensión, sin necesidad de prueba alguna.

No será necesaria la garantía cuando se acredite fehacientemente que la ejecución pueda causar un daño irreparable a quien promueve la nulidad. En este supuesto, de resultar infundada la acción de nulidad, la parte actora será condenada al pago de los daños y perjuicios ocasionados con motivo de la suspensión, sin necesidad de prueba alguna, en los términos del artículo anterior, junto con el pago de gastos y costas, así como una multa equivalente a un año de valor de la Unidad de Medida y Actualización para la persona licenciada en derecho o abogada que la haya intentado.

Artículo 59. Contra la sentencia dictada en el juicio de nulidad de juicio concluido procederá el recurso de apelación, en los términos previstos en este Código Nacional.

Artículo 60. La parte demandada que haya dado lugar a alguna de las causales para declarar nulo el juicio, será responsable de los daños y perjuicios que con su conducta haya causado.

Siempre será condenada la parte demandada al pago de los gastos y costas en el juicio en que declare fundada la acción de nulidad, conforme al arancel correspondiente.

En caso de ser improcedente o infundada la acción de nulidad de juicio concluido, siempre se condenará a la actora a una indemnización por concepto de daños y perjuicios, y a pagar gastos y costas.

El pago de los gastos y costas será conforme al arancel establecido.

Artículo 61. Quien haya actuado en ejercicio del mandato judicial de la parte actora y que intervenga de cualquier forma en el ejercicio de la acción de nulidad, podrá ser responsable solidario respecto de las prestaciones condenadas en la sentencia ejecutoriada, siempre y cuando se acredite el dolo.

SECCIÓN TERCERA
DE LAS EXCEPCIONES

Artículo 62. Las excepciones procesales son las oposiciones de la parte demandada para impugnar o contradecir el procedimiento, sin atacar el derecho sustantivo en litigio, las cuales se deben resolver antes del dictado de la sentencia definitiva.

Artículo 63. Son excepciones procesales las siguientes:

I. La falta de cumplimiento del plazo o condición a que esté sujeta la obligación;

II. La improcedencia de la vía;

III. La incompetencia de la autoridad jurisdiccional;

IV. La litispendencia;

V. La conexidad de la causa;

VI. La falta de personalidad del actor o del demandado o la falta de capacidad del actor;

VII. La cosa juzgada;

VIII. La remisión al arbitraje, y

IX. Las demás a las que les den ese carácter las leyes.

Se harán valer al contestar la demanda, la reconvención o la solicitud de medidas cautelares y en ningún caso suspenderán el procedimiento. De todas las excepciones se dará vista a la contraria por el término de tres días para que manifieste lo que a su derecho convenga, y se resolverán mediante sentencia interlocutoria en procedimientos escritos y de manera oral dentro de la audiencia preliminar en juicio oral dejando constancia de ello en el acta mínima que se levante con motivo de ésta, salvo la de cosa juzgada que se tramitará conforme a las disposiciones previstas en este Código Nacional. Contra la resolución de excepciones procesales en juicio oral no procede recurso alguno.

En las excepciones de falta de personalidad, conexidad o litispendencia, sólo se admitirá la prueba documental en copia certificada, las que se deberán exhibir antes de la audiencia preliminar, en términos de lo dispuesto en este Código Nacional.

Artículo 64. En la excepción de falta de cumplimiento del plazo o condición a que esté sujeta la obligación, si se allana la contraria, se declarará procedente de plano. De no ser así, la excepción se resolverá en la audiencia respectiva y de declararse procedente, el efecto será dejar a salvo el derecho para que se haga valer cuando cambien las circunstancias que afectan su ejercicio, debiendo condenar al pago de gastos y costas que se hubieren causado.

Artículo 65. Cuando se declare la improcedencia de la vía, el efecto será el de continuar el procedimiento para el trámite del juicio en la vía que se considere procedente declarando la validez de lo actuado, sin perjuicio de la obligación de la autoridad jurisdiccional para regularizar el procedimiento de acuerdo con la vía que se declare procedente.

Artículo 66. La incompetencia puede promoverse por declinatoria o inhibitoria, que se substanciarán conforme a lo dispuesto en este Código Nacional.

Artículo 67. La excepción de litispendencia procede cuando la autoridad jurisdiccional conoce de un juicio en el que hay identidad entre partes, acciones deducidas y objetos reclamados, cuando las partes litiguen con el mismo carácter. Quien la oponga, debe señalar precisamente la autoridad jurisdiccional ante quien se tramita el primer juicio y declarar bajo protesta de decir verdad, que no se ha dictado sentencia definitiva en el juicio primeramente promovido.

La excepción de litispendencia sólo podrá acreditarse con la copia autorizada o certificada de la demanda y contestación, así como con el original de la constancia de emplazamiento del juicio primeramente promovido, mismas que deberán exhibirse hasta el momento de celebración de la audiencia respectiva. El mismo tratamiento se dará cuando se trate de autoridad jurisdiccional que no pertenezca a la misma jurisdicción de apelación.

Artículo 68. Si se declara procedente la litispendencia, el efecto será sobreseer el juicio que en segundo lugar previno.

En materia familiar persistirán las medidas provisionales y cautelares impuestas que estén ordenadas en el juicio, hasta que determine lo contrario la autoridad jurisdiccional que previno. Lo anterior resulta aplicable tratándose de personas que pertenezcan a los pueblos y comunidades indígenas y afromexicanas y demás grupos sociales en situación de vulnerabilidad.

Artículo 69. Existe conexidad de causas en cualquiera de los supuestos siguientes:

I. Identidad de personas y acciones, aunque los bienes sean distintos;

II. Identidad de personas y bienes, aunque las acciones sean distintas;

III. Acciones que provengan de una misma causa, aunque sean diversas las personas y los bienes, y

IV. Identidad de acciones y de bienes, aunque las personas sean distintas.

Quien oponga la conexidad debe señalar precisamente la autoridad jurisdiccional ante la que se tramita el juicio conexo, y declarar bajo protesta de decir verdad el estado procesal que guarda. La conexidad sólo podrá acreditarse con la copia autorizada o certificada de la demanda y contestación, formuladas en el juicio conexo, así como con original de la constancia de emplazamiento, mismas que deberán exhibirse hasta el momento de celebración de la audiencia respectiva.

La excepción de conexidad tiene por objeto la remisión de los autos del segundo juicio a la autoridad jurisdiccional que previno conociendo primero de la causa conexa, para que se acumulen ambos juicios y se tramiten por cuerda separada, decidiéndose en una sola sentencia, evitando que exista contradicción alguna.

Artículo 70. No procede la excepción de conexidad:

I. Cuando los pleitos están en diversas instancias;

II. Cuando las autoridades jurisdiccionales que conozcan respectivamente de los juicios pertenezcan a autoridad jurisdiccional de segunda instancia o Poder Judicial diferente;

III. Cuando ambos juicios tengan trámites incompatibles, y

IV. Cuando se trate de un procedimiento que se tramite en el extranjero.

Artículo 71. La autoridad jurisdiccional estudiará de oficio la personalidad al momento de proveer el escrito inicial de demanda y su posible contestación, y el interesado podrá corregir cualquier deficiencia al respecto, siempre y cuando fuese subsanable, en un plazo no mayor de diez días, con la consecuencia de no admitir la demanda, en caso de la parte actora, o de no tener por contestada la demanda y continuar el juicio en su rebeldía, en caso de la demandada.

En caso de juicios orales, la posibilidad de subsanar la personalidad de las partes deberá realizarse a más tardar al inicio de la audiencia preliminar. Siempre que un litigante se presente en representación de alguna de las partes, la autoridad jurisdiccional estudiará de oficio su personalidad, independientemente del derecho de la contraparte de excepcionarse o realizar la objeción pertinente.

Artículo 72. La excepción de falta de personalidad de la parte actora y, en su caso, la objeción de la personalidad que haga valer la actora en contra de la demandada en la etapa postulatoria, se tramitarán incidentalmente en los procedimientos escritos, conforme a las reglas que se establecen en el presente Código Nacional.

En los juicios orales se resolverá, previo derecho de contradicción por tres días, si la excepción se hace valer en la fase postulatoria, al momento de celebrar la audiencia preliminar en la etapa de depuración del procedimiento, en la que se recibirán las pruebas que se encuentren debidamente admitidas y preparadas, dejando constancia de los puntos resolutivos en el acta mínima que se levante con motivo de la misma.

Artículo 73. En los juicios orales si la excepción de falta de personalidad fuere sobrevenida en la audiencia preliminar, se resolverá previo derecho de contradicción en la misma audiencia de la parte contraria, en la que la autoridad jurisdiccional escuchará los argumentos de las partes, proveerá lo necesario para la admisión o desechamiento de pruebas y las mandará recibir en la misma audiencia si fuere posible, resolviendo en el acto la resolución que en derecho proceda, de forma fundada y motivada, dejando constancia de los puntos resolutivos en el acta mínima que se levante con motivo de la misma.

Cuando se declare fundada una u otra, si fuere subsanable el defecto, la autoridad jurisdiccional concederá un plazo no mayor a diez días para que se subsane, y de no hacerse así, cuando se tratare de la parte actora se sobreseerá el juicio y en tratándose de la demandada se continuará el juicio en su rebeldía.

Artículo 74. Cuando se trate de objeciones de personalidad posteriores a los escritos que fijan la litis y hasta antes del dictado de la sentencia definitiva, se tramitarán de manera incidental conforme a las reglas previstas en el presente Código Nacional para los juicios del sistema escrito. En tratándose de objeción de personalidad dentro del sistema de audiencia en juicios orales, se deberá hacer valer dentro de la audiencia respectiva y resolver cumpliendo con el principio de contradicción y de manera oral en la misma audiencia cuando la naturaleza de las pruebas ofrecidas y admitidas así lo permitan; en caso de ser procedente la objeción, el interesado no podrá actuar dentro del procedimiento y se declarará nulo lo actuado por él en la audiencia respectiva.

Artículo 75. En la excepción de cosa juzgada, además de la copia certificada o autorizada de la demanda y contestación de demanda, deberá exhibirse copia certificada o autorizada de la sentencia de segunda instancia o, la de la autoridad jurisdiccional de primera instancia y del auto que la declaró ejecutoriada o, en su caso, original o copia certificada del convenio emanado del procedimiento de mediación a que se refiere la ley correspondiente que regule los medios alternativos de solución de conflictos o justicia alternativa, o cualquier otra disposición al respecto de cada Entidad Federativa.

La excepción de cosa juzgada debe oponerse al dar contestación a la demanda o la reconvención y con la misma se dará vista a la contraparte para que dentro del término de tres días manifieste lo que a su derecho convenga. Se debe resolver mediante sentencia interlocutoria en los juicios escritos y en la audiencia preliminar dentro de la etapa de depuración del procedimiento en los juicios orales; y en su caso, será apelable en ambos efectos si se declara procedente, y en el efecto devolutivo de tramitación conjunta con la sentencia definitiva si se declara improcedente. En dicho caso la autoridad jurisdiccional asumirá plena jurisdicción, resolviendo el fondo del asunto, sin necesidad de reenvío a la autoridad jurisdiccional de primera instancia del sistema escrito o sistema oral, sea en el trámite o resolución del recurso, cuando éste modifique o revoque la sentencia interlocutoria combatida.

Artículo 76. Salvo disposición expresa que señale alguna otra excepción como procesal, las demás defensas y excepciones que se opongan se resolverán en la sentencia definitiva.

TÍTULO SEGUNDO
DE LA COMPETENCIA OBJETIVA Y SUBJETIVA

CAPÍTULO I
DISPOSICIONES GENERALES

Artículo 77. Toda demanda debe formularse ante la autoridad jurisdiccional competente. La competencia de la autoridad jurisdiccional se determinará por la materia, el grado y el territorio.

La competencia por cuantía sólo aplicará en el caso de que la Ley Orgánica respectiva establezca órganos jurisdiccionales cuya competencia se defina con dicho criterio.

Artículo 78. Los Tribunales Colegiados de Circuito, Tribunales Colegiados de Apelación y Plenos Regionales, así como la Suprema Corte de Justicia de la Nación, conocerán en segunda instancia, de los procedimientos en que resulte aplicable este Código Nacional y que sea competencia de los Juzgados de Distrito, en términos de lo que disponga la Ley Orgánica del Poder Judicial de la Federación.

Cuando, en el lugar que haya de seguirse el juicio, hubiere dos o más Tribunales Federales, será competente el que elija el actor.

Las competencias entre los Tribunales Federales y los de las Entidades Federativas, se decidirán declarando cuál es el fuero en que radica la jurisdicción, y se remitirán los autos a la autoridad jurisdiccional que hubiere obtenido.

Esta resolución no impide que otras autoridades jurisdiccionales del fuero al que pertenezca la que obtuvo, le puedan iniciar competencia para conocer del mismo procedimiento.

Artículo 79. Ninguna autoridad jurisdiccional del Poder Judicial de la Federación o de las Entidades Federativas pueden negarse a conocer de un asunto, sino por considerar que carece de competencia legal. En este caso debe expresar en su resolución la motivación y los fundamentos legales en que se apoye y la autoridad que considere competente. El auto en que una autoridad jurisdiccional se negare a conocer es apelable en ambos efectos.

Artículo 80. Ninguna autoridad jurisdiccional puede sostener competencia con otra bajo cuya jurisdicción se halle, pero sí con otra que, aunque sea superior en su clase, no ejerza jurisdicción sobre ella.

Artículo 81. La autoridad jurisdiccional que reconozca la jurisdicción de otra por resolución expresa, no puede sostener su competencia.

Si el acto del reconocimiento consiste sólo en la cumplimentación de un exhorto, la autoridad jurisdiccional exhortada no estará impedida para sostener su competencia.

Artículo 82. Las partes pueden desistirse de seguir sosteniendo la competencia de una autoridad jurisdiccional, hasta antes que se resuelva la misma, si se trata de competencia por territorio.

Artículo 83. La competencia por razón del territorio y materia, son las únicas que se pueden prorrogar, salvo que correspondan al fuero federal.

La competencia por razón de materia, únicamente es prorrogable en las materias civil y familiar, y en aquellos casos en que las prestaciones tengan íntima conexión entre sí, o por los nexos entre las personas que litiguen, sea por razón de parentesco, negocios, sociedad o similares, o deriven de la misma causa de pedir, sin que para que opere la prórroga de competencia en las materias señaladas, sea necesario convenio entre las partes, ni dará lugar a excepción sobre el particular.

En consecuencia, ninguna autoridad jurisdiccional podrá abstenerse de conocer de asuntos, argumentando falta de competencia por materia cuando se presente alguno de los casos señalados, que daría lugar a la división de la continencia de la causa o a multiplicidad de litigios con posibles resoluciones contradictorias.

Artículo 84. Si la autoridad jurisdiccional deja de conocer por excusa o recusación, conocerá la que siga en número o turno, que corresponda de conformidad con la Ley Orgánica del Poder Judicial de la Federación, así como de la Entidad Federativa correspondiente.

Artículo 85. Es autoridad jurisdiccional competente aquella a la que las partes litigantes se hubieren sometido expresa o tácitamente, cuando se trate de fuero renunciable.

Artículo 86. Hay sumisión expresa cuando las partes interesadas renuncian de forma clara y precisa, sin que admita duda al fuero que la ley les concede, y se sujetan a la competencia de la autoridad jurisdiccional en turno de la materia y territorio correspondiente, o al que precisen que se someten.

Artículo 87. Se entienden sometidos:

I. La parte demandante, por el hecho de ocurrir a la autoridad jurisdiccional en turno, entablando su demanda;

II. La parte demandada, por contestar la demanda o por reconvenir a la parte actora;

III. La persona que habiendo promovido una incompetencia se desiste de ella, y

IV. La persona tercera opositora y la que por cualquier motivo viniere al juicio.

Artículo 88. Será nulo todo lo actuado por la autoridad jurisdiccional declarada incompetente, salvo que se trate de incompetencia sobrevenida, caso en el cual será nulo todo lo actuado a partir del momento en que tiene efectos dicha incompetencia.

Esta nulidad de actuaciones es de pleno derecho, y solo bastará para ello que se declare la incompetencia por la autoridad jurisdiccional para que las cosas se restituyan al estado en que se encontraban hasta antes de que se practicaran dichas actuaciones.

Serán válidas las actuaciones de una autoridad jurisdiccional competente, aun cuando declare nulo o inexistente el acuerdo en el cual se pactó su competencia.

SECCIÓN PRIMERA
DE LA FIJACIÓN DE LA COMPETENCIA

Artículo 89. Es autoridad jurisdiccional competente:

I. La del lugar que la persona deudora haya designado para ser requerida judicialmente de pago;

II. La del lugar convenido en el contrato o convenio para el cumplimiento de la obligación;

III. La de la ubicación del bien, si se ejercita una acción real sobre éste. Lo mismo se observará respecto a las cuestiones derivadas del contrato de arrendamiento de inmuebles. Cuando estuvieren comprendidos en dos o más jurisdicciones, será competente aquella en que se encuentre la mayor parte de ellos;

IV. La del domicilio de la parte demandada, si se trata del ejercicio de una acción sobre bienes muebles, de acciones personales, colectivas o del estado civil. Cuando sean varias las personas demandadas y tuvieren diversos domicilios, será competente la autoridad jurisdiccional que se encuentre en turno del domicilio que elija la parte actora;

V. En los juicios sucesorios, la autoridad jurisdiccional en cuya jurisdicción haya tenido su último domicilio el autor de la sucesión. A falta de ese domicilio, lo será el de la ubicación de los bienes inmuebles que forman la herencia y si estuvieren en varias jurisdicciones, el de aquel en que se encuentre el mayor número; y a falta de domicilio y bienes inmuebles, el del lugar del fallecimiento de la persona autora de la herencia, sin que pueda alterarse el orden anterior. Lo mismo se observará en casos de declaración especial de ausencia por desaparición o presunción de muerte. En los supuestos de la presente fracción no procede sometimiento expreso o tácito alguno;

VI. Aquella en cuyo territorio radica un juicio sucesorio para conocer:

a) De las acciones de petición de herencia.

b) De la nulidad de testamento.

c) Las relativas a la partición hereditaria.

d) De todas las acciones legales contra la sucesión antes de la partición y adjudicación de los bienes.

e) De las acciones de nulidad, rescisión y evicción de la partición hereditaria.

f) De la declaración especial de ausencia por desaparición, así como la declaración de ausencia y presunción de muerte, en los términos de la legislación aplicable.

VII. La del lugar que la persona deudora haya designado para ser requerida judicialmente de pago, o el domicilio de ésta en caso de concursos;

VIII. En los actos de jurisdicción voluntaria, la del domicilio de quien las promueve, pero si se tratare de bienes inmuebles, lo será la del lugar donde estén ubicados. En caso de conflicto de competencias se decidirá a favor del que haya prevenido en el conocimiento;

IX. La del domicilio de las niñas, niños y adolescentes, tratándose de asuntos en materia familiar;

En los procedimientos relativos a suplir el consentimiento de quien ejerce la patria potestad, o impedimentos para contraer matrimonio, la del lugar donde se hayan presentado las partes pretendientes;

X. Para decidir las controversias del estado civil de las personas, la del domicilio conyugal, o aquel en el que habiten los concubinos o convivientes;

XI. En los juicios de divorcio, lo es la del último domicilio conyugal;

XII. En los juicios de nulidad o inexistencia del matrimonio o institución equivalente o similar, lo es la del domicilio donde tuvo lugar el acto cuya nulidad se alega;

XIII. En los juicios de rectificación de actas del estado civil, lo es la del domicilio del actor;

XIV. En caso de abandono de hogar, la del domicilio en el que residía al momento del abandono el cónyuge, concubina o concubino, o conviviente que alega dicho abandono;

XV. En los juicios de alimentos o violencia familiar, la del domicilio de la persona acreedora alimentaria, la de la receptora de la violencia o la de la parte demandada, a elección de la parte actora;

XVI. La del domicilio de la hija o hijo en las acciones de filiación, sean de impugnación, contradicción, reconocimiento o desconocimiento sobre la maternidad o paternidad, y

XVII. Tratándose de juicios en los que la parte demandada sea una persona perteneciente a los pueblos y comunidades indígenas o afromexicanas, será competente la autoridad jurisdiccional del lugar en que dicha persona tenga su domicilio. Si ambas partes lo son, lo será la que ejerza jurisdicción en el domicilio del demandante.

Artículo 90. En los interdictos conocerá siempre la autoridad jurisdiccional de la ubicación del bien.

Artículo 91. Es competente para conocer de la reconvención la autoridad jurisdiccional que conoce de la demanda en el juicio principal, cualquiera que sea la materia.

Artículo 92. Las cuestiones de tercerías deben substanciarse y decidirse por la autoridad jurisdiccional que sea competente para conocer del asunto principal.

Artículo 93. Para los actos preparatorios del juicio, será competente la autoridad jurisdiccional que lo fuere para el procedimiento principal.

En las providencias precautorias y medidas cautelares o medidas provisionales regirá lo dispuesto en el párrafo anterior.

Si el expediente estuviere en segunda instancia, será competente para dictar la providencia precautoria, medidas cautelares o medidas provisionales la autoridad jurisdiccional que conoció de ellos en primera instancia. Cuando se trate de asuntos en materia familiar, de pueblos y comunidades indígenas y afromexicanas y demás grupos sociales en situación de vulnerabilidad, será competente la autoridad jurisdiccional de segunda instancia para dictarlas y en su caso, ejecutarlas con plenitud de jurisdicción.

En caso de urgencia, puede dictarla la autoridad jurisdiccional del lugar donde se hallen la persona o el bien objeto de la providencia, y una vez ejecutada, se remitirán las actuaciones a la autoridad jurisdiccional competente que conozca del procedimiento principal.

SECCIÓN SEGUNDA
DE LA SUBSTANCIACIÓN Y DECISIÓN DE COMPETENCIAS

Artículo 94. Las contiendas sobre competencia, podrán promoverse por inhibitoria o por declinatoria.

La inhibitoria se intentará ante la autoridad jurisdiccional a quien se considere competente.

La declinatoria se propondrá ante la autoridad jurisdiccional a quien se considere que carece de competencia legal, pidiéndole que resuelva no conocer del procedimiento, y remita los autos al que se estime competente. La declinatoria se promoverá y substanciará en forma incidental.

En ningún caso se promoverán de oficio las contiendas de competencia.

Artículo 95. La declinatoria se propondrá al contestar la demanda, ante la autoridad jurisdiccional que se considere que carece de competencia legal, y se expondrán las razones jurídicas esenciales, ofreciendo únicamente pruebas documentales. Se pedirá se abstenga del conocimiento del procedimiento y remita los autos a la autoridad jurisdiccional considerada competente. Al admitirla la autoridad jurisdiccional de primera instancia, se dará vista por tres días a la contraparte para que contradiga y alegue lo que a su interés convenga, así como ofrezca pruebas documentales. Vencido el término concedido con o sin el desahogo de la vista, dentro los cinco días posteriores se remitirá a la autoridad jurisdiccional de segunda instancia el testimonio de las actuaciones respectivas, haciéndolo saber a las partes interesadas para que en su caso comparezcan ante aquella.

Recibido el testimonio de las constancias por la autoridad jurisdiccional de segunda instancia, proveerá con respecto a las pruebas documentales ofrecidas su admisión o desechamiento, procediendo a desahogar en el acto las admitidas conforme a derecho. Hecho lo anterior, se dictará resolución dentro del término improrrogable de cinco días.

Artículo 96. En el caso que las partes no ofrezcan prueba, o las ofrecidas no se admitan, y no formulen alegatos, la autoridad jurisdiccional de segunda instancia citará para resolución, la que se pronunciará dentro del término improrrogable de cinco días.

Decidida la competencia, la autoridad jurisdiccional de segunda instancia lo comunicará a la autoridad jurisdiccional ante quien se promovió la declinatoria, y en su caso, al que se declare competente. Si la declinatoria se declara improcedente o infundada, la autoridad jurisdiccional de segunda instancia lo comunicará a la autoridad jurisdiccional respectiva.

Artículo 97. La autoridad jurisdiccional ante quien se promueva inhibitoria girará oficio requiriendo al que se estime incompetente, para que deje de conocer del procedimiento, y le remita los autos dentro de los cinco días posteriores. La resolución que niegue el requerimiento es apelable. Si la inhibitoria se promueve ante la autoridad jurisdiccional de segunda instancia respectiva, la resolución que niegue al requerimiento, no admite recurso ordinario alguno.

La autoridad jurisdiccional requerida, dentro del término de cinco días, resolverá si acepta o no la inhibitoria. Si las partes estuvieren conformes al ser notificadas del proveído que acepte la inhibición, se remitirá los autos a la autoridad jurisdiccional requirente dentro de los cinco días posteriores. En cualquier otro caso, se remitirán los autos a la autoridad jurisdiccional en turno que faculte la Ley Orgánica del Poder Judicial de la Federación, en tratándose de autoridades jurisdiccionales federales, comunicándolo así al requirente, para que haga igual cosa.

Recibidos los autos por la autoridad jurisdiccional de segunda instancia o aquella que faculte la Ley Orgánica del Poder Judicial de la Federación, dará vista a las partes por tres días para que aleguen por escrito lo que a su derecho corresponda y resolverá dentro del término improrrogable de cinco días.

Decidida la competencia, se comunicará la sentencia a las autoridades jurisdiccionales contendientes, y al declarado competente además se le remitirán los autos originales dentro del término de cinco días la substanciación del procedimiento y resolución.

Artículo 98. En caso de no promoverse cuestión de competencia alguna dentro de los términos señalados por la parte que se estime afectada, se considerará sometida a la autoridad jurisdiccional que lo emplazó y perderá todo derecho para intentarla.

Las cuestiones de competencia en ningún caso suspenderán el procedimiento principal, pero deberán resolverse antes de dictarse sentencia definitiva, reservándose el dictado de ésta, salvo los casos señalados en el presente Código Nacional.

Artículo 99. Si por los documentos que se hubieren presentado o por otras constancias de autos, apareciere que la parte litigante que promueve la declinatoria se ha sometido a la jurisdicción de la autoridad jurisdiccional que conoce del procedimiento, se desechará de plano, continuando su curso el juicio.

También se desechará de plano la competencia promovida que no tenga por objeto decidir cuál ha de ser la autoridad jurisdiccional que deba conocer de un asunto.

Artículo 100. Las autoridades jurisdiccionales quedan impedidas para promover oficiosamente las cuestiones de competencia, y sólo deberán inhibirse del conocimiento de un procedimiento, cuando se trate de competencias por razón de territorio, materia, con excepción de lo dispuesto en el artículo 83 de este Código Nacional, siempre y cuando se inhiban en el primer proveído que se dicte respecto de la demanda principal.

Cuando dos o más autoridades jurisdiccionales locales de la misma jurisdicción se nieguen a conocer de determinado asunto, quien se vea perjudicada ocurrirá ante la autoridad jurisdiccional de segunda instancia en turno, dentro del término de cinco días contados a partir de que la última de dichas autoridades se negó a conocer del asunto, a fin de que ésta ordene a esas autoridades jurisdiccionales, que en el término de tres días remitan los expedientes originales en que se contengan sus respectivas resoluciones. Si las dos partes consideran que les causa perjuicio la negativa a conocer del asunto siendo de materia diversa y ambas ocurrieran a autoridades jurisdiccionales de segunda instancia de diferentes Tribunales, será competente para resolver, el que primero reciba la inconformidad.

Artículo 101. Una vez recibidos los autos por la autoridad jurisdiccional de segunda instancia correspondiente, los pondrá a la vista de las partes, por el término de tres días para que ofrezcan pruebas documentales y aleguen lo que a su interés convenga.

En lo demás, será aplicable el procedimiento previsto en el artículo 95 de este ordenamiento.

Artículo 102. Cuando dos o más autoridades jurisdiccionales federales se nieguen a conocer de un determinado procedimiento, la parte interesada ocurrirá a la autoridad jurisdiccional que faculte la Ley Orgánica del Poder Judicial de la Federación, sin necesidad de agotar los recursos ordinarios, a fin de que ordene a los que se nieguen a conocer, que le envíen los expedientes en que se contengan sus respectivas resoluciones.

Recibidos los autos, se correrá de ellos traslado, por cinco días, al Ministerio Público Federal, y, desahogada que sea, se dictará la resolución que proceda, dentro de igual término.

Cuando la negativa a conocer se suscite entre dos o más autoridades jurisdiccionales del fuero común y federal, y además se encuentren en el mismo circuito judicial, corresponderá al Pleno Regional del Poder Judicial de la Federación respectivo resolver. Cuando sea entre autoridades jurisdiccionales de distintos circuitos judiciales, será el Pleno Regional del Poder Judicial de la Federación de la autoridad jurisdiccional que conoció en primer momento del asunto.

Una vez recibidos los expedientes, el procedimiento para resolver se ajustará a lo dispuesto en el artículo 95 de este Código Nacional.

Artículo 103. En el caso de que se declare infundada o improcedente la incompetencia, se aplicará una corrección disciplinaria por los montos que establece el artículo 192 fracción III de este Código Nacional, en beneficio del Fondo de Administración de Justicia del Poder Judicial de que se trate.

CAPÍTULO II
DE LA COMPETENCIA SUBJETIVA

SECCIÓN PRIMERA
DE LOS IMPEDIMENTOS Y EXCUSAS

Artículo 104. Las autoridades jurisdiccionales se tendrán por forzosamente impedidas para conocer en los casos siguientes:

I. Cuando tengan interés directo o indirecto en el procedimiento;

II. En los procedimientos que sean del mismo interés para su cónyuge, concubina, concubinario, conviviente o para sus parientes consanguíneos en línea recta sin limitación de grados, a los colaterales dentro del cuarto grado, y a los afines dentro del segundo;

III. Siempre que, entre su cónyuge, concubina, concubinario, conviviente, ascendientes o sus descendientes, y alguno de las partes interesadas, haya relación de intimidad nacida de algún acto civil o religioso, sancionado y respetado por la costumbre, relación de amistad o económica, de subordinación o lealtad, sin importar su origen;

IV. Si fuere pariente por consanguinidad o afinidad de la persona representante autorizada, abogado o procurador de alguna de las partes, en los mismos grados a que se refiere la fracción II de este artículo;

V. Cuando la autoridad jurisdiccional, su cónyuge, concubina, concubinario, conviviente o alguno de sus ascendientes o descendientes sea parte heredera, legataria, donante, donataria, socia, acreedora, deudora, fiadora, fiada, arrendadora, arrendataria, principal, dependiente o comensal habitual de alguna de las partes, o administradora actual de sus bienes;

VI. Si ha hecho promesas o amenazas, o ha manifestado de otro modo su odio o afecto por alguna de las partes; o ha sido sujeto de amenazas o la animadversión de alguna de las partes ha influido en su fuero interno de tal manera que se ponga en riesgo su imparcialidad;

VII. Si asiste o ha asistido a convites que especialmente se le ofrecieren o costeare alguna de las partes que litigan el asunto o sus personas representantes autorizadas, antes y después de comenzado el procedimiento, o si se tiene familiaridad con los mencionados, o cohabitan con ellas;

VIII. Cuando después de iniciado el procedimiento, la autoridad jurisdiccional, su cónyuge, concubina, concubinario, conviviente, ascendientes o descendientes, parientes colaterales en segundo grado y por afinidad en primer grado, haya recibido dádivas o servicios de alguna de las partes;

IX. Si ha sido abogado o procurador, ha fungido como apoyo o ha recibido apoyo para el ejercicio de la capacidad jurídica, perito o testigo en el procedimiento de que se trate o de cualquiera de las partes en éste, en cualquier otro procedimiento;

X. Si ha conocido del procedimiento como autoridad jurisdiccional, arbitro o asesor, resolviendo algún punto que afecte a la sustancia de la cuestión, en la misma instancia o en otra;

XI. Cuando la autoridad jurisdiccional, su cónyuge, concubina, concubinario, conviviente o alguno de sus parientes consanguíneos en línea recta, sin limitación de grados, de los colaterales dentro del segundo, o de los afines en el primero, siga contra alguna de las partes, o no ha pasado un año, de haber seguido un juicio civil, o una causa criminal, como parte acusadora, querellante o denunciante, o se haya constituido parte civil en causa criminal seguida contra cualquiera de ellas;

XII. Cuando alguna de las personas representantes autorizadas, sigan o hayan seguido un juicio civil, o una causa criminal, y no ha pasado un año o más, de haber causado ejecutoria, un procedimiento jurisdiccional, en contra de la autoridad jurisdiccional de que se trate, su cónyuge, concubina, concubinario, conviviente, ascendientes o descendientes, parientes colaterales en segundo grado y por afinidad en primer grado;

XIII. Cuando la persona servidora pública, su cónyuge, concubina, concubinario, conviviente, ascendientes o descendientes, parientes colaterales en segundo grado y por afinidad en primer grado, sea contrario a cualquiera de las partes en procedimiento administrativo que afecte a sus intereses;

XIV. Si la persona servidora pública, su cónyuge, concubina, concubinario, conviviente o alguno de sus expresados parientes sigue algún procedimiento civil o criminal en que sea autoridad jurisdiccional, agente del Ministerio Público Federal o Local, Procurador o Representante Social, árbitro o arbitrador, de alguno de los litigantes;

XV. Si es persona tutora, tutriz, curador o curadora de alguna de las partes interesadas, administra sus bienes, es gerente de alguna sociedad, asociación que tenga interés en la causa o no hayan pasado tres años de haberlo sido, y

XVI. Siempre que haya externado su opinión públicamente, adelantando el sentido de su fallo.

Las opiniones expresadas por la autoridad jurisdiccional al intentar conciliar entre las partes, y aquellas que se emitan con carácter doctrinario o académico, no constituyen motivo de impedimento.

Artículo 105. Las autoridades jurisdiccionales tienen el deber de excusarse del conocimiento de los procedimientos en que ocurra alguna de las causas expresadas en el artículo anterior, aún y cuando las partes no los recusen. La excusa debe expresar concretamente la causa en que se funde. Sin perjuicio de las providencias que conforme a este Código Nacional se deben dictar, tienen la obligación de excusarse inmediatamente que se avoquen al conocimiento de un procedimiento del que no deben conocer por impedimento, o dentro de los tres días siguientes en que ocurra el hecho que origina el impedimento o de que tengan conocimiento de él.

SECCIÓN SEGUNDA
DE LA RECUSACIÓN

Artículo 106. Cuando la autoridad jurisdiccional no se excusare a pesar de existir alguno de los impedimentos expresados, procede la recusación, que siempre se fundará en causa legal.

Artículo 107. Sólo pueden hacer uso de la recusación:

I. Las partes, personas interesadas o sus representantes;

II. La persona que represente a los acreedores en los concursos sólo podrá hacer uso de la recusación en los procedimientos que afecten al interés general, el cual se calculará por el importe de las porciones. En los que afecten al interés particular de alguno de las personas acreedoras, podrá la parte interesada hacer uso de la recusación, pero la autoridad jurisdiccional no quedará impedida más que en el punto de que se trate. Resuelta la cuestión se reintegra al principal;

III. La persona designada como albacea o interventor en los juicios sucesorios, y

IV. La persona que funja como representante común en caso de litisconsorcio y cuando no se haya designado aún, por cualquiera de las partes.

Artículo 108. Conocerán de las excusas y recusaciones:

I. Las autoridades jurisdiccionales respecto de las personas ante ella adscritas;

II. Los Tribunales de Segunda Instancia respecto de las autoridades jurisdiccionales de primera instancia;

III. La autoridad jurisdiccional de conformidad con lo dispuesto por la Ley Orgánica que corresponda, respecto de las personas magistradas.

En el Tribunal de segunda instancia, la recusación sólo importa la de aquellas persona o personas recusadas expresamente, y si fueren varias, deberá fundarse en la causa de impedimento que afecte a cada una.

Artículo 109. No procederá recusación:

I. En los actos prejudiciales;

II. Al cumplimentar exhortos, despachos o cartas rogatorias;

III. En las diligencias de mera ejecución;

IV. En los juicios ejecutivos mientras no se lleve a cabo el aseguramiento, y en los hipotecarios mientras no se expida el oficio de inscripción de la demanda;

V. Tratándose de ejecución de sentencia, desde la fecha del auto en que se señala término a las personas deudoras para que cumplan con ella, y

VI. En los demás actos que no radiquen jurisdicción, ni importen conocimiento de causa.

Si la ejecución de sentencia fuera mixta o si hubiere oposición de tercera persona o se opusieren excepciones en contra de la ejecución, será admisible la recusación.

Artículo 110. En los procedimientos de apremio y en el juicio que empieza por ejecución, no se dará curso a ninguna recusación sino una vez practicado el aseguramiento, hecho en el embargo o levantamiento del embargo, en su caso, o anotada la demanda en el Registro Público de la Propiedad, oficina registral o cualquier otra institución análoga según la Entidad Federativa de que se trate.

Artículo 111. La recusación puede interponerse en todo momento hasta antes de la admisión de pruebas. La recusación deberá presentarse a más tardar dentro de los cinco días a partir de que se conozca la causal que la motivó.

Artículo 112. En tanto se califica o decide la recusación, se suspenderá la jurisdicción de la autoridad jurisdiccional, excepto para la fijación de la garantía y admisión de la recusación; así como para el dictado de las medidas provisionales sobre alimentos, separación de personas o aquellas que afecten derechos de las niñas, niños o adolescentes, y demás personas que pertenezcan a grupos sociales en situación de vulnerabilidad, o a las que se refieren a providencias cautelares o diligencias de ejecución.

Artículo 113. Declarada procedente o fundada la recusación, termina la jurisdicción de la autoridad jurisdiccional en el procedimiento de que se trate.

Artículo 114. Una vez interpuesta la recusación, la parte recusante no podrá retirarla en ningún tiempo, ni variar la causa, a menos que surgiere un impedimento superveniente, en cuyo caso, se podrá permitir la substanciación de una nueva recusación.

Artículo 115. Si se declarare improcedente o no probada la causa de recusación que se hubiere alegado, no se volverá a admitir otra recusación contra la misma autoridad jurisdiccional por la misma causal, salvo cuando ésta se sustituya, en cuyo caso podrá hacerse valer la recusación.

Artículo 116. La autoridad jurisdiccional o el órgano disciplinario que conozca de la recusación la desechará de plano:

I. Por extemporánea;

II. Cuando no se funde en alguna de las causas a que se refiere el presente Título;

III. Cuando no se precisen los hechos en que se motive, no se ofrezca prueba o no se precisen los puntos sobre los que deban versar las mismas, y

IV. Cuando se interponga en procedimientos en que no puede tener lugar.

Artículo 117. Toda recusación se interpondrá ante la autoridad jurisdiccional que conozca del procedimiento, expresándose con toda claridad y precisión la causa en que se funde, así como las pruebas tendientes a justificarla, y la autoridad recusada remitirá a la autoridad competente para resolver sobre ésta, dentro del término improrrogable de cinco días, el testimonio de las actuaciones respectivas, acompañado del informe justificado, manifestando bajo protesta de decir verdad las argumentaciones que considere apoyan la inexistencia de la causa en que se funde la recusación. La falta de informe hará presumir como cierto el impedimento alegado por la parte promovente.

La autoridad jurisdiccional que conozca de una recusación, resulta irrecusable para este solo efecto.

Artículo 118. La recusación debe decidirse sin audiencia de la parte contraria, y se tramita en forma de incidente.

Artículo 119. En el incidente de la recusación son admisibles todos los medios de prueba establecidos por este Código Nacional, excepto la declaración de la autoridad jurisdiccional de la que se trate.

Artículo 120. De la recusación de las autoridades jurisdiccionales integrantes de un Tribunal de Segunda Instancia conocerá aquella a la que corresponda, y para tal efecto se integrará de acuerdo con la Ley Orgánica respectiva.

Si una autoridad jurisdiccional de segunda instancia dejare de conocer de algún asunto por impedimento o recusación, conocerá de éste la autoridad jurisdiccional que se designe mediante el turno, conforme a lo dispuesto en la Ley Orgánica respectiva.

Cuando todas las autoridades jurisdiccionales que integren la Sala estuvieren impedidas de conocer un procedimiento, pasará éste al conocimiento de la Sala que le siga en número.

Si todas las autoridades jurisdiccionales de las Salas de la materia civil y familiar estuvieren impedidas de conocer, pasará el asunto al conocimiento de las Salas de otra materia, por el orden indicado, y si éstas también se agotaren, se integrará una Sala que conozca del asunto con autoridades jurisdiccionales de todas las materias según corresponda, designadas por el Pleno, conforme a lo dispuesto en la Ley Orgánica respectiva, que al efecto se reunirá inmediatamente y sin perjuicio de sus demás labores y funciones.

Artículo 121. Para el caso que una autoridad jurisdiccional deje de conocer un caso por impedimento, recusación o excusa, ésta deberá remitir el expediente a la autoridad jurisdiccional respectiva, a la dirección o área administrativa que corresponda del Poder Judicial conforme a la Ley Orgánica respectiva, para que lo envíe a la autoridad jurisdiccional que corresponda en turno.

Artículo 122. Si en la sentencia incidental se declara procedente la recusación, se comunicará a la autoridad jurisdiccional correspondiente, para que ésta a su vez, remita los autos a la que corresponda, dentro del término de tres días posteriores a la recepción del comunicado anteriormente descrito. En la Sala, la autoridad jurisdiccional recusada quedará separada del conocimiento del procedimiento y se completará la misma en la forma en que determina la Ley Orgánica respectiva.

Si se declara improcedente la recusación, se comunicará la resolución a la autoridad jurisdiccional de su origen. Si la autoridad jurisdiccional recusada fuese una persona Magistrada, continuará conociendo del procedimiento la misma Sala como antes de la recusación.

Artículo 123. La recusación promovida contra otras personas servidoras públicas de acuerdo con el organigrama del Poder Judicial Federal o de la Entidad Federativa de que se trate, no suspenderá el procedimiento, y se proveerá de inmediato quien deba sustituirlo, en tanto se resuelva la recusación a fin de dar continuidad al juicio respectivo.

La recusación de las personas servidoras públicas antes mencionadas se substanciará ante la autoridad jurisdiccional ante la que se encuentren adscritas respectivamente, resolviendo esta de plano.

Artículo 124. En todos los casos la resolución que decida una recusación es irrecurrible.

LIBRO SEGUNDO
DEL PROCEDIMIENTO ORAL CIVIL Y FAMILIAR

TÍTULO PRIMERO
DE LAS FORMALIDADES JUDICIALES

CAPÍTULO I
DE LAS PARTES EN EL PROCEDIMIENTO

Artículo 125. Sólo puede iniciar o intervenir en un procedimiento judicial, quien tenga interés en que la autoridad jurisdiccional declare, constituya, preserve o modifique un derecho o imponga una condena y quien tenga el interés contrario.

Artículo 126. Cuando haya transmisión del interés a un tercero, en términos del artículo anterior, dejará de ser parte quien haya perdido el interés, y lo será quien lo haya adquirido. Esas transmisiones no afectarán el procedimiento judicial, excepto en los casos en que hagan desaparecer, por confusión substancial de intereses, la materia del litigio.

Las relaciones recíprocas de las partes dentro del procedimiento, con sus respectivas facultades y obligaciones, así como los términos, recursos y toda clase de medios que este Código Nacional concede para hacer valer en el litigio, no pueden sufrir modificación en ningún sentido. En todo caso, debe observarse la norma tutelar de la igualdad de las partes dentro del procedimiento, de manera tal que su curso será el mismo, aunque se inviertan los papeles de los litigantes.

Artículo 127. Los cambios de representante procesal de una parte, no causan perjuicio alguno a la contraria, mientras no sean hechos saber judicialmente. Tampoco perjudicarán a una parte los cambios operados en la parte contraria, por relaciones de causante a causahabiente, mientras no se hagan conocer en igual forma.

Cuando se verifiquen estos cambios sin cumplir con las notificaciones de sustitución o inclusión de representante procesal, la actividad procesal se desarrollará y producirá sus efectos con toda validez, como si no se hubiese operado el cambio, en tanto no se haga saber judicialmente.

Artículo 128. Tienen legitimación en el procedimiento para comparecer en juicio:

I. Las personas físicas por sí mismas o por conducto de sus personas representantes autorizadas, así como las personas que designen para su apoyo, en su caso;

II. Las personas jurídicas públicas o privadas por medio de quienes las representen, sea por disposición de la ley o reglamento, o bien, conforme a sus escrituras constitutivas, estatutos, poderes o mandatos;

III. Las agrupaciones o entes que no constituyan personas jurídicas reconocidas por la Ley, por medio de quienes en su nombre hayan actuado;

IV. Las instituciones y dependencias de la administración pública, por medio de sus órganos autorizados conforme a la normatividad que las regule;

V. Cualquiera que integre un grupo afectado, que busque una adecuada defensa para el interés general; y las instituciones, asociaciones o agrupaciones privadas, especializadas en la defensa de los intereses sociales o colectivos cuando se trata de la tutela de intereses difusos y de grupos indeterminados, siempre que no sean políticas o gremiales reguladas;

VI. En el caso de las personas de los pueblos y comunidades indígenas y afromexicanas, sus propias autoridades o las personas que designen con base en sus usos y costumbres, y

VII. El Ministerio Público Local o Federal.

Artículo 129. Podrán comparecer como terceras personas, quienes tengan interés propio y distinto de la parte actora o demandada, y la sentencia les pueda afectar.

Artículo 130. Las niñas, niños y adolescentes, comparecerán por conducto de las siguientes personas:

I. Quienes ejerzan la patria potestad;

II. Quien ejerza la tutela;

III. Las personas designadas legalmente por quien ejerza la patria potestad o la tutela, y

IV. La Procuraduría de Protección de Niñas, Niños y Adolescentes o institución con facultades de representación coadyuvante o en suplencia, de conformidad con la Ley General de los Derechos de Niñas, Niños y Adolescentes.

Sin embargo, las niñas, niños y adolescentes, podrán comparecer a juicio por sí o por cualquier persona en su nombre, sin la intervención de su legítimo representante cuando éste se halle ausente o desaparecido, se ignore quién sea, esté impedido, se negare a promover la acción o hubiese un conflicto de interés con su representado.

La autoridad jurisdiccional, nombrará un representante independiente para que intervenga en el juicio, debiendo preferir a un familiar cercano, salvo cuando haya conflicto de intereses o motivo que justifique la designación de persona diversa, sin perjuicio de dictar las providencias y medidas de protección especiales o urgentes, conforme a la Ley de la materia y, los tratados internacionales que resulten aplicables.

Artículo 131. Las personas ausentes o ignoradas y las personas desaparecidas serán representadas como se previene en el Código Civil o ley correspondiente. Si a juicio de la autoridad jurisdiccional la diligencia fuere urgente o perjudicial la dilación, la persona será representada por el Ministerio Público, Fiscalía o Representación Social.

En materia civil, si se presentare por quien esté ausente o desaparecida una persona que pueda comparecer en juicio, será admitida como gestor judicial; quien tendrá las obligaciones y responsabilidades que establezca el Código Civil Federal o Local correspondiente. Dicha persona deberá dar fianza equivalente al monto del procedimiento judicial en que intervenga; y en su caso de pagar lo juzgado y sentenciado e indemnizar los perjuicios y gastos que se causen. La fianza será calificada por la autoridad jurisdiccional.

Las resoluciones que admitan o no la figura de gestor judicial, así como la que fije la fianza, serán apelables en efecto devolutivo de tramitación inmediata.

Artículo 132. Si varios actores ejercen la misma acción en una demanda, o varios demandados niegan la acción u oponen la misma excepción, se aplicarán las disposiciones siguientes:

I. Los actores deberán tener un solo representante común;

II. El representante común de los actores será nombrado por estos en su primera intervención;

III. Los demandados deben tener un sólo representante común, y

IV. El nombramiento del representante común de los demandados lo harán en la contestación de la demanda.

Cuando la multiplicidad de personas surja en cualquier otro momento del juicio, o en actos de jurisdicción voluntaria, el nombramiento de representante común deberá hacerse, dentro de los tres días siguientes al primer acto procesal en el que aparezca la multiplicidad.

Si el nombramiento no fuere hecho por quienes tienen interés, previa prevención hecha de forma legal, lo hará la autoridad jurisdiccional, de entre las mismas personas interesadas.

La persona que como representante común designe la autoridad jurisdiccional, tendrá las mismas facultades que si litigara exclusivamente por su propio derecho, excepto las de desistirse, transigir y comprometer en árbitros. La que designen los interesados, sólo tendrá estas últimas facultades, si expresamente le fueren concedidas por quienes conforman el litisconsorcio.

Artículo 133. En los casos de litisconsorcio se observarán las siguientes reglas:

I. La carga de impulsar el procedimiento corresponderá al representante común del litisconsorcio;

II. Mientras continúe la persona designada como persona representante autorizada o representante común en su encargo, las notificaciones y citaciones de toda clase que se le hagan, tendrán la misma fuerza que si se hicieren a las personas que representan, sin que le sea permitido pedir que se entiendan con éstas, y

III. Cualquier persona interesada podrá excluirse de la representación común, para litigar por sí mismo y deducir su propio derecho.

Artículo 134. En cualquiera de los procedimientos previstos en el presente Código Nacional, sin que obste el derecho de las partes, sus abogados y representantes autorizados de comparecer a exponer sus alegatos en la audiencia respectiva, bajo el principio de igualdad procesal y publicidad, podrán solicitar fuera de audiencia, una cita a la autoridad jurisdiccional para manifestar en lo particular, los aspectos que consideren relevantes en la solución del juicio en el que intervengan. La misma se solicitará por escrito y le recaerá mandamiento judicial en el que se indique día, hora y duración de la cita, la que se autorizará con la finalidad de que comparezcan al recinto judicial el interesado y su contra parte; o bien sus asesores jurídicos; con el objeto de respetar el principio de contradicción. Fuera de estos casos, las autoridades jurisdiccionales estarán impedidas para escuchar en lo particular o individual a cualquiera de las partes.

CAPÍTULO II
DE LAS ACTUACIONES JUDICIALES

Artículo 135. Las autoridades jurisdiccionales se sujetarán al procedimiento convencional que las partes hubieren pactado, siempre que el mismo se hubiere formalizado en documento público o ante la misma autoridad jurisdiccional que conozca de la demanda en cualquier estado del juicio, y se respeten las formalidades esenciales del procedimiento; salvo los procedimientos en materia familiar, los cuales son de orden público.

Para su validez, el documento en que se encuentre el acuerdo a que se refiere este artículo, deberá contener como mínimo, por inclusión o referencia, las previsiones sobre la presentación de la demanda, el emplazamiento, la contestación de la demanda, las pruebas y los alegatos, en cuyo caso no puede imponer a las partes mayores cargas que las previstas en este Código Nacional. También podrá regular lo relacionado con:

I. El negocio o negocios en que se ha de observar el procedimiento convenido;

II. La sustanciación que debe observarse, siempre que no afecte las formalidades esenciales del procedimiento ni se vulneren derechos humanos;

III. Los términos que deberán seguirse durante el juicio, cuando se modifiquen los señalados en el presente Código Nacional;

IV. Los recursos legales a que renuncien, siempre que no se afecten las formalidades esenciales del procedimiento, ni se vulneren derechos humanos;

V. La autoridad jurisdiccional que debe conocer del litigio para el cual se convino el procedimiento en los casos en que conforme a este Código Nacional pueda prorrogarse la competencia, y

VI. El convenio también deberá expresar los nombres de los otorgantes, su capacidad para obligarse, el carácter con que contraten, sus domicilios y cualquiera otro dato que defina la especialidad del procedimiento.

Artículo 136. En caso de no existir convenio de las partes sobre el procedimiento en los términos del anterior artículo, los juicios civiles se regirán por las disposiciones de este Código Nacional.

Artículo 137. Los expedientes que se integren en los juicios civiles y familiares se sujetarán a las siguientes reglas:

I. Tanto los físicos como los electrónicos se formarán por la autoridad jurisdiccional;

II. Las promociones físicas o electrónicas de las partes deberán redactarse en español, debiendo estar firmados de manera autógrafa o mediante firma electrónica avanzada, según corresponda;

III. Quienes no supieren o no pudieren firmar autógrafamente, por presentar una condición de discapacidad física, imprimirán su huella digital, firmando otra persona en su nombre y a su ruego, indicando esta circunstancia;

IV. Las promociones subsecuentes físicas o electrónicas deberán tener la debida identificación del litigio, que contendrá los nombres de la parte actora, de la parte demandada y en su caso, de quien haga la solicitud, así como el número de expediente, situación que se observará tanto en el expediente físico como en el electrónico;

V. Los documentos redactados en idioma extranjero deberán acompañarse con la correspondiente traducción al español. Si la contraparte la objeta o la autoridad jurisdiccional lo estima necesario se nombrará a quien haga la traducción para el cotejo. Sólo para el caso que la traducción sea requerida por la autoridad jurisdiccional, los honorarios de quien realice el peritaje correrán a cargo del erario público;

VI. Las promociones a cargo de personas de los pueblos y comunidades indígenas y afromexicanas, que se hicieren en su lengua o idioma original, no necesitarán acompañarse de la traducción al español, la autoridad jurisdiccional de oficio designará persona autorizada a realizar la traducción correspondiente;

VII. En los procedimientos en los que una o ambas partes sean indígenas y no supieran leer el idioma español, podrán designar a quien traduzca o conozca su lengua nativa, y la autoridad jurisdiccional realizará una versión sintetizada de los puntos esenciales de las actuaciones y de la sentencia dictada, en dicha lengua; debiendo agregar constancia de que se cumplió con esta obligación en los autos;

VIII. En los procedimientos en los que una o ambas partes presenten una discapacidad auditiva, visual o intelectual, se estará a lo dispuesto en la fracción anterior y dichas personas podrán designar como apoyo, a quien sea intérprete de la Lengua de Señas Mexicana y la versión sintetizada de los puntos esenciales de las actuaciones y de la sentencia dictada, se les facilitará en los medios y formatos que les resulten accesibles;

IX. En las actuaciones judiciales, las fechas y cantidades se redactarán con letra, y no se emplearán abreviaturas, ni se rasparán las frases equivocadas, sobre las que sólo se pondrá una línea delgada que permita la lectura, salvándose al final del documento con toda precisión el error cometido;

X. Las actuaciones judiciales deberán ser autorizadas, bajo pena de nulidad, por la autoridad jurisdiccional o persona secretaria judicial a quien corresponda dar fe o certificar el acto;

XI. Todos los expedientes se llevarán en la forma y términos prescritos en las fracciones que anteceden y deberán integrarse electrónicamente en todos los casos, y

XII. Todas las resoluciones judiciales deberán redactarse en términos claros y sencillos.

Los Poderes Judiciales, de conformidad con la legislación de la materia o los Lineamientos que emita el Consejo de la Judicatura que corresponda, habilitarán los sistemas de justicia digital necesarios, con diseños y formatos accesibles, para facilitar la integración, promociones y consulta de los expedientes electrónicos.

Artículo 138. Es deber de las partes asistir a las audiencias del procedimiento, por sí o a través de sus personas representantes autorizadas, con facultades necesarias para celebrar el convenio correspondiente.

La persona representante autorizada que deje de asistir a las audiencias sin justa causa calificada, se le impondrá una multa a favor del Fondo de Apoyo a la Administración de Justicia del Tribunal o Poder Judicial de cada Entidad Federativa o la Federación, hasta el equivalente a cien veces el valor diario de la Unidad de Medida y Actualización vigente al momento de su aplicación. Contra dicha resolución procede el recurso de apelación.

Cuando las actuaciones involucren derechos de niñas, niños, adolescentes, personas con discapacidad o personas de los pueblos y comunidades indígenas o afromexicanas, la defensa pública en su caso, deberá ser preferentemente especializada.

Artículo 139. Si una de las partes comparecientes carece de la persona representante autorizada, la autoridad jurisdiccional por una sola ocasión diferirá la audiencia a fin de garantizar que las partes vengan asistidas. No se requiere el diferimiento de la audiencia, cuando ésta sólo se refiera al desahogo de pruebas documentales, instrumentales o presuncionales.

En caso de que las partes designen a varias personas representantes autorizadas, deberán designar quién de ellas quedará nombrada como abogado patrono para comparecer a las audiencias, así como designar quien la sustituya para el supuesto que la primera no pueda acudir, quienes quedarán vinculadas a las responsabilidades y sanciones a que alude este artículo.

La autoridad jurisdiccional dictará proveído de ejecución al finalizar la audiencia.

Artículo 140. En las audiencias se observarán las siguientes reglas:

I. Se sujetarán a los principios procesales previstos en este Código Nacional;

II. Se celebrarán presencialmente en la sede judicial o de forma virtual;

III. La autoridad jurisdiccional deberá presidir las audiencias, mismas que serán públicas salvo disposición expresa de la ley;

IV. La autoridad jurisdiccional tiene el deber de mantener el buen orden, evitar las digresiones, faltas de decoro y probidad, y exigir que se guarde el debido respeto a toda persona presente en el acto de la audiencia o sede judicial, pudiendo imponer las correcciones disciplinarias establecidas en el artículo 192 de este Código Nacional e incluso ordenar la expulsión de la sala de audiencia con uso de la fuerza pública o a través de los mecanismos tecnológicos correspondientes, tratándose de audiencias virtuales;

V. Cuando la infracción llegare a actualizar un hecho probablemente constitutivo de un delito conforme a las leyes Penales, se dará vista al Ministerio Público competente;

VI. La autoridad jurisdiccional determinará el inicio y la conclusión de cada una de las etapas de las audiencias de forma continua, precluyendo los derechos procesales que debieron ejercitar las partes en cada una de ellas, sin necesidad de declaración judicial;

VII. La parte que asista tardíamente a las audiencias, se incorporará en la etapa en que éstas se encuentren, sin perjuicio de la facultad de la autoridad jurisdiccional en materia de conciliación y en el entendido de que esto no altera los derechos que han quedado precluidos;

VIII. Podrán decretarse los recesos que la autoridad jurisdiccional o las partes soliciten razonablemente, siempre que no constituyan una dilación procesal innecesaria;

IX. La autoridad jurisdiccional señalará el orden del desahogo de las pruebas atendiendo a la propuesta de las partes, exigiendo el cumplimiento de las formalidades que correspondan y tendrá la facultad para hacer a los testigos, peritos y a las mismas partes, las preguntas que estime conducentes sin romper el principio de contradicción, dirigiendo el debate, moderando la discusión y podrá impedir que las alegaciones se desvíen hacia aspectos no pertinentes o inadmisibles o no controvertidos, e incluso limitar el tiempo y número de veces del uso de la palabra a las partes que intervienen, interrumpiendo a quienes hicieran uso abusivo de su derecho;

X. Una vez que testigos, peritos o partes concluyan su intervención, podrán retirarse de la audiencia cuando así lo soliciten y la autoridad jurisdiccional lo autorice;

XI. Las resoluciones judiciales pronunciadas oralmente o por escrito en las audiencias, según el tipo de juicio, se tendrán por notificadas en ese mismo acto a quienes estén presentes o debieron haber estado, sin necesidad de formalidad alguna;

XII. Las audiencias podrán diferirse o suspenderse por caso fortuito o fuerza mayor, o porque de las partes de común acuerdo lo soliciten. De ser posible en el mismo acto, se señalará fecha y hora para su continuación, de la que se tendrá por notificadas a las partes. Al reanudarse, la autoridad jurisdiccional expondrá una síntesis de los actos realizados hasta ese momento, y

XIII. Al terminar las audiencias, en los juicios orales se levantará acta mínima que deberá contener, cuando menos, el lugar, la fecha, el expediente y la autoridad jurisdiccional al que corresponda; el nombre de los participantes, una relatoría sucinta del desarrollo de la audiencia, y la firma autógrafa o electrónica avanzada de la autoridad jurisdiccional.

Tratándose de audiencias virtuales, se seguirán las reglas previstas en el Libro Octavo de este Código Nacional.

Artículo 141. En las audiencias en las que participen personas con discapacidad, podrán contar con la presencia de las personas de apoyo que, en su caso, designen.

Asimismo, podrán hacerse acompañar de los animales que para dichos efectos consideren, en su caso.

Artículo 142. La autoridad jurisdiccional podrá, por razones de orden o seguridad, antes del inicio y en el desarrollo de la audiencia, prohibir el ingreso físico o digital, a:

I. Personas armadas;

II. Personas que porten distintivos gremiales o partidarios;

III. Personas que porten objetos peligrosos o prohibidos;

IV. Personas que no observen las disposiciones de orden o seguridad física o informática que se establezcan;

V. Personas que puedan afectar la integridad de alguna de las partes, o de alguna persona citada para participar en la audiencia, y

VI. Cualquier otra persona que la autoridad jurisdiccional justificadamente considere como inapropiada para el orden o seguridad en el desarrollo de la audiencia.

En el desarrollo de las audiencias, las actuaciones de la autoridad jurisdiccional en el ejercicio de sus funciones serán válidas de pleno derecho, sin requerir de la fe de ninguna otra.

Artículo 143. La autoridad jurisdiccional podrá aplicar excepciones al principio de publicidad cuando, alguna situación o hecho derivados de las audiencias:

I. Pueda afectar la integridad de alguna de las partes, o de alguna persona citada para participar en la audiencia;

II. Se divulgue información gubernamental confidencial, información confidencial o secreto industrial, cuya revelación sea indebida;

III. Se afecte el interés superior de niñas, niños y adolescentes;

IV. Cuando se trate de juicios en materia familiar, y

V. En los casos previstos en este Código Nacional o en otra ley.

Artículo 144. La autoridad jurisdiccional podrá limitar el ingreso del público a una cantidad determinada de personas, de conformidad con las disposiciones aplicables en materia de protección civil.

Las personas periodistas y demás integrantes de los medios de comunicación, deberán informar su presencia a la autoridad jurisdiccional con el objeto de ser ubicados en un lugar adecuado y deberán abstenerse de grabar y transmitir por cualquier medio la audiencia, cuando así lo disponga la autoridad jurisdiccional.

Artículo 145. Las audiencias se registrarán por medios electrónicos. Excepcionalmente, y estableciendo la motivación y fundamentación correspondiente, se registrarán por escrito o por cualquier otro medio idóneo a juicio de la autoridad jurisdiccional. En caso de ser videograbadas, no requerirán transcripción escrita para su eficacia.

En el uso de tales medios, se deberán prever diseños y formatos de accesibilidad para personas con discapacidad a las que les resulte necesario consultar dicha información.

Al inicio de las audiencias la persona secretaria judicial, hará constar oralmente en el registro a que hace referencia el párrafo anterior, la fecha, hora y el lugar de realización, datos del asunto y el nombre de quien preside la audiencia.

Si a dicha audiencia comparece una persona con discapacidad auditiva, deberá estar presente a lo largo de la misma, un intérprete de la Lengua de Señas Mexicana y los intervinientes deberán emplear palabras sencillas para que sean comprendidas por una persona con discapacidad intelectual en su caso.

Artículo 146. Las personas que intervengan en las audiencias deberán identificarse previamente. Los testigos, las partes cuando declaren o sean interrogadas, o los peritos, protestarán declarar con verdad, haciendo de su conocimiento las penas que se imponen a quienes declaran con falsedad.

La autoridad jurisdiccional será quien dará fe de todo lo actuado en la audiencia respectiva.

Artículo 147. La persona secretaria judicial certificará el medio en donde se encuentren registradas las audiencias respectivas e identificará dicho medio con el número de expediente. La conservación de los registros de audio y video estará igualmente a su cargo, y las partes podrán solicitar copia que siempre será certificada, a su costa, asegurando que estén disponibles para consulta para las partes desde el momento en que concluya la audiencia.

La conservación de registros de audios y video de las audiencias deberá realizarse a través de medios que permitan garantizar la fiabilidad e integridad de la información, así como la reproducción de su contenido y acceso al mismo.

Cuando por cualquier causa se dañe el soporte material del registro afectando su contenido, la autoridad jurisdiccional ordenará su reposición conforme a lo establecido en las reglas generales del procedimiento.

Artículo 148. En el Poder Judicial respectivo estarán disponibles los documentos y personal de auxilio para que las partes tengan acceso a los registros de audiencias, a fin de conocer su contenido.

La autoridad jurisdiccional, con base en los ajustes de procedimiento conducentes a cada caso, proporcionará toda la información relacionada desde un inicio, y en todas las etapas del procedimiento. Queda a cargo de los Poderes Judiciales la elaboración de los manuales correspondientes, que deberán estar disponibles, actualizados, comprensibles y accesibles.

Desde el primer proveído y en cualquier etapa del procedimiento, las personas con discapacidad podrán solicitar a la autoridad jurisdiccional, la forma o medio que requiere para recibir la información del juicio en que interviene.

Artículo 149. Para la validez de las actuaciones judiciales es necesario que se practiquen en días y horas hábiles.

Son días hábiles todos los del año, excepto sábados y domingos y aquellos que las Leyes declaren festivos, además en los que por cualquier motivo no tengan lugar actuaciones judiciales.

Son horas hábiles las comprendidas de las siete a las diecinueve horas, pero cuando alguna diligencia se prolongue de tal manera que haya necesidad de continuarla en horas inhábiles, no se requerirá mandamiento de habilitación y cuando haya necesidad de diferirla, se continuará en la primera hora hábil siguiente.

Artículo 150. En los juicios que versen sobre alimentos, derechos de niñas, niños y adolescentes, controversias familiares, cualquier tipo de violencia intrafamiliar, y los demás que determinen las Leyes, todos los días y horas son hábiles.

En los demás casos, la autoridad jurisdiccional puede habilitar los días y horas inhábiles para actuar o para que se practiquen diligencias, cuando hubiere causa urgente que lo exija, expresando cuál sea ésta y las diligencias que hayan de practicarse.

Artículo 151. El Poder Judicial contará con una Oficialía de Partes Común, a través de la cual se presenten los escritos de demanda o promociones posteriores de manera electrónica y escrita, en los siguientes términos:

I. La demanda o escrito inicial podrá promoverse de forma física o electrónica a través de la oficina o portal autorizado por el Consejo de la Judicatura, conforme a lo dispuesto en la Ley Orgánica, que corresponda;

II. Por lo que hace a los procedimientos en línea, la demanda y documentos siempre deberán presentarse vía electrónica, debiendo verificar en todos los casos que cuenten con la firma electrónica avanzada de quien suscribe el escrito inicial, para ser turnada a la autoridad jurisdiccional que corresponda, y

III. Una vez recibido el escrito de demanda, se emitirá acuse de recibo físico o electrónico, en el que se conste la fecha y hora de presentación, número de expediente y autoridad jurisdiccional que conocerá del mismo.

En ningún caso se requerirá manifestación bajo protesta de decir verdad de que los documentos digitalizados son copia fiel e inalterada de los documentos físicos; sin embargo, deberá manifestar si los documentos digitalizados son originales, copias certificadas o copias simples, y si es el caso que están disponibles cuando la autoridad jurisdiccional se los requiera, en el entendido que de no hacerlo precluirá su derecho y se tendrán por no presentados oportunamente, con las consecuencias legales.

Artículo 152. Las promociones electrónicas subsecuentes, se podrán presentar en cualquier hora en el sistema de justicia digital autorizado, para ser remitidas a la autoridad jurisdiccional correspondiente al día y hora hábil siguiente a su presentación y deberán contener los datos de identificación, es decir, nombre de las partes, juicio y número de expediente, para ser remitidas vía electrónica a la autoridad jurisdiccional del conocimiento, sea de procedimiento escrito u oral, a efecto de que la autoridad jurisdiccional provea lo conducente.

Cuando sean promociones por escrito subsecuentes, serán recibidas físicamente cuando se presenten después de las horas de atención al público y hasta el horario que determine cada Ley Orgánica respectiva, y si exhiben copia de ellos se les devolverá sellada y firmada, con fecha y hora de su presentación, las cuales deberán contener la debida identificación del nombre de las partes, juicio, número de expediente y autoridad a la cual se dirige, para ser remitidas a la autoridad jurisdiccional correspondiente al día y hora hábil siguiente a su presentación, a fin de ser proveídas.

Artículo 153. Quedan exceptuados del cumplimiento de dichas formalidades los juicios relativos a las comparecencias para la solicitud de pensión alimenticia, así como los juicios sumarios, en los que se podrá acudir de manera directa ante la autoridad jurisdiccional que corresponda por razón de turno.

Artículo 154. La Oficialía de Partes o área de recepción de los órganos jurisdiccionales, recibirá todas las promociones subsecuentes de los procedimientos que les hayan sido turnados, durante las horas de labores correspondientes, y quien esté interesado podrá exhibir una copia de sus escritos, a fin de que se le devuelva con la anotación de la fecha y hora de presentación, sellada y firmada por la persona servidora pública que lo reciba en la Oficialía de Partes de la autoridad jurisdiccional, a fin de que le recaiga el acuerdo que le corresponda. Se implementará una Oficialía de Partes virtual, conforme a lo establecido en la Ley Orgánica o los lineamientos que al efecto emita el Consejo de la Judicatura correspondiente.

Diariamente se efectuará la descarga e impresión de las promociones físicas, así como en las virtuales presentadas en la Oficialía de Partes; hecho lo anterior se integrarán inmediatamente al expediente físico y electrónico, para ser proveídos.

Artículo 155. Las personas servidoras públicas encargadas de la recepción de escritos y documentos de la Oficialía de Partes Común, en ningún caso y por ningún motivo podrán rechazar promoción alguna.

Artículo 156. En caso de detectarse cualquier acción tendiente a eludir el turno establecido en las Oficialías de Partes, una vez presentado un escrito por el cual se inicie un procedimiento, ya sea exhibiendo varios de éstos para elegir la autoridad jurisdiccional que convenga, o desistiéndose de la instancia más de una vez, sin acreditar la necesidad de hacerlo, o cualquier acción similar, la parte promovente y quienes aparezcan autorizadas en los escritos como personas representantes autorizadas, abogadas patronas, procuradoras o asesoras jurídicas, o cualquier figura análoga, se harán acreedores, solidariamente, a una multa que será fijada por la autoridad jurisdiccional, la que no será inferior a doscientas cincuenta ni excederá de quinientas veces el valor diario de la Unidad de Medida y Actualización vigente; además, se anotará en el Registro Judicial y se dará vista al Ministerio Público.

Artículo 157. La persona secretaria judicial o quien determine la Ley, dará cuenta con las promociones que reciba física o electrónicamente, dentro de las veinticuatro horas de su presentación, sin perjuicio de hacerlo desde luego cuando se trate de un asunto urgente; la inobservancia a este artículo será sancionada de acuerdo a la Ley Orgánica respectiva y, a falta de ésta, la primera vez con amonestación y, las subsecuentes, con apercibimiento en términos de lo dispuesto por el artículo 192 de este Código Nacional.

Asimismo, cuidará que las resoluciones judiciales, actuaciones y las promociones originales o en copias sean claramente legibles y de que los expedientes sean exactamente foliados, al agregarse cada una de las hojas. En el caso del expediente físico, se firmarán todas éstas en el centro de los escritos y pondrán el sello en el fondo del cuaderno, de manera que queden selladas las dos caras. Asimismo, deberá cumplir con los requisitos para la conservación e integración de los expedientes electrónicos, de acuerdo con el Libro Octavo de este Código Nacional.

Artículo 158. La frase "dar vista" significa que los autos quedan en la secretaría para que los interesados se impongan de ellos y para tomar apuntes dentro del local de la autoridad jurisdiccional, sin que les sea permitida la sustracción fuera del recinto judicial.

La expresión "correr traslado" significa que se entreguen las copias, exhibidas al interesado. Las disposiciones de este artículo comprenden a la persona del Ministerio Público, así como a la Procuraduría de la Defensa del Menor o cualquier institución análoga según la Entidad Federativa de que se trate.

Artículo 159. Los autos que se perdieren serán repuestos a costa de quien fuere responsable de la pérdida, quien además pagará los daños y perjuicios, quedando sujeto a las disposiciones del Código Penal correspondiente.

La reposición se substanciará incidentalmente con intervención del Ministerio Público; la persona secretaria judicial certificará la existencia anterior y falta posterior del expediente en cuestión.

La autoridad jurisdiccional está obligada a investigar de oficio la existencia de las piezas de autos desaparecidos, valiéndose para ello de todos los medios que no sean contrarios al derecho.

En la reposición de los expedientes, las partes están obligadas a aportar las copias de documentos, diligencias o resoluciones judiciales que obren en su poder, incluyendo los registros que consten en el expediente electrónico.

En el caso de resultar que algunas de las partes, sus personas representantes autorizadas, fueren responsables por autoría, complicidad o encubrimiento, de la sustracción o pérdida del expediente, se dará vista de oficio por parte de la autoridad jurisdiccional o a petición de parte, al Ministerio Público para los efectos legales procedentes, sin necesidad de denuncia por parte de la autoridad jurisdiccional.

Artículo 160. La autoridad jurisdiccional está obligada a expedir a costa de la parte que lo solicite, copia simple de los documentos o resoluciones que obren en autos, bastando que lo peticione verbalmente, sin que se requiera decreto judicial, pero dejando constancia en autos de su recepción. Cuando la solicitud se realice por conducto de quien ejerza como defensora pública o de institución pública, las copias de referencia podrán expedirse exentas de pago.

Artículo 161. Para obtener copia certificada de cualquier documento o registro electrónico que obre en juicio, la parte interesada deberá solicitarlo en comparecencia, por escrito o por vía electrónica requiriéndose decreto judicial, y sólo se expedirá con citación de la contraria cuando se pidiera copia o testimonio de parte de un documento contenido en el expediente.

Cuando la parte interesada solicite copia certificada de uno o varios documentos completos, en ningún caso se dará vista a la contraria. Al entregarse las copias certificadas, quien las reciba deberá dejar razón y constancia de su recibo. Cualquier circunstancia especial se hará constar en la certificación correspondiente.

Artículo 162. Queda prohibida la reproducción, difusión o puesta a disposición por cualquier medio, de las constancias, videos o audio grabaciones de las audiencias, en términos de las leyes de transparencia, acceso a la información, privacidad y protección de datos personales que resulten aplicables.

La violación a este precepto, hará a la persona que lo infrinja, acreedora a las sanciones previstas para tal caso en la legislación administrativa, civil y penal, con independencia de las medidas disciplinarias que procedan conforme a este Código Nacional.

Artículo 163. Las actuaciones serán nulas cuando les falte alguna de las formalidades esenciales, de manera que quede sin defensa cualquiera de las partes, y cuando la Ley expresamente lo determine, pero no podrá ser invocada esa nulidad por la parte que dio lugar a ella.

Artículo 164. La nulidad establecida en beneficio de una de las partes no puede ser invocada por la otra.

Artículo 165. Las notificaciones hechas en forma distinta a la prevenida en el presente Código Nacional serán nulas; pero si la persona notificada se hubiere manifestado en juicio, sabedora de la providencia, la notificación surtirá desde entonces sus efectos como si estuviese legítimamente hecha.

Sólo por errores u omisiones sustanciales que hagan no identificables los juicios, podrá pedirse la nulidad de las notificaciones practicadas en términos del párrafo que antecede.

Artículo 166. La nulidad de una actuación debe reclamarse en la actuación subsecuente, pues de lo contrario, aquélla queda convalidada de pleno derecho, con excepción de la nulidad por defecto en el emplazamiento o de la primera notificación en los procedimientos judiciales; su trámite será en la vía incidental.

Cualquier nulidad que se genere en audiencia, deberá reclamarse de forma oral en la propia audiencia en que se actualice y antes del cierre de la etapa procesal respectiva tratándose de la audiencia preliminar, en las demás audiencias deberá hacerse valer antes de que ésta concluya. Hecha valer, la autoridad jurisdiccional proveerá sobre su admisión y estando presente la contraria, bajo el principio de contradicción contestará en el acto de la audiencia y ofrecerán sus pruebas. En la misma diligencia la autoridad jurisdiccional ordenará la admisión o desechamiento de pruebas y en su caso, ordenará desahogar las que no requieran preparación especial, dictando en el acto, de forma fundada y motivada su fallo interlocutorio, asentando en el acta mínima únicamente los puntos resolutivos. Para el caso de existir pruebas que requieran preparación especial, se señalará fecha de audiencia especial dentro del plazo de ocho días, en el que se dictará la sentencia interlocutoria.

Los incidentes que se susciten con motivo de otras nulidades de actuaciones o de notificaciones se tramitarán y resolverán en los términos de lo dispuesto por el artículo 185.

CAPÍTULO III
DE LAS RESOLUCIONES JUDICIALES

Artículo 167. Para los efectos de este Código Nacional, las resoluciones judiciales se clasifican en la forma siguiente:

I. Decretos: son simples determinaciones de trámite que no impliquen impulso u ordenación al procedimiento;

II. Autos: decisiones que tienden al impulso, desarrollo y orden del procedimiento;

III. Autos provisionales: todas aquellas determinaciones que se ejecutan de manera provisional;

IV. Autos preparatorios: resoluciones que disponen el conocimiento del asunto, ordenando la admisión de las pruebas y su preparación o su desechamiento;

V. Autos definitivos: decisiones que ponen fin la acción principal o las que impiden la continuación del procedimiento, dándolo como totalmente concluido, cualquiera que sea la naturaleza de éste;

VI. Sentencias interlocutorias: decisiones que resuelven un incidente promovido antes o después de dictada la sentencia definitiva, y

VII. Sentencias definitivas: las que resuelven el fondo del asunto en lo principal.

Artículo 168. Todas las resoluciones, de cualquier clase, dictadas por escrito en primera o segunda instancia, serán autorizadas con las rúbricas, firmas autógrafas o electrónicas avanzadas de las autoridades jurisdiccionales que las dicten y por la de la persona secretaria judicial, o a quien corresponda dar fe o certificar el acto.

Artículo 169. Todas las resoluciones, sean decretos, autos provisionales, definitivos, preparatorios o sentencias interlocutorias, deben ser dictados con plena autonomía e independencia judicial, cualquier atentado contra estos dos principios se hará del conocimiento del Ministerio Público. Igualmente serán claras, precisas y congruentes con las promociones de las partes, resolviendo sobre todo lo que éstas hayan pedido.

Cuando la autoridad jurisdiccional sea omisa en resolver todas las peticiones planteadas, de oficio o a simple instancia verbal del interesado, deberá dar nueva cuenta y resolver las cuestiones omitidas dentro del plazo de los tres días siguientes. Las sentencias definitivas también deben ser claras, precisas y congruentes con las demandas y las contestaciones, y con las demás pretensiones deducidas oportunamente en el procedimiento, condenando o absolviendo a la parte demandada, y decidiendo todos los puntos litigiosos que hayan sido objeto del debate. Cuando éstos hubieren sido varios, se hará el pronunciamiento correspondiente a cada uno de ellos.

Artículo 170. Las sentencias deben tener el lugar, fecha, nombre de la autoridad jurisdiccional que las pronuncie, nombre de las partes contendientes, el carácter con que litiguen, el objeto del pleito, y bastará que la autoridad jurisdiccional funde y motive su resolución en preceptos legales, su interpretación o principios jurídicos, de acuerdo con los artículos 14 y 16 de la Constitución Política de los Estados Unidos Mexicanos.

En el caso de que alguna de las partes sea persona, comunidad o pueblo originario, indígena y afromexicana, la fundamentación y motivación de las resoluciones judiciales deberán tomar en cuenta su derecho consuetudinario y las mismas constarán en formato de comunicación culturalmente adecuada para comunidades indígenas, anexando en su caso, una versión original e idéntica en la lengua originaria de que se trate; en términos de lo que ordena el presente Código Nacional.

En el caso de que alguna de las partes sea persona con discapacidad, las resoluciones judiciales constarán en los formatos accesibles de acuerdo con las circunstancias de cada caso.

Artículo 171. La autoridad jurisdiccional no podrá, bajo ningún pretexto, aplazar, dilatar, ni negar la resolución de las cuestiones que hayan sido discutidas en el pleito, salvo los casos previstos por la Ley.

Artículo 172. Tampoco podrán variar ni modificar sus sentencias o autos después de firmados, pero sí aclarar algún concepto que contengan omisiones sobre puntos discutidos, errores materiales o de cálculo, edades, nombres, ambigüedades, contradicciones evidentes, oscuridad de las expresiones o de las palabras, cuando sean imprecisos sin alterar su esencia.

Estas aclaraciones podrán hacerse de oficio o a petición de parte en un plazo no mayor a tres días hábiles y en su caso, la autoridad jurisdiccional resolverá lo que estime procedente dentro del tercer día hábil siguiente al de la presentación del escrito en que se solicite la aclaración conforme a lo dispuesto en el presente Código Nacional.

Artículo 173. La autoridad jurisdiccional no admitirá demandas, promociones, peticiones, incidentes o recursos notoriamente improcedentes; las desechará de plano, sin necesidad de mandarlas hacer saber o correr traslado a la otra parte ni de formar incidente.

Se entiende por notoriamente improcedente, toda actuación de las partes que, sin necesidad de demostración, es contrario a la letra de la Ley, al estado o naturaleza del procedimiento o a las facultades de la autoridad jurisdiccional.

Al desechar las promociones o solicitudes, incluyendo los recursos e incidentes que los tribunales consideren notoriamente frívolos o improcedentes, los tribunales deben fundar y motivar su determinación.

Los incidentes ajenos al procedimiento principal o notoriamente frívolo e improcedente, deberán ser repelidos de oficio por los jueces.

Artículo 174. Los decretos y los autos deben dictarse y mandarse notificar mediante su publicación en el medio de comunicación procesal oficial correspondiente, dentro del plazo de tres días siguientes a las veinticuatro horas en que se dé cuenta a la autoridad jurisdiccional de la promoción respectiva.

Se exceptúan aquellos que por disposición de este ordenamiento tenga señalado un término o forma de notificación distinta.

Artículo 175. Las sentencias interlocutorias deben dictarse y mandarse notificar por publicación en el medio correspondiente, dentro de los diez días siguientes a aquel en que surta sus efectos la notificación del auto que ordena la citación.

Las sentencias definitivas deben dictarse y mandarse notificar mediante su publicación en el medio respectivo, dentro de los quince días siguientes a aquel en que surta sus efectos la notificación del auto que ordena la citación.

En ambos casos cuando hubiere necesidad de que la autoridad jurisdiccional examine documentos o expedientes voluminosos, al resolver, podrá disfrutar de un término ampliado de diez días más para los dos fines ordenados anteriormente.

En los juicios orales la sentencia definitiva se emitirá en la misma audiencia de juicio, y, además, se explicará con un lenguaje cotidiano, en forma breve, clara y sencilla y leerá únicamente los puntos resolutivos, así como, en los casos que proceda, el derecho que tienen las partes para apelar dicha sentencia conforme a lo establecido en este Código Nacional. Acto seguido, en la audiencia entregará a cada una de las partes copia por escrito de la sentencia. En caso de asuntos voluminosos o muy complejos o de un alto grado de dificultad, la autoridad jurisdiccional podrá diferir la audiencia de juicio hasta por diez días para el dictado y explicación de la sentencia definitiva.

Artículo 176. Cuando este Código Nacional no señale términos para la práctica de algún acto judicial, o para el ejercicio de algún derecho, se tendrán por señalados los siguientes:

I. Nueve días para interponer el recurso de apelación contra sentencia definitiva;

II. Cinco días para apelar de sentencia interlocutoria o auto contra el que proceda apelación de tramitación inmediata;

III. Tres días para la celebración de juntas, reconocimientos de firmas, exhibición de documentos; a no ser que, por circunstancias probadas, solicite ampliar el término, lo cual podrá hacerse hasta por tres días más, y

IV. Tres días para todos los demás casos.

Artículo 177. El retardo sin justa causa en el pronunciamiento y publicación de decretos, autos o sentencias dará lugar a queja administrativa que se presentará ante el Consejo de la Judicatura para su trámite y sanción respectiva.

Artículo 178. Las resoluciones judiciales dictadas con el carácter de provisionales pueden modificarse en sentencia interlocutoria o definitiva.

Sin perjuicio de que la autoridad jurisdiccional, de oficio o a petición de parte, esté facultada para modificar en cualquier etapa del procedimiento las medidas provisionales, cuando cambien las circunstancias o exista causa legal acreditada que así lo amerite o se afecte el ejercicio de la acción que se dedujo en el juicio correspondiente.

Las resoluciones judiciales firmes dictadas en procedimientos de alimentos, ejercicio y suspensión de la patria potestad, jurisdicción voluntaria y las demás que prevengan las leyes, pueden alterarse y modificarse cuando cambien las circunstancias que afectan el ejercicio de la acción que se dedujo en el juicio correspondiente.

Artículo 179. Cuando hubiere condena de frutos, intereses, daños o perjuicios, se fijará su importe en cantidad líquida o se establecerán, por lo menos, las bases con arreglo a las cuales deba hacerse la liquidación.

Sólo en el caso de no ser posible lo uno ni lo otro, se hará la condena genérica, a reserva de fijar su importe y hacerlo efectivo en la ejecución de la sentencia.

CAPÍTULO IV
DE LAS COSTAS

Artículo 180. Por ningún acto judicial se cobrarán costas, ni aun cuando se actuare con testigos de asistencia, o se practicaren diligencias fuera del lugar del juicio.

Artículo 181. Cada parte será inmediatamente responsable de los gastos y costas que originen las diligencias que promueva. El pago de los gastos será a cargo de quien faltare al cumplimiento de la obligación. Cuando las leyes utilicen solamente las palabras gastos, o solamente costas, se incluyen ambos conceptos de gastos y costas, y la condenación abarcará los dos.

La condena en costas sólo comprenderá la remuneración de la persona representante autorizada para ejercer la profesión de licenciado en derecho o abogado. Las personas de origen extranjero no podrán cobrar gastos, sino cuando estén autorizados legalmente en el territorio nacional, para ejercer como licenciadas en derecho o el ejercicio de la abogacía.

Artículo 182. La condena en costas se hará cuando así lo prevenga la Ley, o cuando, a juicio de la autoridad jurisdiccional, se haya procedido con temeridad o mala fe, conforme al arancel autorizado en la Ley Orgánica respectiva.

Siempre serán condenados:

I. La persona que ninguna prueba rinda para justificar su acción o su excepción, si se funda en hechos disputados;

II. La persona que presente instrumentos o documentos falsos, testigos falsos, aleccionados o sobornados, peritos aleccionados o sobornados, oponga acciones o excepciones procesales notoriamente frívolas e improcedentes, o haga valer recursos o incidentes de ese tipo con el fin de generar dilaciones al procedimiento, no solamente se le condenará respecto de los señalados, sino que, si la sentencia definitiva le es adversa, también se le condenará por todos los demás trámites, y así lo declarará dicha resolución definitiva;

III. La persona que fuere condenada en los juicios ejecutivos, hipotecarios, en los interdictos de retener y recuperar la posesión, y la que intente alguno de estos juicios si no obtiene sentencia favorable. En estos casos, la condenación se hará en la primera instancia, observándose en la segunda lo dispuesto en la fracción siguiente;

IV. La persona que fuere condenada por dos sentencias conformes de toda conformidad de su parte resolutiva, sin tomar en cuenta la declaración sobre costas. En este caso, la condenación comprenderá las costas de ambas instancias, y

V. Las demás que prevenga este Código Nacional.

Artículo 183. Las costas judiciales tienen por objeto resarcir los gastos y erogaciones ejecutadas con motivo del juicio a cargo de la parte vencida.

Las costas serán reguladas por cualquiera de las partes contendientes, se substanciará y resolverán mediante el incidente respectivo en términos de lo dispuesto en este Código Nacional.

La autoridad jurisdiccional deberá analizar la cuantificación y liquidación que se presente por las personas que ejerzan como notaria o notario público, personas representantes autorizadas, corredor público o peritos, y para aprobarla deberá comprobar que se apega al arancel porcentual del monto del procedimiento o por actuación respectivo de la localidad de que se trate, así como a las constancias de autos, en caso, de no existir arancel, sólo se autorizará la cuantificación y liquidación formulada a juicio de peritos, debiendo mediar prudencialmente la autoridad jurisdiccional la liquidación, siempre y cuando no exista un treinta por ciento de diferencia entre el más alto y el más bajo, en cuyo caso se despachará perito adscrito tercero en discordia.

La decisión que se pronuncie será apelable en efecto devolutivo de tramitación inmediata.

Artículo 184. La condena en costas no procede en los juicios o procedimientos relacionados con el derecho familiar, o civil cuando se encuentren involucrados derechos que afecten a niñas, niños, adolescentes o personas que pertenezcan a grupos sociales en situación de vulnerabilidad, siempre que no tengan un fin preponderantemente patrimonial.

CAPÍTULO V
DE LOS INCIDENTES

Artículo 185. Los incidentes, cualquiera que sea su naturaleza, nunca suspenderán el procedimiento, además:

I. Se tramitarán oralmente en el caso de desarrollarse en el sistema de audiencias, sea en la audiencia preliminar, la de juicio o para la ejecución de la sentencia o cualquier audiencia. En caso de promoverse en la etapa postulatoria o fuera del sistema de audiencias, se hará por escrito;

II. Los incidentes que surjan en audiencia, deberán plantearse de forma oral en la misma, exponiendo los hechos, ofreciendo las pruebas e invocando la norma vulnerada. Hecho valer, la autoridad jurisdiccional proveerá sobre su admisión o desechamiento y estando presente la contraria, contestará en el acto de la audiencia y ofrecerán sus pruebas;

III. En la misma audiencia la autoridad jurisdiccional ordenará la admisión o desechamiento de pruebas y en su caso, ordenará desahogar las que no requieran preparación especial, dictando en el acto de forma fundada y motivada su fallo interlocutorio, asentando en el acta mínima únicamente los puntos resolutivos. Para el caso de existir pruebas que requieran preparación especial, se señalará fecha de audiencia especial dentro del plazo de ocho días, en el que se dictará el fallo interlocutorio, conforme a las disposiciones anteriores;

IV. En caso de no estar presente la parte contraria, se mandará correr traslado para que conteste por escrito dentro del término de tres días. Enseguida se admitirán las pruebas y se señalará dentro del término de ocho días fecha de audiencia de resultar necesario desahogo especial alguno, dictando en el acto de forma fundada y motivada el fallo interlocutorio, asentando en el acta mínima únicamente los puntos resolutivos;

V. Los incidentes fuera del sistema de audiencias, se tramitarán, cualquiera que sea su naturaleza, con un escrito de cada parte, y tres días para resolver. Si se promueve prueba, deberá ofrecerse en los escritos respectivos, fijando los puntos sobre los que verse. En ambas vías, oral y escrita, si las pruebas no tienen relación con los puntos cuestionados incidentalmente, o si éstos son puramente de derecho, la autoridad jurisdiccional deberá desecharlas. En caso de admitirlas se citará para audiencia dentro del término de ocho días, diferible por una sola vez, en que se reciban pruebas, se oigan brevemente las alegaciones, y se dicte en el acto de forma fundada y motivada el fallo interlocutorio, asentando en el acta mínima únicamente los puntos resolutivos. Los incidentes que por la naturaleza de las pruebas de que se tratan no requieran de señalamiento de audiencia, mediante acuerdo, se admitirán las mismas y se desahogarán en el acto, citando de inmediato para sentencia interlocutoria que se dictará en el plazo de cinco días por escrito.

Artículo 186. En caso de impugnación de falsedad de documentos, se estará a lo dispuesto en el presente Código Nacional.

Artículo 187. Los incidentes que se susciten con motivo de nulidades de actuaciones o de notificaciones se tramitarán conforme a lo dispuesto en este Código Nacional.

Si, dicho incidente de nulidad es notoriamente frívolo e improcedente, se desechará de plano de manera fundada y motivada, y se impondrá solidariamente a quien lo promueva y a su persona representante autorizada, una multa en términos del artículo 192 fracción III de este Código Nacional.

Artículo 188. La nulidad por defecto en el emplazamiento implica la nulidad de todo lo actuado con posterioridad al mismo de resultar procedente. Si el incidente se hace valer en cualquiera de las audiencias y, si está presente e identificada la parte interesada en la diligencia en que se declare la nulidad del emplazamiento, en el acto y de forma inmediata se procederá a emplazarlo, debiendo entregar la cédula y traslados respectivos.

La nulidad por defecto en el requerimiento en cumplimiento a la sentencia definitiva para que una persona lleve a cabo un acto determinado de ejecución inmediata, sólo implica la nulidad de la diligencia de requerimiento y sus consecuencias materiales, así como las correcciones disciplinarias o medios de apremio que se hayan decretado para hacer cumplir la orden judicial respectiva.

Artículo 189. Las demás nulidades de actuaciones o notificaciones, por regla general, solo implican la nulidad de la propia actuación o notificación defectuosa.

En todos los casos de nulidad de actuaciones o notificaciones sólo se repetirán las declaradas nulas cuando así lo solicitare la parte interesada, salvo que se trate de alguna diligencia decretada de oficio pues, en este caso, la autoridad jurisdiccional obrará discrecionalmente.

Artículo 190. En todos los casos contra la sentencia interlocutoria procede el recurso de apelación en efecto devolutivo.

CAPÍTULO VI
DE LAS MEDIDAS DE APREMIO Y LAS CORRECCIONES DISCIPLINARIAS

Artículo 191. Para hacer cumplir sus determinaciones, las autoridades jurisdiccionales, previo apercibimiento, pueden emplear cualquiera de los siguientes medios de apremio, cuantas veces crean necesario, sin que para ello sea indispensable que se ciñan al orden que a continuación se señala:

I. Multa hasta por las cantidades a que se refiere el artículo 192 fracción III de este Código Nacional, la cual podrá duplicarse en caso de reincidencia;

II. Auxilio de la fuerza pública y la fractura de cerraduras si fuere necesario;

III. Cateo por orden escrita, de conformidad con los requisitos del Artículo 16 de la Constitución Política de los Estados Unidos Mexicanos;

IV. Arresto hasta por treinta y seis horas, y

V. Presentación de testigos por la fuerza pública.

Las personas servidoras públicas habilitadas para tal efecto de acuerdo con el organigrama de la Entidad Federativa de que se trate, podrán solicitar directamente y deberán prestárseles el auxilio inmediato de la fuerza pública, cuando actúen para cumplimentar un emplazamiento, notificación o determinación de la autoridad jurisdiccional.

Si agotados los medios de apremio no se obtuviera el cumplimiento de la resolución que motivó el uso de ellos, se dará vista al Ministerio Público, Fiscal o Representante Social.

La resolución que imponga una medida de apremio será irrecurrible.

Artículo 192. Se entenderá por corrección disciplinaria:

I. La amonestación, consistente en la reprensión verbal, electrónica o escrita, que se haga al infractor por la falta cometida;

II. El apercibimiento, consistente en la prevención verbal, electrónica o escrita, que se haga a la persona infractora, en el sentido de que, de incurrir en nueva falta, se le aplicarán una o más de las sanciones previstas por este Código Nacional;

III. La multa que no podrá ser inferior a cien ni exceder de trescientas veces el valor diario de la Unidad de Medida y Actualización;

IV. La expulsión cuando las circunstancias así lo ameriten y se altere el orden de la audiencia, se retirará al responsable del recinto judicial, inclusive, con auxilio de la fuerza pública, y

V. Arresto. Quienes se resistieren a cumplir la orden de expulsión, serán sujetos a un arresto hasta por un término de treinta y seis horas.

La autoridad jurisdiccional deberá fundar y motivar la imposición de la medida que imponga.

Artículo 193. Dentro de los tres días de haberse hecho saber una corrección disciplinaria, a quien se le haya impuesto, podrá pedir a la autoridad jurisdiccional que la oiga en justicia; y se citará para la audiencia dentro del quinto día, en la que se resolverá, confirmará, atenuará o dejará sin efecto la corrección disciplinaria, sin que en contra de dicha resolución proceda recurso alguno.

CAPÍTULO VII
DEL EMPLAZAMIENTO Y LAS NOTIFICACIONES

Artículo 194. El emplazamiento, es el primer acto por el que se hace saber a una persona que se ha iniciado un juicio en su contra, para que dentro del término que se señale comparezca a contestar la demanda.

La notificación, que es el acto procesal mediante el cual la autoridad jurisdiccional da a conocer el contenido de una resolución a las partes.

La citación, que es el llamamiento para que alguna persona comparezca o intervenga en la práctica de algún acto procesal.

El requerimiento, que es el medio a través del cual la autoridad jurisdiccional conmina a las partes o a terceros, para que cumplan con un mandato judicial.

Artículo 195. El emplazamiento deberá hacerse en el domicilio que señale la parte actora, precisamente en donde vive, trabaja o habite la parte a emplazar si esta es persona física; si se trata de persona jurídica, en su domicilio social, en sus oficinas, sucursales o principal asiento de sus negocios.

Artículo 196. El emplazamiento se entenderá con la persona a quien se dirija el mandato judicial, para lo cual la persona servidora pública judicial deberá cerciorarse previamente que el lugar designado es el domicilio de la persona a la que se dirige. Si no se encontrare, se identificará con sus rasgos particulares a la persona con la que se atendió el llamado.

En la cédula se hará constar la fecha y la hora en que se entregue; la clase de procedimiento, el nombre de las partes, en su caso la denominación o razón social, la autoridad jurisdiccional que manda practicar la diligencia; transcripción de la determinación que se manda notificar y el nombre de la persona a quien se entrega, levantándose acta de la diligencia, a la que se agregará copia de la cédula entregada en la que se procurará recabar la firma de la persona con quien se entendió la actuación.

Artículo 197. El emplazamiento por medio de cédula, ésta se entregará, se asentarán, en todo caso, los medios por los cuales la persona servidora pública se haya cerciorado de que ahí tiene su domicilio la persona buscada, pudiendo recabar fotografías del exterior del domicilio en que se realizó la diligencia. En ambos casos, además de la cédula, la persona servidora pública judicial entregará y verificará, previo cotejo, que se trate de las mismas copias simples de la demanda, debidamente cotejada y sellada, más las copias simples de los demás documentos que el actor haya exhibido con su demanda, o en su caso, la entrega del dispositivo de almacenamiento de datos que garantice la inalterabilidad del o los archivos que contengan la reproducción de los anexos citados.

Artículo 198. La persona servidora pública judicial se identificará ante quien entienda la diligencia; requiriendo a ésta para que a su vez se identifique, asentando su resultado, así como los medios por los que se cerciore de ser el domicilio del buscado, pudiendo pedir la exhibición de documentos que lo acrediten, precisándolos en caso de su presentación, así como aquellos signos exteriores del inmueble que puedan servir de comprobación de haber acudido al domicilio señalado como el del buscado, y las demás manifestaciones que haga la persona con quien se entienda el emplazamiento en cuanto a su relación laboral, de parentesco, de negocios de habitación o cualquier otra existente con el interesado.

Artículo 199. Si en el domicilio señalado, cerciorado de que ahí tiene su domicilio la persona buscada pero no se encontrara, así como tampoco persona alguna que pudiera legalmente recibir la notificación o bien si se negare a recibirla, entonces procederá la persona servidora pública judicial a fijar en lugar visible del domicilio, un citatorio de emplazamiento en donde se señalará el motivo de la diligencia, la fecha, la hora y el lugar de la misma, así como la fecha y hora del día para que le espere, que en ningún caso podrá ser menor de veinticuatro horas ni exceder de cuarenta y ocho horas, contadas a partir del día en que se dio la citación, nombre de quien promueve, autoridad jurisdiccional que ordena la diligencia, la determinación que se manda notificar y el apercibimiento de que, si en la fecha señalada para llevar a cabo la diligencia de emplazamiento no se encontrara a la persona buscada o destinataria del procedimiento judicial, se aplicarán las siguientes reglas:

I. En segunda diligencia y pese al citatorio con antelación adherido, si nuevamente la demandada o persona destinataria del procedimiento judicial no se encontrare y no hubiere con quien entender la diligencia, entonces se procederá a realizar el emplazamiento por adhesión, que consistirá en que la persona servidora pública judicial dejará adherido en lugar visible al domicilio, las cédulas de notificación con las copias de traslado correspondientes así como el instructivo en el que se explique el motivo del emplazamiento por adhesión, mismo que tendrá las características de la cédula de notificación usual, dicho emplazamiento o notificación tendrá el carácter de personal;

II. Cuando el acceso a la casa, local, oficina o despacho, donde se haya ordenado el emplazamiento se encuentre restringido para su acceso, por estar en el interior de negociaciones mercantiles, establecimientos abiertos al público, clubes privados, unidades habitacionales, fraccionamientos, condominios, colonias o cualquier otro lugar similar; la persona servidora pública judicial solicitará, el ingreso a quien se encuentre resguardando la entrada y, en caso de negativa, hará uso del auxilio de la fuerza pública previamente autorizada, a fin de que ésta ejecute todos los actos tendientes a permitir el ingreso de la persona servidora pública para que se constituya en el domicilio; lo anterior, sin perjuicio de la decisión judicial de dar vista al Ministerio Público para que investigue la probable existencia de un hecho que la ley señale como delito y; en su caso, la aplicación de otras medidas de apremio que determine ordenar la autoridad jurisdiccional, para lo cual el notificador o actuario podrá ser acompañado por el interesado o el autorizado en autos, a efecto de que bajo su responsabilidad identifique plenamente a la persona con quien se entienda la diligencia;

III. La persona servidora pública judicial describirá y certificará en el acta que elabore, los documentos que en copia se adjuntaron a la demanda y que fueron entregados al destinatario del emplazamiento, y

IV. La parte actora podrá acompañar a la persona servidora pública judicial a la práctica del emplazamiento.

Deben firmar las notificaciones tanto la persona que la hace como aquella a quien se le hace, si ésta no supiere firmar, lo hará un tercero a su ruego y si no quisiere firmar, lo hará el servidor público, haciendo constar esta circunstancia. A toda persona se le dará copia simple de la resolución que se le notifique, sin necesidad de acuerdo judicial. Las copias que no recojan las partes se conservarán en la secretaría, mientras esté pendiente el procedimiento.

Artículo 200. El emplazamiento deberá hacerse en el domicilio de la parte demandada. Desde la admisión de la demanda, la autoridad jurisdiccional habilitará los domicilios que le hubiera señalado la parte actora donde se pueda encontrar a la parte contraria, siempre y cuando obren en autos datos precisos de los mismos, y la persona servidora pública judicial lo haga constar así en autos y cumpla en lo conducente con lo que se previene en los artículos anteriores.

Artículo 201. Cuando no se conociere el lugar en donde la persona que debe emplazarse o notificarse tenga su domicilio o el principal asiento de sus negocios, o en éstos no se pudiese llevar a cabo la diligencia, se podrá hacer ésta en el lugar en donde habitual o transitoriamente se encuentre. En este caso el emplazamiento o las notificaciones se firmarán por la persona servidora pública judicial y por la persona a quien se hiciere. Si ésta no supiere o no pudiera firmar lo hará a su ruego un testigo, si no quisiere firmar o presentar testigo que lo haga por ella, firmarán dos testigos requeridos al efecto por la persona servidora pública judicial. Quienes sean testigos, no podrán negarse hacerlo bajo pena de multa por los equivalentes precisados en el artículo 192 de este Código Nacional.

Artículo 202. Las personas servidoras públicas judiciales, deberán practicar los emplazamientos, notificaciones, citaciones o requerimientos dentro de los tres días siguientes a aquél en que reciban el expediente o las actuaciones correspondientes, salvo que la ley disponga otra cosa.

Artículo 203. Las notificaciones en juicio se podrán hacer:

I. Personalmente, por cédula, por instructivo, por adhesión o por correo electrónico;

II. Por medio de comunicación judicial, según corresponda;

III. Por edictos;

IV. Por correo certificado;

V. Por telégrafo, y

VI. Por cualquier otro medio de comunicación electrónica o sistema de justicia digital, mediante dispositivos físicos o móviles, autorizados en los lineamientos aprobados por el Consejo de la Judicatura conforme a la Ley Orgánica del Poder Judicial correspondiente.

La persona servidora pública judicial, elaborará la razón respectiva, acompañando las evidencias de la ejecución de la misma.

Artículo 204. Las partes, en el primer escrito o en la primera diligencia judicial, deberán designar un domicilio ubicado en el lugar del procedimiento para que se les hagan las notificaciones personales y se practiquen las diligencias que sean necesarias.

Asimismo, podrán designar en cualquier momento una dirección de correo electrónico, para que las segundas y ulteriores notificaciones, incluso las personales, se puedan practicar por esa vía; en cuyo caso, se deberá asentar razón del día y hora en que se verifiquen las notificaciones así practicadas.

Todas las notificaciones que por disposición de este Código Nacional deban hacerse personalmente, con excepción del emplazamiento o la primera notificación de un procedimiento judicial, se harán por correo electrónico cuando así haya sido designado en términos del párrafo que antecede, salvo que excepcionalmente a juicio de la autoridad jurisdiccional deba practicarla personalmente en el domicilio señalado, con las salvedades previstas en el presente Código Nacional.

Artículo 205. En caso de omisión en la designación del domicilio o dirección electrónica, las notificaciones le surtirán a la parte omisa por el medio de comunicación procesal oficial respectivo.

Las entidades públicas que participen en un procedimiento amparado por el presente Código Nacional, deberán designar una dirección de correo electrónico, y contar con el equipo y los recursos de infraestructura necesarios para la recepción de notificaciones.

Artículo 206. Las notificaciones personales y por correo electrónico, en lo que corresponda, se entenderán con la parte interesada, la persona representante autorizada en autos, entregando cédula en la que hará constar la fecha y la hora en que se entregue; la clase de procedimiento, el nombre de las partes, autoridad jurisdiccional que mande practicar la diligencia; transcripción de la determinación que se manda notificar y el nombre de la persona a quien se entrega, levantándose acta de la diligencia, a la que se agregará copia de la cédula entregada en la que se procurará recabar la firma de la persona con quien se hubiera entendido la actuación o en su caso, explicando las razones por las que no se haya recabado la firma.

Artículo 207. Salvo disposición legal en contrario, cuando se trate de diligencias de embargo, la persona servidora pública judicial, no podrá practicarla cuando por primera ocasión en que la intente no se entienda con la parte interesada. En este caso, dejará citatorio para que la espere dentro de las horas que se le precisen, que serán para después de seis horas de la del citatorio y entre las cuarenta y ocho horas siguientes. Si la persona buscada no atiende el citatorio, la diligencia se practicará con quienes tengan con ella algún parentesco o sean sus trabajadoras, o con cualquier otra persona que viva en el domicilio señalado.

En todos los casos, practicada la diligencia de ejecución decretada, la persona servidora pública judicial, entregará a las partes, copia del acta que se levante o constancia firmada por ella, en donde consten los bienes sobre los que se haya trabado embargo y el nombre y domicilio de la persona depositaria designada. Quien funja como depositaria, deberá aceptar y protestar su cargo si se encuentra presente en la diligencia para tomar posesión del mismo, o en su caso, en comparecencia ante la autoridad jurisdiccional.

La persona servidora pública judicial, expresará las causas precisas por las que no se pueda practicar la diligencia o notificación, así como las oposiciones, para que la autoridad jurisdiccional con vista al resultado, imponga las correcciones disciplinarias y medios de apremio que considere procedentes.

A petición de parte la autoridad jurisdiccional, dentro de un término de cinco días, deberá poner el oficio respectivo a disposición de la parte interesada, acompañado de la constancia debidamente certificada del embargo de bienes inmuebles, para que se presente al Registro de la Propiedad, Oficina Registral o cualquier otra institución análoga según la Entidad Federativa de que se trate, para su inscripción preventiva, la cual tendrá el efecto señalado en el Código Civil y la Ley Registral de la Entidad Federativa correspondiente. En caso de negativa sin causa justificada a la inscripción del embargo, la dependencia pública será responsable de los daños y perjuicios que se ocasionen con motivo de su omisión.

Artículo 208. Mientras las partes no hicieren nueva designación del domicilio o medio a través del cual se deban practicar las diligencias y las notificaciones personales, se seguirán practicando en el autorizado para ello.

En caso de no existir dicho domicilio, o haber negativa a recibirla en el autorizado o se encuentre vacío y desocupado, la notificación personal le surtirá por medio de publicación en el medio de comunicación procesal oficial, así como todas las notificaciones subsecuentes incluyendo las personales, previniendo a la parte para que señale nuevo domicilio o medio de comunicación con los datos precisos.

Artículo 209. Procede el emplazamiento o la notificación por edictos:

I. Cuando se trate de personas inciertas;

II. Cuando se refiera a personas cuyo domicilio se ignora, se manifieste así bajo protesta de decir verdad y previo informe o informes que electrónicamente se soliciten y rindan por el mismo medio y que, a juicio de la autoridad jurisdiccional requiera a las autoridades o instituciones públicas que cuenten con registro oficial de personas y sus domicilios, y

III. Cuando hubiere que citar a juicio a alguna persona que haya desaparecido, no tenga domicilio conocido o se ignore donde se encuentra.

En los casos dispuestos en las fracciones anteriores, los edictos contendrán una relación sucinta de la demanda, señalándose únicamente los puntos sustanciales y se publicarán por tres veces, de tres en tres días, en el medio de comunicación procesal oficial del Poder Judicial de la Entidad Federativa o de la Federación, según corresponda, haciéndosele saber que debe presentarse dentro de un término que no será inferior a quince días ni excederá de treinta días, contados a partir del siguiente al de la última publicación.

Lo anterior en la inteligencia de que, si se presentare la persona requerida ante la autoridad jurisdiccional dentro del término que se haya otorgado, será emplazada y empezará a correr el plazo para contestar la demanda al día siguiente; y de no ser así, concluido el plazo otorgado iniciará al día siguiente el plazo para dar contestación a la demanda respectiva, quedando en la secretaría de la autoridad jurisdiccional el traslado correspondiente.

Artículo 210. Se harán mediante notificación personal las siguientes resoluciones:

I. El emplazamiento a juicio al demandado, y en todo caso en que se trate de la primera notificación en cualquier procedimiento;

II. El auto que admite la reconvención, salvo que se haga sabedor de la misma;

III. Los incidentes en ejecución de sentencia;

IV. La primera resolución que se dicte cuando se dejare de actuar por más de seis meses por cualquier motivo;

V. En caso de ejecución de sentencia o convenio judicial, cuando la misma se solicite fuera de los tres meses de que haya quedado firme la sentencia definitiva;

VI. Cuando se estime que se trata de un caso urgente o que la situación de vulnerabilidad de la persona lo requiera, a juicio de la autoridad jurisdiccional y así se ordene;

VII. El requerimiento de un acto a la parte que deba cumplirlo;

VIII. La primera resolución dictada por la autoridad jurisdiccional distinto al que previno en el conocimiento;

IX. En todo caso, a las personas titulares de las fiscalías, Agentes del Ministerio Público y cuando la ley expresamente lo disponga, y

X. En los demás casos que este Código Nacional lo disponga.

Para el supuesto que se ordene la entrega de niñas, niños o adolescentes, el requerimiento se hará de manera personal, pero dicha notificación se practicará en el lugar donde se encuentre quien tenga la calidad de requerida y podrá hacerse acompañar la persona servidora pública del auxilio de la fuerza pública de ser necesario para el cumplimiento de dicha orden judicial.

Artículo 211. Hecho el emplazamiento, quedarán obligadas las partes y sus personas autorizadas, a imponerse de todas las actuaciones que se dicten en el procedimiento y se publiquen a través del medio de comunicación procesal oficial respectivo, dándose por hecha el día de su publicación y surtiendo sus efectos al día siguiente; y, en caso de que sea una notificación personal, cuando comparezca la parte interesada ante la autoridad jurisdiccional, se les deberá de notificar dejando constancia en autos de la razón de notificación, firmada por la persona servidora pública, habilitada para tal efecto de acuerdo al organigrama de la Entidad Federativa de que se trate, haciendo saber si la persona notificada se negó a firmar; caso en el cual las partes podrán comparecer el mismo día en que se dicten las resoluciones para el efecto de notificarse, sin necesidad de esperar a que se publiquen en los medios antes referidos.

Artículo 212. Cuando variare el personal de la autoridad jurisdiccional, no se proveerá decreto haciendo saber el cambio, sino que al margen del primer proveído que se dictare, después de ocurrido, se pondrán completos los nombres de las personas funcionarios judiciales nuevas. Sólo que el cambio ocurriere cuando el procedimiento esté pendiente únicamente de la sentencia, se mandará hacer saber a las partes.

Artículo 213. Cuando se trate de citar a peritos y testigos, la citación se hará por conducto de quien haya ofrecido dichas pruebas, quien estará obligada a realizar cuanta gestión sea conducente para llevarla a cabo y será en su perjuicio la falta de comparecencia de las personas, a quienes no se les volverá a buscar si la parte interesada no efectuó la citación oportuna y debidamente, pero su inasistencia no dará lugar a la imposición de medida de apremio, si no que se desechará tal probanza.

Artículo 214. Es un deber procesal de las partes interesadas concurrir a las autoridades jurisdiccionales, para ser notificados de las resoluciones e imponerse de los autos. Todas las que se dicten en cualquier procedimiento se notificarán a través del medio de comunicación procesal oficial, que contendrá la lista de los asuntos que se hayan acordado cada día, expresando solamente el número de toca o expediente, nombre de las partes interesadas y clase de juicio, con excepción de los que la autoridad jurisdiccional estime de publicación reservada o secreta dada la naturaleza del juicio.

La persona que concurra a consultar los autos de forma física a las instalaciones de la autoridad jurisdiccional, por ese sólo hecho, se tendrá por notificada de los proveídos en la que así estuviera ordenada práctica de la diligencia, dejando constancia de ello el funcionario judicial que cuente con fe pública.

Artículo 215. Las partes podrán autorizar para oír notificaciones en su nombre, a una o varias personas, quienes quedarán facultadas para intervenir en representación de quien los autoriza en todas las etapas procesales del juicio, comprendiendo la de segunda instancia y la ejecución, con todas las facultades generales y las especiales que requieran cláusula especial, incluyendo la de absolver y articular posiciones, debiendo en su caso, especificar aquellas facultades que no se les otorguen, pero no podrán sustituir o delegar dichas facultades en tercera persona. Sin embargo, requerirán manifestación expresa que los faculte para transigir, desistirse de la instancia, de la acción y de los recursos o medios de defensa.

Las personas autorizadas conforme al párrafo anterior, deberán acreditar encontrarse legalmente autorizadas para ejercer la profesión de persona licenciada en derecho o abogada, debiendo proporcionar los datos correspondientes en el escrito en que se otorgue dicha autorización y exhibir la cédula profesional o carta de pasante en su primera intervención, en el entendido que quien no cumpla con lo anterior, perderá la facultad a que se refiere este artículo en perjuicio de la parte que la hubiere designado, y únicamente tendrá las que se indican en el penúltimo párrafo del artículo 216.

Artículo 216. Las personas autorizadas en los términos del artículo anterior, serán responsables de los daños y perjuicios que causen al que las autorice, de acuerdo a las disposiciones aplicables del Código Civil para el mandato y las demás conexas, salvo prueba en contrario. Se podrá renunciar a dicha calidad, mediante escrito presentado a la autoridad jurisdiccional, haciendo saber las causas de la renuncia. En ningún caso se requerirá registro ante los poderes judiciales, ni la falta de este registro será impedimento para que las autoridades jurisdiccionales tengan por autorizadas a las personas representantes autorizadas.

Las partes podrán autorizar a personas solamente para oír notificaciones e imponerse de los autos, a cualquiera con capacidad legal, quien no gozará de las demás facultades a que se refieren los párrafos anteriores.

Al acordar lo relativo a la autorización a que se refiere este artículo, se deberá expresar con toda claridad el alcance con el que se reconoce la autorización otorgada.

CAPÍTULO VIII
DE LOS EXHORTOS Y DESPACHOS

Artículo 217. Los exhortos y despachos que se reciban de las autoridades judiciales del territorio nacional, se proveerán dentro de las veinticuatro horas siguientes a su recepción, y se diligenciarán dentro de los cinco días siguientes, a no ser que lo que haya de practicarse, exija necesariamente mayor tiempo.

En ningún caso para la diligenciación de exhortos y despachos entrantes o salientes enviados por el Poder Judicial de la Entidad Federativa que corresponda, se requerirá la legalización de las firmas de los funcionarios que los expidan.

Artículo 218. De acuerdo con la naturaleza del exhorto o despacho, podrán autorizarse áreas o autoridades jurisdiccionales especializadas para su diligenciación a cargo de personas servidoras públicas con facultades suficientes para su cumplimiento. Para la recepción y devolución de exhortos, cartas rogatorias y despachos, los Poderes Judiciales preferentemente harán uso de las tecnologías de la información y comunicación, de conformidad con lo dispuesto en la Ley Orgánica respectiva.

En materia familiar, la autoridad jurisdiccional diligenciará los exhortos, cartas rogatorias o despachos, de oficio, salvo que se requiera la presencia de parte interesada para el cumplimiento de lo encomendado.

Artículo 219. Las autoridades jurisdicciones podrán encomendar a sus diversas, la práctica de las diligencias encomendadas dentro de su propia jurisdicción si por razones de la distancia se facilita su práctica.

Los despachos, exhortos o cualquier otra comunicación similar que tenga que diligenciarse entre las autoridades judiciales de una misma Entidad Federativa, deberán ser remitidos conforme lo establezcan las leyes o reglamentos de cada Entidad Federativa.

Los exhortos y despachos a los que alude el párrafo anterior, se deberán remitir a la autoridad jurisdiccional que deba cumplir la encomienda, a través del correo electrónico institucional de la Administración de Gestión Judicial o Institución análoga que corresponda, conjuntamente con los documentos digitalizados de las constancias conducentes. Una vez recibido, la persona secretaria judicial hará constar en el citado documento, la fecha y hora de su recepción. De la misma manera, se devolverán las constancias que deriven de la diligenciación de dichos exhortos.

Artículo 220. Las diligencias de los exhortos que deban practicarse fuera del territorio de la competencia de la Entidad Federativa de que se trate, deberán encomendarse, vía correo electrónico, al Tribunal o Poder Judicial del lugar en que han de realizarse o directamente a la autoridad jurisdiccional de la jurisdicción en que deban ejecutarse, conjuntamente con las constancias conducentes; asimismo, la autoridad jurisdiccional exhortada, de resultar incompetente por razón de territorio o cuantía, emitirá los proveídos necesarios a fin de que por su conducto y vía correo electrónico lo haga llegar a la autoridad jurisdiccional competente, informando de dicha situación a la autoridad ordenadora.

El exhorto contendrá:

I. La designación de la autoridad jurisdiccional exhortante;

II. La del lugar o población en que tenga que llevarse a cabo la actividad solicitada, aunque no se designe la ubicación del Tribunal o Poder Judicial exhortado;

III. Las actuaciones cuya práctica se intenta;

IV. El término o plazo en que habrán de practicarse las mismas, y

V. El exhorto preferentemente deberá realizarse, enviarse y devolverse en forma electrónica, mediante los correos institucionales o plataformas diseñadas para ello, conforme a las disposiciones de la Ley Orgánica o los lineamientos del Consejo de la Judicatura del Poder Judicial respectivo.

Artículo 221. Excepcionalmente, de no contar con los medios para la tramitación de los exhortos de la forma antes señalada, su diligenciación se hará vía ordinaria, ya sea por servicio postal o a través de las partes interesadas o de las personas previamente autorizadas o sus representantes, para hacerlos llegar a su destino, quienes tendrán la obligación de gestionar la diligenciación ante la autoridad jurisdiccional exhortada y devolverlos con lo que se practicare, si por su conducto se hiciere la devolución, y para el caso de que sea por servicio postal, una vez cumplimentado se devolverá a su lugar de origen por el mismo medio.

Artículo 222. En caso de que no se hubieran remitido por medio electrónico para su gestión, los tribunales pueden acordar que los exhortos y despachos que manden expedir se entreguen, para hacerlos llegar a su destino, a la parte interesada que hubiere solicitado la práctica de la diligencia.

El Tribunal o Poder Judicial de cada Entidad Federativa redactará el exhorto con las inserciones respectivas, dentro del término de tres días, contados a partir de que surta efectos el proveído que ordene su remisión y lo pondrá a disposición de la parte promovente, mediante publicación por medio de comunicación procesal oficial, que se hará dentro del mismo plazo, para que a partir del día siguiente al que surta sus efectos dicha publicación, se inicie el término que se haya concedido para su diligenciación.

Cuando el exhorto tenga algún defecto, la parte promovente deberá hacerlo saber a la autoridad jurisdiccional y devolverlo dentro de los cinco días siguientes, para que sea corregido y se proceda como se ordena en el párrafo anterior. De no hacerse la devolución del exhorto defectuoso, el plazo para su diligenciación no se interrumpirá.

Artículo 223. En la resolución que ordene librar el exhorto podrá designarse, a instancia de parte, persona o personas para que intervengan en su tramitación, con expresión del alcance de su intervención y del término para su comparecencia ante la autoridad exhortada, expresando a la autoridad jurisdiccional exhortada si su incomparecencia determina o no del exhorto. No procederá la nulidad de actuaciones por las diligencias practicadas por las personas mencionadas.

De igual manera, la autoridad jurisdiccional exhortante o de oficio, otorgará plenitud de jurisdicción al exhortado, para que se practiquen cuantas diligencias sean necesarias para el cumplimiento de lo ordenado.

No se exigirá poder alguno a las personas a que se refieren el párrafo que antecede.

La autoridad jurisdiccional exhortada devolverá a la exhortante una vez cumplimentado, salvo que se designase a una o varias personas para la tramitación, en cuyo caso, se le entregarán bajo su responsabilidad, previa razón que por su recibo obre en autos, para que haga su devolución dentro del término de cinco días como máximo. La autoridad jurisdiccional exhortada, no podrá negar el despacho del exhorto por falta de formalidades que puedan ser subsanadas por ella misma, ni negar el despacho por falta de cotejos o requisitos no previstos en el presente Código Nacional.

Artículo 224. La autoridad jurisdiccional exhortante podrá inquirir del resultado de la diligenciación a la exhortada por alguno de los medios autorizados en el presente Código Nacional, dejando constancia en autos de lo que resulte. Si a pesar del recordatorio, continuase la misma situación, la autoridad jurisdiccional exhortante lo pondrá en conocimiento directo del Superior inmediato del que deba cumplimentarlo, rogándole adopte las medidas pertinentes a fin de obtener el cumplimiento.

El exhorto deberá cumplimentarse en el tiempo previsto en el mismo. De no ocurrir así, se recordará por cualquier medio de comunicación de la urgencia del cumplimiento, lo que se podrá hacer de oficio o a instancia de parte interesada.

La autoridad jurisdiccional exhortante deberá facultar a la exhortada, para que cuando el exhorto haya sido remitido a autoridad jurisdiccional diferente al que deba prestar el auxilio, el que lo reciba lo envíe directamente al que corresponda inmediatamente, si es que le consta cuál sea éste, solicitando el exhortante que se le dé cuenta de dicha circunstancia por oficio.

Si quien reciba un exhorto para los fines que se precisan en este artículo, no hace la devolución dentro de los cinco días siguientes al plazo que se le hubiere concedido para su diligenciación, sin justificar que para ello tuvo impedimento bastante, será sancionado en los términos del artículo 192 fracción III de este ordenamiento, y se dejará de desahogar la diligencia por causas imputables.

La parte a cuya instancia se libre exhorto, queda obligada a satisfacer los gastos que origine su diligenciación.

Artículo 225. Tratándose de exhortos o despachos que libren las autoridades jurisdiccionales, serán remitidos por cualquier medio de comunicación, de manera directa a las autoridades jurisdiccionales que por razón de jurisdicción y competencia deban diligenciarlos, a través del correo electrónico institucional de la Administración de Gestión Judicial o Institución análoga que corresponda, conjuntamente con los documentos digitalizados de las constancias conducentes, mismos que una vez cumplimentados deberán ser devueltos por cualquiera de estas vías.

Del empleo de los medios de comunicación indicados se dejará razón en el expediente, la cual deberá de contener, en su caso, los datos de la persona con la que se entendió la comunicación, la fecha y hora de envío o recepción y la solicitud encomendada, anexando constancia como fotografías, impresión o capturas de pantalla del medio que se haya utilizado.

Artículo 226. Las diligencias judiciales que deban practicarse en el extranjero, se cursarán en la forma que establezca el Libro Décimo de este Código Nacional, los Tratados y los Convenios Internacionales de los que los Estados Unidos Mexicanos sea parte.

La parte a cuya instancia se libre exhorto, queda obligada a satisfacer los gastos que origine su diligenciación.

CAPÍTULO IX
DE LOS TÉRMINOS JUDICIALES

Artículo 227. Los términos empezarán a correr:

I. El día siguiente en que se hubiere hecho el emplazamiento o notificación personal;

II. Fuera de los casos señalados en la fracción anterior, el día siguiente a aquel en que surtió sus efectos la notificación realizada por el medio de comunicación procesal oficial;

III. La notificación realizada por medio de comunicación judicial surtirá efectos el mismo día a aquel en que por sistema se confirme que recibió el archivo electrónico correspondiente;

IV. También podrán notificarse por correo certificado y el plazo correrá a partir del día siguiente hábil en que fue recibida la notificación, y

V. En las audiencias del juicio oral las resoluciones dictadas por la autoridad jurisdiccional surtirán efectos en el momento en que las emita, estén o no presentes las partes.

Asimismo, podrá notificarse mediante otros sistemas autorizados en las leyes que corresponda, siempre que no causen indefensión.

Artículo 228. La Ley sólo reconoce como términos comunes en los juicios, los siguientes:

I. Para todas las partes que intervengan en el juicio, el relativo a ofrecimiento de pruebas, así como aquéllos en que la autoridad jurisdiccional determine la vista para desahogo por las partes al mismo tiempo;

II. En el litisconsorcio pasivo, tratándose del emplazamiento, y

III. Los demás que expresamente señale este Código Nacional como términos comunes.

Los términos comunes se empezarán a contar desde el día siguiente a aquel en que todas las personas que conformen el posible litisconsorcio pasivo o todas las partes hayan quedado notificadas.

Los demás términos se considerarán individuales y empezarán a correr para cada parte interesada en particular, cuando se haya realizado la notificación o surtido sus efectos según el caso.

Artículo 229. En ningún término se contarán los días en que no puedan tener lugar actuaciones judiciales.

Artículo 230. En los autos se hará constar el día en que comiencen a correr los términos y aquel en que deben concluir.

Artículo 231. Una vez concluidos los términos fijados a las partes, sin necesidad de que se acuse rebeldía, seguirá el juicio su curso y se tendrá por precluido el derecho que, dentro de ellos, debió ejercitarse, salvo los casos de caducidad o excepción previstos en el presente Código Nacional.

Artículo 232. Siempre que la práctica de un emplazamiento deba realizarse fuera del lugar del juicio, para que se concurra ante la autoridad jurisdiccional sea local o Federal, se debe fijar un término en el que se aumente al señalado por la Ley, un día más por cada doscientos kilómetros de distancia o fracción que exceda de la mitad, salvo que la Ley disponga otra cosa expresamente o que la autoridad jurisdiccional estime que deba ampliarse. Si la parte demandada residiere en el extranjero, se ampliará el término del emplazamiento por el lapso que se considere necesario, atendidas las distancias y la mayor o menor facilidad de las comunicaciones.

Artículo 233. Para fijar la duración de los términos, los meses se regularán por el número de días que les correspondan, y los días se entenderán de veinticuatro horas naturales, sin perjuicio de que las actuaciones judiciales se sujeten al horario que establece el presente Código Nacional.

Artículo 234. Operará de pleno derecho la caducidad de la primera instancia cualquiera que sea el estado del juicio, desde el primer auto que se dicte en el mismo, hasta antes de que concluya la audiencia de juicio, si transcurridos cuarenta días hábiles contados a partir de la notificación de la última determinación judicial no hubiere promoción que tienda a impulsar el procedimiento de cualquiera de las partes. Los actos o promociones de mero trámite que no impliquen ordenación o impulso del procedimiento, no se considerarán como actividad de las partes ni impedirán que la caducidad se alcance.

Los efectos y formas de su declaración se sujetarán a las siguientes normas:

I. La caducidad de la instancia es de orden público, irrenunciable y no puede ser materia de convenio entre las partes. La autoridad jurisdiccional la declarará de oficio o a petición de cualquiera de las partes, cuando concurran las circunstancias a que se refiere el presente artículo;

II. La caducidad extingue el procedimiento, pero no la acción; en consecuencia, se puede iniciar un nuevo juicio, sin perjuicio de lo dispuesto en la fracción V de este artículo;

III. La caducidad de la primera instancia convierte en ineficaces las actuaciones del juicio y las cosas deben volver al estado que tenían antes de la presentación de la demanda y se levantarán los embargos preventivos, dejando sin efectos las medidas provisionales o cautelares. Se exceptúan de la ineficacia referida, las resoluciones firmes sobre competencia, litispendencia, conexidad, personalidad y capacidad de las partes litigantes, que regirán en el juicio ulterior si se promoviere. Las pruebas rendidas en el procedimiento extinguido por caducidad, podrán ser invocadas en el nuevo si se promoviere, siempre que se ofrezcan y precisen en la forma legal;

IV. La caducidad de la segunda instancia se da si en el lapso de treinta días hábiles contados a partir de la notificación de la última determinación judicial, ninguna de las partes hubiere promovido impulsando el procedimiento y su efecto será dejar firme lo actuado ante la autoridad jurisdiccional;

V. La caducidad de los incidentes se causa por el transcurso de quince días hábiles contados a partir de la notificación de la última determinación judicial sin promoción alguna de las partes; la declaración respectiva sólo afectará a las actuaciones del incidente, sin abarcar las de la instancia principal;

VI. Para los efectos de la interrupción de la prescripción por demanda o cualquier género de interpelación judicial notificada a la persona poseedora o deudora en su caso, se equipará a la desestimación de la demanda la declaración de caducidad del procedimiento;

VII. No tiene lugar la declaración de caducidad:

a) En los juicios universales de concursos y sucesiones, pero sí en los juicios con ellos relacionados que se tramiten independientemente, que de aquéllos surjan o por ellos se motive;

b) En las actuaciones de jurisdicción voluntaria o procedimientos no contenciosos;

c) En los juicios de alimentos, y

d) Cuando sea en perjuicio de niñas, niños y adolescentes;

VIII. El término de la caducidad sólo se interrumpirá por promociones de las partes o por actos de las mismas realizados ante autoridad judicial diversa, siempre que tengan relación inmediata y directa con la instancia;

IX. La suspensión del procedimiento produce la interrupción del término de la caducidad. La suspensión del procedimiento tiene lugar:

a) Cuando por fuerza mayor la autoridad jurisdiccional o las partes no puedan actuar;

b) En los casos en que es necesario esperar la resolución de una cuestión previa o conexa por la misma autoridad jurisdiccional o por otras autoridades;

c) Cuando la autoridad jurisdiccional tenga conocimiento de que las partes están participando en un procedimiento alternativo de solución de conflictos, conforme a la Ley de la materia, y

d) En los demás casos previstos por la Ley.

X. Contra la declaración de caducidad de la primera instancia procede el recurso de apelación en ambos efectos. Si la declaratoria se hace en segunda instancia, procede el recurso de reposición. Contra la negativa a la declaración de caducidad no procede recurso alguno, y

XI. Las costas serán a cargo de la parte actora; pero serán compensables con las que corran a cargo de la parte demandada en aquellos en que opusiere reconvención, compensación, nulidad y en general las excepciones que tienden a variar la situación jurídica que privaba entre las partes antes de la presentación de la demanda.

TÍTULO SEGUNDO
DE LA ETAPA POSTULATORIA

CAPÍTULO I
DE LA DEMANDA

SECCIÓN PRIMERA
REQUISITOS DE LA DEMANDA

Artículo 235. La demanda deberá cumplir los requisitos siguientes:

I. La autoridad jurisdiccional ante la que se promueve;

II. Nombre, denominación o razón social de la parte actora o de quien promueve a su nombre, el domicilio para oír y recibir notificaciones dentro de la jurisdicción, número telefónico y dirección de correo electrónico para los mismos efectos procesales. Cuando proceda, revelar si el promovente pertenece a grupos sociales en situación de vulnerabilidad;

III. Nombre de la persona designada como la persona representante autorizada. En ningún caso se exigirá contar con registro ante el Tribunal o Poder Judicial que corresponda;

IV. Nombre, denominación o razón social de la parte demandada, y su domicilio;

V. Las pretensiones, el objeto u objetos que se reclamen con sus accesorios;

VI. La exposición clara y sucinta de los hechos en que el actor funde la demanda, relacionándolos a su vez con el título o títulos de las acciones que se ejerzan;

VII. Los fundamentos de derecho, procurando citar la clase de acción intentada, los preceptos legales y, en su caso, convencionales, los criterios jurisprudenciales o doctrinales, o principios jurídicos aplicables;

VIII. En su caso, el valor de lo demandado para determinar la competencia de la autoridad jurisdiccional;

IX. El ofrecimiento de pruebas, mencionando con toda precisión el hecho o hechos que se tratan de demostrar con cada prueba, debiendo proporcionar el nombre de las personas que deban rendir testimonio;

X. Las firmas de la parte actora o de su persona representante autorizada. Si éstos no pudieran o no supieran firmar, pondrán su huella dactilar, firmando otra persona en su nombre y a su ruego indicando estas circunstancias. Igualmente podrá firmar la parte actora, la persona representante autorizada, el escrito, usando su firma electrónica avanzada, la cual deberá corresponder a la persona que promueva;

XI. Exhibir por cada demandado un ejemplar de las copias de traslado tanto de la demanda y sus anexos, ya sean en formato electrónico o físico, las cuales deberán estar debidamente foliadas e identificadas como copia; si los interesados fueran varios, se acompañará un ejemplar para cada uno de ellos. Esta exigencia no será necesaria en los casos que la demanda se presente en forma electrónica, y

XII. Los demás requisitos relacionados con las pruebas conforme a lo dispuesto en este Código Nacional.

Artículo 236. Si la demanda fuere oscura, irregular o no cumpliera con alguno de los requisitos del artículo anterior, por una sola ocasión se señalará con toda precisión en qué consisten los defectos de la misma en el proveído que al efecto se dicte y publique en el medio de comunicación judicial, para que en el término de tres días contados a partir del día siguiente a aquel en que surta efectos la notificación se desahogue en tiempo y forma.

La autoridad jurisdiccional debe hacer una nueva y exhaustiva revisión de la demanda, y si en ésta encuentra que los requisitos que omitió están satisfechos, o que no son realmente indispensables para los fines que les asigna la ley o la naturaleza del proceso, debe rectificar y admitir la demanda, sin estar vinculado ineludiblemente por su propia prevención, aunque el demandante no haya presentado ningún escrito encaminado a cumplir con lo pedido o el presentado se considere insuficiente.

Si a pesar de lo anterior, no se cumplieron los motivos de prevención dentro del término señalado para tal efecto, se desechará la demanda y devolverá al interesado todos los documentos originales y electrónicos, así como las copias simples que se hayan exhibido, con excepción de la demanda con la que se haya formado el expediente respectivo, salvo lo dispuesto en el artículo 5 del presente Código Nacional.

En caso de que se promueva la acción o una petición en una vía incorrecta, la autoridad jurisdiccional la reencausará a la que sea procedente, proveyendo sobre las medidas cautelares o provisionales solicitadas.

Artículo 237. La determinación de no admitir la demanda o cualquier otra por la que no se le dé curso, se podrá impugnar mediante el recurso de queja, para que el Tribunal de Segunda Instancia competente dicte la resolución que corresponda, bajo los lineamentos que en derecho le ordene a la autoridad jurisdiccional. En contra de dicha resolución no procede recurso ordinario alguno.

En contra del auto que admita la demanda no es procedente recurso alguno.

Los efectos de la presentación de la demanda son: interrumpir la prescripción, si no lo está por otros medios, señalar el principio de la instancia, y determinar el valor de las prestaciones exigidas, cuando no pueda referirse a otro tiempo.

Artículo 238. Cuando se trate de demandas por controversias sobre bienes inmuebles, o en caso de que se intente la acción hipotecaria, la autoridad jurisdiccional podrá ordenar su anotación preventiva ante el Registro Público de la Propiedad, Oficina Registral o cualquier Institución análoga según la Entidad Federativa de que se trate, de conformidad con las disposiciones aplicables del Código Civil respectivo, siempre que previamente se otorgue garantía suficiente a criterio de la autoridad jurisdiccional para responder de los daños y perjuicios que se puedan causar a la persona demandada, la que deberá ser fijada al prudente arbitrio de la autoridad jurisdiccional. Este requisito no será exigible en el caso de la acción hipotecaria.

Artículo 239. Admitida la demanda, se ordenará emplazar al demandado, corriéndole traslado con copias de la misma, de los documentos exhibidos por el actor y, en su caso, con la propuesta de convenio y el formulario correspondiente, a fin de que, dentro del término de quince días conteste la demanda.

Artículo 240. Los efectos del emplazamiento son:

I. Prevenir el juicio en favor de la autoridad jurisdiccional que lo hace;

II. Sujetar al emplazado a seguir el juicio ante la autoridad jurisdiccional que lo emplazó, siendo competente al tiempo de la citación, aunque después deje de serlo con relación a la parte demandada, porque éste cambie de domicilio, o por otro motivo legal;

III. Obligar a la parte demandada a contestar ante la autoridad jurisdiccional que lo emplazó, dejando en su caso a salvo, siempre el derecho de provocar la incompetencia respectiva;

IV. Producir todas las consecuencias de la interpelación judicial, si por otros medios no se hubiere constituido ya en mora el obligado, y

V. Originar el interés legal en las obligaciones pecuniarias sin causa de réditos.

SECCIÓN SEGUNDA
DE LA CONTESTACIÓN A LA DEMANDA

Artículo 241. La contestación a la demanda deberá cumplir con los siguientes requisitos:

I. Presentarse ante la autoridad jurisdiccional que lo emplazó;

II. Nombre, denominación o razón social de la parte demandada o de quien actúe en su representación, el domicilio para oír y recibir notificaciones dentro de la jurisdicción correspondiente, número telefónico y dirección de correo electrónico para los mismos efectos procesales. Cuando proceda, revelar si el promovente pertenece a grupos sociales en situación de vulnerabilidad y acreditarlo o, en su caso, solicitar el apoyo especial a que se refiere el artículo 141 de este Código Nacional;

III. El nombre de la persona designada como la persona representante autorizada. En ningún caso se exigirá contar con registro ante el Tribunal o Poder Judicial que corresponda;

IV. Contestará categóricamente cada uno de los hechos en que la parte actora funde su pretensión, aceptándolos, negándolos o manifestando bajo protesta de decir verdad los que desconozca, apercibida que en caso de no hacerlo o de evadir su respuesta se tendrán por ciertos los hechos expresados por la parte actora, salvo prueba en contrario;

V. Deberá ofrecer sus pruebas, mencionando con toda precisión el hecho o hechos que trata de demostrar, debiendo proporcionar el nombre de las personas que deban rendir testimonio;

VI. Las excepciones y defensas que se tengan, se harán valer en la contestación y nunca después, salvo las supervenientes. Se procurará citar los preceptos legales, convencionales, los criterios jurisprudenciales o doctrinales, o principios jurídicos aplicables;

VII. Las firmas de la parte demandada, o de la persona representante autorizada. Si éstos no pudieren o no supieren firmar, pondrán su huella dactilar, firmando otra persona en su nombre y a su ruego indicando estas circunstancias. La parte demandada o la persona representante autorizada podrá firmar el escrito usando su firma electrónica avanzada;

VIII. Acompañar copia simple del escrito de contestación debidamente foliada e identificada como copia para dar vista a la parte actora por el término de tres días, y

IX. Los demás requisitos relacionados con las pruebas conforme a lo dispuesto en este Código Nacional.

Artículo 242. Dentro del término para contestar la demanda, se podrá proponer la reconvención en los casos que proceda, ajustándose a las disposiciones de la demanda.

En caso de reconvención, se seguirán las reglas previstas en este Código Nacional tanto para la demanda como para la contestación. Sin embargo, el emplazamiento deberá hacerse a través de la dirección de correo electrónico señalada por la parte actora en la demanda principal.

Artículo 243. Si las partes en sus respectivos escritos quisieran llamar a un tercero deberán manifestarlo en los mismos. El llamamiento a juicio se hará corriéndole traslado con los escritos y anexos, que deberán ser exhibidos por quien solicite la citación, debiendo proporcionar el domicilio de éste, sin cuyos requisitos no se dará curso a la petición respectiva.

Si se alega que se desconoce el domicilio se procederá a su búsqueda y en su caso a publicación de edictos en los términos de las disposiciones del presente Código Nacional. El tercero llamado a juicio podrá comparecer en el mismo plazo de quince días; estando en aptitud de ofrecer pruebas, alegar e interponer toda clase de excepciones defensas y recursos.

La petición contenida en este artículo no será tramitada a no ser que se trate de cuestiones supervinientes.

Artículo 244. A toda demanda o contestación deberá acompañarle necesariamente:

I. El o los documentos que acrediten, la personalidad o carácter de aquel que comparece en representación de alguna de las partes o terceros;

II. Los documentos en los que la parte actora funde su acción y aquellos en que la parte demandada funde sus excepciones, ya sea en forma física o electrónica. Si no los tuvieren a su disposición, acreditarán haber solicitado su expedición con el acuse de recibo por el archivo o lugar en que se encuentren los originales, para que, a su costa, se les expida certificación de ellos, en la forma que prevenga la Ley. Se entiende que las partes tienen a su disposición los documentos, siempre que legalmente puedan pedir copia autorizada de los originales y exista obligación de expedírselos. Si las partes no pudiesen presentar los documentos en que funden sus acciones o excepciones, declararán, bajo protesta de decir verdad, la causa por la que no pueden presentarlos o no se les expidieren sin causa justificada; en este caso, si la autoridad jurisdiccional lo estima procedente, ordenará al responsable de la expedición que el documento solicitado por la parte interesada se expida a costa de ésta, apercibiéndolo con la imposición de alguna de las medidas de apremio;

III. Salvo disposición legal en contrario o que se trate de pruebas supervenientes, de no cumplirse por las partes con alguno de los requisitos anteriores, no se les recibirán las pruebas documentales que no obren en su poder al presentar la demanda o contestación, como tampoco si en esos escritos se dejan de identificar las documentales, para el efecto de que oportunamente sean requeridos por la autoridad jurisdiccional y sean recibidas; el mismo tratamiento se dará a los informes que se pretendan rendir como prueba;

IV. Los documentos que las partes tengan en su poder y que deban servir como pruebas de su parte y, los que presentaren después, con violación de este precepto, no les serán admitidos, salvo que se trate de pruebas supervenientes o la demanda se haya presentado vía electrónica con los documentos digitalizados para que con posterioridad sean presentados sus originales, y

V. Copias simples, siempre que sean legibles, tanto del escrito de demanda como de los demás documentos referidos, incluyendo la de los que se exhiban como prueba según los párrafos precedentes, incluyendo archivos o documentos electrónicos y si se acompañan grabaciones de audio o video, para que se impongan de ellos, se exhibirá un duplicado de los mismos para correrle traslado a la contraria. Las copias simples de los documentos que sirvan como prueba y las grabaciones de audio o video, se podrán exhibir como archivos dentro de un dispositivo de almacenamiento de datos que garantice la integridad de los mismos, debiendo el promovente identificar y precisar con toda claridad su contenido. Al momento de proveer el escrito de demanda o contestación, la persona secretaria judicial deberá cotejar que las copias exhibidas o las que se contienen en los archivos del dispositivo de almacenamiento correspondan a los documentos exhibidos como pruebas.

Artículo 245. La presentación de documentos cuando sean públicos, podrá hacerse por copia simple, si la parte interesada manifestare, bajo protesta de decir verdad, que carece de otra fehaciente; pero no producirá aquélla ningún efecto si durante el desarrollo de la audiencia respectiva, no se presentare una copia del documento con los requisitos necesarios para que haga fe en juicio, o se cotejen las copias simples con sus originales por la persona secretaria judicial y a costa de la parte interesada, pudiendo asistir a la diligencia de cotejo la contraparte, para que en su caso haga las observaciones que considere pertinentes.

Artículo 246. Después de la demanda y contestación, no se admitirán a las partes, otros documentos que los que se hallen en alguno de los casos siguientes:

I. Ser de fecha posterior a dichos escritos;

II. Los anteriores respecto de los cuales, protestando decir verdad, asevere la parte que los presente no haber tenido antes conocimiento de su existencia;

III. Los que no haya sido posible adquirir con anterioridad por causas que no sean imputables a la parte interesada, y siempre que haya hecho oportunamente la designación expresa en los términos de lo dispuesto en el presente Código Nacional;

IV. Los documentos que sirvan de pruebas contra excepciones alegadas o contra acciones en lo principal o reconvencional, y

V. Los que se ofrezcan para la impugnación de pruebas de la contraria.

Artículo 247. A ninguna de las partes se le admitirá documento alguno después de concluido el desahogo de pruebas. La autoridad jurisdiccional, de oficio, no deberá admitirlos y mandará devolverlos a la parte sin ulterior recurso, sin agregarlos al expediente en ningún caso, salvo las excepciones previstas en este Código Nacional.

Artículo 248. De todo documento que se presente después de la demanda y contestación, se dará traslado a la otra parte, para que dentro del plazo de tres días manifieste lo que a su derecho convenga.

Una vez desahogada la vista por la contraria, o transcurrido el plazo para ello, la autoridad jurisdiccional resolverá sobre su admisión.

Si la exhibición del documento se hace en el acto de la audiencia y estuviera presente la parte contraria, se le dará vista en la misma audiencia para que manifieste lo que a su derecho convenga, evaluando en todo caso la autoridad jurisdiccional su admisión o desechamiento.

Artículo 249. La omisión de presentar las copias simples no será motivo para dejar de admitir los escritos y documentos que se presenten en tiempo oportuno. En este caso, se señalará un plazo que no excederá de tres días para exhibir las copias antes referidas, y si no se presentaren en dicho plazo, se tendrán por no admitidas. Lo anterior no resulta aplicable para el caso de presentación de la demanda y sus anexos por vía electrónica o digital.

Artículo 250. En los escritos de demanda, contestación, reconvención, contestación a la reconvención y desahogo de vista, las partes ofrecerán sus pruebas, exhibirán las documentales físicas o electrónicas que tengan en su poder o el acuse de recibo mediante el cual hayan solicitado las que no tuvieren en su poder.

En el caso de documentos físicos o electrónicos que hayan sido anunciados y no se tenga la posibilidad de exhibir, deberá presentarse el acuse de recibo de la solicitud de los mismos ante la oficina o archivo en que se encuentren, la parte interesada deberá continuar con las gestiones necesarias para recabar la prueba a fin de exhibirla en la etapa de admisión de pruebas de la audiencia preliminar. Sin embargo, cuando se manifieste bajo protesta de decir verdad la imposibilidad para exhibir las documentales físicas o electrónicas ofrecidas como prueba, por causa justificada la autoridad jurisdiccional desde la admisión de la demanda, contestación o desahogo de vista de excepciones, auxiliará al oferente girando las órdenes correspondientes para que sean remitidas a más tardar en la audiencia preliminar, con los apercibimientos de las medidas de apremio que considere pertinente.

Dicha medida sólo se hará efectiva si la prueba resulta admisible y conforme a las disposiciones aplicables de las leyes vigentes en materia de transparencia, acceso a la información pública y datos personales, según corresponda.

Si se trata de documentos físicos o electrónicos a disposición de la contraparte, se le requerirán en el acuerdo que recaiga al ofrecimiento y anuncio de la prueba, quien deberá exhibirlo en el escrito subsecuente referido en el primer párrafo de este artículo o en la etapa de admisión de pruebas de la audiencia preliminar, según corresponda. En este caso, de ser admisible la prueba y no se presente oportunamente, se presumirán ciertos los hechos, salvo causa justificada y previo apercibimiento.

En el supuesto de pruebas documentales o de informe a cargo de personas ajenas al juicio y que legalmente no estén obligados a su expedición, la autoridad jurisdiccional sin perjuicio de decidir su admisión en el momento oportuno, autorizará los requerimientos respectivos en el acuerdo que recaiga al anuncio y ofrecimiento de la prueba.

Artículo 251. Una vez contestada la demanda y, en su caso, la reconvención o transcurridos los términos para ello, se señalará fecha y hora para la celebración de la audiencia preliminar, dentro de los quince días siguientes.

En el mismo auto, se admitirán o desecharán las pruebas ofrecidas en relación con las excepciones procesales, para que, en su caso, se desahoguen en la audiencia preliminar. En caso de no desahogarse las pruebas en dicha audiencia, se declararán desiertas por causa imputable al oferente.

En las excepciones de conexidad, litispendencia y cosa juzgada sólo será admisible como prueba la documental.

Artículo 252. Una vez publicado el auto que señala fecha para la celebración de la audiencia preliminar y hasta el dictado de la sentencia definitiva, las promociones de las partes que se encuentren relacionadas con el procedimiento deberán formularse oralmente al inicio de la audiencia respectiva. Las peticiones que no impulsen el procedimiento se harán valer antes del cierre de la audiencia. Cualquier promoción o petición que se presente por escrito en dichas etapas, serán devueltas al interesado, sin necesidad de acuerdo.

Las cuestiones debatidas en una audiencia deberán ser resueltas en ella. Las partes no podrán dar lectura a escritos o registros de forma íntegra, pero sí a sus notas o apuntes.

Artículo 253. La nulidad de una actuación deberá reclamarse en la audiencia subsecuente, bajo pena de quedar validada de pleno derecho. La producida en la audiencia de juicio deberá reclamarse durante ésta hasta antes de que la autoridad jurisdiccional emita la sentencia definitiva. La del emplazamiento, por su parte, podrá reclamarse en cualquier momento hasta antes de que se dicte sentencia definitiva.

Artículo 254. En los juicios orales civil y familiar, únicamente será notificado personalmente el emplazamiento y el auto que admita la reconvención.

Las demás determinaciones se notificarán a las partes a través del medio de comunicación oficial, salvo lo dispuesto para las audiencias.

SECCIÓN TERCERA
DEL ALLANAMIENTO Y REBELDÍA

Artículo 255. Transcurrido el plazo fijado en el emplazamiento sin contestar la demanda, se tendrán por contestados los hechos en sentido negativo y se hará la declaratoria de rebeldía correspondiente. A continuación, se señalará fecha para la audiencia de juicio, dictando auto de admisión de las pruebas ofrecidas por la parte actora.

Artículo 256. La parte demandada podrá allanarse a la demanda. En caso de allanamiento total, este deberá ser ratificado ante la autoridad jurisdiccional, en donde ambas partes serán asistidas técnica y efectivamente por la persona representante autorizada.

Habiéndose ratificado el allanamiento, la autoridad jurisdiccional estudiará la legitimación procesal, y dictará sentencia en un plazo que no excederá de diez días.

Artículo 257. En materia familiar, en caso de allanamiento total, además de la ratificación a que se refiere al artículo anterior, la autoridad jurisdiccional deberá proveer de la preparación de las pruebas y se fijará fecha para el desahogo de la audiencia de juicio dentro de los diez días siguientes, actuación en la que se escucharan los alegatos, se desahogaran las pruebas, y se dictará el fallo correspondiente en la misma audiencia.

Artículo 258. Cuando la controversia se refiera sólo a puntos de derecho, y no de hecho, se citará para la audiencia de juicio en el término de diez días y después de escuchar los alegatos, la autoridad jurisdiccional expondrá de forma breve, clara y sencilla su fallo y leerá únicamente los puntos resolutivos, entregando copia simple de la sentencia a las partes, así como, en los casos que proceda, el derecho que tienen las partes para apelar dicha sentencia conforme a lo establecido en este Código Nacional.

Artículo 259. En los casos de declaración de rebeldía de la parte demandada por falta de contestación, tendrán aplicación las siguientes reglas:

I. Todas las resoluciones que de ahí en adelante recaigan en el pleito y cuantas citaciones deban hacérsele, aún las de carácter personal, se notificarán por el medio de comunicación procesal oficial, salvo los casos en que otra cosa se prevenga o a juicio de la autoridad jurisdiccional;

II. Desde el día en que fue declarada rebelde o quebrantó la radicación de persona la parte demandada, se decretarán las medidas cautelares solicitadas por la parte actora, si la parte contraria lo pidiere, la retención de sus bienes muebles y el embargo de los inmuebles en cuanto se estime necesario, para asegurar lo que sea objeto del juicio, aplicando en lo conducente las reglas de las medidas cautelares.

Artículo 260. La persona declarada en rebeldía podrá apersonarse a la audiencia de juicio para participar en el desahogo de las pruebas y rendir alegatos finales, sin que en ningún caso pueda retrotraerse el procedimiento.

CAPÍTULO II
DE LAS PRUEBAS

SECCIÓN PRIMERA
DE LAS PRUEBAS EN GENERAL

Artículo 261. Las partes, para soportar su acción, excepciones y defensas, así como acreditar los hechos, podrán ofrecer medios de prueba que no sean contrarios a derecho, y les serán admitidas por la autoridad jurisdiccional, las que resulten pertinentes e idóneas y guarden relación con los hechos narrados y cumplan con los requisitos de ofrecimiento previstos en este Código Nacional.

Son admisibles como medios de prueba, todos aquellos elementos que puedan producir convicción en el ánimo de la autoridad jurisdiccional acerca de los hechos controvertidos.

Artículo 262. La autoridad jurisdiccional, de oficio podrá decretar en todo tiempo, sea cual fuere la naturaleza del procedimiento la práctica o ampliación de cualquier diligencia probatoria. En la práctica de estas diligencias, la autoridad jurisdiccional obrará como estime procedente para obtener el mejor resultado de ellas, sin lesionar el derecho de las partes, oyéndolas y procurando en todo, su igualdad y justo equilibrio, se tomará en cuenta cualquier situación de vulnerabilidad que pueda afectar el equilibrio procesal.

Artículo 263. Las diligencias de desahogo de pruebas que deban verificarse fuera del recinto asiento, de la autoridad jurisdiccional, pero dentro de su ámbito de competencia territorial, deberán ser presididas por la autoridad jurisdiccional, registradas por personal técnico adscrito al Tribunal o Poder Judicial, por cualquiera de los medios autorizados en este Código Nacional y certificadas de conformidad con lo dispuesto para el desarrollo de las audiencias.

Artículo 264. La parte que niega sólo estará obligada a probar:

I. Cuando la negación envuelva la afirmación expresa de un hecho;

II. Cuando se desconozca la presunción legal que tenga en su favor la parte colitigante;

III. Cuando la negativa fuere elemento constitutivo de la acción o de la excepción.

Artículo 265. Ni la prueba en general ni los medios de pruebas establecidos por la Ley son renunciables.

No obstante, lo dispuesto en el párrafo que antecede, las partes podrán desistirse de las pruebas que estén pendientes de desahogo, a fin de que el procedimiento continúe en sus demás etapas, pero no podrán hacerlo una vez que éstas hayan sido desahogadas. Tratándose de documentales que lleguen con posterioridad al desistimiento, no podrán agregarse al expediente en ningún caso.

Artículo 266. Sólo los hechos estarán sujetos a prueba; el derecho lo estará únicamente cuando se trate de normas diversas a las generales o cuando se funde en usos y costumbres.

Artículo 267. La autoridad jurisdiccional aplicará el derecho extranjero tal como lo harían las del Estado cuyo derecho resultare aplicables sin perjuicio de que las partes puedan alegar la existencia y contenido del derecho extranjero invocado.

Respecto del texto, vigencia, sentido y alcance del derecho extranjero, la autoridad jurisdiccional podrá valerse de informes oficiales; los cuales podrá solicitar al servicio exterior mexicano, admitir las pruebas ofrecidas por las partes o bien ordenar las que considere necesarias.

Artículo 268. La autoridad jurisdiccional debe recibir las pruebas que le presenten las partes, siempre que estén permitidas por la Ley y se refieran a los puntos cuestionados. Si las partes estiman que las resoluciones judiciales que admitan o desechan pruebas les causan agravio, lo harán valer en la apelación contra la sentencia definitiva que, en su caso, interpongan; y la autoridad jurisdiccional de segunda instancia deberá resolver con plenitud de jurisdicción sin reenvío.

Tratándose de juicios del arrendamiento inmobiliario, la prueba pericial sobre cuantificación de daños, reparaciones o mejoras, sólo será admisible en el periodo de ejecución de sentencia, en la que se haya declarado la procedencia de dicha prestación. Asimismo, tratándose de informes que deban rendirse en dichos juicios, los mismos deberán ser recabados por la parte interesada.

Artículo 269. Los hechos notorios no necesitan ser probados, y la autoridad jurisdiccional puede invocarlos, aunque no hayan sido alegados por las partes.

Artículo 270. Cuando una de las partes se oponga a la inspección o reconocimiento, ordenados por la autoridad jurisdiccional, se tendrán por ciertas las afirmaciones de la contraparte, salvo prueba en contrario. Lo mismo se hará si una de las partes no exhibe a la inspección de la autoridad jurisdiccional el bien, documento o archivo electrónico que tiene en su poder, siempre que la posesión esté debidamente acreditada, que por disposición de la Ley deba tenerlo o deba acreditarlo o, atendiendo al caso en concreto, por la naturaleza de los hechos sea evidente su disponibilidad.

Artículo 271. Las personas terceras están obligadas, en todo tiempo, a prestar auxilio a las autoridades jurisdiccionales, en consecuencia, deben sin demora, exhibir documentos, informes, bienes y archivos electrónicos que tengan en su poder, cuando para ello fueren requeridos o permitir su inspección.

La autoridad jurisdiccional tiene la facultad y el deber de compeler a las personas terceras, por los apremios más eficaces, para que cumplan con esta obligación; y en caso de oposición, oirán las razones en que la funden y resolverán sin ulterior recurso.

De la mencionada obligación están exentas las personas ascendientes, descendientes, tutores o curadores de niñas, niños y adolescentes, personas designadas como apoyo para el ejercicio de la capacidad jurídica, pupilos, cónyuges, concubinos, convivientes, en los casos en que se trate de probar contra la parte con la que están relacionadas, sin perjuicio de que, si alguna de ellas manifiesta su voluntad de hacerlo, se les permitirá, dejando constancia de dicha circunstancia.

Es inadmisible el testimonio de personas que, respecto del objeto de su declaración, tengan el deber de guardar secreto con motivo del conocimiento que tengan de los hechos debido a su empleo, cargo, puesto, oficio, profesión o relación de negocios.

Cuando deba recibirse testimonio de menores de edad y se tema por su afectación psicológica o emocional, así como en caso de víctimas de cualquier tipo de violencia, la autoridad jurisdiccional a petición de las partes, podrá ordenar su recepción con el auxilio de familiares o peritos especializados.

Para ello deberán utilizarse las técnicas audiovisuales adecuadas que favorezcan evitar la confrontación con el generador de violencia.

Artículo 272. Las personas que no puedan concurrir a la sede judicial, por tener algún impedimento debidamente acreditado, podrán ser examinadas en el lugar donde se encuentren y su testimonio podrá ser rendido o transmitido utilizando sistemas de justicia digital, en presencia de la autoridad jurisdiccional.

Artículo 273. Las autoridades tendrán la obligación de proporcionar los informes que se les pidan respecto de los hechos relacionados con el procedimiento, y de los que hayan tenido conocimiento o en los que hubieren intervenido por razón de su cargo, los que serán proporcionados en el plazo de cinco días a que le fueran judicialmente requeridos y, en caso de incumplimiento a un mandato judicial o retardo injustificado en el cumplimiento de sus determinaciones, podrá imponerse una medida de apremio establecida en el presente Código Nacional, salvo que exista impedimento legal para ello.

Artículo 274. Las pruebas deberán ofrecerse en los escritos de demanda, contestación a la demanda, en la reconvención, y en el escrito de contestación a la reconvención, así como de las excepciones. En el caso de incidentes, se hará en el escrito que lo promueva y su contestación, si se realiza por escrito o, en el mismo acto, si se realiza oralmente en la audiencia respectiva.

Artículo 275. Las pruebas deben ofrecerse expresando con toda claridad cuál es el hecho o hechos que se pretende probar, declarando, en su caso, en los términos anteriores el nombre y domicilio de testigos y peritos, y pidiendo la citación de la contraparte para responder al interrogatorio respectivo. Si a juicio de la autoridad jurisdiccional las pruebas ofrecidas no cumplen con las condiciones apuntadas, serán desechadas. Con la taxativa de que no será necesario proporcionar el domicilio de testigos, cuando las partes por sí mismas se comprometan a presentarlas.

Artículo 276. En la etapa de admisión de pruebas de la audiencia preliminar o en la misma resolución que recaiga a la demanda incidental o contestación, la autoridad jurisdiccional se pronunciará sobre la admisión o desechamiento de pruebas, pudiendo limitar el número de testigos prudencialmente. En ningún caso, la autoridad jurisdiccional admitirá pruebas o diligencias en los siguientes supuestos:

I. Las que hayan sido ofrecidas extemporáneamente;

II. Las que sean contrarias a derecho;

III. Las que no versen sobre los hechos narrados por las partes, o hechos imposibles o notoriamente inverosímiles, y

IV. Las que no reúnan los requisitos establecidos en este Código Nacional.

En los casos en que las partes dejen de mencionar las personas testigos que estén relacionados con los hechos que fijen la litis; o se dejen de acompañar los documentos que se deben presentar, salvo en los casos autorizados en el presente Código Nacional, la autoridad jurisdiccional no admitirá tales pruebas.

Contra el auto que admita o deseche pruebas deberá estarse a lo dispuesto en el artículo 268 del presente Código Nacional.

Artículo 277. La autoridad jurisdiccional, en la audiencia preliminar al admitir las pruebas ofrecidas, procederá a señalar fecha y hora para audiencia de juicio en la que se recibirán oralmente las pruebas, para dichos efectos tomará en consideración el tiempo para su preparación.

Se señalará audiencia de juicio dentro de los siguientes cuarenta días. Presentes o no las partes en las audiencias, se les tendrá por notificadas y apercibidas de las consecuencias legales en caso de inasistencia.

La audiencia de juicio, incidental o de ejecución se celebrará con las pruebas que estén preparadas, por regla general no se diferirá y sólo se señalará nuevo día y hora para recibir las que se encuentren pendientes y que no sean imputables a la persona oferente. La nueva fecha se señalará en el menor tiempo posible que se requiera para su preparación.

Si en la siguiente ocasión no se encuentra debidamente preparada la prueba o en su caso no se puede hacer comparecer al testigo respectivo en la nueva fecha, se dejará de recibir la prueba o testimonio.

Artículo 278. Las partes, estén o no presentes en las audiencias, se les tendrá por notificadas y apercibidas de todas las resoluciones que la autoridad jurisdiccional emita de las consecuencias legales, en caso de inasistencia.

Artículo 279. Los medios de prueba también podrán desahogarse en audiencia virtual, cuando su naturaleza así lo permita, sea posible técnicamente, exista consenso de las partes y resulte necesario a juicio de la autoridad jurisdiccional, conforme a lo dispuesto en el Libro Octavo del presente Código Nacional.

Artículo 280. Cuando hubiere de practicarse alguna diligencia o aportarse pruebas fuera del lugar del juicio, de acuerdo con la naturaleza de la prueba, podrá ordenarse su recepción a distancia. Con este fin, la autoridad jurisdiccional exhortante podrá coordinarse con la exhortada, de acuerdo a los sistemas de justicia digital con que cuenten, para celebrar la audiencia respectiva de forma virtual, tramitar y devolver el exhorto o documentos en formato electrónico a través de correo electrónico o de las plataformas tecnológicas correspondientes, tomando las medidas necesarias para garantizar la integridad y autenticidad de actuaciones judiciales, conforme a las disposiciones del Código Nacional y, en su caso, el convenio de colaboración que entre los Poderes Judiciales exista.

En caso de que no se cuente con los recursos tecnológicos necesarios o que por la naturaleza de la prueba no lo permita, la prueba se preparará y se desahogará mediante el exhorto respectivo tramitado en forma escrita, a cargo de la parte interesada.

Artículo 281. En los casos establecidos en el artículo anterior, a petición de parte interesada, se concederá el siguiente término para la tramitación y diligenciación del exhorto respectivo:

I. Un mes si el lugar está comprendido dentro del territorio nacional;

II. Dos meses si lo está en los Estados Unidos de América o Canadá;

III. Tres meses si está comprendido en Centroamérica y el Caribe;

IV. Seis meses si estuviere en Europa o en la América del Sur, y

V. Siete meses cuando esté situado en cualquiera otra parte.

El término referido no será prorrogado, salvo caso fortuito o fuerza mayor plenamente acreditado.

Artículo 282. Para otorgarse el término antes referido, deberá de cumplirse con los siguientes requisitos:

I. Que se solicite en los escritos de fijación de la litis;

II. Que se indiquen los nombres y domicilios de las personas testigos que hayan de ser examinados, cuando la parte que los ofrezca no se haya comprometido a presentarlos cuando la prueba sea testimonial. Para el caso de ser inexactos los datos de identificación, domicilio o simplemente no existan, se declarará desierta la prueba;

III. Que se designen, en caso de ser prueba instrumental, los archivos públicos o particulares donde se hallen los documentos físicos o electrónicos que han de cotejarse, o presentarse originales, y

IV. En tratándose de cualquier otra diligencia, deberá indicarse con toda claridad lo que se pretende rendir o recibir y los puntos sobre los que deba versar.

La autoridad jurisdiccional al calificar la admisibilidad de las pruebas determinará el monto de la cantidad que el interesado deberá depositar como multa en caso de no rendirse la prueba, que no podrá ser superior a ciento veinte veces el valor diario de la Unidad de Medida y Actualización vigente al momento de su imposición. Sin este depósito no se hará el señalamiento para la recepción de la prueba. El acuerdo que autorice el término para el desahogo de prueba foránea no será recurrible.

Artículo 283. A la parte a la que se le hubiere concedido la ampliación a que se refiere el artículo anterior, se le entregarán en el término de cinco días los exhortos para su diligenciación, poniéndolos a su disposición, si no los recibiera en ese plazo se hará efectiva la multa y se dejará de recibir la prueba y si no rindiere las pruebas que hubiere propuesto, sin justificar que para ello tuvo impedimento bastante, se le impondrá una sanción pecuniaria a favor de su contraparte, equivalente al monto del depósito a que se hace mención en el mismo artículo anterior, incluyendo la anotación en el Registro Judicial a que se refiere el presente Código Nacional, y además se dejará de recibir la prueba por causas imputables al interesado.

En caso de que las partes, estando obligadas a presentar a sus testigos o peritos no cumplan con dicha comparecencia, se les tendrá por desistidos de la prueba, a menos que justifiquen la imposibilidad que se tuvo para presentarlos, dentro de esa misma audiencia, en la que la autoridad jurisdiccional ordenará lo procedente.

SECCIÓN SEGUNDA
DE LA DECLARACIÓN DE PARTE PROPIA Y CONTRARIA

Artículo 284. Podrá ofrecerse la prueba de declaración voluntaria de parte propia, así como la declaración de la parte contraria, a través del interrogatorio que se les formule en forma personal en el acto de la audiencia de juicio, con el fin de obtener información sobre los hechos controvertidos dentro del proceso, le sean propios o no.

La declaración voluntaria de parte propia será a cargo de la misma parte oferente de la prueba, para que sea interrogada en forma oral por su representante y su contraparte.

Artículo 285. Cuando se trate de una persona jurídica, sólo podrá ser desahogada por la persona representante autorizada, con facultades, sin que pueda exigirse que se lleve a cabo por representante o apoderado específico, quien deberá conocer de los hechos litigiosos.

La declaración voluntaria de parte propia no será admisible para las personas jurídicas públicas.

La declaración de parte contraria será a cargo de la contraparte, para que sea interrogada, por la oferente o la persona representante autorizada de la oferente de forma oral en el acto de la audiencia de juicio.

La declaración será a cargo de la contraparte, para que sea interrogada oralmente por la parte oferente o la persona representante autorizada en la audiencia respectiva. Su objetivo será aportar información de calidad o su confesión judicial para la autoridad jurisdiccional, sobre hechos materia de la controversia, conforme al caso en concreto. En el caso de persona física solo será por conducto de la propia parte interesada de forma personal.

La declaración de parte contraria de personas jurídicas de carácter público deberá de desahogarse por escrito.

Artículo 286. A la parte que corresponda desahogar el interrogatorio se le tendrá por citada, haya estado presente o no, desde la audiencia preliminar en que se admitió la prueba. En el caso de la declaración de parte contraria, quedará apercibida que, de no presentarse a la audiencia de juicio, o en caso de responder con evasivas el interrogatorio o negarse a contestarlo, se presumirán ciertos los hechos que se pretendieron demostrar, salvo prueba en contrario. Si se trata de una declaración voluntaria de parte propia, de no presentarse, el apercibimiento será dejar de recibir dicha probanza.

Artículo 287. Tanto el interrogatorio formulado para el desahogo de la prueba de declaración voluntaria de parte propia y de parte contraria deberá ajustarse a las siguientes reglas:

I. Las preguntas se formularán de manera oral, libre y directa sin incorporar valoraciones ni calificaciones, de manera que puedan ser comprendidas con facilidad por quien ha de declarar;

II. Estar dirigido a demostrar hechos controvertidos que sean objeto de la litis;

III. Estar formulado en términos sencillos, claros y precisos;

IV. Referir sobre hechos percibidos o con conocimiento de la parte respectiva, y no a conceptos subjetivos u opiniones;

V. Podrán formularse respecto de hechos complejos;

VI. Las preguntas no podrán ser insidiosas, entendiéndose por tales las que se dirijan a ofuscar la inteligencia del que ha de responder, con objeto de obtener una confesión contraria a la verdad;

VII. Las preguntas no serán repetitivas;

VIII. No se permitirán preguntas sobre cuestiones de derecho o desconocidas técnicamente por la parte respectiva, y

IX. Podrán formularse preguntas abiertas, caso en el cual la persona responderá ampliamente; o cerradas, supuesto en el cual deberá responder primero categóricamente, afirmando o negando, sin perjuicio de realizar las aclaraciones pertinentes.

Artículo 288. La declaración voluntaria de parte propia y parte contraria se desahogará conforme a las siguientes disposiciones:

I. Se desahogará primero la de la parte actora y con posterioridad la de la parte demandada;

II. En el caso de que una o ambas partes hayan ofrecido la declaración voluntaria de parte propia y declaración de parte contraria, la autoridad jurisdiccional establecerá que, quien declare primero, en una u otra modalidad, inmediatamente que concluya su desahogo, permanezca en el lugar de recepción, para el desahogo de la declaración voluntaria de parte propia y declaración de parte contraria, según corresponda, admitida a la contraparte, a fin de contribuir a la continuidad y concentración de las pruebas;

III. Quien responda al interrogatorio, al inicio de la diligencia se le tomarán sus datos de identificación general y domicilio. Del mismo modo, no podrá recibir asistencia jurídica alguna durante el desahogo de la prueba, de quien ostente su representación como persona representante autorizada;

IV. El oferente de la prueba formulará su interrogatorio en primer término, concluido éste, la parte contraria a su vez tiene derecho a formular preguntas;

V. Ante la formulación de cada pregunta la contraparte tendrá derecho a objetar la misma, exponiendo la causa fundada de la objeción. Quien interroga podrá contradecir la objeción o retirar la pregunta, resolviendo la autoridad jurisdiccional;

VI. En el caso de la declaración de parte contraria, si quien objeta, en su argumentación asiste al dar información o indicar a su representado sobre cómo responder la pregunta, se tendrán por presuntamente ciertos los hechos que se pretende demostrar con la prueba. Mismo criterio se seguirá cuando pretenda defender una pregunta en el caso de declaración voluntaria;

VII. Previo apercibimiento, en caso de que no asista a la audiencia respectiva la parte que responda al interrogatorio de declaración de parte contraria, se tendrán por ciertos los hechos que el oferente de la prueba pretendió demostrar con la misma. Mismo criterio se aplicará si no responde, responde con evasivas u omite responder categóricamente a las preguntas;

VIII. Si quien ofreció la declaración de parte propia no asiste a la audiencia respectiva, se declarará desierta la prueba;

IX. Si fueren varias las personas colitigantes que hayan de responder al interrogatorio, las diligencias se practicarán separadamente y en un mismo acto, evitando que las partes se comuniquen entre sí;

X. La parte que interroga, podrá reformular aquellas preguntas durante la audiencia cuando retire la pregunta anterior o porque no sea aprobada por objeción, y

XI. Durante el desahogo de esta prueba, podrán tenerse a la vista, así como usarse, bienes, instrumentos y apoyos técnicos, o incluso documentos, previamente admitidos, para ser mostrados al declarante para que pueda contestar los cuestionamientos que se le realicen.

Artículo 289. No estarán obligadas a comparecer en los términos previstos en los artículos anteriores y declararán por escrito las siguientes personas:

I. Las previstas en el artículo 110 de la Constitución Política de los Estados Unidos Mexicanos;

II. Los extranjeros que gozaren en el país de inmunidad diplomática, de conformidad con los Tratados sobre la materia, y

III. Quienes, por enfermedad grave u otro impedimento acreditado con certificado de salud emitido por Institución de Salud pública.

En casos urgentes podrán rendir declaraciones personalmente, con este fin, desde el ofrecimiento de pruebas se adicionará el interrogatorio a fin de dar la oportunidad a la contraparte de proponer el contra interrogatorio respectivo, conforme a las reglas establecidas en el presente Capítulo. En este caso también se tendrá la oportunidad de formular la objeción respectiva, lo cual deberá garantizar la autoridad jurisdiccional. Serán calificados por la autoridad jurisdiccional antes de su envío para su respuesta.

Artículo 290. Las personas señaladas en el artículo anterior declararán por medio de preguntas cerradas o abiertas y mediante oficio, en el que se insertará el interrogatorio que quiera hacerles la contraparte, para que, por vía de informe, contesten dentro del término improrrogable de tres días. En el oficio se apercibirá a la parte declarante de tenerla por cierta de los hechos sostenidos por la oferente de la prueba, si no contestare, se negaré u omitiera contestar el interrogatorio dentro del término concedido.

Únicamente en este caso, la autoridad jurisdiccional se impondrá del interrogatorio que se exhiba por escrito al momento de ofrecerse la prueba respectiva, en los escritos de fijación de litis; así como calificará las que resulten procedentes formular y enviar en el acto de la audiencia preliminar, en la etapa de admisión y preparación de pruebas.

Las determinaciones que adopte la autoridad jurisdiccional durante el desahogo de la prueba de declaración de parte propia o declaración de parte contraria, solo podrán recurrirse junto con la sentencia definitiva.

SECCIÓN TERCERA
DE LA DECLARACIÓN DE TESTIGOS

Artículo 291. Se podrá ofrecer la prueba testimonial para que cualquier persona que tenga conocimiento sobre los hechos relacionados al litigio comparezca a proporcionar su declaración testimonial a través del interrogatorio que oralmente se le formule. La autoridad jurisdiccional podrá prevenir al oferente para el efecto de reducir prudencialmente el número de testigos, debiendo admitir cuando menos dos por cada hecho controvertido.

Toda persona que no tenga impedimento legal y sea conocedora de los hechos que las partes deben de probar, están obligadas a declarar como testigos.

Artículo 292. Las partes tendrán la obligación de presentar a sus testigos, para cuyo efecto, de solicitarlo, se les entregarán las cédulas de notificación. Sin embargo, cuando razonable y justificadamente estén imposibilitadas para hacerlo, manifestando bajo protesta de decir verdad, dichas circunstancias calificadas por la autoridad jurisdiccional, podrán ser auxiliadas para su presentación en la audiencia respectiva.

La autoridad jurisdiccional ordenará la citación con el apercibimiento que, en caso de desobediencia, se le impondrá a la persona testigo una medida de apremio que considere la autoridad jurisdiccional y que garantice la pronta resolución del juicio.

En los casos de urgencia, podrán ser citados por cualquier medio que garantice la recepción de la citación, de lo cual se deberá dejar constancia.

Tratándose de testigos que sean citados en su calidad de servidores públicos, la dependencia en la que se desempeñen adoptará las medidas correspondientes para garantizar su comparecencia, en cuyo caso absorberá además los gastos que se generen.

La citación se realizará, por lo menos, con dos días de anticipación al día en que deban presentarse a declarar.

Si el testigo citado de esta forma no asistiere a rendir su declaración en la audiencia programada, la autoridad jurisdiccional le hará efectivo el apercibimiento realizado y reprogramará su desahogo en una nueva audiencia. Si el testigo debidamente citado no se presentara a la primera citación o haya temor fundado de que se ausente o se oculte, se le hará comparecer en ese acto por medio de la fuerza pública sin necesidad de agotar ningún otro medio de apremio. Las autoridades están obligadas a auxiliar oportuna y diligentemente a la autoridad jurisdiccional para garantizar la comparecencia obligatoria de los testigos. En este caso, deberán desahogarse las pruebas preparadas.

Artículo 293. La prueba se declarará desierta si, aplicado el uso de la fuerza pública, no se logra la presentación de los testigos. Igualmente, en caso de que el señalamiento del domicilio de algún testigo resulte inexacto, o no existe, o de comprobarse que se solicitó su citación con el propósito de retardar el procedimiento. En estos casos, además se impondrá al oferente una sanción pecuniaria a favor de la contraparte hasta por el importe autorizado para correcciones disciplinarias, conforme a lo dispuesto en el presente Código Nacional. La autoridad jurisdiccional despachará de oficio ejecución en contra del infractor, sin perjuicio de dar vista al Ministerio Público, se declarará desierta de oficio la prueba testimonial.

Artículo 294. Para el desahogo de la prueba testimonial se estará a las siguientes reglas:

I. Las personas que tengan la calidad de testigos serán protestadas para conducirse con verdad al iniciar la audiencia; se recabarán sus generales; y se procederá a su traslado y separación en el área de testigos correspondiente, hasta que sean llamados a declarar;

II. El interrogatorio estará a cargo de la parte oferente, quien será responsable de justificar la credibilidad e idoneidad del testigo, así como de plantear el interrogatorio correspondiente, conforme a los hechos controvertidos objeto de la prueba;

III. El contrainterrogatorio estará a cargo de la contraparte, quien podrá formular preguntas tendientes tanto a desvirtuar la credibilidad o idoneidad del testigo como de su declaración;

IV. El interrogatorio y contrainterrogatorio deberá formularse en términos sencillos, claros y precisos, deberá dirigirse a los hechos controvertidos objeto de la prueba; podrá destinarse a la credibilidad o idoneidad de quien declara; será libre y directo; y se hará bajo la completa responsabilidad de quien lo formule, atendiendo a los fines propios de su postulación y el debate;

V. Agotado el interrogatorio del oferente, se procederá al contrainterrogatorio de la contraparte; sin perjuicio de poder formularse un reinterrogatorio, a cargo del oferente, o recontrainterrogatorio, a cargo de la contraparte, respectivamente, sin que puedan autorizarse preguntas que debieron formularse con anterioridad;

VI. Cada una de las partes tiene el derecho de objetar las preguntas formuladas por su contraparte, exponiendo brevemente las razones para ello, antes de que se emita la respuesta. En este caso, quien formule la pregunta será escuchado para que defienda o retire la pregunta y la autoridad jurisdiccional resolverá inmediatamente en la misma audiencia;

VII. Quien comparezca como testigo, deberá responder a todas las preguntas que se le formulen, en caso de negativa o responder evasivamente, a petición de parte, la autoridad jurisdiccional lo apremiará y, en su caso, determinará las consecuencias de ello, según el caso, en sentencia definitiva, para alguna de las partes;

VIII. No se permitirá la tacha de testigos, están permitidas las preguntas para destruir la idoneidad y credibilidad, momento en el cual, podrán exhibirse y ofrecerse, en su caso, pruebas documentales para justificarlo;

IX. De admitirse, y escuchando en estricta igualdad a la parte oferente, se reservará lo conducente para la sentencia definitiva, y

X. Únicamente serán admisibles pruebas documentales exhibidas en la audiencia, que no requieran preparación y dirigidas específicamente para los fines establecidos en la fracción VIII de este artículo.

Artículo 295. La autoridad jurisdiccional cuenta con la facultad de hacer las preguntas que estime conducentes a las personas testigos, siempre y cuando sean de naturaleza aclaratoria, sin incorporar información adicional que correspondía generar a las partes involucradas y garantizando, ante todo, el principio de igualdad e inmediación, salvo que se trate de la materia familiar, en cuyo caso la autoridad jurisdiccional estará facultada para cuestionar a la persona testigo sin limitación alguna, en aras de allegarse de la verdad material o cuando advierta violaciones a derechos humanos.

Artículo 296. Si la persona testigo o declarante no hablara o entendiera el idioma español, no sabe leer; o tiene algún impedimento de comunicación para la manifestación de su voluntad, declarará a través de la persona intérprete que le acompañe o la persona que para dichos efectos designe la autoridad jurisdiccional, preferentemente de forma gratuita, según el caso en particular.

Artículo 297. A las personas mayores, con discapacidad permanente o temporal, debidamente acreditada por instituciones de salud pública, que lo soliciten, así como a las personas que se encuentren privadas de su libertad por mandato judicial, la autoridad jurisdiccional podrá recibirles la declaración en el lugar en que se encuentren en presencia de la otra parte, si asistiere.

En los casos que se acredite la discapacidad temporal o permanente por instancias de salud privada, el médico deberá exhibir cédula profesional y concurrir a la audiencia en la que comparezca la persona que testifica, para ratificar el diagnóstico, bajo protesta de decir verdad. En caso de inasistencia, la prueba no será recibida.

En todo caso, el desahogo de la prueba testimonial deberá realizarse en audiencia de juicio que se iniciará desde la Sala de Audiencias respectiva, para trasladarse al lugar y luego regresar a la misma.

Asimismo, de acuerdo a cada caso en particular, la autoridad jurisdiccional podrá autorizar su desahogo a distancia, conforme a las reglas establecidas en este Código Nacional.

Artículo 298. Ambas partes podrán solicitar a las personas previstas en el artículo 110 de la Constitución Política de los Estados Unidos Mexicanos, así como a las personas integrantes de las fuerzas armadas con mando, que desahoguen las preguntas vía informe, previo a la celebración de la audiencia de juicio.

A criterio de la autoridad jurisdiccional, podrá solicitarles la declaración personal dada su relación en los hechos materia de la controversia y no en virtud de su encargo.

Artículo 299. Cuando la persona testigo resida fuera del ámbito de competencia territorial de la autoridad jurisdiccional y no sea posible su desahogo por medios electrónicos, la parte oferente de la prueba, sin perjuicio que solicite la comparecencia del testigo, podrá optar por presentar sus interrogatorios con las copias respectivas para las otras partes, junto con la traducción y apostilla necesarias para el caso de girar carta rogatoria y; con la finalidad que tenga la oportunidad de formular sus contrainterrogatorios y ser agregados al exhorto o carta rogatoria, debiendo el contrainterrogatorio de cumplir con los mismos requisitos. Sin la exhibición de los interrogatorios por parte de la oferente no se admitirá la prueba.

El interrogatorio será previamente calificado por la autoridad jurisdiccional una vez que admita la prueba y enviados en sobre cerrado a la autoridad exhortada.

En todo caso, deberá preferirse y estarse al desahogo a distancia de la prueba testimonial, caso en el cual no se requerirá de dicho interrogatorio escrito.

SECCIÓN CUARTA
DE LA PRUEBA PERICIAL

Artículo 300. La prueba pericial solo procede cuando:

I. Sean necesarios conocimientos especiales en alguna ciencia, arte, técnica o industria o, en aquellos casos que la mande la Ley;

II. Cuando la autoridad jurisdiccional lo requiera para llegar a una solución;

III. Se ofrecerá expresando los puntos y cuestionamientos sobre los que versará y que deban resolver los peritos, sin lo cual no será admitida;

IV. Las personas designadas deben tener título en la ciencia, arte, técnica, oficio o industria a que pertenezca, y cédula si se requiere legalmente para su ejercicio;

V. Si los conocimientos especiales no estuvieren legalmente reglamentados con título oficial o, estándolo, no hubiere peritos en el lugar, podrá ser nombrada a satisfacción de la autoridad jurisdiccional, cualquier persona entendida, o bien con experiencia práctica en el ejercicio de un servicio u oficio;

VI. Se desechará la pericial cuando se trate de conocimientos generales, hechos acreditados en autos o tratándose de simples operaciones aritméticas, y

VII. El título de habilitación de corredor público acredita para todos los efectos la calidad de perito valuador.

Artículo 301. El ofrecimiento de la prueba pericial en materia civil deberá llevarse a cabo en los términos establecidos en el presente Código Nacional, con las salvedades siguientes:

I. Si se ofrece la prueba pericial en la demanda o en la reconvención, la contraria al contestar deberá designar perito de su parte, además de proponer la ampliación de los puntos y cuestiones que argumentó el oferente para que los peritos dictaminen. Si se ofrece al contestar la demanda principal o reconvencional, la contraria deberá designar a su perito, en la misma forma del párrafo anterior. Si se ofrece en el desahogo de las vistas con excepciones y defensas, la contraria lo designará dentro del término de tres días. En todo caso, deberá precisarse la ciencia, técnica o arte a que se refiere, proporcionando el nombre de la persona designada;

II. De estar debidamente ofrecida, la autoridad jurisdiccional la admitirá en la etapa de admisión de pruebas de la audiencia preliminar o, en su caso, en la audiencia donde haya ofrecido. Asimismo, conforme a la complejidad del caso, determinará un plazo de cinco a diez días para que las partes exhiban por escrito el dictamen respectivo, salvo que existiera causa bastante para modificar dicho término;

III. La autoridad jurisdiccional proveerá lo conducente con el fin de que los peritos en estricta igualdad cuenten con los elementos necesarios solicitados por las partes para emitir el dictamen y evitar dilaciones procesales;

IV. En caso de que alguna de las personas peritos de las partes no exhiba su dictamen dentro del plazo señalado por la autoridad jurisdiccional, precluirá su derecho para hacerlo y, en consecuencia, la prueba se desahogará con el dictamen que se tenga por rendido. En el supuesto de que ninguno de los peritos exhiba su dictamen en el plazo señalado se dejará de recibir la prueba;

V. Las partes deberán presentar a sus peritos en la audiencia de juicio, quienes deberán acreditar, bajo su responsabilidad, su calidad científica, técnica, artística o industrial para el que fueron propuestos, con el original o copia certificada de su cédula profesional o los documentos respectivos. Asimismo, deberán exponer verbal y brevemente las conclusiones de sus dictámenes, a efecto de que se desahogue la prueba con los exhibidos oportunamente y respondan las preguntas que la autoridad jurisdiccional o las partes les formulen con apoyo de auxiliar técnico, y

VI. El interrogatorio a los peritos seguirá las mismas reglas de la prueba testimonial.

En caso de no asistir el perito o los peritos designados por las partes, se procederá conforme a lo señalado en la fracción IV del presente artículo.

Artículo 302. Las partes podrán sustituir al perito designado a más tardar en la audiencia preliminar en la que se pronuncien sobre la admisibilidad de la prueba. Si las causas de sustitución acontecen después de la audiencia preliminar, la parte interesada podrá sustituir al perito designado, siempre y cuando se exhiba el dictamen dentro del plazo señalado para ello. Subsistiendo todas las cargas y apercibimientos para su comparecencia en la audiencia de juicio respectiva.

Artículo 303. Desahogados los dictámenes de ambas partes, si la autoridad jurisdiccional los estima substancialmente contradictorios de tal modo que no es posible encontrar conclusiones que le aporten elementos de convicción, podrá designar un perito tercero en discordia en la misma audiencia de juicio. En este caso, desahogará las pruebas preparadas y diferirá la misma para la recepción de dicho dictamen, según el caso, al prudente arbitrio de la autoridad jurisdiccional, siempre y cuando no exceda de quince días.

A la persona perito tercero en discordia deberá notificársele para que, dentro del plazo de tres días, presente escrito en el que acepte el cargo conferido y proteste su fiel y legal desempeño. Asimismo, señalará el monto de sus honorarios, en los términos de la legislación correspondiente o, en su defecto los que determine, mismos que deben ser autorizados por la autoridad jurisdiccional, y serán cubiertos por ambas partes en igual proporción en la audiencia de juicio donde comparezca. En caso de incumplir, la autoridad jurisdiccional en la audiencia respectiva emitirá auto de ejecución en contra de la parte que haya omitido el pago.

La persona perito tercero en discordia designado deberá rendir su dictamen por escrito a más tardar tres días hábiles antes de la audiencia de juicio o su continuación, debiendo asistir a la misma para efectos de explicar oralmente sus conclusiones y ser interrogado por las partes o la autoridad jurisdiccional.

En caso de incumplimiento por parte de la persona perito designado, dará lugar a que la autoridad jurisdiccional le imponga como sanción pecuniaria, en favor de las partes y de manera proporcional a cada una de ellas, por el importe de una cantidad igual a la que cotizó por sus servicios al aceptar y protestar el cargo. En el mismo acto, la autoridad jurisdiccional dictará proveído de ejecución en contra de dicha persona perito tercero en discordia, además de hacerla saber al Consejo de la Judicatura, a la asociación, colegio de profesionistas o institución que lo hubiera propuesto por así haberlo solicitado la autoridad jurisdiccional, para los efectos correspondientes, independientemente de las sanciones administrativas y legales a que haya lugar.

En el supuesto del párrafo anterior, la autoridad jurisdiccional designará otro perito tercero en discordia y, de ser necesario, diferirá la audiencia para el desahogo de la prueba en cuestión.

Artículo 304. La autoridad jurisdiccional podrá designar personas peritos terceros en discordia de entre aquéllos autorizados como auxiliares de la administración de justicia por la autoridad jurisdiccional competente del Poder Judicial respectivo; o, de entre aquéllos propuestos, a su previa solicitud, por colegios, asociaciones o barras de profesionales, artísticas, técnicas o científicas o de las instituciones de educación superior públicas o privadas o las cámaras de industria, comercio, confederaciones de cámaras, conforme al objeto del peritaje.

En todos los casos en que se trate únicamente de peritajes sobre el valor de cualquier clase de bienes y derechos, los mismos se realizarán por avalúos que practique un corredor público, una institución de crédito, monte de piedad, perito valuador o demás entidades que se dediquen a avalúos, nombrados por cada una de las partes y, en caso de diferencias en los montos que arrojen los avalúos, no mayor del veinte por ciento en relación con el monto mayor, se mediarán estas diferencias. De ser mayor tal diferencia, se nombrará una persona perito tercero en discordia, conforme a lo dispuesto en el presente Código Nacional. En este caso, de no designar perito alguna de las partes, se desahogará la prueba con el dictamen con que se cuente.

En caso de avalúos realizados para remates judiciales deberá estarse a las reglas especiales de los mismos.

Artículo 305. En materia civil, cuando la parte que promueve lo haga a través de la Defensoría Pública o Institución Pública o Privada que preste dichos servicios y ésta no cuente con la persona perito solicitado, la autoridad jurisdiccional, previa la comprobación de dicha circunstancia, nombrará una persona perito adscrita de alguna Institución Pública que cuente con el mismo. Aplicándose, en lo conducente, las disposiciones del presente Capítulo para garantizar la designación del perito respectivo.

Artículo 306. En materia familiar, para la prueba pericial se seguirán las siguientes reglas:

I. En todos los casos se nombrará persona perito oficial y sus honorarios serán cubiertos por el Estado, sin perjuicio de las personas peritos que puedan ser ofrecidas por las partes. Tratándose de avalúos sobre bienes, no habrá persona perito oficial, por lo que dicha pericial deberá de sujetarse a las reglas establecidas por la materia civil;

II. No será admisible persona perito tercero;

III. Las personas expertas forenses o peritos deberán comparecer a la etapa de admisión de pruebas de la segunda fase de la audiencia preliminar, para acreditar su experticia, así como protestar y aceptar el cargo, para el caso de su inasistencia se desechará la probanza, y

IV. Las personas designadas para emitir un peritaje quedan obligadas a rendir su dictamen dentro de los quince días siguientes a la fecha en que hayan aceptado y protestado el cargo o bien, de la fecha que señale la autoridad jurisdiccional atendiendo a las circunstancias del caso. Lo anterior en el entendido de que las partes deberán de estar en aptitud de imponerse de su contenido por lo menos con tres días de anticipación a la celebración de la audiencia del juicio.

Artículo 307. La persona perito tercero puede ser recusado en la audiencia de juicio en la que comparezca, por las mismas causas de las excusas e impedimentos que pueden serlo la autoridad jurisdiccional.

La parte que haga valer la recusación deberá presentar las pruebas necesarias para demostrar la causa que se alegue en la misma audiencia. En el mismo acto de la audiencia se hará saber a la persona perito tercero en discordia, a fin de que responda a la misma ofreciendo y presentando, en su caso, las pruebas pertinentes para ello. Si la reconoce como cierta, se niega a responder la recusación, se niega la misma sin ofrecerse prueba alguna o si se declaran desiertas las pruebas admitidas, la autoridad jurisdiccional lo tendrá por recusado sin más trámites y en el mismo acto nombrará otro perito.

Las pruebas ofrecidas por la parte recusante deben desahogarse en la misma audiencia. En caso contrario, se desechará de plano la recusación. En caso de que la persona perito tercero en discordia ofrezca pruebas, deberá ofrecerlas y exhibirlas en el momento, de no ser así y de requerir prepararse las mismas, se señalará una audiencia especial indiferible dentro del término de tres días, en la que se desahogaran y se resolverá lo conducente por la autoridad jurisdiccional.

En ese caso, no se suspenderá el desahogo del dictamen tercero en discordia, el cual quedará desierto, de declararse fundada la causa de recusación.

Cuando la recusación se declare fundada se designará otra persona perito tercero en discordia. En caso de declararse infundada, se impondrá a la parte recusante una multa equivalente al importe de los honorarios fijados por el perito a favor de la contraparte, por el retardo injustificado del procedimiento.

No habrá recurso alguno contra las resoluciones que se dicten en el trámite o la decisión de la recusación.

SECCIÓN QUINTA
DE LA PRUEBA DOCUMENTAL FÍSICA O ELECTRÓNICA

Artículo 308. Las pruebas documentales, físicas o electrónicas recibirán el mismo trato, atendiendo los principios de equivalencia funcional y neutralidad tecnológica. En todo caso, atendiendo a su naturaleza, se estará a las reglas generales y especiales, en lo relativo a su objeción, impugnación o fiabilidad.

Artículo 309. Las partes están obligadas a exhibir todas las pruebas documentales físicas o electrónicas que ofrezcan relacionadas con sus pretensiones en la demanda o su contestación, sea principal o reconvencional, así como sus respectivas vistas. Cuando estén a su disposición, pero por alguna circunstancia no pueda acompañarse a su escrito respectivo, deberá realizar todas las gestiones necesarias para hacerse de la prueba, acreditando dicha obligación al ofrecerla y, en su caso, la autoridad jurisdiccional emitirá las órdenes necesarias para su auxilio, si llegada la audiencia preliminar no se ha exhibido, no obstante ser admitida.

En el caso de información que no esté a su disposición, expresará el archivo o documento físico o electrónico en que se encuentre, o si está en poder de personas terceras, realizando las gestiones necesarias a su alcance para hacerse de la prueba, caso en el cual la autoridad jurisdiccional emitirá las órdenes y apercibimientos respectivos para su auxilio, en el entendido que subsistirá el deber de la parte interesada para gestionar dichas pruebas.

De no cumplirse con las cargas procesales antes referidas la prueba será desechada o, en su caso, declarada desierta.

Artículo 310. Los documentos que ya se exhibieron antes del período probatorio y las constancias de autos se tomarán como prueba, aunque no se ofrezcan.

Artículo 311. Los archivos o registros electrónicos de audiencias o diligencias del juicio oral, cualquiera que sea el medio, serán documentos públicos que harán prueba plena y acreditarán el contenido y modo en que se desarrolló la audiencia.

Artículo 312. Son documentos públicos:

I. Las escrituras públicas, pólizas y actas otorgadas ante corredor público, notaria o notario público, según corresponda y los testimonios y copias certificadas de dichos documentos, firmadas en forma autógrafa o con firma electrónica avanzada;

II. Los documentos auténticos e informes expedidos por personas funcionarias que desempeñen cargo público, en lo que se refiere al ejercicio de sus funciones, con firma autógrafa o electrónica avanzada;

III. Los documentos auténticos, libros de actas, estatutos, registros y catastros que se hallen en los archivos públicos, o los dependientes del Gobierno Federal, de los Estados, de los Ayuntamientos, con firma original o electrónica autorizada;

IV. Las certificaciones de las actas del estado civil expedidas por las autoridades jurisdiccionales, personas funcionarias públicas del Registro Civil o dependencia pública de acuerdo con cada Entidad Federativa, y las certificaciones que sean expedidas por medios manuales o electrónicos y que cuenten con la firma autógrafa digitalizada o firma electrónica avanzada de las personas facultadas para ello, respecto a constancias existentes en los libros correspondientes;

V. Las certificaciones de constancias existentes en los archivos públicos físicos o electrónicos firmados en forma autógrafa o electrónicamente expedidas por personas funcionarias a quienes competa;

VI. Las certificaciones de constancias existentes en los archivos parroquiales y que se refieran a actos pasados, antes del establecimiento del Registro Civil, siempre que fueren cotejadas por Notario Público o quien haga sus veces con arreglo a derecho;

VII. Las ordenanzas, estatutos, reglamentos y actas de sociedades o asociaciones, universidades, siempre que estuvieren aprobados por el Gobierno Federal o de los Estados, y las copias certificadas que de ellos se expidieren;

VIII. Las actuaciones judiciales de toda especie, incluyendo las de los expedientes electrónicos publicados y generados por cualquier autoridad jurisdiccional, en forma física o electrónica, de los Poderes Judiciales que les corresponda;

IX. Las certificaciones que expidieren las bolsas mercantiles o mineras autorizadas por la Ley y las expedidas por corredor público con arreglo al Código de Comercio;

X. Los convenios emanados del procedimiento de mediación o de Centro de Mediación o mecanismos alternativos para la solución de conflictos, que cumplan con los requisitos previstos en la Ley de la materia, y

XI. Los demás a los que se les reconozca ese carácter por la Ley.

Artículo 313. Los documentos públicos expedidos por Autoridades Federales, Locales, Municipales, Alcaldías o cualquier semejante, firmados en forma autógrafa o con la firma electrónica avanzada harán fe en las autoridades jurisdiccionales ante las que se presenten, sin necesidad de legalización.

Artículo 314. Para que los documentos públicos procedentes del extranjero, hagan fe en los Estados Unidos Mexicanos, deberán presentarse debidamente legalizados por las autoridades diplomáticas o consulares en los términos que establezcan los tratados y convenciones de los que México sea parte, la Ley del Servicio Exterior Mexicano y demás disposiciones aplicables.

En caso de imposibilidad para obtener la legalización, esta se sustituirá por cualquier prueba adecuada para garantizar su autenticidad. En todo caso deberá estarse a lo señalado en los instrumentos internacionales en los que el Estado mexicano sea parte.

Tratándose de documentos de nacimiento que acrediten la nacionalidad e identidad de personas mexicanas nacidas en el extranjero o migrantes en retorno de nacionalidad mexicana, no se requerirá de la legalización consular o de la apostilla. Bastará con presentar el certificado de nacimiento extranjero y el acta de nacimiento del padre o madre mexicanos para acreditar su identidad y su nacionalidad mexicana con el fin de obtener el registro de su nacimiento ante los Registros Civiles del país, en términos de la normatividad aplicable.

Párrafo adicionado DOF 04-06-2024

Artículo 315. De la traducción de los documentos que se presenten en idioma extranjero, se mandará dar vista a la parte contraria para que, en un plazo de tres días, manifieste si está conforme; en caso de no estarlo, dentro del mismo plazo de tres días deberá presentar traducción emitida por un perito traductor.

Si la traducción presentada por ambas partes fuese distinta en aspectos relevantes para la solución del conflicto, a costa de las partes, la autoridad jurisdiccional ordenará la traducción a través de un perito traductor oficial o una institución educativa.

En ambos casos, si hubiere conformidad o no dijere nada el contrario, se tendrá por consentida la traducción.

Artículo 316. Siempre que una de las partes litigantes pidiere copia o testimonio de parte de un documento, firmados de forma autógrafa o electrónicamente que obren en los archivos públicos físicos o electrónicos, la parte contraria tendrá derecho de que a su costa se adicione con lo que crea conducente del mismo documento. No así de los documentos que existen en archivos físicos o electrónicos de particulares.

Artículo 317. Los documentos existentes en un sitio distinto de aquel en que se sigue el juicio, se compulsarán a virtud de despacho o exhorto que dirija la autoridad jurisdiccional competente y; siempre que estos documentos se encuentren en los archivos públicos físicos o electrónicos.

Cuando se trate de documentos con firma electrónica, simple o avanzada, de ser posible se compulsarán levantando la actuación correspondiente y se observará el documento en la página de internet o en la base de datos de la dependencia que lo expidió. De no ser posible el referido cotejo, se procederá en los términos del párrafo anterior.

Artículo 318. Los documentos públicos que hayan venido al procedimiento sin citación contraria, se tendrán por legítimos y eficaces, salvo que se impugnare expresamente su autenticidad o exactitud por la parte a quien perjudiquen. En este caso, a petición de parte, se decretará el cotejo con los protocolos y archivos físicos o electrónicos de los que provengan, mismo que se practicará en la audiencia respectiva por parte de la autoridad jurisdiccional acompañado del personal necesario y competente, así como las partes involucradas, al efecto de ingresar en el local del archivo físico, la página de internet o matriz, el día y hora señalado, a realizar dicho cotejo. Si no comparece la parte interesada o no provee los medios tecnológicos para su desahogo se declarará desierta la prueba.

Los documentos firmados en forma autógrafa o electrónica, simple o avanzada, emitidos por autoridades federales, locales, municipales, alcaldías o cualquier otra semejante; así como por países extranjeros, tendrán el mismo valor y serán tratados con las mismas condiciones que los que se hayan elaborado físicamente, autenticados con firma autógrafa.

Artículo 319. Son documentos privados los que otorgan personas particulares sin intervención de Notario Público u otra persona funcionaria dotado de fe pública, o legalmente autorizado para certificar tal documento.

También se consideran documentos privados, aquellos que provengan de personas terceras y que este Código Nacional no reconozca como documentos públicos.

Artículo 320. Los documentos privados y la correspondencia procedente de las partes, presentados en juicio por vía de prueba y no objetados por la parte contraria, se tendrán por admitidos y surtirán sus efectos como si hubieren sido reconocidos expresamente. Puede exigirse el reconocimiento expreso, si la parte que los presenta así lo pidiere; con este objeto se exhibirán los originales a quien deba reconocerlos y se le dejará verlos en su integridad y no sólo la firma.

Quien ofrezca pruebas documentales privadas está obligada a exhibir el original, si lo exhibe en copia certificada o simple y no lo exhibe para los efectos del reconocimiento o la elaboración de pruebas periciales, se presumirá ciertos los hechos que pretende demostrar la parte impugnante u objetante, salvo prueba en contrario.

Artículo 321. Los documentos privados originales, cuando formen parte de un libro, expediente o legajo, se exhibirán para que se compulse la parte que señalen las partes interesadas.

Artículo 322. Si el documento se encuentra en libros, papeles de casa, de comercio o de algún establecimiento industrial, así como archivo que, por sus características y estado no permita su reproducción sin deteriorarse, quien pida el documento o la constancia, deberá fijar con precisión cuál sea, y la copia testimoniada se tomará en el escritorio del establecimiento, sin que las personas directoras de él, estén obligados a llevar a la autoridad jurisdiccional los libros de cuentas, ni a más que a presentar las partidas o documentos designados.

Artículo 323. Cuando las partes deban servirse de documentos en poder de terceros, solicitarán del juzgado, que se intime a los mismos la exhibición o para que faciliten la obtención de copia fotográfica, electrónica o testimonio certificado de ellos, siendo los gastos que se originen a cargo de la parte que pida la prueba. Las personas terceras pueden rehusarse si tienen derechos exclusivos sobre los documentos u otra cosa, debiendo justificarlo de manera fehaciente.

Si se trata de documento que se halle en poder de la contraparte, se le intimará para que lo presente en el primer ocurso que comparezca a juicio o en la audiencia respectiva, y de no presentarlo se presumirán ciertos los hechos que pretende demostrar su contraparte. La parte que promueva la prueba podrá presentar copia del documento o proporcionar los datos que conozca acerca de su contenido, mismo que se tendrá por exacto si se probare que el documento se halla o estuvo en poder de la parte adversaria, y ésta sin justa causa no lo presenta.

Artículo 324. La obligación de exhibir documentos y cosas en procedimientos que se sigan en el extranjero, no comprenderá la de exhibir documentos o copias de éstos identificados por características genéricas.

En ningún caso podrá una autoridad jurisdiccional ordenar ni llevar a cabo la inspección de archivos que no sean de acceso público, salvo en los casos permitidos por las Leyes nacionales.

Artículo 325. Los documentos que presenten las partes en los escritos de demanda y contestación, o en el desahogo de vista, podrán ser objetados en cuanto a su alcance y valor probatorio en esos propios escritos o una vez admitidos en la audiencia preliminar. Los documentos que surjan con posterioridad, deberán ser exhibidos o incorporados sólo durante audiencia por parte interesada y, de ser admitidos, en el mismo acto podrá realizarse su objeción.

Artículo 326. En el reconocimiento de documentos se protestará en términos de Ley a la persona que debe hacerlo, ya sea tratándose de una de las partes o de un tercero, quien en la audiencia de juicio contestará oralmente los cuestionamientos que se le realicen sólo sobre el documento a reconocer. Si se niega a responder y es parte en el juicio, el documento se tendrá por reconocido.

Sólo puede reconocer un documento privado la persona que lo firmó, la que lo manda extender o la persona legítima representante con poder o cláusula especial.

Artículo 327. Podrá pedirse el cotejo de firmas y letras, siempre que se niegue o que se ponga en duda la autenticidad de un documento privado o de un documento público que carezca de matriz. Para este objeto se procederá con sujeción a lo que se previene para la prueba pericial.

Artículo 328. La falsedad consiste en la formación de un documento no verdadero, o en la alteración de uno auténtico, o bien en la falta de veracidad de los hechos representados en un documento público que se afirman como ocurridos ante una persona funcionaria pública, Notario o Corredor públicos.

La parte que redarguye de falso un documento debe indicar específicamente los motivos y las pruebas; cuando se impugne la autenticidad del documento privado o público sin matriz deben señalarse los documentos indubitables para el cotejo y promover la prueba pericial correspondiente. Sin estos requisitos se tiene por no redargüido o impugnado el documento.

Realizada la impugnación, se procederá a desahogar la prueba pericial en términos del presente Código Nacional.

Lo dispuesto en este artículo sólo da competencia a la autoridad jurisdiccional para conocer y decidir en lo principal la fuerza probatoria del documento impugnado, sin que pueda hacerse declaración alguna general que afecte al documento, y sin perjuicio del procedimiento penal a que hubiere lugar.

Si en el momento de la celebración de la audiencia se tramitare procedimiento penal sobre la falsedad del documento en cuestión, la autoridad jurisdiccional, sin suspender el procedimiento y según las circunstancias, determinará al dictar sentencia, si se reservan los derechos del impugnador para el caso en que penalmente se demuestre la falsedad, o bien puede subordinar la eficacia ejecutiva de la sentencia a la prestación de una caución.

Artículo 329. La impugnación de falsedad de un documento debe realizarse en la etapa postulatoria del juicio. Si se trata de los exhibidos en la demanda, sea principal o reconvencional, la parte demandada deberá oponer la excepción de falsedad de documento y ofrecerá las pruebas para tal fin. La parte actora podrá responder a dicha impugnación, ampliará su cuestionario y ofrecerá la pericial correspondiente, en su caso.

Si se trata de documentos exhibidos al contestar la demanda o la reconvención, la contraparte deberá promover la impugnación al desahogar la vista y ofrecerá las pruebas para ello, dando vista por tres días a su contraria para el derecho de contradicción.

En el caso de los documentos exhibidos en los escritos de desahogo de vista de excepciones, la demandada podrá impugnarlos dentro del término de tres días contados a partir del acuerdo en que se tienen por exhibidos, ofreciendo las pruebas pertinentes; y la actora en el principal o en la reconvención, responderán a dicha impugnación por escrito en el término de tres días, en el entendido de que sólo podrán adicionar puntos o cuestionamientos y, en su caso, documentos indubitables para cotejo. En el caso de documentos exhibidos en audiencia, la impugnación de falsedad se hará en la misma audiencia donde se exhiben. Las partes tienen la obligación de acudir a la audiencia respectiva debidamente preparados para tales efectos, bajo el apercibimiento de no dar trámite a su petición.

Artículo 330. Quien pida el cotejo designará el documento o documentos indubitables con que deba hacerse, o pedirá a la autoridad jurisdiccional que cite a la persona interesada, para que en su presencia y en audiencia especial o simple comparecencia asiente la firma, letras o huella digital que servirán para el cotejo. En este caso, la autoridad jurisdiccional podrá aprovechar la presencia de la persona en cualquiera de las audiencias para recabar sus firmas.

Artículo 331. Se considerarán indubitables para el cotejo:

I. Los documentos físicos o electrónicos firmados de manera autógrafa o con firma electrónica avanzada que las partes, según el caso, de común acuerdo, reconozcan como tales;

II. Los documentos privados físicos o electrónicos cuya letra o firma autógrafa o con firma electrónica avanzada hayan sido reconocidos en juicio por aquel a quien se atribuye la dudosa;

III. Los documentos físicos o electrónicos cuya letra, firma autógrafa o con firma electrónica avanzada, o huella dactilar, haya sido judicialmente declarada propia de aquel a quien se atribuye la dudosa, exceptuándose el caso en que la declaración haya sido hecha en rebeldía;

IV. El escrito impugnado, en la parte en que reconozca la letra como suya aquella parte a quien perjudique, y

V. Las firmas o huellas digitales puestas en actuaciones judiciales, en presencia de la persona secretaria judicial, auxiliar o judicial de la autoridad jurisdiccional, por la parte cuya firma, letra o huella dactilar se trata de comprobar y las puestas ante cualquier otra persona funcionaria revestida de fe pública.

SECCIÓN SEXTA
DE LA INSPECCIÓN O RECONOCIMIENTO JUDICIAL

Artículo 332. Al ofrecerse la prueba de inspección judicial, se deberá señalar e identificar los puntos sobre los que debe versar y puede verificarse respecto de lugares, bienes muebles e inmuebles, información publicada y de libre acceso en internet o personas, y que no requieran de conocimientos técnicos especializados, debiendo indicar con toda precisión, la materia u objeto de la prueba y su relación con algún punto del debate, sin cuyos requisitos no se admitirá.

El reconocimiento o inspección judicial, es el acto contingente y momentáneo, en el que la autoridad jurisdiccional, a través de sus sentidos, da fe de aspectos reales o cuestiones materiales para crear convicción respecto de los hechos materia del litigio.

Cuando el reconocimiento a cargo de una persona verse sobre algún documento, deberá desahogarse en la audiencia de juicio, apercibido que, en caso, de no comparecer, se le tendrá por cierto el contenido del mismo.

Artículo 333. La inspección o reconocimiento deberá cumplir con las siguientes reglas:

I. Deberá desahogarse en la audiencia de juicio o, según las circunstancias, o bien, antes o después de la misma en cualquier diligencia, con día de diferencia máximo, a efecto de no afectar el principio de continuidad y concentración de la información que arroje;

II. En el caso de haberse solicitado la elaboración de planos o toma de fotografías éstas deberán desahogarse necesariamente en audiencia de juicio por la parte interesada;

III. Las partes, peritos o testigos podrán estar presentes en la inspección judicial, dejando razón de su asistencia. La autoridad jurisdiccional deberá estar presente, sin poder delegar su presencia, con el personal necesario para el desarrollo de la audiencia, en caso, contrario resultará nula la diligencia de pleno derecho;

IV. De recibirse la inspección judicial en audiencia de juicio, la autoridad jurisdiccional decidirá el momento procesal para decretar el receso respectivo, definiendo las condiciones, tiempos, apercibimientos y demás medidas que considere pertinentes para llevar a cabo el desahogo y regresar a la sala de audiencias respectiva para la continuación de la audiencia, si fuera el caso;

V. Con este fin, la audiencia iniciará en la sala de audiencias de la autoridad jurisdiccional respectiva, en la que, después de cumplir con las demás formalidades de la misma, se decretará el receso para trasladarse al lugar de la inspección y, posteriormente, al regreso, continuar con la audiencia respectiva de poderse celebrar el mismo día, en caso contrario, se podrá señalar nuevo día y hora para su continuación, y

VI. En caso de no presentarse a la audiencia o diligencia la parte interesada, la prueba dejará de recibirse. Durante el desahogo de la inspección las partes, testigos o peritos, según el caso, podrán realizar las observaciones que consideren pertinentes, debiendo la autoridad jurisdiccional resolver en el acto lo que en derecho proceda, y la inspección judicial deberá videograbarse en su totalidad, sin incluir el traslado de personas; adicionándose, en su caso, los planos y fotografías respectivas. De no ser posible, se hará constar en cualquier medio a juicio de la autoridad jurisdiccional.

SECCIÓN SÉPTIMA
DE LA PRUEBA DE INFORMES

Artículo 334. El informe es un medio de prueba autónomo, que consiste en la rendición de datos, a través de un comunicado que debe contener la información que la parte oferente de la prueba proponga, o que el juzgado requiera oficiosamente y que la persona informante tenga a su disposición, en cualquier fuente que la pueda contener, ya sea electrónica o documental.

Los informes que se soliciten deberán versar sobre puntos claramente individualizados y referirse a hechos o actos que resulten de la documentación, archivo o registro de la persona informante.

La contraparte podrá formular las peticiones tendientes a que los informes sean completos y ajustados a los hechos a que han de referirse.

SECCIÓN OCTAVA
DE OTROS MEDIOS DE PRUEBA

Artículo 335. Para acreditar hechos o circunstancias que tengan relación con el procedimiento que se ventile, las partes pueden presentar otros medios de prueba que no estén expresamente reconocidos y regulados en el Código Nacional, como son, ejemplificativamente, videos, fotografías, cintas cinematográficas, disquetes o discos compactos, de sistemas computacionales, grabaciones de imágenes y sonidos, así como la información generada o comunicada que conste en medios electrónicos, magnéticos, ópticos, u otros medios de reproducción; o bien, copias digitales, impresiones de documentos electrónicos, simples o al carbón, documentos taquigráficos; así como registros dactiloscópicos, fonográficos y, en general, cualesquiera otros elementos proporcionados por la ciencia y la tecnología, que puedan producir convicción en el ánimo de la autoridad jurisdiccional.

Las pruebas ofrecidas que, por su naturaleza, requieran de dispositivos electrónicos para su reproducción o percepción, o de alguna traducción o interpretación técnica, serán admitidas siempre y cuando la autoridad jurisdiccional cuente con ellas, y en caso contrario el oferente proporcione dichas herramientas para su desahogo en la audiencia respectiva, bajo el apercibimiento de dejar de recibir la prueba.

Los registros electrónicos generados y publicados en un expediente electrónico, únicamente podrán ofrecerse precisando la liga respectiva, la parte conducente que se desea aportar como prueba, así como el nombre de las partes, número de expediente, tipo de juicio, juzgado en el que se tramita o tramitó el procedimiento respectivo, y cualquier otro dato que permita a la autoridad jurisdiccional su localización electrónica.

En todo caso, deberán respetarse los principios de equivalencia funcional o no discriminación y de neutralidad tecnológica de todo documento electrónico, conforme a las reglas de la prueba documental, atendiendo a la naturaleza del mismo.

Artículo 336. Si alguna de las partes estima que la reproducción de estos medios puede atentar contra la intimidad de las personas o poner en riesgo información reservada, confidencial o secretos industriales, lo expresará a la autoridad jurisdiccional, quien calificará tal solicitud y de considerarla fundada se recibirá en audiencia privada, dejando constancia de ello en el acta mínima que al efecto se levante.

SECCIÓN NOVENA
DE LAS PRESUNCIONES

Artículo 337. Presunción es la consecuencia que la norma jurídica o la autoridad jurisdiccional, deduce de un hecho conocido para averiguar la verdad de otro desconocido: la primera se llama legal y la segunda humana.

Artículo 338. Hay presunción legal cuando la Ley la establece expresamente y cuando la consecuencia nace inmediata y directamente de la Ley; hay presunción humana, cuando de un hecho debidamente probado, se deduce otro que es consecuencia ordinaria de aquél.

Artículo 339. La persona que tiene a su favor una presunción legal, sólo está obligada a probar el hecho en que se funda la presunción.

Artículo 340. No se admite prueba contra la presunción legal, cuando la Ley lo prohíbe expresamente y cuando el efecto de la presunción, es anular un acto o negar una acción, salvo el caso en que la Ley haya reservado el derecho de probar.

Artículo 341. La presunción debe ser grave, esto es, digna de ser aceptada por persona de buen criterio. Debe también ser precisa, esto es, que el hecho probado en que se funde, sea parte o antecedente o consecuencia del que se quiera probar, y que cuando fueren varias las presunciones han de ser concordantes entre sí.

Artículo 342. En los supuestos de presunciones legales que admiten prueba en contrario, opera la inversión de la carga de la prueba.

SECCIÓN DÉCIMA
DE LA VALORACIÓN DE LAS PRUEBAS

Artículo 343. Las autoridades jurisdiccionales apreciarán la prueba según su libre convicción extraída de la totalidad del debate y la instrumental de actuaciones, lo harán de manera libre, lógica y basada en la experiencia. En la resolución judicial respectiva siempre expondrán la motivación racional de las pruebas desahogadas tanto en lo individual como en su conjunto, salvo que se hayan desestimado, indicando las razones que se tuvieron para hacerlo.

En el caso de los recursos que se encuentran previsto en el presente Código Nacional, la autoridad de apelación deberá realizar la inmediación directa de las pruebas cuando así resulte procedente, valorándolas en los términos señalados en el párrafo anterior.

Artículo 344. Los documentos públicos siempre harán prueba plena, salvo el caso de objeción declarada procedente o probado el incidente de impugnación.

Las actuaciones e inspección judiciales que no requiera conocimientos especiales o científicos hacen prueba plena.

Artículo 345. Los documentos privados provenientes de las partes, harán prueba plena cuando no fueren objetados, cuando no se pruebe la objeción, cuando no fueren impugnados, cuando no se demuestre la impugnación o cuando fueren legalmente reconocidos.

El reconocimiento de documentos por su autor o autores, sea en etapa escrita o en audiencia, hace prueba plena salvo que existan otras que las contradigan. Los documentos privados provenientes de extraños al juicio, no reconocidos, ni objetados, constituyen indicio que requiere concatenación con otros medios de prueba para que funden una presunción.

Artículo 346. Los libros, instrumentos técnicos y demás que conforme a la Ley se deben llevar por cualquier persona, tendrán el valor probatorio que les asigne su normatividad específica.

Los documentos simples reconocidos por testigos, tendrán el valor que merezcan sus testimonios.

Artículo 347. Las presunciones legales hacen prueba plena, salvo que existan otras que la contradigan o el presente Código Nacional disponga lo contrario.

El órgano jurisdiccional según la naturaleza de los hechos, la prueba de ellos, los indicios y el enlace necesario que exista entre la verdad conocida y la que se busca, apreciará discrecionalmente el valor de las presunciones humanas.

Artículo 348. Se reconoce como prueba la información generada o comunicada que conste en medios electrónicos, ópticos, digitales, en una cadena de bloques o en cualquier otra tecnología.

Artículo 349. Para valorar la fuerza probatoria de la información a que se refiere el artículo anterior, se estimará primordialmente la fiabilidad del método en que haya sido generada, comunicada, recibida o archivada y, en su caso, si es posible atribuir a las personas obligadas el contenido de la información relativa y ser accesible para su ulterior consulta.

Artículo 350. Cuando la ley requiera que un documento sea conservado y presentado en su forma original, ese requisito quedará satisfecho si se acredita que la información generada, comunicada, recibida o archivada por medios electrónicos, ópticos, digitales, cuánticos o de cualquier otra tecnología, se ha mantenido íntegra e inalterada a partir del momento en que se generó por primera vez en su forma definitiva y ésta pueda ser accesible para su ulterior consulta.

La información, documentos electrónicos o mensajes de datos contenidos o almacenados en una cadena de bloques pública hacen prueba plena, siempre que no existan circunstancias fehacientes de que los registros vinculados en la cadena de bloques han sido vulnerados o manipulados sin autorización, o no son confiables.

CAPÍTULO III
DEL JUICIO ORAL SUMARIO

Artículo 351. Corresponde a los Consejos de la Judicatura de los Poderes Judiciales de las Entidades Federativas y del Poder Judicial de la Federación, mediante acuerdos generales, determinar qué asuntos serán gestionados en el juicio oral sumario que trata este Capítulo.

Artículo 352. Al juicio oral sumario le resultan aplicables las disposiciones generales de este Código Nacional, siempre que no contravengan lo previsto en este Capítulo.

Artículo 353. La demanda será formulada por comparecencia y en ella se expresarán en forma sucinta el objeto que se persigue y los hechos que fundan la pretensión, se ofrecerán las pruebas de tales hechos, y se indicará el nombre y domicilio de la parte demandada.

Artículo 354. De reunirse los presupuestos procesales, en la misma comparecencia la autoridad jurisdiccional admitirá la demanda y ordenará emplazar a la parte demandada para una audiencia que se celebrará en un plazo no menor a cinco días contados a partir del emplazamiento, de conformidad con lo siguiente:

I. La parte demandada dará respuesta a los hechos expuestos por su contraria y ofrecerá las pruebas que estime a su favor; en caso de documentos, deberá proporcionar copia de los mismos a la parte actora.

II. La autoridad judicial podrá suspender la audiencia para, en sesión privada, intentar la solución del asunto a través de los medios alternativos, así como informar a las partes la posibilidad de acudir ante los centros de justicia alternativa, en los casos en que procedan dichos medios.

III. La autoridad judicial admitirá a las partes las pruebas que estime pertinentes, según la naturaleza de los hechos controvertidos, y señalará día y hora para la audiencia de juicio.

Artículo 355. Para el emplazamiento se aplicarán las reglas generales previstas en este Código Nacional, pero se dará traslado a la parte demandada del registro en que conste la comparecencia para formular la demanda, así como la resolución de admisión de esta, y se le entregarán copias de los documentos o registros presentados al formular la demanda.

Artículo 356. Si solo se admiten pruebas documentales, declaración de parte, instrumental y presuncional, la autoridad judicial iniciará en ese momento la audiencia de juicio, en la cual desahogará las pruebas admitidas, escucharán los alegatos orales y emitirá la sentencia definitiva, que explicará a las partes y documentará dentro de los tres días siguientes.

Artículo 357. Cuando el allanamiento vincule a la autoridad jurisdiccional de conformidad con lo dispuesto en este Código Nacional, si la parte demandada se allana a la demanda, en la misma audiencia la autoridad judicial dictará la sentencia definitiva, que explicará a las partes y documentará dentro de los tres días siguientes. En caso de allanamiento no procederá la condenación en costas.

Artículo 358. En los casos de reconvención:

I. La autoridad jurisdiccional admitirá la reconvención, de ser procedente;

II. Ordenará emplazar al demandado reconvencional en ese mismo acto para otra audiencia que se celebrará en un plazo no menor a cinco días contados a partir de concluida la audiencia;

III. El demandado de la reconvención dará respuesta a los hechos expuestos por su contraria y ofrecerá las pruebas que estime a su favor; en caso de documentos, deberá proporcionar copia de los mismos a la parte actora, y

IV. Concluida la reconvención se estará a lo dispuesto por este Capítulo.

Artículo 359. En la audiencia de juicio se recibirán las pruebas, conforme a las disposiciones de este Código Nacional.

Los documentos y objetos que se hayan presentado serán mencionados, leídos, descritos, exhibidos o reproducidos, según corresponda.

Concluido el desahogo, se escucharán alegaciones breves de las partes y la autoridad jurisdiccional emitirá la sentencia definitiva, que explicará a las partes y documentará dentro de los cinco días siguientes.

El escrito en que se consigne la sentencia deberá corresponder a la que en la audiencia pronunció la autoridad judicial, sin que sea permitido incorporar argumentos diversos.

Artículo 360. Siempre se procurará resolver el fondo de todas las controversias planteadas.

Artículo 361. Contra la sentencia definitiva procede recurso de apelación; contra cualquier otra resolución no procede recurso alguno.

El plazo de la apelación se contará tomando en cuenta la notificación de la sentencia escrita.

Artículo 362. La autoridad jurisdiccional, sin afectar el debido proceso o los derechos humanos, bajo su prudente arbitrio y atendiendo a la naturaleza de la controversia, dispondrá de amplias facultades para orientar el desahogo de esta.

Artículo 363. La autoridad judicial podrá señalar y desahogar tantas audiencias cuantas considere necesarias para decidir los debates que establezcan las partes, sean principales, incidentales o sobre medidas cautelares.

Artículo 364. La autoridad judicial concederá la palabra a las partes las veces que estime convenientes para aclarar los puntos del propio debate y podrá interrogarlas para ese fin.

Artículo 365. En los procedimientos orales sumarios no existirá expediente.

Las audiencias se registrarán por cualquier medio que se estime conveniente, que asegure la preservación de la información para que pueda ser consultada.

No será necesario que la autoridad judicial sea asistida por persona secretaria judicial.

Artículo 366. Los Consejos de la Judicatura de los Poderes Judiciales de las Entidades Federativas y del Poder Judicial de la Federación, mediante acuerdos generales, podrán establecer los mecanismos necesarios para que los procedimientos a que se refiere este Capítulo se desahoguen a través de sistemas de justicia digital.

LIBRO TERCERO
DE LA JUSTICIA CIVIL

TÍTULO PRIMERO
DE LOS ACTOS PREJUDICIALES EN MATERIA CIVIL

CAPÍTULO I
DE LOS MEDIOS PREPARATORIOS DEL JUICIO EN GENERAL

SECCIÓN PRIMERA
DISPOSICIONES GENERALES

Artículo 367. El juicio podrá prepararse:

I. Pidiendo información a través de declaración o interrogatorio bajo protesta, a la persona que se pretenda demandar, acerca de un hecho relativo a su personalidad, negocios, la calidad de su posesión o tenencia de bienes;

II. Pidiendo la exhibición del bien mueble que haya de ser objeto de la acción real que se trate de entablar;

III. Pidiendo la persona legataria o cualquier otra que tenga el derecho de elegir uno o más bienes entre varios, su exhibición;

IV. Pidiendo la persona que se crea heredera, o coheredera o legataria, la exhibición de un testamento;

V. Pidiendo la persona compradora a la vendedora, o la vendedora a la compradora, en el caso de evicción, la exhibición de títulos u otros documentos que se refieran a los bienes vendidos;

VI. Pidiendo a una persona socia o comunera la presentación de los documentos y cuentas de la sociedad o comunidad, a una persona socia o copropietaria que los tenga en su poder;

VII. Pidiendo el examen de personas testigos, cuando se trate de personas mayores o se hallen en peligro inminente de perder la vida, o próximas a ausentarse a un lugar con el cual sean tardías o difíciles las comunicaciones y no pueda deducirse aún la acción, por depender su ejercicio de un plazo o de una condición que no se haya cumplido todavía;

VIII. Pidiendo el examen de personas testigos para probar alguna excepción, siempre que la prueba sea indispensable y las personas testigos se hallen en alguno de los casos señalados en la fracción anterior;

IX. Pidiendo el examen de personas testigos u otras declaraciones que se requieran en un procedimiento extranjero;

X. Cuando pida la exhibición de un protocolo o de cualquier otro documento archivado, la diligencia se practicará en la oficina del Notario o Notaria Pública; del Corredor o Corredora Pública o en la oficina respectiva de conformidad con lo dispuesto por la legislación Local aplicable, sin que, en ningún caso, salgan de ellas los documentos originales, y

XI. Pidiendo la exhibición de instrumentos o documentos relativos a la posesión, propiedad y tenencia de bienes muebles o inmuebles que se pretenda recuperar; así como de actos o hechos jurídicos que puedan ser materia de controversia.

La acción que pueda prepararse conforme a las fracciones I a III y XI, procede contra cualquier persona que tenga en su poder los bienes que en ellas se mencionan.

Artículo 368. Los medios preparatorios tienen por objeto que una persona se allegue de aquellos elementos que estime necesarios para ejercitar una acción o hacer valer un derecho o excepción, dentro de un procedimiento jurisdiccional.

Artículo 369. Estos procedimientos se tramitarán de forma escrita y únicamente serán aplicables los principios del juicio oral y sus reglas probatorias, durante las audiencias.

Artículo 370. Los medios preparatorios a juicio deberán solicitarse por escrito ante autoridad jurisdiccional competente y reunir al menos los siguientes requisitos:

I. Nombre, domicilio y dirección electrónica de quien promueve, en su caso;

II. El nombre y domicilio de las personas que deberán comparecer ante la autoridad jurisdiccional para rendir su declaración o exhibir los documentos o bienes solicitados;

III. Señalar el objeto que se persigue con la práctica de las diligencias;

IV. Señalar la acción, derecho o excepción que se pretenda ejercer u oponer;

V. El ofrecimiento de los medios de prueba que estime para acreditar la pertinencia de la solicitud, y

VI. La firma autógrafa o electrónica de quien promueve.

Artículo 371. La autoridad jurisdiccional podrá ordenar la práctica de diligencias que estime necesarias para cerciorarse sobre la personalidad y legitimación de quien solicita los medios preparatorios, así como de la necesidad o pertinencia de lo solicitado.

Artículo 372. Contra la resolución que concede la diligencia preparatoria, no habrá ningún recurso. Contra la resolución que niegue alguna de las diligencias enumeradas en el artículo 367 del presente Código Nacional, procede la queja.

Artículo 373. Una vez que la autoridad jurisdiccional admitió la solicitud y concedió la práctica de las diligencias preparatorias, se citará a la persona de la cual se requiera la declaración o la exhibición de los documentos o bienes, informándosele la naturaleza del procedimiento y el contenido de la solicitud, para que dentro del plazo de cinco días se lleve a cabo la audiencia respectiva o la práctica de la diligencia a que haya lugar.

Artículo 374. La solicitud de exhibición interrumpe la prescripción de la acción, siempre que se presente la demanda correspondiente dentro de los cinco días siguientes al que se efectúo la exhibición, o dentro de los cinco días siguientes al que judicialmente conste que aquella no puede efectuarse.

Artículo 375. Desahogada la diligencia, quien intentó la medida ante la autoridad jurisdiccional competente, deberá presentar la demanda dentro del término de cinco días, la que se engrosará y tramitará con el mismo número de expediente con que se radicó el medio preparatorio. Si por razón de turno, le corresponde la nueva demanda a la misma autoridad jurisdiccional que conoció de la diligencia preparatoria, en caso contrario, se remitirá al que por razón de turno le corresponda.

Artículo 376. La autoridad jurisdiccional podrá usar los medios de apremio previstos en el presente Código Nacional para hacer cumplir sus determinaciones. La persona rebelde responderá de los daños y perjuicios que cause.

Artículo 377. No se practicará diligencia alguna de jurisdicción voluntaria de la que pueda resultar perjuicio a la Federación. Las que se practicaren en contravención de este precepto serán nulas de pleno derecho y no producirán efecto legal alguno.

SECCIÓN SEGUNDA
DE LOS MEDIOS PREPARATORIOS DEL JUICIO EJECUTIVO CIVIL

Artículo 378. Los medios preparatorios a juicio ejecutivo tienen por objeto que una persona presunta deudora comparezca ante la autoridad jurisdiccional para reconocer el contenido de un documento o la firma de este, así como por solicitud de la persona acreedora y sobre una obligación cierta, liquida y exigible.

Artículo 379. La solicitud deberá formularse por escrito ante la autoridad jurisdiccional competente y contendrá al menos lo siguiente:

I. Nombre, domicilio y dirección electrónica de quien promueve;
II. Nombre y domicilio de la persona presunta deudora;
III. Los hechos en que funde su solicitud, y
IV. La firma autógrafa o electrónica de quien promueve.

Artículo 380. Tratándose de reconocimiento de documento o firma, se deberá adjuntar el documento a reconocer.

Artículo 381. Una vez que la autoridad jurisdiccional admita la solicitud, señalará fecha de audiencia dentro del plazo de veinte días y citará a la persona de la cual se requiera el reconocimiento del documento o su declaración en torno a una presunta deuda liquida y exigible, con el apercibimiento que, en caso de inasistencia o falta de contestación al interrogatorio, se le tendrá por cierto el reconocimiento de la obligación, contenido del documento o la firma de este.

Artículo 382. Practicada la citación se llevará a cabo la audiencia de reconocimiento, misma que deberá desahogarse mediante su declaración y en su caso, con la exhibición del documento. En la audiencia de reconocimiento se observará lo siguiente:

I. El interrogatorio que se le formule a la persona citada deberá estar destinado únicamente al objeto de la solicitud, sin introducir hechos ajenos al reconocimiento o declaración;

II. La autoridad jurisdiccional calificará de oficio el interrogatorio y rechazará las que resulten impertinentes. Contra dicha resolución no procede recurso alguno;

III. Se redactará acta que contenga el reconocimiento de lo solicitado, cuando así proceda.

Artículo 383. Puede hacerse el reconocimiento de documentos firmados ante Corredora o Corredor Público, Notaria o Notario Público, según corresponda de conformidad con lo dispuesto por la legislación aplicable, en forma autógrafa o con la firma electrónica, ya en el momento del otorgamiento o con posterioridad, siempre que lo haga la persona directamente obligada, la persona representante legítima o persona representante autorizada con poder bastante.

La Corredora o Corredor Público, Notaria o Notario Público hará constar el reconocimiento al pie del documento mismo, asentando si la persona que reconoce es representante legal o apoderada de la persona deudora, y la cláusula relativa, señalando también los datos de la escritura o póliza en su caso, en que se asiente tal constancia.

Artículo 384. Si el instrumento público o privado reconocido no contiene cantidad líquida, puede prepararse la acción ejecutiva siempre que la liquidación pueda hacerse en un término que no excederá de quince días.

La liquidación se hace incidentalmente con un escrito de cada parte, un plazo probatorio no mayor de seis días, si las partes lo pidieren y la autoridad jurisdiccional lo estima necesario y la resolución se dictará dentro de los tres días siguientes al desahogo de las pruebas; pronunciamiento contra el cual no procederá recurso alguno.

Artículo 385. En lo no previsto en este Capítulo se observarán las reglas para los medios preparatorios del juicio en general en lo que resulte aplicable.

SECCIÓN TERCERA
DE LA PREPARACIÓN DEL JUICIO ARBITRAL

Artículo 386. Cuando en un contrato o instrumento público se haya establecido cláusula de arbitraje y no se haya nombrado árbitro, éste se rehusare o falleciere y no exista sustituto, cualquiera de las partes contratantes podrá acudir ante la autoridad jurisdiccional para que se designe uno a través de un medio preparatorio.

Artículo 387. Presentándose por cualquiera de los interesados el documento firmado ya sea de manera electrónica o autógrafa, en el que se contiene la cláusula compromisoria, la autoridad jurisdiccional citará a una audiencia dentro del quinto día para que se presenten a elegir árbitro, apercibiéndolos de que, en caso de no hacerlo, lo hará en su rebeldía.

Artículo 388. Si la cláusula compromisoria forma parte de documento privado, al emplazar a la otra parte a la audiencia a que se refiere el artículo anterior, la persona secretaria judicial la requerirá previamente para que reconozca o no la firma autógrafa o electrónica del documento, y si se rehusare a contestar, se tendrá por reconocida.

Artículo 389. En la audiencia, la autoridad jurisdiccional exhortará a que elijan árbitro de común acuerdo, y en caso de no conseguirlo, designará uno entre las personas que aparezcan en las listas oficiales del Poder Judicial de la Federación o de las Entidades Federativas; también podrá consultar a instituciones arbitrales, colegios de corredores o notarios públicos debidamente certificados para tal fin.

Lo mismo se hará cuando el árbitro nombrado en el compromiso renunciare o fallezca y no hubiere sustituto designado.

Artículo 390. Habiéndose nombrado árbitro, se levantará acta de la audiencia, a través de la cual se iniciarán las actuaciones de este, emplazando a las partes como se determina en las reglas generales del juicio arbitral.

SECCIÓN CUARTA
DE LAS PRELIMINARES DE LA CONSIGNACIÓN

Artículo 391. Si la persona acreedora rehusare, sin justa causa recibir la prestación debida, dar el documento justificativo de pago o si fuere persona incierta o no tenga la habilidad o facultad jurídica de recibir pagos, la deudora podrá librarse de la obligación, mediante el ofrecimiento judicial de pago, seguido de consignación.

Artículo 392. Si la persona acreedora fuere cierta y conocida, se le citará para día, hora y lugar determinados, a fin de que reciba o vea depositar el bien debido. Si este fuere bien mueble de difícil conducción, la diligencia se practicará en el lugar donde se encuentre, siempre que esté dentro de la competencia territorial de la autoridad jurisdiccional; si estuviere fuera, se le citará y se librará el exhorto por escrito o vía correo electrónico o el despacho correspondiente a la autoridad jurisdiccional del lugar para que en su presencia el acreedor reciba o vea depositar el bien debido.

Artículo 393. Si se tratare de valores, alhajas o muebles de fácil conducción, la consignación se hará mediante entrega directa, o bien si fuese dinero, exhibiendo el certificado de depósito expedido por instituciones de crédito autorizadas, ante la autoridad jurisdiccional o área de apoyo judicial respectiva para tal efecto en la Ley Orgánica del Poder Judicial competente.

Artículo 394. Si la consignación fuere de inmuebles, se citará al acreedor para que dentro del plazo de tres días manifieste lo que a su derecho corresponda y, en su caso, comparezca a recibir la posesión del inmueble relativo. Para ello, es necesaria la aprobación de la consignación por parte de la autoridad jurisdiccional, a fin de que la misma surta efectos, pudiendo también, en su momento, ordenar que se entregue al acreedor la posesión del bien, lo cual determinará con base en las circunstancias que resulten de las diligencias que se practiquen.

Artículo 395. Si la persona acreedora fuere desconocida, se le citará de conformidad con lo previsto en este Código Nacional, en términos de las disposiciones que se utilizan para las notificaciones de personas inciertas o cuyo domicilio se ignore.

Si la persona acreedora estuviere ausente o desaparecida, será citada a través de representante de conformidad con las leyes de la materia, y en su caso por conducto del Ministerio Público o la Representación Social.

Artículo 396. La persona acreedora comparecerá personalmente o a través de su persona representante autorizada, el día, hora y lugar designados, ante el área de apoyo judicial respectiva o la autoridad jurisdiccional, donde se levantará constancia de la comparecencia, o no, describiendo el bien consignado, su recepción y, en su caso, que quedó constituido el depósito en la persona o establecimiento designado por la autoridad jurisdiccional, oficina de apoyo judicial, o en el lugar indicado por la Ley Orgánica respectiva.

Si la persona acreedora se negare a recibir los bienes consignados, se harán constar sus argumentos en el acto respectivo.

Artículo 397. Si el bien debido fuese cierto y determinado, que debiera ser consignado en el lugar en donde se encuentre, y la persona acreedora no lo retirara ni lo transportara, la deudora puede obtener autorización de la autoridad jurisdiccional para depositarlo en otro lugar adecuado y bajo su responsabilidad.

Artículo 398. Cuando la persona acreedora no haya estado presente en el ofrecimiento y depósito del bien debido, debe ser notificada personalmente de esas diligencias, entregándosele copia simple de ellas, si las pidiere, conforme a las formalidades establecidas en el presente Código Nacional.

Artículo 399. La consignación del dinero puede hacerse en el lugar o cuenta bancaria que designe la persona acreedora y en su defecto, mediante certificado de depósito o cheque certificado, ante el área de apoyo judicial, dispuesta para dichos efectos en la Ley Orgánica respectiva, Secretaría de Finanzas o Tesorería de cada Entidad Federativa.

Artículo 400. La consignación y el depósito de que hablan los artículos anteriores pueden hacerse por conducto de Fedatario Público, en este caso la designación de la persona depositaria será hecha bajo la responsabilidad de la persona deudora.

La Corredora o el Corredor Público, Notaria o Notario Público, en su caso atenderán personalmente la diligencia y se limitarán a hacer el ofrecimiento y expedir a la persona deudora la certificación respectiva, en la que dé fe de los hechos. La tramitación de oposiciones de la persona acreedora y declaración de liberación deberá hacerse por la autoridad jurisdiccional competente.

Artículo 401. Las mismas diligencias previstas en el artículo que antecede, se seguirán si la persona acreedora fuere conocida, pero dudosos sus derechos. Este depósito sólo podrá hacerse bajo la intervención judicial y bajo la condición de que la persona interesada justifique sus derechos por los medios legales.

Artículo 402. Cuando la persona acreedora se rehusare en el acto de la diligencia a recibir, el bien, con la certificación a que se refieren los artículos anteriores, podrá la deudora pedir la declaración de liberación en contra de la acreedora.

Mientras la acreedora no acepte la consignación o no se pronuncie resolución sobre ella, podrá la deudora retirar el depósito del bien; pero en este caso la obligación conserva todo su vigor.

Artículo 403. La persona depositaria que se constituya en estas diligencias será designada por la autoridad jurisdiccional si con intervención de ella se practicaren. Si fueren hechas con intervención de Corredor o Corredora Pública, Notaria o Notario Público, la designación será bajo la responsabilidad de la deudora.

CAPÍTULO II
DE LAS MEDIDAS CAUTELARES EN MATERIA CIVIL

SECCIÓN PRIMERA
DE LAS PROVIDENCIAS PRECAUTORIAS

Artículo 404. Las providencias precautorias son las siguientes:

I. Radicación de persona, cuando hubiere temor fundado de que se ausente u oculte la persona contra quien deba promoverse o se haya promovido una demanda. Dicha medida se reducirá a prevenir a la parte demandada que no se ausente del lugar del juicio sin dejar quien la represente legalmente, suficientemente instruida y expensada, para responder a las resultas del juicio. Quien quebrante la providencia de radicación de persona, será sancionado con la pena que señala el Código Penal respectivo por el delito de desobediencia a un mandato legítimo de la autoridad judicial, sin perjuicio de ser compelido por los medios de apremio que correspondan a volver al lugar del juicio. Quien ostente la representación legal y que se presente instruida y expensada, quedará obligada solidariamente con la persona deudora, respecto del contenido de la sentencia;

II. Retención de bienes, en cualquiera de los siguientes casos:

a) Cuando exista temor fundado de que los bienes que se hayan consignado como garantía o respecto de los cuales se vaya a ejercitar una acción real, se dispongan, oculten, dilapiden, enajenen o sean insuficientes, y

b) Tratándose de acciones personales, siempre que la persona contra quien se pida no tuviere otros bienes que aquellos en que se ha de practicar la diligencia, y exista temor fundado de que los disponga, oculte, dilapide o enajene. En los supuestos a que se refiere esta fracción, si los bienes consisten en dinero en efectivo o en depósito en instituciones de crédito, u otros bienes fungibles, se presumirá, para los efectos de este artículo, el riesgo de que los mismos sean dispuestos, ocultados o dilapidados, salvo que el afectado con la medida garantice el monto del adeudo.

III. Depósito o aseguramiento de las cosas, libros, documentos o papeles sobre que verse el litigio, cuando se demuestre la existencia de un temor fundado o el peligro de que las cosas, libros, documentos o papeles puedan ocultarse, perderse o alterarse, y

IV. El aseguramiento de bienes y condiciones necesarias para conservar la causa de pedir y garantizar la ejecución efectiva de la sentencia, siempre y cuando las cosas se mantengan en el estado en que se encuentren a la fecha de notificación de la providencia, no se afecten el orden e interés público o de terceras personas, y no se constituyan derechos a favor de la promovente equivalentes a los que obtendría, en el caso de obtener sentencia definitiva favorable. Las disposiciones de las fracciones anteriores comprenden no sólo a la persona deudora, sino también a quienes tengan la calidad de socias y administradoras de bienes ajenos.

Artículo 405. Las providencias precautorias establecidas por este Código Nacional podrán decretarse, tanto como actos prejudiciales, como después de iniciado el juicio respectivo.

En el primer caso, se tramitará en expediente que se forme por cuerda separada, previo a iniciar el juicio principal conforme al procedimiento de dos fases que prevé el artículo 409 del presente Código Nacional; en el caso de que la petición sea la radicación de persona, quien promueva deberá garantizar el pago de los daños y perjuicios que se generen si no se presenta la demanda. El monto de la garantía deberá ser determinado por la autoridad jurisdiccional prudentemente, con base en la información que se le proporcione y cuidando que la misma sea asequible para el promovente; si la autoridad jurisdiccional que decretó las providencias no fuere la que conozca del procedimiento, desde luego remitirá las mismas a la que le haya sido encomendado el mismo, quien podrá, en su caso, confirmar o revocar la decisión dictada.

En el segundo caso, se tramitará en vía incidental directamente ante la autoridad jurisdiccional que conoce del procedimiento conforme al procedimiento de dos fases del mismo artículo 409 del presente Código Nacional.

Si se pide la radicación de persona, bastará la petición de la promovente y el otorgamiento de la garantía a que se refiere este artículo para que se decrete y se haga a la persona demandada la correspondiente notificación.

Artículo 406. Quien solicite la radicación de persona, deberá acreditar el derecho que tiene para gestionar dicha medida. Se podrá probar lo anterior mediante documentos o con testigos idóneos.

Artículo 407. La autoridad jurisdiccional deberá decretar de plano la retención de bienes, cuando la persona que la pida cumpla con los siguientes requisitos:

I. Pruebe la existencia de un crédito cierto, líquido y exigible a su favor;

II. Exprese el valor de las prestaciones o el de la cosa que se reclama, designando ésta con toda precisión;

III. Manifieste, bajo protesta de decir verdad, las razones por las cuales tenga temor fundado de que los bienes consignados como garantía o respecto de los cuales se vaya a ejercitar la acción real serán ocultados, dilapidados, dispuestos o enajenados. En caso de que dichos bienes sean insuficientes para garantizar el adeudo, deberá acreditarlo con el avalúo o las constancias respectivas;

IV. Tratándose de acciones personales, manifieste bajo protesta de decir verdad que la persona deudora no tiene otros bienes conocidos que aquellos en que se ha de practicar la diligencia. Asimismo, deberá expresar las razones por las que exista temor fundado de que el deudor oculte, dilapide o enajene dichos bienes, salvo que se trate de dinero en efectivo o en depósito en instituciones de crédito, o de otros bienes fungibles. Tratándose de alimentos, bastará la protesta de decir verdad del acreedor de que la persona deudora ha dejado de suministrar alimentos por tres meses consecutivos o discontinuos, y

V. Garantice los daños y perjuicios que pueda ocasionar la medida precautoria a la persona deudora, en el caso de que no se presente la demanda dentro del plazo previsto en este Código Nacional o bien porque promovida la demanda, sea absuelta su contraparte. El monto de la garantía deberá ser determinado por la autoridad jurisdiccional prudentemente, con base en la información que se le proporcione y cuidando que la misma sea asequible para quien la solicite. Salvo en asuntos que afecten derechos de familia, niñas, niños, adolescentes o mujeres que sufran cualquier tipo de violencia, en las que no será necesaria tal garantía.

Artículo 408. Si la parte demandada consigna el valor u objeto reclamado, si da fianza bastante a juicio de la autoridad jurisdiccional o prueba tener bienes inmuebles bastantes para responder del éxito de la demanda, comprometiéndose a no transmitirlos de ningún modo, no se llevará a cabo la providencia precautoria o se levantará la que se hubiere dictado.

Artículo 409. El procedimiento para decretar una providencia precautoria constará de dos fases, una provisional y una definitiva.

En la fase provisional no se requerirá de citación de la parte afectada y tendrá por objeto proteger el peligro en la demora que afirme y demuestre el peticionario. En caso de ser otorgada, la providencia precautoria provisional surtirá sus efectos hasta que se resuelva sobre el otorgamiento de la providencia precautoria definitiva.

Para el otorgamiento de la providencia precautoria definitiva el peticionario deberá demostrar, además de los requisitos particulares que este Código Nacional exige respecto de cada providencia precautoria, la apariencia del buen derecho y el peligro en la demora. Para tal efecto, se correrá traslado a la parte afectada con la solicitud respectiva para que en el plazo de tres días hábiles manifieste lo que a su derecho convenga.

En dicho caso, las partes deben ofrecer sus pruebas en la comparecencia o en los escritos de solicitud de providencia precautoria y en el de su contestación, y cada una de ellas es responsable de su preparación de forma que puedan recibirse en la audiencia especial para la determinación de la procedencia de la providencia precautoria definitiva.

Una vez transcurrido el plazo para que la parte afectada desahogue la vista con la solicitud de la providencia precautoria, se citará a las partes para una audiencia oral que tendrá lugar en un plazo de cinco días en la que se recibirán las pruebas y alegatos de las partes. En la misma audiencia se abordará el debate sobre procedencia, en su caso, de establecer una garantía a cargo del peticionario de la providencia precautoria.

Cerrada la instrucción, la autoridad jurisdiccional gozará de un plazo de tres días hábiles para dictar la sentencia interlocutoria en la que confirme, modifique o levante la providencia precautoria, en definitiva. En todo lo relacionado a ofrecimiento, admisión, preparación, desahogo de pruebas y celebración de audiencia oral, se aplicarán las reglas previstas en el presente Código Nacional.

Artículo 410. De toda providencia precautoria queda responsable la persona que la pida; por consiguiente, son a su cargo los daños y perjuicios que se causen.

Artículo 411. El aseguramiento de bienes decretado por providencia precautoria y la consignación a que se refiere este Capítulo, se rigen en lo que sea aplicable por lo dispuesto en las reglas generales del secuestro formándose la sección de ejecución que se previene en los juicios ejecutivos.

Artículo 412. Ejecutada la providencia precautoria antes de ser presentada la demanda, la persona que la pidió deberá entablar el juicio respectivo dentro de los quince días siguientes.

Artículo 413. Si la parte actora no cumple con lo dispuesto en el artículo que precede, la providencia precautoria se revocará de oficio o a petición de parte. Dentro del término a que se refiere el artículo anterior, deberá exhibir copia certificada u original del escrito inicial de demanda debidamente recibido por la Oficialía de Partes y; en su caso, el auto que la admitiera, de lo contrario se levantará la misma.

Artículo 414. La persona contra quien se haya dictado una providencia precautoria, puede en cualquier tiempo, pero antes de la sentencia ejecutoria, solicitar a la autoridad jurisdiccional su modificación o revocación, cuando ocurra un hecho superveniente y conforme al procedimiento que establece el artículo 409 del presente Código Nacional.

Artículo 415. Puede reclamar la providencia precautoria un tercero, cuando sus bienes hayan sido objeto del secuestro. Esta reclamación se sustanciará por cuaderno separado. El tercero que reclame una providencia, deberá hacerlo mediante escrito en el que ofrezca las pruebas respectivas. La autoridad jurisdiccional correrá traslado al promovente de la precautoria y a la persona contra quien se ordenó la medida, para que la contesten dentro del término de cinco días y ofrezcan las pruebas que pretendan se les reciban. Transcurrido el plazo para la contestación, se proveerá respecto a la admisión o desechamiento de las pruebas que se hayan ofrecido y se señalará fecha para su desahogo dentro de los diez días siguientes, mandando preparar las pruebas que así lo ameriten. En la audiencia se recibirán y desahogarán las pruebas. Concluido su desahogo, las partes alegarán verbalmente lo que a su derecho convenga. La autoridad jurisdiccional fallará en la misma audiencia y dictará el acta mínima que contendrá los puntos resolutivos, siendo el medio digital que contenga la audiencia, la más fiel constancia de valoración, fundamentación y motivación de la autoridad jurisdiccional.

En contra de la resolución de dicha reclamación, procederá el recurso de apelación en el efecto devolutivo. Cuando la providencia precautoria hubiere sido dictada en segunda instancia con motivo del recurso de apelación, la sentencia de la reclamación no admitirá recurso alguno.

Artículo 416. Cuando la providencia precautoria se dicte por una autoridad jurisdiccional que no sea la que deba conocer del procedimiento principal, una vez ejecutada y resuelta en su caso la reclamación, se remitirán a la autoridad jurisdiccional competente las actuaciones que se unirán al expediente, así como las constancias digitales del audio y video de la audiencia respectiva, para que en él obren los efectos que correspondan conforme a derecho.

SECCIÓN SEGUNDA
DE LAS MEDIDAS DE ASEGURAMIENTO

Artículo 417. Antes de iniciarse el juicio, o durante su desarrollo, pueden decretarse todas las medidas necesarias para mantener la situación de hecho existente. Estas medidas se decretarán en forma provisional y definitiva siguiendo el mismo procedimiento cautelar que para las providencias precautorias se prevén en el artículo 409 del presente Código Nacional, y su resolución definitiva, es apelable en el efecto devolutivo de tramitación inmediata.

Artículo 418. La parte que tenga interés en que se modifique la situación de hecho existente, deberá proponer su demanda ante la autoridad competente.

Artículo 419. Cuando para mantener los hechos en el estado que guarden entrañe la suspensión de una obra, de la ejecución de un acto o de la celebración de un contrato, la demanda debe ser presentada por la parte que solicitó la medida, dentro del plazo de cinco días, contados a partir de la fecha en que se haya ordenado la suspensión.

El hecho de no interponer la demanda dentro del plazo indicado, deja sin efecto la medida.

Artículo 420. En todo caso, el mantener las cosas en el estado que guarden pueda causar daño o perjuicio a persona distinta de la que solicite la medida, se exigirá, previamente, garantía bastante para asegurar su pago, a juicio de la autoridad jurisdiccional que la decrete.

Artículo 421. La determinación que ordene que se mantengan las cosas en el estado que guarden al dictarse la medida, no prejuzga sobre la legalidad de la situación que se mantiene, ni sobre los derechos o responsabilidades del que la solicita, ni el pago de daños y perjuicios a que pueda resultar condenado de no ser procedente la medida de aseguramiento.

Artículo 422. Si la medida se decretó antes de iniciarse el juicio, quedará insubsistente si no se interpone la demanda dentro de los cinco días de practicada, y se restituirán las cosas al estado que guardaban antes de dictarse la medida.

Artículo 423. No podrá decretarse diligencia preparatoria alguna, de aseguramiento o precautoria que no esté autorizada por este Código Nacional o por disposición especial de la ley.

TÍTULO SEGUNDO
PROCEDIMIENTOS CIVILES NO CONTENCIOSOS

CAPÍTULO I
DE LA JURISDICCIÓN VOLUNTARIA

SECCIÓN PRIMERA
DISPOSICIONES GENERALES

Artículo 424. La jurisdicción voluntaria comprende todos los actos que, por disposición de la ley o por solicitud de las personas interesadas, se requiere la intervención de la autoridad jurisdiccional, sin que esté promovida, ni se promueva cuestión litigiosa alguna entre partes determinadas.

A solicitud de parte legítima podrán practicarse en esta vía las notificaciones o emplazamientos necesarios en procesos extranjeros.

Artículo 425. De manera enunciativa y no limitativa, podrá tramitarse la jurisdicción voluntaria en los siguientes casos:

I. Para justificar algún hecho o acreditar un derecho;

II. Cuando se pretenda justificar la posesión como medio para acreditar el dominio pleno de un inmueble o derecho real;

III. La posesión o propiedad de vehículos automotores por medio de testigos, siempre que no cuenten con reporte de robo u otros ilícitos, así como se justifique su legal estancia en el país;

IV. Cuando se trate de comprobar la posesión de un mueble o algún derecho real;

V. Para acreditar hechos conocidos o acreditar situaciones jurídicas se podrá realizar la diligencia ante Notaria o Notario Público, de conformidad con lo dispuesto por la legislación aplicable;

VI. Asimismo, se podrá realizar la diligencia ante Notaria o Notario Público, de conformidad con lo dispuesto por la legislación aplicable, en los casos del procedimiento de apeo y de deslinde, y

VII. En cualquier otro que sólo tenga interés el promovente.

En los casos de las tres primeras fracciones, así como en aquellos que se afecte el interés público, estén involucrados derechos de niñas, niños y adolescentes o se trate de derechos o bienes de personas declaradas ausentes o desaparecidas, se dará vista al Ministerio Público o Representación Social para su intervención y solo se podrá celebrar ante autoridad jurisdiccional. Las practicadas por Notaria o Notario Público las realizarán conforme a la ley respectiva.

En el caso de la fracción IV, con la quien sea titular de la propiedad o de los demás partícipes del derecho real.

Tratándose de vehículos automotores se requerirá acreditar que no cuenta con reporte de robo o de algún otro ilícito, así como su legal estancia en el país.

El Ministerio Público y las personas con cuya citación se reciba la información, pueden tachar a los testigos por circunstancias que afecten su credibilidad.

Cuando haya datos o indicios que inclinen a sospechar que la promovente trata, mediante la información de despojar inmuebles, o defraudar al fisco o cometer cualquier otro delito, la autoridad jurisdiccional, Notaria o Notario Público dará vista al Ministerio Público para los efectos conducentes y suspenderá la tramitación de la información.

Estos procedimientos se tramitarán por escrito, salvo que, atendiendo al caso en concreto puedan realizarse las diligencias ajustándose a los principios del juicio oral.

Artículo 426. La jurisdicción voluntaria deberá promoverse por escrito ante la autoridad jurisdiccional competente y reunir los siguientes requisitos:

I. Nombre y domicilio de quien promueve;

II. En su caso, nombre y domicilio de las personas que deban ser citadas;

III. La providencia solicitada;

IV. Los hechos que fundamenten la solicitud;

V. Las pruebas que se ofrezcan, y

VI. Firma de quien promueve.

Artículo 427. Si no se requiere la intervención de persona distinta al promovente, se observará lo siguiente:

I. El promovente comparecerá ante la autoridad jurisdiccional y sin mayor formalidad expresará la causa que origina la necesidad de la intervención judicial;

II. Si se requiere por la naturaleza de lo solicitado, el promovente ofrecerá las informaciones, dictámenes o pruebas necesarias para que la autoridad jurisdiccional gestione la solicitud y emita la providencia respectiva, y

III. Si la autoridad jurisdiccional admite la solicitud, en la misma audiencia recibirá las informaciones, dictámenes o pruebas ofrecidas y emitirá, en su caso, la providencia respectiva. Si se le solicita, la documentará en tres días.

Artículo 428. Si se requiere la intervención de persona distinta al promovente, se observará lo siguiente:

I. El promovente comparecerá ante la autoridad jurisdiccional, y sin mayor formalidad expresará la causa que origina la necesidad de la intervención judicial. Además, señalará el nombre y domicilio de las personas que tengan interés;

II. El promovente ofrecerá cuando así se requiera, las pruebas que sustenten la petición;

III. Se emplazará a las personas que tengan interés para una audiencia que se verificará en el término de tres días, en que expresen lo que a su interés convenga. En esa audiencia se desahogarán las pruebas de las partes y en seguida se emitirá la sentencia respectiva.

Artículo 429. Los Consejos de la Judicatura de los Poderes Judiciales de las Entidades Federativas y del Poder Judicial de la Federación, mediante acuerdos generales, podrán establecer los mecanismos necesarios para que los procedimientos a que se refiere este artículo se desahoguen por medios electrónicos.

Artículo 430. Para el examen de los testigos, se observarán las formalidades que para esta prueba regula el presente Código Nacional.

La autoridad jurisdiccional podrá ampliar el examen de los testigos con las preguntas que estime pertinentes.

Artículo 431. En ningún caso se admitirán en procedimiento judicial no contencioso, informaciones de testigos sobre hechos que fueren materia de un procedimiento en curso.

Artículo 432. La Jurisdicción Voluntaria podrá tramitarse ante Notaria o Notario Público cuando así lo disponga la legislación aplicable; y el promovente sea el único que tenga interés en el objeto de los mismos, no esté promovida, ni se promueva cuestión litigiosa alguna entre partes determinadas y no se encuentren involucrados derechos de niñas, niños y adolescentes, observándose en lo conducente las reglas del presente Código Nacional.

Artículo 433. Se dará por terminado el procedimiento de jurisdicción voluntaria si se opusiere parte legítima. Se desechará la oposición que se haga después de efectuado el acto, reservándole los derechos a quien se oponga para que los haga valer en la vía y forma que proceda.

Artículo 434. La Autoridad Jurisdiccional podrá variar o modificar las providencias que dictare, sin sujeción estricta a los términos y formas establecidos respecto de la jurisdicción contenciosa.

No se comprenden, en esa disposición, los autos que tengan fuerza de definitivos, a no ser que se demuestre que cambiaron las circunstancias que determinaron la resolución.

Artículo 435. Las resoluciones que se dicten en las diligencias de jurisdicción voluntaria ante autoridad jurisdiccional son recurribles en términos de lo que establece este Código Nacional. La resolución desestimatoria de la petición es recurrible en queja. La que dé por concluido el procedimiento de las diligencias, será apelable en el efecto devolutivo.

Artículo 436. No se practicará diligencia alguna de jurisdicción voluntaria de la que pueda resultar perjuicio a la Hacienda Pública. Las que se practicaren en contravención de este precepto serán nulas de pleno derecho y no producirán efecto legal alguno.

Artículo 437. De las informaciones o resoluciones se expedirán las copias certificadas o se mandarán protocolizar ante Fedatario Público a petición y costa del interesado.

Artículo 438. Las informaciones se inscribirán en el Registro Público de la Propiedad Federal, Oficina Registral o cualquier Institución análoga según la Entidad Federativa de que se trate, si así procediere.

SECCIÓN SEGUNDA
DEL APEO Y DESLINDE

Artículo 439. El apeo o deslinde tiene lugar siempre que no se hayan fijado los límites o linderos que separan un fundo de otro u otros, o que, habiéndose fijado, hay motivo fundado para creer que no son exactos ya sea que naturalmente se hayan confundido, o porque se hayan destruido las señales que los marcaban, o bien porque éstas se hayan colocado en lugar distinto del primitivo.

Artículo 440. Tiene derecho para promover el apeo:

I. Quien ostente la calidad de propietaria;

II. Quien posea con título bastante para transferir el dominio;

III. Quien sea titular del derecho para usufructuar el bien;

IV. El apeo o deslinde de un fundo de propiedad nacional, estatal o municipal sólo podrá practicarse a petición de la autoridad administrativa correspondiente, y

V. Los particulares pueden también pedir el apeo, para deslindar su fundo respecto de otro con carácter público. En este caso, la diligencia se limitará a marcar los linderos entre ambos fundos.

Artículo 441. La petición de apeo debe contener:

I. El nombre y ubicación de la finca que debe deslindarse;

II. La parte o partes en que el acto debe ejecutarse;

III. Los nombres de las personas colindantes que puedan tener interés en el apeo, así como de las autoridades que puedan tener injerencia en el asunto;

IV. El sitio donde están y dónde deben colocarse las señales y si éstas no existen, el lugar donde estuvieron;

V. Los planos y demás documentos que vengan a servir para la diligencia, y designación de perito por parte de la promovente, y

VI. La designación de un perito para que intervenga en el reconocimiento.

Si el apeo se tramita ante Notaria o Notario Público, además de acreditarse la propiedad o titularidad del bien a deslindar, se deberá acreditar la propiedad o titularidad de los colindantes, salvo que el predio colinde con predio o bienes destinados a servicios públicos o de propiedad municipal, estatal o federal.

Asimismo, cuando el trámite se realice por Notaria o Notario Público, la solicitud deberá ser suscrita además por los colindantes del predio a deslindar y deberá contener señalados el día, hora y lugar para que dé principio la diligencia de deslinde.

Artículo 442. Admitida la petición se mandará citar a los colindantes para que dentro de tres días presenten los títulos y documentos de su posesión, y nombren perito si quieren hacerlo. Se señalará el día, hora y lugar para que dé principio la diligencia de deslinde.

Si fuere necesario identificar alguno o algunos de los puntos de deslinde, quienes tengan interés podrán presentar dos testigos de identificación cada uno, en la diligencia.

Artículo 443. El día y hora señalados para que se celebre la diligencia de deslinde, la autoridad jurisdiccional, acompañada de la persona secretaria judicial, así como peritos, testigos de identificación y personas autorizadas en el proceso que asistan al lugar designado para dar principio a la diligencia, conforme a lo siguiente:

I. Practicará el apeo y deslinde, asentándose acta en que constarán todas las observaciones que hicieren las personas interesadas;

II. La diligencia no se suspenderá por virtud de las observaciones, sino en el caso de que se presente en el acto un documento debidamente registrado que acredite es de su propiedad el fundo que se trata de deslindar;

III. La autoridad jurisdiccional, al ir demarcando los límites del fundo deslindado, otorgará posesión a la promovente de las diligencias respecto de la propiedad que quede comprendida dentro de ellos, si quien sea colindante se opusiera, o mandará que se le mantenga en la que esté disfrutando;

IV. Si existe oposición de colindantes respecto a un punto determinado, por considerar que conforme a sus títulos quede comprendido dentro de los límites de su propiedad, la autoridad jurisdiccional oirá a los testigos de identificación y a los peritos, e invitará a los interesados a que se pongan de acuerdo. Si esto se lograre, se hará constar y se otorgará la posesión según su sentido. Si no se lograre, se abstendrá la autoridad jurisdiccional de hacer declaración alguna en cuanto a la posesión, respetando en ella a quien la disfrute, y mandará reservar sus derechos a quienes tengan interés para que los hagan valer en el juicio correspondiente mediante la resolución correspondiente que se dictare en el plazo de cinco días, y

V. La autoridad jurisdiccional mandará que se fijen las señales convenientes en los puntos deslindados, las que quedarán como límites legales. Los puntos respecto a los cuales hubiere oposición no quedarán deslindados ni se fijará en ellos señal alguna, mientras no haya sentencia ejecutoria que resuelva la cuestión, dictada en el juicio correspondiente.

Al realizarse la diligencia por Notaria o Notario Público, éste deberá levantar acta en la que haga constar y certifique los hechos ocurridos durante la diligencia, misma que deberá protocolizar en escritura pública, junto con la solicitud y demás documentos que le hayan sido presentados para la realización de la diligencia, en los términos de la Ley del Notariado de cada Entidad Federativa.

Artículo 444. Los gastos generales del apeo se harán por quien lo promueva. Los que importen la intervención de peritos y testigos que presenten los colindantes, serán pagados por quien nombre a los unos y presente a los otros.

En el caso de que el trámite de la diligencia se realice ante Notaria o Notario Público, los gastos serán únicamente por cuenta de quien la promueva.

SECCIÓN TERCERA
DE LA DESIGNACIÓN DE APOYOS EXTRAORDINARIOS

Artículo 445. Todas las personas mayores de edad tienen capacidad jurídica plena. El código civil respectivo regulará las modalidades en que las personas puedan recibir apoyo para el ejercicio de su capacidad jurídica, que son formas de apoyo que se prestan a la persona para facilitar el ejercicio de sus derechos, incluyendo el apoyo en la comunicación, la comprensión de los actos jurídicos y sus consecuencias, y la manifestación de la voluntad.

Puede ser objeto de apoyo cualquier acto jurídico, incluidos aquellos para los que la ley exige la intervención personal del interesado. Nadie puede ser obligado a ejercer su capacidad jurídica mediante apoyos, salvo lo señalado en el artículo siguiente.

Artículo 446. La autoridad jurisdiccional, en casos excepcionales, puede determinar los apoyos necesarios para personas de quienes no se pueda conocer su voluntad por ningún medio y no hayan designado apoyos ni hayan previsto su designación anticipada. Esta medida únicamente procederá después de haber realizado esfuerzos reales, considerables y pertinentes para conocer una manifestación de voluntad de la persona, y de haberle prestado las medidas de accesibilidad y ajustes razonables, y la designación de apoyos sea necesaria para el ejercicio y protección de sus derechos.

Si se hubiere realizado una designación anticipada de apoyos, se estará a su contenido.

El procedimiento para la designación extraordinaria de apoyos se llevará a cabo ante autoridad jurisdiccional civil o familiar, en su caso, en forma sumaria en una audiencia oral en los términos de este Código Nacional.

Artículo 447. La autoridad jurisdiccional determinará la persona o personas de apoyo, sobre la base de la voluntad y preferencias de la persona manifestadas previamente y, de no existir, determinará la persona o personas de apoyo tomando en cuenta la relación de convivencia, confianza, amistad, cuidado o parentesco que exista entre ellas y la persona apoyada, escuchando la opinión del Ministerio Público o autoridad competente en la Entidad Federativa. De no existir ninguna de las personas anteriores, o cuando ninguna acepte el cargo, se designará a una persona física o moral del registro de personas morales que provean apoyos para el ejercicio de la capacidad jurídica, de conformidad con la regulación del código civil respectivo.

Artículo 448. Cualquier persona podrá solicitar la designación judicial extraordinaria de apoyo; corresponderá a la autoridad jurisdiccional allegarse de la información necesaria con base en:

I. La imposibilidad de conocer la voluntad, preferencias, medio, modo y formato de comunicación;

II. El riesgo para la salvaguarda de los derechos, el patrimonio, la integridad personal o la vida, y

III. La realización de esfuerzos reales, considerables y pertinentes, incluyendo la implementación de ajustes razonables, para que la persona manifestara su voluntad y preferencias, sin que éstos resultaran eficaces.

Artículo 449. La autoridad jurisdiccional de manera fundada y motivada, determinará en la resolución la temporalidad, alcances y responsabilidades de la persona designada como apoyo, así como las salvaguardias e informes a la autoridad administrativa competente, que en su caso procedan. La designación judicial de apoyo no puede otorgarse para actos personalísimos.

Artículo 450. La persona judicialmente designada como apoyo tendrá la encomienda de realizar su mandato de acuerdo con la mejor interpretación posible de lo que fuera la voluntad y preferencias de la persona, de conformidad con las fuentes conocidas de información que resulten pertinentes, incluida la trayectoria de vida de la persona, sus valores, tradiciones y creencias, previas manifestaciones de la voluntad y preferencias en otros contextos, información con la que cuenten personas de confianza, y tecnologías presentes o futuras.

La persona designada judicialmente como apoyo está obligada a hacer esfuerzos constantes, dentro de sus posibilidades, durante su encargo para conocer la voluntad y preferencias de la persona apoyada.

Artículo 451. En caso de que se llegue a conocer la voluntad y preferencias de la persona, quien haya sido designado como apoyo, está obligada a dar aviso de inmediato a la autoridad jurisdiccional para que se revoque o modifique la presente designación.

La autoridad jurisdiccional deberá establecer revisiones periódicas, determinadas, para verificar que la persona designada está cumpliendo con su mandato, de conformidad con los parámetros establecidos en la designación extraordinaria, así como la pertinencia de su continuación o modificación. Para dichos efectos, la autoridad jurisdiccional podrá auxiliarse de las autoridades administrativas competentes.

Además, deberá verificar, de preferencia de manera directa, que sigue vigente la situación que dio lugar a la designación de apoyos y que aún no se puede conocer la voluntad y preferencias de la persona por cualquier medio, modo y formato de comunicación posible.

Artículo 452. Cualquier persona que tenga prueba de que la persona designada judicialmente como apoyo no está actuando de conformidad con la mejor interpretación posible de la voluntad y preferencias de la persona apoyada, estará autorizada a poner este hecho en conocimiento de la autoridad jurisdiccional, quien deberá tramitar por vía incidental, para realizar las diligencias y corroboraciones pertinentes a fin de adoptar las medidas correctivas, en su caso, incluida la posibilidad de remover a la persona designada como apoyo.

Artículo 453. En ningún caso se podrán tramitar ante Fedatario Público asuntos no contenciosos en los que esté involucrada la designación extraordinaria de apoyo, para el ejercicio de la capacidad jurídica, salvo aquellos asuntos autorizados por la autoridad jurisdiccional competente.

Artículo 454. La autoridad jurisdiccional no puede designar como apoyos a las personas que tengan conflicto de intereses con la persona apoyada. No será considerado como conflicto de intereses la simple relación de parentesco que tenga la persona apoyada con quien proporciona el apoyo.

Artículo 455. Se entiende que existen conflicto de intereses cuando la situación laboral, personal, profesional, familiar o de negocios, pueden llegar a afectar el desempeño o las decisiones imparciales y objetivas de sus funciones de apoyo.

CAPÍTULO II
DE LOS JUICIOS ORALES CIVILES

SECCIÓN PRIMERA
DEL JUICIO ORDINARIO CIVIL ORAL

Artículo 456. Todas las controversias de naturaleza civil que no tengan señalada tramitación especial en este Código Nacional se ventilarán en juicio ordinario civil y se tramitarán conforme a las reglas del presente Título y en lo no previsto, se regirá por las disposiciones generales de este Código Nacional.

Artículo 457. Atendiendo a lo establecido en el artículo 251, se desarrollará la audiencia preliminar con las siguientes etapas:

I. Depuración del procedimiento;

II. Conciliación de las partes y en su caso, invitación a la mediación ante los Centros Alternativos de Justicia del Poder Judicial respectivo;

III. Depuración del debate;

IV. Calificación sobre admisibilidad o desechamiento de pruebas, y

V. Citación para audiencia de juicio.

Las partes podrán solicitar a la autoridad jurisdiccional, de manera verbal, en las audiencias, que se subsanen las omisiones o irregularidades de debido proceso, que se llegasen a presentar en la substanciación del procedimiento oral, para el solo efecto de regularizar el mismo.

Artículo 458. Las partes tienen el deber de comparecer a la audiencia preliminar, personalmente o por conducto de persona representante autorizada.

A las personas representantes autorizadas que no acudan a la audiencia preliminar sin justa causa calificada por la autoridad jurisdiccional se le impondrá una multa que no podrá ser menor a veinte ni superior a sesenta Unidades de Medida y Actualización, y se diferirá la audiencia por una única ocasión.

Si dejaran de concurrir alguna o ambas partes sin justificación a la audiencia diferida, la autoridad jurisdiccional procederá a examinar los presupuestos y excepciones procesales, resolverá sobre la admisión o desechamiento de pruebas y citará para audiencia de juicio, que no podrá exceder de un plazo de cuarenta días siguientes a la celebración de esta audiencia quedando las partes notificadas desde ese momento.

Artículo 459. En la etapa de depuración del procedimiento, la autoridad jurisdiccional examinará las cuestiones relativas a la legitimación procesal y procederá, en su caso, al desahogo de las pruebas relacionadas a las excepciones procesales y una vez hecho lo anterior las resolverá de manera oral; salvo las cuestiones de incompetencia, que se tramitarán conforme a la parte general de este Código Nacional.

Artículo 460. Depurado el procedimiento, la autoridad jurisdiccional procurará conciliar a las partes, salvo que el asunto sea sobre derechos intransigibles, para dichos efectos hará saber a las partes las pretensiones de cada una de ellas, escuchará las propuestas de éstas y tendrá facultades para, sin externar opinión sobre el posible resultado del juicio, proponer alternativas relacionadas con la litis y solución del conflicto.

Dentro de la misma audiencia, las partes podrán solicitar un receso razonable para desarrollar pláticas conciliatorias entre ellas, sin la presencia de la autoridad jurisdiccional y sin que obre registro del contenido de estas.

Para el caso de conciliación se redactará convenio respectivo, que deberá referirse sólo a las cuestiones en litigio y será firmado por las partes.

La autoridad jurisdiccional examinará el convenio, si concluye que no es contrario a derecho, lo aprobará, elevándolo a categoría de cosa juzgada.

Artículo 461. Cuando en la audiencia no se logre conciliación, lo planteado por las partes no se registrará por ningún medio, ni producirá efecto alguno dentro del procedimiento o fuera de él. Asimismo, se les hará saber a las partes, la posibilidad que tienen en todo momento para llegar a un acuerdo, e incluso, acudir al centro de justicia alternativa o institución análoga que corresponda.

Artículo 462. Durante la audiencia preliminar, en la etapa de depuración del debate, las partes podrán solicitar conjuntamente a la autoridad jurisdiccional la fijación de acuerdos sobre hechos no controvertidos, los que tendrán como finalidad establecer acontecimientos que estarán fuera del debate, con el fin de que las pruebas se dirijan a los hechos controvertidos. La autoridad jurisdiccional de oficio impulsará a las partes para que realicen fijación de hechos no controvertidos con la finalidad de depurar el procedimiento.

De igual manera, las partes y la autoridad jurisdiccional precisarán los acuerdos probatorios necesarios para eliminar total o parcialmente trámites probatorios o pruebas innecesarias, o bien definirán la cooperación procesal entre las partes para su preparación y desahogo; asimismo, pueden pactar las partes el que se incorpore alguna prueba relacionada con el debate, aún y cuando no haya sido ofrecida en los escritos que fijan la Litis.

Consensuados voluntariamente los acuerdos por las partes, la autoridad jurisdiccional los tendrá por fijados.

Artículo 463. La autoridad jurisdiccional al abrir la etapa de admisión de pruebas, en la que, a petición de parte, deberá permitir un breve debate sobre la admisibilidad de las pruebas, previo al pronunciamiento de la autoridad jurisdiccional.

Concluido el breve debate sobre la admisibilidad de las pruebas, la autoridad jurisdiccional procederá a pronunciarse respecto su admisión o desechamiento, así como la forma en que deberán prepararse para su desahogo en la audiencia de juicio, quedando a cargo de las partes su oportuna preparación, bajo el apercibimiento que de no hacerlo se declararán desiertas de oficio las mismas por causas imputables al oferente. Las pruebas que ofrezcan las partes sólo deberán admitirse cuando se refieran a los hechos controvertidos y cumplan con los requisitos previstos en el presente Código Nacional.

La preparación de las pruebas quedará a cargo de las partes, por lo que deberán presentar a los testigos, peritos y demás pruebas que les hayan sido admitidas; y sólo en los casos autorizados en este Código Nacional, la autoridad jurisdiccional, en auxilio del oferente, expedirá los oficios o citaciones, los cuales serán entregados al oferente en la misma audiencia, salvo causa justificada, a efecto de que preparen sus pruebas y éstas se desahoguen en la audiencia de juicio.

Si sólo se reciben pruebas documentales, instrumentales y presuncionales, la autoridad jurisdiccional deberá concentrar la audiencia de juicio dentro de la audiencia preliminar, en la cual se expresarán alegatos de inicio, se desahogarán las pruebas admitidas, se escucharán los alegatos de cierre y se emitirá sentencia definitiva de conformidad con las reglas previstas en el presente Código Nacional.

Durante la etapa de admisión de pruebas, las partes podrán objetar las documentales que consideren pertinentes.

Artículo 464. En casos excepcionales, por la complejidad del asunto, la autoridad jurisdiccional podrá planificar el desahogo de pruebas en más de una que se celebrará en días consecutivos sin afectar los principios de continuidad y concentración.

Artículo 465. Cerrada la etapa de admisión de pruebas, la autoridad jurisdiccional dará el uso de la palabra a las partes, a fin de proveer peticiones finales antes de la conclusión de la audiencia.

Artículo 466. Abierta la audiencia de juicio, la autoridad jurisdiccional escuchará los alegatos de apertura de las partes, para exponer sus respectivas teorías del caso.

La autoridad jurisdiccional señalará el orden para el desahogo de las pruebas, de conformidad con los acuerdos fijados en la audiencia preliminar.

Serán declaradas desiertas aquellas pruebas que no estén debidamente preparadas para su desahogo por causas imputables a la parte oferente. Contra dicha resolución no procede recurso alguno.

Artículo 467. Concluido el desahogo de pruebas, se concederá el uso de la palabra, por una vez a cada una de las partes para formular los alegatos de cierre. La autoridad jurisdiccional tomará las medidas que procedan a fin de que las partes se sujeten al tiempo indicado.

Artículo 468. Enseguida se declarará el asunto visto y se emitirá de inmediato la sentencia definitiva. De ser necesario, la autoridad jurisdiccional decretará un receso razonable para resolver en el mismo día.

En su caso, reanudada la audiencia, la autoridad jurisdiccional explicará de forma breve, clara y sencilla en un lenguaje cotidiano el sentido de su sentencia definitiva y leerá únicamente los puntos resolutivos, entregando copia simple de la versión escrita de la misma a las partes, en un plazo no mayor a dos días.

Asimismo, se hará del conocimiento de las partes el derecho que tienen, si estimaren que la sentencia definitiva contiene omisiones, cláusulas o palabras contradictorias, ambiguas u oscuras, de solicitar por escrito dentro del término de tres días, posteriores a la emisión de la sentencia, la aclaración de la resolución y sin que con ello se pueda variar la substancia de la resolución, sin que dicha petición pueda alterar los plazos del recurso de apelación.

De igual forma, hará saber el derecho y término que tienen las partes para impugnar dicha sentencia conforme al caso en concreto.

En casos excepcionales, dada la complejidad del asunto, el cúmulo y naturaleza de las pruebas desahogadas, la autoridad jurisdiccional podrá diferir la audiencia para emisión de la sentencia definitiva hasta por diez días, citando a las partes para su explicación en un lenguaje cotidiano, en forma breve, clara y sencilla el sentido de la sentencia definitiva y leerá únicamente los puntos resolutivos, entregando copia simple de la versión escrita de la misma a las partes, en un plazo no mayor a dos días.

En caso de que las partes no estén presentes en la audiencia donde se emita la sentencia, se dispensará su explicación y lectura de puntos resolutivos, y se publicará la sentencia a través del medio de comunicación procesal oficial.

Tratándose de personas pertenecientes a grupos sociales en situación de vulnerabilidad la sentencia deberá explicarse y dictarse con los ajustes y formatos necesarios para su debido entendimiento y comprensión.

Artículo 469. Asimismo, al momento de dictar la sentencia definitiva, la autoridad jurisdiccional explicará a las partes las ventajas del cumplimiento voluntario de la sentencia; y las desventajas, de no hacerlo voluntariamente; así como la importancia de presentarse a las audiencias de cumplimiento voluntario de sentencia y sus consecuencias legales, para el caso de que la resolución no sea modificada o revocada por la autoridad jurisdiccional de segunda instancia. Destacando la importancia de vigilar el expediente ante la ausencia de cualquier notificación personal antes de los tres meses posteriores a que la sentencia definitiva sea ejecutable.

SECCIÓN SEGUNDA
DEL JUICIO EJECUTIVO CIVIL ORAL

Artículo 470. Procede el juicio ejecutivo en los casos que un documento lleve aparejada ejecución y que contenga obligación cierta, líquida y exigible.

Traen aparejada ejecución:

I. Los instrumentos públicos, así como los testimonios que de los mismos expidan las y los Corredores Públicos, las y los Notarios Públicos, o la autoridad competente para emitir dichos testimonios;

II. Las ulteriores copias dadas por mandato judicial, con citación de la persona a quien interesa;

III. Los demás instrumentos públicos que conforme a este Código Nacional hacen prueba plena;

IV. Cualquier documento privado después de reconocido por la persona quien lo hizo o lo mandó extender; basta con que se reconozca la firma aun cuando se niegue la deuda;

V. La confesión de la deuda hecha ante la autoridad jurisdiccional competente por la persona deudora;

VI. Los convenios celebrados en el curso de un juicio ante la autoridad jurisdiccional, ya sea de las partes entre sí o de terceros que se hubieren obligado como fiadoras, depositarias, o en cualquier otra forma;

VII. El estado de liquidación de adeudos por cuotas ordinarias o extraordinarias, intereses moratorios o penas convencionales que se hayan aprobado en la Asamblea General de Condóminos; suscrito por quien tenga a su cargo la Administración o el Comité de Vigilancia o su equivalente, conforme a lo dispuesto en la ley de la materia de cada Entidad Federativa;

VIII. Los convenios emanados del procedimiento de mediación o conciliación que cumplan con los requisitos previstos en la Ley de mecanismos alternativos de solución de controversias o de justicia alternativa respectiva, y

IX. Los demás a los que se les reconozca ese carácter por la Ley.

Artículo 471. Las sentencias que causen ejecutoria y los convenios judiciales, los convenios celebrados ante la Procuraduría Federal del Consumidor, así como los celebrados ante la Procuraduría Social o Institución autorizada de la Entidad Federativa correspondiente, los convenios emanados del procedimiento de mediación o conciliación, incluidos los de mediación comunitaria de cada Estado, que cumplan con los requisitos previstos en la Ley de Justicia Alternativa o la legislación respectiva que señale la autoridad jurisdiccional o Poder Judicial de las diversas entidades, los convenios celebrados ante Juzgado Cívico o su análogo tratándose de daños culposos causados con motivo del tránsito de vehículos, los convenios de transacción, los laudos que emitan las propias Procuradurías antes mencionadas y los laudos arbitrales o juicios de contadores, motivarán ejecución, si la persona interesada no intentare la vía de apremio.

Artículo 472. Cuando la confesión judicial de reconocimiento de deuda se haga durante la secuela del juicio ordinario, cesará este si la parte actora lo pidiere y se procederá en la vía ejecutiva.

Si la confesión sólo afecta a una parte de lo demandado en el juicio oral civil, procederá la vía ejecutiva únicamente por lo reconocido si la actora lo pidiere así. El resto de las obligaciones no reconocidas seguirán el juicio ordinario civil.

Artículo 473. La ejecución no puede despacharse sino por cantidad líquida. Si el título ejecutivo o las diligencias preparatorias determinan una cantidad líquida en parte y en parte ilíquida, por aquélla se decretará la ejecución, reservándose por el resto los derechos de la persona promovente.

Artículo 474. Las cantidades que por intereses o daños y perjuicios forman parte de la deuda reclamada y no estuvieren liquidadas al despacharse la ejecución de la suerte principal, lo serán en su oportunidad y se decidirán en la sentencia definitiva.

Artículo 475. Las obligaciones sujetas a condición suspensiva o a plazo, no serán ejecutivas, si no cuando aquélla o éste se hayan cumplido, salvo lo dispuesto en los artículos relativos al cumplimiento de la condición y pérdida del derecho a agotar el plazo del Código Civil correspondiente.

Artículo 476. Si el documento ejecutivo contiene obligación de hacer o no hacer, se observarán las reglas siguientes:

I. Si la parte actora exige la prestación del hecho por quien está obligada o por una tercera persona conforme al Código Civil de cada Entidad Federativa en relación al cumplimiento de la prestación de servicio, la tercera persona, atendidas las circunstancias del hecho, señalará un término prudente para que se cumpla la obligación;

II. Si en el contrato se estableció alguna pena por el incumplimiento, se decretará la ejecución;

III. Si no se fijó penalidad por el incumplimiento de la obligación, el importe de los daños y perjuicios será fijado por la parte actora, cuando la misma optare por el resarcimiento de daños y perjuicios; en este caso, la autoridad jurisdiccional debe moderar prudentemente la cantidad señalada, y

IV. Hecho el acto por la tercera persona, o efectuado el embargo por los daños y perjuicios o la pena, puede oponerse la demandada, de la misma manera que en las demás ejecuciones.

Artículo 477. Cuando el documento contenga la obligación de entregar bienes muebles que sin ser dinero se cuentan por número, peso o medida, o inmuebles se observará lo siguiente:

I. Si no se designa la calidad de los bienes y existieren de varias clases en poder de la parte deudora, se embargarán las de mediana calidad;

II. Si hubiere sólo calidades diferentes a la estipulada, se embargarán si así lo pidiere la parte actora, sin perjuicio de que en la sentencia definitiva se hagan los abonos recíprocos correspondientes, y

III. Si no hubiere en poder de la parte demandada ninguna calidad, se despachará ejecución por la cantidad de dinero que señale la actora, debiendo prudentemente moderarla la autoridad jurisdiccional, de acuerdo con los precios corrientes en plaza, sin perjuicio de lo que señale por daños y perjuicios, moderables también.

Artículo 478. Cuando la acción ejecutiva se ejercite sobre bien mueble o inmueble, cierto y determinado o en especie, o se haya establecido una condición resolutoria ante el incumplimiento de una obligación de dar, si hecho el requerimiento de entrega o devolución la persona demandada no la hace, se pondrá en secuestro judicial.

Si la cosa, bien mueble o inmueble ya no existe, se embargarán bienes suficientes que cubran su valor fijado por la persona ejecutante y los daños y perjuicios como en las demás ejecuciones, pudiendo ser moderada la cantidad por la autoridad jurisdiccional. La ejecutada puede oponerse a los valores fijados, y rendir las pruebas que juzgue convenientes durante la tramitación del juicio. Para el caso de pruebas periciales se estará a las disposiciones del Libro respectivo de este Código Nacional en relación a la vía de apremio y ejecución de sentencia.

Artículo 479. Si el bien mueble o inmueble especificado se halla en poder de una tercera persona, la acción ejecutiva no podrá ejercitarse contra éste, sino en los casos siguientes:

I. Cuando la acción sea real, y

II. Cuando se haya declarado judicialmente que la enajenación por la que adquirió la tercera persona fue realizada por la persona deudora en perjuicio de su acreedor, en los casos y supuestos que señala el Código Civil respectivo y los demás preceptos, en que expresamente se establezca esa responsabilidad.

Artículo 480. En el auto de admisión se mandará emplazar a la persona deudora conforme lo regula el presente Código Nacional, para que dentro de nueve días concurra a oponerse a su ejecución, si para ello tuviere excepciones que hacer valer y se dictará auto de ejecución, ordenando que se requiera de pago a la persona deudora y de no pagar se le embarguen bienes suficientes para garantizar la deuda de forma precautoria.

En los escritos de demanda o contestación y desahogo de excepciones y defensas deberán ofrecerse las pruebas pertinentes, las que se admitirán o desecharán por la autoridad jurisdiccional.

Si la parte demandada no se opusiere a la ejecución o contestadas las excepciones y defensas o precluido el derecho que de oficio se decrete, se señalará fecha para la celebración de la audiencia de juicio, que tendrá verificativo dentro de los diez días siguientes.

En la audiencia de juicio las partes expresarán los alegatos de inicio, se desahogarán las pruebas, se expondrán los alegatos de cierre y se dictará sentencia definitiva conforme a las disposiciones previstas en este Código Nacional.

Para los efectos del remate, en su caso, se estará a lo dispuesto por el Libro Noveno de este Código Nacional en relación con la vía de apremio y ejecución de sentencia.

Artículo 481. Si la persona deudora, tratándose de juicio ejecutivo, no fuere encontrada después de habérsele buscado una vez en su domicilio, se le dejará citatorio para hora fija dentro de las veinticuatro horas siguientes, y si no espera, se practicará la diligencia con cualquier persona que se encuentre en la casa o a falta de ella con el vecino inmediato.

Si no se supiere el paradero de la persona deudora, ni tuviere casa en el lugar, se hará el requerimiento por tres días consecutivos en el medio de comunicación procesal oficial y fijando la cédula en los medios de comunicación procesal oficiales y surtirá sus efectos dentro de tres días, salvo el derecho de la parte actora para pedir providencia precautoria.

Verificado de cualquiera de los modos indicados el requerimiento, se procederá en seguida al embargo.

Artículo 482. El juicio ejecutivo se tramitará en un solo cuaderno, sin necesidad de integrar secciones o cuadernillos especiales.

Artículo 483. Agotado el procedimiento se citará para la sentencia que decidirá los derechos controvertidos. Se procurará dictar en forma inmediata en términos del artículo 468 del presente Código Nacional, y en caso de que se trate de asuntos complejos que requieran mayor tiempo para su análisis, se concederá la ampliación hasta por cinco días más. De resultar probada la acción, la sentencia decretará que ha lugar a hacer trance y remate de los bienes embargados y con el producto, pago a la persona acreedora, una vez celebrada la audiencia de cumplimiento de sentencia.

Artículo 484. Si el crédito que se cobra está garantizado con hipoteca, la persona acreedora podrá intentar el juicio hipotecario o el juicio ejecutivo oral civil, según corresponda.

Artículo 485. Cuando la persona deudora consignare la cantidad reclamada para evitar los gastos y molestias del embargo, reservándose el derecho de oponerse, se suspenderá el embargo y la cantidad se depositará conforme a la Ley; y si la cantidad consignada no fuere suficiente para cubrir la deuda principal y las costas, se practicará el embargo por lo que falte.

SECCIÓN TERCERA
DE LAS TERCERÍAS

Artículo 486. Tercería es la acción que deduce un tercero en un procedimiento previamente instaurado entre dos o más personas, con el objeto de coadyuvar o adherirse a las acciones del demandante o a las excepciones del demandado, o para excluir los derechos de ese tercero.

En un juicio previamente instaurado y seguido por dos o más personas, puede uno o más terceros, con intereses distintos de las partes, presentarse a deducir una acción distinta de la que se debate entre aquellos, tercero que debe fundar su acción y presentar los documentos que tenga relación con la litis planteada en el juicio principal, sin los cuales se desechará de plano. Este nuevo litigante se llama tercer opositor.

Artículo 487. Las cuestiones de tercerías deben substanciarse y decidirse por la autoridad jurisdiccional que sea competente para conocer del asunto principal, independientemente de su cuantía.

La tercería deberá deducirse en los términos prescritos para formular una demanda ante la autoridad jurisdiccional que conoce del juicio y se tramitará conforme a las formalidades del procedimiento en el que se promueva.

Al juicio pueden venir uno o más terceros, siempre que tengan interés propio y distinto de la persona actora o persona demandada en la materia del juicio.

Artículo 488. Las tercerías son coadyuvantes o excluyentes. Las tercerías excluyentes son de dominio o preferencia.

Artículo 489. Las tercerías coadyuvantes pueden oponerse en cualquier juicio, sea cual fuere la acción que en él se ejercite y cualquiera que sea el estado en que éste se encuentre, con tal que aún no se haya pronunciado sentencia definitiva.

Artículo 490. Quien promueva tercería coadyuvante se considera asociado con la parte cuyo derecho coadyuva y, en consecuencia, podrán:

I. Salir al pleito en cualquier estado en que se encuentre, con tal que no se haya pronunciado sentencia definitiva;

II. Hacer las gestiones que estimen oportunas dentro del juicio, deduciendo la misma acción u oponiendo la misma excepción que la persona actora o la demandada, respectivamente y no hubiere designado representación común;

III. Continuar su acción y defensa, aun cuando el principal desistiere, y

IV. Apelar e interponer los recursos procedentes.

Artículo 491. Se correrá traslado a la parte actora y demandada en el principal con la promoción de la tercería coadyuvante, para que contesten en el plazo de nueve días; con el escrito de contestación a la demanda se dará vista a la tercerista para que dentro del término de tres días manifieste lo que a su derecho convenga. En los escritos citados se deberán ofrecer las pruebas, las cuales se admitirán conforme a las reglas generales de este Código Nacional.

En caso de no contestar la demanda, contestadas las excepciones y defensas o precluido el derecho para ello, la autoridad jurisdiccional señalará fecha para la celebración de una audiencia de juicio, dentro de los quince días posteriores, en donde se expresarán alegatos de inicio, se desahogarán pruebas, alegatos de cierre y se dictará sentencia. En lo no previsto y de resultar necesario, deberá de estarse a las reglas para la audiencia de juicio tratándose del procedimiento ordinario civil oral.

Artículo 492. Las tercerías excluyentes de dominio deben de fundarse en el dominio que se posee sobre los bienes objeto del procedimiento.

No es lícito interponer tercería excluyente de dominio a quien consintió en la constitución del gravamen o del derecho real en garantía de la obligación de la persona demandada.

Artículo 493. Quien promueva la tercería excluyente de preferencia debe fundarse en el mejor derecho para ser pagado.

Artículo 494. Con la demanda de tercería excluyente deberá presentarse el título de fecha cierta en original o copia certificada en que se funde o el elemento fehaciente que acredite el derecho que se pretende ejercitar.

La demanda de tercería deberá cumplir con lo previsto por el artículo 235 de este Código Nacional, sin cuyos requisitos se desechará de plano.

Artículo 495. No ocurrirán en tercerías de preferencia:

I. La persona acreedora que tenga hipoteca u otro derecho real accesorio en finca distinta de la embargada;

II. La persona acreedora que sin tener derecho real no haya embargado el bien objeto de la ejecución;

III. La persona acreedora a quien la persona deudora señale bienes bastantes a solventar el crédito, y

IV. La persona acreedora a quien la Ley lo prohíba en otros casos.

Artículo 496. La tercería excluyente de crédito hipotecario tiene derecho de pedir que se inscriba su demanda a su costa.

Artículo 497. Las tercerías excluyentes pueden oponerse en todo procedimiento, cualquiera que sea su estado, con tal de que, si son de dominio, no se haya dado posesión de los bienes a quien haya adquirido por remate o a la parte actora, en su caso, por vía de adjudicación, y que, si son de preferencia, no se haya hecho el pago al demandante.

Artículo 498. Las tercerías excluyentes no suspenderán el curso del juicio en que se interponen. Si fueren de dominio, el juicio principal seguirá sus trámites hasta antes de la aprobación definitiva del remate, y desde entonces se suspenderán sus procedimientos hasta que se decida la tercería.

Artículo 499. Si la tercería fuere de preferencia, se seguirán los procedimientos del juicio principal en que se interponga, hasta la realización de los bienes embargados.

Suspendiéndose el pago que se hará a la persona acreedora que tenga mejor derecho, definida que quede la tercería. Entre tanto se decide ésta, se depositará a disposición de la autoridad jurisdiccional el precio de la venta.

Artículo 500. Si la persona actora y la demandada en el principal se allanaren a la demanda de la tercería, la autoridad jurisdiccional, sin más trámites, mandará cancelar los embargos, si fuere excluyente de dominio, y dictará sentencia por escrito dentro de los siguientes cinco días, si fuere de preferencia. Lo mismo hará cuando ambos dejaren de contestar a la demanda de tercería.

A toda persona opositora que no obtenga sentencia favorable, se le condenará al pago de gastos y costas a favor de las partes que se hubieran opuesto a la tercería.

Al declararse fundada la tercería excluyente que motive se levante el embargo de los bienes, la parte actora en el asunto principal podrá solicitar la ampliación del embargo o un nuevo embargo de bienes sobre los cuales pueda ejecutarse la sentencia o el auto de ejecución.

Artículo 501. La persona ejecutada que haya sido declarado en rebeldía en el juicio principal, seguirá con el mismo carácter en el de tercería; pero si fuere conocido su domicilio, se le notificará el traslado de la demanda.

Artículo 502. Cuando se presenten tres o más personas acreedoras que hicieren oposición, si estuvieren conformes, se seguirá un solo juicio, graduando en una sola sentencia sus créditos; pero si no lo estuvieren, se seguirá el juicio de concurso necesario de acreedoras.

Artículo 503. Si fueren varias las personas opositoras reclamando el dominio se procederá en cualquier caso a decidir incidentalmente la controversia en unión de la ejecutante y de la ejecutada.

Artículo 504. La interposición de una tercería excluyente autoriza a la persona a pedir que se amplíe la ejecución en otros bienes de la persona deudora.

Artículo 505. Si sólo alguno de los bienes ejecutados fuere objeto de la tercería, los procedimientos del juicio principal continuarán hasta vender y hacer pago a la persona acreedora, con los bienes no comprendidos en la misma tercería.

SECCIÓN CUARTA
DEL JUICIO ESPECIAL HIPOTECARIO ORAL

Artículo 506. Se tramitará en la vía especial hipotecaria oral todo juicio que tenga por objeto la constitución, ampliación, división, registro y extinción de una hipoteca, así como su nulidad, cancelación, o bien, el pago o prelación del crédito que la hipoteca garantice.

Para que el juicio que tenga por objeto el pago o la prelación de un crédito hipotecario se siga según las reglas del presente Capítulo, es requisito indispensable que el crédito conste en documento público o privado, según la forma que establezca la legislación común o la que sea aplicable, e inscrito en el Registro, Oficina o Instituto Público Registral que corresponda y que sea de plazo cumplido, o que éste sea exigible en los términos pactados o bien conforme a las disposiciones legales aplicables.

Artículo 507. Procederá el juicio hipotecario oral que tiene por objeto el pago o la prelación de crédito sin necesidad de que el contrato esté inscrito en el Registro, Oficina o Instituto Público respectivo, cuando:

I. El documento base de la acción tenga carácter de título ejecutivo;

II. El bien se encuentre inscrito a favor de la persona demandada, y

III. No exista embargo o gravamen en favor de terceras personas, inscrito cuando menos noventa días anteriores a la de la presentación de la demanda.

Artículo 508. Presentado el escrito de demanda, acompañado del documento base de la acción, la autoridad jurisdiccional si encuentra que se reúnen los requisitos fijados por los artículos anteriores, admitirá la misma y mandará anotar la demanda en el Registro, Oficina o Instituto Público respectivo y que se corra traslado de ésta a la persona deudora y, en su caso, a quien sea titular registral del embargo o gravamen por plazo inferior a que se refiere la fracción

III, del artículo anterior, para que dentro del término de quince días ocurra a contestarla y a oponer las excepciones que no podrán ser otras que:

I. Las procesales previstas en este Código Nacional;

II. Las fundadas en que la persona demandada no haya firmado el documento base de la acción, su alteración o la de falsedad del mismo;

III. Falta de representación, de poder bastante o facultades legales de quien haya suscrito en representación de la demandada el documento base de la acción;

IV. Nulidad del contrato;

V. Pago o compensación;

VI. Remisión o quita;

VII. Oferta de no cobrar o espera;

VIII. Novación de contrato;

IX. Prescripción, y

X. Las demás que autoricen las leyes.

Las excepciones comprendidas en las fracciones de la V a la VIII sólo se admitirán cuando se funden en prueba documental. Respecto de las excepciones de litispendencia y conexidad sólo se admitirán si se exhiben con la contestación las copias selladas de la demanda y contestación o de las cédulas del emplazamiento del juicio pendiente o conexo, o bien la documentación que acredite que se encuentra tramitando un procedimiento arbitral con las excepciones y defensas se dará vista a la parte actora para que manifieste en el plazo de tres días lo que a su derecho corresponda.

Artículo 509. La autoridad jurisdiccional bajo su más estricta responsabilidad, revisará escrupulosamente la contestación de la demanda y desechará de plano las excepciones diferentes a las que se autorizan o aquéllas en que sea necesario exhibir documento y el mismo no se acompañe salvo los casos que se esté gestionando su exhibición en términos de este Código Nacional.

La reconvención sólo será procedente cuando se funde en el mismo documento base de la acción o se refiera a su nulidad. En cualquier otro caso se desechará de plano. Las cuestiones relativas a la personalidad de las partes no suspenderán el procedimiento y se resolverán dentro del plazo a que se refiere el artículo 71 de este Código Nacional.

Si la parte demandada se allanare a la demanda y solicitare término de gracia para el pago o cumplimiento de lo reclamado, se dará vista a la actora para que, dentro de tres días manifieste lo que a su derecho convenga, debiendo la autoridad jurisdiccional resolver de acuerdo a tales proposiciones de las partes en audiencia de juicio, que se celebrará dentro de los diez días siguientes, en dónde se declarará el asunto visto y de ser necesario la autoridad jurisdiccional decretará un receso razonable para resolver. En su caso, reanudada la audiencia, la autoridad jurisdiccional explicará de forma breve, clara y sencilla en un lenguaje cotidiano su sentencia definitiva y leerá únicamente los puntos resolutivos, entregando copia simple de la versión escrita de la misma a las partes, en un plazo no mayor a dos días.

Artículo 510. Tanto en la demanda como en la contestación a la misma, en la vista que se dé con ésta a la actora y en su caso en la reconvención y en la contestación a ésta, así como desahogo de excepciones y defensas, las partes tienen la carga de actuar con precisión, indicando en los hechos si sucedieron ante testigos, citando los nombres de éstos y presentando todos los documentos relacionados con tales hechos. En los mismos escritos, las partes deben ofrecer todas sus pruebas, relacionándolas con los hechos que se pretendan probar. En el caso de que las pruebas ofrecidas sean contra la moral o el derecho, sobre hechos que no han sido controvertidos por las partes, sobre hechos imposibles o notoriamente inverosímiles, o no se hayan relacionado con los mismos, serán desechadas.

Las pruebas que se admitan se desahogarán en la audiencia de juicio.

Con el escrito de contestación a la demanda se dará vista a la parte actora para que manifieste lo que a su derecho convenga; si hubiere reconvención se emplazará a la actora principal para que la conteste dentro de los quince días siguientes y en el mismo proveído, dará vista por tres días con las excepciones opuestas para que manifieste lo que a su derecho convenga.

Contestadas las excepciones opuestas en lo principal y en su caso en la reconvención, o transcurrido el plazo para ello, se admitirán las pruebas que cumplan con los requisitos de ofrecimiento y admisión, establecidos en la parte general del presente Código Nacional. Hecho lo cual, se señalará fecha para la celebración de la audiencia de juicio que deberá fijarse dentro de los quince días siguientes.

Artículo 511. En la audiencia de juicio la autoridad jurisdiccional abrirá una etapa de conciliación o mediación, y en caso de no llegar a un convenio, las partes expondrán sus alegatos de inicio, se procederá al desahogo de las pruebas admitidas, expresarán las partes alegatos de cierre, en seguida la autoridad jurisdiccional explicará de forma breve, clara y sencilla en un lenguaje cotidiano su sentencia definitiva y leerá únicamente los puntos resolutivos, entregando copia simple de la versión escrita de la misma a las partes, en un plazo no mayor a dos días, todo lo anterior, aplicando en lo conducente las reglas de las audiencias del juicio ordinario oral civil.

Artículo 512. La preparación de las pruebas quedará a cargo de las partes, por lo que deberán presentar a los testigos, peritos y demás pruebas que les hayan sido admitidas.

En caso que las partes manifiesten bajo protesta de decir verdad la imposibilidad de preparar directamente el desahogo de las mismas, la autoridad jurisdiccional previa solicitud de la oferente, expedirá los oficios o citaciones, designará en su caso perito tercero en discordia, poniendo a disposición de la oferente los oficios y citaciones respectivas, a efecto que las partes preparen las pruebas y éstas se desahoguen en la audiencia de juicio; en caso contrario se declarará desierta la prueba por causa imputable del oferente.

Si llamado un testigo, perito o solicitado un documento que hayan sido admitidos como prueba, no se desahogan éstas a más tardar en la audiencia, se declarará desierta la prueba ofrecida por causa imputable a la oferente.

Artículo 513. Si en el documento base con el cual se ejercita la acción hipotecaria se advierte que hay otros acreedores hipotecarios anteriores, se mandará notificarles personalmente la existencia del juicio para que manifiesten lo que a su derecho corresponda.

Artículo 514. La demanda se anotará en el Registro, Oficina o Instituto Público respectivo, a cuyo efecto la parte actora exhibirá un tanto más de la demanda, documentos base de la acción y en su caso, de aquellos con que justifique su representación, para que, previo cotejo con sus originales se certifiquen por la persona secretaria judicial, haciendo constar que se expiden para efectos de que la parte interesada inscriba su demanda, a quien se le entregarán para tal fin, debiendo hacer las gestiones en el registro, oficina o instituto registral dentro del término de tres días y acreditándolo en su oportunidad ante la autoridad jurisdiccional.

Artículo 515. Anotada la demanda en el Registro, Oficina o Instituto Público respectivo, no podrá verificarse en el bien hipotecado ningún embargo, toma de posesión, diligencia precautoria o cualquier otra que entorpezca el curso del juicio, salvo que se trate de derechos en materia de alimentos o en virtud de sentencia ejecutoriada relativa al mismo bien, debidamente registrada y anterior en fecha a la inscripción de la referida demanda o en razón de providencia precautoria solicitada ante la autoridad jurisdiccional por la acreedora con mejor derecho, en fecha anterior a la de inscripción de la demanda.

Artículo 516. En el trámite y resolución de las acciones deducidas en el presente Capítulo, será autoridad jurisdiccional competente, la del lugar donde se encuentra el bien inmueble objeto de la garantía real sobre el constituida, incluyendo contratos de adhesión y una de las partes sea una institución que pertenezca al sistema financiero mexicano o instituto, dependencia o institución del crédito del gobierno. Si la finca no se halla en el lugar del juicio, se librará exhorto a la autoridad jurisdiccional de la ubicación del bien inmueble objeto de la garantía real conforme a las reglas de competencia prevenidas en el presente Código Nacional.

Artículo 517. Desde el día del emplazamiento, la persona deudora contrae la obligación de depositaria judicial respecto del bien hipotecado, sus frutos y de todos los objetos que, con arreglo al contrato y conforme a lo dispuesto por la legislación aplicable, deban considerarse como inmovilizados y formando parte del mismo bien hipotecado, de los cuales se formará inventario para agregarlo a los autos, siempre que lo pida la persona acreedora. Para efecto del inventario, la persona deudora queda obligada a dar todas las facilidades para su formación y en caso de desobediencia, la autoridad jurisdiccional lo compelerá por los medios de apremio que le autoriza este Código Nacional.

Artículo 518. La parte deudora que no quiera aceptar la responsabilidad de depositaria, entregará desde luego, la tenencia material del bien hipotecado a la actora o a la depositaria que éste nombre.

Artículo 519. En todo lo no previsto en lo relativo a la demanda, emplazamiento, contestación de demanda, contestación de excepciones, ofrecimiento, admisión, preparación y desahogo de las pruebas, así como al desarrollo de la audiencia de juicio, se observarán las normas del juicio ordinario civil oral, así como las reglas generales de este Código Nacional, en cuanto no se opongan a las disposiciones del presente Capítulo.

SECCIÓN QUINTA
DEL JUICIO ESPECIAL DE ARRENDAMIENTO INMOBILIARIO ORAL

Artículo 520. A las controversias que versen sobre el arrendamiento inmobiliario les serán aplicables las disposiciones de este Capítulo.

A las acciones que se intenten contra quien haya otorgado fianza de carácter civil o terceras personas por controversias derivados del arrendamiento, se aplicarán las reglas de este Capítulo, en lo conducente. Igualmente, la acción que intente la persona arrendataria para exigir a la arrendadora, el derecho de preferencia y el pago de los daños y perjuicios a que se refiere el Código Civil correspondiente se sujetará a lo dispuesto en este Título.

Artículo 521. Los escritos de demanda, contestación, y en su caso, reconvención, observarán los requisitos establecidos en las disposiciones generales. El escrito inicial de demanda además de los requisitos referidos deberá acompañarse con el contrato de arrendamiento en caso de haberse celebrado por escrito.

En la demanda, contestación, reconvención, contestación a la reconvención y contestación a las excepciones opuestas, las partes deberán ofrecer las pruebas que pretendan rendir durante el juicio.

Artículo 522. Admitida la demanda se ordenará emplazar a la parte demandada, misma que deberá dar contestación, y formular en su caso, reconvención, dentro de los quince días siguientes a la fecha del emplazamiento; si hubiere reconvención se correrá traslado de ésta a la parte actora para que la conteste dentro de los quince días siguientes.

Desahogada la vista de las excepciones y defensas, de la contestación a la demanda y en su caso, de la contestación a la reconvención, o transcurridos los plazos para ello, la autoridad jurisdiccional señalará de inmediato la fecha y hora para la celebración de la audiencia de juicio, la que deberá fijarse dentro de los quince días siguientes.

En el mismo auto, la autoridad jurisdiccional admitirá, en su caso, las pruebas que fuesen ofrecidas en relación con las excepciones procesales opuestas, para que se rindan a más tardar en la audiencia de juicio. En caso de no desahogarse las pruebas en la audiencia, se declararán desiertas por causa imputable al oferente.

En lo no previsto para la audiencia de juicio, deberán aplicarse lo dispuesto en las reglas generales del juicio ordinario oral civil de este Código Nacional.

Artículo 523. La preparación de las pruebas quedará a cargo de las partes, por lo que deberán presentar a los testigos, peritos y demás pruebas que les hayan sido admitidas.

En caso de que las partes manifiesten bajo protesta de decir verdad la imposibilidad de preparar directamente el desahogo de las mismas, la autoridad jurisdiccional previa solicitud de la oferente, expedirá los oficios o citaciones, designará en su caso perito tercero en discordia, poniendo a disposición de la oferente los oficios y citaciones respectivas, a efecto de que las partes preparen las pruebas y éstas se desahoguen en la audiencia de juicio; en caso contrario se declarará desierta la prueba por causa imputable del oferente.

Si llamado un testigo, perito o solicitado un documento que hayan sido admitidos como prueba, no se desahogan éstas a más tardar en la audiencia, se declarará desierta la prueba ofrecida por causa imputable a la oferente.

Artículo 524. En la audiencia de juicio, se abrirá una etapa de conciliación y mediación, en caso de no lograrse un convenio, las partes expresaran sus alegatos de inicio, se desahogarán las pruebas y escuchados los alegatos finales, se declarará el asunto visto y la autoridad jurisdiccional explicará de forma breve, clara y sencilla en un lenguaje cotidiano su sentencia definitiva y leerá únicamente los puntos resolutivos, entregando copia simple de la versión escrita de la misma a las partes, en un plazo no mayor a dos días.

Artículo 525. En caso de que dentro del juicio a que se refiere este Capítulo, se demande el pago de rentas atrasadas por dos o más meses de acuerdo con el contrato suscrito por las partes, la parte actora podrá solicitar a la autoridad jurisdiccional que, al momento del emplazamiento o al dar contestación a la demanda, la demandada acredite con los recibos de renta correspondientes o escritos de consignación debidamente sellados, que se encuentra al corriente en el pago de las rentas pactadas y no haciéndolo se embargarán bienes de su propiedad suficientes para cubrir las rentas adeudadas.

Artículo 526. Para los efectos de este Capítulo siempre se tendrá como domicilio legal de la parte ejecutada el inmueble motivo del arrendamiento.

Artículo 527. Los incidentes no suspenderán el procedimiento. Se tramitarán en los términos de las reglas generales del presente Código Nacional, para los de tramitación escrita u oral, según procedan.

Artículo 528. Contra las sentencias definitivas en los procedimientos de arrendamiento inmobiliario oral, procederá el recurso de apelación en efecto devolutivo.

Artículo 529. En todo lo no previsto regirán las reglas generales de este Código Nacional, en cuanto no se opongan a las disposiciones del presente Capítulo.

SECCIÓN SEXTA
DEL PROCEDIMIENTO ESPECIAL DE INMATRICULACIÓN JUDICIAL ORAL

Artículo 530. El procedimiento especial oral de inmatriculación judicial de inmuebles, sin perjuicio de lo dispuesto en los Códigos Civiles respectivos, se substanciará conforme a lo siguiente:

I. Se presentará una solicitud que deberá de contener:

a) El origen de la posesión;

b) En su caso, el nombre de la persona de quien obtuvo la posesión el peticionario;

c) El nombre y domicilio del causahabiente de aquélla si fuere conocido;

d) La ubicación precisa del bien y sus medidas y colindancias;

e) El nombre y domicilio de las personas colindantes, y

f) El nombre de tres testigos, preferentemente colindantes del inmueble a inmatricular o, en su caso, que vivan o habiten cerca del lugar de ubicación del fundo en cuestión.

II. Se acompañará a la solicitud:

a) Un plano descriptivo de la ubicación del inmueble;

b) Un plano catastral del inmueble autorizado por el órgano de recaudación correspondiente, con una vigencia no mayor a seis meses, y

c) Un certificado de no inscripción del inmueble expedido por el Registro de la Propiedad, Oficina Registral o cualquier Institución análoga según la Entidad Federativa de que se trate. En el escrito en que se solicite dicho certificado, se deberán proporcionar los datos que identifiquen con precisión el fundo y manifestar que el certificado será exhibido en el procedimiento judicial de inmatriculación.

III. Admitida la solicitud, se ordenará la publicación por edictos en el medio de comunicación procesal oficial y en un periódico de mayor circulación en la Entidad Federativa donde se ubique el bien inmueble, por una sola ocasión, para que comparezcan al procedimiento las personas que se pudieren considerar perjudicadas, en los siguientes medios:

a) En el medio de comunicación procesal oficial de la autoridad jurisdiccional, y

b) En un periódico de los de mayor circulación en el lugar del inmueble.

IV. Se deberá fijar un anuncio de proporciones visibles en la parte externa del inmueble en cuestión, a través del cual se informe a las personas que puedan considerarse perjudicadas, a las y los vecinos, así como al público en general, la existencia del procedimiento de inmatriculación judicial respecto a ese inmueble. El anuncio deberá contener el nombre de la promovente y permanecer en el inmueble durante todo el trámite judicial.

Artículo 531. Realizadas las publicaciones y fijado el anuncio, se correrá traslado de la solicitud, para que contesten si existe oposición al procedimiento, dentro del término de quince días, las siguientes personas:

I. Aquella de quien obtuviera la posesión de quien promueve o su causahabiente si fuere conocido;

II. El Ministerio Público de la Entidad Federativa o la Federación;

III. Las personas colindantes del inmueble;

IV. El Instituto de Administración y Avalúos de Bienes Nacionales o dependencia de gobierno similar en las entidades, para que exprese si el fundo es o no de propiedad Federal o Estatal, y

V. A criterio de la autoridad jurisdiccional, el Registro Agrario Nacional.

Artículo 532. Producida la contestación y desahogadas las excepciones y defensas, en dichos escritos se ofrecerán las pruebas objeto de debate y se procederá a señalar la fecha y hora para celebración de la audiencia de juicio. En todo lo no previsto se estará a las disposiciones del juicio ordinario civil oral.

En el caso de que no hubiera oposición, y previa solicitud de acuse de rebeldía, la autoridad jurisdiccional, al vencerse el término a que se refieren los artículos anteriores, señalará fecha para la celebración de la audiencia de juicio dentro de los treinta días y se decidirá sobre la admisión y preparación de pruebas en el proveído respectivo. La audiencia se llevará a cabo con o sin la asistencia de las partes emplazadas. En caso de inasistencia sin justa causa del promovente, se sobreseerá el procedimiento.

TÍTULO TERCERO
DEL JUICIO ARBITRAL

CAPÍTULO I
DISPOSICIONES GENERALES

Artículo 533. Las partes tienen el derecho de someter sus controversias al juicio arbitral.

Artículo 534. El acuerdo de arbitraje puede celebrarse previo a que inicie un procedimiento jurisdiccional, durante éste una vez iniciado y hasta antes de dictada la sentencia definitiva.

En caso de que las partes decidan someterse a un juicio arbitral una vez iniciado un procedimiento jurisdiccional, la autoridad jurisdiccional las remitirá al arbitraje, dando por concluida la instancia, a menos, que se compruebe que el acuerdo es nulo, ineficaz o de ejecución imposible.

Lo actuado en el procedimiento jurisdiccional carecerá de validez para el juicio arbitral, salvo que las partes de común acuerdo convinieren lo contrario.

Artículo 535. El acuerdo de arbitraje es un convenio, por el que las partes deciden someter a arbitraje todas o ciertas controversias que hayan surgido o puedan surgir entre ellas respecto de una determinada relación jurídica, contractual o no. El acuerdo de arbitraje podrá adoptar la forma de una cláusula compromisoria incluida en un contrato o la forma de un acuerdo independiente.

En todos los casos el acuerdo deberá constar por escrito o por cualquier medio por el que se manifieste expresamente la voluntad de las partes que así lo convinieron.

Artículo 536. La referencia a un reglamento en el acuerdo de arbitraje, o en sus modificaciones, hará que se entiendan comprendidas en el mismo todas las disposiciones de que se trate.

Artículo 537. Quien esté en pleno ejercicio de sus derechos civiles, puede comprometer en árbitros sus negocios.

Las personas tutoras no pueden comprometer los negocios de personas sobre quienes ejercen la tutela, ni nombrar árbitros, sino con aprobación judicial, a menos que éstas fueren personas herederas de quien celebró el acuerdo de arbitraje. Si no hubiere designación de árbitros, salvo pacto en contrario de las partes, se hará con intervención judicial, como está previsto en los medios preparatorios a juicio arbitral.

Artículo 538. Los albaceas necesitan del consentimiento unánime de las personas herederas para comprometer en árbitros los negocios de la herencia y para nombrar árbitros, salvo que se tratara de cumplimentar los acuerdos de arbitraje pactados por el autor de la sucesión.

Artículo 539. Quien funja como síndico de los concursos civiles, sólo puede comprometer en árbitros con el consentimiento unánime de las personas acreedoras.

Artículo 540. No se pueden comprometer en árbitros los siguientes negocios:

I. El derecho de recibir alimentos, lo concerniente al régimen de convivencia, guarda y custodia y demás derechos de niñas, niños y adolescentes;

II. Los divorcios, excepto la separación de bienes, la liquidación y disolución de la sociedad conyugal y las demás diferencias de naturaleza pecuniarias;

III. Las acciones de nulidad de matrimonio;

IV. Los concernientes al estado civil de las personas, con las excepciones contenidas en el Código Civil o Familiar de cada Entidad Federativa que así lo determine, y

V. Los demás en los que lo prohíba expresamente la Ley.

Artículo 541. La persona a quien se comunique su posible nombramiento como árbitro, deberá estar libre de conflicto de intereses con cualquiera de las partes, así mismo, será su obligación revelar todas las circunstancias que puedan dar lugar a dudas justificadas acerca de su imparcialidad o independencia. Desde el momento de su nombramiento y durante todas las actuaciones arbitrales, revelará sin demora tales circunstancias a las partes.

Sólo podrá ser recusado si existen circunstancias que den lugar a dudas justificadas respecto de su imparcialidad o independencia, o si no posee las cualidades convenidas por las partes. Una parte sólo podrá recusar al árbitro nombrado por ella o en cuyo nombramiento haya participado, por causas de las que tenga conocimiento después de efectuada la designación.

Artículo 542. Deberá tratarse a las partes con igualdad y darse a cada una plena oportunidad de hacer valer sus derechos.

Con sujeción a las disposiciones del presente Título, las partes tendrán libertad para convenir las reglas del procedimiento a que se haya de ajustar el árbitro en sus actuaciones, a menos de que se trate de un arbitraje institucionalizado.

A falta de acuerdo sobre las reglas y siempre que no se trate de un arbitraje institucionalizado, se aplicarán las disposiciones del Reglamento de Arbitraje de la Comisión de las Naciones Unidas para el Derecho Mercantil Internacional.

En ausencia de acuerdo y de disposición expresa en el reglamento respectivo, se aplicará lo dispuesto en el presente Título.

En todo momento, el árbitro podrá, con sujeción a lo dispuesto en el presente Código Nacional, dirigir el procedimiento del modo que considere apropiado con el objeto de resolver la controversia planteada. Esta facultad conferida incluye de manera enunciativa, determinar la admisibilidad, la pertinencia y el valor de las pruebas.

Artículo 543. El acuerdo de arbitraje produce las excepciones de remisión al arbitraje y litispendencia, si durante el procedimiento se promueve el negocio en un órgano jurisdiccional ordinario.

La excepción de remisión al arbitraje debe tramitarse en la vía incidental. Sólo se denegará la remisión al arbitraje:

I. Si en el desahogo de la vista dada con la excepción de remisión al arbitraje se demuestra por medio de resolución firme, sea en forma de sentencia o laudo arbitral, que se declaró la nulidad del acuerdo de arbitraje, o

II. Si la nulidad, la ineficacia o la imposible ejecución del acuerdo de arbitraje son notorias desde el desahogo de la vista dada con la solicitud de remisión al arbitraje. Al tomar esta determinación la autoridad jurisdiccional deberá observar un criterio estricto y razonable.

Artículo 544. El tribunal arbitral resolverá la controversia según las normas de derecho que las partes hayan convenido. Si las partes no indicaren la Ley que debe regir el fondo del litigio, el tribunal arbitral, tomando en cuenta las características y conexiones del caso, determinará el derecho aplicable. Decidirá como amigable componedor o en conciencia, sólo si las partes lo han autorizado expresamente para hacerlo.

Artículo 545. El tribunal arbitral puede condenar en costas, daños y perjuicios, pero para emplear medidas de apremio debe acudir a la autoridad jurisdiccional.

CAPÍTULO II
DE LA EJECUCIÓN DE LAUDOS

Artículo 546. Notificado el laudo, cualquier parte podrá presentarlo a la autoridad jurisdiccional para su ejecución, a no ser que las partes ejercieren una acción de nulidad dentro de los siguientes tres meses a la notificación del laudo.

Artículo 547. La autoridad jurisdiccional que esté en turno y que corresponda a la competencia judicial del lugar del arbitraje, o bien, el de la ubicación de los bienes para el caso de ejecución, es competente para todos los actos relativos al juicio arbitral en lo que se refiere a jurisdicción que no tenga el árbitro; y para la ejecución de autos, decretos, órdenes y laudos.

Artículo 548. La autoridad jurisdiccional está obligada a impartir el auxilio de su jurisdicción al tribunal arbitral.

Artículo 549. Contra el laudo arbitral no procede recurso alguno. Contra la ejecución sólo serán posibles las siguientes excepciones que deberá probar la parte contra la cual se invoca el laudo:

I. Una de las partes en el acuerdo de arbitraje estaba afectada por alguna incapacidad jurídica, o que dicho acuerdo no es válido en virtud de la Ley a que las partes lo han sometido, o si nada se hubiere indicado a este respecto, en virtud de las disposiciones de este Código Nacional;

II. No fue debidamente notificada de la designación del árbitro o de las actuaciones arbitrales, o no hubiere podido, por cualquier otra razón ajena al ejecutado, hacer valer sus derechos;

III. El laudo se refiere a una controversia no prevista en el acuerdo de arbitraje o contiene decisiones que exceden los términos del acuerdo de arbitraje. No obstante, si las disposiciones del laudo que se refieren a las cuestiones sometidas al arbitraje pueden separarse de las que no lo están, se podrá dar reconocimiento y ejecución a las primeras;

IV. La composición del tribunal arbitral o el procedimiento arbitral no se ajustaron al acuerdo celebrado entre las partes o, en defecto de tal acuerdo, que no se ajustaron a la Ley del país donde se efectuó el arbitraje, o

V. El laudo no sea aún obligatorio para las partes o hubiere sido anulado o suspendido por la autoridad jurisdiccional del país en que, o conforme a cuyo derecho, hubiere sido dictado ese laudo.

En todos los casos, la autoridad jurisdiccional verificará de oficio que, el objeto de la controversia que se pretende ejecutar sea susceptible de arbitraje; o que el reconocimiento o la ejecución del laudo no sean contrarios al orden público.

LIBRO CUARTO
DE LA JUSTICIA FAMILIAR

TÍTULO PRIMERO
DISPOSICIONES COMUNES A LOS PROCEDIMIENTOS FAMILIARES

CAPÍTULO I
DISPOSICIONES GENERALES EN MATERIA FAMILIAR

SECCIÓN PRIMERA
GENERALIDADES

Artículo 550. Los procedimientos en materia familiar son de orden público; corresponde a las autoridades jurisdiccionales intervenir de oficio en los asuntos que afecten los derechos de las personas que pertenezcan a grupos sociales que se encuentren en situación de vulnerabilidad.

En todos los casos la autoridad jurisdiccional deberá:

I. Fundar y motivar sus resoluciones, de modo que estas se deduzcan lógicamente de los hechos, pruebas y leyes que les sirvan de antecedentes;

II. Procurar la preservación de los vínculos familiares, sin que ello implique una vulneración a los derechos de las personas involucradas en la controversia; para dichos efectos, también deberá de informar a las partes los beneficios del Procedimiento de Justicia Restaurativa;

III. Informar de los derechos que le asisten a la persona en su primera comparecencia ante la autoridad jurisdiccional;

IV. Valorar que los acuerdos propuestos por las partes no afectan derechos irrenunciables o propicien una segunda victimización;

V. Suplir la deficiencia procesal, y

VI. Solicitar la intervención del Ministerio Público o representación social que corresponda.

La solicitud para la intervención de la autoridad jurisdiccional podrá ser oral y sólo cuando así se prevenga los escritos, promociones y peticiones deberán reunir los requisitos mínimos exigidos por este Código Nacional.

Artículo 551. Para el esclarecimiento de la verdad de los hechos controvertidos, la autoridad jurisdiccional podrá ordenar la admisión de cualquier prueba oficial o privada y su desahogo podrá decretarse de manera anticipada.

Artículo 552. Las partes en el juicio estarán obligadas a facilitar la inspección o reconocimiento ordenados por la autoridad jurisdiccional y exhibir los documentos que tengan en su poder y se relacionen con el proceso apercibidos que de no hacerlo sin justa causa se le tendrán por ciertos los hechos que se pretendan probar con ello. La autoridad jurisdiccional podrá hacer cumplir sus determinaciones a través de la aplicación de cualquier medida de apremio prevista en el presente Código Nacional.

Las partes estarán obligadas a facilitar el examen de las condiciones físicas o mentales de una persona, o a proporcionar muestras orgánicas o biológicas, para la obtención de la verdad o resolución del conflicto; apercibiéndoles de que se tendrán por ciertas las afirmaciones de la contraparte si no cumplen con estas obligaciones, salvo prueba en contrario.

Artículo 553. La admisión de hechos por las partes y el allanamiento de estos sólo vinculan a la autoridad jurisdiccional, cuando no se afecten los derechos de niñas, niños o adolescentes, tratándose de violencia familiar, sexual o contra la mujer. Cuando se trate de un delito sexual, la autoridad jurisdiccional estará obligada a dar parte al Ministerio Público, deberá salvaguardarse la integridad y apegarse al principio del interés superior de niñas, niños y adolescentes de manera inmediata.

Artículo 554. En los casos de conductas violentas u omisiones graves que afecten a los integrantes de la familia, la autoridad jurisdiccional deberá adoptar las medidas provisionales que se estimen convenientes, para que cesen de plano. En los casos de violencia vicaria, entendida como la violencia ejercida contra las mujeres a través de sus hijos, la autoridad jurisdiccional deberá salvaguardar la integridad de niñas, niños, adolescentes y mujeres, a efecto de evitar la violencia institucional contemplada en la Ley General de Acceso de las Mujeres a una Vida Libre de Violencia.

Artículo 555. La autoridad jurisdiccional determinará siempre el aseguramiento de los alimentos de quien tenga derecho a recibirlos aun cuando el procedimiento no tenga por objeto principal dicho aseguramiento.

Artículo 556. Las medidas provisionales que hubiere decretado la autoridad jurisdiccional podrán ser modificadas o revocadas, si se demuestra que las causas que las motivaron variaron o desaparecieron.

Artículo 557. Tratándose de trámites en los que se encuentren involucrados los derechos de niñas, niños y adolescentes, la autoridad jurisdiccional, proveerá al efecto y de manera inmediata los ajustes razonables que se requiera en debida observancia del principio de interés superior de las niñas, niños y adolescentes, de conformidad con lo siguiente:

I. Actuar más allá de la demanda puntual que se le presenta cuando esto sea en aras del interés superior de la infancia;

II. Priorizar el derecho a la protección especial, contra toda forma de sufrimiento, abuso o descuido, incluidos el físico, psicológico, mental y emocional; así como priorizar el desarrollo integral en un ambiente sano y libre de violencia;

III. Atender las características, condiciones específicas y necesidades de cada niña, niño y adolescente, con base en el principio de no discriminación;

IV. Deberá cerciorarse de la necesidad de la admisión de la declaración testimonial de niñas, niños o adolescentes, con base en el principio de mínima intervención, a fin de evitar prácticas o procedimientos que causen estrés psicológico;

V. Evitar de manera acuciosa las demoras prolongadas o innecesarias en las diligencias en las que intervengan, así como la formulación de requerimientos legales que pueden resultar intimidantes;

VI. En ningún caso se hará pública la información sobre niñas, niños o adolescentes involucrados en los trámites judiciales previstos en este Código Nacional, y

VII. Toda niña, niño y adolescente, tiene derecho a expresar sus opiniones libremente sobre las decisiones que le afecten, incluidas las adoptadas en el curso de cualquier proceso, y que esos puntos de vista serán tomados en consideración por la autoridad jurisdiccional atendiendo a su edad, madurez y evolución de su capacidad; el acto procesal mediante el que sea escuchado su parecer no estará sujeto a contradicción.

Artículo 558. En todos los asuntos que estén involucrados derechos de niñas, niños y adolescentes, éstos podrán ser escuchados por la autoridad jurisdiccional, en audiencia videograbada.

La autoridad jurisdiccional señalará fecha y hora para la celebración de la comparecencia, y requerirá a quien ejerza la guarda y custodia o cuidado de la niña, niño o adolescentes para que lo presenten al desahogo de la comparecencia, con el apercibimiento de que en caso de incumplimiento se les impondrá la medida de apremio que la autoridad jurisdiccional estime conducente.

En el desahogo de la comparecencia la autoridad jurisdiccional deberá observar lo siguiente:

I. Que la comparecencia no se lleve a cabo en un ambiente hostil;

II. Asegurar que esté presente un equipo interdisciplinario, formado por: una persona profesional en psicología, preferentemente con especialidad en desarrollo infantil, una persona Agente del Ministerio Público y una persona tutora especial que se designe para el desahogo de la actuación, persona que deberá de pertenecer al Sistema al Desarrollo Integral de la Familia o a la Procuraduría de Protección de Niñas, Niños y Adolescentes;

III. La entrevista con las niñas, niños y adolescentes, está exceptuada de contradicción y debe ser resguardada en absoluta discrecionalidad, atendiendo a los principios de confidencialidad y privacidad que les asisten a las niñas, niños y adolescentes; se llevará a cabo sin la presencia de sus progenitores o tutores;

IV. En los casos en los que la niña, niño o adolescente requiera el apoyo de una persona familiar o profesional de su confianza podrá acompañarle, particularmente cuando se trate de violencia sexual infantil, ya que sólo con auxilio de sus progenitores o terapeutas suelen revelar la violencia, y

V. Dichas diligencias serán videograbadas para evitar la repetición y revictimización en el proceso de niñas, niños y adolescentes.

Los datos proporcionados en la comparecencia serán tomados en consideración por la autoridad jurisdiccional atendiendo a la edad, madurez y contexto social y familiar de la niña, niño o adolescente, así como las pruebas periciales en materia de psicología que para tal efecto se recaben. La admisión de estos medios de prueba podrá decretarse de manera anticipada.

Artículo 559. Cuando la persona que tenga a su cuidado a la niña, niño o adolescente se niegue a presentarlo a la audiencia señalada para su comparecencia, alegando cualquier causa, se harán efectivos los apercibimientos decretados con anterioridad, y de considerarse viable se señalará nuevo día y hora dentro del término de veinte días en el que la autoridad jurisdiccional, el Ministerio Público y demás personas que deban intervenir, se trasladen al domicilio donde habita la niña, niño o adolescente para llevar a cabo la diligencia referida, en su caso.

Para el caso de oposición o impedimento del desarrollo de la audiencia, la autoridad jurisdiccional dará vista al Ministerio Público para que proceda conforme a sus atribuciones y para los efectos legales conducentes. La autoridad jurisdiccional podrá adoptar las medidas de protección para las niñas, niños y adolescentes que estime pertinentes, siempre con base en el principio del interés superior de la infancia y de acuerdo con el Protocolo para juzgar con perspectiva de infancia y adolescencia de la Suprema Corte de la Justicia de la Nación.

Artículo 560. La autoridad jurisdiccional tiene, sin perjuicio de las especiales que les concede la ley, las siguientes facultades:

I. Convocar a las partes a su presencia en cualquier tiempo, para intentar la conciliación o cualquier otro medio alterno de solución de conflictos; exceptuando aquellos casos que involucren violencia de cualquier tipo incluida la de género y para cualquier persona, niña, niño y adolescente;

II. En cualquier estado o instancia del procedimiento, ordenar la comparecencia personal de las partes, a fin de interrogarlas libremente sobre los hechos por ellas afirmados. Las partes deben ser asistidas por sus representantes. Los interrogatorios se practicarán sin formalidad alguna, excepto en los casos que involucren cualquier tipo o modalidad de violencia de género, en cuyo caso las autoridades jurisdiccionales deberán actuar con base en los Protocolos que al efecto existan;

III. Rechazar de plano cualquier incidente o solicitud que merezca calificarse de frívola, notoriamente improcedente, intrascendente o dilatoria, en relación con el asunto que se ventile, lo que deberá ser hecho de manera fundada, razonada y motivada;

IV. Para el solo efecto de regularizar el proceso, ordenar en cualquier etapa del juicio que se subsane toda omisión o deficiencia formal que se notare;

V. Suplir la deficiencia de los planteamientos de derecho y de las pretensiones, así como de los agravios respecto de las niñas, niños, adolescentes; víctimas de cualquier tipo o modalidad de violencia de género y grupos de atención prioritaria;

VI. Allegarse de los medios de prueba legales que estime necesarios para la resolución del asunto, de acuerdo con la naturaleza de los derechos en conflicto, y

VII. Determinar las medidas y órdenes de protección procedentes para la protección de los miembros de la familia, cuando en un procedimiento se advierta la existencia de cualquier modalidad o tipo de violencia.

Artículo 561. Si la autoridad jurisdiccional advierte la existencia de cualquier clase de violencia, deberá modificar o suspender el ejercicio del régimen de convivencias o guarda y custodia, según sea el caso, y podrá ordenar que las convivencias se realicen de manera supervisada en los Centros o Instituciones destinadas para tal efecto en el Tribunal o Poder Judicial de cada Entidad Federativa, o bien por videoconferencia supervisada, siempre y cuando sea deseo de la niña, niño o adolescente, así como dictar las medidas que estime pertinentes para salvaguardar el orden familiar y dar vista al agente del Ministerio Público que corresponda.

SECCIÓN SEGUNDA
DE LOS ALIMENTOS

Artículo 562. Si la autoridad jurisdiccional considera acreditada la obligación alimentaria, dictará el auto admisorio a más tardar al día siguiente en que haya recibido la solicitud respectiva, fijando una pensión alimenticia provisional y dará aviso sin demora a la persona física o moral de quien perciba el ingreso la persona deudora alimentista, para que lleve a cabo el descuento y haga entrega de la cantidad al acreedor alimentario e informe sobre el total de sus percepciones.

Artículo 563. La orden de descuento de los alimentos y el informe solicitado se atenderá de inmediato por la parte responsable de la fuente de trabajo, suministrando los datos exactos dentro del término de tres días, con el apercibimiento que de no hacerlo se le aplicará una multa de hasta doscientas Unidades de Medida y Actualización, además de responder solidariamente con la obligada directa, de los daños y perjuicios que cause a la acreedora alimentaria por sus omisiones o informes falsos.

En todo momento la autoridad jurisdiccional podrá solicitar el auxilio de las autoridades fiscales para la indagación de la capacidad económica de las personas deudoras alimentarias.

Artículo 564. Cuando no se acredite la capacidad económica de la deudora alimentista, en atención a las circunstancias especiales del caso, la pensión alimenticia se fijará en salarios mínimos en la zona económica que corresponda, sin que pueda ser inferior a uno.

Artículo 565. Fuera de los casos anteriores, se ordenará requerir a la parte deudora alimentista sobre el pago inmediato de la pensión provisional, con el apercibimiento de embargar bienes de su propiedad que garanticen su cumplimiento. En caso de que se actualice el incumplimiento de la parte deudora alimentista total o parcial por un periodo mayor a 90 días, la autoridad jurisdiccional ordenará su inscripción en el Registro Nacional de Obligaciones Alimentarias.

Las personas representantes de la Procuraduría de Protección de Niñas, Niños y Adolescentes o de las instituciones análogas en las Entidades Federativas, que tengan decretada una tutoría en su favor, en todo momento se encuentran legitimadas para solicitar ante la autoridad jurisdiccional la inscripción de una persona deudora en el Registro Nacional de Obligaciones Alimentarias.

Artículo 566. En el mismo auto de admisión a la demanda, la autoridad jurisdiccional proveerá la designación de una persona profesionista en trabajo social, para que lleve a cabo un estudio socioeconómico de las partes acreedora y deudora alimentaria, el cual, de ser posible, deberá estar exhibido en la audiencia preliminar.

Artículo 567. Las cuestiones que se promuevan sobre el importe de los alimentos se decidirán por la vía incidental además de ser revisadas en la audiencia preliminar.

Artículo 568. La sentencia que decrete los alimentos fijará la pensión correspondiente y se comunicará sin demora a la persona física o moral de quien perciba el ingreso la parte deudora alimentista.

En caso de que la autoridad jurisdiccional verifique un incumplimiento total o parcial por la parte deudora alimentista del fallo que condena al pago de alimentos, ya sea que comprenda el pago de una pensión alimenticia ordinaria o retroactiva, informará para su inscripción en el plazo de tres días dicho incumplimiento al Registro Nacional de Obligaciones Alimentarias.

SECCIÓN TERCERA
DE LAS MEDIDAS PROVISIONALES Y DE PROTECCIÓN

Artículo 569. La autoridad jurisdiccional deberá intervenir de oficio en las cuestiones inherentes al orden familiar y deberá decretar las medidas provisionales necesarias sin audiencia de la contraparte y cerciorarse de su cumplimiento, en los casos que a continuación se mencionan, de manera enunciativa y no limitativa:

I. Fijación de alimentos;

II. Guarda y custodia;

III. Régimen de convivencias;

IV. Órdenes o medidas de Protección, y

V. Cualquier otra medida que señale este Código Nacional, los códigos civiles o familiares y las leyes especializadas en la materia, siempre y cuando la autoridad jurisdiccional considere pertinente para salvaguardar a los integrantes de la familia.

Las medidas indicadas en las fracciones anteriores deberán ser revisadas por la autoridad jurisdiccional, de oficio o a petición de parte, en la audiencia preliminar o en cualquier otra etapa del procedimiento. Contra dicha resolución procederá el recurso de apelación en el efecto devolutivo.

Artículo 570. Tratándose de las medidas provisionales y de protección dictadas en favor de víctimas de violencia familiar, para su revisión deberán observarse las condiciones establecidas en este Código Nacional y demás leyes aplicables.

Artículo 571. Las órdenes o medidas de protección tienen como fin salvaguardar integralmente a las víctimas de violencia y su familia, ya sea previniendo, interrumpiendo o impidiendo cualquier conducta de violencia.

Son principios básicos de la orden de protección:

I. Protección de la víctima, que la víctima recupere la sensación de seguridad ante posibles amenazas de quien violenta, lo cual, por otra parte, es indispensable para romper con el círculo de violencia;

II. Urgencia, la orden se debe implementar y cumplir de manera inmediata, con la mayor agilidad posible a efecto de que cumpla con el fin de prevenir o impedir que los actos de violencia se cometan o se sigan cometiendo;

III. Accesibilidad, quiere decir que la medida debe ser implementada a través de un procedimiento sencillo y gratuito para quien es víctima de violencia;

IV. Utilidad procesal, la orden de protección debe facilitar la confección, integración, tratamiento y conservación de las pruebas que puedan aportarse al trámite, y

V. La necesidad y proporcionalidad de la medida, las órdenes de protección deben responder a la situación de violencia en que se encuentre la persona destinataria y deben garantizar su seguridad o reducir los riesgos existentes.

Artículo 572. En caso de que la autoridad jurisdiccional conozca de hechos que probablemente constituyen actos de violencia en contra de las mujeres; niñas, niños o adolescentes; o personas que pueden encontrarse en grupos que se encuentren en situación de vulnerabilidad, tiene la obligación de dictar órdenes de protección de urgente aplicación en función del interés superior de quien pudiere resultar víctima, las cuales serán personalísimas e intransferibles, pudiendo tener incluso el carácter de preventivas y serán consideradas de naturaleza familiar.

Artículo 573. Son medidas u órdenes de protección:

I. La desocupación inmediata del domicilio conyugal o donde habite la víctima, por la persona agresora, independientemente de la acreditación de propiedad o posesión del inmueble, aún en los casos de arrendamiento;

II. La prohibición inmediata a la persona probable responsable de apersonarse en el domicilio, lugar de trabajo, de estudios, del domicilio de las y los ascendientes y descendientes o cualquier otro que frecuente la víctima;

III. La prohibición de intimidar o molestar a la víctima en su entorno social, así como a cualquier integrante de su familia;

IV. El auxilio policiaco de reacción inmediata a favor de la víctima, con autorización expresa de ingreso al domicilio donde se localice o se encuentre la víctima al momento de solicitar el auxilio;

V. El inventario de los bienes muebles e inmuebles de propiedad común, incluyendo los implementos de trabajo de la víctima;

VI. Informar a las autoridades o instituciones competentes sobre las medidas tomadas, a fin de que presten atención inmediata a las personas afectadas;

VII. El uso y goce de los bienes que se encuentren en el inmueble que sirva de domicilio a la víctima;

VIII. El acceso al domicilio en común, de autoridades policiacas o de personas que auxilien a la víctima a tomar sus pertenencias personales y las de su familia;

IX. Emitir orden de protección y auxilio dirigida a las autoridades de seguridad pública, de la que se expedirá copia a la víctima para que pueda acudir a la autoridad más cercana en caso de amenaza de agresión;

X. Brindar servicios reeducativos integrales especializados y gratuitos, con perspectiva de género en instituciones especializadas y gratuitas a la persona agresora para erradicar las conductas violentas a través de una educación que elimine los estereotipos de supremacía de género y los patrones machistas y misóginos que generaron;

XI. Suspensión temporal al agresor del régimen de visitas y convivencia con sus descendientes;

XII. Prohibición al agresor de enajenar o hipotecar bienes de su propiedad, que puedan ser susceptibles de división entre los cónyuges o concubinos, con independencia del régimen matrimonial al que se encuentre sujeto el matrimonio;

XIII. Embargo preventivo de bienes del agresor, que deberá inscribirse en el Registro Público de la Propiedad, a efecto de garantizar las obligaciones alimentarias de cualquier clase, y

XIV. En caso de ser solicitado, proveer a fin de que la víctima pueda recibir en instituciones públicas y de manera gratuita atención médica y acompañamiento psicológico.

La autoridad jurisdiccional está obligada a observar aquellos casos en los que pudiera tratarse de violencia vicaria en contra de mujeres, por sí o a través de una tercera persona.

Artículo 574. Toda persona integrante de la familia podrá solicitar las medidas de protección que considere pertinentes y se atenderá al principio de lealtad procesal para su decreto; sin embargo, atendiendo a los elementos del caso concreto el estándar probatorio requerido para el decreto podrá variar.

En caso de que se acredite que dichas medidas tengan el propósito de ejercer violencia contra la mujer, éstas se dejarán sin efecto.

Si quien solicita la medida de protección es una niña, niño o adolescente, y no se encuentra asistido por sus representantes legales, se ordenará por la autoridad judicial la fijación de una representación inmediata de algún familiar o persona cuidadora temporal o por alguna institución especializada, a efecto de que se dicten las órdenes solicitadas de manera inmediata, ya sea que comparezca por escrito o por comparecencia.

Artículo 575. Las medidas de protección previstas en este Código Nacional deben ser dictadas dentro de las veinticuatro horas siguientes al conocimiento de los hechos, y ser cumplimentadas en un término no mayor a setenta y dos horas; por lo que, no será necesario que surta efectos ningún tipo de notificación para la materialización de las medidas u órdenes.

Las órdenes de protección, pueden ser modificadas durante la tramitación del juicio, en la audiencia preliminar, o en la sentencia definitiva.

La autoridad jurisdiccional tiene la obligación de dar seguimiento a las órdenes de protección dictadas en el juicio.

Artículo 576. En el caso de violencia en contra de la mujer, serán aplicables las órdenes de protección que dispone la Ley General de Acceso de las Mujeres a una Vida Libre de Violencia, sin perjuicio de cualquier otra medida prevista en la legislación Federal y Local, así como en los tratados internacionales aplicables.

Artículo 577. Cuando el deudor alimentario haya dejado de cumplir con sus obligaciones en materia de alimentos por un periodo mayor de dos meses o sesenta días naturales, continuos o discontinuos, en cualquier momento del procedimiento podrá solicitarse a la autoridad jurisdiccional lo haga del conocimiento del Registro de Deudores Alimentarios Morosos o institución similar o análoga en las Entidades Federativas.

La autoridad jurisdiccional podrá retener los pasaportes a los deudores alimentarios morosos, y tratándose de extranjeros se dará vista al Instituto Nacional de Migración, mediante oficio para que proceda conforme a la Ley de Migración, a efecto que no se le permita la salida del Territorio Nacional.

Del mismo modo la autoridad jurisdiccional podrá ordenar a petición de parte, el embargo precautorio de bienes y derechos de los que sea titular del deudor alimentario, así como el congelamiento provisional de sus cuentas bancarias.

A efecto de lo anterior la autoridad jurisdiccional también podrá instruir la anotación, registro o inscripción que corresponda a la medida ordenada.

En su caso, se dará vista al Ministerio Público para los efectos que corresponda.

SECCIÓN CUARTA
DE LA SEPARACIÓN DE PERSONAS

Artículo 578. Quien intente demandar, denunciar o querellarse contra su cónyuge o persona concubina, podrá solicitar a la autoridad jurisdiccional en materia familiar su separación del domicilio hogar común.

Artículo 579. La solicitud de separación del hogar común podrá hacerse por comparecencia o por escrito que deberá contener al menos lo siguiente:

I. Expresar los hechos sobre los que base la solicitud;

II. Indicar el domicilio en el que pretende permanecer o del que se desea retirar, y

III. En caso de existir hijas o hijos menores de edad correspondientes a la unión, se deberán de exhibir los documentos que acrediten la filiación, sin perjuicio de que en situación de urgencia no será necesaria tal exhibición y la autoridad jurisdiccional podrá hacer uso de los medios necesarios para comprobar el parentesco indicado.

Artículo 580. Cuando, derivado de una situación de cualquier tipo o modalidad de violencia, exista imposibilidad material para la presentación por la parte interesada, cualquier persona podrá bajo protesta de decir verdad, realizar su solicitud.

La autoridad jurisdiccional de primera o segunda instancia en materia familiar más cercana al domicilio común o en el que habite quien haga la solicitud, será la encargada de recibirla y decretar la separación provisional de personas, remitiendo las diligencias a la autoridad jurisdiccional que resulte competente.

Artículo 581. Presentada la solicitud de separación, si la autoridad jurisdiccional considera que procede, conjuntamente a la admisión del trámite deberá decretar lo siguiente:

I. Para el caso que la solicitud fuera interpuesta por una tercera persona, se proveerá respecto de la manifestación de conformidad con la persona interesada en el trámite, lo cual se realizará en la diligencia de cumplimiento;

II. Las medidas pertinentes y órdenes de protección a fin de que se efectúe de inmediato la separación, con atención a los hechos y circunstancias de la solicitud;

III. La determinación en cuanto a la guarda y custodia provisional de las niñas, niños o adolescentes relacionados con el caso;

IV. La fijación de la pensión alimenticia provisional correspondiente;

V. El régimen de visitas y convivencias provisionales, si ello no lesiona los derechos de las niñas, niños y adolescentes;

VI. Establecer que quien conserve el cuidado de los hijos o hijas menores de edad o de personas que pertenezcan a grupos que se encuentren en situación de vulnerabilidad, siga habitando el domicilio conyugal o familiar, si así lo desea;

VII. Quien se separe del domicilio familiar y conserve la guarda y custodia de hijos menores de edad habidos en el matrimonio o relación familiar, se le entregarán la ropa, muebles y demás enseres de los mismos, así como de las personas mayores que deban salir del domicilio con quien se haya separado del mismo. En todos los casos quien se retire del domicilio familiar podrá retirar sus objetos personales y de trabajo, y

VIII. Ordenar la notificación al otro cónyuge, concubina o concubinario, con la prevención expresa de que deberá abstenerse de impedir la separación o causarle cualquier tipo de molestias a la parte solicitante, apercibiéndole con las medidas de apremio previstas en el presente Código Nacional para en caso de incumplimiento.

Artículo 582. Decretada procedente la separación de personas, la autoridad jurisdiccional deberá prevenir a la parte solicitante para que presente la demanda correspondiente, dentro de un plazo de quince días hábiles, bajo el apercibimiento que de no realizarlo en el término señalado se levantará el acto prejudicial y cesarán los efectos de las medidas provisionales. En este sentido, podrá autorizarse por una sola ocasión una prórroga de hasta diez días hábiles.

Si la autoridad jurisdiccional advierte que con el levantamiento del acto prejudicial se pudiera vulnerar el interés superior de la niñez o de personas que pertenezcan a grupos que se encuentren en situación de vulnerabilidad, se dará vista a la Procuraduría de Protección para Niños, Niñas y Adolescentes o su equivalente en la Entidad Federativa de la que se trate, así como al Agente del Ministerio Público de su adscripción.

Artículo 583. La autoridad jurisdiccional puede modificar las resoluciones decretadas cuando los cónyuges o concubinos lo soliciten de común acuerdo o cuando aparezcan nuevas circunstancias que así lo hagan posible.

Cualquier oposición de las personas cónyuges o concubinas respecto de los alimentos o la guarda y custodia o visitas y convivencias, decretados en el acto prejudicial, se deberá tramitar en el juicio respectivo.

SECCIÓN QUINTA
DE LA JUSTICIA RESTAURATIVA EN MATERIA FAMILIAR

Artículo 584. Las partes de común acuerdo podrán sujetarse a un procedimiento de Justicia Restaurativa en materia familiar, el cual tendrá como finalidad que las partes reconozcan la existencia de un conflicto, asuman su responsabilidad y participen tanto en la reparación de los daños como en la reestructuración de la dinámica familiar. Quedan exceptuados los casos de violencia sexual contra niñas, niños y adolescentes. El procedimiento de Justicia Restaurativa no es obligatorio para acceder a la justicia familiar.

Las partes podrán acordar suspender la tramitación del juicio que hayan iniciado por un intervalo no mayor a tres meses. Las medidas cautelares, precautorias o provisionales decretadas en el trámite de cualquier juicio se mantendrán vigentes.

Las partes podrán sujetarse a los mecanismos de justicia restaurativa, sin suspensión del trámite judicial correspondiente.

En los casos que alguna de las partes manifieste su deseo de no continuar con el proceso de justicia restaurativa en materia familiar o simplemente una de ellas deje de acudir a las sesiones que se señalen, se dará por concluido el proceso, y suspendido o no el trámite, sin dilación alguna se continuará el juicio en la etapa procesal respectiva.

Artículo 585. Para la implementación de estos procesos, la autoridad jurisdiccional podrá auxiliarse de expertos en psicología, trabajo social, mediadores o facilitadores especializados en materia de familia, quienes deberán de preservar los principios de: legalidad, imparcialidad, voluntariedad, confidencialidad, flexibilidad, simplicidad, acceso a la información y que cuenten con la certificación que para dichos efectos expida la autoridad competente.

Artículo 586. En los casos en que las partes manifiesten su deseo de someterse a los beneficios de la justicia restaurativa, la autoridad jurisdiccional señalará día y hora para que las partes acudan a la entrevista inicial, a la cual podrán ser acompañadas en todo momento de cualquier persona de su confianza, lo que incluye a su representante legal.

Una vez realizadas las entrevistas la persona facilitadora informará en el plazo de tres días a la autoridad jurisdiccional la viabilidad de la implementación de un proceso de Justicia Restaurativa. No obstante, si en los encuentros preparatorios o dentro del proceso sobreviene alguna causa de inviabilidad, la persona facilitadora lo informará en un plazo máximo de cuarenta y ocho horas a la autoridad jurisdiccional.

En caso de que las partes, asistidas de la persona facilitadora, diseñen un plan de reparación del daño, deberá de observar lo siguiente:

I. De ninguna manera podrá pactarse la renuncia de los derechos de niñas, niños o adolescentes;

II. En asuntos en los que existan datos de la existencia de conductas de violencia, queda prohibido convenir el mero pago de obligaciones pecuniarias como forma de reparación del daño, y

III. No podrán pactarse cláusulas desde una asimetría en las relaciones de poder.

En el plan o convenio, en su caso, la persona mediadora o facilitadora deberán promover que se garantice el bienestar psicológico y la seguridad física de todos los miembros de la familia. Después de aceptado y firmado el acuerdo la persona facilitadora tendrá un plazo máximo de tres días para presentarlo ante la autoridad jurisdiccional competente.

Recibido por la autoridad jurisdiccional competente el plan de restitución de derechos o el convenio, en un plazo de cinco días hábiles la autoridad jurisdiccional fijará día y hora para el desahogo de una audiencia oral, a fin de sancionar y en su caso aprobar los acuerdos formulados por las partes.

Las partes comparecerán personal y debidamente asistidas a la audiencia y en caso de que la autoridad jurisdiccional lo considere pertinente podrá apersonarse la persona facilitadora. En todos los casos deberá de encontrase presente en la actuación la persona Agente del Ministerio Público correspondiente y en caso de que así lo considere la autoridad jurisdiccional, la persona representante de la Procuraduría de Protección de niñas, niños y adolescentes a nivel federal o de cada Entidad Federativa.

De resultar en derecho el convenio, se elevará a categoría de cosa juzgada y de inmediato la autoridad jurisdiccional proveerá de todo lo necesario para su ejecución.

El cumplimiento forzoso del convenio judicial podrá solicitarse en la vía de apremio.

TÍTULO SEGUNDO
PROCEDIMIENTOS NO CONTENCIOSOS EN MATERIA FAMILIAR

CAPÍTULO I
DE LA JURISDICCIÓN VOLUNTARIA

SECCIÓN PRIMERA
GENERALIDADES

Artículo 587. La jurisdicción voluntaria comprende todos los actos que, por disposición de la ley o por solicitud de las personas interesadas, se requiere la intervención de la autoridad jurisdiccional, sin que esté promovida, ni se promueva cuestión litigiosa alguna entre partes determinadas.

A solicitud de parte legítima podrán practicarse en esta vía las notificaciones o emplazamientos necesarios en procesos extranjeros.

Los procedimientos de que trata este Capítulo podrán tramitarse ante Notaria o Notario Público de conformidad con lo dispuesto por este Código Nacional, así como el Código Civil y demás leyes de la Entidad Federativa de la que se trate.

Artículo 588. De manera enunciativa y no limitativa, los siguientes casos se podrán tramitar mediante jurisdicción voluntaria:

I. Nombramiento de personas tutoras y curadoras;

II. Enajenación de bienes propiedad de niñas, niños, adolescentes, ausentes o desaparecidos;

III. Declaración de ausencia, así como la declaración especial de ausencia por desaparición;

IV. Procedimiento de adopción, y

V. Restitución nacional.

Artículo 589. La jurisdicción voluntaria deberá promoverse por escrito ante la autoridad jurisdiccional competente y reunir los siguientes requisitos:

I. Nombre y domicilio de quien promueve;

II. En su caso, nombre y domicilio de las personas que deban ser citadas;

III. La petición expresa de lo solicitado;

IV. Los hechos que fundamenten la solicitud;

V. Las pruebas que se ofrezcan, y

VI. Firma de quien promueve.

Artículo 590. Cuando fuere necesaria la audiencia de alguna persona, se la citará conforme a derecho, apercibiéndole en la citación que quedan, por tres días, las actuaciones en la secretaría de la autoridad jurisdiccional para que se imponga de ellas y señalará día y hora para la audiencia dentro del término de quince días, a la que concurrirá el promovente o su representante legal.

Artículo 591. En la Jurisdicción Voluntaria ante autoridad jurisdiccional se dará vista al Ministerio Público, Federal o local, según corresponda:

I. Cuando la solicitud promovida afecte los intereses públicos;

II. Cuando se refiera a la persona o bienes de niñas, niños o adolescentes o personas que no tengan capacidad para comprender el significado del hecho;

III. Cuando tenga relación con los derechos o bienes de persona ausente o desaparecida;

IV. Cuando se encuentren involucrados derechos de personas pertenecientes a grupos que se encuentren en situación de vulnerabilidad;

V. Cuando lo considere necesario la autoridad jurisdiccional o lo pidan las partes, y

VI. Cuando lo dispusiere la Ley aplicable.

Artículo 592. Recibida la solicitud, la autoridad jurisdiccional la examinará y conjuntamente a su admisión, proveerá respecto de las pruebas ofrecidas, las que se desahogarán en una audiencia oral que se fijará dentro del término de quince días. En su caso, se dará vista al Ministerio Público sin que sea obstáculo para la celebración de la audiencia la inasistencia de este último.

Si no mediare oposición, la autoridad jurisdiccional aprobará la información o la autorización judicial si lo considera procedente y se expedirá copia certificada al peticionario si la pidiese.

Artículo 593. En ningún caso se admitirán en procedimiento judicial no contencioso, informaciones de testigos sobre hechos que fueren materia de un procedimiento en curso.

Artículo 594. Se dará por terminado el procedimiento de jurisdicción voluntaria si se opusiere parte legítima. Se desechará la oposición que se haga después de efectuado el acto, reservándole los derechos a quien se oponga para que los haga valer en la vía y forma que proceda.

Artículo 595. La autoridad jurisdiccional podrá variar o modificar las providencias que dictare, sin sujeción estricta a los términos y formas establecidas respecto del procedimiento contencioso que corresponda.

Artículo 596. Las resoluciones que se dicten en las diligencias de jurisdicción voluntaria ante autoridad jurisdiccional son recurribles en términos de lo que establece este Código Nacional. Contra la resolución desestimatoria de la petición procede el recurso de queja y la que dé por concluido el procedimiento de las diligencias, será apelable en ambos efectos.

SECCIÓN SEGUNDA
DE LA CONSIGNACIÓN DE ALIMENTOS

Artículo 597. Quien sea deudor alimentista puede promover diligencias de consignación, derivadas de su obligación de proporcionar alimentos, sin que ello constituya la extinción de la obligación alimentaria y sin perjuicio de que la autoridad jurisdiccional determine lo conducente.

Artículo 598. La consignación se hará en cheque certificado, o billete de depósito expedido por la oficina recaudadora o bancaria que corresponda.

Artículo 599. Hecha la consignación, la autoridad jurisdiccional deberá proveer de inmediato, haciendo saber a la persona acreedora alimentaria, que lo depositado queda a su disposición, para lo cual debe citarle para que comparezca a recibir o verificar el depósito.

Artículo 600. Si la acreedora alimentaria recibe lo consignado lisa y llanamente, la autoridad jurisdiccional hará constar su recepción, sin perjuicio de que las posteriores consignaciones se sigan realizando en ese procedimiento.

Artículo 601. Cuando la persona acreedora alimentaria no comparezca o se rehúse en el acto de la diligencia a recibir lo consignado, la autoridad jurisdiccional lo hará constar, con independencia de los depósitos de alimentos subsecuentes.

Artículo 602. La consignación que hace el deudor de pensiones alimentarias no extingue ni fija por sí misma su obligación de pagar alimentos.

SECCIÓN TERCERA
DEL NOMBRAMIENTO DE PERSONAS TUTORAS Y CURADORAS

Artículo 603. Toda persona tutora cualquiera que sea su clase debe manifestar si acepta o no el cargo dentro de los tres días que sigan a la notificación de su nombramiento; en igual término debe proponer su impedimento o excusa.

Tanto las personas tutoras como curadoras aceptarán los cargos y protestarán su leal desempeño ante la autoridad jurisdiccional de primera instancia en materia familiar que los nombró.

Cuando el impedimento o la causa legal de excusa ocurrieren después de la aceptación de la tutela o curatela, los términos correrán desde el día en que la persona tutora o curadora conoció el impedimento o la causa legal de excusa.

La aceptación o el lapso de los términos, en su caso, importan renuncia de la excusa.

Artículo 604. La persona designada, dentro de los diez días que sigan a su aceptación, debe prestar las garantías exigidas por la legislación sustantiva de cada Entidad Federativa, a no ser que lo exceptuaren expresamente.

Artículo 605. Puede oponerse al nombramiento de persona tutora, la niña, niño o adolescente que tenga la edad para nombrarla y el Ministerio Público, manifestando en un escrito las razones de su oposición y en su caso la documentación que la avale, con el que se dará vista a la persona tutora en cuestión y desahogada o no, la autoridad jurisdiccional resolverá de plano, sin que dicha resolución sea recurrible, así como también podrá oponerse al hecho por la persona que no siendo ascendiente le haya instituido heredero o legatario, de acuerdo a sus intereses.

Artículo 606. Siempre que la persona nombrada como persona tutora o curadora no reúna los requisitos que la ley disponga, la autoridad jurisdiccional denegará el discernimiento del cargo respectivo y proveerá al nombramiento en la forma y términos prevenidos por la legislación sustantiva de cada Entidad Federativa. Contra dicha resolución no procede recurso alguno.

Podrá decretarse el cuidado de niñas, niños y adolescentes que se hallen sujetos a patria potestad o a tutela y que fueren maltratados por sus padres o persona tutora o reciban de éstos ejemplos perniciosos, a juicio de la autoridad jurisdiccional, o sean obligados por ellos a cometer actos reprobados por las Leyes. La misma disposición se aplicará en caso de personas adultos mayores.

La autoridad jurisdiccional deberá privilegiar el cuidado a cargo de familiares o personas más cercanas y de confianza de los infantes.

En este caso no son necesarias formalidades de ninguna clase, asentándose solamente en una o más actas las diligencias del día.

Artículo 607. La autoridad jurisdiccional deberá contar con un registro de todos los discernimientos que se hicieren de los cargos de persona tutora y curadora, así como las modificaciones que se dieran en dichos cargos, que contendrá el nombre del pupilo, fecha de la resolución donde se le designó persona tutora y curadora, domicilio, número telefónico y correo electrónico para que por cualquiera de esos medios de comunicación procesal se realicen las notificaciones respectivas, y estará a disposición del Consejo de Tutelas, Procuraduría de Protección para Niñas, Niños y Adolescentes, del Representante de la Institución análoga de la Entidad Federativa de que se trate, así como del Ministerio Público de la adscripción.

Artículo 608. Dentro del primer mes de cada año, en audiencia pública con citación del Consejo Local de Tutelas, Procuraduría de Protección para Niñas, Niños y Adolescentes, del Representante de la Institución análoga de la Entidad Federativa de que se trate, así como del Ministerio Público de la adscripción, se procederá a examinar dicho registro y ya en su vista, recibirá la rendición de cuentas, la exhibición del informe médico y dictará las medidas que estime pertinentes:

I. Si resultare haber fallecido alguna persona tutora o curadora, harán que sea reemplazada, con arreglo a las disposiciones contenidas en este ordenamiento;

II. Si hubiere alguna cantidad de dinero que resultare sobrante después de cubiertas las cargas y atenciones de la tutela o dinero que proceda de las retenciones de capitales o que se adquiera de cualquier otro modo, se ordenará que se invierta en alguna Institución de Crédito destinadas al efecto, al plazo que mayor beneficio o interés produzca al pupilo, para lo cual la persona tutora con conocimiento de la o el curador, acreditará dicha circunstancia ante la autoridad jurisdiccional para que ésta emita el mandato judicial correspondiente, de acuerdo a la normatividad sustantiva aplicable de cada Entidad Federativa;

III. En dicha audiencia pública la persona tutora con la conformidad de la persona curadora presentará un informe sobre el desarrollo de la persona sujeta a tutela y de manera obligatoria un certificado de salud de dos profesionistas en materia de medicina general, así como un certificado de salud de dos personas médicos de la especialidad respectiva;

IV. A la audiencia indicada deberá presentarse la persona tutora o curadora, en compañía de su pupilo si sus condiciones de salud así lo permiten, para que en ese acto exprese lo que considere pertinente y la autoridad jurisdiccional se cerciore del estado que guardan éstas y tome las medidas que estime necesarias para mejorar su condición;

V. Dentro de la misma diligencia la persona tutora, deberá rendir cuenta detallada de su administración como lo preceptúa el Código Civil o Familiar de cada Entidad Federativa, sea cual fuere la fecha en que se le hubiere discernido el cargo u otorgado la encomienda. La falta de presentación de la cuenta en los tres meses siguientes al de enero, motivará la remoción de la persona tutora.

Artículo 609. En todos los casos de impedimento, separación o excusa de la persona tutora o curadora, definitivos o propietarios, se nombrará un interino mientras se decide la cuestión litigiosa y resuelto éste, se designará al que lo sustituya.

Artículo 610. Sobre la rendición y aprobación de cuentas de las personas tutoras, regirán las siguientes reglas:

I. Las cuentas se rendirán dentro del mes de enero de cada año, exhibiendo los documentos justificativos, aunque no exista prevención judicial para ello;

II. La persona tutora, también tiene obligación de rendir cuentas cuando, por causas graves que calificará la autoridad jurisdiccional, lo exijan la persona curadora, el Consejo Local de Tutelas, la Procuraduría de Protección para Niñas, Niños y Adolescentes o el Representante de la Institución análoga de la Entidad Federativa de que se trate o el mismo menor [que hubiere cumplido la edad exigida por la legislación sustantiva de cada Entidad Federativa];

Fracción declarada inválida por sentencia de la SCJN a Acción de Inconstitucionalidad notificada para efectos legales 14-08-2024 (En la porción normativa "que hubiere cumplido la edad exigida por la legislación sustantiva de cada Entidad Federativa")

III. Se requiere prevención judicial para que las cuentas se rindan antes de llegar al plazo previsto en la fracción I; a menos que hubiese remoción o separación de la persona tutora, pues en este caso, sin requerimiento judicial, deberán presentarlas dentro de los quince días siguientes de la fecha de la remoción o separación. En igual forma se procederá cuando la tutela o la encomienda lleguen al final del plazo por haber cesado el estado de minoridad;

IV. Las personas a quienes deben ser rendidas las cuentas son: la misma autoridad jurisdiccional, la persona curadora, el Consejo Local de Tutelas, la misma niña, niño o adolescente [que hubiere cumplido la edad exigida por la legislación sustantiva de cada Entidad Federativa], la persona tutora que lo sustituya, el pupilo que dejare de serlo, el Ministerio Público y las demás personas que fija la ley de la materia;

Fracción declarada inválida por sentencia de la SCJN a Acción de Inconstitucionalidad notificada para efectos legales 14-08-2024 (En la porción normativa "que hubiere cumplido la edad exigida por la legislación sustantiva de cada Entidad Federativa")

V. La resolución que desaprobare las cuentas indicará, si fuere posible, los alcances y la que aprobare puede ser apelada por el Ministerio Público, los demás interesados y la persona curadora si hizo observaciones. Del auto de desaprobación pueden apelar en ambos efectos la persona tutora, la curadora o el Ministerio Público de la adscripción, y

VI. Si se objetaren de falsas algunas partidas, se substanciarán incidentalmente conforme a las disposiciones previstas en el presente Código Nacional, entendiéndose la audiencia sólo con los objetantes, el Ministerio Público de la adscripción y la persona tutora.

Artículo 611. Cuando del examen de la cuenta o del cercioramiento que realice la autoridad jurisdiccional del estado de salud que guarda el pupilo, encontrare motivos graves para sospechar dolo, fraude, negligencia, descuido o maltrato de la persona tutora, su función, se iniciará, a petición de la persona curadora o del Ministerio Público, procedimiento incidental de remoción de la persona tutora, ante la autoridad jurisdiccional que corresponda conocer del presente procedimiento, se respetará el derecho de audiencia del pupilo, para que pueda expresar lo que a su derecho corresponda; y si de la resolución resultaren confirmadas las sospechas, se revocará el cargo y se nombrará nueva persona tutora, curadora, sin perjuicio de que se remita testimonio de lo conducente a las autoridades penales.

Artículo 612. Las personas tutoras y curadoras, no pueden ser removidas sino a través del procedimiento incidental respectivo, de acuerdo a la autoridad jurisdiccional que corresponda conocer del presente procedimiento.

Tratándose de excusa, únicamente se dará vista a los interesados y al Ministerio Público de la adscripción, la autoridad jurisdiccional resolverá en auto lo conducente, la resolución que se dicte en el último de los supuestos será recurrible a través del recurso de apelación en el efecto devolutivo.

SECCIÓN CUARTA
DE LA ENAJENACIÓN DE BIENES DE NIÑAS, NIÑOS Y ADOLESCENTES

Artículo 613. Será necesaria autorización judicial en la vía de jurisdicción voluntaria para la enajenación de los bienes que pertenezcan exclusivamente a niñas, niños, adolescentes y correspondan a las clases siguientes:

I. Bienes muebles, inmuebles y derechos reales sobre estos;

II. Alhajas y muebles valiosos;

III. Acciones sobre personas jurídicas colectivas, y

IV. Derechos de patentes, marcas, autorales y otros derechos análogos.

Artículo 614. Para decretar la enajenación de bienes se necesita que al pedirse se exprese el motivo de la enajenación y el objeto a que debe aplicarse la suma que se obtenga, y que se justifique la absoluta necesidad o la evidente utilidad de la enajenación.

Si fuere la persona tutora, quien solicitare la venta, debe proponer, al hacer la promoción, las bases del remate en cuanto a la cantidad que deba darse de contado, el plazo, interés y garantías del remanente.

La solicitud se substanciará ante la autoridad jurisdiccional que corresponda con la persona curadora, el Consejo Local de Tutelas o la Procuraduría de Protección para Niñas, Niños y Adolescentes o el Representante de la Institución análoga de la Entidad Federativa de que se trate, con vista del Ministerio Público de la adscripción.

Para acreditar el valor del bien o bienes inmuebles que se pretende enajenar, la persona tutora, bajo su más estricta responsabilidad deberá presentar los avalúos correspondientes.

La sentencia que se dictare es apelable en ambos efectos.

Artículo 615. Respecto de las alhajas y muebles, la autoridad jurisdiccional determinará si conviene o no la subasta, atendiendo en toda la utilidad que resulte a la niña, niño, adolescente; si se decreta, se hará por conducto de la institución de asistencia privada que designe la autoridad jurisdiccional; de lo contrario, se procederá conforme a lo dispuesto en este Código Nacional.

El remate de los inmuebles se hará conforme a las disposiciones de este Código Nacional y no podrá admitirse postura que baje de las dos terceras partes del avalúo, ni la que no se ajuste a los términos de la autorización judicial.

Si en la primera subasta no hubiere postor, la autoridad jurisdiccional convocará, a solicitud de la persona tutora, curadora, Consejo Local de Tutelas, Procuraduría de Protección para Niñas, Niños y Adolescentes, Representante de la Institución análoga de la Entidad Federativa de que se trate, Ministerio Público de la adscripción, a una junta dentro del tercer día, para ver si son de modificarse o no las bases del remate, señalándose nuevamente las subastas que fueren necesarias, de conformidad con las disposiciones previstas en el presente Código Nacional.

Artículo 616. Para la venta de acciones y títulos de renta, se concederá la autorización sobre la base de que no se haga por menor valor del que se cotice en la plaza el día de la venta, y por conducto de corredora o corredor público, y si no lo hay, de comerciante establecido y acreditado.

Artículo 617. El precio de la venta se entregará a la persona tutora, si la caución, fianzas o garantías prestadas son suficientes para responder de él. De otra manera, se depositará en el establecimiento destinado al efecto.

La autoridad jurisdiccional señalará un término prudente a la persona tutora, para que justifique la inversión del precio de la enajenación.

Artículo 618. Para la venta de los bienes inmuebles de las personas menores de edad, o de los muebles, quienes ejercen la patria potestad o tutela, requerirán la autorización judicial en los mismos términos que los señalados en este Código Nacional.

Artículo 619. El procedimiento se substanciará con intervención del Ministerio Público de la adscripción y con la persona tutora especial que, para el efecto, nombre la autoridad jurisdiccional desde las primeras diligencias. La base de la primera subasta, si es bien inmueble, será el precio fijado por los peritos, y la postura legal no será menor a las dos terceras partes de ese precio. Bajo las mismas condiciones podrán gravar los padres los bienes inmuebles de sus hijos, o consentir la extinción de derechos reales.

Artículo 620. Para recibir dinero prestado en nombre de la niña, niño o adolescente, necesita la persona tutora la autorización judicial y la conformidad de la persona curadora y del Consejo Local de Tutelas o de la Procuraduría de Protección para Niñas, Niños y Adolescentes o del Representante de la Institución análoga de la Entidad Federativa de que se trate y del Ministerio Público de la adscripción.

SECCIÓN QUINTA
DE LA DECLARACIÓN DE AUSENCIA Y ESPECIAL DE AUSENCIA POR DESAPARICIÓN

Artículo 621. La declaración de ausencia, así como la declaración especial de ausencia por desaparición, podrá ser solicitada por cualquier persona a quien le asista un interés en términos de la legislación sustantiva aplicable y será recibida mediante escrito o por comparecencia ante la autoridad jurisdiccional en materia civil o familiar en turno, quien podrá recibir la solicitud sin mayores formalidades, en caso de recibirse por comparecencia será preferentemente videograbada. En ambas modalidades la solicitud deberá ser despachada por la autoridad jurisdiccional dentro de las veinticuatro horas siguientes a su recepción.

En caso de que la persona solicitante comparezca sin representación autorizada, la autoridad jurisdiccional designará de inmediato persona de la defensoría pública para su asistencia y representación.

Artículo 622. La declaración especial de ausencia por desaparición, se tramitará por la autoridad jurisdiccional en materia familiar o civil de conformidad con lo dispuesto en la Ley General en Materia de Desaparición Forzada de Personas, Desaparición Cometida por Particulares y del Sistema Nacional de Búsqueda de Personas, así como las leyes especiales de la materia en el Orden Federal y de las Entidades Federativas. En lo no previsto en las leyes especiales, se observarán las disposiciones establecidas en este Código Nacional para su debida tramitación.

Artículo 623. Ante la solicitud de declaración de ausencia y la declaración especial de ausencia por desaparición en su caso, la autoridad jurisdiccional deberá, una vez admitido el trámite, dar intervención inmediata, tanto a la autoridad ministerial correspondiente, como al Sistema Nacional de Protección Integral de Niñas, Niños y Adolescentes, así como a las autoridades del Sistema Nacional de Búsqueda de Personas según corresponda. Dichas autoridades deberán ser notificadas de inmediato por el medio de comunicación que la autoridad jurisdiccional considere más efectivo.

Artículo 624. Presentada la solicitud, en el mismo proveído la autoridad jurisdiccional dispondrá lo relativo a la admisión de las pruebas ofrecidas por la persona promovente cuando así fuere necesario, y ordenará recabar oficiosamente las probanzas que considere faltantes para el trámite y resolución de la declaración de ausencia y presunción de muerte o bien, la declaración especial de ausencia por desaparición, sin que ello signifique cargas onerosas o dilatorias a quienes solicitan.

Dentro de los cinco días hábiles siguientes a la radicación del trámite, se señalará fecha y hora para el desahogo de una audiencia, a fin de revisar o decretar medidas provisionales idóneas para la máxima protección de la persona de cuya ausencia o desaparición se trate, así como de su familia, tomando en cuenta las situaciones particulares al caso concreto siempre que no contravengan lo dispuesto por las leyes de la materia en el orden Federal así como en el ámbito de las Entidades Federativas.

De manera enunciativa y no limitativa la autoridad deberá proveer sobre guarda y custodia y ejercicio de la patria potestad de los hijos o hijas menores de edad, así como de los alimentos de los acreedores alimentarios, uso y pago de la vivienda y vehículos, la continuidad en los servicios médicos y beneficios a los que puedan acceder los y las familiares de la persona ausente o desaparecida.

Artículo 625. Una vez cumplimentados los requisitos que para el caso establecen los códigos civiles, o en su caso, la Ley General en Materia de Desaparición Forzada de Personas, Desaparición Cometida por Particulares y del Sistema Nacional de Búsqueda de Personas, así como las leyes especiales en el Orden Federal o de las Entidades Federativas, en materia de declaración de ausencia así como de declaración especial de ausencia por desaparición, se expedirán los Edictos de Búsqueda correspondientes en los términos y plazos que las leyes establezcan para tal efecto.

Artículo 626. Una vez publicados los edictos a que se refiere el código civil respectivo o ley en materia de declaración especial de ausencia por desaparición, la autoridad jurisdiccional dictará la sentencia definitiva y en ese mismo acto se ordenará la expedición inmediata de las copias y oficios necesarios para hacer efectiva la resolución ante las personas públicas o privadas que correspondan a cada caso concreto.

La resolución será apelable en efecto devolutivo, debiéndose remitir actuaciones originales a la autoridad jurisdiccional de apelación dentro de los tres días siguientes, en el entendido que dicho órgano jurisdiccional tendrá un plazo máximo de quince días para resolver de plano el recurso sin necesidad de reenvío.

Artículo 627. La resolución que dicte la autoridad Jurisdiccional sobre declaración de ausencia prevista en los códigos civiles y familiares, así como en la declaración especial de ausencia por desaparición, regulada por la Ley General en Materia de Desaparición Forzada de Personas, Desaparición Cometida por Particulares y del Sistema Nacional de Búsqueda de Personas y en las leyes especiales en el Orden Federal así como de las Entidades Federativas, incluirá los efectos y las medidas definitivas para garantizar la máxima protección a la persona ausente o desaparecida y los familiares, sin que implique la obligación de continuar con el trámite de presunción de muerte.

Una vez efectuada la Declaración de Ausencia o la Declaración Especial de Ausencia por Desaparición, esta surtirá todos sus efectos legales.

Artículo 628. Lo dispuesto en los artículos que preceden, se aplicará al gravamen y enajenación de los bienes de las personas ausentes o desaparecidas, así como a la transacción y arrendamiento por más de cinco años, de bienes de ausentes o desaparecidos.

SECCIÓN SEXTA
RESTITUCIÓN NACIONAL DE NIÑAS, NIÑOS Y ADOLESCENTES

Artículo 629. El procedimiento de restitución nacional tiene como finalidad tutelar el derecho de las niñas, niños y adolescentes a no ser trasladados de manera ilegal de su domicilio habitual.

Artículo 630. La autoridad jurisdiccional competente para conocer de la custodia de niñas, niños o adolescentes será aquella en cuya jurisdicción se encuentre el lugar de residencia habitual de los mismos, salvo que exista un procedimiento previo en materia de custodia o patria potestad, ante otra autoridad jurisdiccional en cuyo caso este último será competente.

Recibida la solicitud de restitución, la autoridad tendrá un plazo máximo de tres días para proveer al respecto.

Artículo 631. Podrá presentar solicitud de restitución del traslado o retención ilegal o sin previa autorización, por escrito o mediante comparecencia:

I. La madre;

II. El padre, y

III. La persona o institución que tenga la custodia de niñas, niños o adolescentes.

Se exceptúan los casos en los que los progenitores cuenten con condena de violencia sexual contra niñas, niños, adolescentes o feminicidio.

Artículo 632. La solicitud de restitución deberá contener al menos lo siguiente:

I. Nombre, domicilio, fecha y lugar de nacimiento, parentesco con la niña, niño o adolescente; y en el caso de instituciones u organismos, el mandamiento judicial con el que se le designó la custodia;

II. Manifestación bajo protesta de decir verdad, que la niña, niño o adolescente ha sido trasladado o retenido ilegalmente o sin previo consentimiento de las personas que pueden otorgarlo;

III. Exhibición de la copia certificada del acta de registro de nacimiento de la niña, niño o adolescente y documentos que acrediten su domicilio habitual;

IV. Información relativa a la identidad de la persona que se refiere ha sustraído o retenido a la niña, niño o adolescente, así como el posible domicilio en el que se encuentre;

V. Los hechos en que se basa el o la solicitante, y

VI. Toda la información disponible relativa a la localización de niñas, niños o adolescentes y de la persona con la que se presume se encuentra.

La solicitud podrá contener fotografías tanto de la niña, niño o adolescente trasladado o retenido ilegalmente, así como de la persona con la que se presume se encuentra.

Artículo 633. Admitida la solicitud por la autoridad jurisdiccional y autorizada, se librará de inmediato, exhorto a la autoridad jurisdiccional con sede en el lugar en el que se señaló se encuentra la niña, niño o adolescente, otorgando plenitud de jurisdicción para el cumplimiento del mandamiento judicial.

Artículo 634. La autoridad jurisdiccional exhortante deberá en el proveído que autorice la restitución, solicitar a la exhortada al menos lo siguiente:

I. Provea respecto a la localización inmediata del niño, niña o adolescente, de conformidad con los datos proporcionados en el exhorto;

II. Ejecute el requerimiento para la restitución de la niña, niño o adolescente con el acompañamiento de personal especializado para dichos efectos y en su caso el uso de la fuerza pública. En todo momento se privilegiará la voluntariedad en la restitución;

III. Ordenar el cuidado temporal de la niña, niño o adolescente en una institución pública especializada, en su caso;

IV. En caso de oposición a la restitución, en ese mismo acto ordenar se realice la notificación del trámite y la celebración del desahogo de la única audiencia oral de restitución, y

V. Resolver la restitución y en caso de ser procedente, decretar de inmediato su cumplimiento con plenitud de jurisdicción.

Artículo 635. La notificación deberá realizarse con las formalidades establecidas en este Código Nacional. En ella se hará del conocimiento de la persona que trasladó o retuvo a la niña, niño o adolescente, que puede interponer sus excepciones y defensas de manera oral en la audiencia señalada.

Hecha la notificación, la persona requerida deberá presentarse en la fecha y hora señalada por la autoridad jurisdiccional, en compañía de la niña, niño o adolescente de quien se trate, si aún permaneciere en su compañía.

En caso de que no asista o no se presente con la niña, niño o adolescente, motivo de la restitución, se le impondrá la medida de apremio más eficaz que la autoridad jurisdiccional estime procedente y sin mayor trámite se procederá a la restitución solicitada.

Artículo 636. La audiencia de restitución será única y se tramitará en forma oral, se celebrará en un término no mayor a los tres días siguientes a la notificación y no podrá diferirse, y en ella se deberá determinar la procedencia o no de la restitución.

Artículo 637. La audiencia de restitución será presidida por la autoridad jurisdiccional, con la presencia de un representante del Sistema para el Desarrollo Integral de la Familia de la Entidad Federativa correspondiente, el Agente del Ministerio Público adscrito a la autoridad jurisdiccional respectivo, el solicitante y su persona representante autorizada, la persona a quien se atribuye el traslado o retención ilegal y su persona representante autorizada, así como el personal del juzgado que la autoridad jurisdiccional designe para dichos efectos, de conformidad con lo siguiente:

I. La persona a quien se le atribuye el traslado o retención ilegal de la niña, niño o adolescente, deberá señalar las objeciones que tenga para su restitución y presentar las pruebas que acrediten su dicho, con base en lo dispuesto por este Código Nacional;

II. En el mismo acto se dará vista a la parte contraria, para que manifieste lo que a su derecho corresponda;

III. Se escuchará a la niña, niño y adolescente en cuestión, si así lo desean, a efecto de que sus manifestaciones sean consideradas, con base en su autonomía progresiva, y

IV. Desahogadas las pruebas y escuchadas las partes, se decretará la restitución o su negativa. Contra dicha resolución no procede recurso alguno.

La audiencia deberá ser videograbada.

Artículo 638. La restitución de una niña, niño o adolescente sólo podrá negarse con base en lo siguiente:

I. Que existan pruebas suficientes a consideración de la autoridad jurisdiccional, de peligro inminente, o cualquier tipo de violencia, generada por la persona que solicita la restitución o con quien ésta comparta la residencia habitual;

II. Que quien solicitó la restitución no tenga derecho para solicitarla;

III. [Que hubieren transcurrido más de tres años desde que fue presentada la solicitud de restitución, y]

Fracción declarada inválida por sentencia de la SCJN a Acción de Inconstitucionalidad notificada para efectos legales 14-08-2024

IV. Que la persona adolescente solicitada hubiere alcanzado la edad de dieciséis años y manifieste su conformidad con el traslado.

El desarrollo de la audiencia y la resolución que dicte la autoridad jurisdiccional, deberán apegarse de manera estricta al principio de interés superior de las niñas, niños o adolescentes.

Artículo 639. En caso de que sea ordenada la restitución de la niña, niño o adolescente buscado, éste deberá ser entregado al solicitante, quien, para su traslado al lugar de habitual residencia de la niña, niño o adolescente, podrá ser acompañado por quien hubiera ejercido su cuidado, si así lo determina la autoridad jurisdiccional.

Artículo 640. La autoridad jurisdiccional del lugar de residencia habitual de la niña, niño o adolescente quien fuere objeto de la restitución, será la única competente para determinar la custodia, régimen de convivencias, y patria potestad.

Artículo 641. Las solicitudes de restitución internacional de niñas, niños o adolescentes se regirán conforme a las disposiciones previstas en los tratados internacionales de los que el Estado Mexicano sea parte, y por este Código Nacional.

SECCIÓN SÉPTIMA
DEL PROCEDIMIENTO DE ADOPCIÓN

Artículo 642. Será competente para tramitar la solicitud de adopción la autoridad jurisdiccional ubicada en el domicilio de la persona que se pretende adoptar.

Artículo 643. Cuando en el trámite de adopción acontezca oposición legítima se tramitará en la vía incidental y de resultar procedente se dará por concluido el mismo.

En contra de dicha resolución procederá el recurso de apelación en ambos efectos.

Artículo 644. La solicitud de adopción podrá ser recibida mediante escrito o por comparecencia desahogada en audiencia, esta última será preferentemente videograbada o a través de los medios de comunicación electrónicos previstos en este Código Nacional. En ambas modalidades la solicitud deberá de ser proveída por la autoridad jurisdiccional el mismo día de la recepción.

En todos los casos, la solicitud deberá hacerse del conocimiento del Sistema Nacional de Desarrollo Integral de la Familia (DIF) para privilegiar el interés superior de la niñez.

En caso de que la o las personas adoptantes comparezcan sin representación técnica, la autoridad jurisdiccional designará persona defensora pública a fin de que les asista de manera efectiva y gratuita.

Cuando se presente la solicitud por comparecencia deberán de apersonarse la o las personas que pretendan adoptar debidamente identificadas y también podrá concurrir la o las personas a las que les corresponde otorgar su consentimiento para la adopción, ello a efecto de que en la misma audiencia sea otorgado tal consentimiento, lo que deberá de realizarse de manera informada y asistida. En esta audiencia deberá encontrarse presente la persona Agente del Ministerio Público, a quien se le notificará a través del medio que la autoridad jurisdiccional considere efectivo.

No obstante, el consentimiento para la adopción podrá recibirse en comparecencia por separado o se podrá acreditar mediante la exhibición de la documental pública que consigne el acto, ello al inicio o durante el procedimiento.

Artículo 645. Para la admisión del trámite únicamente deberán de exhibirse las certificaciones de las actas de nacimiento tanto de las personas que pretenden adoptar y de la o las personas que se pretende adoptar. No obstante, y con independencia de los requisitos establecidos en las legislaciones locales, en la solicitud deberá de expresarse, bajo protesta de decir verdad, lo siguiente:

I. El nombre y domicilio de las personas que se pretenden adoptar;

II. El nombre y domicilio de las personas que ejerzan o estén en aptitud de ejercer la patria potestad de quien se solicita la adopción o bien la tutela, así como quien esté a cargo de la guarda y custodia de hecho o de derecho;

III. El nombre y domicilio de las personas que pretendan adoptar, y

IV. Los hechos que motiven la solicitud.

Artículo 646. En el proveído que admita a trámite la autoridad jurisdiccional deberá indicarse a las personas adoptantes, preferentemente a través del principio de inmediación en audiencia videograbada, los requisitos que en contraste con los documentos exhibidos faltan de cumplimentar según las leyes aplicables al procedimiento pretendido.

En ese mismo acto de admisión, la autoridad jurisdiccional notificará mediante oficio al Sistema Nacional para el Desarrollo Integral de la Familia o bien a los organismos homólogos en las Entidades Federativas a través de sus Procuradurías, la tramitación de la solicitud y en caso de que no fuera exhibido el certificado o constancia de Idoneidad de Adopción en la comparecencia inicial o escrito correspondiente, se le notificará de inmediato y preferentemente vía electrónica, al organismo encargado de la expedición del documento que deberá proveer en relación con la expedición o negación del documento en un plazo no mayor a noventa días naturales, bajo el apercibimiento que de no hacerlo podrán ser aplicadas las medidas de apremio que establece este Código Nacional.

En el primer proveído del procedimiento se apercibirá a la o las personas adoptantes para que comparezcan ante la autoridad encargada de expedir el Certificado de Idoneidad, en el término de tres días a fin de que realicen todas las gestiones que a ellas corresponda para la expedición del señalado Certificado, bajo el apercibimiento que, de no hacerlo, se le aplicará las medidas de apremio señaladas en este Código Nacional.

De manera conjunta con el Certificado de Idoneidad la autoridad administrativa deberá remitir copia certificada del expediente administrativo que dio origen al documento, en el cual siempre deberán ser recabados los estudios psicológicos, sociológicos, médicos y socioeconómicos correspondientes en su caso, a la persona o personas que pretenden adoptar.

Artículo 647. Durante el trámite de la adopción, la autoridad jurisdiccional deberá proveer respecto de las siguientes medidas:

I. La guarda y custodia provisional de la persona o personas que se pretende adoptar, tomando todas las medidas necesarias para la seguridad de dicha o dichas personas, y

II. El acompañamiento psicológico tanto para la o las personas que pretenden adoptar, como para quien o quienes pretenden sean adoptadas, y si es solicitado, para quienes otorgaron el consentimiento para la adopción.

Artículo 648. Una vez reunidos los requisitos señalados por la ley sustantiva para la Adopción, se proveerá respecto de los medios de prueba ofertados y se fijará fecha y hora dentro de los siguientes quince días para el desahogo de la comparecencia de la persona que se pretende adoptar, ello a efecto de que sea escuchada su opinión y su sentir respecto del trámite pretendido.

Dentro de los cinco días hábiles siguientes al desahogo de la comparecencia señalada en el párrafo que antecede, se fijarán fecha y hora para el desahogo de una audiencia especial en la que la o las personas promoventes podrán expresar alegatos, se desahogarán los medios de prueba que fueron admitidos y se dictará de manera oral la sentencia, en la que se incluirá la modalidad del seguimiento de la adopción.

Artículo 649. En caso de que la autoridad jurisdiccional así lo requiera, a la audiencia de desahogo de pruebas, deberá comparecer el personal especializado encargado de la integración del expediente administrativo exhibido en el trámite.

Dentro de los tres días hábiles siguientes al desahogo de la última audiencia, se remitirán los autos originales a la autoridad jurisdiccional de segunda instancia para que proceda a la revisión oficiosa de la resolución, misma que deberá confirmarse, modificarse o revocarse dentro de los siguientes quince días hábiles siguientes a la recepción del expediente, sin que lo anterior implique algún tipo de reenvío.

Artículo 650. Una vez autorizada la resolución de adopción por la autoridad jurisdiccional de segunda instancia, deberá de emitirse la sentencia en formato de lectura fácil para la persona o personas adoptadas y a cargo del erario las copias y oficios necesarios para la inscripción de la adopción.

Artículo 651. Durante los tres años siguientes a la autorización de la adopción, en ejecución de sentencia y de manera oficiosa, la autoridad jurisdiccional revisará los informes que realice el Sistema Nacional para el Desarrollo Integral de la Familia o bien los organismos competentes en las Entidades Federativas, con motivo del seguimiento correspondiente a la adopción, así como cualquier medida de similar que haya sido decretada en el fallo en atención al caso concreto.

Artículo 652. Tratándose de extranjeros con residencia en el país, deberán acreditar los mismos requisitos que las personas nacionales.

Artículo 653. En los casos de adopción en los que intervengan extranjeros o mexicanos con residencia en otro país, el procedimiento se llevará a cabo según lo dispuesto por el Capítulo de procedimientos internacionales de este Código Nacional, los tratados internacionales y la legislación aplicable en cada Entidad Federativa.

CAPÍTULO II
DEL DIVORCIO BILATERAL

Artículo 654. Será competente para tramitar la disolución del vínculo matrimonial la autoridad jurisdiccional ubicada en donde se encuentre el último domicilio conyugal, salvo sumisión expresa de ambos cónyuges ante alguna otra autoridad jurisdiccional.

Artículo 655. El Divorcio Bilateral podrá tramitarse a solicitud de ambos cónyuges ante la autoridad jurisdiccional, Notaria o Notario Público o la autoridad del Registro Civil correspondiente de conformidad con las siguientes disposiciones.

Artículo 656. Ante la autoridad jurisdiccional, a la solicitud deberá acompañarse:

I. Copia certificada, física o electrónica del acta de matrimonio de la unión que se pretenda disolver;

II. En su caso, copia certificada física o electrónica de las actas de nacimiento de las hijas e hijos menores de edad, y

III. Una propuesta de Convenio que contenga:

a) De existir hijos o hijas menores de edad, quien ejercerá su guarda y custodia, la fijación de la pensión alimenticia que les corresponderá y el establecimiento de un régimen de convivencias, así como la pensión alimenticia que, en su caso pudiera corresponder al o la divorciante, y

b) La forma en que deban distribuirse los bienes, derechos y obligaciones que se hayan adquirido durante el matrimonio, de conformidad con el régimen patrimonial al que estuviera sujeto el matrimonio.

En caso de no ser aplicable lo dispuesto en las fracciones anteriores, las partes deberán manifestar lo necesario bajo protesta de decir verdad.

Artículo 657. Presentada la solicitud y el convenio o manifestación a que alude el artículo anterior, cumplidas en su caso las prevenciones, se le dará vista a la persona Agente del Ministerio Público de la adscripción en caso de afectarse derechos de niñas, niños o adolescentes y la autoridad jurisdiccional admitirá el trámite y citará a los cónyuges, dentro de los diez días siguientes, a una única audiencia.

En la audiencia se procederá a ratificación, revisión y en su caso aprobación del convenio presentado. Aprobado el convenio se declarará visto el asunto y se dictará en ese momento de manera oral la sentencia, la cual en caso de decretar la disolución del vínculo matrimonial será irrecurrible y causará ejecutoria en ese momento por ministerio de ley.

Artículo 658. En el caso de que alguna de las partes falte a la audiencia, por única ocasión se fijará nueva fecha y hora para el desahogo de la audiencia en un plazo máximo de diez días, en caso de verificarse de nueva cuenta la inasistencia se dará por concluido el trámite.

Artículo 659. Cuando en el convenio aprobado se haya pactado sobre la donación de inmuebles, la autoridad jurisdiccional de manera oficiosa, girará oficio al titular del Registro Público de la Propiedad correspondiente, para que haga la anotación preventiva.

Artículo 660. En la audiencia se entregará a los cónyuges o a sus representantes el oficio dirigido al Registro Civil que corresponda, para los efectos de la inscripción del divorcio. En dicho oficio quedará inserta la trascripción de los puntos resolutivos del fallo.

Artículo 661. El Divorcio Bilateral podrá tramitarse ante Notaria o Notario Público, siempre y cuando no se hayan procreado hijas o hijos, o que aun sean menores de edad y no existan bienes o deudas atribuibles al patrimonio conyugal, o el Código Civil o leyes de cada Entidad Federativa así lo dispongan.

Artículo 662. Procede el divorcio ante la autoridad del Registro Civil cuando ambos cónyuges convengan en divorciarse; no tengan bienes o deudas pertenecientes al patrimonio conyugal; no tengan hijos en común o teniéndolos sean mayores de edad, y éstos no requieran alimentos.

La autoridad del Registro Civil, previa identificación de los cónyuges, y ratificando en el mismo acto la solicitud de divorcio, levantará un acta en que los declarará divorciados y hará la anotación correspondiente en el acta de matrimonio.

TÍTULO TERCERO
DEL JUICIO ORAL FAMILIAR

CAPÍTULO I
DISPOSICIONES GENERALES

SECCIÓN PRIMERA
DE LA PROCEDENCIA DEL JUICIO ORAL FAMILIAR

Artículo 663. Se tramitarán en la vía oral familiar, todas las controversias que no tengan tramitación especial señalada en este Código Nacional.

Las disposiciones de este Capítulo serán aplicables en lo conducente a los demás procedimientos familiares que establece este Código Nacional cuando no exista previsión específica.

Artículo 664. Podrá acudirse ante la autoridad jurisdiccional en materia familiar por escrito o por comparecencia, para constituir, declarar, preservar o restituir derechos, únicamente precisando los hechos en que se funde su pretensión. Asimismo, podrán solicitarse las medidas provisionales que considere necesarias. Las partes deberán presentar desde la primera actuación las documentales que soporten su pretensión o excepción y ofrecer los medios de prueba que estimen oportunos.

Las copias respectivas de la comparecencia y demás documentos, serán tomados como pruebas, debiendo relacionarse en forma pormenorizada con todos y cada uno de los hechos narrados por el compareciente, así como los medios de prueba que presente.

La autoridad jurisdiccional una vez presentada la demanda, se deberá pronunciar, en su caso, sobre su admisión dentro del término máximo de tres días.

Artículo 665. De admitirse la solicitud, deberá decretar las medidas provisionales conducentes, las que serán revisadas de oficio o a petición de parte en la audiencia preliminar. Ordenará emplazar personalmente a la parte demandada, para que conteste por escrito o comparecencia, dentro del término de nueve días, quien deberá ofrecer las pruebas que estime necesarias, opondrá sus excepciones y defensas.

En el mismo proveído, le hará saber a las partes su derecho para designar mandatario judicial, así como la posibilidad de contar con los servicios gratuitos de la defensoría pública.

Además, la autoridad jurisdiccional hará saber a las partes la posibilidad de acudir al centro de justicia alternativa o institución análoga en las Entidades Federativas para formar parte de un proceso de mediación o conciliación.

Artículo 666. En todo momento las partes deberán contar con una defensa técnica, efectiva y tratándose de asuntos que afecten derechos de la infancia además la defensa será especializada. Para el caso de que alguna o ambas partes acudan sin ella, la autoridad jurisdiccional solicitará de inmediato la intervención de la Defensoría Pública, quien de manera gratuita asistirá a quien lo requiera y para el caso de que la designación se realice en el momento del desahogo de alguna audiencia, la autoridad jurisdiccional podrá diferirla, por una única ocasión, fijándose nuevo día y hora dentro de los siguientes diez días hábiles.

Artículo 667. En cualquier etapa del procedimiento, la autoridad jurisdiccional exhortará a los interesados a lograr un avenimiento con el que pueda darse por terminado el asunto, ello siempre y cuando no existan conductas de violencia acreditadas en juicio.

Para este fin, se les hará saber a las partes los beneficios de llegar a un convenio proponiéndoles soluciones.

Si en audiencia los interesados llegan a un convenio, la autoridad jurisdiccional lo sancionará y aprobará de plano si procede legalmente, y dicho pacto tendrá fuerza de cosa juzgada.

Las declaraciones, propuestas o aceptaciones de las partes, no surtirán efecto legal alguno en juicio ni podrán ser utilizadas por la parte contraria. Las propuestas y pronunciamientos de la autoridad no implican ningún tipo de prejuicio sobre el fondo del asunto.

La autoridad jurisdiccional les hará saber a las partes la posibilidad de acudir al centro de justicia alternativa o institución análoga en las Entidades Federativas para formar parte de un proceso de mediación o conciliación.

Artículo 668. A fin de proveer respecto de las medidas provisionales, la autoridad jurisdiccional podrá ordenar con causa justificada el desahogo anticipado de la prueba en una audiencia especial que para tal efecto se fije, con citación de las partes y en apego a las directrices que se establece para el desahogo de cada probanza conforme a las reglas generales previstas en este Código Nacional.

Este anticipo de prueba además será procedente cuando:

I. Exista peligro de que una persona se ausente del lugar del juicio o se altere su declaración.

II. Un objeto se oculte, dilapide o pueda no lograrse su inspección.

Artículo 669. En todo lo no previsto regirán las reglas generales de este Código Nacional, en cuanto no se opongan a los principios y disposiciones del presente Libro.

SECCIÓN SEGUNDA
DE LA AUDIENCIA PRELIMINAR FAMILIAR

Artículo 670. Una vez contestada la demanda, con las excepciones y defensas se dará vista a la parte actora por el término de tres días para que manifieste lo que a su derecho convenga y ofrezca pruebas.

Al contestar la demanda, se hará valer la reconvención cuando así proceda, y en su caso, se ordenará emplazar personalmente a la parte demandada reconvencionista, en el domicilio personal, procesal o correo electrónico, para que conteste por escrito, dentro del término de nueve días hábiles, quien deberá ofrecer las pruebas que estime necesarias, opondrá las excepciones y defensas que estime procedentes, interponiendo las objeciones de pruebas. Con las excepciones y defensas de la contestación de la reconvención se dará vista a la actora reconvencionista por el término de tres días para que manifieste lo que a su derecho convenga y ofrezca pruebas.

Una vez contestadas las excepciones y defensas en lo principal, o en su caso, en la reconvención o transcurrido el plazo para ello, se señalará fecha y hora para la celebración de la audiencia preliminar que tendrá verificativo dentro de los quince días siguientes.

Artículo 671. La audiencia preliminar se integra por dos fases que deberán celebrarse el mismo día y de manera consecutiva, las cuales son:

I. La junta anticipada, que se celebrará ante la persona secretaria judicial, y no será videograbada, dejando constancia en el acta mínima respectiva, y

II. La audiencia ante la autoridad jurisdiccional.

Artículo 672. La primera fase de la audiencia preliminar consistente en la junta anticipada tiene por objeto:

I. El intercambio de información y de pruebas entre las partes;

II. Formular propuestas de convenio;

III. Establecer acuerdos sobre hechos no controvertidos, y

IV. Proponer acuerdos probatorios, dentro de los cuales se puede incluir la exclusión parcial o total de pruebas o la incorporación de otras.

La persona secretaria judicial dará cuenta inmediata a la autoridad jurisdiccional con el resultado de la junta anticipada.

Artículo 673. La segunda fase de la audiencia preliminar iniciará inmediatamente después de concluida la primera, y en ella se desarrollarán las siguientes etapas:

I. La enunciación de la Litis, que es el momento procesal en que se precisarán las prestaciones admitidas y sus contestaciones;

II. La depuración del procedimiento, momento en que se estudiará y resolverá lo atinente a los presupuestos y excepciones procesales, salvo las cuestiones competenciales las cuales se tramitarán de conformidad con las reglas previstas en el presente Código Nacional;

III. La revisión y aprobación del convenio que hayan celebrado las partes. En caso de no existir convenio en la primera fase, en esta segunda se procurará la conciliación o mediación entre las partes ante la autoridad jurisdiccional;

IV. La revisión de acuerdos de hechos o probatorios y en su caso, nueva discusión, proposición y fijación de acuerdos sobre hechos no controvertidos y exclusión total o parcial de medios de prueba o incorporación de nuevos factores probatorios, independientemente de los acordados en la fase anterior;

V. La admisión y preparación de las pruebas;

VI. La revisión oficiosa de las medidas provisionales y órdenes de protección decretadas, y

VII. Citación para la audiencia de juicio.

Artículo 674. Las partes tienen el deber de comparecer a la audiencia preliminar personalmente.

A las personas representantes autorizadas que dejen de asistir a la audiencia preliminar sin justa causa calificada por la autoridad jurisdiccional se les impondrá una multa que no podrá ser menor a veinte ni superior a sesenta Unidades de Medida y Actualización, y se continuará con la audiencia por una única ocasión.

Si dejaran de concurrir alguna o ambas partes materiales a la audiencia preliminar sin justa causa calificada por la autoridad jurisdiccional, se les impondrá una multa que no podrá ser menor a diez ni superior a treinta Unidades de Medida y Actualización, y se diferirá la audiencia preliminar por una única ocasión.

En la audiencia diferida si las partes sin justificación dejaren de asistir, la autoridad jurisdiccional procederá a examinar los presupuestos y excepciones procesales, resolverá sobre la admisión o desechamiento de pruebas y citará para audiencia de juicio, que no podrá exceder de un plazo de cuarenta días siguientes a la celebración de esta audiencia quedando las partes notificadas desde ese momento.

Artículo 675. En la Audiencia Preliminar, la autoridad jurisdiccional se pronunciará respecto de la admisión de las pruebas, así como la forma en que deberán prepararse para su desahogo en la audiencia de juicio, quedando a cargo de las partes su oportuna preparación, bajo el apercibimiento que, de no hacerlo, se declararán desiertas de oficio las mismas por causas imputables al oferente.

Durante la etapa de admisión de pruebas, las partes podrán igualmente objetar las pruebas que consideren pertinentes.

De estimarlo necesario, la autoridad jurisdiccional, en auxilio del oferente, expedirá los oficios o citaciones y realizará el nombramiento de las personas peritas para su aceptación en la misma audiencia, en el entendido de que los oficios serán puestos a disposición de la parte oferente, a afecto de que preparen sus pruebas y éstas se desahoguen en la audiencia de juicio.

En su caso, la autoridad jurisdiccional señalará fecha para la entrevista de la niña, niño o adolescente en comparecencia.

Artículo 676. Concluido lo anterior, la autoridad jurisdiccional citará a las partes a la audiencia de juicio que deberá realizarse dentro de los cuarenta días siguientes de celebrada la audiencia preliminar, quedando notificadas las partes, en ese acto.

Artículo 677. Cuando las partes hayan demandado la disolución del vínculo matrimonial y en la junta anticipada de la audiencia preliminar manifiesten su intención de sujetarse a la vía especial de Divorcio Bilateral y elaboren el convenio respectivo, la autoridad jurisdiccional proveerá en la segunda fase el cambio de vía y celebrará inmediatamente la única audiencia prevista para el trámite especial.

Si las partes no reúnen los requisitos necesarios para acceder al cambio de vía, la autoridad jurisdiccional dentro de la segunda fase de la audiencia, particularmente en la etapa de fijación para audiencia de juicio, resolverá de manera oral únicamente sobre la disolución del vínculo matrimonial.

SECCIÓN TERCERA
DE LA AUDIENCIA DE JUICIO

Artículo 678. Abierta la audiencia de juicio, la autoridad jurisdiccional escuchará los alegatos de apertura de las partes, los cuales no podrán exceder de diez minutos, para exponer sus respectivas teorías del caso.

La autoridad jurisdiccional señalará el orden para el desahogo de las pruebas, de conformidad con los acuerdos fijados en la audiencia preliminar.

Serán declaradas desiertas aquellas pruebas que no estén debidamente preparadas para su desahogo por causas imputables a la parte oferente.

Artículo 679. En la audiencia y concluido el desahogo de pruebas se concederá el uso de la palabra, por una vez a cada una de las partes y por un máximo de diez minutos para formular los alegatos de cierre. La autoridad jurisdiccional tomará las medidas que procedan a fin de que las partes se sujeten al tiempo indicado.

Artículo 680. Enseguida se declarará el asunto visto y se emitirá la sentencia definitiva correspondiente, para lo cual la autoridad jurisdiccional dispondrá del receso necesario dentro del mismo día de la audiencia.

En la misma audiencia de juicio, la autoridad jurisdiccional explicará con lenguaje sencillo, en forma breve y clara la sentencia definitiva y leerá únicamente los puntos resolutivos, así como, en los casos que proceda, el derecho que tienen las partes para impugnar dicha sentencia mediante el recurso de apelación, lo que se asentará en el acta mínima respectiva y ésta contendrá los puntos resolutivos expuestos, entregando en un plazo no mayor a tres días la versión escrita de la sentencia definitiva.

Cuando así lo considere la autoridad jurisdiccional y se involucren a niñas, niños o adolescentes, se deberá redactar una sentencia en formato de lectura fácil.

Asimismo, se hará del conocimiento de las partes el derecho que tienen, si estimaren que la sentencia definitiva contiene omisiones, cláusulas o palabras contradictorias, ambiguas u oscuras, de solicitar por escrito dentro del término de tres días, posteriores a que se encuentre puesta a su disposición la sentencia escrita, la aclaración o adición a la resolución, sin que con ello se pueda variar la substancia del fondo de la resolución. Contra tal determinación procederá el recurso de apelación, sin necesidad de reenvío, debiendo la autoridad jurisdiccional de apelación asumir plena jurisdicción.

Artículo 681. En casos excepcionales, atendiendo a la complejidad del asunto, al cúmulo y naturaleza de las pruebas desahogadas, la autoridad jurisdiccional podrá diferir, por única ocasión, la audiencia para la explicación de la sentencia hasta por quince días, citando a las partes para el dictado y explicación conforme a lo establecido en el presente artículo.

En caso de que las partes no estén presentes en la audiencia donde se dicte la sentencia, se dispensará su explicación y lectura de puntos resolutivos, y se les hará saber al día siguiente a través del medio de comunicación procesal oficial.

Artículo 682. Concluida la explicación de la sentencia definitiva, la autoridad jurisdiccional informará a las partes la importancia de presentarse a la audiencia de cumplimiento de sentencia y sus ventajas, así como las consecuencias en caso de ejecución forzosa.

Artículo 683. Las resoluciones firmes dictadas en juicios sobre alimentos y en los que se vean involucrados derechos de niñas, niños y adolescentes, pueden ser modificados en vía incidental o juicio autónomo.

Para los efectos del párrafo anterior, será competente la misma autoridad jurisdiccional que emitió la resolución que hubiera quedado firme, salvo que así lo determine este Código Nacional.

LIBRO QUINTO
DE LOS JUICIOS UNIVERSALES

TÍTULO PRIMERO
JUICIOS SUCESORIOS

CAPÍTULO I
DISPOSICIONES GENERALES

Artículo 684. Será competente para conocer del procedimiento sucesorio testamentario o intestamentario, la autoridad jurisdiccional, en materia civil o familiar de conformidad con las leyes orgánicas del poder judicial de cada Entidad Federativa, así como la o el Notario Público en los términos que dispone el presente Código Nacional.

El procedimiento se inicia mediante denuncia o solicitud de apertura de procedimiento sucesorio por parte legítima, y deberá contener la expresión de los siguientes requisitos o bien declaración bajo protesta de decir verdad sobre su desconocimiento:

I. Nombre, fecha, lugar de la defunción y último domicilio de la persona de cuya sucesión se trata y a falta de éste, cualquier otra información pertinente para fijar la competencia en términos del artículo 89 de este Código Nacional;

II. Testamento, en su caso, y

III. En caso de no haber testamento, los nombres de las posibles personas herederas de que tenga conocimiento la parte denunciante, con expresión del grado de parentesco o lazo con la persona de cuya sucesión se trate.

Los procedimientos a que se refiere el presente Título se tramitarán por escrito, salvo aquellas diligencias que, por su naturaleza, puedan realizarse conforme a los principios del juicio oral.

Artículo 685. Podrán denunciar un juicio sucesorio enunciativa y no limitativamente:

I. Las personas presuntas herederas del autor de la sucesión;

II. Las personas presuntas legatarias;

III. La persona albacea designada en el testamento;

IV. Cualquier persona acreedora de aquella de cuya sucesión se trata, y

V. El Ministerio Público, la representación social o autoridad competente.

Artículo 686. Con el escrito de denuncia de un juicio sucesorio, deberán acompañarse los siguientes documentos:

I. Acta de defunción o copia certificada del acta de defunción de la persona de cuya sucesión se trata;

II. El testamento, en caso de haberlo;

III. En su caso, el acta del Registro Civil que compruebe el parentesco de la persona de cuya sucesión se trata;

IV. En su caso, el documento que acredite la relación con la persona de cuya sucesión se trata, tratándose de cónyuges, concubinas, concubinos o convivientes;

V. En su caso, las capitulaciones matrimoniales o documento que contenga el régimen patrimonial que rija la relación jurídica con la persona de cuya sucesión se trata, y

VI. Cualquier otro documento que acredite la legitimación de la persona denunciante.

Artículo 687. Cuando la autoridad jurisdiccional conozca de la muerte de una persona, en tanto no se presenten los interesados, dictará en audiencia oral con la presencia del Ministerio Público, representación social o autoridad competente, las medidas cautelares para proteger los bienes o derechos de la sucesión:

I. Si hay peligro de que se oculten, pierdan o dilapiden los mismos;

II. Si hay niñas, niños y adolescentes interesados, y

III. Si hay personas con discapacidad que pudieran requerir apoyo para el ejercicio de su capacidad jurídica.

En caso de no asistir a la audiencia el Ministerio Público, el representante social o autoridad competente, la autoridad jurisdiccional resolverá las medidas pertinentes.

Artículo 688. Las medidas cautelares para la conservación de los bienes, que la autoridad jurisdiccional debe decretar en caso del artículo anterior, son las siguientes:

I. Reunir y asegurar, el resguardo de documentos y mensajes de datos de la persona de cuya sucesión se trate, en forma física o electrónica que, cerrados y sellados, se resguardarán en el secreto del juzgado;

II. Ordenar a la administración de correos que le remita la correspondencia dirigida de la persona de cuya sucesión se trate, con la cual hará lo mismo que con los demás documentos;

III. Requerir el dinero, alhajas, valores, acciones y demás bienes muebles de valor que se tengan, así como degradables o de fácil descomposición, para ser puestos a disposición, y que los mismos sean depositados en el establecimiento autorizado por la Ley, y

IV. Girar oficios a las autoridades o personas que tengan registros de bienes o derechos, a efecto de que informen sobre su existencia y la autoridad jurisdiccional dicte las medidas de conservación pertinentes.

Artículo 689. Mientras no se nombre albacea, y cuando ello fuere necesario para la guarda y conservación de los bienes de la sucesión o derechos que correspondan a la autora o el autor de la herencia, la autoridad jurisdiccional nombrará a alguien que ejerza el cargo de interventor como albacea judicial o provisional, de entre los mencionados en el escrito de denuncia a que se refiere el artículo 685, para que en el término de diez días acuda a aceptar el nombramiento conferido y, de no comparecer para su aceptación, se designará otro en sustitución, con la obligación y responsabilidad de actuar de manera diligente bajo apercibimiento de que los interesados puedan incoar los procedimientos para el resarcimiento de los daños ocasionados por sus actuaciones.

También se deberá nombrar por la autoridad jurisdiccional interventor en caso de que no haya heredero o el nombrado no entre en la herencia.

Artículo 690. La persona designada como interventor recibirá los bienes por inventario y tendrá el carácter de simple depositario o depositaria, sin poder desempeñar otras funciones administrativas que las de mera conservación y las que se refieran al pago de las deudas mortuorias con autorización judicial.

Si los bienes estuvieren situados en lugares diversos o a largas distancias, bastará, para la formación del inventario, que se haga mención en él de los títulos de propiedad, si existen, entre los documentos de cuya sucesión se trate, o la descripción de ellos según las noticias que se tuvieren.

Si hubiere bienes degradables o de fácil descomposición, se autorizará al interventor, albacea judicial o provisional, su enajenación.

Podrá la persona interventora, albacea judicial o provisional, promover las demandas que tengan por objeto recobrar bienes o hacer efectivos derechos pertenecientes a la sucesión, y contestar las demandas que contra ella se promuevan.

Artículo 691. La persona que ejerza el cargo de interventor, albacea judicial o provisional, no podrá deducir en juicio las acciones que por razón de mejoras, manutención o reparación tenga contra el testamentario o el intestado, sino cuando haya hecho esos gastos con autorización previa.

Artículo 692. En caso de que se hayan otorgado medidas cautelares para la conservación de bienes, la autoridad jurisdiccional abrirá la correspondencia física o electrónica que se encuentre dirigida a la persona de cuya sucesión se trate, en presencia de la persona secretaria judicial y la persona que ejerza el cargo de persona interventora, albacea judicial o provisional, en los periodos que se señalen, según las circunstancias.

La persona interventora, albacea judicial o provisional, recibirá la correspondencia física o electrónica que tenga relación con el caudal, dejándose testimonio de ella en los autos, y la autoridad jurisdiccional conservará la restante para darle en su oportunidad el destino correspondiente.

Artículo 693. La persona interventora, albacea judicial o provisional, recibirá por el desempeño de su cargo, el monto a que se refiera el Código Civil correspondiente y a falta de disposición, el dos por ciento del importe de los bienes, si no exceden de doscientas Unidades de Medida y Actualización; si excedieren este monto, pero no de mil Unidades de Medida y Actualización, recibirá, además, el uno por ciento sobre el exceso; y, si lo excediere, recibirá el medio por ciento, además sobre la cantidad excedente.

Artículo 694. La persona interventora, albacea judicial o provisional, cesará en su función luego que se dé a conocer que la persona albacea nombrada por los herederos aceptó el cargo y aquella entregará a éste los bienes, así como la cantidad que resulte de la venta de los bienes a que se refiere este Código Nacional, sin que pueda retenerlos bajo ningún pretexto, ni aún por razón de mejoras, o gastos de manutención o reparación.

Artículo 695. La madre o el padre en ejercicio de la patria potestad serán los representantes de sus hijas o hijos que sean niñas, niños o adolescentes en los procedimientos siempre que, a juicio de la persona juzgadora, no haya conflicto de interés. En caso de haberlo, o a falta de quien ejerza la patria potestad, habiendo adolescentes, si han cumplido dieciséis años, podrán designar una persona tutora dativo que los represente en el juicio. Si las niñas o niños no han cumplido dieciséis años, se deberá designar a quien los represente a propuesta de quien ejerza la patria potestad o a través de su persona tutora o persona tutora ya sea especial, interino o definitivo.

Cuando la autoridad jurisdiccional considere que las niñas, niños y adolescentes tienen la capacidad suficiente para proponer a la persona tutora que haya de representarlos en el juicio, debe concederles el derecho de proponerlo.

Artículo 696. En las sucesiones de personas extranjeras, se dará a los cónsules o agentes consulares, la intervención que les conceda la Ley, los Tratados o los usos internacionales.

Artículo 697. Serán remitidos a los juicios testamentarios y a los intestamentarios, siempre que no se haya dictado sentencia de adjudicación:

I. Todos los juicios ordinarios y especiales, ya sean por acciones reales, personales o las ejecutivas, siempre que las demandas sean incoadas en contra de la persona de cuya sucesión se trate, por lo que se suspenderán hasta la designación de albacea, debiendo informar la autoridad jurisdiccional que conozca de la sucesión, sin que por ello se suspenda otra cosa que la adjudicación de los bienes en la partición, hasta en tanto se concluyen los juicios, con sentencia ejecutoriada, para ser remitida al juicio sucesorio y sea considerada en el haber hereditario, y

II. Todas las sentencias ejecutoriadas de las demandas ordinarias y ejecutivas que se dedujeron contra los herederos de la persona cuya sucesión se trate, cuando afecte a otros acreedores de la sucesión en su calidad de tales, después de denunciado el intestado.

De manera excepcional, en el juicio sucesorio, cuando quede de manifiesto que dolosamente repudió una persona heredera, con la intención de evadir el cumplimiento de una obligación en perjuicio de acreedores, sin que ello sea considerado vulnerar la voluntad de la persona de cuya sucesión se trate; quien solicitará la remisión de la sentencia ejecutoriada será la autoridad jurisdiccional en cuyo tribunal se encuentre radicada la sucesión.

Artículo 698. Son acumulables a los juicios sucesorios:

I. Los juicios ejecutivos incoados contra la persona de cuya sucesión se trate antes de su fallecimiento;

II. Las demandas por acciones personales pendientes en primera o única instancia contra la persona de cuya sucesión se trate;

III. Los juicios contra la persona de cuya sucesión se trate respecto de acciones reales pendientes en primera o única instancia;

IV. Las demandas ordinarias o ejecutivas promovidas contra las personas herederas o legatarias en dicho carácter, después de denunciada la sucesión;

V. Los juicios que sigan las personas herederas deduciendo la acción de petición de herencia, ya impugnando el testamento o la capacidad de aquellas personas herederas presentadas o reconocidas, o exigiendo su reconocimiento; siempre que esto último acontezca antes de la adjudicación, y

VI. Las acciones de las personas legatarias reclamando sus legados, siempre que sean posteriores a la acción de inventarios, y antes de la adjudicación, excepto los legados de alimentos, de pensiones, de educación y de uso y habitación.

Artículo 699. En los juicios sucesorios, el Ministerio Público, representación social o autoridad competente, comparecerá a nombre de las personas herederas, mientras no se presenten o no acrediten su representante legítimo, niñas, niños o adolescentes que no tengan representantes legítimos y, al Sistema para el Desarrollo Integral de la Familia, Beneficencia Pública, Instituciones Educativas, el Fisco, al Estado, o a quien se señale en el Código Civil Sustantivo en cada Entidad Federativa cuando no haya herederos legítimos dentro del grado de Ley, y mientras no se haga reconocimiento o declaración de herederos.

Artículo 700. La intervención que debe tener el representante del Fisco será determinada por las Leyes especiales de cada Entidad Federativa, pero conservando siempre la unidad del juicio.

Artículo 701. La persona albacea manifestará, dentro de tres días de haberle notificado el nombramiento, si acepta o no el cargo y hecho que sea, deberá garantizarlo dentro del término y conforme a las bases fijadas en el Código Civil de la Entidad Federativa que corresponda.

Si la persona albacea no garantiza su manejo dentro de los términos señalados conforme el párrafo anterior, se les removerá de plano, sin perjuicio de su obligación de rendir cuentas.

Artículo 702. Iniciado un juicio sucesorio intestamentario o testamentario y habiéndose reconocido los derechos hereditarios a las partes interesadas, así como aceptado el cargo de albacea, éstas podrán encomendar a una Notaria o un Notario Público, la continuación en la formación de inventarios, avalúos, liquidación, partición y adjudicación de la herencia, procediendo en todo de común acuerdo, lo que constará en uno o varios instrumentos, conforme a la legislación civil y notarial respectiva.

En el supuesto del párrafo anterior, cuando entre los interesados haya niñas, niños y adolescentes, deberán estar debidamente representados y no existir oposición del Ministerio Público, representación social o autoridad competente.

Los acuerdos que se tomen se denunciarán a la autoridad jurisdiccional, en su caso, y éste, oyendo al Ministerio Público, representación social o autoridad competente, dará su aprobación si no se lesionan sus derechos. Podrán convenir los interesados que los acuerdos se tomen por mayoría de votos.

Cuando no hubiere convenio o se suscite oposición o controversia entre los interesados, cesará la tramitación extrajudicial, quedando a cargo de la Notaria o Notario Público la devolución del juicio sucesorio al juzgado que lo puso a su disposición.

Artículo 703. La Notaria o Notario Público tendrá la responsabilidad de cumplir aquello que dicten las leyes para la satisfacción del interés fiscal que genere la adjudicación de los bienes de la masa hereditaria.

Artículo 704. En los juicios sucesorios se formarán cuatro secciones compuestas de los cuadernos necesarios. Pueden iniciarse conjuntamente las secciones segunda, tercera y cuarta, cuando simultáneamente se puedan aprobar las dos primeras y la última se turne para dictar la sentencia definitiva de adjudicación.

Artículo 705. La primera sección se llamará de sucesión y contendrá en sus respectivos casos:

I. El testamento o testimonio de protocolización, o la denuncia del intestado;

II. El acta de defunción de la persona de cuya sucesión se trate;

III. Las citaciones a las personas herederas, así como la convocatoria a quienes se crean con derecho a la herencia;

IV. La constancia de haberse obtenido los informes de existencia o no de testamento otorgado por la persona de cuya sucesión se trate, de las autoridades que correspondan en cada Entidad Federativa, así como del Registro Nacional de Avisos de Testamento;

V. El reconocimiento de derechos hereditarios, la repudiación y aceptación de la herencia y de los legados en caso de la comparecencia de legatarios, el reconocimiento de la validez del testamento y la declaratoria de herederos;

VI. Lo relativo al nombramiento y la aceptación o no del cargo de albacea;

VII. Los incidentes que se promueven sobre remoción de albacea, interventores o albaceas judiciales o provisionales, y

VIII. Las resoluciones que se pronuncien sobre la validez del testamento, la capacidad legal para heredar y la preferencia de derechos.

Artículo 706. La sección segunda se llamará de inventarios, y contendrá:

I. El inventario realizado por la persona que tenga el cargo de interventor, albacea judicial o provisional;

II. El inventario que forme la persona albacea o los herederos, según corresponda de conformidad con la legislación sustantiva de la Entidad Federativa respectiva;

III. La documentación que acredite la propiedad de los bienes inmuebles y su identificación plena con los datos del título de propiedad o escritura respectiva, acompañando, de ser necesario, la constancia de alineamiento y número oficial o cualquier otra constancia de autoridad competente de acuerdo a cada Entidad Federativa;

IV. El avalúo que solicite el albacea o los herederos el cual deberá ser practicado por corredora o corredor público, perito valuador de institución crediticia o de los auxiliares de la administración de justicia o el valor catastral según la Entidad Federativa de la que se trate;

V. Los incidentes que se promuevan, y

VI. La resolución sobre el inventario y avalúo.

Artículo 707. La tercera sección se llamará de administración y contendrá:

I. Todo lo relativo a la administración y rendición de cuentas;

II. La cuenta general, su glosa y calificación;

III. La comprobación de haberse cubierto el impuesto fiscal relativo al pago predial, consumo de agua y electricidad de los inmuebles inventariados; y los comprobantes de pago de deudas a cargo de la persona de cuya sucesión se trate;

IV. Los incidentes que se promuevan;

V. Todos los cuadernillos, archivos electrónicos y libros que contengan las cuentas anuales que se rindan hasta la conclusión del juicio sucesorio;

VI. En cuerda por separado el proyecto de distribución provisional de frutos si los hubiere, y

VII. Las cuentas que rinda el albacea removido.

Artículo 708. La cuarta sección se llamará partición y contendrá:

I. El proyecto de partición de los bienes, en el juicio testamentario de acuerdo a la voluntad del testador y en el caso del intestamentario, en términos de la declaratoria de herederos;

II. Los incidentes que se promuevan respecto del proyecto a que se refiere la fracción anterior y su resolución;

III. Los arreglos relativos, y

IV. La resolución respecto a la aplicación de los bienes del proyecto de partición.

Artículo 709. Si dictada la resolución que califica a la sucesión como intestamentaria apareciere un testamento, se aplicarán las disposiciones siguientes:

I. Se atenderá al contenido de la disposición testamentaria y quedará sin efecto la intestamentaria para recomponerse el procedimiento, y

II. Si la disposición testamentaria no comprendiere todos los bienes hereditarios, en el mismo expediente continuará el intestado y se tramitará el testamentario en cuanto haya lugar.

En este caso, se acumularán los juicios si resulta procedente, cumpliendo con las formalidades de este Código Nacional.

Artículo 710. Inmediatamente que se inicie el procedimiento sucesorio, la autoridad jurisdiccional o la Notaria o Notario Público ante quien se tramite, deberá obtener el informe de existencia o inexistencia de alguna disposición testamentaria otorgada por la persona de cuya sucesión se trate, ante el Archivo Judicial del Tribunal o Poder Judicial, así como en el Archivo General de Notarías, Registro Público de la Propiedad, Procuraduría Social del Estado, la Dirección del Archivo de Instrumentos Públicos, Dirección de Notarías y Registros Públicos, Secretaría General de Gobierno o cualquier otra dependencia, autoridad u oficina que lleve a cabo dicha función en la respectiva Entidad Federativa, siendo estas dependencias las encargadas de solicitar la información al Registro Nacional de Avisos de Testamento, sobre la existencia o inexistencia de alguna disposición testamentaria en alguna Entidad Federativa. Toda la información podrá ser recabada en formato impreso, o en medios electrónicos, ópticos o de cualquier otra tecnología.

SECCIÓN PRIMERA
DEL PROCEDIMIENTO ESPECIAL EN LOS INTESTADOS

Artículo 711. En las sucesiones intestamentarias en que no hubiere controversia alguna y las personas herederas fueren mayores de edad, así como niñas, niños o adolescentes que se encuentren debidamente representados, se podrá realizar el procedimiento especial en los intestados a que se refiere esta sección.

Se exceptúa de lo dispuesto en el párrafo anterior, cuando los bienes se encuentren afectos a patrimonio familiar, en cuyo caso no se admitirá a trámite el juicio hasta en tanto se presente la constancia de que el mismo se ha extinguido, en caso de que así lo prevea el Código Civil de la Entidad Federativa donde se pretenda radicar el juicio sucesorio, de lo contrario, deberán seguirse las reglas particulares que al efecto establezca dicha legislación.

Artículo 712. Las personas herederas de un juicio intestamentario pueden acudir ante la autoridad jurisdiccional en materia familiar para realizar el procedimiento especial en los intestados exhibiendo:

I. Copia certificada del acta de defunción o declaración judicial de muerte de la autora o el autor de la sucesión;

II. Actas de nacimiento para comprobar el entroncamiento o parentesco de las personas herederas;

III. Documentos o pruebas que acrediten la relación con la persona autora de la sucesión, tratándose de cónyuges, concubinos o convivientes;

IV. Inventario de los bienes, al que se le acompañarán los documentos que acrediten la propiedad de la persona autora de la sucesión, y

V. Convenio de adjudicación de bienes.

Artículo 713. La autoridad jurisdiccional en audiencia de juicio, habiendo solicitado previamente informe del Archivo Judicial o Poder Judicial, Archivo General de Notarías o Registro Público de la Propiedad del Estado o Procurador Social del Estado o Director del Archivo de Instrumentos Públicos o Dirección de Notarías y Registros Públicos del Estado o la Secretaría General de Gobierno así como del Registro Nacional de Avisos de Testamento o cualquier otra oficina pública que lleve a cabo la función de informar sobre la existencia o inexistencia de testamento, en presencia de los interesados examinará los documentos, así como a los testigos a que se refiere este Código Nacional; hecho lo anterior en la misma audiencia resolverá haciendo la declaración de herederos y adjudicación de los bienes de acuerdo al convenio exhibido, debiendo señalar a la Notaria o Notario Público que procederá a la formalización de la misma.

Una vez recibida la información solicitada en el párrafo que antecede, se fijará fecha de audiencia de juicio, la que se celebrará dentro de los veinte días siguientes, en la que se desahogarán las pruebas admitidas y se escucharán los alegatos finales de los interesados. Enseguida, se señalará fecha para escucha de explicación de la sentencia definitiva en el plazo de tres días.

En dicha audiencia de comparecer los interesados se dictará el fallo final, cuyos puntos resolutivos serán agregados al acta mínima que se levante con motivo de la diligencia, entregando a las partes copia simple de la versión escrita. En caso de incomparecencia de los interesados, la sentencia quedará a su disposición en la oficina judicial.

Artículo 714. Si en el procedimiento especial hubiere controversia, el juicio se seguirá conforme a las reglas generales de este Título.

Artículo 715. Al promoverse un intestado, deberá darse cumplimiento con los requisitos y exhibir los documentos señalados en este Código Nacional. Si la autoridad jurisdiccional encuentra apegada a derecho la denuncia, la radicará y ordenará girar los oficios respectivos y mandará notificar a los presuntos herederos, cónyuge que sobreviva o concubina, concubinario o conviviente, haciéndoles saber la radicación del juicio sucesorio para que comparezcan a deducir los posibles derechos hereditarios que consideren les correspondan, con citación del Ministerio Público.

Si las personas interesadas desde su presentación otorgaron su voto para la designación de albacea y fueren reconocidos como los herederos de la persona cuya sucesión se trata, la autoridad jurisdiccional deberá ordenar la ratificación de sus votos, y procederá a reconocer al albacea que resulte nombrado conforme a la ley.

Artículo 716. Una vez recibidos los informes de la inexistencia de disposición testamentaria, la autoridad jurisdiccional dentro del término de quince días señalará día y hora para la recepción de la información testimonial a cargo de dos personas dignas de fe, que protestadas legalmente testifiquen en primer término, que los interesados o los que designen son los únicos herederos, y en segundo lugar cuando se refiera a concubinos o convivientes para acreditar la existencia de éstos, si la Ley no contempla su registro obligatorio en la Entidad Federativa de la que se trate.

Artículo 717. Dicha información se practicará con citación del Ministerio Público, quien en el mismo acto o dentro de los tres días que sigan al de la diligencia y examinadas las constancias, formule los pedimentos con los que se dará vista a las personas interesadas para que los cumplimenten, si los hubiere.

Artículo 718. Una vez examinadas las constancias por el Ministerio Público y su opinión conforme al contenido de las mismas, de así considerarlo la autoridad jurisdiccional, se turnarán los autos para que dentro del término de diez días dicte sentencia interlocutoria de declaratoria de herederos, en la que se reconozca a quienes acreditaron su derecho hereditario intestamentario, o negándolo se reserve su acción, para que se haga valer en el juicio.

Contra la sentencia interlocutoria que se dicte procederá el recurso de apelación en efecto devolutivo de tramitación inmediata.

Artículo 719. En la sentencia interlocutoria de declaratoria de herederos se nombrará albacea, si las personas interesadas desde su escrito de denuncia dieron su voto y fue ratificado, de no ser así, en la propia sentencia se citará a una junta de herederos dentro de los quince días siguientes para que designen albacea. Se omitirá la junta si el heredero fuere único.

Artículo 720. Si la declaración de herederos la solicitaren parientes colaterales dentro del cuarto grado, la autoridad jurisdiccional después de recibir los justificantes del entroncamiento y la información testimonial, mandará fijar edictos en el medio de comunicación judicial, así como en un diario de los de mayor circulación del último domicilio y del lugar del fallecimiento de la persona finada, dos veces, de diez en diez días, anunciando su muerte, sin testar, y los nombres y grado de parentesco de los que reclaman la herencia, llamando a los que se crean con igual o mejor derecho para que comparezcan al juzgado a reclamarla dentro de los cuarenta días siguientes.

Artículo 721. Transcurrido el término de los edictos, a contar desde el día siguiente de su última publicación, si nadie se hubiere presentado, se pondrán los autos a la vista de la autoridad jurisdiccional, quien hará la declaración de herederos respectiva, conforme a lo dispuesto en este Código Nacional.

Si hubieren aparecido otros parientes, al momento de comparecer deberán acompañar los atestados del Registro Civil que justifiquen su mejor o igual grado de parentesco, con lo que se dará vista al Ministerio Público para que se imponga de ellos y desahogada o sin pedimento alguno, se procederá a realizar la declaratoria respectiva.

Artículo 722. Si el juicio intestamentario es denunciado por un acreedor o tercero interesado, se ordenará la elaboración de los oficios de localización de testamento ordenados en este Código Nacional, si de los informes se aprecia que no existe disposición testamentaria alguna y no se presentaren descendientes, cónyuge, ascendientes, concubina, convivientes o colaterales dentro del cuarto grado, la autoridad jurisdiccional mandará fijar edictos en el medio de comunicación judicial, así como en un diario de los de mayor circulación, de la manera y por los términos expresados en este Código Nacional, anunciando la muerte intestada de la persona cuya sucesión se trate, y llamando a los que se crean con derecho a la herencia.

Artículo 723. Vencido el término de los edictos si no se hubiere presentado ningún aspirante a la herencia o no fuere reconocido con derechos a ella ninguno de los pretendientes, se tendrán como herederos a quien señale el Código Civil y demás legislación de cada Entidad Federativa y como albacea a la persona que dichas instituciones señalen como su representante.

Artículo 724. Las personas que comparezcan a consecuencia de dichos llamamientos, reclamando su derecho a la herencia, deberán expresar, por escrito, el grado de parentesco en que se hallen con el causante de la herencia, justificándolo con los correspondientes documentos y previa vista al Ministerio Público, se turnará a sentencia, por lo que la autoridad jurisdiccional aplicará las reglas sucesorias que se consagran en el código sustantivo e incluso la norma general de que los parientes más próximos excluyen a los más remotos y procediendo desde luego al nombramiento de albacea.

Artículo 725. Al albacea se le entregarán los bienes sucesorios, así como los libros, archivos electrónicos y papeles, debiendo rendirle cuentas el interventor, con la finalidad de que el primero pueda realizar el inventario de la masa hereditaria, sin perjuicio de lo dispuesto en el Código Civil de cada Entidad Federativa respecto de si la o el cónyuge, conviviente o concubino, conserva la posesión y administración de la misma.

SECCIÓN SEGUNDA
DE LAS SUCESIONES TESTAMENTARIAS

Artículo 726. En los juicios de sucesión, si la Federación o las Entidades Federativas son herederos o legatarios en concurrencia con los particulares, se estará a las reglas de competencia previstas en este Código Nacional.

Artículo 727. La persona que promueva el juicio testamentario debe cumplir con los requisitos y exhibir la documentación ordenada en este Código Nacional, de no ser así, la autoridad jurisdiccional requerirá se corrija o se complete, y de encontrarse apegada a derecho, sin más trámite, lo tendrá por radicado y librará los oficios para búsqueda de testamento y de no existir otro testamento más que el exhibido, se notificará a los herederos en términos de este Código Nacional, haciéndole saber la radicación del presente juicio sucesorio, con citación del Ministerio Público.

Artículo 728. Si no se conociere el domicilio de los herederos, se mandarán publicar edictos en un diario de mayor circulación en la Entidad Federativa, conforme a lo dispuesto en este Código Nacional.

Artículo 729. La autoridad jurisdiccional convocará a los herederos designados en el mismo a una junta, que tendrá verificativo dentro de los veinte días siguientes a la citación, si la mayoría de los herederos reside en el lugar del juicio. Si la mayoría residiere fuera del lugar del juicio, la autoridad jurisdiccional señalará el plazo que crea prudente, atendidas las distancias; si hubiere albacea nombrado en el testamento, se les dé a conocer, y, si no lo hubiere, procedan a elegirlo con arreglo a este Código Nacional.

Artículo 730. Si en la designación hubiere personas con discapacidad, niñas, niños o adolescentes que tengan persona quien ejerza la patria potestad, persona tutora o persona que brinde apoyos para el ejercicio de su capacidad jurídica, se les mandará citar a estos últimos para la junta.

Si las herederas niñas, niños y adolescentes no estuvieren bajo patria potestad o tutela, la autoridad jurisdiccional dispondrá que se les nombren uno con arreglo a derecho como se previene en este Código Nacional.

Artículo 731. Respecto del heredero declarado ausente o desaparecido, se entenderá la citación con el que fuere su representante legítimo.

Artículo 732. Se citará también al Ministerio Público para que represente a los herederos cuyo paradero se ignore y a los que habiendo sido citados no se presentaren y mientras se presenten.

Luego que se presenten los herederos ausentes o desaparecidos cesará la representación del Ministerio Público.

Artículo 733. Si la madre, el padre, la persona tutora o tutriz, o cualquier representante legítimo de algún heredero que sea niña, niño, adolescente, tiene interés en la herencia, le proveerá la autoridad jurisdiccional, con arreglo a derecho, de una persona tutora especial para el juicio o hará que le nombre, si tuviere edad para ello. La intervención de la persona tutora especial se limitará sólo a aquello en que el propietario o representante legítimo tenga incompatibilidad.

Artículo 734. Si el testamento no es impugnado ni se objeta la capacidad de las personas interesadas, la autoridad jurisdiccional en la misma junta, reconocerá como herederos a los que estén nombrados en las porciones que les correspondan.

Si se impugnare la validez del testamento o la capacidad legal de algún heredero, se substanciará el juicio ordinario correspondiente con el albacea o el heredero respectivamente, sin que por ello se suspenda otra cosa que la adjudicación de los bienes en la partición.

Artículo 735. En la junta de las personas herederas, podrán estas nombrar a quien funja como interventor, conforme a la facultad y en los casos previstos en el Código Civil de cada Entidad Federativa.

SECCIÓN TERCERA
DEL INVENTARIO Y AVALÚO

Artículo 736. Dentro de diez días de haber aceptado su cargo, quien ejerce el albaceazgo debe dar aviso de que procederá a la formación de inventarios y avalúos, y propondrá al o los peritos valuadores en la materia correspondiente, debiendo concluir la presente sección dentro de los siguientes sesenta días.

Las personas herederas dentro del término de tres días deberán manifestar si están de acuerdo o no con la o las propuestas de peritos y si no lo hicieren, la autoridad jurisdiccional hará la designación procedente.

Se exceptuará el nombramiento de perito valuador cuando todas las personas herederas están conformes en que se tome el valor del avalúo catastral.

El inventario y avalúo se practicarán simultáneamente, si es única y universal persona heredera o si todos quienes tienen esta calidad firmaran de conformidad.

Artículo 737. El inventario deberá practicarse por la autoridad jurisdiccional, persona secretaria judicial, alcalde, alcaldesa, Notaria o Notario Público nombrada por los herederos, o autoridad competente en su caso, con las formalidades correspondientes al Código Civil aplicable siempre y cuando tenga que realizarse una descripción detallada de aquello que conforme la masa hereditaria de acuerdo con el importe de sus porciones, cuando concurran como herederos:

I. Niñas, niños y adolescentes;

II. Personas con discapacidad;

III. El Sistema para el Desarrollo Integral de la Familia;

IV. La Beneficencia Pública;

V. Instituciones Educativas;

VI. El Estado o las Entidades Federativas, y

VII. En su defecto, a quien, teniendo interés en la sucesión, señale la legislación sustantiva correspondiente.

A dicho inventario concurrirá conjuntamente el albacea.

Artículo 738. El inventario puede ser presentado por el albacea, cuando el acervo hereditario se constituya únicamente por inmuebles, y una vez que se encuentren exhibidos los avalúos se señalará fecha dentro de los cinco días siguientes, para que el albacea ante la presencia judicial ratifique el inventario a efecto de cumplir con la solemnidad y si comparecieran todos los reconocidos como herederos manifestando su conformidad se aprobará de plano, en caso contrario se procederá de acuerdo a lo dispuesto en este Código Nacional.

Artículo 739. El albacea dentro del término señalado en este Código Nacional procederá, a presentar el inventario de forma clara y precisa y en el orden siguiente:

I. Dinero en efectivo;

II. Alhajas;

III. Bienes, derechos de comercio o industria, así como de propiedad intelectual

IV. Semovientes;

V. Frutos;

VI. Muebles;

VII. Inmuebles;

VIII. Créditos;

IX. Documentos y correspondencia;

X. Bienes ajenos que tenía en su poder el finado en comodato, depósito, prenda o bajo cualquier otro título, con expresión de la causa;

XI. Bienes o derechos litigiosos señalándose la autoridad jurisdiccional, la clase de juicio, la persona contra quien se litiga y la causa del pleito, y

XII. Las deudas que formen el pasivo de la sucesión, incluyendo los legados vigentes, los gastos funerarios y los que se hayan causado en la última enfermedad de la persona cuya sucesión se trata, con expresión de los títulos y documentos que justifiquen este pasivo.

Artículo 740. El inventario deberá especificar si de los bienes inventariados alguno corresponde la sociedad conyugal o se encuentren en copropiedad o posesión común en los casos de sociedad de convivencia o concubinato y los porcentajes, en su caso.

Si la masa hereditaria la conforma un solo bien y éste se encuentra afecto al patrimonio de familia, se suspenderá el procedimiento hasta en tanto no se haya extinguido el mismo, salvo que el Código Civil de la Entidad Federativa donde se encuentra radicado el juicio sucesorio intestamentario o testamentario prevea otra cosa.

Si dentro del caudal hereditario existen otros bienes que no conformen patrimonio familiar, el juicio podrá continuar por lo que hace a ellos, y por tanto, la suspensión sólo será del que sí se encuentra en dicha hipótesis en términos del párrafo que antecede.

Artículo 741. Si los bienes inventariados se encontraren en diversas Entidades Federativas se ampliará el término respectivo hasta por treinta días más.

Artículo 742. Practicados el inventario y avalúo serán agregados a los autos y se pondrá de manifiesto en la Secretaría, por cinco días, para que las personas interesadas puedan examinarlos, citándoseles mediante notificación personal en términos de lo dispuesto en este Código Nacional.

Artículo 743. Si transcurrido el término a que se refiere el artículo anterior, sin haberse hecho oposición, la autoridad jurisdiccional lo aprobará sin más trámites. En caso contrario, se substanciará el incidente respectivo.

Para dar curso al incidente de oposición, es indispensable expresar concretamente cuáles son los bienes omitidos o que deban de excluirse o el valor que se atribuye a cada uno de los inventariados correctamente, aportando pruebas para acreditar la misma.

Este incidente se desahogará en una sola audiencia oral a la que se citará a las partes.

Artículo 744. Si quienes reclamen fueren varios e idénticas sus oposiciones, deberán nombrar representante común en la audiencia oral. En caso de no nombrarlo o de no ponerse de acuerdo, la autoridad jurisdiccional lo nombrará de oficio de entre ellos mismos.

Artículo 745. Si a la audiencia dejaren de presentarse las personas designadas como peritos sin causa justificada, perderán el derecho de cobrar honorarios por los trabajos practicados.

En la tramitación de este incidente cada parte es responsable de la asistencia de los peritos que propusiere, de manera que la audiencia no se suspenderá por la ausencia de todos o de alguno de los propuestos.

Artículo 746. Si las oposiciones tuvieran por objeto impugnar simultáneamente el inventario y el avalúo, o se tramitaran diversos incidentes, estos se acumularán y se resolverán en una sola audiencia oral, a fin de evitar contradicción alguna.

Artículo 747. El inventario hecho por albacea o por heredero aprovecha a todas las personas interesadas, aunque no hayan sido citadas, incluso las substitutas y herederos por intestado.

El inventario perjudica a quienes lo hicieron y a quienes lo aprobaron.

Aprobado el inventario por la autoridad jurisdiccional o por el consentimiento de todas las personas interesadas, no podrá reformarse sino por error o vicio, debidamente justificado, a criterio de la propia autoridad jurisdiccional, en una audiencia oral y antes de dictarse la sentencia definitiva.

Artículo 748. Si aparecieren bienes omitidos, se procederá a la formación de un inventario suplementario aplicándose las reglas de esta sección, y demás disposiciones del Código Civil aplicable.

Artículo 749. Si pasados los términos establecidos en este Código Nacional, el albacea no promoviere o no concluyere el inventario, será removido de plano sin derecho a la percepción de honorarios y cualquier heredero podrá promover la formación del inventario.

Artículo 750. Los gastos de inventario y avalúo son a cargo de la masa hereditaria, salvo que se hubiere dispuesto otra cosa en el testamento.

SECCIÓN CUARTA
DE LA ADMINISTRACIÓN Y RENDICIÓN DE CUENTAS

Artículo 751. Corresponde la posesión y administración de la masa hereditaria a quien sobreviva, de conformidad con lo siguiente:

I. El o la cónyuge supérstite tanto en el régimen de la sociedad conyugal como en el de separación de bienes;

II. El o la conviviente que haya elegido que su patrimonio presente y futuro forme parte del patrimonio de la sociedad en convivencia, y

III. El o la concubina que hayan adquirido bienes en copropiedad o que haya procreado hijos en común con la persona de cuya sucesión se trata.

La posesión y administración de la masa hereditaria, por cualquiera de las personas anteriormente mencionadas se hará con intervención del albacea quien pondrá a su disposición los bienes que conforman la masa hereditaria.

Artículo 752. La intervención del albacea se concretará a vigilar la administración del o la cónyuge, del o la conviviente o del o la concubina, supérstite, y en cualquier momento en que observe que no se hace convenientemente, promoverá incidente ante la autoridad jurisdiccional, que conozca de la sucesión quien dará vista a quien se imputa la indebida administración, otorgando un término de tres días para que manifieste lo que a sus intereses convenga.

Una vez hechas sus manifestaciones, la autoridad jurisdiccional citará a ambas partes a una audiencia oral dentro de los tres días siguientes, en la que resolverá lo que en derecho proceda.

Artículo 753. Durante la substanciación del juicio sucesorio no se podrá enajenar los bienes inventariados, sino por acuerdo de las personas herederas o con aprobación judicial en los siguientes casos:

I. Cuando haya deuda o gasto urgente;

II. Cuando los bienes puedan deteriorarse;

III. Cuando sean de difícil y costosa conservación;

IV. Cuando para la enajenación de los frutos se presenten condiciones ventajosas, y

V. Cuando el acuerdo de los herederos no perjudique derechos de algún acreedor reconocido.

Artículo 754. Las cuentas y sus archivos físicos y electrónicos se entregarán al albacea y, hecha la partición a los herederos reconocidos. Los demás documentos y archivos físicos y electrónicos quedarán en poder de la persona que haya desempeñado el albaceazgo.

Artículo 755. Si nadie se hubiera presentado alegando derecho a la sucesión, o no hubieren sido reconocidos quienes se hubiesen presentado, y se hubiere declarado heredero, en su caso, a quien para esta hipótesis establezca como heredero legítimo la legislación sustantiva que corresponda a cada Entidad Federativa. Se entregarán a éstos por conducto de representante legal, los bienes, los documentos y archivos físicos y electrónicos que tengan relación con la misma, para su administración y rendición de cuentas.

Artículo 756. Concluido y aprobado el inventario, dentro de los quince días siguientes presentará el albacea su cuenta general de albaceazgo; si no lo hace se le apremiará por los medios legales.

Artículo 757. Presentada la cuenta general de administración, la autoridad jurisdiccional mandará dar vista a las personas interesadas por un término de diez días para que se impongan de ello, notificándose en forma personal en términos de lo dispuesto en este Código Nacional.

Artículo 758. Si todas las personas interesadas aprobaren la cuenta, o no la impugnaren, la autoridad jurisdiccional la aprobará de plano.

Si existe inconformidad, la persona interesada promoverá el incidente respectivo dentro de los tres días siguientes en que haya concluido la vista. Para darle curso al incidente, será indispensable que el promovente inconforme exprese concretamente cuáles son los puntos de la cuenta general del albaceazgo con los que se inconforma, aportando pruebas en su caso para controvertirlos. Este incidente se desahogará y resolverá en una sola audiencia oral a la que se citará a las partes, dentro de los cinco días siguientes.

En caso de que se promovieren dos o más incidentes en los que existiera identidad de puntos de inconformidad, se acumularán para ser resueltos en la misma audiencia.

Artículo 759. La persona interventora, el albacea provisional o judicial, en su caso, el o la cónyuge, el o la conviviente, el o la concubina, supérstite, el albacea designado por el testador o por los herederos y cualquier persona que haya tenido la administración de los bienes hereditarios, están obligados a rendir, dentro de los cinco primeros días de cada año del ejercicio de su cargo, la cuenta de su administración correspondiente al año anterior.

Artículo 760. Presentada la cuenta anual de administración, se mandará poner en la Secretaría, a disposición de quienes tengan interés para que se impongan, por un término de diez días, citándose mediante notificación personal en términos de lo dispuesto por este ordenamiento.

Artículo 761. Si todas las personas interesadas aprobaren la cuenta, o no la impugnaren, la autoridad jurisdiccional la aprobará. Si existiere inconformidad se tramitará el incidente respectivo. Quienes sostengan la misma pretensión deberán nombrar representante común.

Artículo 762. Las cantidades que resulten líquidas se depositarán a disposición de quien corresponda, en el establecimiento destinado por este Código Nacional.

Artículo 763. Cuando quien administre no rinda dentro del término legal su cuenta anual, será removido de plano. También podrá ser removido en términos de este Código Nacional, a solicitud de cualquiera de las personas interesadas, cuando alguna de las cuentas no fuere aprobada en su totalidad. El trámite se hará en forma incidental.

Artículo 764. Cuando no alcancen los bienes para pagar las deudas y legados, el albacea debe dar cuenta de su administración a personas acreedoras y legatarias.

Artículo 765. El albacea, dentro de los quince días de aprobado el inventario, presentará ante la autoridad jurisdiccional un proyecto para la distribución provisional de los productos de los bienes hereditarios, señalando la parte de ellos que, cada bimestre, deberá entregarse a herederos y legatarios, en proporción a su haber. La distribución de los productos se hará en efectivo o en especie.

Artículo 766. Presentado el proyecto, se pondrá a la vista de las personas interesadas por cinco días, citándose mediante notificación personal en términos de lo dispuesto en este Código Nacional.

Si están conformes o nada exponen dentro del término de la vista, lo aprobará la autoridad jurisdiccional y mandará abonar a cada quien la porción que le corresponda.

La inconformidad expresa se substanciará en forma incidental, el incidente se desahogará y resolverá en una sola audiencia oral a la que se citará a las partes, dentro de los cinco días siguientes. Dicha resolución será apelable en efecto devolutivo.

Artículo 767. Cuando los productos de los bienes variaren de bimestre a bimestre, el albacea presentará su proyecto de distribución por cada uno de los periodos indicados. En este caso deberá presentarse el proyecto dentro de los primeros cinco días del bimestre.

Artículo 768. Si el albacea no presentare el proyecto de distribución provisional de los productos de los bienes hereditarios, dentro del término legal o cuando durante dos bimestres consecutivos, sin justa causa, deje de cubrir a los herederos o legatarios las porciones de frutos correspondientes, será revocado de plano sí así lo solicita la mayoría de las personas herederas.

SECCIÓN QUINTA
DE LA PARTICIÓN DE HERENCIA

Artículo 769. Aprobada la cuenta general de administración, dentro de los quince días siguientes, el albacea presentará el proyecto de partición de los bienes, en los términos del Código Civil respectivo.

Artículo 770. Será removido el albacea de su cargo, mediante incidente, si no presentare el proyecto de partición dentro del término indicado en el artículo anterior o dentro de la prórroga que le concedan las personas interesadas por mayoría de votos.

Artículo 771. Cuando quien ejerza el albaceazgo requiera auxiliarse para hacer el proyecto de partición, podrá auxiliarse de un perito o especialista cuyo nombramiento deberá ser promovido dentro del tercer día de aprobada la cuenta y la autoridad jurisdiccional convocará a los herederos, a junta, dentro de los tres días siguientes, a fin de que se haga en su presencia la elección cuyo nombramiento se hará por mayoría de los presentes.

Si no hubiere mayoría, la autoridad jurisdiccional nombrará al perito o especialista de entre los propuestos.

Artículo 772. Quien tenga la calidad de cónyuge, conviviente, concubino o concubina, aunque no tenga el carácter de heredero, será tenido como parte, si entre los bienes hereditarios hubiere bienes de la sociedad conyugal, sociedad en convivencia o disposición de los concubinos que rija su patrimonio y será convocado a la junta que refiere el artículo que antecede, para que intervenga de acuerdo con sus intereses.

Artículo 773. Si se encuentra presente el partidor, encargado de la formulación del proyecto de partición en la misma junta que fue nombrado, procederá a aceptar y protestar su cargo, y en caso contrario se le notificará para que dentro del término de tres días comparezca a aceptar el mismo, habiendo señalado previamente el monto de sus honorarios de acuerdo con lo que le autoriza la Ley de cada Entidad Federativa, los que deberán ser autorizados y aprobados por la autoridad jurisdiccional, y cubiertos por los herederos en proporción a sus haberes.

Artículo 774. La autoridad jurisdiccional pondrá a disposición del partidor los autos y, bajo inventario, los papeles y documentos relativos al caudal, para que proceda a la partición, concediéndole hasta cuarenta días para que presente el proyecto partitorio, bajo el apercibimiento de perder los honorarios que le fueron autorizados y aprobados, ser separado de plano de su encargo y, en su caso, responsable de los daños y perjuicios.

Artículo 775. El partidor pedirá a las personas interesadas las instrucciones que estime necesarias, a fin de hacer las adjudicaciones de conformidad con ellas, en todo lo que estén de acuerdo, o de conciliar en lo posible sus pretensiones.

Puede solicitarse a la autoridad jurisdiccional para que, convoque a una junta, a fin de que las personas interesadas fijen de común acuerdo las bases de la partición, que se considerará como un convenio. Si no hubiere conformidad, el partidor presentará el proyecto de partición de los bienes, en los términos que lo dispuso el testador, en lo que no contravenga el Código Civil correspondiente.

Al hacerse la división se separarán los bienes que correspondan al cónyuge, conviviente, concubino o concubina que sobreviva, conforme a las capitulaciones matrimoniales que regulan la sociedad conyugal, a las disposiciones de la sociedad en convivencia o a las del patrimonio concubinal, cuando resulte ser en partes iguales y será convocado a la junta que refiere el artículo que antecede, para que intervenga de acuerdo con sus intereses.

Artículo 776. A falta de convenio entre las personas interesadas, se incluirán en cada porción, bienes de la misma calidad y especie, si fuere posible.

Si hubiere bienes gravados, se especificarán los gravámenes indicando el modo de redimirlos o dividirlos entre las personas herederas.

Artículo 777. Concluido el proyecto de partición, la autoridad jurisdiccional lo mandará poner a la vista de los interesados en la Secretaría, por un término de diez días. Vencido el término sin hacerse oposición, la autoridad jurisdiccional aprobará el proyecto y dictará sentencia de adjudicación, mandando entregar a cada quien los bienes muebles que le hubieren sido adjudicados, con la factura o los documentos de propiedad, después de asentarse por la persona secretaria judicial, una nota en que se haga constar la adjudicación.

Si se trata de niñas, niños o adolescentes, la autoridad jurisdiccional deberá verificar de manera oficiosa el proyecto de partición.

Si entre los bienes de la masa hereditaria, hubiere inmuebles, se mandará formalizar el proyecto de división y partición y otorgar la escritura pública correspondiente misma que deberá ser inscrita en el Registro Público de la Propiedad, Oficina Registral o cualquier otra Institución análoga según la Entidad Federativa de que se trate.

Artículo 778. Si hubiera oposición contra el proyecto, se substanciará en forma incidental, procurando que, si fueren varias, la audiencia sea común, y a ella concurrirán las personas interesadas y el partidor para que se discutan las gestiones promovidas y se reciban pruebas.

Para dar curso a esta oposición, es indispensable expresar concretamente cuál sea el motivo de la inconformidad y cuáles las pruebas que se invocan como base de la oposición.

Artículo 779. Pueden oponerse a que se lleve a efecto la partición:

I. Las personas acreedoras hereditarias legalmente reconocidas, mientras no se pague su crédito, si ya estuviere vencido y, si no lo estuviere, mientras no se les asegure debidamente el pago, y

II. Las personas legatarias de cantidad, de alimentos, de educación y de pensiones, mientras no se les pague o se garantice legalmente el derecho.

Artículo 780. La adjudicación de bienes hereditarios se otorgará con las formalidades que, por su cuantía, la Ley exige para su venta. La Notaria o Notario Público ante la que se otorgue la escritura será designada por el albacea.

Artículo 781. La escritura de partición, cuando haya lugar a su otorgamiento, deberá contener, la superficie, medidas y linderos que correspondan a los inmuebles adjudicados conforme al convenio con el fin de permitir su plena identificación.

El resto de los bienes o derechos adjudicados la autoridad jurisdiccional deberá formalizar su transmisión de conformidad con las leyes aplicables para cada caso.

Artículo 782. La sentencia que apruebe o repruebe la partición es apelable en ambos efectos.

CAPÍTULO II
DE OTRAS FORMAS TESTAMENTARIAS

SECCIÓN PRIMERA
DEL TESTAMENTO PÚBLICO CERRADO

Artículo 783. Para la apertura del testamento público cerrado, los testigos reconocerán separadamente sus firmas y el pliego que las contenga. El Ministerio Público asistirá a la diligencia.

Artículo 784. Cumplido lo prescrito en el Código Civil de la Entidad Federativa respectiva, ante la autoridad jurisdiccional, los testigos reconocerán separadamente sus firmas en el pliego que contenga el testamento y hecho lo anterior en presencia del Notario o Notaria Pública, testigos, Ministerio Público y persona secretaria judicial, abrirá el testamento, lo leerá, para sí y después le dará lectura en voz alta, omitiendo lo que deba permanecer en secreto y cumplidos los requisitos del Código Sustantivo de cada Entidad Federativa declarará la formalidad del testamento ordenando su protocolización.

En seguida firmarán al margen del testamento las personas que hayan intervenido en la diligencia, con la autoridad jurisdiccional y secretaria judicial de la Entidad Federativa de que se trate, y se le pondrá el sello del juzgado, asentándose todo ello en el acta.

Artículo 785. Para la protocolización del testamento la persona que hubiere promovido elegirá al Notario o Notaria Pública, dentro de la misma Entidad Federativa en donde se encuentre la autoridad jurisdiccional que apertura el testamento.

Artículo 786. Si se presentaren dos o más testamentos cerrados de una misma persona, la autoridad jurisdiccional procederá respecto a cada uno de ellos como se previene en este Capítulo y los hará protocolizar en un mismo oficio para los efectos de que el testamento que subsista sea aquel que indiquen las disposiciones del Código Civil de la Entidad Federativa respectiva.

SECCIÓN SEGUNDA
DE LA DECLARACIÓN DEL TESTAMENTO OLÓGRAFO

Artículo 787. La autoridad jurisdiccional que tenga noticia de que el autor de la herencia depositó su testamento ológrafo, como se dispone en el Código

Civil respectivo, dirigirá oficio al encargado del Archivo General de Notarías, Registro de la Propiedad, Director del Archivo de Instrumentos Públicos, Dirección de Notarías y Registros Públicos, la Secretaría General de Gobierno o cualquier otra oficina que lleve a cabo dicha función en la Entidad Federativa, en que se hubiere hecho el depósito, a fin de que le remita el pliego cerrado en que el testador declaró que se contiene su última voluntad.

Artículo 788. Recibido el pliego, procederá la autoridad jurisdiccional como se dispone en el Código Civil de cada Entidad Federativa.

Artículo 789. Si para la debida identificación fuere necesario reconocer la firma, por no existir los testigos de identificación que hubieren intervenido, o por no estimarse bastante sus declaraciones, la autoridad jurisdiccional nombrará un perito para que confronte la firma con las indubitadas que existan del testador, y teniendo en cuenta su dictamen hará la declaración que corresponda.

SECCIÓN TERCERA
DEL TESTAMENTO PRIVADO

Artículo 790. A instancia de parte legítima formulada ante la autoridad jurisdiccional competente, puede declararse formal el testamento privado de una persona, sea que conste por escrito o sólo de palabra de conformidad con el Código Civil respectivo.

Artículo 791. La declaración de estar conforme a derecho un testamento privado, se iniciará a solicitud de legítimo interesado, quien ofrecerá la información testimonial de quienes hayan concurrido al otorgamiento.

La autoridad jurisdiccional, citará al Ministerio Público, señalando día y hora para una audiencia en la que se recibirá la información testimonial, la que deberá rendirse en los términos que para estos casos prevén los Códigos Civiles respectivos.

Recibida la información testifical, la autoridad jurisdiccional en la misma audiencia, de estimar probados los requisitos previstos por el Código Civil respectivo, declarará la existencia de formal testamento.

Contra la declaración de no estar ajustado a derecho el testamento, procede apelación sin necesidad de reenvío. Si se declara lo contrario, podrá impugnarse la validez en el juicio hereditario que con él se inicie.

Artículo 792. Es parte legítima para los efectos del artículo anterior:

I. El que tuviere interés en el testamento;

II. El que hubiere recibido en él algún encargo del testador, y

III. El que, con arreglo a las Leyes aplicables, pueda representar sin poder, a cualquiera de los que se encuentren en los casos que se expresan en las fracciones anteriores.

Artículo 793. Hecha la solicitud, se señalarán día y hora dentro de los siguientes veinte días para el examen de los testigos que hayan concurrido al otorgamiento, bajo las reglas previstas por este Código Nacional.

Para la información se citará al Ministerio Público, quien tendrá obligación de asistir a las declaraciones de testigos e interrogarlos para asegurarse de su veracidad.

Las personas testigos declararán al tenor del interrogatorio respectivo, que se sujetará estrictamente a lo dispuesto en el Código Civil de cada Entidad Federativa.

Recibidas las declaraciones, y si éstas reúnen los requisitos de este Código Nacional, la autoridad jurisdiccional declarará que sus dichos son el formal testamento de la persona de que se trate, ordenando su protocolización.

Artículo 794. De la resolución que niegue la declaración de formalidad de un testamento privado, pueden apelar el promovente y cualquiera de las personas interesadas en la disposición testamentaria.

De la que otorgue la declaración de formalidad, puede apelar el Ministerio Público.

SECCIÓN CUARTA
DEL TESTAMENTO MILITAR

Artículo 795. Luego que la autoridad jurisdiccional reciba, por conducto de la persona titular de la Secretaría de la Defensa Nacional, el parte a que se refiere el Código Civil correspondiente, citará a los testigos que estuvieren en el lugar, y respecto a los ausentes o desaparecidos, mandará exhorto al Tribunal o Poder Judicial del lugar donde se hallen.

Artículo 796. De la declaración judicial se remitirá copia autorizada a la persona titular de la Secretaría de la Defensa Nacional. En lo demás, se observará lo dispuesto en el Capítulo que antecede.

SECCIÓN QUINTA
DEL TESTAMENTO MARÍTIMO

Artículo 797. Hechas las publicaciones que ordena el Código Civil de la Entidad Federativa respectiva, podrán los interesados ocurrir ante la autoridad jurisdiccional competente para que pida de la Secretaría de Relaciones Exteriores o al Gobierno local, según la Entidad Federativa que lo contemple, la remisión del testamento para que lo envíe y continúe el trámite legal correspondiente.

SECCIÓN SEXTA
DEL TESTAMENTO HECHO EN PAÍS EXTRANJERO

Artículo 798. El testamento hecho en país extranjero será declarado válido por la autoridad jurisdiccional competente, cuando haya sido formulado de conformidad con las Leyes del país en que se otorgue y no contravenga al orden público mexicano, siguiendo las reglas de aplicación e interpretación que contempla la legislación sustantiva de cada Entidad Federativa.

CAPÍTULO III
PROCEDIMIENTO SUCESORIO NO CONTROVERTIDO VÍA JUDICIAL

Artículo 799. En el caso que no exista controversia alguna entre herederos y legatarios si los hubiera, podrá optar por el trámite de sucesiones intestadas o testamentarias conforme a este procedimiento, y debiéndose cumplimentar los requisitos siguientes:

I. Exhibir las copias certificadas, ya sea en formato físico o electrónico, de las actas de nacimiento y defunción de la persona autora de la sucesión;

II. Exhibir las copias certificadas, ya sea en formato físico o electrónico, de las actas de la totalidad de las personas interesadas, en su caso las necesarias para acreditar el entroncamiento con la persona autora de la sucesión, así como la información relativa a si la persona se encontraba unida en matrimonio o concubinato en el momento de su fallecimiento;

III. En los casos de intestado, la denuncia deberá estar firmada por la totalidad de las personas presuntamente herederas, o por sus representantes, todas deberán de señalar bajo protesta de decir verdad su reconocimiento entre sí y la propuesta para la designación de albacea;

IV. Cuando se tenga conocimiento de la existencia de un testamento, a la denuncia se acompañará éste, o bien se realizará el señalamiento relativo a la ubicación del documento. El escrito de denuncia deberá de estar firmado por todas las personas interesadas o probablemente interesadas;

V. Se deberá exhibir el inventario de los bienes cuya propiedad esté debidamente acreditada, el cual deberá estar firmado y con la aceptación expresa de las personas interesadas;

VI. Se deberá exhibir el avalúo expedido por el perito valuador autorizado en términos de este Código Nacional, y

VII. Se exhibirá una propuesta de convenio de liquidación y partición del haber hereditario, en el cual se deberá de consignar la aceptación de las personas interesadas.

Artículo 800. Para el caso de que entre las personas interesadas existan niñas, niños o adolescentes, conjuntamente a su comparecencia mediante sus legítimos representantes, deberá verificarse por la autoridad jurisdiccional que se cuente con una defensa técnica y especializada durante el trámite del procedimiento.

Artículo 801. En la admisión del trámite la autoridad jurisdiccional ordenará de manera oficiosa que:

I. Se recabe ante las dependencias registrales que corresponda la información relativa a la existencia o no de un testamento otorgado por la persona autora de la sucesión y en caso de existir tal documento se ordenará su remisión a la autoridad jurisdiccional;

II. Se recabe en los Registros Públicos correspondientes, la información relativa a la existencia de bienes propiedad de la persona autora de la sucesión, y en su caso la existencia de gravámenes, y

III. Se recabe en el Registro Civil de la entidad las certificaciones de las actas de nacimiento de los ascendientes, descendientes y colaterales hasta el cuarto grado de la persona autora de la sucesión.

En el momento de la admisión del trámite se le dará intervención activa a la persona Agente del Ministerio Público correspondiente.

Artículo 802. En caso de que el trámite se encuentre iniciado como intestado y de la información rendida por las dependencias registrales se actualice la existencia de un testamento atribuible a la persona autora de la sucesión, el procedimiento especial se ajustará a las reglas aplicables a lo previsto en este procedimiento para el caso de sucesiones testamentarias.

Artículo 803. Recibidos los informes precisados en los artículos anteriores, se procederá a presentar y revisar el inventario, avalúo y proyecto de partición y de resultar ajustado a derecho, la autoridad jurisdiccional citará a la totalidad de los interesados a una sola audiencia oral en un término no mayor de veinte días, y en la que declarará herederas o legatarias de acuerdo a lo dispuesto en la legislación sustantiva de la Entidad Federativa correspondiente, o a las que hayan sido designadas con ese carácter en el testamento, teniéndose como albacea a la persona designada en el testamento o en su defecto a la propuesta por los herederos o por la autoridad jurisdiccional.

En la misma audiencia se proveerá respecto de la aprobación del inventario y avalúo y el proyecto de partición de los bienes, adjudicándolos a las personas interesadas conforme al convenio presentado. Finalmente, se ordenará remitir las constancias a la Notaria o Notario Público señalado por la persona albacea o por la mayoría de los herederos, ello para el otorgamiento de la escritura de formalización correspondiente.

En caso de que a la audiencia señalada en este artículo no comparezcan la totalidad de las personas interesadas por sí mismas o mediante representante legal, la actuación se diferirá por una única ocasión. Sin embargo, en caso de que de nueva cuenta no comparezcan las personas interesadas, ante la falta de interés de los promoventes se dará por concluido el trámite.

Artículo 804. Si existe oposición entre las partes interesadas o no se acredita plenamente la propiedad de los bienes del autor de la herencia, la autoridad jurisdiccional dará por concluido el procedimiento especial a que hace referencia este Capítulo y abrirá el proceso sucesorio correspondiente.

CAPÍTULO IV
DE LA SUCESIÓN TRAMITADA POR NOTARIO PÚBLICO

Artículo 805. Podrán tramitarse ante Notaria o Notario Público todas las sucesiones testamentarias o intestamentarias, siempre y cuando no hubiere controversia alguna, con arreglo a lo que se establece en el presente Código Nacional.

La apertura del testamento público cerrado, la declaración de ser formal el testamento ológrafo o un testamento especial y la declaración de ser formalmente válido un testamento otorgado en país extranjero se tramitará siempre judicialmente, excepto en este último caso cuando se trate de un testamento público abierto otorgado ante miembro del servicio exterior mexicano en ejercicio de funciones notariales en los términos de la Ley del Servicio Exterior Mexicano y su Reglamento, cuyo testimonio tendrá plena validez sin necesidad de legalización. Cumplido lo anterior, podrá tramitarse la sucesión ante Notaria o Notario Público conforme a lo dispuesto en este Código Nacional.

Artículo 806. Las sucesiones testamentarias podrán tramitarse ante la o el Notario Público al que acudan las y los herederos, así como el albacea de común acuerdo, sin que, para este supuesto apliquen las disposiciones de competencia del presente Código Nacional.

El albacea, si lo hubiere, y las personas herederas comparecerán ante la Notaria o el Notario Público, exhibiendo el acta de defunción del autor de la herencia y, en su caso, la de matrimonio con sus respectivas capitulaciones si las hubiere, constancia o convenio que realicen concubinos, o convivientes en los términos de la legislación sustantiva de cada Entidad Federativa que contenga la disposición patrimonial aplicable, el testimonio del testamento o de su protocolización, según corresponda.

La Notaria o Notario Público procederá a recabar los informes respectivos ante el Archivo Judicial del Tribunal o Poder Judicial, en el Archivo General de Notarías, Registro Público de la Propiedad, Procurador Social, Director del Archivo de Instrumentos Públicos, Dirección de Notarías y Registros Públicos, Secretaría General de Gobierno o cualquier otra oficina que lleve a cabo dicha función en cada Entidad Federativa, siendo estas dependencias las encargadas de solicitar la información al Registro Nacional de Avisos de Testamento, sobre la existencia o inexistencia de alguna disposición testamentaria en su localidad.

Toda la información podrá ser recabada en formato impreso, o en medios electrónicos, ópticos o de cualquier otra tecnología, para constatar que el testamento exhibido es el único o último otorgado por el autor de la sucesión y hecho lo anterior los interesados se presentarán ante la Notaria o Notario Público para hacer constar que aceptan la herencia, legados en su caso, se reconocen recíprocamente sus derechos hereditarios, que quien fue designado albacea aceptó el cargo y, a su vez, va a proceder a formar el inventario de los bienes de la herencia.

En el mismo acto, la o el Notario Público, podrá hacer constar el repudio de herencia, así como la manifestación de no aceptación del cargo de albacea por aquellas personas que tuvieren dichos derechos.

La Notaria o Notario Público dará a conocer estas declaraciones por medio de dos publicaciones que se harán, de diez en diez días en un periódico de circulación Nacional y en el registro nacional correspondiente.

Artículo 807. Para la sucesión intestamentaria que pretenda tramitarse ante Notaria o Notario Público, deberá de observar la competencia y formalidades previstas en este Código Nacional. Comparecerán las personas interesadas, exhibiendo la copia certificada del acta de defunción del autor de la herencia, en su caso atestado de matrimonio y capitulaciones de acuerdo al régimen patrimonial que lo regule, constancia o convenio que realicen los concubinos o convivientes cuando se encuentre legalmente constituida su relación y contenga disposición expresa, de que el patrimonio que se adquiera será en partes iguales y las partidas del estado civil que justifiquen su entroncamiento con el autor de la sucesión, ofreciendo en compañía de dos testigos idóneos quienes darán su testimonio bajo protesta de decir verdad, la información testimonial respectiva para constatar que no existen otras personas con igual o mejor derecho a la herencia.

La Notaria o Notario Público procederá a recabar los informes correspondientes a que se refiere el artículo anterior, para constatar que no existe disposición testamentaria otorgada por el autor de la sucesión.

En el instrumento que al efecto se levante, y previa declaración de quienes acudan como testigos conforme se señala en el siguiente párrafo, las personas comparecientes se reconocerán recíprocamente su calidad de herederos y propondrán entre ellos al albacea, quien deberá comparecer a aceptar el cargo que se le confiere.

Adicionalmente los herederos y sus testigos declararán bajo protesta de decir verdad el último domicilio del finado; que no tienen conocimiento de la existencia de testamento alguno otorgado por el autor de la sucesión; que no tienen conocimiento de que se haya iniciado el trámite de la sucesión ni de la existencia de persona alguna diversa de ellos con derecho a heredar en el mismo o preferente grado.

La Notaria o Notario Público dará a conocer estas declaraciones por medio de dos publicaciones en la forma y con la periodicidad prevista en el artículo anterior.

Artículo 808. Practicado el inventario y avalúos por el albacea en cualesquiera de las sucesiones y estando conformes con él todos los herederos, lo presentarán a la Notaria o Notario Público para su protocolización acompañando los documentos que acrediten la propiedad o titularidad de los bienes inventariados.

Artículo 809. El proyecto de partición formado por el albacea, con la aprobación de los herederos, lo exhibirán ante la Notaria o Notario Público, quien elaborará la escritura de protocolización y la de adjudicación a su solicitud. Si el testador hubiere ordenado la partición, esta se deberá llevar a cabo en los términos dispuestos por él.

Siempre que haya oposición de algún aspirante a la herencia o de cualquier persona acreedora, la Notaria o Notario Público suspenderá su intervención y lo remitirá a la autoridad jurisdiccional ante quien se tramite la oposición.

Artículo 810. Para la titulación notarial de la adquisición por los legatarios instituidos en testamento público simplificado o testamento respecto de vivienda de interés social popular que hubiere sido otorgado en el mismo instrumento de adquisición o de conformidad con la legislación particular de cada Entidad Federativa, se observará lo siguiente:

I. Los legatarios o sus representantes, exhibirán ante la Notaria o Notario Público la copia certificada del acta de defunción del testador y testimonio del testamento público simplificado o testamento respecto de vivienda de interés social popular y solicitarán por escrito el inicio del procedimiento especial de adjudicación;

II. La Notaria o Notario Público dará a conocer, por medio de una publicación en un periódico de circulación nacional, que ante él se está tramitando la titulación notarial de la adquisición derivada del testamento público simplificado o testamento respecto de vivienda de interés social popular, el nombre de la o el testador y de los legatarios;

III. La Notaria o Notario Público solicitará al Archivo Judicial del Tribunal o Poder Judicial, así como el Archivo General de Notarías, Registro Público de la Propiedad, Procurador Social, Director del Archivo de Instrumentos Públicos, Dirección de Notarías y Registros Públicos, la Secretaría General de Gobierno o cualquier otra oficina que lleve a cabo dicha función en cada Entidad Federativa, quienes serán las dependencias encargadas de solicitar la información al Registro Nacional de Avisos de Testamento, de las constancias relativas a la existencia o inexistencia de testamento. En el caso de que el testamento público simplificado o testamento respecto de vivienda de interés social popular presentado sea el último otorgado, la Notaría Pública podrá continuar con los trámites relativos, pasados diez días posteriores a la publicación a que se refiere la fracción anterior.

Si hubiese oposición dentro de dicho plazo la o el notario suspenderá el trámite y remitirá el asunto a la autoridad jurisdiccional que se lo solicite;

IV. La Notaria o Notario Público redactará el instrumento en el que se relacionarán los documentos exhibidos, las constancias a que se refiere la fracción anterior, los demás documentos del caso, y la conformidad expresa de los legatarios en aceptar el legado. El testimonio que se expida se inscribirá en el Registro de la Propiedad, Oficina Registral o cualquier otra Institución análoga según la Entidad Federativa de que se trate. En su caso, se podrá hacer constar la repudiación expresa, y

V. En el instrumento a que se refiere la fracción anterior, los legatarios podrán otorgar, a su vez, un testamento público simplificado o testamento respecto de vivienda de interés social popular, cuando reúnan los requisitos del Código Civil de la Entidad Federativa respectiva.

TÍTULO SEGUNDO
DEL CONCURSO DE ACREEDORES

CAPÍTULO ÚNICO
DISPOSICIONES GENERALES

Artículo 811. Puede someterse a los procedimientos regulados en este Título la persona deudora no comerciante, que no pueda hacer frente a sus obligaciones líquidas y exigibles, siempre que no se encuentre en los supuestos que regula la Ley de Concursos Mercantiles y demás leyes especiales.

El procedimiento puede ser extrajudicial o judicial, asimismo, podrá ser necesario o voluntario. Es necesario, cuando un acreedor de plazo cumplido ha demandado y ejecutado a su deudor y no haya bienes bastantes para pagar o garantizar su crédito.

El procedimiento extrajudicial se tramitará ante un facilitador o conciliador certificado en los términos de la Ley de la materia, y sólo podrá iniciarse a solicitud por escrito de la persona deudora o de algún acreedor.

El procedimiento judicial se tramita ante autoridad jurisdiccional en materia civil, quien podrá solicitar el auxilio de un facilitador o conciliador público en lo que estime necesario, y puede iniciarse a solicitud de la persona deudora o acreedor.

Artículo 812. Salvo disposición expresa en contrario, los convenios suscritos en el procedimiento extrajudicial no admitirán recurso alguno, pero su ejecución será en la vía de apremio, donde previa su ejecución, la autoridad jurisdiccional de oficio o a instancia de cualquiera de las partes, hará una revisión del procedimiento extrajudicial, convenio y plan de pagos alcanzado, verificando que se ajuste a derecho.

La resolución final que contenga el plan de pagos emitida en el procedimiento judicial es apelable en el efecto devolutivo de conformidad con las disposiciones del presente Código Nacional.

Artículo 813. Las personas casadas por sociedad conyugal o en régimen similar pueden presentar solicitud conjunta o ser demandadas en forma conjunta. En su caso, se aprobará un solo convenio o, en su defecto, se dictará una sola sentencia que contendrá un solo plan de pagos.

Artículo 814. Son personas relacionadas con la persona deudora o acreedora y no podrán desempeñarse como facilitadores o conciliadores en los procedimientos previstos en el presente Título, las siguientes:

I. En el caso de deudores personas físicas no comerciantes: su cónyuge, concubina o concubino, parientes consanguíneos o por afinidad, sus garantes, personas con quienes el deudor o quienes se mencionan en esta fracción, tengan algún vínculo de amistad, trabajo o de alguna otra naturaleza que pueda generar un conflicto de interés, o cualquier persona moral de la que sean socios o en la que tengan poder decisorio en forma directa o indirecta quienes se mencionan en esta fracción, y

II. En el caso de deudores personas morales de naturaleza civil no comerciantes: sus socios, cualquier miembro de sus órganos de administración, quienes tengan poder decisorio o por cualquier otra persona que tenga facultades de decisión en dichas personas morales.

Artículo 815. El facilitador o conciliador será el encargado del procedimiento extrajudicial y será auxiliar de la autoridad jurisdiccional en el proceso judicial cuando así se ordene.

Sus funciones en el procedimiento extrajudicial serán integrar la lista de créditos, verificar los pagos efectuados y comprobados por la persona deudora, y auxiliar el acuerdo entre las partes para la firma de un convenio con un plan de pagos, y en su caso, hacer propuestas de reestructuración de adeudos, que en el supuesto de personas morales de naturaleza civil no comerciante podría llegar hasta proponer su reorganización económica, si la Asamblea General de Socios así lo decide.

Iniciado el procedimiento extrajudicial, los acuerdos privados entre acreedores o entre cualquier acreedor y la persona deudora que participen del mismo, son nulos.

Artículo 816. A lo largo del procedimiento la persona deudora está obligada a proporcionar al facilitador o conciliador y a la autoridad jurisdiccional, toda la información que le sea requerida. La parte acreedora deberá entregar toda la información de sus créditos y manifestar claramente desde un inicio su postura, para que el facilitador o conciliador o autoridad jurisdiccional cuenten con los elementos necesarios a fin de que las partes lleguen a un acuerdo y plan de pagos.

Si el facilitador o conciliador es privado deberá de estar certificado y la persona deudora podrá elegirlo al inicio del procedimiento, siempre que no sea una persona relacionada en términos del artículo 814 del presente Código Nacional y este se encargará de su trámite si la mayoría simple de personas acreedoras presentes así lo ratifican.

Si el procedimiento extrajudicial lo inician los acreedores ante un facilitador o conciliador privado, este deberá ser certificado y ellos serán quienes lo designen por mayoría simple de votos de las personas acreedoras presentes en la primera convocatoria. En los procesos judiciales se dará preferencia a los facilitadores o conciliadores públicos; quienes deberán estar igualmente certificados en los términos de la ley de la materia.

Si no hay oposición de alguna de las partes, quien haya actuado como facilitador o conciliador en el procedimiento extrajudicial podrá continuar actuando en el proceso judicial. En caso de oposición la autoridad jurisdiccional lo designará y contra dicha resolución no procede recurso alguno.

Artículo 817. Los créditos insolutos se deberán demostrar con pruebas documentales. Los archivos electrónicos se considerarán documentos y no se les negarán efectos jurídicos por ese sólo hecho. Sólo en el procedimiento judicial los documentos exhibidos, podrán ser objetados e impugnados de falsos conforme a las disposiciones de este Código Nacional.

Las personas relacionadas que se presenten como acreedoras al procedimiento deberán en todo caso exhibir los documentos originales de sus créditos. Las partes tendrán derecho de prueba para controvertir tales documentos en los términos previstos en el presente Código Nacional.

Las acciones promovidas por los acreedores, así como los juicios seguidos contra de la persona deudora, que se encuentren en trámite al iniciarse el procedimiento extrajudicial, no se acumularán al mismo. Una vez iniciado el procedimiento extrajudicial, los acreedores podrán solicitar en forma legal la suspensión de aquellos procedimientos judiciales que estén pendientes de resolución definitiva, los que serán de inmediato enviados para su resguardo al Archivo Judicial sin que se contabilice el plazo para la caducidad y con el objeto de no proseguir con el mismo.

Alcanzado un acuerdo en el procedimiento extrajudicial, una vez cumplido el convenio y plan de pago, las partes estarán obligadas a desistirse de sus acciones contra el deudor dentro de un plazo no mayor a diez días de dicho cumplimiento.

Artículo 818. Las partes podrán convenir de manera conjunta, previo al procedimiento extrajudicial, los honorarios con su facilitador o conciliador y serán cubiertos de manera independiente al concurso civil, los cuales deberán ajustarse al arancel que se establezca en cada Entidad Federativa.

Artículo 819. Los procedimientos regulados en este Título, se regirán bajo las disposiciones previstas para concurrencia y prelación de créditos prevenidos en la legislación civil correspondiente; en caso de ausencia o para efecto del plan de pagos, con independencia a cualquier otro acreedor siempre serán preferidos los acreedores alimentarios, los acreedores laborales conforme al apartado A del artículo 123 de la Constitución Política de los Estados Unidos Mexicanos, así como los gastos de enfermedad en su caso, a quienes se pagará en primer lugar mes a mes o con la periodicidad que corresponda al tipo de obligación contraída hasta por el monto que en derecho proceda. La persona deudora podrá conservar el mínimo vital, para sí y para el de sus dependientes económicos.

En su caso, se considerará a los acreedores con créditos garantizados debidamente constituidos conforme a la ley con prenda o hipoteca sobre bienes de la persona deudora, quienes sujeto a lo establecido en este Título podrán conservar el contrato y reajustar su forma de pago, o bien, cobrarse con el valor de su garantía conforme al valor de mercado y con posterioridad al cobro de los acreedores preferentes.

Los acreedores comunes son todos aquellos que no están considerados en los párrafos anteriores, quienes cobrarán a prorrata, sin distinción de fechas y conforme al plan de pagos que en su caso se apruebe.

SECCIÓN PRIMERA
DEL PROCEDIMIENTO EXTRAJUDICIAL

Artículo 820. El procedimiento extrajudicial inicia en la fecha en la que la persona deudora entregue bajo protesta de decir verdad al facilitador o conciliador el formato único universal con toda la información precisada en el artículo 833 del presente Código Nacional, acompañado de su reporte especial de crédito emitido por una sociedad de información crediticia con no más de treinta días de antigüedad.

El facilitador o conciliador podrá ayudar a la persona deudora en el llenado del formato y la preparación de los documentos. En el transcurso del procedimiento, el facilitador o conciliador podrá solicitar a las partes la entrega de información o documentos adicionales, según sea el caso, para el mejor entendimiento del estado económico del concursado.

Artículo 821. El facilitador o conciliador notificará a cada uno de los acreedores de la solicitud presentada por la persona deudora dentro de los tres días hábiles siguientes por correo certificado, en el entendido de que en todo caso deberá contar con un acuse de recibo de la notificación. Además, se hará una publicación en el Boletín Concursal Nacional o medio de comunicación aplicable, a efecto de convocar a las personas acreedoras.

La notificación deberá acompañarse de la información presentada por la persona deudora, con el objeto de que en la primera reunión el facilitador o conciliador presente una lista de créditos con el fin de establecer un mecanismo de conciliación sobre el estado de adeudos entre las partes, y deberá precisar lo siguiente:

I. Lugar, fecha y hora de la primera reunión que deberá realizarse dentro de los siguientes veinticinco días y en la que deberá estar presente la persona deudora;

II. Nombre y domicilio de la persona deudora, así como del facilitador o conciliador;

III. El monto líquido probable de las obligaciones pecuniarias que la persona deudora sostenga se le deben a dicho acreedor, y

IV. El probable grado de prelación atribuido a su crédito, así como solicitarle exhiba los documentos justificativos de su crédito agregando un cálculo del saldo insoluto dentro de los diez días hábiles siguientes a la fecha de la notificación en el domicilio del facilitador o conciliador.

Para el caso de inasistencia sin causa justificada de la persona deudora en la primera reunión o subsecuentes, se dará por terminado el procedimiento extrajudicial.

Si las partes lo convienen desde la primera reunión, se podrá suspender la generación de intereses ordinarios y moratorios sobre la suerte principal, y en su caso, acordar que los acreedores se abstengan de hacer requerimientos judiciales de pago, de ejecución o requerimiento de la posesión de sus bienes o de dar por terminados los contratos que tengan entre ellos celebrados y puedan agravar la situación de la persona deudora.

Artículo 822. El facilitador elaborará la lista de créditos que sea compatible para personas deudoras no comerciantes, considerando todas las obligaciones pecuniarias del deudor aun cuando la determinación de algunos adeudos se encuentre reservada a otra autoridad, en el entendido de que estos últimos no podrán ser objeto de negociación en el procedimiento de concurso.

La lista de créditos deberá contener al menos lo siguiente:

I. El nombre, domicilio y correo electrónico de la persona deudora y de cada acreedor, y

II. La conciliación del saldo insoluto principal adeudado a cada acreedor más los intereses devengados hasta la fecha de presentación de la solicitud, especificando la prelación atribuida a cada crédito y sus garantías, misma que será explicada en la primera reunión con la finalidad de alcanzar acuerdo entre las partes.

En el caso de créditos garantizados deberá especificarse el valor de la garantía. Para dichos efectos el acreedor garantizado deberá presentar un avalúo de institución de crédito o una opinión de perito valuador, en este último caso la persona deudora también tendrá derecho a que se escuche a un experto nombrado de su parte.

Si algún acreedor no está de acuerdo con el monto y grado de prelación atribuido a su crédito en la lista de créditos propuesta por el facilitador o conciliador, tendrá expedito su derecho para hacerlo valer ante la autoridad jurisdiccional en la vía y forma que sea procedente, en cuyo caso, se dará por terminado el procedimiento extrajudicial.

Artículo 823. El convenio extrajudicial debe contener un plan de pagos que no excederá de tres años, con excepción del pago de créditos con garantía real en los que se observarán las reglas previstas en los Códigos Civiles respectivos, en relación con la concurrencia y prelación de créditos, salvo pacto en contrario, en el que los acreedores manifiesten su voluntad de acogerse a los beneficios del presente procedimiento. En el convenio se deberá determinar lo siguiente, según corresponda:

I. El reconocimiento de adeudo, pagos efectuados con anterioridad y monto que debe retener la persona deudora para satisfacer sus necesidades básicas y las de sus dependientes económicos, garantizando los alimentos de ellos;

II. Los montos y forma de pago de los acreedores preferentes y demás acreedores;

III. La continuación o terminación con consentimiento del acreedor del contrato sobre la vivienda de la persona deudora y su familia;

IV. Un plan de pagos en el que se detallará como se aplicarán los montos de los ingresos que la persona deudora se obliga a pagar a sus acreedores, con los montos, fechas y formas de pago;

V. Una lista de los bienes que se destinarán al pago de acreedores y que no sean necesarios para la subsistencia y trabajo de la persona deudora, en su caso, al valor más alto que les fue atribuido por corredor público o casa de comercio que se dedique a la venta de esos bienes, su posible adjudicación a favor de los acreedores como forma de pago o bien, el procedimiento para su venta extrajudicial de forma consensuada por las partes;

VI. Modificaciones a los plazos, amortizaciones o intereses de los créditos a cargo de la persona deudora sin que constituyan usura. Si la persona deudora es una persona moral de naturaleza civil, el convenio establecerá las modificaciones consensuadas entre las partes que deben hacerse a los créditos y garantías a su cargo, así como las modificaciones que sean necesarias para que la persona moral siga operando, siempre y cuando sea viable su operación;

VII. Las quitas o reducciones en los pagos, a cargo de la persona deudora y consentidas por el acreedor, y

VIII. Reservas para el pago derivado de los adeudos de procedimientos judiciales que se estén siguiendo en contra la persona deudora o en los que se haya dictado sentencia definitiva.

El plan de pagos y el convenio deberán elaborarse atendiendo a la capacidad del pago de la persona deudora. El facilitador o conciliador será responsable de los daños y perjuicios que se ocasionen a las partes por su culpa o negligencia.

Artículo 824. El convenio deberá establecer que la persona deudora tome un curso de educación financiera impartido por institución pública. Los acreedores garantizados sólo serán tomados en cuenta en la votación del convenio si desean suscribirlo, en caso contrario, podrán ejercer sus derechos en la vía procedente.

El facilitador o conciliador procurará que el convenio represente un instrumento que beneficie a los acreedores en una recuperación rápida, eficiente y equitativa, y se constituya en una herramienta que dignifique a la persona deudora.

Artículo 825. Las obligaciones pecuniarias deducidas por concepto de alimentos decretadas judicialmente no pueden ser materia en el concurso civil, en cuyo caso, el facilitador o conciliador sólo podrá tomar nota de esas obligaciones para efectos del convenio.

El convenio alcanzado en este procedimiento de concurso sólo vincula a los celebrantes.

Artículo 826. El facilitador o conciliador tendrá un plazo máximo de dos meses contados a partir de la fecha de inicio del procedimiento para tener la lista definitiva de créditos y obtener la aprobación del convenio que dé por terminado el procedimiento.

El facilitador o conciliador podrá hacer modificaciones a la propuesta de convenio presentada por la persona deudora o acreedor, y podrá presentar propuestas alternativas, que concilien los intereses de las partes, debiendo para ello explicarles exhaustivamente las mismas.

Tendrá libertad para comunicarse en forma directa con todas y cada una de las partes, ya sea en forma verbal o escrita, e incluso en forma electrónica, y podrá reunirse o tener comunicaciones en forma individual con cada uno de los acreedores o en forma conjunta, según lo considere más adecuado para el avance de las negociaciones, debiendo resolver todas las deudas de que conozca en un solo convenio y plan de pagos.

Los acreedores que hayan comparecido al procedimiento extrajudicial y no hayan consentido la propuesta de convenio no les será vinculante, por lo que podrán ejercer sus derechos en la vía y forma que estimen procedente.

Artículo 827. El facilitador o conciliador deberá notificar a las sociedades de información crediticia respecto de la celebración del convenio por parte de la persona deudora y acreedores, así como la fecha de terminación del plan de pagos convenido. Además, en el caso que la deudora sea una persona moral de naturaleza civil, el convenio deberá inscribirse en Registro Público de la Propiedad u organismo equivalente, en el folio de la persona moral de que se trate. Dicho aviso en ningún caso puede constituir un acto de discriminación a la persona deudora.

Artículo 828. El convenio celebrado ante un facilitador o conciliador certificado en caso de incumplimiento trae aparejada ejecución para su exigibilidad en la vía de apremio.

Las materias siguientes no serán objeto de negociación en el convenio, sin embargo, el facilitador o conciliador deberá tomar nota de esas obligaciones en el plan de pagos:

I. Alimentos decretados judicialmente, que son de exclusivo conocimiento de autoridad jurisdiccional;

II. Responsabilidad civil decretada en sentencia firme proveniente de delitos o de actos dolosos o de mala fe, y

III. Aquellos casos que conforme a la Ley no sean materia disponible.

Durante el plazo de cumplimiento del convenio, permanecerá la suspensión de los procedimientos y actos de ejecución sobre los bienes de la persona deudora entre aquellos que se sujetaron al convenio respectivo y la generación de intereses sólo operará en los términos establecidos en el convenio de conformidad con lo establecido en el artículo 821.

Cuando las sociedades de información crediticia no reciban un aviso de incumplimiento del convenio, deberán tenerlo por cumplido al término del plazo establecido realizando la cancelación correspondiente, salvo prueba en contrario.

Artículo 829. No podrán suspenderse los servicios de agua, luz, internet ni de ningún otro servicio básico que atente contra la dignidad humana, en la vivienda de la persona deudora. La persona deudora tendrá prohibido gravar, enajenar o disponer de cualquier forma de sus bienes, salvo autorización judicial.

Artículo 830. El procedimiento extrajudicial tendrá una duración que no excederá de dos meses a partir de la fecha de presentación del formato único universal. Si alguna de las partes inicia el proceso judicial de concurso después de haber sido parte de un procedimiento extrajudicial, el facilitador o conciliador estará obligado a remitir toda la información que haya sido materia del procedimiento extrajudicial a la autoridad jurisdiccional.

Para efecto de lo dispuesto en el párrafo anterior, el facilitador o conciliador remitirá la lista de créditos, la propuesta de convenio, todos los documentos exhibidos por las partes en el procedimiento extrajudicial, y en su caso, las actas de las reuniones respectivas celebradas de forma extrajudicial entre las partes y el facilitador o conciliador.

Artículo 831. De alcanzarse un convenio y durante la vigencia del plan de pagos la persona deudora recibiere bienes o ingresos adicionales a los que fueron considerados para el plan de pagos o anticipa que no le será posible cumplir con los términos establecidos en el plan de pagos, la persona deudora o cualquier acreedor, podrán solicitar de manera preferente al facilitador o conciliador la modificación del convenio y del plan de pagos, aportando las pruebas correspondientes. El facilitador o conciliador deberá notificarlo a todas las partes que fueron obligadas por el convenio, y tendrá un plazo máximo de treinta días naturales contados a partir que haya sido recibida la última notificación para evaluar las pruebas y lograr un acuerdo adicional entre las partes, para la modificación del convenio original.

La modificación del convenio deberá mantener la vigencia establecida en el convenio original.

En caso de no lograrse un nuevo acuerdo en el plazo señalado, el facilitador o conciliador dejará expedito a las partes su derecho para que lo hagan valer en la vía y forma correspondiente.

Artículo 832. Si la persona deudora cumple el convenio, quedarán extinguidas sus obligaciones en los términos estipulados en el mismo; pero si dejare de cumplirlo en todo o en parte, su exigibilidad se hará en la vía de apremio y se podrá iniciar el concurso necesario.

SECCIÓN SEGUNDA
DEL PROCESO JUDICIAL DE CONCURSO CIVIL

Artículo 833. Para iniciar el proceso judicial, la persona deudora debe presentar en la oficialía de partes o en la vía electrónica la solicitud de concurso a través del formato único concursal que deberá contener además de la firma, todos los datos requeridos en éste. Dicho formato podrá ser descargado de la página de internet del Poder Judicial de la Entidad Federativa en que se inicie el proceso. La persona deudora en su escrito deberá expresar los motivos que lo obligan a iniciar el procedimiento.

Mediante la presentación del formato, la persona deudora declarará bajo protesta de decir verdad que todos los datos señalados son ciertos, con el apercibimiento que si incurre en falsedad se hará acreedor a las sanciones civiles, penales o administrativas que correspondan.

El formato deberá contener la información y anexos siguientes:

I. Nombre, domicilio para oír y recibir notificaciones, correo electrónico, a fin de que las notificaciones subsecuentes se le realicen por vía electrónica, así como identificación y datos de localización de cualquier persona con titularidad sobre los bienes de la persona deudora para que pueda deducir sus derechos;

II. El nombre, domicilio y correo electrónico de los acreedores. Asimismo, nombre y domicilio de los deudores del concursado y manifestar si existen juicios pendientes o en trámite en contra de dichos deudores del concursado, como proporcionando los datos necesarios para su identificación;

III. La persona deudora hará la solicitud a la autoridad jurisdiccional para que requiera al Centro de Justicia Alternativa del Poder Judicial de la Entidad Federativa que corresponda, designe una persona facilitadora o conciliador adscrito. Si la persona deudora o cualquiera de los acreedores no están de acuerdo con dicha designación, por encontrarse en alguno de los supuestos del artículo 814 del presente Código Nacional, la autoridad jurisdiccional designará al síndico provisional, quien se encargará de las funciones que correspondan;

IV. Identificación de todo tipo de procedimientos contra la persona deudora;

V. Montos que se estiman adeudados del principal e intereses a la fecha de presentación de la solicitud, con su prelación y en su caso, si tienen constituidas garantías, deberá exhibir las pruebas que así lo demuestren y manifestar el origen de cada deuda;

VI. Enlistado de bienes susceptibles de embargo propiedad de la persona deudora. Si tiene inmuebles, debe acompañar un certificado de gravámenes y un avalúo;

VII. Propuesta de un plan de pagos a sus acreedores, y

VIII. La persona deudora exhibirá un reporte de crédito especial emitido por una sociedad de información crediticia con los nombres y domicilios de sus acreedores, con no más de un mes de antigüedad.

Artículo 834. En los casos en los que resulte que la deudora es persona física, además deberá incluir:

I. Una copia de su identificación oficial;

II. El monto promedio mensual de sus ingresos ordinarios y extraordinarios, que acredite razonablemente mediante comprobantes, y a falta de estos, deberá expresarlos y señalarlos bajo protesta de decir verdad, con el apercibimiento de ley;

III. Nombres y edades de dependientes económicos comprobando el vínculo;

IV. Lista de gastos mensuales, con sus comprobantes, y a falta de alguno de ellos, que lo señale bajo protesta de decir verdad, con el apercibimiento de ley, y

V. La resolución provisional o definitiva o convenio que ordene el pago de pensión alimenticia, en su caso.

La persona deudora podrá acompañar un avalúo o una opinión de experto, sobre el valor de los bienes enlistados que puedan ser comercializados.

Artículo 835. En caso de personas físicas, la persona deudora deberá consignar a la autoridad jurisdiccional, el excedente de sus gastos necesarios de vida y de su familia para demostrar su voluntad de pago. A partir de la presentación de la solicitud, la persona deudora deberá consignar en billete de depósito el excedente de sus gastos necesarios a la autoridad jurisdiccional cada mes, salvo que la autoridad jurisdiccional establezca un plazo distinto.

Artículo 836. Cuando la deudora es persona jurídica de naturaleza civil, además deberá exhibir:

I. El Registro Federal de Contribuyentes junto con un balance que muestre su activo, pasivo y capital al mes anterior a la fecha de presentación de su solicitud de concurso;

II. Copia de su escritura constitutiva inscrita en el Registro Público de la Propiedad y del Comercio, en su caso;

III. Copia de sus estatutos vigentes, en caso de que haya habido modificaciones;

IV. Certificación de las hojas de sus libros o equivalente, que identifique a sus socios y miembros integrantes del órgano de administración. En caso de no contar con libros, una certificación del órgano de administración con esa información;

V. Resolución de la asamblea general de socios de la persona deudora o equivalente, en el sentido de iniciar el procedimiento, y

VI. La persona deudora deberá acompañar un avalúo o una opinión de experto sobre el valor de los bienes muebles e inmuebles enlistados que puedan ser comercializados.

Artículo 837. La demanda de concurso civil deberá especificar lo siguiente:

I. Autoridad jurisdiccional ante la cual se promueve;

II. Nombre, domicilio para oír y recibir notificaciones y correo electrónico del acreedor o deudor según sea el caso;

III. En su caso, solicitud para que las notificaciones subsecuentes se le realicen en la vía electrónica;

IV. Declaración de obligarse a dar aviso a la autoridad jurisdiccional dentro los tres días hábiles siguientes, respecto de cualquier pago que reciba de algún garante, avalista o coobligado de la persona deudora o acreedora según sea el caso;

V. Nombre y domicilio de la persona deudora;

VI. Fecha de suscripción, de vencimiento y monto total de su o sus créditos, tasa de interés aplicable y saldo principal no pagado e intereses a la fecha de presentación de la demanda, junto con los documentos que así lo justifiquen;

VII. Posible grado y prelación de su o sus créditos en concordancia con lo previsto en el Código Civil respectivo y salvedades contenidas en el presente Título, precisando si tiene garantías, y en su caso, especificando el valor de las mismas, lo cual debe acreditar agregando una valuación de institución de crédito o la opinión de experto, con no más de tres meses de antigüedad;

VIII. Hechos y fundamentos de derecho, así como las probanzas que tenga a su disposición, las que deberán de sujetarse a las reglas previstas en el presente Código Nacional;

IX. Datos de identificación de los juicios o procedimientos iniciados en contra de la persona deudora por el acreedor demandante, y

X. Los demás documentos o pruebas que acrediten la existencia del o los créditos. En su caso debe adjuntarse una relación que desglose los cargos y pagos realizados hasta ese momento por la persona deudora.

El acreedor podrá solicitar las medidas cautelares que resulten necesarias para preservar la finalidad del procedimiento de conformidad con las reglas previstas en el presente Código Nacional.

Artículo 838. Si la demanda o solicitud fuera oscura o irregular, y no cumpliera con alguno de los requisitos a que se refiere el presente Título, la autoridad jurisdiccional dentro del término de tres días señalará en qué consisten los defectos de la misma, en el proveído que al efecto se dicte. El solicitante deberá cumplir con la prevención en un plazo máximo de tres días contados a partir del día siguiente a aquél en que haya surtido efectos la notificación por boletín judicial, y de no hacerlo o transcurrido el término, la autoridad jurisdiccional la desechará y devolverá al interesado todos los documentos originales que se hayan exhibido. Contra la anterior determinación procede el recurso de queja.

No será motivo de desechamiento o prevención el hecho de no exhibir con la solicitud estados financieros o contabilidad del deudor persona física.

Artículo 839. Subsanada la prevención hecha al acreedor, se admitirá la demanda.

Admitida la demanda y emplazada la persona deudora, ésta podrá oponerse al concurso necesario, y en su caso, a las medidas cautelares, dentro de los quince días hábiles siguientes al emplazamiento, probando que está en cumplimiento o cumplió sus obligaciones y que ha realizado el pago puntual a los acreedores demandantes. La persona demandada podrá oponer las excepciones y defensas que estime pertinentes, con las que se dará vista por tres días al o los acreedores demandantes. Desahogada o no la vista la autoridad señalará fecha para celebrar audiencia preliminar dentro del término de quince días siguientes, en la que únicamente se resolverá lo referente a la depuración del procedimiento, así como fijación de hechos no controvertidos y acuerdos probatorios, siguiendo para el efecto las formalidades previstas en el presente Código Nacional.

Artículo 840. Subsanada la prevención ordenada a la persona deudora, en su caso, la autoridad jurisdiccional dictará el auto de admisión de la solicitud de concurso, o la resolución que lo tiene por presentado conforme al artículo anterior, en el que declarará la apertura del procedimiento y ordenará lo siguiente:

I. Notificar el inicio del procedimiento a todas las sociedades de información crediticia y solicitarles un reporte de crédito especial de la persona deudora, con los nombres y domicilios de sus acreedores al momento de la emisión del reporte;

II. Notificar a la persona deudora la formación de su concurso sea necesario o voluntario;

III. Notificar la formación del concurso a los acreedores personalmente o por correo certificado en el domicilio señalado en el reporte especial de crédito; y, cuando el domicilio del acreedor no esté señalado en dicho reporte, será en el domicilio señalado por la persona deudora y de no existir el domicilio o no encontrarse la persona acreedora en el mismo se ordenará la búsqueda a través de los medios que establece el presente Código Nacional.

Con la notificación se permitirá el acceso electrónico al formato único concursal y a la propuesta del plan de pagos realizada por la persona deudora, y en caso de no ser posible, se les correrá traslado con la información;

IV. Publicar el auto de apertura del procedimiento concursal en el medio de comunicación procesal oficial, por tres días hábiles consecutivos, contados a partir del día hábil siguiente a la fecha en que se dicte dicho auto. Las publicaciones en relación a los procedimientos regulados en este Capítulo serán gratuitas para el deudor;

V. Notificar electrónicamente al Centro de Justicia Alternativa de la Entidad Federativa que corresponda el inicio del proceso concursal a efecto que designe al facilitador o conciliador;

VI. La prohibición a la persona deudora de enajenar o gravar sus bienes, salvo con autorización judicial;

VII. Designar a la persona deudora como depositario judicial de todos sus bienes a la fecha de presentación del formato único concursal;

VIII. Señalará un término de quince días hábiles, contados a partir de que cause estado su notificación, para que los acreedores presenten los documentos justificativos de sus créditos y sus objeciones respecto de la información exhibida por la persona deudora, acompañadas de las pruebas que acrediten su dicho, apercibidas que, de no hacerlo, precluirá su derecho;

IX. Notificar a las autoridades jurisdiccionales ante quienes se tramiten juicios en contra de la persona deudora, del inicio del procedimiento concursal civil a efecto que informen a la autoridad jurisdiccional del concurso sobre el alcance y monto objeto del litigio para que sea tomado en cuenta en el procedimiento, así como en su caso, exhibir copia certificada de la sentencia y auto que la declare firme y que condene al pago de una cantidad líquida y exigible en contra de la persona deudora. El presente procedimiento no puede afectar los derechos de las niñas, niños o adolescentes en lo particular y los derechos de familia en lo general;

X. Notificar a los deudores conocidos la prohibición de hacer pagos o entregar efectos al concursado, bajo el apercibimiento de doble pago, debiendo consignar esos pagos a la autoridad jurisdiccional que conozca del concurso;

XI. Ordenar inscribir el auto de inicio del proceso concursal en los Registros Públicos que correspondan a los bienes de la persona deudora o cuando sea una persona jurídica colectiva de naturaleza civil o existan bienes inmuebles en su patrimonio, ordenando los exhortos, que resulten necesarios;

XII. Señalar la fecha de retroacción;

XIII. Tener por vencidas a la fecha de presentación de la solicitud o demanda todas las obligaciones de la persona deudora para poder determinar su cuantía durante el procedimiento;

XIV. Interrumpir el cómputo de la prescripción negativa respecto de todos los adeudos, y

XV. Se tendrán por no puestos los pactos que limiten o impidan el procedimiento concursal, o que iniciado el mismo agraven las obligaciones de la persona deudora en perjuicio de los acreedores.

Artículo 841. La autoridad jurisdiccional podrá ordenar las medidas de protección al patrimonio, descritas en el artículo 828 del presente Código Nacional, las cuales dejarán de surtir efectos si la solicitud o demanda es desechada, o en la fecha que ocurra antes de:

I. La aprobación del convenio entre la persona deudora y sus acreedores por la autoridad jurisdiccional o la emisión de una sentencia con un plan de pagos;

II. Un plazo de tres meses contados a partir de la notificación al último acreedor del auto referido en este artículo, y

III. Un plazo de tres meses contados a partir de la publicación a que se refiere la fracción IV del artículo 840.

Artículo 842. Por efecto de la notificación a que se refiere la fracción V del artículo 840, el Centro de Justicia Alternativa deberá designar al facilitador o conciliador y notificar a la autoridad jurisdiccional y al facilitador o conciliador sobre su designación.

Artículo 843. En caso de que el concursado no colabore o interfiera negativamente en el proceso concursal, se designará a un síndico provisional, quien tomará posesión y administración de los bienes, libros, valores y documentos del concursado de forma inmediata, debiendo llevar la contabilidad del concursado. En su caso, el síndico o depositario diverso a la persona deudora deberá otorgar garantía dentro de los siguientes diez días de aceptación del cargo.

Artículo 844. No se acumulan al concurso civil los juicios que estén pendientes de resolución ni los casos siguientes:

I. Los juicios de alimentos;

II. Los deducidos por trabajadores;

III. Los hipotecarios;

IV. Los que procedan de créditos prendarios;

V. Los que no sean acumulables, por disposición de la ley, y

VI. Los demás que se hubieren fallado en primera instancia, mismos que se acumularán una vez que se decidan definitivamente.

Artículo 845. El facilitador o conciliador designado para intervenir en el proceso judicial de concurso civil deberá aceptar su cargo ante la autoridad jurisdiccional dentro de los tres días hábiles siguientes a su designación.

El facilitador o conciliador deberá realizar lo necesario para que, en un plazo máximo de tres meses, contados a partir de la notificación al último acreedor del auto de apertura del procedimiento, se pueda conformar la lista definitiva de créditos, el convenio y plan de pagos en los términos precisados en el artículo 823 del presente Código Nacional debidamente aprobado por los acreedores. En el procedimiento concursal judicial el facilitador o conciliador realizará sus funciones de acuerdo con lo establecido en este Capítulo, siendo responsable de los daños y perjuicios que se produzca a cualquiera de las partes por su culpa o negligencia.

El convenio requerirá la aprobación de los acreedores que representen la mitad más uno y que sus créditos representen por lo menos las tres quintas partes del pasivo reconocido a acreedores comunes y de aquellos acreedores garantizados que suscriban el convenio.

Hecho lo anterior, se pondrá a consideración de la autoridad jurisdiccional el convenio para que en un plazo máximo de ocho días hábiles proceda a su revisión y eventual aprobación, plazo durante el cual se continuarán las medidas protectoras del patrimonio que hayan sido dictadas por la autoridad judicial.

Artículo 846. Si transcurrido el plazo de los tres meses referido en el artículo anterior, no se tiene una lista definitiva de créditos o no se ha aprobado un convenio con plan de pagos, el facilitador o conciliador deberá entregar de inmediato a la autoridad jurisdiccional:

I. Si el concursado es persona física, el formato único universal y en su caso, el enlistado actualizado de los bienes y adeudos del concursado. Si es persona jurídica, de manera adicional al formato único universal, deberá presentar un balance y un inventario actualizados de los bienes del concursado;

II. Todos los documentos que las partes le hubieren entregado, incluyendo propuestas de convenio o plan de pagos, y

III. Las demás que se le requiera de conformidad con el presente Capítulo y las que estime la autoridad jurisdiccional.

De igual manera, la autoridad jurisdiccional convocará a las partes a una audiencia para escuchar lo que a su derecho convenga en relación al convenio y plan de pagos, que se efectuará dentro de los quince días siguientes a la conclusión del plazo de tres meses al que se refiere el artículo anterior, la que tendrá lugar con independencia del número de acreedores que se presenten.

Verificada la audiencia de conformidad con lo dispuesto en el presente Código Nacional, se dictará resolución dentro de los diez días siguientes.

Artículo 847. La sentencia definitiva, además de cumplir con los requisitos de ley, deberá resolver:

I. El plan de pagos en los términos establecidos en el artículo 823;

II. Los bienes susceptibles de enajenación;

III. El monto que podrá conservar la persona deudora para cubrir los gastos necesarios para su subsistencia y la de sus dependientes económicos, y

IV. Las consideraciones aplicables, bajo la perspectiva de derechos humanos, sobre la declaratoria de concurso de la persona deudora y la imposibilidad de pago de sus deudas existentes al inicio del procedimiento.

Una vez que la persona deudora cumpla con lo establecido en la sentencia, se tendrán por extinguidas sus obligaciones existentes al inicio del procedimiento.

Artículo 848. La autoridad jurisdiccional deberá notificar a las sociedades de información crediticia respecto de la celebración del convenio o la emisión de la sentencia, adjuntado una copia certificada, y ordenará la inscripción del convenio o de la sentencia en los registros públicos en que proceda.

Artículo 849. La junta de acreedores se desarrollará como sigue:

I. El síndico exhibirá el formato único universal, en su caso, el balance actual y un inventario de los bienes;

II. Se examinarán los créditos de los acreedores;

III. El síndico formulará un proyecto de clasificación de los créditos;

IV. Los créditos podrán ser objetados por el síndico, por el concursado o por cualquier acreedor, y

V. Terminado el reconocimiento y graduación, los acreedores, por mayoría de créditos y de personas asistentes designarán síndico definitivo o en su defecto lo hará la autoridad jurisdiccional.

El síndico tendrá los mismos impedimentos respecto del concursado y de la autoridad jurisdiccional que los que tienen las personas tutoras que administren bienes. El síndico será removido, mediante incidente, si deja de cumplir con alguna de sus funciones.

Artículo 850. Sólo serán apelables las resoluciones que desechen la solicitud y contra la sentencia definitiva. Contra la resolución judicial que desecha la solicitud de concurso civil procede el recurso de queja. Contra la sentencia definitiva procede el recurso de apelación en ambos efectos.

Artículo 851. Para el supuesto que la persona deudora deba entrar en liquidación y, eventualmente, al remate de los bienes, las funciones del síndico serán:

I. Tomar posesión del patrimonio y de los demás bienes del concursado, con excepción de los necesario para la subsistencia de la persona deudora y sus dependientes económicos;

II. Redactar el inventario;

III. Formular el balance en caso de que el concursado sea una persona moral, y de ser necesario, rectificarlo, o aprobarlo en su caso;

IV. Recibir y examinar los libros y documentos del patrimonio del concursado;

V. Depositar los valores para su resguardo y conservación;

VI. Rendir a la autoridad jurisdiccional un informe del estado del patrimonio;

VII. Llevar a cabo las acciones necesarias para el avalúo de los bienes;

VIII. Llevar la contabilidad, y

IX. Ejercitar y continuar todos los derechos, acciones y excepciones que correspondan al concursado, con relación a sus bienes.

La liquidación del patrimonio de la persona deudora debe seguir las reglas de la ejecución de la sentencia, trance y remate de bienes que previene el presente Código Nacional.

Cuando no haya plazo específico para el cumplimiento de las obligaciones del síndico, lo será de diez días.

Artículo 852. Podrá constituir causa de anulación total o parcial del plan de pagos si en el transcurso de cualquiera de los procedimientos regulados en este Capítulo la persona deudora incurre en actos tendientes a retrasar u obstaculizar los objetivos del procedimiento, o en alguna de las conductas siguientes:

I. Proporcionar información falsa, inexacta u omitir información;

II. Ocultar sus bienes o ingresos u ocasionar su insolvencia poniendo sus bienes a nombre de personas relacionadas o se abstiene de distribuir el excedente a sus acreedores;

III. Abstenerse intencionalmente de conseguir un empleo o de generar ingresos;

IV. Celebrar actos jurídicos que disminuyan su patrimonio sin causa justificada o realizar algún acto en fraude de acreedores;

V. Celebrar actos jurídicos a título gratuito o sin una contraprestación a valor de mercado, y

VI. Realizar algún acto jurídico que le de alguna preferencia o coloque en una mejor posición a alguno de sus acreedores sin causa justificada, causando un daño o perjuicio al resto de los acreedores.

Cualquier acreedor estará legitimado para solicitar ante la autoridad jurisdiccional que se revoquen las medidas de protección al patrimonio.

El rector del procedimiento levantará todas las medidas de protección del patrimonio de la persona deudora previstas en este Capítulo. El acreedor deberá adjuntar a su escrito las pruebas que acrediten su solicitud de levantamiento o anulación, la cual se hará valer en la vía incidental. Contra esta resolución procede el recurso de apelación en el efecto devolutivo.

Artículo 853. La liquidación del patrimonio de la persona deudora procede, en el caso de personas físicas, cuando ésta lo solicite o cuando obstaculice la celebración o ejecución del convenio o sentencia definitiva.

Tratándose de personas jurídicas, la liquidación del patrimonio de la persona deudora procederá en caso de que no se logre la aprobación de un convenio con los acreedores y se determine que no es viable la consecución de su objeto o cuando se obstaculice la ejecución del convenio o sentencia definitiva.

En esos casos, el producto de la venta de los bienes se distribuirá entre los acreedores de acuerdo con el grado de prelación establecido en la lista de créditos aprobada y una vez pagados los acreedores preferentes. Si al efectuarse la distribución hubiere algún crédito que esté sujeto a algún litigio que todavía no tenga una resolución firme, se reservará su pago en la proporción que corresponda. Mientras no se entregue a los acreedores el producto de la venta de los bienes, las cantidades que se obtengan deberán invertirse por el síndico en instrumentos de renta fija, cuyos rendimientos protejan preponderantemente el valor real de dichos recursos en términos de la inflación y que, además, cuenten con las características adecuadas de seguridad, rentabilidad, liquidez y disponibilidad.

Artículo 854. Si la autoridad jurisdiccional determina la liquidación y ejecución de los bienes de la persona deudora, una vez distribuido todo el producto de la venta de los bienes que integran el patrimonio de la persona deudora o adjudicados los mismos, se dará por terminado el procedimiento. Lo anterior sin perjuicio de aquellos casos en que por dolo o mala fe de la persona deudora se reserve los derechos de los acreedores de exigir legalmente los saldos originales no pagados y sus accesorios.

El síndico debe notificar a las sociedades de información crediticia respecto de la sentencia que ordena la liquidación del patrimonio de la persona deudora.

LIBRO SEXTO
DE LAS ACCIONES COLECTIVAS

CAPÍTULO ÚNICO
DISPOSICIONES GENERALES

Artículo 855. La defensa y protección de los derechos e intereses colectivos, será ejercida ante los órganos jurisdiccionales competentes en el ámbito Federal con las modalidades que se señalen en este Libro, y sólo podrán promoverse en materia de relaciones de consumo de bienes o servicios, públicos o privados y medio ambiente.

Artículo 856. La acción colectiva es procedente para la tutela de las pretensiones cuya titularidad corresponda a una colectividad de personas determinadas o indeterminadas, así como para el ejercicio de las pretensiones individuales, cuya titularidad corresponda a miembros de un grupo de personas.

La acción colectiva será procedente además contra toda persona física o moral, que directa o a través de terceras personas hayan causado o causen daños en términos de las normas sustantivas aplicables a una colectividad de personas, independientemente de que haya o no un vínculo jurídico con los miembros de la colectividad.

Artículo 857. Para los efectos de este Código Nacional, los derechos citados en el artículo anterior se ejercerán a través de acciones colectivas, que se clasificarán en:

I. Acción difusa: Es aquélla de naturaleza indivisible que se ejerce para tutelar los derechos e intereses difusos, cuyo titular es una colectividad indeterminada, que tiene por objeto reclamar judicialmente de la persona demandada la reparación del daño causado a la colectividad, consistente en la restitución de las cosas al estado que guardaren antes de la afectación o, en su caso, al cumplimiento sustituto de acuerdo a la afectación de los derechos o intereses de la colectividad, sin que necesariamente exista vínculo jurídico alguno entre dicha colectividad y la parte demandada;

II. Acción colectiva en sentido estricto: Es aquélla de naturaleza indivisible que se ejerce para tutelar los derechos e intereses colectivos, cuyo titular es una colectividad determinada o determinable con base en circunstancias comunes, cuyo objeto es reclamar judicialmente de la parte demandada, la reparación del daño causado consistente en la realización de una o más acciones o abstenerse de realizarlas, así como a cubrir los daños en forma individual a las personas integrantes del grupo y que deriva de un vínculo jurídico común, existente por mandato de ley entre la colectividad y la parte demandada, y

III. Acción individual homogénea: Es aquélla de naturaleza divisible, que se ejerce para tutelar derechos e intereses individuales de incidencia colectiva, cuyos titulares son los individuos agrupados con base en circunstancias comunes, cuyo objeto es reclamar judicialmente de un tercero el cumplimiento forzoso de un contrato o su rescisión con sus consecuencias y efectos según la legislación aplicable.

La autoridad jurisdiccional calificará en definitiva la procedencia de la acción colectiva planteada por la parte actora en la etapa de certificación. En caso de que la autoridad jurisdiccional considere que la acción se planteó incorrectamente al referir la categoría propuesta en este mismo artículo, de oficio determinará cuál es la acción colectiva que se admite, en el entendido que lo anterior en ningún momento podrá ser motivo de desechamiento de la demanda. La autoridad jurisdiccional no podrá modificar los hechos ni los argumentos planteados en el escrito inicial de demanda.

Artículo 858. En particular, las acciones colectivas son procedentes para tutelar:

I. Derechos e intereses difusos y colectivos, entendidos como aquéllos de naturaleza indivisible cuya titularidad corresponde a una colectividad de personas, indeterminada o determinable, relacionadas por circunstancias de hecho o de derecho comunes, y

II. Derechos e intereses individuales de incidencia colectiva, entendidos como aquéllos de naturaleza divisible cuya titularidad corresponde a quienes sean integrantes de una colectividad de personas, determinable, relacionadas por circunstancias de derecho.

Artículo 859. Cualquier acción colectiva podrá tener por objeto pretensiones declarativas, constitutivas o de condena, con base a los principios de reparación integral del daño y justa indemnización.

Se entenderá por reparación integral del daño y justa indemnización, aquellas pretensiones a favor de la colectividad encaminadas a resarcir los daños causados por la parte demandada, considerando las medidas necesarias para la no repetición de los actos que causaron el daño.

Artículo 860. La autoridad jurisdiccional interpretará las normas y los hechos de forma compatible con los principios y objetivos de los procedimientos colectivos, en aras de proteger y tutelar el interés general y los derechos e intereses colectivos.

Artículo 861. Las acciones colectivas previstas en este Libro prescribirán a los cinco años, contados a partir del día en que se haya causado el daño. Si se trata de un daño de naturaleza continua, el plazo para la prescripción transcurrirá de momento a momento y comenzará a contar a partir del último día en que se haya generado el daño que produjo la afectación. No correrá el plazo de la prescripción en los casos que se siga generando el daño.

Se interrumpirá el plazo de la prescripción con la sola presentación de la demanda. Si resulta desestimada la demanda colectiva, se dejarán a salvo los derechos de los miembros de la colectividad para que los ejerzan en la vía y forma que mejor convenga.

Tratándose de acciones colectivas relacionadas con prácticas monopólicas y concentraciones ilícitas, el plazo de prescripción se suspenderá con el acuerdo de inicio de investigación por parte de la Comisión Federal de Competencia Económica y del Instituto Federal de Telecomunicaciones.

SECCIÓN PRIMERA
DE LA LEGITIMACIÓN ACTIVA

Artículo 862. Tienen legitimación activa para ejercitar las acciones colectivas:

I. La Procuraduría Federal del Consumidor, la Procuraduría Federal de Protección al Ambiente, la Comisión Nacional para la Protección y Defensa de los Usuarios de Servicios Financieros, la Comisión Federal de Competencia Económica y el Instituto Federal de Telecomunicaciones en materia de competencia económica;

II. La persona que ejerza la representación común deberá ser parte de la colectividad conformada por, al menos quince personas;

III. Las asociaciones civiles o sus correlativas sin fines de lucro, legalmente constituidas, al menos, un año previo al momento de presentar la acción, cuyo objeto social incluya la promoción o defensa de los derechos e intereses de la materia de que se trate y que cumplan con los requisitos establecidos en este Código Nacional;

IV. La Fiscalía General de la República, y

V. El Instituto Federal de la Defensoría Pública.

Artículo 863. La representación a que se refieren las fracciones II y III del artículo anterior, deberá ser adecuada. Se considera representación adecuada:

I. Actuar con diligencia, pericia y buena fe en la defensa de los intereses de la colectividad en el juicio;

II. No encontrarse en situaciones de conflicto de interés con las personas que representa respecto de las actividades que realiza;

III. No promover o haber promovido de manera reiterada acciones difusas, colectivas o individuales homogéneas frívolas o temerarias;

IV. No promover una acción difusa, colectiva en sentido estricto o individual homogénea con fines de lucro, electorales, proselitistas, de competencia desleal o especulativos, y

V. No haberse conducido con impericia, mala fe o negligencia en acciones colectivas previas, en los términos del Código Civil Federal.

La representación de la colectividad en el juicio se considera de interés público. La autoridad jurisdiccional Federal, deberá vigilar de oficio que dicha representación sea adecuada durante la substanciación del procedimiento.

La persona que ejerza el cargo de representante deberá rendir protesta ante la autoridad jurisdiccional Federal y rendir cuentas en cualquier momento a petición de ésta.

En el caso de que durante el procedimiento dejare de haber alguien con legitimación activa o bien, los legitimados referidos en las fracciones II y III, del artículo 862 de este Código Nacional, no cumplieran con los requisitos referidos en el presente artículo, la autoridad jurisdiccional Federal, de oficio o a petición de cualquier integrante de la colectividad, abrirá un incidente de remoción y sustitución, debiendo suspender el juicio y notificar el inicio del incidente a la colectividad en los términos a que se refiere este Código Nacional.

Una vez realizada la notificación a que se refiere el párrafo anterior, la autoridad jurisdiccional Federal recibirá las solicitudes de las partes interesadas dentro del término de diez días, evaluará las solicitudes que se presentaren y resolverá lo conducente dentro del plazo de tres días.

En caso de no existir interesados, la autoridad jurisdiccional Federal dará vista a los órganos u organismos a que se refiere la fracción I del artículo 862 de este ordenamiento, según la materia del litigio de que se trate, quienes deberán asumir la representación de la colectividad o grupo.

La autoridad jurisdiccional Federal deberá notificar la resolución de remoción al Consejo de la Judicatura Federal para que registre tal actuación y en su caso, aplique las sanciones que correspondan a la persona representante.

La persona que ejerza el cargo de representante será responsable frente a la colectividad por el ejercicio de su gestión.

SECCIÓN SEGUNDA
DEL PROCEDIMIENTO

Artículo 864. La demanda deberá contener:

I. La autoridad jurisdiccional ante la cual se promueve;

II. El nombre, domicilio, número telefónico y dirección de correo electrónico que señale para oír y recibir notificaciones;

III. En el caso de las acciones colectivas en sentido estricto y las individuales homogéneas, los nombres de quienes integren la colectividad promoventes de la demanda;

IV. El nombre de la persona representante autorizada y número de cédula profesional;

V. Los documentos con los que la parte actora acredite su representación de conformidad con este Título;

VI. El nombre de la parte demandada y su domicilio, o la manifestación bajo protesta de decir verdad de que se ignora éste;

VII. La precisión del derecho difuso, colectivo o individual homogéneo que se considera afectado;

VIII. El tipo de acción que pretende promover;

IX. Las pretensiones correspondientes a la acción;

X. Los hechos en que funde sus pretensiones y las circunstancias comunes que comparta la colectividad respecto de la acción que se intente;

XI. Los fundamentos de derecho, y

XII. En el caso de las acciones colectivas en sentido estricto e individuales homogéneas, las consideraciones y los hechos que sustenten la conveniencia de la substanciación por la vía colectiva en lugar de la acción individual.

La autoridad jurisdiccional Federal podrá prevenir a la parte actora para que aclare o subsane su demanda cuando advierta la omisión de requisitos de forma, sea obscura o irregular, otorgándole un término de cinco días para tales efectos.

La autoridad jurisdiccional Federal resolverá si desecha de plano la demanda en los casos en que la parte actora no desahogue la prevención, no se cumplan los requisitos previstos en este Libro, o se trate de pretensiones infundadas, frívolas o temerarias.

Artículo 865. Son requisitos de procedencia de la legitimación en la causa los siguientes:

I. Que se trate de actos que dañen a personas consumidoras o usuarias de bienes o servicios públicos o privados o al medio ambiente o que se trate de actos que hayan dañado a la persona consumidora por la existencia de concentraciones indebidas o prácticas monopólicas, declaradas existentes por resolución firme emitida por la Comisión Federal de Competencia Económica y el Instituto Federal de Telecomunicaciones;

II. Que verse sobre cuestiones comunes de hecho o de derecho entre quienes integren la colectividad de que se trate;

III. Que existan al menos quince personas en la colectividad, en el caso de las acciones colectivas en sentido estricto e individuales homogéneas;

IV. Que exista coincidencia entre el objeto de la acción ejercitada y la afectación sufrida;

V. Que la materia de la litis no haya sido objeto de cosa juzgada en procedimientos previos con motivo del ejercicio de las acciones tuteladas en este Título;

VI. Que no haya prescrito la acción, y

VII. Las demás que determinen las leyes especiales aplicables.

Artículo 866. Son causales de improcedencia de la legitimación en el procedimiento, los siguientes:

I. Que las partes promoventes de la colectividad no hayan otorgado su consentimiento en el caso de las acciones colectivas en sentido estricto e individuales homogéneas;

II. Que los actos en contra de los cuales se endereza la acción constituyan procesos judiciales;

III. Que la representación no cumpla los requisitos previstos en este Libro;

IV. Que la colectividad en la acción colectiva en sentido estricto o individual homogénea, no pueda ser determinable o determinada en atención a la afectación a sus miembros, así como a las circunstancias comunes de hecho o de derecho de dicha afectación;

V. Que su desahogo mediante el procedimiento colectivo no sea idóneo;

VI. Que exista litispendencia entre el mismo tipo de acciones, en cuyo caso procederá la acumulación en los términos previstos en este Código Nacional, y

VII. Que las asociaciones que pretendan ejercer la legitimación en el procedimiento no cumplan con los requisitos establecidos en este Libro.

La autoridad jurisdiccional Federal, de oficio o a petición de cualquier persona interesada, podrá verificar el cumplimiento de estos requisitos durante el procedimiento.

Artículo 867. Una vez presentada la demanda o desahogada la prevención, la autoridad jurisdiccional Federal, certificará el cumplimiento de los requisitos de procedencia previstos en los artículos 865 y 866 de este Código Nacional, dentro del término de diez días. Este plazo podrá ser prorrogado por la autoridad jurisdiccional hasta por otro igual, en caso de que la complejidad de la demanda lo amerite.

Artículo 868. Concluida la certificación referida en el artículo anterior, la autoridad jurisdiccional Federal proveerá en el término de cuarenta y ocho horas sobre la admisión o desechamiento de la demanda, ordenará el emplazamiento a la parte demandada, y en su caso, dará vista por el plazo de tres días hábiles, a los órganos y organismos públicos referidos en el artículo 862 fracciones I, IV y V de este Código Nacional, según la materia del litigio de que se trate.

Cuando la autoridad jurisdiccional Federal advierta que existen elementos constitutivos de un posible delito en contra de la colectividad, por parte de la demandada, de oficio dará vista al Ministerio Público Federal para que proceda conforme a su competencia.

La autoridad jurisdiccional Federal ordenará la notificación a la colectividad del inicio del ejercicio de la acción colectiva de que se trate, mediante los medios idóneos para tales efectos, incluso a través de tecnologías avanzadas de información tomando en consideración el tamaño, localización y demás características de dicha colectividad. La notificación deberá ser económica, eficiente y amplia, teniendo en cuenta las circunstancias en cada caso.

El auto que admita la demanda deberá ser notificado en forma personal a los legitimados referidos en las fracciones II y III del artículo 862 de este Código Nacional, quienes deberán ratificar la demanda.

Contra el desechamiento de la demanda procede el recurso de apelación en ambos efectos, y contra el auto que la admite en efecto devolutivo.

Artículo 869. La parte demandada contará con quince días para contestar la demanda a partir de que surta efectos la notificación del auto de admisión de la demanda. La autoridad jurisdiccional podrá ampliar este plazo hasta por un periodo igual, a petición de la parte demandada.

Una vez contestada la demanda, se dará vista a la actora por cinco días para que manifieste lo que a su derecho convenga, plazo que podrá prorrogarse hasta por otro igual.

Artículo 870. La notificación a que se refiere el presente Título, contendrá una relación sucinta de los puntos esenciales de la acción colectiva respectiva, así como las características que permitan identificar a la colectividad.

Las demás notificaciones a la colectividad o grupo se realizarán por estrados y a través del uso de tecnologías de la información y comunicación, atendiendo a lo establecido en el artículo 203, fracción VI, de este Código Nacional. Salvo que se encuentren previstas de forma diversa en este Título, las notificaciones a las partes se realizarán en los términos que establece este Ordenamiento.

Artículo 871. Las personas de la colectividad afectada podrán adherirse a la acción de que se trate, conforme a las reglas establecidas en este artículo.

En el caso de las acciones colectivas en sentido estricto e individuales homogéneas, la adhesión a su ejercicio podrá realizarse por cada persona que tenga una afectación a través de una comunicación expresa por cualquier medio físico o a través del uso de tecnologías de la información y la comunicación, dirigida a la persona representante o persona representante autorizada de la parte actora, según sea el caso.

Las personas afectadas podrán adherirse voluntariamente a la colectividad durante la substanciación del procedimiento y hasta dos años posteriores a que la sentencia haya causado estado o en su caso, el convenio judicial adquiera la calidad de cosa juzgada.

Dentro de este lapso, la persona interesada hará llegar su consentimiento expreso y simple por cualquier medio físico o a través del uso de tecnologías de la información y la comunicación a la persona representante, quien a su vez lo presentará a la autoridad jurisdiccional.

La autoridad jurisdiccional Federal proveerá sobre la adhesión y, en su caso, ordenará el inicio del incidente de liquidación que corresponda a la persona interesada.

Las personas afectadas que se adhieran a la colectividad durante la substanciación del procedimiento, promoverán el incidente de liquidación en los términos previstos en este Capítulo.

Las personas afectadas que se adhieran posteriormente a que la sentencia haya causado estado o, en su caso, el convenio judicial adquiera la calidad de cosa juzgada, deberán probar el daño causado en el incidente respectivo.

En tratándose de la adhesión voluntaria, la exclusión que haga cualquier persona integrante de la colectividad posterior al emplazamiento de la parte demandada, equivaldrá a un desistimiento de la acción colectiva, por lo que no podrá volver a participar en un procedimiento colectivo derivado de los mismos hechos.

Tratándose de acciones colectivas en sentido estricto e individuales homogéneas sólo tendrán derecho al pago que derive de la condena, las personas que formen parte de la colectividad y prueben en el incidente de liquidación haber sufrido el daño causado.

La persona representante designada por la colectividad, tendrá los poderes más amplios que en derecho procedan con las facultades especiales necesarias para sustanciar el procedimiento y para representar a la colectividad y a cada una de las personas integrantes que se hayan adherido o se adhieran a la acción.

Artículo 872. Realizada la notificación ordenada en este Código Nacional, la autoridad jurisdiccional Federal señalará de inmediato fecha y hora para la celebración de la audiencia previa y de conciliación, la cual se llevará a cabo dentro de los diez días siguientes.

En la audiencia, la autoridad jurisdiccional Federal exhortará a las partes a solucionarlo, pudiendo auxiliarse de las personas expertas que considere idóneas

La acción colectiva podrá ser resuelta por convenio judicial entre las partes en cualquier momento del procedimiento hasta antes de que cause estado.

Si las partes alcanzaren un convenio total o parcial, la autoridad jurisdiccional Federal, de oficio, revisará que proceda legalmente y que los intereses de la colectividad de que se trate estén debidamente protegidos. Previa vista por diez días a los órganos y organismos a que se refiere la fracción I del artículo

862 de este Código Nacional y a la persona titular de la Fiscalía General de la República, y una vez escuchadas las manifestaciones de la colectividad, si las hubiere, la autoridad jurisdiccional Federal podrá aprobar el convenio elevándolo a la categoría de cosa juzgada.

Artículo 873. En caso de que las partes no alcanzaren acuerdo alguno en la audiencia previa y de conciliación, la autoridad jurisdiccional procederá a abrir el juicio a prueba por un período de treinta días hábiles, comunes para las partes, para su ofrecimiento y preparación, pudiendo, a instancia de parte, otorgar una prórroga hasta por diez días hábiles. No obstante, las partes podrán ofrecer pruebas antes y durante la audiencia previa y de conciliación, siempre que estén reconocidas por la ley y guarden relación inmediata con los hechos controvertidos. Las partes podrán formular acuerdos sobre hechos no controvertidos en la misma audiencia previa y de conciliación.

La audiencia de juicio observará para su desarrollo las reglas previstas en este Código Nacional en lo que no se oponga a este procedimiento.

Las pruebas de declaración de parte y testimonial se desahogarán a través de sus representantes legales.

La admisión de las pruebas es recurrible como violación procesal cuando se apele la sentencia definitiva; el desechamiento es apelable en efecto devolutivo.

La autoridad jurisdiccional Federal dictará sentencia dentro de los treinta días hábiles posteriores a la celebración de la audiencia de juicio.

Artículo 874. Los términos establecidos en este Capítulo, podrán ser ampliados por una sola vez por la autoridad jurisdiccional Federal, si existieren causas justificadas para ello.

Artículo 875. La autoridad jurisdiccional Federal podrá allegarse de cualquier medio de prueba para mejor proveer, siempre que tenga relación inmediata con los hechos controvertidos.

Las personas tercero que acudan no deberán de encontrarse en conflicto de interés respecto de las partes ni de la autoridad jurisdiccional.

La autoridad jurisdiccional Federal en su sentencia deberá, sin excepción, hacer una relación sucinta de las personas que en calidad de tercero interesadas ejerzan el derecho de comparecer ante el Tribunal, conforme a lo establecido en el párrafo anterior y de los argumentos o manifestaciones por ellos vertidos.

La autoridad jurisdiccional Federal podrá requerir a los órganos y organismos a que se refiere la fracción I del artículo 862 de este Código Nacional o a cualquier tercero, la elaboración de estudios o presentación de los medios probatorios necesarios con cargo al Fondo a que se refiere este Título.

Artículo 876. Si la autoridad jurisdiccional Federal lo considera pertinente, de oficio o a petición de parte, podrá solicitar a una de las partes la presentación de información o medios probatorios que sean necesarios para mejor resolver el litigio de que se trate o para ejecutar la sentencia respectiva.

Artículo 877. Para resolver, la autoridad jurisdiccional Federal puede valerse de medios probatorios estadísticos, actuariales o cualquier otro derivado del avance de la ciencia.

Artículo 878. No será necesario que la parte actora ofrezca y desahogue pruebas individualizadas por cada integrante de la colectividad. Las reclamaciones individuales deberán justificar, en su caso, la relación causal en el incidente de liquidación respectivo.

Artículo 879. Cuando la acción sea interpuesta por las personas a que se refieren las fracciones II y III del artículo 862 de este ordenamiento, estarán obligadas a informar a través de los medios idóneos a la colectividad, sobre el estado que guarda el procedimiento por lo menos cada seis meses.

SECCIÓN TERCERA
DE LAS SENTENCIAS

Artículo 880. Las sentencias deberán resolver la controversia planteada por las partes conforme a derecho.

Artículo 881. En acciones difusas, la autoridad jurisdiccional Federal sólo podrá condenar a la parte demandada a la reparación del daño causado a la colectividad, consistente en la restitución de las cosas al estado que guardaren antes de la afectación, si esto fuere posible.

Esta restitución podrá consistir en la realización de una o más acciones o abstenerse de realizarlas.

Tratándose de materia ambiental y de consumo, la autoridad jurisdiccional Federal también podrá imponer las medidas adicionales que considere pertinentes a efecto de asegurar que no se repita la conducta materia de la condena.

Artículo 882. En el caso de acciones colectivas en sentido estricto e individuales homogéneas, la autoridad jurisdiccional podrá condenar a la parte demandada a la reparación del daño, consistente en la realización de una o más acciones o abstenerse de realizarlas, así como a cubrir los daños en forma individual a los miembros del grupo conforme a lo establecido en este artículo.

Cada integrante de la colectividad podrá promover el incidente de liquidación, en el que deberá probar el daño sufrido, o en su caso, la persona representante común o cualquiera de las personas a que se refiere el artículo 862 de este Código Nacional podrá presentar el incidente de liquidación masivo en el que se deberá probar el monto del daño sufrido por cada integrante de la colectividad.

La autoridad jurisdiccional establecerá en la sentencia, los requisitos, bases y plazos que deberán cumplir las personas integrantes de la colectividad para promover el incidente. Contra la sentencia interlocutoria que resuelva el incidente de liquidación procederá el recurso de apelación.

El incidente de liquidación podrá promoverse por cada persona que integre la colectividad o en forma masiva en ejecución de sentencia, dentro de los dos años siguientes al que la sentencia cause ejecutoria.

El pago que resulte del incidente de liquidación será hecho a las personas integrantes de la colectividad en los términos que ordene la sentencia; en ningún caso a través de la persona representante común o cualquiera de las personas a que se refiere el artículo 862 de este Código Nacional.

Artículo 883. En caso de que una colectividad haya ejercitado por los mismos hechos de manera simultánea una acción difusa y una acción colectiva, la autoridad jurisdiccional proveerá la acumulación de las mismas en los términos de este Código Nacional.

Artículo 884. La sentencia fijará a la parte condenada un plazo prudente para su cumplimiento atendiendo a las circunstancias del caso, así como los medios de apremio que deban emplearse cuando se incumpla con la misma.

Artículo 885. La sentencia o convenio respectivo, serán notificados a la colectividad en los términos de lo dispuesto en el presente Código Nacional.

Artículo 886. Cuando alguna de las partes o miembro de la colectividad, tenga conocimiento de que sus representantes ejercieron una representación fraudulenta en contra de sus intereses, éstas podrán promover por la vía incidental, la remoción de la persona representante y la reposición de las actuaciones viciadas dentro del procedimiento colectivo y hasta antes del dictado de la sentencia. Contra la resolución interlocutoria que se dicte al respecto, no cabrá recurso alguno.

En este supuesto, la autoridad jurisdiccional hará del conocimiento de los hechos que correspondan al Ministerio Público Federal.

Cuando la representación fraudulenta se advirtiera después de dictada la sentencia, la autoridad jurisdiccional reservará los derechos de las partes para hacerlos valer en la vía y forma que estimen procedentes.

Artículo 887. En cualquier etapa del procedimiento, la autoridad jurisdiccional Federal podrá decretar a petición de parte, medidas precautorias que podrán consistir en:

I. La orden de cesación de los actos o actividades que estén causando o necesariamente hayan de causar un daño inminente e irreparable a la colectividad;

II. La orden de realizar actos o acciones que su omisión haya causado o necesariamente hayan de causar un daño inminente e irreparable a la colectividad;

III. El retiro del mercado o aseguramiento de instrumentos, bienes, ejemplares y productos directamente relacionados con el daño irreparable que se haya causado, estén causando o que necesariamente hayan de causarse a la colectividad, y

IV. Cualquier otra medida que la autoridad jurisdiccional considere pertinente dirigida a proteger los derechos e intereses de una colectividad.

Artículo 888. Las medidas precautorias previstas en el artículo anterior podrán decretarse siempre que con las mismas no se causen más daños que los que se causarían con los actos, hechos u omisiones objeto de la medida.

La autoridad jurisdiccional Federal deberá valorar que las medidas que se dicten no afecten la viabilidad financiera de la parte demandada.

Para el otorgamiento de dichas medidas se requerirá:

I. Que la persona solicitante de la medida manifieste claramente cuáles son los actos, hechos o abstenciones que estén causando un daño o vulneración a los derechos o intereses colectivos o lo puedan llegar a causar.

II. Que exista urgencia en el otorgamiento de la medida en virtud del riesgo de que se cause o continúe causando un daño de difícil o imposible reparación.

Si con el otorgamiento de la medida se pudiera ocasionar daño a la persona demandada, ésta podrá otorgar garantía suficiente para reparar los daños que pudieran causarse a la colectividad, salvo aquellos casos en los que se trate de una amenaza inminente e irreparable al interés social, a la vida o a la salud de los miembros de la colectividad o por razones de seguridad nacional.

Artículo 889. La autoridad jurisdiccional federal, para hacer cumplir sus determinaciones, puede emplear, a discreción, los siguientes medios de apremio:

I. Multa hasta por la cantidad equivalente a treinta mil Unidades de Medida y Actualización, cantidad que podrá aplicarse por cada día que transcurra sin cumplimentarse lo ordenado por la autoridad jurisdiccional;

II. El auxilio de la fuerza pública y la fractura de cerraduras si fuere necesario;

III. El cateo por orden escrita;

IV. El arresto hasta por treinta y seis horas.

Si fuere insuficiente el apremio, se procederá contra la persona rebelde por el delito de desobediencia.

Artículo 890. No procederá la acumulación entre procedimientos individuales y procedimientos colectivos.

En caso de coexistencia de un proceso individual y de un proceso colectivo proveniente de la misma causa, la misma persona demandada en ambos procesos informará de tal situación a las autoridades jurisdiccionales Federales.

La autoridad jurisdiccional Federal del proceso individual notificará a la parte actora de la existencia de la acción colectiva para que, en su caso, decida continuar por la vía individual o ejerza su derecho de adhesión a la misma dentro del plazo de noventa días contados a partir de la notificación.

Para que proceda la adhesión de la parte actora a la acción colectiva, deberá desistirse del proceso individual para que éste se sobresea.

Tratándose de derechos o intereses individuales de incidencia colectiva, en caso de la improcedencia de la pretensión en el procedimiento colectivo, las personas interesadas tendrán a salvo sus derechos para ejercerlos por la vía individual.

Artículo 891. La sentencia no recurrida tendrá efectos de cosa juzgada.

Artículo 892. Si alguna persona inició un procedimiento individual al cual recayó una sentencia que causó ejecutoria no podrá ser incluida dentro de una colectividad para efectos de un proceso colectivo, si el objeto, las causas y las pretensiones son las mismas.

Artículo 893. La sentencia de condena incluirá lo relativo a los gastos y costas que correspondan.

Artículo 894. Cada parte asumirá sus gastos y costas derivados de la acción colectiva, así como los respectivos honorarios de sus representantes.

Los honorarios de la persona representante legal y representante común, que convengan con sus representados, quedarán sujetos al siguiente arancel máximo:

I. Serán de hasta el veinte por ciento si el monto líquido de la suerte principal no excede de doscientos mil Unidades de Medida y Actualización;

II. Si el monto líquido de la suerte principal excede doscientos mil, pero es menor a dos millones de Unidades de Medida y Actualización, serán de hasta el veinte por ciento sobre los primeros doscientos mil y de hasta el diez por ciento sobre el excedente, y

III. Si el monto líquido de la suerte principal excede a dos millones de Unidades de Medida y Actualización, serán de hasta el once por ciento sobre los primeros dos millones, y hasta el tres por ciento sobre el excedente.

Si las partes llegaren a un acuerdo para poner fin al juicio antes del dictado de la sentencia, los gastos y costas deberán estar contemplados como parte de las negociaciones del convenio de transacción judicial. En cualquier caso, los honorarios de la persona representante legal y representante común que pacten con sus representados deberán ajustarse al arancel máximo previsto en este artículo.

Artículo 895. Los gastos y costas se liquidarán en ejecución de sentencia de conformidad con las siguientes reglas:

I. Los gastos y costas, así como los honorarios de las personas representantes de la parte actora referidos en el artículo anterior, serán cubiertos en la forma que lo determine la autoridad jurisdiccional Federal, buscando asegurar el pago correspondiente. Dicho pago se hará con cargo al Fondo a que se refiere este Libro, cuando exista un interés social que lo justifique y hasta donde la disponibilidad de los recursos lo permita.

II. En el caso de las sentencias que establezcan una cantidad cuantificable, la parte actora pagará entre el tres y el veinte por ciento del monto total condenado por concepto de honorarios a sus representantes según lo previsto en el artículo anterior.

La autoridad jurisdiccional Federal tomará en consideración el trabajo realizado y la complejidad del mismo, el número de miembros, el beneficio para la colectividad respectiva y demás circunstancias que estime pertinente.

III. Si la condena no fuere cuantificable, la autoridad jurisdiccional Federal determinará el monto de los honorarios, tomando en consideración los criterios establecidos en el segundo párrafo de la fracción anterior.

Artículo 896. Por ser la representación común de interés público, las asociaciones civiles a que se refiere la fracción III del artículo 862, deberán registrarse ante el Consejo de la Judicatura Federal.

Artículo 897. Para obtener el registro correspondiente, dichas asociaciones deberán:

I. Presentar los estatutos sociales que cumplan con los requisitos establecidos en este Título, y

II. Tener al menos un año de haberse constituido y acreditar que han realizado actividades inherentes al cumplimiento de su objeto social.

Artículo 898. El registro será público, su información estará disponible en la página electrónica del Consejo de la Judicatura Federal, y cuando menos deberá contener los nombres de los socios, asociados, representantes y aquellos que ejerzan cargos directivos, su objeto social, así como el informe a que se refiere la fracción II del artículo 900 de este Código Nacional.

Artículo 899. Las asociaciones deberán:

I. Evitar que sus asociados, socios, representantes o aquellos que ejerzan cargos directivos, incurran en situaciones de conflicto de interés respecto de las actividades que realizan en términos de este Título;

II. Dedicarse a actividades compatibles con su objeto social, y

III. Conducirse con diligencia, probidad y en estricto apego a las disposiciones legales aplicables.

Artículo 900. Para mantener el registro las asociaciones deberán:

I. Cumplir con lo dispuesto en el artículo anterior;

II. Entregar al Consejo de la Judicatura Federal, un informe anual sobre su operación y actividades respecto del año inmediato anterior, a más tardar el último día hábil del mes de abril de cada año, y

III. Mantener actualizada en forma permanente la información que deba entregar al Consejo de la Judicatura Federal en los términos de lo dispuesto por el artículo 898 de este Código.

Artículo 901. Para los efectos señalados en este Capítulo, el Consejo de la Judicatura Federal administrará los recursos provenientes de las sentencias que deriven de las acciones colectivas difusas y para tal efecto deberá crear un Fondo.

Artículo 902. Los recursos que deriven de las sentencias recaídas en las acciones referidas en el párrafo anterior, deberán ser utilizados exclusivamente para el pago de los gastos derivados de los procedimientos colectivos, así como para el pago de los honorarios de las personas representantes de la parte actora a que se refiere el artículo 894 de este Código, cuando exista un interés social que lo justifique y la autoridad jurisdiccional así lo determine, incluyendo pero sin limitar, las notificaciones a los miembros de la colectividad, la preparación de las pruebas pertinentes y la notificación de la sentencia respectiva. Los recursos podrán ser además utilizados para el fomento de la investigación y difusión relacionada con las acciones y derechos colectivos.

Artículo 903. El Consejo de la Judicatura Federal divulgará anualmente el origen, uso y destino de los recursos del Fondo.

LIBRO SÉPTIMO
DE LOS RECURSOS

CAPÍTULO ÚNICO
DISPOSICIONES GENERALES

Artículo 904. Las resoluciones judiciales dictadas dentro de los procedimientos son impugnables conforme a lo ordenado por este Código Nacional. Para ello la persona recurrente deberá precisar la parte de la resolución que impugna.

Artículo 905. Los recursos previstos en este Código Nacional son:

I. Apelación;

II. Reposición, y

III. Queja.

Artículo 906. En el sistema de recursos previsto en el presente Código Nacional, se tendrá por perdido el derecho a recurrir una resolución judicial cuando:

I. Se consienta expresamente, y

II. Una vez concluido el plazo que la ley señala para interponer algún recurso, éste no se interponga.

Quienes hubieren interpuesto un recurso podrán desistirse de éste antes de su resolución. Los efectos del desistimiento no se extenderán a los demás recurrentes.

Artículo 907. La citación errónea en la fundamentación de preceptos legales en la sentencia o resolución impugnada que no haya influido en el sentido del fallo, así como los errores de forma en la transcripción que no causen agravio, no anularán ni revocarán la resolución judicial, deberán ser subsanados de oficio en cuanto sean advertidos de forma inmediata por la autoridad que emita la resolución judicial, o a petición de parte cuando sea advertida por ella, con la finalidad de evitar dar trámite a algún recurso que represente dilaciones procesales.

SECCIÓN PRIMERA
DE LA APELACIÓN

Artículo 908. El recurso de apelación tiene por objeto que la autoridad jurisdiccional de apelación confirme, revoque o modifique la resolución impugnada.

Artículo 909. La apelación procederá en el efecto devolutivo o en ambos efectos.

Las apelaciones que se admitan en ambos efectos suspenderán el procedimiento; en el efecto devolutivo no suspenderán el procedimiento.

No obstante, cuando la apelación se admita en ambos efectos, la autoridad jurisdiccional continuará conociendo para resolver con plenitud de jurisdicción, todo lo relativo a depósitos, embargos trabados, rendición de cuentas, gastos de administración, aprobación de entrega de fondos para pagos urgentes, medidas provisionales decretadas durante el juicio y cuestiones similares que por su urgencia no pueden esperar.

Artículo 910. La apelación en ambos efectos procede:

I. Sentencias definitivas dictadas en juicios escritos, de acciones colectivas, y ordinarios orales civiles; en materia familiar, únicamente contra la sentencia definitiva o interlocutoria que cancele o disminuya alimentos;

II. Sentencias o cualquier otra resolución judicial que por su naturaleza suspenda, impida la continuación del juicio, le pongan fin o haga imposible su continuación, cualquiera que sea la naturaleza del procedimiento, y

III. Aquellas resoluciones judiciales señaladas expresamente por este Código Nacional.

Artículo 911. Además de los casos determinados expresamente en este Código Nacional, el recurso de apelación en efecto devolutivo procede contra:

I. Sentencias definitivas dictadas en juicios sumarios, especiales orales civiles; juicios orales familiares tanto ordinarios como especiales, salvo la precisión realizadas en la fracción I del artículo anterior;

II. El auto que desecha el incidente de nulidad de actuaciones por defectos en el emplazamiento, la resolución que se dicte en el incidente y en donde la autoridad jurisdiccional de oficio decrete nulo el emplazamiento;

III. El auto que tenga por contestada o no la demanda principal o reconvencional;

IV. Las sentencias interlocutorias que trasciendan al resultado del fallo;

V. La última resolución dictada para el cumplimiento de la sentencia definitiva;

VI. La resolución que apruebe o no el remate;

VII. Resoluciones que, en la fase definitiva del proceso cautelar, decreten providencias precautorias y medidas de aseguramiento;

VIII. En contra de la imposición de cualquier medida de apremio;

IX. La resolución dictada durante la revisión de las medidas provisionales en materia de familia, en la audiencia preliminar o las que se dicten con posterioridad a dicha etapa, y

X. Las resoluciones dictadas en los procedimientos sucesorios, salvo la sentencia definitiva que se admitirá en ambos efectos.

Artículo 912. Admitida la apelación en efecto devolutivo, sólo se suspenderá la ejecución de la resolución en los casos en que, de los autos o de las sentencias recurridas derive una ejecución que pueda causar un daño irreparable o de difícil reparación. La parte apelante podrá solicitar la suspensión al interponer el recurso y deberá señalar con precisión los motivos por los que considera el daño irreparable o de difícil reparación, y, además, otorgue garantía mediante fianza o billete de depósito conforme a las reglas siguientes:

I. La calificación de la idoneidad de la garantía será al prudente arbitrio de la autoridad jurisdiccional;

II. La garantía otorgada por la parte actora comprenderá la devolución del bien o bienes que deba percibir, sus frutos e intereses y la indemnización de daños y perjuicios si la segunda instancia revoca el fallo;

III. La otorgada por la persona demandada comprenderá el pago de lo juzgado y sentenciado, como su cumplimiento, en el caso de que la sentencia condene a hacer o a no hacer;

IV. La liquidación de los daños y perjuicios que se hará en la ejecución de la sentencia, y

V. En los juicios sin interés pecuniario, el monto de la garantía quedará a criterio de la autoridad jurisdiccional.

La parte contraria y perjudicada puede solicitar la no suspensión de la ejecución, otorgando a su vez contragarantía, la que se fijará por la autoridad jurisdiccional de acuerdo con las mismas bases que se tomaron en consideración para fijar la garantía y en ningún caso puede ser inferior a ésta, caso en el cual no se admitirá la suspensión del procedimiento.

En caso de que la resolución impugnada pueda afectar a niñas, niños y adolescentes, grupos sociales en situación de vulnerabilidad, no se exigirá garantía o contragarantía para que, de oficio o a petición de parte, se suspenda la ejecución de la resolución impugnada.

Si la segunda instancia confirmare la resolución apelada, hará efectiva la garantía o contragarantía, según corresponda, a favor de la contraparte.

Artículo 913. La parte que obtuvo sentencia definitiva favorable, puede adherirse a la apelación interpuesta en contra de la sentencia definitiva al momento de contestar los agravios, expresando los razonamientos tendientes a mejorar las consideraciones vertidas por la autoridad jurisdiccional en la resolución de que se trate. Con dicho escrito, se dará vista a la contraria para que en el plazo de tres días manifieste lo que a su derecho corresponda.

La adhesión al recurso sigue la suerte de éste, al no ser una apelación independiente.

Artículo 914. Pueden apelar las partes que consideren haber recibido algún agravio, las terceras que hayan salido al juicio y las demás personas con interés jurídico a quienes perjudique la resolución judicial.

No puede apelar la persona que obtuvo todo lo que pidió. La parte vencedora que no obtuvo todo lo solicitado puede apelar en lo que a estos puntos de la resolución se refiere.

Artículo 915. Los plazos para la interposición del recurso de apelación serán de nueve días si fuere sentencia definitiva y de cinco días en contra de las demás resoluciones, a partir del día siguiente a aquél en que surta efecto la notificación de la resolución impugnada.

Artículo 916. El recurso de apelación se interpondrá ante la autoridad jurisdiccional que pronunció la resolución impugnada, con expresión de agravios.

Al apelar la sentencia definitiva se deberán expresar agravios en contra de las resoluciones dictadas durante el procedimiento en contra de las cuales no proceda recurso alguno, que les hayan causado un agravio y que trasciendan al resultado del fallo, dentro del mismo plazo para apelar la sentencia definitiva, en escritos por separado o conjuntos, exponiendo en sus agravios de qué manera trascendería al fondo del asunto el resarcimiento de la violación a subsanar.

Si fuera procedente la existencia de una o varias violaciones procesales hechas valer en la apelación, la segunda instancia así lo declarará y reservará la resolución del recurso en contra de la definitiva, procediendo a subsanar la o las violaciones procesales bajo las mismas formalidades que el juicio de origen, y una vez reparada, se citará para resolver la apelación en contra de la sentencia definitiva. Lo anterior, salvo en tratándose de defectos en el emplazamiento, que de existir se declarará su nulidad y se ordenará la reposición del procedimiento por parte de la autoridad jurisdiccional de origen, declarando insubsistente la sentencia definitiva.

De no ser procedentes los agravios de las apelaciones en contra de violaciones procesales, la segunda instancia estudiará y resolverá la procedencia o no de los agravios expresados en contra de la definitiva, resolviendo el recurso con plenitud de jurisdicción.

Artículo 917. La autoridad jurisdiccional dará trámite al recurso, expresando si lo admite en ambos efectos o sólo en el efecto devolutivo y ordenará dar vista con la expresión de agravios a la parte apelada, para que los conteste dentro del término de tres días.

Cuando se trate de apelaciones en ambos efectos, transcurrido el plazo señalado en el párrafo anterior, sin necesidad de declaración de rebeldía y se hayan contestado o no los agravios, dentro del término de ocho días, se remitirán a la segunda instancia el escrito de apelación electrónico o físico del apelante y en su caso de la parte apelada, así como los autos originales digitales o físicos, incluidos los documentos exhibidos por las partes y terceros, así como los soportes electrónicos de las audiencias, los cuales, en caso de existir agravio en contra de actuaciones realizadas dentro de audiencia, serán materia de análisis y harán fe de lo actuado, por ello, en ningún caso se exigirá reproducción escrita o documental de su contenido.

En el caso de apelaciones admitidas en efecto devolutivo, la autoridad jurisdiccional, dentro del término de ocho días, deberá integrar y remitir el escrito de apelación electrónico o físico del apelante y en su caso de la parte apelada, así como testimonio físico o electrónico del primer testimonio de apelación; debiendo dejar en el expediente original copia certificada de los escritos de apelación y de su contestación si lo hubiera.

En tratándose de segunda o ulteriores apelaciones, solamente formará el testimonio de apelación con las constancias faltantes entre la última apelación admitida y las subsecuentes hasta la apelación de que se trate, incluyéndose todos los documentos que las partes hayan exhibido desde el escrito inicial de demanda y durante la tramitación del juicio, hasta la etapa en que se encuentre. Si existieren apelaciones pendientes para su debida integración y el juicio estuviere en estado de resolución, el término para dictar la sentencia definitiva o interlocutoria iniciará una vez que se haya remitido el testimonio a la segunda instancia.

Artículo 918. Los expedientes, testimonios de apelación, documentos y videograbaciones podrán integrarse y remitirse digital o electrónicamente a la segunda instancia, ya sea mediante la generación de un archivo digital o con la autorización de acceso al expediente electrónico, de conformidad con lo que establezca la Ley Orgánica respectiva. Los Consejos de la Judicatura deberán implementar las medidas de protección y seguridad adecuadas para garantizar la confidencialidad e integridad de la información y los datos que se generen de forma electrónica.

Artículo 919. La segunda instancia integrará digital o documentalmente el toca respectivo con copia certificada de la resolución impugnada, los escritos de agravios y contestación, así como los proveídos que les recayeron, agregando lo que se actúe en cada recurso, y la resolución que se dicte.

Artículo 920. En tratándose de apelaciones en efecto devolutivo, con los testimonios que remita la autoridad jurisdiccional se formarán los cuadernos de constancias consecutivos que sean necesarios, a los que se seguirán agregando los subsecuentes testimonios que se remitan para tramitar otras apelaciones.

Una vez integrados los tocas de apelación, la segunda instancia calificará la admisión y el efecto, y en caso de confirmarse, se citará para oír sentencia.

Artículo 921. Admitido y calificado el recurso, de oficio o a petición de parte, en tratándose de apelaciones en contra de sentencias definitivas, con o sin resoluciones dictadas dentro del procedimiento, se señalará fecha para la celebración de una audiencia oral que presidirá la persona Magistrada Ponente, en donde se otorgará el uso de la palabra a los interesados directamente o por conducto de su persona representante autorizada, para que realicen sus aclaraciones o resumen de agravios y su contestación, por un máximo de tiempo de diez minutos para cada una de las partes.

Posteriormente, se citará a las partes para oír sentencia. Por lo que una vez firmada electrónica o físicamente la resolución por unanimidad o mayoría de votos, dentro de los tres días siguientes se señalará fecha para la celebración de una audiencia oral, en donde la persona Magistrada ponente explicará de manera breve, clara y precisa, con uso de lenguaje cotidiano, la resolución definitiva dictada y hecho lo cual entregará a las partes comparecientes copia simple de la misma, quedando debidamente notificados de dicha sentencia, la cual se ordenará en ese momento publicar por el medio de comunicación procesal oficial.

En caso de incomparecencia de ambas partes contendientes, no será necesaria la explicación de la sentencia y se pondrá a disposición de los contendientes copia simple de la misma, quedando notificados en ese acto de la resolución, hubiesen asistido o no a la celebración de la audiencia, ordenando entonces su publicación por el medio de comunicación procesal oficial.

Artículo 922. En los escritos de expresión de agravios, tratándose de apelación de sentencia definitiva, el apelante sólo podrá ofrecer pruebas cuando hubieren ocurrido hechos supervenientes, especificando los puntos sobre los que deben versar, que no serán extrañas ni a la cuestión debatida ni a los hechos sobrevenidos, pudiendo el apelado en la contestación de los agravios, oponerse a esa pretensión.

Artículo 923. En el auto de radicación la segunda instancia resolverá sobre la admisión de las pruebas ofrecidas y en caso de admitirlas ordenará se reciban en forma oral y señalará la audiencia dentro de los veinte días siguientes.

Artículo 924. La audiencia de desahogo de pruebas será impostergable y la parte que ofreció la prueba será responsable de la falta de su oportuna preparación. De no preparar la prueba, ésta se dejará de recibir, sin necesidad de prevención. Concluida la recepción de pruebas en la audiencia, alegarán verbalmente las partes y se les citará para oír sentencia.

Artículo 925. La segunda instancia deberá suplir la falta de agravios o la deficiencia de los expresados en los casos siguientes:

I. Cuando el juicio verse sobre derechos que pudieran afectar el interés de la familia;

II. Cuando intervenga por lo menos un niño, niña o adolescente como parte, si por falta de esa suplencia pudieran verse afectados sus derechos; y

III. Cuando se advierta por el Tribunal de apelación que en el procedimiento de primera instancia existieron violaciones manifiestas de la Ley que hayan dejado sin defensa a alguna de las partes.

Artículo 926. En los recursos de apelación en contra de sentencia definitiva el ponente contará con diez días para la elaboración del proyecto y las demás personas magistradas contarán con un plazo de cinco días para emitir su voto.

En tratándose de recursos de apelación distintos a la sentencia definitiva o en los casos que deban resolverse unitariamente, la resolución deberá pronunciarse dentro del plazo de ocho días.

En aquellos asuntos complejos o por el volumen de las constancias podrán ampliarse los plazos antes citados por quince días más.

SECCIÓN SEGUNDA
DE LA REPOSICIÓN

Artículo 927. En la segunda instancia sólo procederá el recurso de reposición y será:

I. En contra de la calificación de admisibilidad del recurso de apelación, así como en contra de su efecto;

II. Cuando no se admitan pruebas en segunda instancia, y

III. Cuando algún o algunas de las apelaciones en contra de resoluciones dictadas dentro del procedimiento hubiere resultado procedente, la reposición será admitida en contra de aquellas resoluciones que se dicten para reparar la violación procesal, siempre y cuando causen un perjuicio irreparable y puedan trascender al sentido del fallo definitivo.

Artículo 928. El recurso de reposición debe interponerse por escrito dentro de los tres días siguientes a que surta efectos la notificación de la resolución impugnada, y de admitirse se dará vista a la parte contraria por el término de tres días, para que exprese lo que a su derecho convenga, y se resolverá por escrito dentro de los tres días siguientes.

En contra de esta resolución no se admitirá ningún recurso.

SECCIÓN TERCERA
DE LA QUEJA

Artículo 929. El recurso de queja procede:

I. Contra la resolución que niegue la admisión de la apelación o adhesión a ésta;

II. En contra de resolución que se emita para fijar el monto de la fianza en tratándose de apelaciones en efecto devolutivo, y

III. En los demás casos fijados por este Código Nacional.

Artículo 930. El recurso de queja se interpondrá ante la autoridad jurisdiccional de primera instancia, dentro de los tres días siguientes a que surta efectos la notificación del proveído que se recurra, expresando los motivos de inconformidad.

Artículo 931. Dentro de los cinco días siguientes en que se tenga por interpuesto el recurso, la autoridad jurisdiccional de primera instancia remitirá a la segunda instancia el informe que justifique su resolución, y acompañará en su caso, las constancias procesales respectivas.

Artículo 932. La autoridad jurisdiccional de segunda instancia, dentro de los ocho días siguientes a la recepción de las citadas constancias, dictará el fallo correspondiente.

LIBRO OCTAVO
DE LA JUSTICIA DIGITAL

TÍTULO ÚNICO
DEL PROCEDIMIENTO EN LÍNEA E INTEGRACIÓN DEL EXPEDIENTE JUDICIAL

CAPÍTULO I
DISPOSICIONES GENERALES

Artículo 933. Todos los procedimientos regulados en el presente Código Nacional podrán tramitarse bajo la modalidad de procedimiento en línea que, al igual que cualquier otra modalidad procesal, será gratuita para las partes.

En los procedimientos en línea, la autoridad jurisdiccional garantizará una justicia digital equitativa y segura.

Artículo 934. En la aplicación de las normas referentes a justicia digital se tomarán en cuenta los principios de elegibilidad, equivalencia funcional o no discriminación, neutralidad tecnológica y seguridad de la información, adicionalmente a los generales del presente Código Nacional.

Artículo 935. El principio de elegibilidad consiste en que las partes tienen el derecho de optar voluntariamente que los procedimientos regulados en el presente Código Nacional, se tramiten de forma digital y en línea. La elegibilidad permitirá la sola integración de expedientes electrónicos, así como actuaciones y audiencias presenciales o a distancia, indistintamente.

La autoridad jurisdiccional, podrá proponer que un procedimiento se lleve a cabo en línea, atendiendo a cada caso en concreto o en las situaciones en que acontezca un fortuito o fuerza mayor; o bien, cuando para el trámite expedito del procedimiento de que se trate así convenga.

En el escrito inicial de demanda o comparecencia, la persona accionante manifestará si es su deseo tramitar el procedimiento en línea. En el caso de un procedimiento contencioso, al contestar la demanda, la persona demandada, manifestará si es su deseo igualmente de llevar el procedimiento en línea. Además, la autoridad jurisdiccional podrá, solicitar a las partes contendientes para que, de común acuerdo de forma voluntaria, el trámite procesal del juicio de que se trate, se realice de manera digital y en línea; en caso contrario, se continuará con la modalidad procesal tradicional, conforme a las disposiciones del presente Código Nacional, salvo que se trate de un procedimiento en línea exclusivamente.

Lo anterior sin perjuicio de que las partes, en cualquier etapa procesal, puedan solicitar que se cambie la modalidad para que, en lo subsecuente, se tramite en línea y digital.

Artículo 936. El principio de equivalencia funcional o no discriminación, para los efectos de los procedimientos que regula este Código Nacional, se puede interpretar bajo cualesquiera de las siguientes formas:

I. La autoridad jurisdiccional no negará efectos jurídicos, validez o eficacia probatoria a cualquier tipo de información por la sola razón de que esté contenida en un documento electrónico o en un mensaje de datos.

En ningún caso se requerirá manifestación bajo protesta de decir verdad de que los documentos digitalizados son copia fiel e inalterada de los documentos físicos;

II. La autoridad jurisdiccional no negará validez a la información o las comunicaciones, sea que estén contenidas en documentos electrónicos, mensajes de datos o en medios físicos por el solo hecho de usar alguna tecnología determinada;

III. La firma electrónica avanzada en un documento electrónico o en su caso, en un mensaje de datos, satisface el requisito de firma del mismo modo que la firma autógrafa en los documentos impresos;

IV. Todas las actuaciones judiciales, promociones, resoluciones, diligencias, expedientes, audiencias y demás semejantes dadas en forma oral, de forma virtual, electrónica, remota o a distancia, tendrán la misma eficacia probatoria o valor jurídico, que los que este Código Nacional consagra para las actuaciones presenciales y los instrumentos escritos, y

V. Los procedimientos judiciales podrán tramitarse total o parcialmente en línea, así como celebrarse sus actuaciones judiciales presencialmente o a distancia, sin que ello afecte la validez de las actuaciones. No se cuestionará la validez de un procedimiento por la sola razón de que una de las partes haya elegido llevarlo en línea y la otra de forma tradicional.

Artículo 937. El principio de neutralidad tecnológica consiste en que este Código Nacional no impondrá preferencias en favor o en contra de determinada tecnología, ni fomentará artificialmente determinadas opciones tecnológicas en detrimento de otras.

Este principio no limitará o impedirá que se usen los sistemas de justicia digital autorizados, según lo determinen los Acuerdos que establezcan los Lineamientos aprobados por el Consejo de la Judicatura respectivo.

Artículo 938. Los sistemas de justicia digital constituyen implementos adicionales, progresivos y optativos que deberán aplicarse y usarse en respeto a los derechos humanos y garantizando el derecho a la tutela judicial efectiva, por lo que de ninguna forma podrán interpretarse en forma restrictiva.

SECCIÓN PRIMERA
DE LA INTEGRACIÓN DEL EXPEDIENTE JUDICIAL

Artículo 939. El expediente judicial se integrará física y electrónicamente de acuerdo con las disposiciones establecidas en el presente Código Nacional, salvo que las partes convengan en que únicamente se integre de forma electrónica.

El Acuerdo que contenga Lineamientos aprobados por el Consejo de la Judicatura que corresponda, establecerá las reglas que permitan la debida integración de expedientes físicos y electrónicos, para los procedimientos tramitados en la modalidad en línea.

El expediente físico deberá contar con la impresión de los mensajes de datos y, de ser requerido, autenticados con firma electrónica avanzada, así como, en su caso, el acta de la diligencia respectiva, en la que se indicará la existencia de la videograbación que, aunque esté resguardada en otro lugar, formará parte del expediente respectivo.

Artículo 940. La autoridad jurisdiccional, a través de las áreas competentes, realizará todos los actos necesarios para concentrar todas las actuaciones, audiencias, diligencias, promociones y demás constancias de un procedimiento en línea en un mismo expediente judicial, que se integrará cronológicamente con las actuaciones judiciales, con independencia de la forma en que se hayan celebrado o presentado las mismas, garantizando que tanto el expediente físico como el electrónico contengan la misma información.

Artículo 941. El expediente electrónico deberá integrarse simultáneamente con el expediente físico, salvo aquellos casos en que el Consejo de la Judicatura correspondiente autorice solamente la integración de la versión electrónica y siempre que se garantice el derecho a la tutela judicial efectiva de las partes.

El expediente electrónico será el reflejo del expediente físico, para lo cual, además de los requisitos aplicables, se certificará por la persona funcionaria judicial facultada para ello, la coincidencia de las actuaciones judiciales entre sí.

Artículo 942. En los procedimientos en línea o promociones electrónicas, cualquier anexo deberá ir adjunto a la promoción electrónica. El juzgador podrá requerir la exhibición física del documento para corroborar su autenticidad e integridad. El anexo debe ir digitalizado junto con la promoción, lo que permitirá al juzgador consultarlo cuando lo requiera.

Artículo 943. El cotejo de documentos y demás actos necesarios que se requieran confrontar entre los expedientes físico y electrónico, se podrá realizar por conducto de la persona funcionaria judicial facultada para ello.

Dicha persona funcionaria judicial será responsable de verificar la coincidencia de contenidos entre el expediente físico y el expediente electrónico, y deberá validar, cuando así proceda, que:

I. Toda documentación recibida por vía electrónica se imprima y agregue al expediente físico, en su caso, con la evidencia criptográfica de la firma electrónica avanzada respectiva, y

II. La documentación recibida en formato impreso se digitalice e ingrese al expediente electrónico respectivo, certificándolo mediante el uso de la firma electrónica avanzada correspondiente.

Artículo 944. Las personas que intervengan en el procedimiento en línea deberán ajustarse a los Lineamientos para la promoción, consulta y acceso de expedientes digitales que emitan los Consejos de la Judicatura respectivos.

Artículo 945. Las personas funcionarias judiciales adscritas a las autoridades jurisdiccionales podrán acceder a los expedientes electrónicos relacionados con el ejercicio de sus atribuciones, para lo cual deberán contar con la clave de acceso otorgada por el órgano competente del Consejo de la Judicatura respectivo. Adicionalmente, deberán utilizar su firma electrónica avanzada para agregar constancias y resoluciones judiciales a los referidos expedientes.

Artículo 946. La información relativa a los expedientes electrónicos será preservada de conformidad con los lineamientos o disposiciones correspondientes.

SECCIÓN SEGUNDA
DE LA DIGITALIZACIÓN Y USO DE FIRMA ELECTRÓNICA

Artículo 947. Toda promoción, documentación y actuación que ingrese a un expediente electrónico deberá ser suscrita y autenticada con una firma electrónica avanzada.

Artículo 948. Las diligencias, promociones, resoluciones o actuaciones físicas autenticadas con firma autógrafa, se digitalizarán para su incorporación en el expediente electrónico de forma que se garantice su integridad, conservación y disponibilidad. Para la conservación y digitalización de documentos, la autoridad jurisdiccional seguirá las reglas que, para tal efecto, establece la Norma Oficial Mexicana que regule dichas actividades o las que se establezcan en los lineamientos que emita el Consejo de la Judicatura Federal correspondiente y que deberán ser acordes con dicha Norma.

Artículo 949. Las actuaciones y promociones judiciales contenidas en un mensaje de datos o documento electrónico suscritas con una firma electrónica avanzada amparada por un certificado digital vigente, garantizará la integridad del documento y producirá los mismos efectos que las leyes otorgan a los documentos con firma autógrafa, teniendo el mismo valor probatorio.

Artículo 950. Para efectos de los procedimientos en línea regulados por este Código Nacional, la autoridad jurisdiccional y las partes podrán utilizar la Firma Electrónica Certificada del Poder Judicial de la Federación (FIREL), la firma electrónica que se utilice en el Poder Judicial respectivo, y las firmas electrónicas emitidas y reconocidas por otras autoridades con los cuales los Poderes Judiciales hayan celebrado convenios para el reconocimiento de certificados digitales homologados.

Artículo 951. La página de firmantes que contenga las firmas electrónicas avanzadas de las personas funcionarias judiciales, hará las veces del sello físico que la autoridad jurisdiccional impone en los expedientes físicos.

Artículo 952. Todas las notificaciones realizadas en los procedimientos en línea surtirán sus efectos conforme a lo previsto en este Código Nacional.

Artículo 953. Cuando deba correrse traslado en la notificación electrónica, se adjuntará el documento digitalizado, documento electrónico o mensaje de datos respectivo debidamente cotejado por la persona funcionaria judicial facultada, de forma que garantice su disponibilidad e integridad.

Artículo 954. Cuando las partes reciban la notificación electrónica, el sistema de justicia digital correspondiente deberá generar acuse de recibido en el momento de la recepción del mensaje de datos a notificar, de conformidad con los lineamientos que para dichos efectos se emitan. Dicho acuse acreditará la debida notificación.

Artículo 955. Las comunicaciones diversas, como vistas al Ministerio Público, Fiscalías o Representación Social, requerimientos a las autoridades, peritos y demás auxiliares oficiales, se harán en forma electrónica a su correo electrónico oficial designado para ello, con acuse de recibo.

Artículo 956. Toda la información recibida vía electrónica, se apegará a las disposiciones aplicables de las leyes vigentes en materia de transparencia, acceso a la información pública y protección de datos personales, según corresponda.

CAPÍTULO II
DEL PROCEDIMIENTO EN LÍNEA Y DE LAS AUDIENCIAS VIRTUALES

SECCIÓN PRIMERA
DEL PROCEDIMIENTO EN LÍNEA

Artículo 957. Los procedimientos en línea se ajustarán a las siguientes disposiciones:

I. Las partes e intervinientes en un procedimiento en línea podrán presentar todos sus escritos, promociones y anexos de forma electrónica o a través de documento digitalizado. En ambos casos deberán estar autenticados mediante firma electrónica avanzada.

II. En el caso de diligencias y audiencias virtuales:

a) Se señalará día y hora para llevarla a cabo;

b) Se hará saber a las partes y demás intervinientes, por cualquiera de los medios de comunicación establecidos en este Código Nacional, la fecha de la misma y el enlace o método de acceso a la sala virtual;

c) En la fecha señalada, la autoridad jurisdiccional declarará la apertura de la diligencia o audiencia virtual en su sede judicial, ordenando a la persona secretaria de acuerdos o a quien, de acuerdo con el organigrama correspondiente realice tales funciones, proceda a identificar a todos y cada uno de los participantes;

d) Para fines de dicha identificación, los participantes deberán presentar el original de su identificación oficial vigente con fotografía, a los efectos de contar con evidencia digital, videograbada o fotográfica de la misma o, en su caso, cualquier elemento de identificación adicional que al efecto se autorice por la autoridad jurisdiccional, y

e) Hecho lo anterior, se procederá al desahogo de la diligencia o audiencia en los términos establecidos en este Código Nacional para el procedimiento respectivo;

III. Cuando deban recibirse testimonios, declaraciones, peritajes o cualquier información, con el objeto de garantizar las condiciones de autonomía y libertad en su emisión, o el derecho de las partes a realizar las preguntas que les correspondan, según sea el caso, la autoridad jurisdiccional podrá ordenar, a su criterio, cualquiera de las siguientes medidas:

a) Que la persona declarante lo haga en un área de transmisión designada por la autoridad jurisdiccional, sala remota o unidad de enlace que proporcione el Poder Judicial de la Entidad Federativa que corresponda, debiendo cumplir los requisitos para la recepción del desahogo de la prueba o información de que se trate;

b) Que la persona declarante lo haga en el área de transmisión que haya señalado la parte oferente en el juicio, acompañada de un servidor público, quien deberá asegurarse y hacer constar que la persona declarante no está siendo asistida de ninguna forma;

c) Que la persona declarante transmita desde un área que haya señalado la parte interesada, que permita verificar visual y auditivamente, a través de la cámara y micrófono, que al momento de la recepción de la prueba se encuentra sin asistencia, debiendo mantenerse a cuadro en todo momento, con el micrófono encendido durante su desahogo, ya que no se permitirá la interrupción de la transmisión de video y audio en ningún caso, así como el uso de algún dispositivo electrónico o la injerencia de cualquier otra persona durante el desahogo y hasta en tanto concluya la audiencia. En caso de incumplimiento se amonestará al infractor por única ocasión y, en caso de reincidencia, se dará vista a la Representación Social para que, de oficio, inicie la investigación correspondiente, y se declarará desierta la prueba por causas imputables a su oferente, continuándose en la etapa procesal que corresponda;

d) La parte contraria podrá estar presente durante el desahogo de la audiencia o diligencia virtual y, de ser necesaria su intervención, podrá solicitarlo mediante mensaje en el sistema electrónico de la sala virtual, levantando la mano o pidiéndolo verbalmente, para ser escuchado por la autoridad jurisdiccional. Mismo orden deberá llevarse a cabo, en el supuesto de que decida formular preguntas a alguno de los declarantes;

e) Que la persona declarante, o aquella que tenga a su cargo el desahogo de una prueba, se ubique en la misma área de transmisión de la autoridad jurisdiccional, aun cuando los representantes legales o demás participantes se encuentren en diverso lugar del de la transmisión, y

f) Cumplir con las disposiciones de la Sección segunda "De las Audiencias y Diligencias Virtuales", de este Capítulo.

IV. La persona juzgadora usará un lenguaje sencillo y claro durante toda la audiencia o diligencia virtual.

V. En su caso, desahogado todo el caudal probatorio, se pasará al período de alegatos si se prevé esta etapa para el procedimiento respectivo y, declarado visto el asunto, se procederá a emitir en el acto la sentencia o resolución judicial correspondiente, la cual se explicará con un lenguaje cotidiano, breve y sencillo a quien esté presente, entregando copia de la misma. Para ello, se decretará el receso pertinente para la materialización de la sentencia o resolución judicial. A quien esté ausente o desaparecido se le notificará en forma electrónica, dispensándose la explicación ante la inasistencia de ambas partes. La sentencia o resolución judicial correspondiente se emitirá en los términos y con las formalidades que se establecen en el presente Código Nacional para cada caso.

VI. Una vez hecho lo anterior, la autoridad jurisdiccional ordenará la elaboración de un acta mínima de la diligencia o audiencia virtual, la cual no requerirá de la firma de los participantes y sólo contendrá la firma electrónica avanzada de la persona a quien corresponda autorizar y dar fe del contenido de dicha acta.

VII. Si en la sentencia o resolución judicial se ordena su inscripción ante algún Registro, autoridad o institución, o la expedición de algún oficio, la autoridad jurisdiccional lo realizará y enviará electrónicamente a las autoridades o personas correspondientes.

En todo lo no previsto en el presente Capítulo, se estará a las disposiciones contenidas en este Código Nacional.

Artículo 958. En todos los casos las partes interesadas o intervinientes en una audiencia o diligencia virtual, deberán cumplir con las disposiciones antes referidas, apercibidos de que, en caso contrario, serán expulsadas de la sala virtual las personas infractoras, por causas imputables a las mismas, debiendo asumir las consecuencias legales que esto implique, continuando con el desarrollo de la audiencia o diligencia virtual. Asimismo, se impondrán las correcciones disciplinarias y medidas de apremio reguladas en este Código Nacional que la persona juzgadora considere oportunas.

SECCIÓN SEGUNDA
DE LAS AUDIENCIAS Y DILIGENCIAS VIRTUALES

Artículo 959. A petición de parte o por propuesta de la autoridad jurisdiccional, cualquier audiencia y diligencia prevista en el presente Código Nacional podrá celebrarse bajo la modalidad de audiencia virtual y diligencia virtual.

En las audiencias, cualquiera de las partes o la autoridad jurisdiccional, podrán estar presentes vía remota o a través de sistemas de justicia digital de acuerdo con los lineamientos respectivos, siempre y cuando se garantice el derecho a la tutela judicial efectiva y los principios procesales previstos en el presente Código Nacional.

Artículo 960. Cuando la autoridad jurisdiccional advierta en cualquier etapa del procedimiento, la viabilidad de llevar a cabo la audiencia o diligencia virtuales del procedimiento de que se trate, exhortará a las partes para optar por dicha alternativa. En todo caso, quienes intervengan en forma virtual o remota deberán:

I. Tener acceso a una computadora o dispositivo electrónico similar que tenga la capacidad de realizar videoconferencias, para lo cual es necesario que dicho equipo cuente con micrófono y cámara web;

II. Contar con conexión a Internet con al menos una velocidad de 1.5 megabytes por segundo;

III. Señalar un correo electrónico que esté registrado o señalado ante la autoridad jurisdiccional para ser notificado, así como para recibir el enlace o método de acceso a la sala virtual designada para llevar la audiencia o diligencia virtual, y

IV. Quienes comparezcan vía remota o electrónica deberán indicar el lugar y área de transmisión que ocuparán, así como los demás intervinientes a su cargo, lo que deberán hacer bajo protesta de decir verdad, cumpliendo además con lo dispuesto en este Código Nacional.

En caso de requerirlo, cualquiera de las partes o intervinientes en una audiencia o diligencia virtuales, podrán solicitar a una autoridad jurisdiccional, local o federal, distinta de la que sustancie el procedimiento, que le permita el acceso a su recinto judicial y le proporcione todo lo necesario para atender en tiempo y forma la audiencia o diligencia virtual. Dicha solicitud deberá hacerse con una razonable anticipación a la celebración de la audiencia o diligencia virtuales, dependiendo del procedimiento de que se trate, y deberá contener los datos de identificación del expediente y procedimiento judicial, las razones en que sustenta su solicitud y una dirección de correo electrónico. La autoridad jurisdiccional requerida deberá resolver y notificar su resolución mediante correo electrónico, en un plazo breve.

Artículo 961. En caso de advertir alguna falla técnica u otra situación extraordinaria que impida el desarrollo de la audiencia o diligencia virtuales, la autoridad jurisdiccional determinará las medidas que estime necesarias para continuarla o, de ser el caso, suspenderla, supuesto en el que señalará una hora o fecha posterior para su reanudación a través del uso preferente de la sala virtual o de manera presencial.

Las audiencias y diligencias virtuales se registrarán y el personal facultado para ello deberá relacionarlas con el expediente electrónico respectivo, siguiendo para ambos aspectos las pautas establecidas en los Acuerdos que contengan los Lineamientos que los Consejos de la Judicatura respectivos emitan para tal efecto.

El registro de las diligencias virtuales, audiencias virtuales y, tratándose de sesiones, de la porción respectiva al asunto del que se trate, será parte del expediente electrónico y no se requerirá transcripción alguna de lo que ahí conste.

La participación de las partes a través de audiencias y diligencias virtuales generará los mismos efectos y alcances jurídicos que la audiencia o diligencia que se realice con presencia física ante las autoridades jurisdiccionales.

Artículo 962. Cuando para el desarrollo de la audiencia o diligencia virtuales resulte fundamental mantener la separación o exclusión de ciertos intervinientes en determinados momentos de la misma, la autoridad jurisdiccional encargada de su conducción solicitará el apoyo de su personal técnico o administrativo para que, con asistencia técnica, se adopten medidas tendientes a:

I. Verificar dicha separación física y la ausencia de influencias o injerencias que puedan afectar un testimonio, declaración o peritaje;

II. Enviar a dichos intervinientes a salas de espera virtuales, utilizando para ello las funcionalidades previstas en la herramienta tecnológica implementada para la práctica de las mismas, y

III. Ordenar todas las medidas necesarias para tal efecto, siempre que se respeten los principios de este Código Nacional.

Artículo 963. Para la celebración de las diligencias y audiencias virtuales deberán de acatarse las reglas de las diligencias y audiencias dentro del procedimiento judicial respectivo, ajustándose en lo conducente a las reglas para el desarrollo de las audiencias y diligencias virtuales, en términos de lo dispuesto en el presente Título.

CAPÍTULO III
DE LOS SISTEMAS DE JUSTICIA DIGITAL Y DE LA SEGURIDAD DE LA INFORMACIÓN

SECCIÓN PRIMERA
DE LOS SISTEMAS DE JUSTICIA DIGITAL

Artículo 964. Los Poderes Judiciales correspondientes, a través del Consejo de la Judicatura o la autoridad competente señalada en su respectiva Ley Orgánica:

I. Implementarán y mantendrán actualizadas y funcionales los sistemas de justicia digital necesarios con el fin de contar con Oficialías de Partes en línea, servicios digitales, notificaciones electrónicas, así como las tecnologías necesarias para hacer accesible para todas las personas la justicia digital, y proveer lo necesario para que exista ciberseguridad;

II. Designarán a una persona, área, unidad administrativa o proveedor de tecnologías de información que de forma permanente sea responsable de:

a) Supervisar que los sistemas de justicia digital se mantengan funcionando de forma correcta y segura;

b) Dar soporte a las personas juzgadoras y personas funcionarias judiciales en todo lo relacionado con el uso de los sistemas de justicia digital;

c) Atender las quejas y orientar a los usuarios de sistemas de justicia digital para que comprendan la forma de operar de dichos sistemas;

d) Corregir cualquier falla, error, intermitencia o problema que afecte, impida u obstaculice, total o parcialmente, el funcionamiento de los sistemas de justicia digital, y

e) Conocer y compartir las mejores prácticas en el funcionamiento e implementación de sistemas de justicia digital con los Consejos de la Judicatura de otras Entidades Federativas, así como con el Consejo de la Judicatura Federal.

Artículo 965. Los sistemas de justicia digital deberán:

I. Contar con garantías sólidas de uso y funcionamiento, que les brinde continuidad y soporte permanente a los usuarios de estos sistemas, y

II. Gozar de medidas de seguridad de la información confiables y robustas.

Artículo 966. Cuando por caso fortuito, fuerza mayor o por fallas técnicas se interrumpa el funcionamiento de uno o más de los sistemas de justicia digital que dependan (sic) la autoridad jurisdiccional y que hacen posible los procedimientos en línea, hagan inviable el cumplimiento de los plazos establecidos en la ley, las partes deberán dar aviso a la autoridad jurisdiccional correspondiente en la misma promoción sujeta a término, quien pedirá un reporte al titular de la unidad administrativa del Juzgado o Tribunal responsable de la administración del sistema o plataforma sobre la existencia de la interrupción del servicio.

El reporte que determine que existió interrupción en el sistema o plataforma deberá señalar la causa y el tiempo de dicha interrupción, indicando la fecha y hora de inicio y término de la misma. Los plazos se suspenderán únicamente por el tiempo que haya durado la interrupción del sistema de justicia digital afectado. Para tal efecto, el Juzgado o la Sala hará constar esta situación mediante acuerdo en el expediente electrónico y, considerando el tiempo de la interrupción, realizará el computo correspondiente, para determinar si hubo o no incumplimiento de los plazos legales.

Artículo 967. Las fallas que pueda sufrir la computadora, dispositivo, el equipo o la conexión a internet de las partes, interesados o sus representantes legales, de ninguna forma interrumpirán los plazos establecidos en este Código Nacional.

SECCIÓN SEGUNDA
DE LA SEGURIDAD DE LA INFORMACIÓN

Artículo 968. Seguridad de la información es el principio consistente en que todo procedimiento en línea, promoción electrónica, audiencia virtual, diligencia virtual, videoconferencia, y en general, toda actuación y documentación que forme parte de procedimientos en línea, se lleve a cabo protegiendo la información y los sistemas de información contra el acceso, uso, divulgación, interrupción, modificación o destrucción no autorizados a fin de proporcionar confidencialidad, integridad y disponibilidad, mientras dichos atributos no se contrapongan con la naturaleza o características de determinado procedimiento, audiencia o actuación judicial.

Artículo 969. Las autoridades jurisdiccionales tienen la principal responsabilidad de proteger la información, los documentos y las comunicaciones que se lleven a través de medios electrónicos, así como los sistemas que contengan dicha información, incluyendo las audiencias y diligencias virtuales.

Lo anterior no exime a las partes interesadas y usuarios de sistemas de justicia digital de tomar sus propias medidas y precauciones para mantener la seguridad de la información que se envíe, intercambie y gestione a través de dichos sistemas.

Artículo 970. La autoridad jurisdiccional advertirá a todas las personas que intervengan en un procedimiento en línea, de la naturaleza confidencial o pública de las audiencias y diligencias virtuales.

Artículo 971. Las partes, los auxiliares en la administración de justicia, sus representantes y cualquier otra persona que intervenga en un procedimiento en línea, deberán acatar toda instrucción, orden u obligación en materia de seguridad de la información, privacidad y protección de datos personales, que provenga de la autoridad jurisdiccional, de este Código Nacional, de la legislación federal aplicable o de los Lineamientos que emita el Consejo de la Judicatura respectivo.

Artículo 972. Son acciones básicas que debe adoptar la autoridad jurisdiccional para darle seguridad al expediente electrónico, así como a los procedimientos en línea, y todos los sistemas de justicia digital:

I. Adoptar e implementar políticas, programas o soluciones informáticas que detecten, prevengan, mitiguen y eliminen amenazas, riesgos e incidentes cibernéticos;

II. Verificar la vigencia de los certificados digitales de las firmas electrónicas avanzadas;

III. Verificar el adecuado funcionamiento de los programas o plataformas electrónicas que posibiliten las audiencias virtuales, así como las videoconferencias;

IV. Usar comunicaciones electrónicas protegidas por algún mecanismo de seguridad como el cifrado;

V. Corroborar que los enlaces y documentos electrónicos o mensajes de datos que se adjunten en correos o comunicaciones electrónicas estén libres de virus y código malicioso, y en caso contrario, aplicar los mecanismos necesarios para eliminar o corregir cualquier amenaza cibernética detectada;

VI. Comprobar la integridad, accesibilidad, formato y contenido de los documentos digitalizados, archivos electrónicos o mensajes de datos que formen parte de los expedientes judiciales, las actuaciones, las audiencias y las diligencias virtuales;

VII. Corroborar fehacientemente la identidad de las partes y otras personas intervinientes en un procedimiento en línea;

VIII. Aplicar soluciones o mecanismos tecnológicos que aseguren la conservación, integridad y disponibilidad de todas las resoluciones judiciales e información que contenga el expediente electrónico, y

IX. Mantener respaldos seguros de toda la información que contengan los expedientes electrónicos.

El Consejo de la Judicatura respectivo emitirá Lineamientos de Seguridad de la Información, y todos aquellos que considere pertinentes para dotar de seguridad jurídica y tecnológica a los procedimientos en línea.

Artículo 973. No se deberán usar los documentos, sellos y firmas electrónicas para fines indebidos, por lo que ante ello se dará vista a los interesados para que realicen las gestiones pertinentes ante los órganos administrativos o autoridades correspondientes.

LIBRO NOVENO
DE LA SENTENCIA, VÍA DE APREMIO Y SU EJECUCIÓN

TÍTULO ÚNICO
DE LA EJECUCIÓN DE LA SENTENCIA

CAPÍTULO I
DE LA SENTENCIA EJECUTORIADA Y COSA JUZGADA

Artículo 974. Se considera cosa juzgada la sentencia que ha causado ejecutoria, el convenio emanado de cualquier procedimiento judicial, el celebrado en el procedimiento de mediación en el Centro de Justicia Alternativa correspondiente en las Entidades Federativas, así como el que resulte de la mediación comunitaria, y en los demás casos que la ley prevea.

Artículo 975. Causan ejecutoria por ministerio de Ley:

I. Las sentencias de segunda instancia;

II. Las que resuelvan una queja;

III. Las que resuelven una competencia;

IV. Las demás que se declaran irrevocables por prevención expresa de la Ley;

V. Las que no puedan ser recurridas por ningún medio ordinario, y

VI. Los convenios de mediación, conciliación o transacción emanados de los mecanismos alternativos para la solución de controversias realizados antes del inicio de un procedimiento jurisdiccional o durante el desarrollo de éste, sin necesidad de ser ratificados ante la autoridad jurisdiccional, los que tendrán la categoría de cosa juzgada o en su caso de sentencia ejecutoriada de conformidad con sus propias leyes.

Artículo 976. Las sentencias definitivas o interlocutorias respecto de prestaciones futuras y de los juicios que por su naturaleza así proceda, serán declaradas firmes, en virtud de que sólo tendrán autoridad de cosa juzgada, mientras no se alteren o cambien las circunstancias que afecten el ejercicio de la acción que se dedujo en el juicio principal y sólo podrán ser modificadas mediante juicio posterior.

Artículo 977. Causan ejecutoria por declaración judicial:

I. Las sentencias y resoluciones judiciales consentidas expresamente por las partes o por su persona representante autorizada con poder o cláusula especial;

II. Las sentencias de que hecha notificación en forma, no se interponga recurso en el término señalado por la Ley, y

III. Las sentencias contra las que se interpuso recurso, pero no se continuó en forma y términos legales, operando la caducidad de la segunda instancia; o cuando el recurso se declare improcedente, se deseche o se desista de éste, la parte o su persona representante autorizada con poder o cláusula especial.

Artículo 978. En los casos a que se refiere la fracción I del artículo anterior, la autoridad jurisdiccional de oficio hará la declaración correspondiente.

En el caso de la fracción II, la declaración se hará de oficio o a petición de parte, previa la certificación correspondiente de la persona secretaria judicial.

En los supuestos de la fracción III, la declaración se hará de oficio o a petición de parte, por la autoridad jurisdiccional que corresponda.

Artículo 979. El auto en que se declara que una sentencia o resolución judicial ha causado o no ejecutoria, no admite ningún recurso.

CAPÍTULO II
DE LA VÍA DE APREMIO Y EJECUCIÓN DE SENTENCIA

Artículo 980. En la vía de apremio y los procedimientos de ejecución de sentencia o convenio, además de los principios previstos por este Código Nacional, serán aplicables los siguientes:

I. Cumplimiento voluntario. La autoridad jurisdiccional privilegiará y dará prioridad al cumplimiento voluntario de la sentencia de la resolución a través de los mecanismos autorizados en el presente Código Nacional y los que considere pertinentes, dejando como última alternativa la ejecución forzosa;

II. Ejecución con óptica de derechos humanos. Debe garantizarse la ejecución pronta y expedita de la sentencia definitiva o convenio judicial en estricto respeto a los derechos humanos de la parte ejecutante y ejecutada;

III. Idoneidad, razonabilidad y proporcionalidad. La autoridad jurisdiccional deberá interpretar armónicamente las disposiciones para la ejecución de sentencias en relación con los puntos resolutivos de la sentencia definitiva, procurará tener siempre un enfoque de los derechos humanos de la persona ejecutante y ejecutada;

IV. Celeridad. La ejecución de sentencia o convenio judicial, privilegiará el cumplimiento sobre la formalidad, siempre y cuando se garantice la igualdad, seguridad y la tutela jurisdiccional efectiva de las personas ejecutantes, ejecutadas y terceros relacionados con los últimos, y

V. Buena fe y lealtad procesal. Es responsabilidad de las partes, ejecutante y ejecutada, cumplir y lograr la ejecución de la sentencia o convenio judicial, por lo que su participación debe entenderse en el sentido de cumplir con la vigilancia y postulación del procedimiento, así como garantizar el cumplimiento de la misma con dignidad para todas las personas, sin dilación en la impartición de justicia.

Artículo 981. En el procedimiento de ejecución de sentencia, de las resoluciones judiciales o la tramitación de cualquier incidente relacionado con las mismas, no se requerirá notificación personal, salvo que la ejecución se solicite después de tres meses que la sentencia definitiva o convenio judicial cause ejecutoria o se trate del emplazamiento de una tercería. Lo anterior, salvo la materia familiar, en la que la autoridad jurisdiccional proveerá lo necesario en relación con las notificaciones personales en dichos supuestos.

Las tercerías en etapa de ejecución de sentencia y aquellos que la autoridad jurisdiccional estime necesario, se notificarán personalmente a las partes, a través del correo electrónico que hayan designado en autos, o en su defecto, por cualquier medio de comunicación judicial de los previstos en el presente Código Nacional.

Artículo 982. Procede la vía de apremio a instancia de parte, siempre que se trate de la ejecución de una sentencia o de un convenio celebrado en juicio o en virtud de pacto comisorio expreso que obre en escritura pública, ya sea por las partes o por terceros que hayan venido a juicio.

Esta disposición será aplicable en la ejecución de convenios celebrados ante la Procuraduría Federal del Consumidor, la Procuraduría Social y las Instituciones homólogas de la Entidad Federativa de que se trate con las atribuciones respectivas, así como los laudos emitidos por dichas Instituciones.

La ejecución de convenios emanados del procedimiento de mediación ante los Centros de Justicia Alternativa, de Mediación Comunitaria, Estatales o Municipales, los realizados a través de Mediadores Públicos o Privados certificados, que cumplan previamente con los requisitos previstos en la Ley de cada Entidad Federativa, los celebrados ante los Juzgados Cívicos o sus homólogos tratándose de daños culposos causados con motivo de tránsito de vehículos.

Artículo 983. La ejecución de sentencias definitivas que hayan causado ejecutoria, se hará por la autoridad jurisdiccional que conoció del procedimiento en la primera instancia o por aquella que la Ley Orgánica respectiva determine.

La ejecución de las resoluciones firmes que resuelvan un incidente queda a cargo de la autoridad jurisdiccional que conozca del principal, según corresponda.

La ejecución de los convenios celebrados en juicio se hará por la autoridad jurisdiccional que conozca del asunto en que tuvieron lugar; pero no procede en la vía de apremio, si no consta judicialmente en autos.

Las sentencias pronunciadas sobre derechos reales e inmuebles en una Entidad Federativa serán ejecutadas en las demás y por la Federación por la autoridad jurisdiccional facultada para ello de conformidad con las leyes del lugar de la ejecución.

Artículo 984. Las transacciones o los convenios que se celebren en segunda instancia, serán ejecutados por la autoridad jurisdiccional que resolvió en la primera instancia, debiendo la autoridad jurisdiccional de segunda instancia enviar los autos y copia certificada del convenio respectivo dentro de los tres días siguientes a que se celebró y aprobó.

Artículo 985. La sentencia ejecutoriada que pronuncie la autoridad jurisdiccional de segunda instancia no requerirá notificación personal alguna a las partes.

Artículo 986. La ejecución de las sentencias arbitrales, los laudos, los convenios de mediación o transacción extrajudiciales y los celebrados ante las autoridades administrativas correspondientes, se hará por la autoridad jurisdiccional designada por las partes o, en su defecto, por la del lugar del procedimiento o la de la ubicación de los bienes objeto de ejecución a elección de la parte ejecutante.

Artículo 987. La ejecución de las sentencias y convenios en la vía ejecutiva, se efectuará conforme a las reglas generales del juicio ejecutivo civil oral por la autoridad jurisdiccional que resolvió el asunto.

Artículo 988. Las sentencias definitivas, interlocutorias y los convenios judiciales deberán señalar un plazo razonable para su cumplimiento; en caso de ausencia de dicho plazo, la persona ejecutada contará con el término improrrogable de diez días, una vez que la resolución judicial de que se trate quede firme, mismo que correrá a partir del día siguiente en que surta efectos su notificación.

Artículo 989. Una vez que la sentencia definitiva, sentencia interlocutoria ejecutoriada o convenio judicial, se encuentre firme, y transcurrido el plazo concedido para su cumplimiento voluntario, sin que éste se haya realizado, la parte que pretenda ejecutar, podrá solicitar a la autoridad jurisdiccional, la celebración de la audiencia de cumplimiento. Admitida la solicitud, se señalará fecha y hora para su celebración dentro de los siguientes diez días.

En los demás casos que proceda la vía de apremio será siempre a instancia de parte interesada el inicio del procedimiento. En estos casos deberá notificarse personalmente a las partes involucradas el inicio del procedimiento y los demás casos que la autoridad jurisdiccional lo considere necesario.

Artículo 990. En materia familiar, sólo en aquellos casos que dadas las especiales particularidades de los efectos de la sentencia ejecutoriada y cuando la autoridad jurisdiccional considere viable la celebración de la audiencia de cumplimiento, se ordenará la misma. En los demás casos, transcurrido el plazo para su cumplimiento voluntario, se procederá a su inmediata ejecución forzosa, sin necesidad de notificación personal a las partes, salvo que la autoridad jurisdiccional así lo decrete.

Artículo 991. Tratándose de prestaciones económicas sin cuantificar, en la audiencia de cumplimiento las partes podrán realizar adicionalmente las propuestas para efecto de su liquidación; quienes además podrán acordar el plazo, forma y modo para su cumplimiento.

Cuando las partes no alcancen un acuerdo sobre la forma, plazo, cuantía o modo de cumplimiento de la sentencia ejecutoriada, se dará por concluida la etapa, y, sin mayor trámite, la autoridad jurisdiccional procederá a ordenar la ejecución forzosa de la sentencia de la que se trate, dictando auto de mandamiento en forma.

Artículo 992. La ejecución de una sentencia definitiva, interlocutoria o convenio judicial podrá iniciarse en la misma audiencia de juicio, concluida la explicación del fallo, siempre que haya comparecido la parte que resultó vencida y se conforme con la misma. La persona ejecutada en ese mismo acto podrá proponer un acuerdo de cumplimiento a la persona que venció, sin que este acuerdo, pueda alterar, modificar o novar el fondo de los puntos resolutivos de la sentencia, salvo en los asuntos del orden familiar y la autoridad jurisdiccional así lo apruebe.

Artículo 993. Cuando se pida la ejecución de una sentencia ejecutoriada, la autoridad jurisdiccional señalará fecha única e indiferible en el plazo de diez días para la celebración de la audiencia de cumplimiento que contará con las siguientes etapas:

I. La etapa de cumplimiento voluntario, y

II. La etapa de ejecución forzosa.

La audiencia se desarrollará de acuerdo a las siguientes reglas:

I. Declarada la apertura de la audiencia de cumplimiento de sentencia ejecutoriada, se iniciará con los acuerdos sobre el cumplimiento voluntario de la sentencia. El funcionario judicial que asista a la autoridad jurisdiccional, identificará a las partes y les tomará la protesta de ley. Seguidamente dará lectura a los puntos resolutivos de la sentencia ejecutoriada de que se trate. En caso de hacerse constar la incomparecencia de la parte demandada desde el inicio de la audiencia, se decretará precluidos sus derechos y se iniciará de inmediato la ejecución forzosa de la sentencia;

II. Agotada la lectura a que se refiere la fracción anterior, la persona ejecutada propondrá a la persona ejecutante una propuesta de cumplimiento voluntario de la sentencia. Enseguida, la persona ejecutante manifestará su conformidad, o bien, propondrá a la persona ejecutada una nueva contra propuesta, quien manifestará la conformidad o no con la misma. Las partes podrán hacer cuantas propuestas y contra propuestas que consideren oportunas con el objeto de llegar a un acuerdo de cumplimiento y siempre que no entrañen dilaciones procesales a consideración de cualquiera de las partes o de la autoridad jurisdiccional;

III. De llegar a un acuerdo sobre el cumplimiento voluntario, la autoridad jurisdiccional, verificará que sea conforme a derecho, respetando los derechos humanos de todos los participantes y que el mismo no provoque o modifique de manera sustancial el fallo que se ejecuta, salvo en materia familiar;

IV. De no llegarse a un acuerdo entre las partes en esta audiencia, se declarará cerrada la etapa de cumplimiento voluntario y, sin mayor trámite se procederá a la apertura de la etapa de ejecución forzosa de la sentencia, procediendo el órgano jurisdiccional a pronunciar auto de mandamiento en forma en contra del ejecutado;

V. Asimismo, en el caso de que existan prestaciones económicas por cuantificar o liquidar o alguna otra condición que no haya hecho exigible la prestación condenada desde la sentencia, las partes podrán llevar sus propuestas de cuantificación para que consensen acuerdo al respecto.

Cuando no se logre ningún acuerdo, en esta etapa, se dará por concluida la etapa de cumplimiento voluntario y se iniciará la ejecución forzosa de la sentencia ejecutoriada, procediendo el órgano jurisdiccional a pronunciar auto de mandamiento en forma en contra del ejecutado por las prestaciones liquidas y se dejarán a salvo los derechos de las partes para que en la vía y forma cuantifiquen las prestaciones pendientes;

VI. En la etapa de ejecución forzada de la sentencia, las partes podrán igualmente intentar llegar a acuerdos sobre la forma de fijar el valor de los bienes en caso de remate, designación de perito único, forma de desocupación, compensaciones y el perdón o quita de algunas prestaciones económicas condenadas, para facilitar la pronta ejecución, los que en su caso serán aprobados por la autoridad jurisdiccional.

De encontrarse el ejecutado o no llegar a algún acuerdo las partes, se emitirá únicamente auto de mandamiento en forma en contra del ejecutado;

VII. Abierta la etapa de ejecución forzada de la sentencia, las partes podrán hacer valer en forma oral, el incidente de liquidación de aquellas prestaciones que la sentencia no tenga cuantificadas de conformidad con las reglas previstas en este Código Nacional.

De no estar presente alguna de las partes, el incidente de liquidación siempre se deberá presentar por escrito, observando las disposiciones aplicables en materia de incidentes previstas en el presente Código Nacional, y

VIII. En la audiencia de cumplimiento no serán admisibles promociones o peticiones por escrito, y las resoluciones judiciales no serán impugnables, salvo que el presente Código Nacional disponga lo contrario.

Artículo 994. Transcurrido el plazo para el cumplimiento voluntario y dictado el auto de mandamiento en forma, si la sentencia condenare al pago de cantidad líquida, se procederá siempre, y sin necesidad de previo requerimiento personal a la persona condenada, se procederá al embargo de bienes en los términos previstos en el presente Código Nacional.

El embargo de bienes, en ejecución de sentencia, sólo puede tener lugar para garantizar el pago de las prestaciones condenadas, así como el pago de daños y perjuicios.

En el caso de procedimientos emplazados por edictos y el ejecutado se encuentre en rebeldía, el embargo se trabará en la sede del órgano jurisdiccional que resultó competente para el trámite y resolución del asunto, debiendo notificarse dicho acto procesal mediante edictos, que se publicarán por una única ocasión en el medio que determine la autoridad jurisdiccional, con los apercibimientos respectivos.

Iniciada la ejecución forzosa de la sentencia ejecutoriada, los actos que requieran notificación personal del ejecutado, se efectuarán en el correo electrónico designado para tal efecto, a falta de correo electrónico o domicilio para oír y recibir notificaciones, le surtirán efectos las mismas, mediante su publicación en el medio de comunicación judicial que ordene la autoridad jurisdiccional.

Artículo 995. Transcurrido el plazo otorgado en el acuerdo respectivo para el cumplimiento de la sentencia, sin haberse cumplido, se procederá al embargo de cantidad cierta y determinada.

En todo caso en que, para despachar ejecución, sea necesario practicar previamente una liquidación de la sentencia, se efectuará ésta por el procedimiento incidental.

Artículo 996. Si los bienes embargados fueren dinero, sueldos, pensiones o créditos realizables en el acto, como efectos de comercio o acciones de compañías que se coticen en la Bolsa Mexicana de Valores, se hará el pago a la persona acreedora inmediatamente después del embargo. Los efectos de comercio y acciones, bonos o títulos de pronta realización, se mandarán vender por conducto de Corredor Público o por la Institución autorizada, a costa de la persona obligada.

Cuando la persona deudora consignare la cantidad reclamada, se suspenderá el embargo y la cantidad se consignará mediante billete de depósito. Si la cantidad consignada no fuere suficiente para cubrir la deuda principal y demás condenas accesorias, se practicará el embargo por lo que falte.

Artículo 997. Si los bienes embargados precautoriamente no estuvieren valuados anteriormente o no se define en audiencia de cumplimiento su valor por acuerdo de ambas partes, se ordenará el avalúo y en su caso, la venta en almoneda pública, en los términos previstos por este Código Nacional.

Sin perjuicio por lo dispuesto en las normas fiscales, no se requiere avalúo cuando el precio conste en instrumento público o se haya fijado por consentimiento de las personas interesadas o se determine por otros medios el precio de los bienes, según las estipulaciones del contrato base de la controversia, a menos que en el curso del tiempo o por mejoras, hubiere variado el precio; el que se fijará sobre el valor objetivo y razonable del mismo, por la autoridad jurisdiccional a través de un único perito valuador.

Cuando la persona ejecutada no hubiere hecho el nombramiento en ejecución de sentencia de perito valuador, se realizará el mismo a través del perito designado por la autoridad jurisdiccional, dentro de aquellos que se encuentren autorizados por el Poder Judicial que corresponda, a costa de la parte ejecutada.

Artículo 998. Del precio del remate, se pagará a la persona ejecutante el importe de su crédito y se cubrirán los gastos de ejecución que hayan sido probados.

Artículo 999. Si la sentencia contuviere condena al pago de cantidad líquida y de otra ilíquida, podrá hacerse efectiva la primera, sin esperar a que se liquide la segunda.

Artículo 1000. Si la sentencia no contiene cantidad líquida, cualquiera de las partes podrá cuantificarla por escrito o en forma oral al promover su liquidación. Si se promueve fuera de la audiencia, se dará un plazo de tres días para que se conteste el incidente, señalándose fecha para audiencia de cumplimiento en cuanto las pruebas admitidas estén preparadas, misma en la que se resolverá. Esta resolución será apelable en el efecto devolutivo.

En el caso de que para la cuantificación se requiera de alguna pericial se ofrecerá en el momento de que se promueva o conteste, la que seguirá el trámite de ofrecimiento, preparación y desahogo en los términos previstos en el presente Código Nacional.

Artículo 1001. Cuando la sentencia hubiere condenado al pago de daños y perjuicios sin fijar su importe en cantidad líquida, habiéndose establecido o no en aquélla las bases para la liquidación, la persona que haya obtenido a su favor el fallo, presentará con la solicitud oral o escrita, en relación de los daños y perjuicios y de su importe, observándose lo dispuesto en este Código Nacional.

Lo mismo se practicará cuando la cantidad ilíquida proceda de frutos, rentas o productos de cualquier clase.

Artículo 1002. Si la sentencia condena a la ejecución de un hecho o prestación de algún bien, la autoridad jurisdiccional señalará al que fue condenado a un plazo prudente para el cumplimiento. Si pasado el plazo el obligado no cumpliere, se observarán las reglas siguientes, dentro o fuera de audiencia de cumplimiento en ejecución de sentencia:

I. Si el hecho fuere personal del obligado y no pudiere prestarse por otro, el ejecutante podrá reclamar el pago de daños y perjuicios a juicio de peritos, salvo que se hubiera condenado al pago de alguna pena, caso en el cuál por ésta, se despachará ejecución;

II. Si el hecho pudiere prestarse por otro, la autoridad jurisdiccional nombrará a la persona o personas que lo ejecuten a costa del obligado en el término que le fije. La persona nombrada podrá solicitar, antes de realizar los trabajos, se le asegure el importe fijado por acuerdo entre ellos, o en su defecto, a juicio de perito oficial, pidiendo de ser necesario se despache auto de ejecución para tal efecto, y

III. Si el hecho consiste en el otorgamiento de algún instrumento o la celebración de un acto jurídico, la autoridad jurisdiccional lo ejecutará por el obligado, expresándose en el documento que se otorgó en rebeldía.

En el caso de que el documento consista en una escritura pública, se pondrán los autos a disposición de la Notaria o el Notario Público que designe la parte en cuyo favor se dictó la sentencia y mediante notificación que surta sus efectos a través de la publicación en el medio de comunicación judicial oficial, se hará del conocimiento de la parte condenada, su deber de comparecer ante la Notaría, a cumplir con su obligación de firmar la escritura que se elabore en estricto cumplimiento a la sentencia condenatoria, lo que deberá hacer dentro del término de cinco días a partir de que la Notaria o el Notario Público le informe que está listo el proyecto respectivo, apercibido que de no hacerlo lo hará la autoridad jurisdiccional en su rebeldía.

Artículo 1003. En el instrumento público, que se otorgue conforme a lo señalado en el artículo anterior, se hará constar que se otorga en ejecución de la sentencia emitida en juicio.

Las actuaciones judiciales que deberán relacionarse, insertarse o agregarse en copias certificadas, al apéndice en la escritura serán, al menos las siguientes:

I. Las cláusulas del contrato que se formaliza o acto jurídico del que emana dicha obligación;

II. La demanda, el emplazamiento y su contestación o la declaración de rebeldía;

III. La sentencia que haya resuelto el fondo del asunto y, en su caso, del auto que la declara firme o del convenio judicial y el auto de aprobación que lo eleve a categoría de sentencia ejecutoriada;

IV. El proveído que ordene poner a disposición de la Notaria o Notario Público los autos para el otorgamiento de escritura respectiva en el cual consta, además, la notificación a las partes de dicho hecho, y

V. El auto de la autoridad jurisdiccional por el que, al no haber comparecido a la firma correspondiente, se otorga la escritura sin su comparecencia.

La Notaria o el Notario Público, una vez que se haya otorgado el instrumento deberá informar a la autoridad jurisdiccional, el número, libro y fecha que corresponda al mismo y, en su caso, devolverá el expediente puesto a su disposición. En caso de requerimiento, la Notaria o el Notario Público, informará de la situación que guarda el expediente que le haya sido turnado.

La autoridad jurisdiccional contará con un plazo máximo de diez días hábiles para emitir mediante proveído las observaciones que estime pertinentes. En caso de requerimiento, la Notaria o el Notario Público, contará con el mismo plazo para su atención.

De no existir observaciones o una vez realizadas las indicadas, la autoridad jurisdiccional firmará la escritura en rebeldía de la parte condenada.

Las resoluciones judiciales que se emitan con relación a las actuaciones que se deben insertar en la escritura y sus aclaraciones, serán irrecurribles.

Artículo 1004. Si la parte ejecutante optare, en cualquiera de los casos enumerados en el artículo anterior, por el resarcimiento de daños y perjuicios, se procederá a embargar bienes de la persona deudora por la cantidad que aquella señale y que la autoridad jurisdiccional podrá moderar prudentemente, sin perjuicio de que la persona deudora reclame sobre el monto.

Esta reclamación se substanciará como el incidente de liquidación de sentencia, misma que será susceptible de apelación.

Artículo 1005. Cuando se trate de sentencia que condene a no hacer, su ejecución consistirá en notificar, al sentenciado, que a partir del cumplimiento del término que en ella misma se señale, o del que, en su defecto, le fije la autoridad jurisdiccional prudentemente, se abstenga de hacer lo que se le prohíba. Lo mismo se observará cuando la obligación de no hacer constare en cualquier otro título que motive ejecución.

Artículo 1006. Tratándose de arrendamiento, en caso de que el arrendatario, en la contestación de la demanda, confiese o se allane a la misma, siempre y cuando esté y se mantenga al corriente en el pago de las rentas, la autoridad jurisdiccional concederá un plazo de tres meses, fijado prudentemente, para la desocupación del inmueble. Cuando la demanda se funde exclusivamente en el pago de rentas este beneficio será de tres meses, siempre y cuando exhiba las rentas adeudadas y se mantenga al corriente en el pago de las mismas. Estos plazos podrán modificarse por acuerdo de ambas partes en la audiencia de cumplimiento.

Artículo 1007. En cualquier otro caso en que se despache ejecución, mandará la autoridad jurisdiccional que se requiera a la persona deudora, para que, en el acto de la diligencia, cubra las prestaciones reclamadas y que, en caso de no hacerlo, si no hubiere bienes embargados afectos al cumplimiento de la obligación, o los que hubiere no fuesen suficientes, se le embarguen los que basten para satisfacer la reclamación.

En el mismo auto a que se refiere el párrafo anterior, se mandará prevenir a las partes que, dentro de tres días, nombre cada una un perito valuador o en su caso, un perito único designado por la autoridad jurisdiccional.

Artículo 1008. Cuando la ejecución tenga por objeto bienes determinados, y, al tratar de llevarse a efecto, resultare que ya no existe, que el deudor la ha ocultado o simplemente no aparece, el ejecutante puede reclamar su valor, intereses y daños y perjuicios, por las cantidades que específicamente fije, y por ellas se despachará ejecución, substanciándose la oposición, en su caso, por el procedimiento incidental, cuya resolución será apelable en el efecto devolutivo.

Artículo 1009. Si el o los bienes se hallan en poder de un tercero, la ejecución no podrá despacharse en su contra, sino en los casos siguientes:

I. Cuando la ejecución se funde en acción real, y

II. Cuando judicialmente se haya declarado nula la enajenación por la que adquirió el tercero.

Artículo 1010. Cuando, en una ejecución, se afecten intereses de terceros que no tengan, con el ejecutante o el ejecutado, alguna controversia que pueda influir sobre los intereses de éstos y en virtud de los cuales se ha ordenado la ejecución, tanto el ejecutante como el ejecutado son solidariamente responsables de los daños y perjuicios que con ella se causen al tercero, y la oposición de éste se resolverá por el procedimiento incidental.

Cuando se demuestre que sólo una de las partes ha sido responsable de la ejecución en bienes del tercero, cesa la solidaridad, condenando sólo al responsable.

Artículo 1011. Cuando la sentencia condene a rendir cuentas, la autoridad jurisdiccional señalará un término de cinco días a la persona obligada, para que se rindan, e indicará también a quién se deban de rendir.

Artículo 1012. La persona obligada, en el término que se le fije, y que no se prorrogará sino por una sola vez y por causa grave, rendirá su cuenta presentando los documentos que tenga en su poder y que la persona acreedora tenga en el suyo y que debe presentar poniéndolos a la disposición de la persona deudora en la secretaría de la autoridad jurisdiccional de que se trate.

Las cuentas deben de contener un preámbulo que contenga la exposición sucinta de los hechos que dieron lugar a la gestión y la resolución judicial que ordena la rendición de cuentas, la indicación de las sumas recibidas y gastadas y el balance de las entradas y salidas, acompañándose de los documentos justificativos, como recibos, comprobantes de gastos y demás.

Artículo 1013. Si la persona deudora presenta sus cuentas en el término señalado, quedarán éstas por tres días a la vista de las partes en el órgano jurisdiccional, y dentro del mismo tiempo presentarán sus objeciones, determinando las partidas no consentidas.

El incidente de impugnación de algunas partidas no impide que se despache ejecución a solicitud de parte, respecto de aquellas cantidades que confiese tener en su poder la persona deudora, sin perjuicio de que se substancien las oposiciones a las partidas objetadas.

Artículo 1014. Si la persona obligada no rindiere cuentas en el plazo que se le señaló, puede la persona acreedora pedir que se despache ejecución contra la persona deudora, si durante el juicio comprobó que ésta tuviera ingresos por la cantidad que estos importaron. La persona obligada puede contradecir el monto de la ejecución, substanciándose el incidente en la misma forma a que se refiere el artículo anterior.

En el mismo caso podrá la persona acreedora pedir a la autoridad jurisdiccional que, en lugar de ejecutar a la persona obligada, preste el hecho un tercero que la propia autoridad jurisdiccional nombre al efecto con cargo al deudor.

Artículo 1015. Cuando la sentencia condene a dividir un bien común y no presente las bases para ello, en la audiencia de cumplimiento se convocará al ejecutante y al ejecutado, para que en presencia judicial determinen las bases de la partición y si no se pusieren de acuerdo, la autoridad jurisdiccional designará a un perito en la materia y señalará a éste el término prudente para que presente el proyecto partitorio.

Presentado el plan de partición, quedará en la secretaría a la vista de los interesados por tres días hábiles para que formulen las objeciones dentro de ese mismo tiempo y de las que se correrá traslado al partidor, y se substanciarán en la misma forma de los incidentes de liquidación de sentencia. La autoridad jurisdiccional, al resolver oralmente, mandará hacer las adjudicaciones.

Artículo 1016. Si la sentencia condena a no hacer, su infracción se resolverá en el pago de daños y perjuicios a la persona actora, quien tendrá el derecho de señalarlos para que por ello se despache ejecución, sin perjuicio de la pena que señale en la sentencia o convenio judicial.

Artículo 1017. Cuando en virtud de la sentencia o de la determinación de la autoridad jurisdiccional deba entregarse algún bien mueble o inmueble, se procederá inmediatamente a poner en posesión de éste a la parte ejecutante o a la persona en quien se fincó el remate aprobado, practicando para este fin todas las diligencias conducentes que solicite la persona interesada.

Si el bien fuere mueble y pudiere ser habido, se le mandará entregar a la persona ejecutante o interesada, que indique la resolución. Si la persona obligada se resistiere, lo hará el actuario, notificador, ejecutor o su homólogo, quien podrá mandar romper las cerraduras y en los casos que se requiera emplear el uso de la fuerza pública.

En caso de no poderse entregar los bienes muebles señalados en la sentencia, se despachará la ejecución por la cantidad que señale la parte interesada y sin perjuicio de que se oponga la persona deudora en la vía incidental al monto señalado.

Igualmente, en los casos que la autoridad jurisdiccional ordene la legal intervención de instituciones de gobierno, éstas deberán brindar el auxilio necesario y sin dilaciones a los efectos de la realización del desalojo.

En la resolución judicial respectiva, se deberá ordenar que, en caso de uso de la fuerza pública, éste será el necesario, razonable y proporcional en la diligencia de desalojo. En la solicitud para la práctica de dicha diligencia, el ejecutante deberá solicitar la autorización judicial de aquellas personas que intervendrán en el desalojo, debiendo identificarlas de forma individual y quienes solo facilitarán el traslado de bienes muebles del interior al exterior del inmueble o mudanza respectiva.

El ejecutante y el ejecutado, serán responsables de los daños y perjuicios ocasionados con motivo de actos realizados por ellos u otras personas que intervengan en el desalojo legal, por actos de exceso y oposición al mismo.

La autoridad jurisdiccional desde que reciba la demanda e identifique la posibilidad de un desalojo legal, garantizará la igualdad de las partes y ordenará las medidas de protección, ajustes razonables, sistemas de apoyo, y demás determinaciones para el debido cumplimiento de la sentencia o convenio sin menoscabo de los derechos humanos de las partes.

La diligencia podrá ser videograbada por servidor público judicial que intervenga.

Artículo 1018. Cuando la sentencia ejecutoriada ordene la entrega de personas, la autoridad jurisdiccional dictará de inmediato los decretos para su debido cumplimiento, contra dicha resolución no procede recurso ordinario alguno.

Además de las medidas de apremio previstas en este Código Nacional, la autoridad jurisdiccional podrá dictar las siguientes:

I. Orden de búsqueda dentro del domicilio en el que se presuma se encuentra la persona que se pretenda restituir, que precise en su caso el rompimiento de cerraduras y el auxilio de la fuerza pública en estricto apego a los requisitos y formalidades previstas en la Constitución Política de los Estados Unidos Mexicanos y los tratados internacionales en la materia;

II. Retención de pasaporte de la persona que se busca, y

III. Solicitud de activación del Protocolo Nacional Alerta AMBER México, en su caso.

Artículo 1019. Todos los gastos y costas que se originen en la ejecución de una sentencia serán a cargo de la persona que fue condenada en ella.

Artículo 1020. La petición para exigir la ejecución de una sentencia, transacción o convenio judiciales podrá ser ejercitada dentro de los siguientes plazos:

I. Tres años en juicios ejecutivos orales, diversos especiales en materia civil y derivados de convenios de mediación y extrajudiciales referidos en este Código Nacional, salvo que la ley especial de donde surja el convenio prevea un plazo diverso;

II. Cinco años para los juicios ordinarios orales civiles;

III. Diez años para el resto de las sentencias dictadas en diversos juicios, incluida la materia familiar, y

IV. En los demás casos, en los plazos que el presente Código Nacional establezca.

Artículo 1021. Los términos fijados en el artículo anterior, se contarán desde la fecha de la sentencia o convenio, a no ser que en ellos se fije el plazo para el cumplimiento de la obligación, en cuyo caso el término se contará desde el día en que se venció el plazo o desde que pudo exigirse la última prestación vencida si se tratare de prestaciones periódicas.

Sólo la última resolución dictada en ejecución forzosa de una sentencia admitirá el recurso de apelación en el efecto devolutivo.

Artículo 1022. Contra la ejecución de las sentencias, convenios judiciales, extrajudiciales y de mediación que alcancen categoría de cosa juzgada, no se admitirá más excepción que la de pago, transacción, compensación, compromiso en árbitros, novación, la espera, la quita, y cualquier otro arreglo que modifique la obligación.

Todas estas excepciones, sin comprender la de falsedad, deberán ser posteriores a la sentencia, convenio o juicio, y constar por instrumento público o por documento privado judicialmente reconocido, o por confesión judicial en la audiencia de cumplimiento.

Estas excepciones se substanciarán en la audiencia de cumplimiento de sentencia, con suspensión de la ejecución únicamente cuando se sustente en la prueba documental antes señalada.

Artículo 1023. Todo lo que en este Capítulo se dispone respecto de la sentencia, comprende el pacto comisorio expreso, transacciones, convenios, laudos y aquellos que ponen fin a los juicios arbitrales, convenios judiciales y aquellos a que se refiere el artículo 471 de este Código Nacional.

CAPÍTULO III
DEL EMBARGO

Artículo 1024. En los casos que así proceda, en la audiencia de cumplimiento la autoridad jurisdiccional decretará oralmente o por escrito el auto de ejecución, el cual tendrá fuerza de mandamiento en forma, para el efecto de que se requiera a la persona deudora el cumplimiento de la obligación respectiva y no verificándolo en el acto, se proceda a embargar bienes suficientes a garantizar el importe de lo que se reclama.

Cuando la parte ejecutada no acuda a la audiencia de cumplimiento, el ejecutor judicial, en compañía del ejecutante, requerirá en el domicilio de la persona deudora el cumplimiento de la obligación y no verificándolo éste en el acto, se procederá a embargar bienes suficientes para cubrir las prestaciones condenadas en la sentencia ejecutoriada, o bien, las demandadas, si se tratare de juicio ejecutivo.

Si el demandado, en el acto del requerimiento, cumple la obligación, ya no se efectuará el embargo.

Artículo 1025. No es necesario el requerimiento de pago en la ejecución del embargo precautorio, ni en la ejecución de sentencias cuando no fuere hallado el ejecutado.

Cuando el embargo recaiga sobre bienes muebles, se podrá efectuar sobre aquellos que el ejecutor judicial tenga a la vista y sean susceptibles de plena identificación, especificando en el acta respectiva las características específicas de los mismos.

Para el caso de no tener a la vista los bienes, a petición del interesado, la autoridad jurisdiccional prestará auxilio para el perfeccionamiento del embargo.

Artículo 1026. Decretado el embargo, si la persona deudora no fuere encontrada en su domicilio, para hacerle el requerimiento de pago, se le dejará citatorio para que espere a hora fija del día siguiente hábil y si no espera, se practicará la diligencia con la persona que se encuentre en el mismo, o a falta de ésta, con el vecino inmediato.

Cuando se encontrare cerrado el domicilio, o se impidiere el acceso al mismo, el ejecutor judicial requerirá el auxilio de la fuerza pública, para hacer respetar la determinación judicial, y hará que, en su caso, sean rotas las cerraduras, para poder practicar el embargo de bienes que se hallen dentro de dicho domicilio.

No verificado el pago, sea que la diligencia se haya o no entendido con el ejecutado, se procederá al embargo de bienes, en el mismo domicilio del demandado o en el lugar en que se encuentren los bienes que han de embargarse.

Artículo 1027. Tratándose de juicio ejecutivo, si la persona deudora, no fuere encontrada en su domicilio por una vez, se le dejará citatorio para hora fija dentro de las veinticuatro horas siguientes y si no espera, se practicará la diligencia con cualquier persona que se encuentre en el domicilio.

Si no se supiere el paradero de la persona deudora, ni tuviere domicilio en el lugar, se hará el requerimiento por tres días consecutivos en el medio de comunicación judicial, se fijará la cédula en los lugares públicos de costumbre y surtirá sus efectos dentro de tres días, salvo el derecho de la persona actora para pedir providencia precautoria.

Verificado de cualquiera de los modos indicados el requerimiento, se procederá en seguida al embargo.

Artículo 1028. Para el caso que no se conociere el paradero de la persona deudora, una vez que se hayan llevado a cabo las diligencias a que se refiere el artículo 199 del presente Código Nacional, se hará la citación a través de la publicación en el medio de comunicación judicial por tres días consecutivos, el cual surtirá sus efectos dentro de tres días. Transcurridos los tres días el embargo se ejecutará, según el caso, en una audiencia especial ante la autoridad jurisdiccional respectiva.

En el caso que la persona ejecutada se encuentre en la audiencia de cumplimiento y la autoridad jurisdiccional ordene auto de mandamiento, en el acto se procederá al requerimiento del pago y en caso de negativa, se procederá al embargo de bienes que resulte procedente conforme a las reglas previstas en el presente Capítulo.

Artículo 1029. El derecho de designar los bienes que han de embargarse corresponde a la persona deudora; y sólo que ésta se rehúse a hacerlo o que esté ausente o desaparecido, deberá ejercerlo la persona actora o su representante legal con facultad expresa para ello, o bien manifestar que se reserva el derecho para hacerlo con posterioridad. El orden que debe guardarse para los embargos es el siguiente:

I. Los bienes consignados como garantía de la obligación que se reclama;

II. Dinero;

III. Créditos realizables en el acto;

IV. Alhajas;

V. Frutos y rentas de toda especie;

VI. Bienes muebles no comprendidos en las fracciones anteriores;

VII. Bienes inmuebles;

VIII. Créditos, y

IX. Sueldos o comisiones.

Artículo 1030. La designación de embargo sobre créditos o cuentas bancarias de la persona deudora sólo procede respecto de las que existen al momento de la ejecución, y bastará que se haga en forma genérica, para que se trabe el embargo y se perfeccione posteriormente por la parte a cuyo favor se haga la ejecución, con el auxilio judicial acerca de informes que rindan terceros, quienes estarán en todo caso obligados a proporcionar los números de cuenta o crédito que permitan su identificación.

En el caso de que el ejecutante se reserve el derecho a señalar bienes, no será motivo para dar nueva oportunidad al ejecutado de señalar.

Cualquier dificultad suscitada en la diligencia no impedirá el embargo; el ejecutor judicial la allanará prudentemente, a reserva de lo que determine la autoridad jurisdiccional.

En caso de que se pretenda ejecutar deudas de carácter alimentario, la prelación establecida en el artículo 819 del presente Código Nacional no será necesaria.

Artículo 1031. La persona ejecutante puede señalar los bienes que han de ser objeto de embargo, sin sujetarse al orden establecido por el artículo anterior:

I. Si para hacerlo estuviere autorizado por la persona obligada en virtud de convenio expreso;

II. Si los bienes que señala la persona demandada no fueron bastantes o si no se sujeta al orden establecido, o

III. Si los bienes estuvieren en diversos lugares. Pudiendo señalar los que se hallen en el lugar del juicio.

Artículo 1032. El embargo sólo procede y subsiste en cuanto a los bienes que fueron objeto de él, basten para cubrir lo condenado en la resolución judicial de que se trate la suerte principal, intereses, costas, gastos y daños y perjuicios, en su caso, incluyéndose los nuevos vencimientos y réditos hasta la conclusión del procedimiento.

Artículo 1033. Cuando practicado el remate de los bienes consignados en garantía, no alcanzare su producto para cubrir la reclamación, la persona acreedora puede pedir el embargo de otros bienes.

Artículo 1034. Podrá pedirse la ampliación de embargo:

I. En cualquier caso, en que, a juicio de la autoridad jurisdiccional, no basten los bienes embargados para cubrir lo condenado en la resolución judicial de que se trate;

II. Si el bien mueble embargado que se sacó a remate dejare de cubrir el importe de lo reclamado a consecuencia de las retasas que sufriere o si transcurrido seis meses de la remisión, no se hubiere obtenido su venta;

III. Cuando no se embarguen bienes suficientes por no tenerlos la persona deudora y después aparezcan o los adquiera;

IV. En los casos que se promueva una tercería, conforme a lo dispuesto en este Código Nacional, y

V. En los casos en los que después de emplazarse a todas las personas demandadas, transcurran seis meses sin que haya resuelto en definitiva el juicio debido a medios de defensa promovidos por el presunto ejecutado.

Artículo 1035. La ampliación del embargo se seguirá sin suspensión de la sección de ejecución.

Artículo 1036. De todo embargo se tendrá como persona depositaria o interventor, según la naturaleza de los bienes que sean objeto de éste, a la persona o institución, que bajo su responsabilidad nombre la persona acreedora, pudiendo ser ella misma o la persona deudora, mediante formal inventario.

En dichos casos la persona deberá identificarse, señalar domicilio para la guarda y custodia de los bienes dentro de la competencia territorial de la autoridad jurisdiccional, así como protestar y aceptar el cargo en la diligencia respectiva; requisitos sin los cuales no se le tendrá por designado.

El depositario o interventor recibirán los bienes bajo inventario formal, previa aceptación y protesta de desempeñar el cargo. De igual manera, responderán de los daños y perjuicios que pudieran causarse por su negligencia o mala fe, con motivo del depósito o por el incumplimiento de cualquier mandato que determine sobre el destino de los bienes secuestrados.

Se exceptúan de lo dispuesto en este precepto:

I. El embargo de dinero o de créditos fácilmente realizables que se efectúa en virtud de sentencia, porque entonces se hace entrega inmediata a la persona actora en pago; en cualquier otro caso, el depósito se hará en billete o certificado respectivo que se conservará en el seguro del juzgado;

II. El embargo de bienes que han sido objeto de embargo judicial anterior, en cuyo caso este depositario lo será respecto de todos los embargos subsecuentes mientras subsista el primero, a no ser que el reembargo sea por virtud de juicio hipotecario, derecho de prenda u otro privilegio real; porque entonces éste prevalecerá si el crédito de que procede es de fecha anterior al primer embargo, y

III. El embargo de alhajas, obras de arte y demás bienes muebles o inmuebles preciosos que se hará depositándolos en el Monte de Piedad o Institución designada para ello, a costa de la persona deudora.

Artículo 1037. Cuando se justifique que los bienes que se trate de embargar están sujetos a depósito o intervención con motivo de embargo judicial anterior, en caso de reembargo no se nombrará nuevo depositario o interventor, sino que el nombrado con anterioridad lo será para todos los reembargos subsecuentes, mientras subsista el primer embargo, y se pondrá en conocimiento de las autoridades jurisdiccionales que ordenaron los anteriores aseguramientos.

Cuando se remueva al depositario, se comunicará el nuevo nombramiento a las autoridades jurisdiccionales que practicaron los ulteriores embargos, para que procedan conforme a derecho.

Artículo 1038. Cuando por cualquier motivo, quede insubsistente el primer embargo, la autoridad jurisdiccional que lo haya dictado lo comunicará así al que le siga en orden, para que, ante él, se haga el nombramiento de nuevo depositario; pero la autoridad jurisdiccional que dictó dicho primer embargo no cancelará, por esta razón, las garantías otorgadas, hasta que apruebe la gestión del depositario que nombró, y lo declare libre de toda responsabilidad, y hasta que el que le siga en orden le comunique que ante él se otorgaron las que exige la ley. Además, deberá estar concluida toda cuestión relativa a la entrega de los bienes al nuevo depositario.

La autoridad jurisdiccional cuyo embargo quede en primer término, lo comunicará, así a los ulteriores, con expresión de todos los requisitos que, ante ésta, llenó el nuevo depositario.

Artículo 1039. No son susceptibles de embargo:

I. Los bienes que constituyan el patrimonio de familia desde su inscripción en el Registro Público de la Propiedad, Oficina Registral o cualquier otra Institución Registral análoga según la Entidad Federativa de la que se trate, en los términos establecidos por el Código Civil;

II. El lecho cotidiano, los vestidos y los muebles de uso ordinario de la persona deudora, su cónyuge o sus hijos, siempre que no se trate de artículos de lujo;

III. Los instrumentos, aparatos y útiles necesarios para el arte u oficio a que la persona deudora esté dedicada;

IV. La maquinaria, instrumentos y animales propios para el cultivo agrícola, en cuanto fueren necesarios para el servicio de la finca a que estén destinados a juicio de la autoridad jurisdiccional, a cuyo efecto oirá el informe de un perito nombrado por ella a costa de la persona deudora;

V. Los libros, aparatos, instrumentos y útiles de las personas que ejerzan o se dediquen al estudio de profesiones liberales;

VI. Las armas que los militares en servicio activo usen, indispensables para éste, conforme a las Leyes relativas;

VII. Los efectos, maquinaria e instrumentos propios para el fomento y giro de las negociaciones mercantiles e industriales, en cuanto fueren necesarios para su servicio y movimiento, a juicio de la autoridad jurisdiccional, a cuyo efecto oirá el dictamen de un perito nombrado por ella, cuyos honorarios correrán a costa de la persona deudora, pero podrán ser intervenidos juntamente con la negociación a que estén destinados;

VIII. Las mieses, antes de ser cosechadas, pero no los derechos sobre las siembras;

IX. El derecho de usufructo, pero no los frutos de éste;

X. Los derechos de uso y habitación;

XI. Las servidumbres, a no ser que se embargue el fundo a cuyo favor están constituidas, excepto la de aguas, que es embargable independientemente;

XII. La renta vitalicia, en los términos establecidos en los artículos relativos del Código Civil;

XIII. Los sueldos y el salario de las personas trabajadoras, en los términos que establece la Ley; siempre que no se trate de deudas alimenticias o responsabilidad proveniente de delito;

XIV. Las asignaciones de las personas pensionistas del erario;

XV. Los ejidos de los pueblos y la parcela individual que en su fraccionamiento haya correspondido a cada persona ejidataria, y

XVI. Los demás bienes exceptuados por disposición de las leyes.

Artículo 1040. La persona deudora sujeta a patria potestad o tutela, la que estuviere físicamente impedida para trabajar y la que sin culpa carezca de diversos bienes o de profesión u oficio, tendrán alimentos que la autoridad jurisdiccional fijará, sólo cuando existan bienes que produzcan frutos, de entre los que se encuentran garantizando la obligación y hasta en tanto salgan del patrimonio del titular, momento en que cesarán los alimentos, siempre atendiendo a la importancia de la demanda y de los bienes y las circunstancias de la persona demandada.

Artículo 1041. Todo embargo de bienes inmuebles o derechos reales sobre bienes inmuebles, se inscribirá en el Registro Público de la Propiedad, Oficina Registral o cualquier otra Institución Registral análoga de la Entidad Federativa de la que se trate, expidiéndose para tal efecto por duplicado, copia certificada de la diligencia o del acta mínima de la audiencia, y cuando se trate de juicios ejecutivos; de la diligencia de embargo, uno de los ejemplares, después del registro, se agregará a los autos y el otro quedará en la oficina de registro.

El embargo de títulos valor se puede realizar aun cuando no se tengan a la vista, y se tomará nota de él en el registro que corresponda, conforme al procedimiento establecido en el párrafo anterior.

Artículo 1042. Una vez trabado el embargo no puede el ejecutado alterar en forma alguna el bien embargado, ni contratar el uso del mismo, si no es con autorización judicial, que se otorgará oyendo al ejecutante. Registrado que sea el embargo, toda transmisión de derechos respecto de los bienes sobre los que se haya trabado, no altera de manera alguna la situación jurídica de los mismos en relación con el derecho del embargante de obtener el pago de su crédito con el producto del remate de esos bienes, derecho que se surtirá en contra de tercero con la misma amplitud y en los mismos términos que se surtiría en contra del embargado, si no se hubiese operado la transmisión.

Artículo 1043. Cuando se aseguren créditos, el embargo se reducirá a notificar a la persona deudora o a quien deba pagarlos, que no verifique el pago, sino que retenga la cantidad o cantidades correspondientes a disposición del juzgado, apercibida de doble pago en caso de desobediencia; y a la persona acreedora contra quien se haya dictado el embargo, que no disponga de esos créditos, bajo las penas que señala el Código Penal aplicable.

Si llegare a asegurarse el título mismo del crédito, se nombrará una persona depositaria que lo conserve en guarda, quien tendrá obligación de hacer todo lo necesario para que no se altere ni menoscabe el derecho que el título represente, y de intentar todas las acciones y recursos que la ley conceda para hacer efectivo el crédito, quedando sujeto, además a las obligaciones que impone el Código Civil.

Si se tratare de títulos a la orden o al portador, el embargo sólo podrá practicarse mediante la aprehensión de los mismos.

Si el crédito fuere pagado en su totalidad, se depositará su importe en la institución de crédito respectiva y el billete de depósito se guardará en la caja del juzgado que se trate y, desde ese momento, cesará en sus funciones el depositario nombrado.

Artículo 1044. Si los créditos a que se refiere el artículo anterior fueren derechos litigiosos, la providencia de embargo se notificará a la autoridad jurisdiccional de los autos respectivos, dándole a conocer a la persona depositaria nombrada a fin de que ésta pueda sin obstáculo alguno desempeñar las obligaciones que corresponda.

Artículo 1045. Cuando el embargo recaiga sobre el dinero efectivo o alhajas, el depósito se hará en una institución de crédito, y, donde no haya esta institución, en casa comercial de crédito reconocida. En este caso, el billete de depósito se guardará en la caja del juzgado que se trate, y no se recogerá lo depositado sino en virtud de orden escrita de la autoridad jurisdiccional de los autos.

Artículo 1046. Una vez recaído el embargo sobre bienes muebles que no sean dinero, alhajas, ni créditos, la persona depositaria que se nombre sólo tendrá el carácter de simple custodia de los objetos puestos a su cuidado, los que conservará a disposición de la autoridad jurisdiccional respectiva. Si los muebles fueren fructíferos, rendirá cuentas en los términos de este Código Nacional.

Artículo 1047. La persona depositaria, en el caso del artículo anterior, pondrá en conocimiento de la autoridad jurisdiccional el lugar en que quede constituido el depósito y recabará de ésta la autorización para hacer, en caso necesario, los gastos razonables de almacenaje y conservación. Los gastos de almacenaje serán a cargo de la persona deudora.

Si no pudiere, la persona depositaria, hacer los gastos que demande el depósito, pondrá esta circunstancia en conocimiento de la autoridad jurisdiccional, para que ésta, oyendo a las partes en una audiencia, que se efectuará dentro de tres días siguientes, decrete el modo de hacer los gastos, según en la audiencia se acordare o, en caso de no haber acuerdo, imponiendo esa obligación al que obtuvo la providencia del embargo.

Artículo 1048. Si los muebles depositados fueren bienes fungibles, la persona depositaria tendrá, además, la obligación de imponerse del precio observado en el comercio de los efectos confiados a su guarda, a fin de que, si encuentra ocasión favorable para la venta, lo ponga desde luego, en conocimiento de la autoridad jurisdiccional, con objeto que ésta determine lo que fuere conveniente, en una audiencia en que oirá al depositario y a las partes, si asistieren, y que se efectuará, a más tardar, dentro de los tres días siguientes.

Los bienes podrán depositarse en un almacén general de depósito cuyo costo será a cargo de la persona deudora.

Artículo 1049. Cuando hubiere inminente peligro de que los bienes fungibles se pierdan o inutilicen, entre tanto que se cita y efectúa la audiencia a que se refiere el artículo anterior, el depositario está obligado a venderlas al mejor precio observado en el comercio, rindiendo, a la autoridad jurisdiccional, cuenta con pago.

Artículo 1050. Si los muebles depositados fueren bienes fáciles de deteriorarse o demeritarse, la persona depositaria deberá examinar frecuentemente su estado y poner en conocimiento de la autoridad jurisdiccional el deterioro o demérito que en ellos observe o tema fundadamente que sobrevenga, a fin de que ésta dicte las medidas conducentes para evitar el daño, o acuerde su venta con las mejores condiciones, en vista de los precios observados en el comercio y del demérito que hayan sufrido o estén expuestos a sufrir los objetos secuestrados.

Artículo 1051. Si el embargo recayere en finca urbana y sus rentas o sobre éstas solamente, la persona depositaria tendrá el carácter de administradora, con las facultades y deberes siguientes:

I. Podrá contratar los arrendamientos fijando una renta a precio de mercado, procurando que las rentas no sean menores a las que estuvieron vigentes al tiempo de verificarse el embargo. Exigirá para asegurar el arrendamiento las garantías de estilo, bajo su responsabilidad, si no quiere aceptar ésta, recabará la autorización judicial;

II. Recaudará las pensiones que por arrendamiento rinda la finca, en sus términos y plazos; procediendo, en su caso, contra las personas inquilinas morosas, con arreglo a la ley;

III. Efectuará, sin previa autorización los gastos ordinarios de la finca, como el pago de contribuciones y los de mera conservación, servicio y aseo, no siendo excesivo su monto, cuyos gastos incluirá en la cuenta mensual que presentará a la autoridad jurisdiccional y serán a cargo de la persona deudora;

IV. Pagará los impuestos que corresponda por el arrendamiento en forma oportuna, y de no hacerlo así, serán de su responsabilidad los daños y perjuicios que su omisión origine;

V. Para hacer los gastos de reparación o de construcción ocurrirá a la autoridad jurisdiccional solicitando la autorización para ello, y acompañando, al efecto, los presupuestos respectivos, y

VI. Pagará, previa autorización judicial, los réditos de gravámenes reconocidos sobre la finca.

Artículo 1052. Para el efecto que se refiere en la fracción I del artículo anterior del presente Código Nacional, si ignorare la persona depositaria cuál era el importe de la renta al tiempo de practicarse el embargo, recabará dictamen pericial y solicitará la correspondiente autorización judicial para tal efecto.

Pedida la autorización a que se refiere la fracción V del mismo artículo 1051 del presente Código Nacional, la autoridad jurisdiccional citará a una audiencia que se verificará dentro de tres días siguientes para que las partes, en vista de los documentos que se acompañan, resuelvan de común acuerdo, si se autoriza o no el gasto. Si no se logra el acuerdo, y la persona depositaria o alguna de las partes insiste en la necesidad de la reparación, conservación o construcción, la autoridad jurisdiccional resolverá, autorizando o no el gasto, como lo estime conveniente. Contra dicha resolución no procede recurso alguno.

Artículo 1053. Cuando se embarguen bienes que estuvieren arrendados o alquilados, se notificará, a los arrendatarios, que, en lo sucesivo, deben pagar las rentas o alquileres a la persona depositaria nombrada, apercibidos de doble pago, si no lo hicieren así.

Al hacerse la notificación, se dejará, en poder del inquilino, cédula en que se insertará el auto respectivo. Si, en el acto de la diligencia o dentro del día siguiente de causar estado la notificación, el inquilino o arrendatario manifestare haber hecho algún anticipo de rentas o alquileres, deberá acreditarlo al hacer su manifestación, con los recibos del arrendador. De lo contrario, no se tomará en cuenta, y quedará obligado en los términos anteriores.

Artículo 1054. Si el embargo se efectúa en una finca rústica o en una negociación mercantil o industrial, la persona depositaria será interventora con cargo a la caja, vigilando la contabilidad y todas las operaciones que se efectúen, pudiendo oponerse incidentalmente a la realización de cualquier acto que perjudique a los intereses de la persona ejecutante y tendrá las siguientes atribuciones:

I. Dentro de los diez días siguientes a la fecha en que haya tomado posesión de su cargo, realizara una descripción de todos los bienes muebles e inmuebles, títulos valor, géneros de comercio y derechos de cualquier otra especie, conforme al valor que la propia contabilidad de la negociación les fije, elaborando, asimismo, un balance que muestre la situación financiera de la negociación a fin de que produzcan el mejor rendimiento posible, con los cuales dará cuenta a la autoridad jurisdiccional y vigilará:

a) En las fincas rústicas, la recolección de los frutos y su venta;

b) Las compras y ventas de las negociaciones mercantiles, recogiendo, bajo su responsabilidad el numerario y efectos de comercio para hacerlos efectivos en su vencimiento;

c) La compra de materia prima, su elaboración y la venta de los productos, en las negociaciones industriales, recogiendo el numerario y efectos de comercio para hacerlos efectivos en su vencimiento;

II. Ministrará los fondos para los gastos de la negociación o finca rústica y cuidará que la inversión de esos fondos se haga convenientemente;

III. Depositará mediante billete de depósito el dinero que resultare sobrante, después de cubiertos los gastos necesarios y ordinarios a disposición del juzgado;

IV. Las medidas necesarias para evitar abusos y malos manejos de las personas administradoras, dando cuenta a la autoridad jurisdiccional para su ratificación y para que determine lo conducente para remediar en su caso, la mala administración, y

V. La persona administradora designada deberá acreditar, conjuntamente al aceptar y protestar el cargo, tener conocimiento y experiencia para ejercer el cargo, así como acreditar contar con bienes inmuebles suficientes o exhibir una garantía o fianza que cubra los daños y perjuicios, para así asegurar el debido ejercicio del cargo. Sin ese requisito no se le tendrá por designado y no se le pondrá en posesión del cargo.

Artículo 1055. Si en el cumplimiento de los deberes que el artículo anterior impone a la persona interventora, ésta encontrare que la administración no se hace convenientemente, o puede perjudicar los derechos de la persona que pidió y obtuvo el embargo, lo pondrá en conocimiento de la autoridad jurisdiccional, para que, oyendo a las partes y a la persona interventora, determine lo conveniente. Contra dicha resolución no procede recurso alguno.

Artículo 1056. Si la persona interventora al efectuar la valoración de los bienes muebles e inmuebles, incluyendo los efectos, maquinaria e instrumentos propios para el fomento y giro de las negociaciones mercantiles o industriales, así como de los títulos valor, géneros de comercio y derechos de cualquier otra especie, encuentra que alguno o algunos de ellos son suficientes para cubrir el adeudo, lo hará del conocimiento de la autoridad jurisdiccional, para que ésta autorice su venta, a valor de mercado, debiendo tomar nota del valor de venta en la contabilidad de la negociación y el que arroje el juicio de perito único adscrito y designado por la autoridad jurisdiccional, siempre y cuando los bienes de que se trate no fueren necesarios para el servicio y movimiento de aquellas, a juicio de la autoridad jurisdiccional.

En caso de que el producto de la venta cubra el monto total de la condena y los gastos que correspondan, terminará la designación del interventor con cargo a la caja.

Artículo 1057. Las personas que tengan administración o intervención presentarán a la autoridad jurisdiccional cada mes, una cuenta de los esquilmos y demás frutos de la finca, y de los gastos erogados, con todos los comprobantes respectivos, en cuyo caso las partes tendrán derecho de controvertir en la vía incidental.

Artículo 1058. La autoridad jurisdiccional en la vía incidental aprobará o no, la cuenta mensual y determinará los fondos que deban quedar para los gastos necesarios, mandando depositar el sobrante líquido. Los incidentes relativos al depósito y a las cuentas, se seguirán de conformidad con las disposiciones previstas en el presente Código Nacional.

Artículo 1059. Será removida la persona depositaria en los siguientes casos:

I. Si dejare de rendir cuenta mensual o la presentada no fuere aprobada;

II. Cuando no haya manifestado su domicilio o el cambio de ésta;

III. Cuando tratándose de bienes muebles, no pusiere en conocimiento de la autoridad jurisdiccional, dentro de los tres días que sigan a la entrega, el lugar en donde quede constituido el depósito, y

IV. Cuando actúe con dolo, negligencia o mala fe con motivo del depósito o por el incumplimiento de cualquier mandato que determine sobre el destino de los bienes secuestrados.

Si la persona removida fuere la persona deudora, la persona ejecutante nombrará nuevo depositario. Si lo fuere la persona acreedora o la persona por él nombrada, la nueva elección se hará por la autoridad jurisdiccional, de conformidad con las disposiciones previstas en el presente Capítulo. Contra dicha resolución no procede recurso alguno.

La persona depositaria responderá de los daños y perjuicios causados en caso de negligencia o mala fe.

Artículo 1060. La persona depositaria y la persona actora, cuando ésta la hubiere nombrado, serán responsables solidariamente de los bienes.

Artículo 1061. Cuando hubiere cambio de la persona depositaria, se prevendrá, a quien tuviere los bienes, que haga entrega de ellos, dentro de los tres días siguientes al que fuere nombrado, con el apercibimiento de que, de no hacerlo, se hará uso inmediato de la fuerza pública. Si el plazo indicado no bastare para concluir la entrega, la autoridad jurisdiccional podrá ampliarlo.

Artículo 1062. Las personas depositarias e interventoras percibirán por honorarios los que señale el arancel autorizado por la Ley Orgánica o legislación correspondiente de cada Entidad Federativa.

Artículo 1063. Los incidentes de liquidación de sentencia, rendición de cuentas y determinación de daños y perjuicios, así como cualquier audiencia, solicitud o trámite para la ejecución de la sentencia, se harán de la manera más sencilla y accesible, sin mayor formalidad que las dispuestas en este Código Nacional. Lo anterior resulta aplicable tratándose de la fijación de acuerdos siempre que no vulneren disposiciones de orden público y social, o derechos de terceros.

En todos los casos se procurará dar trámite y resolver dentro del sistema de audiencias, conforme a los principios del juicio oral.

Artículo 1064. Las disposiciones de este Capítulo resultan aplicables a todos los casos de embargo judicial, salvo aquéllos en que este Código Nacional disponga expresamente otra cosa.

CAPÍTULO IV
DEL REMATE EN SUBASTA PÚBLICA

Artículo 1065. Toda venta que legalmente deba practicarse en subasta o almoneda pública, se sujetará a las disposiciones contenidas en este Capítulo, salvo en los casos en que el presente Código Nacional disponga expresamente lo contrario.

Artículo 1066. Todo remate de bienes inmuebles o muebles será público y deberá celebrarse en la sede de la autoridad jurisdiccional que fuere competente para la ejecución.

Las reglas contenidas en este Capítulo serán aplicables para los semovientes y créditos en lo que resulte aplicable.

Artículo 1067. Una vez inscrito el embargo sobre el bien inmueble de que se trate, exhibido el certificado de gravamen y notificados los acreedores o terceros que del mismo se desprendan, dentro del término común de diez días que establezca la autoridad jurisdiccional, la parte ejecutora, parte ejecutada, personas acreedoras y terceros tendrán derecho de exhibir avalúo de los bienes inmuebles, mismo que deberá ser realizado por corredor público, institución de crédito o perito valuador autorizado por el Consejo de la Judicatura, los cuales en ningún caso podrán tener el carácter de parte o de persona interesada en el juicio.

Artículo 1068. En el caso de bienes inmuebles el valuador deberá considerar en su dictamen las características físicas, económicas, plusvalía, contexto y zona sociodemográfica en la que se encuentra el inmueble, el precio del mercado inmobiliario y todo aquel otro elemento que sirva para determinar el valor comercial del mismo.

Cuando la parte ejecutada no hubiere designado perito valuador en el plazo legal o el juicio se siga en su rebeldía, la autoridad jurisdiccional lo designará en su rebeldía, nombrado de la lista de peritos autorizados por el Consejo de la Judicatura respectivo, cuyos honorarios serán cubiertos por la parte ejecutada.

Artículo 1069. En el supuesto de que ninguna de las partes exhiba el avalúo dentro del plazo señalado, cualquiera de ellas podrá presentarlo posteriormente. A partir de que se presente el primero, las demás partes tendrán un término común de diez días para exhibir el suyo.

Artículo 1070. Si todas las partes exhibieren los avalúos y el valor referido en ellos no coincide, se tomará como base para el remate el promedio de entre el más alto y más bajo, siempre que no exista un veinte por ciento de diferencia entre ellos. En caso de que la diferencia supere ese porcentaje, la autoridad jurisdiccional ordenará se practique un nuevo avalúo para determinar el valor, nombrando perito valuador de la lista autorizada por el Consejo de la Judicatura respectivo, cuyos honorarios serán cubiertos por ambas partes.

Artículo 1071. El avalúo practicado tendrá vigencia de un año. Durante la primera subasta deberá estar vigente el avalúo practicado. Si entre ésta y las subsecuentes mediará un término mayor de seis meses, se deberán actualizar los valores.

Artículo 1072. Tratándose de remate de bienes inmuebles, se deberá exhibir certificado que consigne la existencia de gravámenes, emitido no mayor a seis meses por autoridad registral competente.

Artículo 1073. Si del certificado aparecieren gravámenes, se procederá a notificar de forma personal el estado de ejecución a las personas acreedoras o quienes a su favor existan derechos para que intervengan en el avalúo y subasta de los bienes, si así lo deciden.

Artículo 1074. Las personas acreedoras o aquellas cuyo gravamen este a su favor, tendrán las siguientes facultades:

I. Intervenir en el acto del remate y hacer las observaciones a la autoridad jurisdiccional que estimen pertinentes para garantizar sus derechos. Lo anterior no implicará que se suspenda el procedimiento de remate;

II. En su caso, apelar el auto de aprobación del remate, y

III. Una vez notificado, nombrar a su costa perito valuador que podrá con los nombrados por las partes, practicar el correspondiente avalúo. No podrá ejercer este derecho después de transcurrido el término común y practicado el avalúo por los peritos de las partes o el tercero en discordia o el designado por la autoridad jurisdiccional, ni cuando la valorización se haga por otros medios.

Artículo 1075. Cuando el monto líquido total de la condena sea igual o superior al valor de los bienes valuados y del certificado en el que se hagan constar los gravámenes, no aparecieren otras personas acreedoras, la parte ejecutante podrá optar por la adjudicación directa de los bienes. Contra la resolución que adjudica de forma directa al ejecutante, procede el recurso de apelación en ambos efectos.

La persona acreedora o alguna otra tercera a quien se adjudique el bien, de forma directa o en subasta pública, reconocerá, a las personas acreedoras hipotecarias anteriores, sus créditos, hasta donde baste a cubrir el precio de adjudicación, para pagárselos al vencimiento de sus escrituras.

Artículo 1076. Una vez determinado el valor de los bienes inmuebles, la autoridad jurisdiccional deberá cerciorarse que los datos de identificación de los mismos asentados en el acta de embargo coincidan con aquellos contenidos en el certificado en el que se hace constar los gravámenes, así como con los datos de identificación en el avalúo. Tratándose de juicios que en autos conste los títulos de propiedad de los bienes, la autoridad jurisdiccional deberá hacer la misma identificación señalada en el párrafo anterior. Una vez realizada la identificación, se podrá ordenar la publicación de edictos para anunciar la subasta pública.

Artículo 1077. De existir diferencias en los datos de identificación de los inmuebles a rematar, la autoridad jurisdiccional lo hará del conocimiento a las partes, a efecto de que éstas aporten los elementos necesarios para subsanar cualquier diferencia previa a la subasta pública.

Artículo 1078. El remate deberá realizarse dentro de los veinte días siguientes a la fecha de publicación del anuncio de su celebración; pero en ningún caso mediarán menos de cinco días entre la publicación del último edicto y la subasta.

La subasta pública deberá anunciarse por edicto una sola ocasión en el medio de comunicación procesal oficial y a través de los medios electrónicos del Poder Judicial respectivo, así como en los de la Tesorería de cada Entidad Federativa, debiendo mediar entre la publicación y la fecha de remate cuando menos cinco días hábiles.

Tratándose de remates del interés de la Federación, deberá anunciarse la subasta pública ante el Instituto de la Administración y Avalúos de Bienes Nacionales.

Si los bienes estuvieren ubicados en diversas jurisdicciones, en todas ellas se publicarán los edictos privilegiando los medios electrónicos correspondientes, o aquellos que considere a juicio de la autoridad jurisdiccional.

Artículo 1079. Antes de aprobarse la subasta, podrá la persona deudora librar sus bienes pagando lo condenado a través de la exhibición de certificado de depósito por la cantidad que prudentemente califique la autoridad jurisdiccional, para garantizar el pago de las costas, si hubiere condena a ello. Después de aprobada la subasta, no podrá ser revocada por la propia autoridad jurisdiccional. La resolución que apruebe o desapruebe un remate podrá ser apelable en el efecto devolutivo.

Artículo 1080. Si los bienes inmuebles estuvieren situados en otra Entidad Federativa distinta al del lugar de la ejecución, en todos ellos se publicarán los edictos en los sitios de costumbre y en las puertas de los tribunales respectivos.

En tales casos, se ampliará el plazo para la celebración de la subasta, concediéndose un día más por cada doscientos kilómetros o por una fracción que exceda de la mitad, y se calculará para designar el día de la subasta, la distancia mayor a que se hallen los bienes. La autoridad jurisdiccional además de los medios de publicidad mencionados, podrá utilizar algún otro para convocar postores.

Artículo 1081. Postura legal es la que cubre las dos terceras partes del valor determinado para los bienes en subasta, con el objeto de que la cantidad de la parte de contado, sea suficiente para pagar el monto del crédito o créditos de lo sentenciado.

Cuando por el importe del valor fijado a los bienes, no sea suficiente la parte de contado para cubrir lo sentenciado, será postura legal las dos terceras partes del avalúo, dadas al contado.

Artículo 1082. Las posturas se formularán por escrito, salvo que los Consejos de la Judicatura establezcan otros mecanismos para ello expresando, la misma parte postora o su representante con facultades para ello, lo siguiente:

I. El nombre, capacidad legal y domicilio de la parte postora;

II. La cantidad que se ofrezca por los bienes;

III. La cantidad que se otorgue de contado, y los términos en que se haya de pagar el resto;

IV. El interés que deba causar la suma que se quede reconociendo, el que no puede ser menor del nueve por ciento anual;

V. La exhibición del billete de depósito que consigne el diez por ciento del valor de los bienes sujetos a la subasta, y

VI. La sumisión expresa a la autoridad jurisdiccional que conozca del negocio, para que haga cumplir el contrato.

En caso de que una postura no cumpla con los anteriores requisitos, la autoridad jurisdiccional le requerirá al postor que satisfaga los omitidos, que deberán ser subsanados dentro del día siguiente, y en caso de que ese día se celebre la subasta, deberá realizarse antes de su inicio, caso contrario, se tendrá por no hecha la postura.

Artículo 1083. Las posturas que ofrezcan de contado solo una parte del precio, deberán exhibir en el remate el diez por ciento en numerario o billete de depósito a favor de la autoridad jurisdiccional ante la cual se lleva la subasta, y la cantidad que adeude será garantizada con primera hipoteca o prenda, expresando, al formular su postura, los bienes que quedarán sujetos al gravamen respectivo.

Al concluir la subasta, la autoridad jurisdiccional ordenará al postor en quien se finque el remate, la exhibición del diez por ciento que quedará como garantía del cumplimiento de su obligación, misma que se mandará depositar en términos del presente Código Nacional. Las exhibiciones de las personas postoras que no se les fincaron los bienes, les serán devueltas en ese acto.

Artículo 1084. Cuando el importe de las posturas y mejoras en el precio de subasta se ofrezcan de contado, debe exhibirse en numerario o billete de depósito a favor de la autoridad jurisdiccional que realiza la subasta; y, fincado el bien en favor del postor que hubiere hecho la exhibición, se procederá en los términos de la parte final del artículo anterior.

Artículo 1085. La parte ejecutante podrá formar parte en la subasta y mejorar las posturas de las pujas que se hicieren, sin necesidad de consignar el depósito prevenido en el artículo anterior.

Cuando la parte ejecutante haga postura, la garantía o la exhibición de contado, en su caso, se limitará al exceso de la postura, sobre el importe de lo sentenciado.

Artículo 1086. La persona postora no puede rematar para un tercero, sino con poder y cláusula especial, quedando prohibido hacer postura, reservándose la facultad de declarar después, el nombre de la persona para quien se hizo.

Artículo 1087. Desde que se anuncie el remate y durante éste, se pondrán de manifiesto los planos que hubiere y estarán a la vista los avalúos.

Artículo 1088. La autoridad jurisdiccional revisará minuciosamente el expediente antes de iniciar la subasta, y decidirá de plano cualquier cuestión que se suscite durante la misma. Las resoluciones que dicte durante la subasta serán irrecurribles.

Artículo 1089. En la hora prevista el día de la subasta, la autoridad jurisdiccional, de forma personal, pasará lista de las partes postoras presentadas, y concederá diez minutos para admitir a las nuevas personas postoras que se presenten. Concluido el plazo, la autoridad jurisdiccional declarará que procederá a subastar los bienes y no podrá admitir nuevos participantes. Enseguida revisará las propuestas presentadas, desechando, desde luego, las que no tengan postura legal y las que no estuvieren acompañadas del billete de depósito a que se refiere el presente Capítulo del Código Nacional.

Artículo 1090. Calificadas de buenas las posturas, la autoridad jurisdiccional las leerá en voz alta por sí misma, para que las partes postoras presentes puedan mejorarlas. Si hay varias posturas legales, la autoridad jurisdiccional decidirá cuál es la preferente.

Hecha la declaración de la postura considerada preferente, la autoridad jurisdiccional preguntará si alguno de los licitadores la mejora inmediatamente, contando del uno al tres en un término no mayor a los treinta segundos, sin necesidad de certificación. En caso de que alguna persona mejore la postura antes de llegar al conteo señalado, interrogará de nuevo si algún postor puja la mejora, realizando un nuevo conteo en igual tiempo y forma y, así, sucesivamente, con respecto a las pujas que se hagan y mejoren el precio del remate. En cualquier momento en que, transcurrido el término antes señalado, después de hacer la pregunta correspondiente, no se mejorare la última postura o puja, declarará la autoridad jurisdiccional fincado el remate en favor del postor que hubiere hecho aquélla y lo aprobará en su caso.

En caso de que la autoridad jurisdiccional lo considere necesario podrá decretar un receso razonable que no excederá de treinta minutos para analizar las pujas, previo a la aprobación y fincar el remate.

La resolución que apruebe o desapruebe el remate será apelable en el efecto devolutivo, sin que proceda recurso alguno en contra de las resoluciones que se dicten durante el procedimiento de remate.

Artículo 1091. Una vez ejecutada la subasta, si restan cantidades exigibles por cuantificar que sean pendientes de cumplimiento en la resolución judicial que se ejecuta, cualquiera de las partes podrá promover incidente de liquidación.

Antes de fincado el remate, puede el deudor librar sus bienes si paga en el acto lo sentenciado y garantiza el pago de las costas que estén por liquidar.

Artículo 1092. Al declarar aprobada la subasta, mandará la autoridad jurisdiccional, dentro de los tres días siguientes se otorgue a favor de la persona adjudicataria la escritura de adjudicación correspondiente, en los términos de su postura y que se le entreguen los bienes subastados. Para ello corresponderá a la autoridad jurisdiccional la firma de la escritura, sin necesidad de requerir al ejecutado.

La suscripción de la escritura de adjudicación observará el procedimiento prescrito en este Código Nacional. Independientemente de ello, a petición de parte se ordenará la entrega de los bienes rematados.

Artículo 1093. Si el postor no cumpliere sus obligaciones, ya porque se negare a otorgar la garantía ofrecida, ya porque, extendida la escritura correspondiente, en su caso, se negare a firmarla en el término legal, la autoridad jurisdiccional, cerciorándose de estas circunstancias declarará sin efecto el remate, para citar, nuevamente, a la misma almoneda, y el postor perderá el diez por ciento exhibido, el que se aplicará, por vía de indemnización, al ejecutado, manteniéndose en depósito para los efectos del pago al ejecutante, hasta concluir los procedimientos de ejecución.

Artículo 1094. No habiendo parte postora, quedará al arbitrio de la parte ejecutante pedir en el momento de la subasta que se le adjudiquen los bienes por el precio del avalúo que sirvió de base para el remate o que se saquen de nuevo a subasta pública sin rebaja en el precio.

Esta segunda subasta se anunciará y celebrará en igual forma que la anterior.

En caso de liquidación de sociedad conyugal o herencias, no operará la rebaja en el precio fijado a los bienes, al no constituir un crédito pendiente de pago.

Artículo 1095. Si en la segunda subasta tampoco hubiere personas licitadoras, la persona actora podrá pedir o la adjudicación por el precio que sirvió de base para la segunda subasta o, que se le entreguen en administración los bienes para aplicar sus productos al pago del capital, los intereses y de las costas.

Artículo 1096. Si la parte ejecutante no está de acuerdo con ninguno de los dos medios expresados en el artículo que precede, podrá pedir que se celebre una tercera subasta, con rebaja del diez por ciento de la tasación.

En este caso, si hubiere parte postora que ofrezca las dos terceras partes del precio con rebaja para la subasta que sirvió de base y que acepte las condiciones de ésta, se fincará el remate, sin más trámites.

Si no llegase a dichas dos terceras partes, con suspensión del fincamiento del remate, se hará saber el precio ofrecido a la parte deudora, para que, en una continuación de la audiencia a celebrarse en los siguientes diez días hábiles, para que haga el pago a la parte acreedora librando los bienes, o presentar persona que mejore la postura, dentro de la referida continuación de audiencia de ejecución.

Si la parte deudora no hizo el pago o no lleva un mejor postor, se aprobará el remate mandando llevar a efecto la venta.

Las personas postoras a que se refiere este artículo cumplirán con el requisito previo del depósito a que se refiere este Código Nacional.

Artículo 1097. Cuando se mejore la postura, la autoridad jurisdiccional, mandará abrir nueva subasta dentro de los siguientes cinco días hábiles, la que se celebrará únicamente entre las dos personas postores, realizándose las pujas respectivas inmediatamente, conforme a las disposiciones del presente

Capítulo y, en su caso, se adjudicará la finca al que hiciere la proposición más ventajosa.

Si la primera persona postora, en vista de la mejora hecha por la segunda, manifestare que renuncia a sus derechos, o no se presentare a la subasta, se fincará en favor de la segunda. Lo mismo se hará con la primera, si la segunda no se presenta a la subasta.

Artículo 1098. Si en la tercera subasta se hiciere postura admisible en cuanto al precio, pero ofreciendo pagar a plazos o alterando alguna otra condición, se hará saber a la persona acreedora, la cual podrá pedir en los cinco días siguientes, la adjudicación de los bienes en las dos tercias partes del precio de la segunda subasta; y si no hace uso de este derecho, se aprobará el remate en los términos ofrecidos por el postor.

Para el caso de que la parte acreedora, el precio desee adjudicarse el bien de que se trate y su crédito condenado no alcance las dos tercias partes del precio del avalúo, podrá formar parte de la subasta y exhibir la diferencia en numerario o billete de depósito con las formalidades exigidas en el presente Capítulo.

Artículo 1099. Cualquier subasta que tenga que hacerse de los gravámenes que afecten a los inmuebles vendidos, gastos de la ejecución y demás, se regulará por la autoridad jurisdiccional en forma incidental.

Artículo 1100. Aprobada la subasta se prevendrá a la persona compradora que consigne ante la propia autoridad jurisdiccional, el precio del remate.

Si la persona compradora no consignare el precio en el plazo que la autoridad jurisdiccional señale, o por su culpa dejare de tener efecto la venta, se procederá a nueva subasta como si no se hubiera celebrado, perdiendo la persona postora el depósito respectivo, que se aplicará por vía de indemnización, por partes iguales, a las partes ejecutante y ejecutada.

Artículo 1101. Consignado el precio y aprobado en definitiva el remate o la adjudicación, se suscribirá la escritura a la persona adquirente ante la Notaria o Notario Público que éste designe, apremiando, en su caso, a la persona deudora para que los entregue, y se pondrán los bienes a disposición del mismo comprador, dándose para ello las órdenes necesarias, aun las de desocupación de fincas habitadas por la persona deudora o terceros que no tuvieren contrato para acreditar el uso, en los términos que fija el Código Civil respectivo de cada Entidad Federativa. Se le dará a conocer como dueño a las personas que él mismo designe.

En todos los casos el ejecutado, es responsable de la evicción.

Artículo 1102. Con el precio se pagará a la persona acreedora hasta donde alcance, y si hubiere costas pendientes que liquidar, se mantendrá en depósito la cantidad que se estime bastante para cubrirlas, hasta que sean aprobadas las que faltaren de pagarse; pero si la persona ejecutante no formula su liquidación dentro de los cinco días de hecho el depósito perderá el derecho de reclamarlas.

El reembargo produce su efecto en lo que resulte líquido del precio del remate, después de pagarse el primer embargante, salvo el caso de preferencia de derechos. La persona reembargante para obtener el remate en caso de que éste no se haya verificado, puede obligar a la primera ejecutante a que continúe su acción.

En la liquidación deberán comprobarse todos los gastos y costas posteriores a la sentencia de remate.

Artículo 1103. Si la parte que se diera de contado o billete de depósito excediere del monto de lo sentenciado, formada y aprobada la liquidación, se entregará la parte restante al ejecutado, si no se hallare retenida a instancia de otro acreedor, observándose, en su caso, las disposiciones del Código Civil respectivo sobre graduación de crédito.

Artículo 1104. Si la ejecución se hubiere despachado a instancia de una segunda persona acreedora hipotecario o de otra persona hipotecaria de ulterior grado, el importe de los créditos hipotecarios preferentes de que responda la finca rematada, se consignará ante el juzgado correspondiente y el resto se entregará sin dilación a la persona ejecutante, si notoriamente fuera inferior a su crédito o lo cubriere.

Si excediere, se le entregarán capital e intereses y las costas líquidas. El remanente quedará a disposición de la persona deudora a no ser que se hubiere retenido judicialmente para el pago de otras deudas.

Artículo 1105. La persona acreedora que se adjudique la cosa soportará los créditos hipotecarios que existan para pagarlos al vencimiento de su escrituración, y entregará a la persona deudora al contado, lo que resulte libre del precio, después de hecho el pago.

Artículo 1106. Cuando se hubiere seguido la vía de apremio en virtud de títulos a la persona portadora con hipoteca inscrita sobre la finca vendida, si existieren otros títulos con igual derecho, se prorrateará entre todo el valor líquido de la venta, entregando a la persona ejecutante lo que le corresponda y depositándose la parte correspondiente a los demás títulos hasta su cancelación.

Artículo 1107. En los casos a que se refieren los artículos 1102 y 1104 de este Código Nacional se cancelarán las inscripciones de las hipotecas a que estuviere afecta la finca vendida, expidiéndose para ello mandamiento, en el que se exprese que el importe de la venta no fue suficiente para cubrir el crédito de la persona ejecutante y, en su caso, haberse consignado el importe del crédito acreedor preferente o el sobrante, si los hubiere, a disposición de las personas interesadas.

En el caso del artículo 1105 de este ordenamiento, si el precio de la venta fuere insuficiente para pagar las hipotecas anteriores y las posteriores, sólo se cancelarán éstas, conforme a lo prevenido en la primera parte de este artículo.

Artículo 1108. Cuando conforme a lo previsto en este Código Nacional, la persona acreedora hubiere optado por la administración de las fincas embargadas, se observará lo siguiente:

I. La autoridad jurisdiccional mandará que se le haga entrega de ellas bajo el correspondiente inventario, y que se le dé a reconocer a las personas que el mismo acreedor designe;

II. La persona acreedora y la persona deudora podrán establecer por acuerdos particulares las condiciones y término de la administración, forma y época de rendir las cuentas. Si así no lo hicieren se entenderá que las fincas han de ser administradas según la costumbre del lugar, debiendo el acreedor rendir cuentas cada seis meses;

III. Si las fincas fueren rústicas podrá la persona deudora intervenir las operaciones de la recolección;

IV. La rendición de cuentas y las diferencias que de ellas surgieren se substanciarán sumariamente;

V. Cuando la persona ejecutante haya hecho pago de su crédito, intereses y costas con el producto de las fincas, volverán éstas a poder de la persona ejecutada, y

VI. La persona acreedora podrá cesar en la administración de la finca cuando lo crea conveniente y pedir se saque de nuevo a pública subasta por el precio que salió a segunda almoneda, y si no hubiere persona postora, que se le adjudique por dos terceras partes de ese valor, en lo que sea necesario para completar el pago, deduciendo lo que hubiere percibido a cuenta.

Artículo 1109. Si en el contrato se ha fijado el precio en que una finca hipotecada haya de ser adjudicada a la persona acreedora sin haberse renunciado la subasta, el remate se hará teniéndose como postura legal la que exceda del precio señalado para la adjudicación, y cubra con el contado lo sentenciado. Si no hubiere postura legal, se llevará a efecto desde luego la adjudicación en el precio convenido, debiéndose observar al efecto lo dispuesto en este Código Nacional.

Artículo 1110. Cuando los bienes, cuyo remate se haya decretado, fueran muebles, se observará lo siguiente:

I. Se efectuará su venta siempre de contado, por medio de corredor o casa de comercio que expenda objetos o mercancías similares, o cualquier otro medio que la autoridad jurisdiccional considere, haciéndole saber, para la busca de personas compradoras el precio fijado por peritos o por convenio de las partes;

II. Si pasados diez días de puestos a la venta no se hubiere logrado ésta, la autoridad jurisdiccional ordenará una rebaja del diez por ciento del valor fijado primitivamente, y, conforme a ella comunicará al corredor o casa de comercio el nuevo precio de venta, y así sucesivamente, cada diez días, hasta obtener la realización;

III. Efectuada la venta, el corredor, casa de comercio o el establecimiento correspondiente, entregará los bienes a la persona compradora, otorgándosele la factura correspondiente, que firmará la persona ejecutada o la autoridad jurisdiccional en su rebeldía;

IV. Después de ordenada la venta, puede la parte ejecutante pedir la adjudicación de los bienes por el precio que tuvieren señalado al tiempo de su petición; eligiendo los que basten para cubrir su crédito, según lo sentenciado;

V. Los gastos de corretaje o comisión serán a cargo de la persona deudora y se deducirán preferentemente del precio de venta que se obtenga, y

VI. En todo lo demás, se estará a las disposiciones de este Capítulo.

CAPÍTULO V
DE LA EJECUCIÓN DE LA SENTENCIA Y DEMÁS RESOLUCIONES DE LAS AUTORIDADES JURISDICCIONALES DE LAS ENTIDADES FEDERATIVAS

Artículo 1111. La autoridad jurisdiccional ejecutora que reciba exhorto con las inserciones necesarias, conforme a derecho para la ejecución de una sentencia u otra resolución judicial, cumplirá con lo que disponga la autoridad jurisdiccional requirente, siempre que lo que haya de ejecutarse no fuere contrario a las Leyes de cada Entidad Federativa.

Artículo 1112. La autoridad jurisdiccional ejecutora no podrá oír ni conocer de excepciones, cuando fueren opuestas por alguna de las partes que litigan ante la autoridad jurisdiccional requirente, salvo el caso de competencia legalmente interpuesta por alguna de las personas interesadas.

Artículo 1113. Si al ejecutar los autos insertos en las requisitorias, se opusiere tercera persona, el órgano jurisdiccional oirá incidentalmente y calificará las excepciones opuestas, conforme a lo siguiente:

I. Cuando la tercera persona que no hubiere sido oído por la autoridad jurisdiccional requirente y poseyere en nombre propio la cosa en que debe ejecutarse la sentencia, no se llevará adelante la ejecución, devolviéndose el exhorto con inserción del auto en que se dictare esa resolución y de las constancias en que se haya fundado, y

II. Si la tercera opositora que se presente ante la autoridad jurisdiccional requerida, no probare que posee con cualquier título traslativo de dominio la cosa sobre que verse la ejecución del auto inserto en la requisitoria, será condenada a satisfacer las costas, daños y perjuicios a quien se los hubiere ocasionado. Contra esta resolución no se dará recurso alguno.

Artículo 1114. Las autoridades jurisdiccionales requeridas deberán ejecutar las sentencias, de conformidad con lo siguiente:

I. Que versen sobre cantidad líquida o cosa determinada individualmente;

II. Que se trataren de derechos reales sobre inmuebles o de bienes muebles ubicados en la Entidad Federativa correspondiente y conforme a las Leyes del lugar;

III. Si tratándose de derechos personales o del estado civil, la persona condenada se sometió expresamente o por razón de domicilio a la justicia que la pronunció, y

IV. Siempre que la parte condenada haya sido emplazada personalmente para ocurrir al juicio.

Artículo 1115. La autoridad jurisdiccional que reciba despacho u orden de su superior para ejecutar cualquier diligencia es mero ejecutor y, en consecuencia, no dará curso a ninguna excepción que opongan los interesados, y se tomará simplemente razón de sus respuestas en el expediente, antes de devolverlo.

LIBRO DÉCIMO
DE LOS PROCESOS DE CARÁCTER INTERNACIONAL

CAPÍTULO I
DE LA COMPETENCIA

Artículo 1116. Los procesos de carácter internacional se regirán por las disposiciones de este Código Nacional y demás leyes aplicables, salvo lo dispuesto en los tratados y convenciones de los que México sea parte.

Artículo 1117. Es autoridad jurisdiccional competente para conocer de los siguientes casos:

I. La del domicilio del demandado;

II. En caso de declaración de ausencia o declaración especial de ausencia por desaparición, la del domicilio del último lugar de residencia habitual del ausente o desaparecido;

III. En caso de restitución de niñas, niños y adolescentes, la del lugar donde se encuentren;

IV. En asuntos de relaciones de filiación, curatela y tutela, la de la residencia habitual de los hijos o pupilos o adolescentes; si el actor es alguno de éstos o su representante, éste también podrá elegir el foro del domicilio del padre, madre o persona tutora;

V. En acciones reales sobre inmuebles o muebles, será la del lugar de la ubicación de los bienes;

VI. La autoridad jurisdiccional mexicana competente para ejecutar una sentencia, laudo o resolución jurisdiccional proveniente del extranjero, será el del domicilio del ejecutado o el del lugar donde se encuentran los bienes sobre los que podrá ejecutarse la sentencia;

VII. Para el discernimiento de personas que pertenezcan a grupos sociales en situación de vulnerabilidad que les impida la emisión clara de su voluntad, es competente la autoridad jurisdiccional del foro de la residencia de éstos y si este no se conociere, el del lugar donde se encuentren;

VIII. Cuando de acuerdo con las reglas del litisconsorcio pasivo necesario debiera ser llamada a juicio una autoridad extranjera ante la cual se celebró el acto materia de la litis, la autoridad jurisdiccional competente será la del lugar donde se encuentra el funcionario o la autoridad demandada;

IX. Para conocer de acciones relativas a obligaciones derivadas del hecho ilícito, la autoridad jurisdiccional competente será la del foro en que se produzca el daño o el acontecimiento del que deriva la acción; salvo que se trate de demandas por responsabilidad por el producto, en cuyo caso, el foro competente será el del domicilio del productor o el lugar de producción del bien, y

X. Para el caso de acciones contra personas jurídicas o sin personalidad jurídica, pero con un patrimonio de afectación identificable, con residencia o ubicación en el extranjero, será competente la autoridad jurisdiccional mexicana si la demandada cuenta con alguna sede o sucursal en territorio mexicano.

Artículo 1118. Son reglas especiales de competencia tratándose de sucesiones en el ámbito internacional, las siguientes:

I. Es competente para conocer de una sucesión, incluida su liquidación y tutela testamentaria, la autoridad jurisdiccional de la última residencia del causante de la misma al momento de su fallecimiento, ausencia o desaparición. Si no hubiera tenido domicilio o se desconociera, lo será la del lugar de la ubicación de los bienes inmuebles, en su defecto, la del lugar del fallecimiento, y

II. Si la persona hubiese tenido domicilio en el territorio nacional y falleció en el extranjero y no se hubiese iniciado en el extranjero la sucesión dentro de los siguientes tres meses a partir de la fecha de su fallecimiento, será competente la autoridad jurisdiccional nacional.

Artículo 1119. Tratándose de sucesiones de personas extranjeras, las autoridades jurisdiccionales y notariales nacionales deberán avisar a la Secretaría de Relaciones Exteriores para todos los efectos legales y consulares a que haya lugar.

Artículo 1120. En el caso de adopción internacional de niñas, niños o adolescentes, la competencia de las autoridades jurisdiccionales se regirá conforme a lo siguiente:

I. Para el otorgamiento de la adopción, la del lugar de la residencia habitual del adoptado;

II. Sobre la nulidad de la adopción, será la del lugar de la residencia habitual del adoptado al momento de la adopción, y

III. Para decidir sobre la conversión de la adopción simple en adopción plena, legitimación adoptiva o figuras afines, a elección del actor, la del lugar de la residencia habitual del adoptado o adoptantes, al momento de la adopción.

Artículo 1121. La competencia de las autoridades nacionales para conocer de asuntos sobre alimentos se regirá por las siguientes disposiciones:

I. A elección del acreedor alimentario, la de su residencia o la del deudor alimentista, o la ubicación de los bienes del deudor alimentista, y

II. Para las acciones de cese o modificación de la pensión alimenticia la que haya conocido de la fijación de ésta, o los de la residencia del acreedor.

Artículo 1122. Para conocer de los efectos del matrimonio o figuras similares, es competente la autoridad jurisdiccional de la residencia o domicilio común; la de la residencia de la persona demandada o la del lugar en que se encuentre, a elección del actor.

En caso de divorcio o semejante, será competente la autoridad jurisdiccional que elijan en común acuerdo las partes y, a falta de acuerdo, el foro del último domicilio común de la pareja o el del actor, cuando éste ya hubiese cumplido en ese lugar seis meses de residencia.

Artículo 1123. Tratándose de foros renunciables es competente el elegido por las partes, siempre y cuando dicha elección se hubiese hecho expresamente y por escrito.

Para efectos de la competencia, un acuerdo exclusivo de elección de competencia que forme parte de un convenio o contrato, deberá ser considerado un acuerdo independiente de las demás cláusulas del mismo, y no podrá ser impugnada por la sola razón de que el resto del convenio o contrato no es válido.

No procede la elección o renuncia previa de la competencia suscrita en los Estados Unidos Mexicanos tratándose de cuestiones alimenticias, capacidad de las personas físicas, responsabilidad extracontractual, derechos reales sobre bienes ubicados en el territorio de los Estados Unidos Mexicanos, validez de las inscripciones en los registros públicos, y demás establecidos en las leyes nacionales.

Artículo 1124. Cualquier autoridad jurisdiccional mexicana suspenderá el procedimiento iniciado y, en su caso, rechazará la demanda que se le hubiese presentado, cuando ante éste se demuestre que el litigio hubiese sido sometido a un acuerdo exclusivo de elección de foro, salvo que concurra alguna de las siguientes circunstancias:

a) El acuerdo de exclusividad sea nulo o no aceptable, en virtud de la ley del lugar donde se encuentra el tribunal elegido.

b) Una de las partes careciera de capacidad para celebrar el acuerdo de elección de foro en virtud de la ley del tribunal al que se ha acudido.

c) Que de dar efecto al acuerdo conduciría a una manifiesta denegación de justicia o violación del equilibrio procesal o sería manifiestamente contrario a principios o instituciones fundamentales del orden público mexicano, en términos del Artículo 15, fracción II del Código Civil Federal.

d) Cuando por causas excepcionales, fuera del control de las partes, el acuerdo no pudiera ser razonablemente ejecutado.

e) Que el tribunal elegido haya resuelto no conocer del litigio.

Artículo 1125. Las autoridades jurisdiccionales nacionales asumirán competencia para resolver un asunto, cuando, al haberse presentado un conflicto competencial internacional negativo de no aceptarla, conduzca a una denegación de justicia.

Artículo 1126. En los casos que una persona goce de inmunidad de jurisdicción e inicie una acción judicial no podrá alegar dicha inmunidad en relación con una demanda reconvencional que esté directamente ligada a la demanda principal.

Artículo 1127. En el caso de reconvención, se considerará satisfecho el requisito de la competencia en la esfera internacional cuando la demanda principal hubiera cumplido con las disposiciones previstas en este Código Nacional, y la reconvención se fundamente en el acto o hecho en que se basó la demanda principal.

Artículo 1128. En ningún caso la competencia de las autoridades jurisdiccionales nacionales se suspenderá por el hecho de que se invoque litispendencia apoyada en la existencia de un proceso ante la autoridad jurisdiccional extranjera. Solo podrá suspenderse el proceso iniciado en los Estados Unidos Mexicanos cuando éste se hubiese iniciado con posterioridad al iniciado en el extranjero, y que el demandado en el proceso extranjero hubiese sido notificado de la demanda en el proceso extranjero antes de que se hubiese iniciado el proceso mexicano.

CAPÍTULO II
DE LA COOPERACIÓN PROCESAL INTERNACIONAL

Artículo 1129. Salvo lo prescrito en los tratados internacionales de que México sea parte, no procede la acumulación de procesos que también se estén tramitando en el extranjero, ni la escisión de procesos que produzcan la remisión de un proceso al extranjero.

Artículo 1130. Salvo disposición derivada de este Código y de tratados y convenciones internacionales de que México sea parte, el derecho procesal aplicable al proceso es el mexicano, siguiendo, al efecto, las siguientes reglas:

I. El orden jurídico de los Estados Unidos Mexicanos determinará las condiciones, procedimiento y efectos de las inscripciones registrales en los registros públicos mexicanos, y

II. Solo los hechos estarán sujetos a prueba; el derecho lo estará únicamente cuando se funde en usos, costumbres, tradiciones o valores culturales.

SECCIÓN PRIMERA
DE LAS NOTIFICACIONES, EMPLAZAMIENTOS Y MEDIDAS CAUTELARES

Artículo 1131. Las notificaciones y emplazamientos provenientes del extranjero, para la Federación y sus dependencias, las Entidades Federativas y los Municipios, se harán por conducto de las autoridades Federales que resulten competentes por razón del domicilio o residencia de aquéllas.

Artículo 1132. Toda notificación a una persona que se encuentre fuera de los Estados Unidos Mexicanos, para surtir efectos en territorio nacional, deberá hacérsele en forma personal y deberá informársele por los medios que prescriba el orden jurídico del lugar en donde se encuentre.

Las notificaciones que se hagan en los Estados Unidos Mexicanos por medio de edictos a personas que residan en el extranjero serán nulas.

Artículo 1133. Cuando alguna persona extranjera de naturaleza privada actúe por medio de algún representante, se considerará que tal representante, o quien lo sustituya, está autorizado para responder a las reclamaciones y demandas que se intenten en contra de dicha persona con motivo de los actos en cuestión, de conformidad con lo dispuesto en este Código Nacional.

Artículo 1134. Todas las notificaciones y emplazamientos provenientes del extranjero en territorio nacional se harán conformidad con lo dispuesto en este Código Nacional.

Artículo 1135. El plazo concedido a una persona domiciliada en el extranjero para contestar una demanda seguida ante tribunales de los Estados Unidos Mexicanos, nunca podrá ser menor de veinte días hábiles.

Cuando un tribunal extranjero conceda un plazo a una persona residente en México para que conteste una demanda seguida en el extranjero, si fue notificada en territorio mexicano, ese plazo deberá ser similar o mayor, al que se refiere el párrafo anterior.

Artículo 1136. El trato procesal dispensado a mexicanos y extranjeros será igual de conformidad con lo dispuesto por las leyes de los Estados Unidos Mexicanos. Toda persona gozará de los derechos a los mismos procedimientos y medios impugnativos sin necesidad de otorgar garantías especiales, así como del derecho de asistencia judicial y representación jurídica que otorgue el orden jurídico mexicano. No obstante, ningún extranjero podrá recurrir a la protección diplomática de su Estado hasta en tanto hubiese agotado los medios impugnativos que ofrece el orden jurídico mexicano.

El hecho de que una persona carezca de condición o calidad migratoria, que permita su estancia en México, no suspenderá sus derechos y garantías de participación en un proceso.

Artículo 1137. Las autoridades jurisdiccionales nacionales podrán ejecutar las medidas cautelares dictadas por una autoridad jurisdiccional extranjera, cuando el objeto de la medida consista en garantizar la seguridad de personas y bienes.

En su ejecución se observarán las siguientes disposiciones:

I. El cumplimiento de medidas cautelares por una autoridad jurisdiccional nacional no implicará el compromiso de reconocer y ejecutar la sentencia extranjera que se pudiere dictar.

II. La modificación de una medida cautelar, así como las sanciones por peticiones maliciosas o desproporcionadas, se regirán por este Código Nacional y demás leyes nacionales aplicables.

III. En caso de que el afectado justifique la improcedencia de la medida, la autoridad jurisdiccional nacional podrá levantar o disminuir dicha medida de acuerdo con el derecho mexicano.

IV. Si se opusiese una tercería excluyente de dominio o de derechos reales sobre el bien embargado o su posesión de éste último, se resolverá por la autoridad jurisdiccional nacional, de acuerdo con el orden jurídico del lugar de la ubicación de dicho bien.

V. Tratándose de alimentos, se ejecutarán las medidas cautelares solicitadas cuando exista resolución judicial, lo establezca un instrumento internacional o exista prueba incontrovertible a juicio de la autoridad jurisdiccional nacional, de que el ejecutado es deudor alimentista.

Artículo 1138. La autoridad jurisdiccional nacional dictará las medidas necesarias, a petición de cualquier persona o del Ministerio Público, cuando una persona que se presuma extranjera, haya desaparecido o se ignore el lugar donde se encuentre o quien la represente, nombrando un depositario de sus bienes, además informará de inmediato a la representación consular de su nacionalidad y se ordenará la búsqueda correspondiente.

En caso de que, un nacional se extravíe en el extranjero, se enviará al cónsul mexicano en el lugar en que se presume el extravío, la solicitud de búsqueda, incluido el edicto que se publique en los Estados Unidos Mexicanos.

SECCIÓN SEGUNDA
DE LAS PRUEBAS

Artículo 1139. Las disposiciones relativas a la presentación de documentos y desahogo de pruebas en procedimientos internacionales se regirán por lo previsto en instrumentos internacionales y en su defecto, por lo dispuesto en esta Sección.

Artículo 1140. La obligación de exhibir documentos y bienes en procedimientos que se sigan en el extranjero, no comprenderá la de exhibir documentos o copias de documentos identificados por características genéricas.

En ningún caso, podrá una autoridad jurisdiccional nacional ordenar ni llevar a cabo la inspección general de archivos que no sean de acceso al público, salvo en los casos permitidos por las leyes nacionales.

Artículo 1141. Las dependencias y organismos públicos de la Federación, Entidades Federativas y municipales, así como sus servidores públicos, estarán impedidos de llevar a cabo la exhibición de documentos o copias de documentos existentes en archivos oficiales bajo su control y desahogar prueba testimonial con respecto a sus actuaciones en su calidad de tales; se exceptúa de lo anterior los casos que, tratándose de asuntos particulares, deban exhibir documentos o archivos personales según lo permita la Ley.

Artículo 1142. En un proceso extranjero en que se precise la prueba testimonial o declaración de parte requerida, los declarantes podrán ser examinados en términos del derecho procesal extranjero, sin perjuicio de que la autoridad mexicana solicite la aplicación de disposiciones de este Código Nacional cuando se estime que, de aplicarse las extranjeras se vulnerarían derechos humanos.

Se deberá acreditar ante la autoridad jurisdiccional nacional, que los hechos materia del interrogatorio están relacionados con el proceso pendiente y que medie solicitud de parte o de la autoridad extranjera requirente.

Artículo 1143. El estado civil o análogo se acreditará mediante documento salvo que, dejaren de existir los registros o constancias, se admitirá cualquier medio de prueba que acredite dicho estado.

Artículo 1144. Los documentos públicos extranjeros serán reconocidos por las autoridades mexicanas cuando se presenten debidamente apostillados o legalizados en términos de la legislación aplicable o conforme a las salvedades que dispongan los instrumentos internacionales o las leyes nacionales en la materia.

En caso de imposibilidad para obtener la legalización, ésta se substituirá por cualquier prueba adecuada para garantizar su autenticidad.

Tratándose de documentos de nacimiento que acrediten la nacionalidad e identidad de personas mexicanas nacidas en el extranjero o migrantes en retorno de nacionalidad mexicana, no se requerirá de la legalización consular o de la apostilla. Bastará con presentar el certificado de nacimiento extranjero y el acta de nacimiento del padre o madre mexicanos para acreditar su identidad y su nacionalidad mexicana con el fin de obtener el registro de su nacimiento ante los Registros Civiles del país, en términos de la normatividad aplicable.

Párrafo adicionado DOF 04-06-2024

Artículo 1145. Los procedimientos en el ámbito de cooperación internacional observarán el principio de publicidad de conformidad con lo establecido en los tratados internacionales, las leyes nacionales en materia de transparencia, acceso a la información pública, con excepción de los procedimientos donde se ventilen secretos profesionales, comerciales, industriales o personales y protección de datos personales.

En ningún caso podrán ser públicos los procedimientos donde se encuentren involucrados derechos de niñas, niños y adolescentes.

Artículo 1146. Cuando las personas no hablen o no entiendan el idioma español, deberá proveérseles intérprete y traductor, sin perjuicio que puedan nombrar ellas mismas intérprete y traductor de su confianza. Además, podrán producir documentos en su propia lengua y grabar sus declaraciones, mismos que luego deberán traducirse al idioma español. Lo anterior también resulta aplicable para las personas que tengan algún impedimento en comunicarse.

Artículo 1147. Las autoridades jurisdiccionales nacionales podrán encomendar la práctica de diligencias en territorio extranjero a los miembros del Servicio Exterior Mexicano, las cuales producirán sus efectos jurídicos en los procedimientos ante ellas tramitados, en términos de este Código Nacional y la normatividad aplicable, dentro de los límites que conceda el derecho internacional.

Artículo 1148. Un proceso que tenga lugar en el extranjero podrá prepararse solicitando la declaración de testigos, peritos u otras declaraciones para ser practicadas en territorio nacional. La parte interesada al solicitar la diligencia citará los hechos sobre los cuales se hará el examen.

La parte legítima podrá solicitar a la autoridad jurisdiccional nacional actos de emplazamiento, notificación o de recepción de pruebas, para ser utilizados en procesos en el extranjero sin que se requiera exhorto para su trámite, a través de los procedimientos de jurisdicción voluntaria y medios preparatorios a juicio previstos en este Código Nacional, según corresponda.

La diligenciación de cualquiera de estos actos, no implicará el reconocimiento de la competencia asumida por la autoridad jurisdiccional extranjera, ni el compromiso de ejecutar la sentencia que a futuro se dictare en el proceso correspondiente.

Artículo 1149. Las autoridades jurisdiccionales nacionales y los fedatarios públicos nacionales, podrán solicitar el auxilio y cooperación del Servicio Exterior Mexicano para ejecutar actos relacionados con un asunto o proceso que ante ellos se tramite, en los términos previstos por los instrumentos internacionales, este Código Nacional o cualquier disposición legal nacional.

SECCIÓN TERCERA
DE LA COOPERACIÓN, CUANDO INTERVENGAN NIÑAS, NIÑOS Y ADOLESCENTES

Artículo 1150. El ejercicio del derecho de visita y custodia de niñas, niños o adolescentes cuyos padres radiquen en países diferentes de manera habitual, se regirá conforme a los instrumentos internacionales y se observarán las siguientes reglas:

I. Las autoridades nacionales ejecutarán las medidas necesarias a fin de lograr la plena convivencia de las niñas, niños o adolescentes con sus padres, incluyendo la utilización de medios telemáticos;

II. El derecho de visita de una niña, niño o adolescente a otro país diferente al del lugar de su residencia, implicará que el progenitor que lo reciba en visita en el Extranjero o en los Estados Unidos Mexicanos, asegure la restitución de la niña, niño o adolescente, y

III. La autoridad jurisdiccional fijará a cargo de qué persona correrán los gastos de desplazamiento, si es que no hubiese acuerdo entre los interesados.

Artículo 1151. Las solicitudes de restitución internacional de niñas, niños o adolescentes se regirán de acuerdo con los tratados internacionales y en su defecto, por las siguientes disposiciones:

I. La autoridad jurisdiccional tendrá la facultad de ordenar las medidas precautorias y de aseguramiento, con el fin de asegurar el bienestar de las niñas, niños y adolescentes y prevenir que sean nuevamente trasladados indebidamente o retenidos.

II. Los procedimientos de restitución no podrán pronunciarse y decidir sobre el fondo de la guarda y custodia.

III. En los casos de retención o traslado ilícito de una niña, niño o adolescente, deberá procederse de inmediato y sin dilaciones a la restitución del mismo.

IV. Cuando la niña, niño o adolescente reclamado, no se encuentre en territorio mexicano, el órgano competente autorizado responderá a la solicitud informando el resultado de la búsqueda.

Ninguna autoridad jurisdiccional de lugar diferente al de la residencia habitual de la niña, niño o adolescente, podrá declarar a favor de la persona que retiene o efectúe el traslado, algún derecho de custodia, salvo que el derecho convencional internacional lo permita. Si se encuentran en trámite procedimientos jurisdiccionales que resuelvan la custodia, éstos deberán suspenderse.

Artículo 1152. La autoridad jurisdiccional nacional podrá rechazar una solicitud de restitución de una niña, niño o adolescente, cuando la persona que se oponga a la restitución compruebe que:

I. La persona, institución u organismo titulares de la solicitud de restitución, no ejercía de modo efectivo el derecho de custodia en el momento en que fue trasladado o retenido, o había consentido o posteriormente aceptado, dicho traslado o retención.

II. Existe un riesgo grave de que la restitución del menor lo exponga a un peligro físico o psicológico, o que de cualquier otra manera ponga al menor en una situación intolerable.

III. La niña, niño o adolescente, se oponga a la restitución, si ya alcanzó una edad y un grado de madurez suficiente en que resulte apropiado tener en cuenta su opinión.

IV. La restitución podría violentar los derechos humanos reconocidos en los Estados Unidos Mexicanos y las garantías que para ellos se otorguen.

V. Cuando la solicitud de restitución se hubiere presentado un año después de ocurrido el traslado o la retención y se comprueba que la niña, niño o adolescente, ha quedado integrado a su nuevo medio ambiente.

Artículo 1153. Los procedimientos de restitución deberán ser iniciados dentro del plazo máximo de un año contado a partir de la fecha en que la niña, niño o adolescente hubiere sido trasladado o retenido ilícitamente, por lo que corresponderá a la autoridad competente ordenar la restitución inmediata del menor.

Respecto de menores cuyo paradero se desconozca, el plazo se computará a partir del momento en que fueren precisa y efectivamente localizados.

Artículo 1154. Toda solicitud de restitución de una niña, niño o adolescente, proveniente del extranjero, se presentará, por conducto de la Secretaría de Relaciones Exteriores, la cual lo remitirá a la o las autoridades jurisdiccionales competentes.

Si en los Estados Unidos Mexicanos se encuentra la niña, niño o el adolescente, deberán adoptarse todas las medidas adecuadas tendientes a obtener la restitución voluntaria de la niña, niño o adolescente.

Las autoridades nacionales podrán propiciar una solución amigable, a través de la mediación. De no lograrse ésta en una única sesión, deberán iniciar procedimiento jurisdiccional o administrativo con el objeto de conseguir la restitución, o en su caso, permitir la regulación o ejercicio efectivo del derecho de visita.

Artículo 1155. La solicitud de restitución deberá contener al menos lo siguiente:

I. Nombre y datos generales de la niña, niño o adolescente;

II. Nombre y datos del solicitante y el carácter con el que promueve respecto a la niña, niño o adolescente;

III. Antecedentes y los hechos relativos al traslado o sustracción;

IV. El nombre de la persona que se presume retuvo o traslado ilícitamente y el domicilio o ubicación donde se presume que se encuentra la niña, niño o adolescente, y

V. Cualquier información que sea necesaria o pertinente para su localización.

Artículo 1156. La solicitud de restitución deberá estar acompañada de:

I. Copia documento que acredite la custodia de la niña, niño o adolescente solicitado;

II. Constancia de la residencia habitual de la niña, niño o adolescente solicitado;

III. Cualquier otro documento con el que se pueda probar el medio en el que se desarrolla habitualmente la niña, niño o adolescente;

IV. Fotografías y demás datos o elementos precisos de identificación de la niña, niño o adolescente en su caso, y

V. La traducción de los documentos que se presenten en un idioma distinto al del país al que se solicite la restitución.

La autoridad competente podrá prescindir de algunos de estos requisitos si a su juicio se justifica la restitución.

Artículo 1157. Toda petición de restitución será preferente y, salvo consideración especial de la autoridad jurisdiccional, deberá concluir dentro del plazo de seis semanas a partir de su presentación.

Artículo 1158. Ningún procedimiento de custodia tramitado en los Estados Unidos Mexicanos suspenderá la restitución ordenada.

Artículo 1159. Presentada la solicitud de restitución, la autoridad jurisdiccional dispondrá de un plazo de veinticuatro horas para pronunciarse sobre su admisión.

En caso de ser admitida, ordenará correr traslado a la parte de la que se presume ha retenido o trasladado ilícitamente a la niña, niño o adolescente para que, con los apercibimientos legales correspondientes, acuda ante la autoridad jurisdiccional dentro del término de tres días hábiles siguientes en compañía de la niña, niño o adolescente, así como todas las pruebas que considere necesarias para apoyar su objeción a la restitución, si fuera el caso.

El auto que admita la solicitud deberá disponer las medidas cautelares necesarias, y en su caso, ordenará la entrevista con la niña, niño o adolescente solicitado, en términos de este Código Nacional.

Artículo 1160. En la audiencia única la autoridad jurisdiccional intentará conciliar a las partes para su restitución voluntaria y la parte requerida deberá manifestar si acepta restituir voluntariamente a la niña, niño o adolescente; en caso de que así sea, se levantará el acta correspondiente con las condiciones que las partes concedan, debiendo ser dicho acuerdo sancionado por la autoridad jurisdiccional. En caso de que haya objeción en la restitución, quien se oponga deberá hacer valer las excepciones aplicables y ofrecer las pruebas correspondientes que las acrediten.

En esa audiencia, la autoridad jurisdiccional realizará la entrevista a la niña, niño o adolescente. Hecho lo anterior, admitirá o no las pruebas ofrecidas y enseguida procederá a su desahogo, en términos de este Código Nacional.

Artículo 1161. Concluido el desahogo, la autoridad jurisdiccional deberá resolver sobre la restitución, dentro de la misma audiencia.

En caso de que se otorgue la restitución, la autoridad jurisdiccional dictará las medidas adecuadas y eficaces para garantizar el retorno seguro de la niña, niño o adolescente.

La autoridad jurisdiccional deberá informar de dicha decisión a la Secretaría de Relaciones Exteriores.

SECCIÓN CUARTA
DE LOS EXHORTOS INTERNACIONALES Y CARTAS ROGATORIAS

Artículo 1162. Los exhortos o cartas rogatorias que se remitan al extranjero serán comunicaciones oficiales escritas, que contendrán la petición de ejecutar las actuaciones necesarias para el proceso en que se expidan. Dichas comunicaciones contendrán los datos informativos necesarios y las copias certificadas, cédulas, copias de traslado y demás anexos procedentes, con su respectiva traducción, según sea el caso.

Artículo 1163. Los exhortos extranjeros o cartas rogatorias que se reciban serán diligenciados conforme a la legislación mexicana, salvo en lo prescrito en los instrumentos internacionales y en este Código Nacional. Sólo requerirán homologación cuando requieran ejecución forzosa sobre personas, bienes o derechos. En este caso, se aplicará lo dispuesto por el apartado relativo a la ejecución de sentencias extranjeras.

Artículo 1164. Los exhortos o cartas rogatorias relativas a notificaciones, recepción de pruebas y a otros asuntos de sólo trámite, se diligenciarán sin necesidad de homologación o reconocimiento, de acuerdo con las siguientes disposiciones:

I. La solicitud deberá contener la descripción de las formalidades necesarias para la diligenciación del exhorto o carta rogatoria;

II. La autoridad jurisdiccional nacional requerida podrá conceder la simplificación de formalidades o la observancia de formalidades diversas a las nacionales, salvo que concurra una excepción al reconocimiento o aplicación del derecho extranjero o vulnere los derechos humanos;

III. La autoridad jurisdiccional prevendrá al solicitante en caso de que se omitiere acompañar los documentos correspondientes, para que dentro del plazo de cuarenta y cinco días naturales presente la documentación faltante, caso contrario, se desechará la solicitud;

IV. Las autoridades jurisdiccionales nacionales formarán expediente de todas las actuaciones que realicen en todos los procedimientos de cooperación internacional en las que intervengan y enviarán copia de las actuaciones que correspondan a la autoridad jurisdiccional requirente;

V. En el caso de que no se pudiere ejecutar la totalidad de lo solicitado a la autoridad jurisdiccional nacional, deberá retransmitir la autoridad jurisdiccional competente el resto para su ejecución. Las autoridades jurisdiccionales que conozcan deberán informar al requirente, y

VI. No se exigirán requisitos de forma adicionales respecto de los exhortos o cartas rogatorias que provengan del extranjero.

Las autoridades jurisdiccionales nacionales que sean competentes para realizar las diligencias, deberán cooperar y colaborar entre ellas.

Artículo 1165. Los exhortos o cartas rogatorias podrán ser presentadas a la autoridad jurisdiccional competente por las propias partes interesadas, vía judicial, vía consular, agentes diplomáticos o por la autoridad competente del Estado requirente, salvo que los instrumentos internacionales prescriban otra cosa.

Se privilegiará la presentación y transmisión por vías oficiales, que no implique la participación de las partes interesadas.

Los exhortos o cartas rogatorias provenientes del extranjero que sean presentadas por conductos oficiales no requerirán legalización o apostillamiento, tampoco la requerirán los que se remitan al extranjero, salvo que el otro Estado lo exija.

La participación de particulares en cualquier acto de traslado o presentación de exhortos o cartas rogatorias sin participación de los conductos oficiales, requerirán la legalización o apostillamiento, según corresponda.

Artículo 1166. Todo exhorto o carta rogatoria, así como los anexos que se reciban del extranjero, en idioma distinto del español, deberán acompañarse de su debida traducción.

Artículo 1167. Las autoridades nacionales jurisdiccionales de ciudades fronterizas que requieran enviar o recibir cartas rogatorias, podrán diligenciarlas a través de sus servidores públicos adscritos, en caso de que el Estado requerido lo tenga previsto en su legislación.

Lo anterior no requerirá de legalización ni apostillamiento, únicamente deberá obrar constancia del nombre y cargo del personal que obre la diligencia.

La autoridad nacional fronteriza deberá cerciorarse de la autenticidad del exhorto o carta rogatoria, por el medio de comunicación que estime más idóneo.

Artículo 1168. La entrega de resultados o devolución de un exhorto o carta rogatoria, se hará por la misma vía en que se recibió, o por la vía en que lo solicite la autoridad jurisdiccional internacional requirente.

SECCIÓN QUINTA
DE LA UTILIZACIÓN DE VIDEOCONFERENCIAS EN PROCESOS INTERNACIONALES

Artículo 1169. De acuerdo al uso de tecnologías en la cooperación internacional, requirente y requerido, podrán utilizar videoconferencias para la ejecución de actos procesales y empleo de medios electrónicos de comunicación oficiales.

Artículo 1170. Procederá el empleo de videoconferencia cuando medie solicitud del Estado requirente y sea técnicamente realizable. La preparación de la videoconferencia podrá iniciarse por medio de correo electrónico o cualquier otra tecnología que permita la transmisión de la solicitud, siempre que se remita de un sistema de información que esté bajo el control del iniciador o de la parte que la envíe en nombre de éste. Se establecerá día, hora y lugar de la misma.

Artículo 1171. La solicitud para el empleo de videoconferencia deberá señalar:

I. Las formas y medios técnicos que permitan lograr la comunicación entre el requirente y el requerido.

II. La naturaleza del caso, nombres y domicilios de las personas a ser interrogadas, el objetivo que se persigue con la diligencia y los impedimentos previstos por orden jurídico del requirente para que una persona declare.

Artículo 1172. Durante una videoconferencia solo podrán permanecer en la sala de audiencia los interesados y deberá privilegiarse la privacidad y deberá grabarse la videoconferencia desde su inicio hasta su conclusión. Para su ejecución se tomarán en cuenta las siguientes reglas:

a) Cuando los técnicos informen que se ha logrado la comunicación, la autoridad requirente comenzará notificando lugar, fecha, nombres de las personas que intervendrán en la videoconferencia como autoridad jurisdiccional, persona secretaria judicial, nombre de los declarantes y abogados presentes. Lo mismo hará la autoridad requerida;

b) La autoridad requerida identificará a cada testigo o perito a ser interrogados. Deberá aludir a los medios como se ha realizado la identificación, debiendo obtener copia de los documentos identificatorios. En caso necesario, deberá estar presente la persona que hubiese de realizar la traducción, que también deberá ser identificada;

c) La autoridad requirente tomará la protesta o juramento de que el declarante se conducirá con verdad, incluida el apercibimiento en la que se le haga saber al declarante la sanción por conducirse con falsedad;

d) Durante la audiencia podrán presentarse aquellos documentos que se pongan a la vista del declarante para su reconocimiento. Podrá recurrirse a cualquier tipo de tecnología que permita la transmisión de cualquier tipo de datos, y

e) El examen lo hará la autoridad requirente o los abogados reconocidos ante ésta. Las preguntas podrán ser objetadas por el requirente o el requerido, cuando no sean admisibles acorde al orden jurídico mexicano.

SECCIÓN SEXTA
DE LA INFORMACIÓN DEL DERECHO EXTRANJERO

Artículo 1173. El conocimiento, texto, alcance, sentido y vigencia del derecho extranjero, escrito o no escrito, deberá realizarse en forma oficiosa por la autoridad jurisdiccional nacional, pudiendo los interesados allegarle a la autoridad jurisdiccional datos o elementos para su conocimiento.

Para informarse del texto, vigencia, sentido y alcance legal del derecho extranjero, el que, de resultar aplicable se considerará derecho y no hecho; las autoridades jurisdiccionales mexicanas podrán valerse de informes oficiales al respecto, pudiendo solicitarlos al Servicio Exterior Mexicano, o bien, las autoridades jurisdiccionales podrán ordenar o admitir las diligencias que consideren necesarias o que ofrezcan las partes.

Artículo 1174. Por sentido y alcance legal del derecho extranjero se entenderá el resultado de la interpretación del derecho y normas extranjeras y de su aplicabilidad al caso concreto. El sentido implica la calificación del supuesto, así como el significado de lo contenido en la disposición extranjera, mientras que el alcance comprende los datos o campos sobre los que aplica o se abstiene de su aplicación. Se hará el mismo análisis tratándose de usos, costumbres, tradiciones o valores culturales extranjeros, sin embargo, estos sí se considerarán hechos sujetos a prueba.

Artículo 1175. La solicitud de informe sobre derecho extranjero se tramitará acorde a lo establecido en los instrumentos internacionales. En su defecto, se observará lo siguiente:

a) Preferentemente, se dirigirá a la autoridad central extranjera solicitándole le informe sobre el texto, vigencia, sentido y alcance legal del derecho extranjero, en el apartado que desea conocer. A su solicitud, deberá agregar una síntesis de los hechos a partir de los cuales se formula la solicitud;

b) De no ser posible lo anterior, la autoridad jurisdiccional podrá ordenar y admitir las diligencias que considere necesarias o que le ofrezcan las partes en la audiencia preliminar, y

c) Asimismo, podrá ordenar el desahogo de dictámenes o pruebas periciales a cargo de expertos mexicanos o extranjeros, solicitar el auxilio del servicio consular mexicano en el extranjero e incluso, podrá emplear medios electrónicos que le den rapidez a la comunicación e informe de ese derecho extranjero.

Artículo 1176. Cuando un Estado extranjero solicite informes sobre el derecho nacional, así como de usos y costumbres, se tramitará acorde a lo establecido en los instrumentos internacionales. En su defecto, se observará lo siguiente:

I. La autoridad jurisdiccional extranjera podrá solicitar a la Secretaría de Relaciones Exteriores un informe sobre el texto, vigencia, sentido y alcance legal del derecho mexicano que desea conocer. A su solicitud, deberá agregar una síntesis de los hechos a partir de los cuales se formula la solicitud.

II. La Autoridad Central nacional podrá acceder directamente a la solicitud o, en su caso, asistirse de personas expertas y conocedoras del apartado del derecho solicitado. En la información que pudiera proporcionar, dará a conocer los textos prescritos del orden jurídico mexicano que contengan la respuesta, su interpretación, según los precedentes de las autoridades jurisdiccionales y doctrinarios que obtuviese, y una opinión sobre cómo una autoridad jurisdiccional nacional calificaría e interpretaría el derecho para el caso concreto solicitado, así como los usos y costumbres.

La respuesta que proporcione el Estado mexicano no implicará que la sentencia que se pudiera dictar en el extranjero tenga que ejecutarse en los Estados Unidos Mexicanos, ni que con ello reconozca la competencia asumida por la autoridad jurisdiccional extranjera.

Artículo 1177. Cuando se admita una demanda y contestación que impliquen la aplicación del derecho extranjero o que tenga aspectos de derecho internacional privado, la autoridad jurisdiccional nacional deberá citar a la audiencia preliminar en términos de este Código Nacional.

Artículo 1178. En la audiencia preliminar la autoridad jurisdiccional deberá precisar la procedencia de su competencia judicial internacional y en su caso, definir el derecho sustantivo aplicable, nacional o extranjero. Las partes podrán manifestar sus argumentos jurídicos sobre la competencia y el derecho sustantivo aplicable, que consideran deben ser tomados en cuenta por la autoridad jurisdiccional para emitir su declaración.

Las partes podrán convenir en una solución a su conflicto, decidir sobre la autoridad jurisdiccional competente y definir el derecho sustantivo aplicable en aquellos casos que así sea permitido.

Artículo 1179. Depurado el procedimiento y hecha la declaración de competencia de la autoridad jurisdiccional nacional y definido el derecho sustantivo aplicable, tanto la audiencia preliminar como el procedimiento continuará en los términos previstos por este Código Nacional y resolverá aplicando los diversos derechos de manera armónica, procurando realizar las finalidades perseguidas por cada uno de tales derechos. Las dificultades causadas por la aplicación simultánea de tales derechos se resolverán tomando en cuenta las exigencias de la equidad en el caso concreto.

Artículo 1180. La autoridad jurisdiccional nacional para mejor proveer podrá admitir o allegarse de informes técnicos de personas, instituciones y organismos ajenos al litigio y que ostenten reconocida competencia sobre la cuestión planteada por las partes; éstas tendrán el carácter de Amigos del Tribunal y su informe no implicará el pago de costas u honorarios.

CAPÍTULO III
DE LA EJECUCIÓN DE SENTENCIAS, LAUDOS Y RESOLUCIONES DICTADAS EN EL EXTRANJERO

Artículo 1181. El procedimiento de reconocimiento de sentencias, laudos arbitrales y demás resoluciones extranjeras, así como su ejecución se regirán conforme a las disposiciones previstas en los instrumentos internacionales aplicables y las contenidas en este Código Nacional, en particular, las disposiciones especiales de este Capítulo.

Los efectos que las sentencias, laudos arbitrales y demás resoluciones extranjeras produzcan en los Estados Unidos Mexicanos se regirán por lo dictado en la sentencia, fallo o laudo arbitral.

La forma y el fondo de la sentencia extranjera, así como los procedimientos seguidos para dictarla, estarán regulados por el orden jurídico del lugar de la autoridad jurisdiccional que la emitió, incluidas sus normas de conflicto.

Artículo 1182. La autoridad jurisdiccional competente mexicana para ejecutar una sentencia, laudo o resolución jurisdiccional proveniente del extranjero, será el del domicilio del ejecutado o el del lugar donde se encuentran los bienes sobre los que deba ejecutarse la sentencia. En el caso de un laudo arbitral, también será competente la autoridad jurisdiccional mexicana cuando la sede del arbitraje haya sido en los Estados Unidos Mexicanos.

Artículo 1183. Las sentencias extranjeras que no requieran el procedimiento de reconocimiento u homologación para su ejecución, así como demás documentos públicos extranjeros, deberán ser reconocidas de acuerdo con los tratados internacionales y al derecho mexicano.

Artículo 1184. Tratándose de sentencias, laudos arbitrales o resoluciones jurisdiccionales que únicamente vayan a utilizarse como prueba, será suficiente que las mismas llenen los requisitos necesarios para ser consideradas como documentos auténticos.

Artículo 1185. Los acuerdos o transacciones judiciales entre las partes, sancionados por una autoridad jurisdiccional extranjera, podrán reconocerse como sentencias firmes cuando se acredite que en el país de origen se le otorgue dicho carácter. Para esto, deberá presentarse una certificación de la autoridad jurisdiccional del Estado de origen, haciendo constar que la transacción judicial o una parte de ella es ejecutoria como lo es una resolución judicial en el Estado de origen.

Artículo 1186. Las sentencias, laudos arbitrales privados de carácter no comercial y resoluciones jurisdiccionales dictados en el extranjero, tendrán carácter de cosa juzgada para ser ejecutadas en los Estados Unidos Mexicanos, si cumplen con los siguientes requisitos:

I. Que se hayan satisfecho las formalidades previstas en este Código en materia de exhortos o cartas rogatorias provenientes del extranjero y llenen los requisitos para ser considerados como auténticos;

II. Que no hayan sido dictados como consecuencia del ejercicio de una acción real inmobiliaria;

III. Que la autoridad jurisdiccional que dictó la sentencia haya tenido competencia para conocer y juzgar el asunto de acuerdo con las reglas reconocidas en la esfera internacional, que sean análogas y compatibles con las adoptadas por el orden jurídico mexicano;

IV. No se reconocerá la competencia de la autoridad jurisdiccional extranjera cuando el acuerdo de elección del foro sea estimado como nulo si alguna de las partes carecía de la capacidad para celebrar el acuerdo;

V. Que el demandado haya sido notificado o emplazado en forma personal a efecto de asegurarle la garantía de audiencia y el efectivo ejercicio de sus defensas y derechos procesales;

VI. Que tengan el carácter de cosa juzgada en el país en que fueron dictados, o que no exista recurso ordinario en su contra;

VII. Que la acción que les dio origen no sea materia de juicio que esté pendiente entre las mismas partes ante autoridades jurisdiccionales nacionales y en el cual hubiere prevenido la autoridad jurisdiccional nacional o cuando menos que el exhorto o carta rogatoria para emplazar hubieren sido tramitados y entregados a la Secretaría de Relaciones Exteriores o a las autoridades del Estado donde deba practicarse el emplazamiento, y

VIII. Que la ejecución de la resolución no vaya en contra de instituciones o principios fundamentales del orden público mexicano, que implique la evasión fraudulenta del derecho aplicable.

No obstante, lo anterior la autoridad jurisdiccional podrá negar la ejecución si se probara que en el país de origen no se ejecutan sentencias o laudos extranjeros en casos análogos.

Cuando la sentencia no evidencie los requisitos anteriores, la autoridad jurisdiccional requerida podrá solicitar otros medios de prueba para constatar que se cumplen tales.

Artículo 1187. En la resolución de reconocimiento u homologación, la autoridad jurisdiccional deberá especificar, si fuere el caso, qué parte del procedimiento de ejecución podrá ejecutarse siguiendo formas especiales o distintas a las mexicanas. La autoridad jurisdiccional también especificará las formas procesales que podrán adicionarse o suprimirse. Lo anterior procederá siempre y cuando no resulte lesivo a principios e instituciones fundamentales del orden público y especialmente a los Derechos Humanos contemplados en la Constitución. La petición extranjera o la parte interesada deberá integrar la descripción de las formalidades cuya aplicación se solicite para la diligenciación del exhorto internacional o carta rogatoria.

Artículo 1188. El exhorto de la autoridad jurisdiccional requirente deberá acompañarse de la siguiente documentación:

I. Copia auténtica de la sentencia, laudo o resolución jurisdiccional;

II. Copia auténtica de las constancias que acrediten que se cumplieron los requisitos previstos en las fracciones IV y V del artículo 1186;

III. Las traducciones al idioma español que sean necesarias al efecto, y

IV. Que el ejecutante haya señalado domicilio para oír notificaciones en el lugar de la autoridad jurisdiccional del reconocimiento u homologación.

Artículo 1189. Ninguna sentencia o resolución extranjera será reconocida en el ámbito nacional cuando:

I. Al momento de la solicitud de reconocimiento no posea el carácter de cosa juzgada.

II. La sentencia carezca totalmente de efectos jurídicos en todo el territorio del Estado donde fue emitida.

III. La sentencia resulta contraria a los principios o instituciones fundamentales del orden público nacional o fue emitida en fraude a la ley.

IV. El procedimiento concreto que condujo a la resolución fue incompatible con los principios fundamentales de equidad procesal establecidos en el derecho nacional.

SECCIÓN ÚNICA
DE LA EJECUCIÓN FORZOSA

Artículo 1190. El reconocimiento y ejecución de sentencias, fallos y laudos extranjeros que impliquen coacción en su ejecución, requerirá procedimiento de homologación y se sujetará a las siguientes disposiciones, en el entendido de que no podrá controvertirse el fondo de la resolución:

I. Se citará personalmente tanto a la persona ejecutante como a la ejecutada y se les concederá el término de nueve días para que manifiesten lo que a su derecho conviniere. Se les admitirán los medios de prueba que ofrezcan si fueren pertinentes y se señalará fecha y hora de audiencia para su desahogo. La preparación de la prueba correrá a cargo del oferente, salvo razón fundada.

II. Las personas autorizadas o reconocidas como apoderados por la autoridad jurisdiccional extranjera podrán actuar como tal conforme a las facultades que la autoridad requirente señale.

III. En todo momento la autoridad jurisdiccional ejecutante velará por el interés superior de las niñas, niños y adolescentes y gozará de plenitud de jurisdicción para garantizar sus derechos.

IV. Los gastos de ejecución correrán a cargo de parte interesada, sin perjuicio que en su momento deban ser cubiertos por la parte ejecutada.

V. La resolución que determine la ejecución forzosa deberá pronunciarse dentro del plazo de tres días, una vez que se haya desahogado la última prueba. Dicha resolución es apelable en ambos efectos.

VI. Las cuestiones sobre el depósito, avalúo, subasta y demás sobre la ejecución de la sentencia se regirán conforme a este Código Nacional.

VII. La autoridad jurisdiccional de ejecución, y en su caso, la de segunda instancia, se abstendrá de pronunciarse sobre el fondo del fallo ni sobre los fundamentos del hecho o derecho en que se apoye, ni exigir equivalencia de resultados del fallo extranjero con respecto al propio, únicamente examinarán la autenticidad de la misma y sobre la forma de su ejecución en términos de este Código Nacional.

VIII. La sentencia reconocida podrá tener cumplimientos parciales cuando no sea posible cumplimentarse en su integridad.

IX. La autoridad jurisdiccional que se declare incompetente para ejecutar la sentencia deberá remitir oficiosamente los autos a la autoridad jurisdiccional que considere competente.

X. La resolución que reconozca la sentencia extranjera precisará en su caso, qué parte del procedimiento de ejecución observará disposiciones especiales o extranjeras, observando la autoridad jurisdiccional requerida que no se violenten derechos humanos.

XI. El exhorto internacional de requerimiento o solicitud deberá especificar las formalidades de su diligenciación.

Durante la tramitación del procedimiento de reconocimiento no procederá recurso alguno, ni medio que lo suspenda.

Artículo 1191. La resolución reconocida será cumplimentada conforme al derecho mexicano, excepto en los casos en que se autoricen disposiciones distintas.

En el caso de subasta pública, los fondos resultantes quedarán a disposición de la autoridad jurisdiccional extranjera hasta por la cantidad definida en la resolución. El resto será distribuido por la autoridad jurisdiccional ejecutante conforme al derecho nacional.

ARTÍCULOS TRANSITORIOS

Artículo Primero. El presente Decreto entrará en vigor al día siguiente de su publicación en el Diario Oficial de la Federación.

Artículo Segundo. La aplicación de lo dispuesto en el Código Nacional de Procedimientos Civiles y Familiares previsto en el presente Decreto, entrará en vigor gradualmente, como sigue: en el Orden Federal, de conformidad con la Declaratoria que indistinta y sucesivamente realicen las Cámaras de Diputados y Senadores que integran el Congreso de la Unión, previa solicitud del Poder Judicial de la Federación, sin que la misma pueda exceder del 1o. de abril de 2027.

En el caso de las Entidades Federativas, el presente Código Nacional, entrará en vigor en cada una de éstas de conformidad con la Declaratoria que al efecto emita el Congreso Local, previa solicitud del Poder Judicial del Estado correspondiente, sin que la misma pueda exceder del 1o. de abril de 2027.

La Declaratoria que al efecto se expida, deberá señalar expresamente la fecha en la que entrará en vigor el Código Nacional de Procedimientos Civiles y Familiares, y será publicada en el Diario Oficial de la Federación y en los Periódicos o Gacetas Oficiales del Estado, según corresponda.

Entre la Declaratoria a que se hace referencia en los párrafos anteriores, y la entrada en vigor del presente Código Nacional de Procedimientos Civiles y Familiares, deberán mediar máximo 120 días naturales. En todos los casos, vencido el plazo, sin que se hubiera emitido la Declaratoria respectiva, la entrada en vigor será automática en todo el territorio nacional sin que la misma pueda exceder el día 1o. de abril de 2027.

Artículo Tercero. De conformidad con el Artículo Segundo de las Disposiciones Transitorias de este Decreto, se abrogan el Código Federal de Procedimientos Civiles, así como la legislación procesal civil y familiar de las Entidades Federativas.

Artículo Cuarto. Los procedimientos civiles y familiares que a la entrada en vigor del Código Nacional de Procedimientos Civiles y Familiares se encuentren en trámite, continuarán su sustanciación de conformidad con la legislación aplicable en el momento del inicio de los mismos, salvo que las partes conjuntamente opten por la regulación del Código Nacional.

No procederá la acumulación de procesos civiles y familiares cuando alguno de ellos se esté tramitando conforme al presente Código Nacional, y el otro proceso conforme a un Código abrogado.

Artículo Quinto. Cuando por razón de competencia, sea por fuero o territorio, se realicen actuaciones conforme a un fuero o sistema procesal distinto al que se remiten, podrá la autoridad jurisdiccional receptora convalidarlas, siempre que, de manera, fundada y motivada, se concluya que se respetaron las garantías esenciales del debido proceso en el procedimiento de origen.

Asimismo, podrá regularizarse aquellas actuaciones que, también de manera fundada y motivada, la autoridad jurisdiccional que las recibe determine que las mismas deban ajustarse a las formalidades del sistema civil o familiar al cual se incorporarán tomando en cuenta su marco sustantivo interno.

Artículo Sexto. En el caso de la Federación, la Cámara de Diputados, tomando en cuenta la estimación de ingresos aprobados para cada ejercicio fiscal, y con base en los principios de austeridad, eficiencia, eficacia y economía, contemplará en los ejercicios fiscales posteriores a la publicación del presente Decreto, una asignación de recursos presupuestarios para el cumplimiento del presente Decreto.

Para efectos de lo anterior, el Poder Judicial de la Federación, al elaborar su proyecto de presupuesto de egresos anual, deberá observar los criterios generales de política económica, en los términos de la Ley Federal de Presupuesto y Responsabilidad Hacendaria y demás disposiciones aplicables.

Los Congresos Locales, en el ámbito de sus atribuciones, aprobarán los recursos presupuestarios correspondientes para los Poderes Judiciales de las Entidades Federativas, para el cumplimiento del presente Decreto.

En todo caso y siempre que proceda, las adecuaciones a las estructuras orgánicas, ocupacionales y salariales que se deriven de la ejecución del presente Decreto, deberán realizarse mediante movimientos compensados y no deberán incrementar el presupuesto regularizable de servicios personales.

Artículo Séptimo. La Secretaría de Gobernación, sesenta días hábiles posteriores a la publicación de este Decreto, instalará y presidirá una Comisión para la Coordinación del Sistema de Justicia previsto en el presente Decreto, con la participación de la Presidencia de la Comisión Nacional de Tribunales Superiores de Justicia de los Estados Unidos Mexicanos; la Presidencia del Tribunal Superior de Justicia del Estado, así como la Presidencia de la Comisión de Justicia del Congreso Local que corresponda, quienes concurrirán a convocatoria o solicitud ante la Presidencia de la Comisión, con el fin de configurar la asistencia técnica a los Poderes Judiciales, Federal y Locales, en la instrumentación del Código Nacional de Procedimientos Civiles y Familiares con base en el desarrollo de habilidades, destrezas y sanas prácticas procesales, y la definición de estándares uniformes de operación del sistema; así como la correcta aplicación de los recursos públicos asignados; asimismo la Comisión contará con la representación de la Presidencia de la Comisión de Justicia tanto de la Cámara de Diputados como del Senado de la República; y la Presidencia del Consejo de la Judicatura Federal y Locales, en caso de ausencia de las personas designadas, concurrirán quienes ostenten su representación legal. En todos los casos las participaciones de quienes integran esta Comisión, serán honoríficos.

La Comisión tendrá por objeto analizar y acordar las políticas de coordinación necesarias para la instrumentación del Código Nacional de Procedimientos Civiles y Familiares, así como la armonización legislativa que apareja, en todo el territorio nacional. Para dichos efectos podrá convocar a los diversos grupos de la sociedad y la academia, de conformidad con las Bases de Operación que para dichos efectos expida la propia Comisión, en cumplimiento a su Acuerdo de instalación. La Comisión deberá remitir un Informe de Actividades a las Cámaras del Congreso General de los Estados Unidos Mexicanos.

Artículo Octavo. La Comisión, atendiendo a lo previsto en el Artículo Sexto transitorio, contará con una Secretaría Técnica, encargada de ejecutar los Acuerdos y determinaciones de la Comisión, así como coadyuvar, coordinar y brindar apoyo a las autoridades Locales y Federales en la instrumentación del Código Nacional de Procedimientos Civiles y Familiares.

Artículo Noveno. Los Poderes Judiciales de la Federación y de las Entidades Federativas, en el ámbito de sus respectivas competencias, establecerán las etapas y calendarios para llevar a cabo las acciones y medidas necesarias para la instrumentación del Código Nacional de Procedimientos Civiles y Familiares, de conformidad con las asignaciones presupuestales aprobadas para ese fin en sus respectivos presupuestos de egresos del ejercicio fiscal que corresponda.

La Comisión prevista en el Artículo Séptimo de estas Disposiciones Transitorias, dará seguimiento a la implementación conforme a lo establecido o dispuesto en el párrafo anterior.

Artículo Décimo. El Congreso General de los Estados Unidos Mexicanos, así como las Legislaturas de las Entidades Federativas, contarán con un plazo máximo de 180 días naturales posteriores a la publicación del presente Decreto, para expedir las actualizaciones normativas correspondientes para su debido cumplimiento.

Artículo Décimo Primero. Los Poderes Judiciales Federal y de las Entidades Federativas, deberán hacer los ajustes reglamentarios para la adopción de las mejoras en sus estructuras e infraestructura física y tecnológica y de capacitación en el plazo máximo de a la entrada en vigor del presente Código Nacional.

Artículo Décimo Segundo. Para la instrumentación de lo dispuesto en este Decreto, tanto en el ámbito Federal como Local, las autoridades podrán establecer Convenios de Colaboración.

Artículo Décimo Tercero. Toda referencia a la legislación procesal civil y familiar Federal y de las Entidades Federativas, en ordenamientos diversos, se entenderá a partir de la vigencia en las mismas, al Código Nacional de Procedimientos Civiles y Familiares.

Artículo Décimo Cuarto. El Consejo de la Judicatura Federal coordinará, con los Consejos de la Judicatura de las Entidades Federativas, la armonización regulatoria y operativa respecto de la información judicial a su cargo para la instrumentación de una plataforma digital bajo la denominación de Sistema Nacional de Información Jurisdiccional, para acceso y consulta pública, la cual deberá contener al menos el nombre de la persona actora, demandada, autoridad jurisdiccional que conoce del juicio o de la apelación, tipo de juicio, así como las resoluciones de primera y segunda instancia y en su caso si se promovió juicio de amparo.

En esta plataforma se agregará un apartado, en el que se contengan las direcciones de correo electrónico de las autoridades, peritos y auxiliares oficiales.

Dicha plataforma digital será administrada por el Consejo de la Judicatura Federal, quien tendrá control y resguardo absoluto de las bases de datos, bajo lineamientos que al efecto expida para el manejo y recopilación de la información, observando en todo momento el marco regulatorio en materia de transparencia.

Artículo Décimo Quinto. En materia de digitalización de documentos en expedientes judiciales, mientras el Consejo de la Judicatura respectivo no establezca sus propios lineamientos, deberá cumplirse lo que para tal efecto establece la Norma Oficial Mexicana que señala los requisitos que deben observarse para la conservación de mensajes de datos y digitalización de documentos.

Artículo Décimo Sexto. Para efecto de que todas las comunicaciones y notificaciones electrónicas, se les realicen a todas las autoridades, peritos y demás auxiliares oficiales a través de su dirección de correo electrónico oficial, deberán señalar dicha dirección en su página de internet oficial, de contar con ella, y en todo caso deberán hacerlo de conocimiento de los poderes judiciales dentro de los 90 días siguientes a la entrada en vigor del presente Decreto. Los poderes judiciales deberán registrar y almacenar dicha información, para remitirla al Sistema Nacional de Información Jurisdiccional a fin de que sea de acceso público.

Artículo Décimo Séptimo. Los Consejos de la Judicatura Federal y de las Entidades Federativas, contarán con un plazo máximo de 180 días naturales a partir de la publicación de este Decreto, para emitir el formato único concursal; así como el diseño e instrumentación del Boletín Concursal Nacional Digital en la Plataforma del Sistema Nacional de Información Jurisdiccional, en el que se registre el número de expediente de cada proceso judicial de insolvencia que se admita, la fecha de admisión, el juzgado de radicación y el nombre de la persona deudora. Dicho registro será público, y tendrá por objeto servir de medio de notificación de los procedimientos de insolvencia a todos los acreedores que puedan ser afectados; así como a las autoridades jurisdiccionales que conozcan de algún proceso a favor o en contra de la persona deudora.

Artículo Décimo Octavo. Las sociedades de información crediticia contarán con un plazo máximo de 180 días naturales a partir de la entrada gradual en vigor del presente Decreto según corresponda, para incorporar en sus reportes de crédito una clasificación especial que identifique a las personas deudoras que celebraron un convenio, plan de pagos, o sentencia, que deriven del concurso civil que prevé el presente Código Nacional.

Artículo Décimo Noveno. Se derogan todas aquellas disposiciones que establezcan procedimientos de interdicción, cuyo efecto sea restringir la capacidad jurídica de las personas mayores de 18 años, de conformidad con lo previsto por las Disposiciones Transitorias del presente Decreto.

Artículo Vigésimo. Para el caso que, en la fecha de publicación en el Diario Oficial de la Federación este Código Nacional, en la legislación vigente de las entidades federativas no exista regulación relacionada con el procedimiento especial de declaración de ausencia por desaparición, a partir del día siguiente de dicha publicación, se aplicarán supletoriamente las disposiciones del presente Código Nacional.

Ciudad de México, a 24 de abril de 2023.- Sen. Alejandro Armenta Mier, Presidente.- Dip. Santiago Creel Miranda, Presidente.- Sen. Verónica Noemí Camino Farjat, Secretaria.- Dip. Sarai Núñez Cerón, Secretaria.- Rúbricas.

En cumplimiento de lo dispuesto por la fracción I del Artículo 89 de la Constitución Política de los Estados Unidos Mexicanos, y para su debida publicación y observancia, expido el presente Decreto en la Residencia del Poder

Ejecutivo Federal, en la Ciudad de México, a 6 de junio de 2023.- Andrés Manuel López Obrador.- Rúbrica.- El Secretario de Gobernación, Lic. Adán Augusto López Hernández.- Rúbrica.

DECRETO por el que se adicionan los artículos 314 y 1144 del Código Nacional de Procedimientos Civiles y Familiares.

Publicado en el Diario Oficial de la Federación el 4 de junio de 2024

Artículo Único. Se adicionan un tercer párrafo al artículo 314 y un tercer párrafo al artículo 1144 del Código Nacional de Procedimientos Civiles y Familiares, para quedar como sigue:

....

TRANSITORIOS

Primero. El presente Decreto entrará en vigor el día siguiente al de su publicación en el Diario Oficial de la Federación.

Segundo. La Secretaría de Gobernación, a través de la Dirección General del Registro Nacional de Población e Identidad, emitirá los lineamientos para acreditar la autenticidad de los certificados de nacimiento expedidos por autoridades extranjeras, a efecto de darlos a conocer a todas las autoridades del registro civil en el país.

Ciudad de México, a 23 de abril de 2024.- Dip. **Marcela Guerra Castillo**, Presidenta.- Sen. **Ana Lilia Rivera Rivera**, Presidenta.- Dip. **Pedro Vázquez González**, Secretario.- Sen. **Verónica Noemí Camino Farjat**, Secretaria.- Rúbricas."

En cumplimiento de lo dispuesto por la fracción I del Artículo 89 de la Constitución Política de los Estados Unidos Mexicanos, y para su debida publicación y observancia, expido el presente Decreto en la Residencia del Poder Ejecutivo Federal, en la Ciudad de México, a 4 de junio de 2024.- **Andrés Manuel López Obrador**.- Rúbrica.- La Secretaria de Gobernación, **Luisa María Alcalde Luján**.- Rúbrica.

PUNTOS RESOLUTIVOS de la sentencia dictada por el Tribunal Pleno de la Suprema Corte de Justicia de la Nación en la Acción de Inconstitucionalidad 154/2023, promovida por la Comisión Nacional de los Derechos Humanos.

Notificados al Congreso de la Unión para efectos legales el 14 de agosto de 2024

Al margen un sello con el Escudo Nacional, que dice: Poder Judicial de la Federación.- Suprema Corte de Justicia de la Nación.

SECRETARÍA GENERAL DE ACUERDOS
OFICIO NÚM. SGA/MOKM/272/2024

SEÑOR LICENCIADO EDUARDO ARANDA MARTÍNEZ
SECRETARIO DE LA SECCIÓN DE TRÁMITE DE CONTROVERSIAS CONSTITUCIONALES Y DE ACCIONES DE INCONSTITUCIONALIDAD DE LA SUPREMA CORTE DE JUSTICIA DE LA NACIÓN

P R E S E N T E

El Tribunal Pleno, en su sesión celebrada el trece de agosto de dos mil veinticuatro, resolvió la acción de inconstitucionalidad 154/2023, promovida por la Comisión Nacional de los Derechos Humanos, en los términos siguientes:

"PRIMERO. Es procedente y parcialmente fundada la presente acción de inconstitucionalidad.

SEGUNDO. Se reconoce la validez de los artículos 554, en su porción normativa 'entendida como la violencia ejercida contra las mujeres a través de sus hijos', y 610, fracción II, en su porción normativa 'el mismo menor', del Código Nacional de Procedimientos Civiles y Familiares, publicado en el Diario Oficial de la Federación el siete de junio de dos mil veintitrés.

TERCERO. Se declara la invalidez de los artículos 610, fracciones II y IV, en sendas porciones normativas 'que hubiere cumplido la edad exigida por la legislación sustantiva de cada Entidad Federativa', y 638, fracción III, del referido Código Nacional de Procedimientos Civiles y Familiares, la cual

surtirá sus efectos a partir de la notificación de estos puntos resolutivos al Congreso de la Unión.

CUARTO. Publíquese esta resolución en el Diario Oficial de la Federación, así como en el Semanario Judicial de la Federación y su Gaceta."

Cabe señalar que el Tribunal Pleno determinó que la declaratoria de invalidez surtirá sus efectos a partir de la notificación de estos puntos resolutivos al Congreso de la Unión, por lo que le solicito gire instrucciones para que, a la brevedad, se practique la citada notificación al referido Congreso, inclusive al titular del Poder Ejecutivo Federal.

Asimismo, con el objeto de dar cumplimiento a lo determinado por el Tribunal Pleno en su sesión privada celebrada el doce de abril de dos mil diez, le solicito que remita a esta Secretaría General de Acuerdos únicamente copia certificada del documento en el que conste la notificación que se realice al Congreso de la Unión.

Atentamente

Ciudad de México; 13 de agosto de 2024

LICENCIADO RAFAEL COELLO CETINA.- Rúbrica.

Notificados los puntos resolutivos a la Cámara de Diputados del H. Congreso de la Unión el miércoles 14 de agosto de 2024 a las 12:40 hrs.- Dirección General de Asuntos Jurídicos.- Sello de Recibido.